Veröffentlichungen
der Vereinigung der Deutschen Staatsrechtslehrer
Heft 51

Christian Starck, Wilfried Berg und Bodo Pieroth

Der Rechtsstaat und die Aufarbeitung der vor-rechtsstaatlichen Vergangenheit

Heinz Peter Rill, Dirk Ehlers und Peter Hänni

Eigentumsschutz, Sozialbindung und Enteignung bei der Nutzung von Boden und Umwelt

Berichte und Diskussionen
auf der Tagung der Vereinigung der Deutschen Staatsrechtslehrer
in Gießen vom 2. bis 5. Oktober 1991

1992

Walter de Gruyter · Berlin · New York

Redaktion: Prof. Dr. Volkmar Götz (Göttingen)

⊚ Gedruckt auf säurefreiem Papier,
das die US-ANSI-Norm über Haltbarkeit erfüllt.

CIP-Titelaufnahme der Deutschen Bibliothek

Der Rechtsstaat und die Aufarbeitung der vor-rechtsstaatlichen Vergangenheit / Christian Starck, Wilfried Berg und Bodo Pieroth. Eigentumsschutz, Sozialbindung und Enteignung bei der Nutzung von Boden und Umwelt / Heinz Peter Rill, Dirk Ehlers und Peter Hänni. Berichte und Diskussionen auf der Tagung der Vereinigung der Deutschen Staatsrechtslehrer in Gießen vom 2. bis 5. Oktober 1991. – Berlin ; New York : de Gruyter, 1992
(Veröffentlichungen der Vereinigung der Deutschen Staatsrechtslehrer ; H. 51)
ISBN 3-11-013580-9
NE: Starck, Christian; Berg, Wilfried; Pieroth, Bodo; Beigef. Werk; Vereinigung der Deutschen Staatsrechtslehrer: Veröffentlichungen der Vereinigung ...

Printed in Germany
Satz und Druck: Saladruck, 1000 Berlin 36
Bindearbeiten: D. Mikolai, 1000 Berlin 10

Inhalt

Jahrestagung 1991

Die Vereinigung hielt ihre Jahrestagung vom 2. bis 5. Oktober 1991 in Gießen ab. Es war die 50. Jahrestagung seit ihrem Bestehen, wobei die Sondertagung des Jahres 1990 über Deutschlands aktuelle Verfassungslage noch hinzuzuzählen ist.

Zu Beginn fand die Mitgliederversammlung in der Aula der Universität statt. Sie gedachte der seit der Zürcher Tagung verstorbenen Mitglieder *Hubert Görg, Hans-Jürgen Schlochauer, Hans Spanner* und *Gottfried Zieger.* Die Vereinigung wird ihr Andenken in Ehren halten. Acht Kollegen traten seit der letzten Tagung der Vereinigung bei, die nunmehr 361 Mitglieder zählt. Die Jahrestagung 1992 wird vom 7. bis 10. Oktober in Bayreuth stattfinden, die darauf folgende in Mainz. Der Vorsitzende gab der Hoffnung Ausdruck, daß der Wiederaufbau der Juristischen Fakultäten in den neuen Bundesländern so rasche Fortschritte machen werde, daß von 1994 an auch dort Jahrestagungen stattfinden können. Zum neuen Vorstand wurden die Herren *Thomas Oppermann* (Vorsitzender), *Hartmut Maurer* und *Thomas Fleiner-Gerster* gewählt.

Bei den wissenschaftlichen Beratungen hatte *Klaus Vogel* den Vorsitz. *Volkmar Götz* und *Hans-Jürgen Papier* leiteten die Aussprachen. Der erste Beratungsgegenstand war der Thematik der Wiedervereinigung unter dem Vorzeichen der Rechtsstaatlichkeit gewidmet — äußerlich noch akzentuiert durch den Umstand, daß die Beratungen erstmals am Tag der Deutschen Einheit stattfanden. Die Behandlung des zweiten Beratungsgegenstandes sollte der Rechtsvergleichung zwischen Deutschland, Österreich und der Schweiz dienen. Da der ursprünglich vorgesehene Schweizer Referent, Herr *Walter Haller,* vor der Tagung erkrankte, hatte es die Vereinigung Herrn *Peter Hänni,* der kurzfristig die Aufgabe übernahm, zu verdanken, daß sie ihre Konzeption verwirklichen konnte.

Der Vorsitzende konnte neben den Vertretern der juristischen Fachverlage und Zeitschriften Kollegen aus Japan und Korea als Gäste begrüßen. Die Gießener Tagung zog annähernd zweihundert Mitglieder und nicht wenige Teilnehmer des reizvollen Begleitprogramms an, das mit Besuchen in Laubach, Weilburg, Dillenburg und Wetzlar die reiche Kulturlandschaft Mittelhessens erschloß. Das Rahmenprogramm, von den Gießener Kollegen ebenso liebevoll wie perfekt arrangiert, gab den Teilnehmern und ihrer Begleitung vielfältige Gelegenheit zum entspannenden, geselligen Kontakt. Es wurde mit dem Empfang eröffnet, den der Präsident der Universität Gießen, Herr Professor Dr. *Heinz Bauer,* und der Gießener Oberbürgermeister, Herr *Manfred Mutz,* im Georg-Büchner-Saal der Alten Universitätsbibliothek gaben. Am Tag der Deutschen Einheit gab die Hessische Landesregierung, vertreten durch die Ministerin der Justiz, Frau Dr. *Christine Hohmann-Dennhardt,* einen Empfang im Bürgerhaus von Gießen-Kleinlinden. Für den festlichen Abend mit Tanz am Freitag bot das universitätseigene Schloß Rauischholzhausen den Rahmen. Mit einer Führung durch den Limburger Dom und einem Konzert auf der Domorgel klang die Tagung aus. Herrn *Heinhard Steiger* und seinen Gießener Kollegen, ihren Damen und allen Helfern, gebührt für die gelungene Tagung der herzliche Dank der Vereinigung.

V. G.

Erster Beratungsgegenstand:

Der Rechtsstaat und die Aufarbeitung der vor-rechtsstaatlichen Vergangenheit

1. Bericht von Prof. Dr. *Christian Starck*, Göttingen

Inhalt

I. Die Probleme: Was ist wie aufzuarbeiten?

§ 1 *Auftrag zur Aufarbeitung*

Das Thema Rechtsstaat und Aufarbeitung vor-rechtsstaatlicher Vergangenheit ist durch den Sturz der sozialistischen Parteidiktatur in der ehemaligen DDR und die darauffolgende Wiederherstellung der staatlichen Einheit Deutschlands erneut für uns aktuell geworden. Jahrzehntelang war die alte, kleinere Bundesrepublik mit der gesetzlichen, finanziellen und strafgerichtlichen Bewältigung nationalsozialistischen Unrechts beschäftigt[1].

Die Präambel zum Grundgesetz von 1949 besagt, daß das Deutsche Volk in den westdeutschen Ländern bei Schaffung des Grundgesetzes auch für jene Deutschen gehandelt hat, denen mitzuwirken versagt gewesen ist. Nun sind diese Deutschen mit uns wieder in einem Staat vereinigt und mit ihrer Vergangenheit unter die Geltung des Grundgesetzes gelangt. Der durch das Grundgesetz konstituierte Rechtsstaat mit seinem nunmehr erfüllten Wiedervereinigungsauftrag kann die Vergangenheit der DDR nicht unbeachtet lassen: Rechtsstaatswidrige Strukturen müssen für die Zukunft beseitigt werden. Erlittenes Unrecht – gröbster Verstoß gegen Rechtsgleichheit und Rechtsfrieden – verlangt Kompensation, d. h. Wiedergutmachung, gegebenenfalls Bestrafung der Täter. Die finanziellen Lasten, die die Wiedergutmachung mit sich bringt, sind solidarisch vom ganzen Volk zu tragen, d. h., sie werden im wesentlichen von der Bevölkerung der alten Länder zu tragen sein, soweit dafür nicht Liegenschaften in den neuen Ländern zur Verfügung stehen.

§ 2 *Vor-Rechtsstaatlichkeit und Unrecht*

Der Rechtsstaatsbegriff dient zur Bestimmung dessen, was vor-rechtsstaatlich ist, also dem Rechtsstaatsprinzip zuwiderläuft. Die rechtsstaatlichen Anforderungen wirken auf die Vergangenheit, die aufgearbeitet und dabei juristisch beurteilt wird. Maßstab dafür wird nicht der ausgearbeitete Rechtsstaatsbegriff des Grundgesetzes sein können, wie er in zahlreichen einzelnen Normen des Grundgesetzes zum Ausdruck kommt und in der Rechtsprechung des Bundesverfassungsgerichts entwickelt worden ist. Als Maßstab für die Feststellung

---

[1] Zur Wiedergutmachung vgl. das vom *Bundesminister der Finanzen* und *Walter Schwarz* herausgegebene Werk „Die Wiedergutmachung nationalsozialistischen Unrechts durch die Bundesrepublik Deutschland“, Bd. I–VI, München 1974–1987.

staatlichen Unrechts und sonstiger Rechtsstaatswidrigkeiten wird vielmehr in erster Linie ein Rechtsstaatsbegriff im Sinne elementarer Grundsätze formeller und materieller Art in Betracht kommen, die von zivilisierten Staaten anerkannt sind.

Im Einigungsvertrag wird in diesem Sinne mehrfach ganz allgemein von Unvereinbarkeit mit rechtsstaatlichen Grundsätzen[2], vom Verstoß gegen „Grundsätze der Menschlichkeit oder Rechtsstaatlichkeit“[3] sowie von einer politisch motivierten Strafverfolgungsmaßnahme oder sonst einer rechtsstaats- oder verfassungswidrigen Entscheidung[4] gesprochen. Es geht hier vor allem darum, rechtswidrige Angriffe des sozialistischen Staates auf Leib und Leben und auf die Freiheit sowie auf das Persönlichkeitsrecht und das Eigentum der Bürger durch Verwaltungsmaßnahmen und Strafurteile sowie sonstige rechtsstaatswidrige Strukturen im öffentlichen Dienst, im Parteienwesen usf. festzustellen und zu würdigen.

§ 3 Grenzen der Möglichkeiten des Rechtsstaates

Nicht alle Diktaturschäden, die die einzelnen Menschen erlitten haben, lassen sich ausgleichen oder in anderer Weise von Rechts wegen aufarbeiten. Denn die Mittel des Rechtsstaates sind beschränkt. Viele Menschen mußten sich Jahrzehnte lang tarnen, ihre Meinung verbergen und Gedankenaustausch vermeiden, um nicht verraten zu werden. Viele Menschen waren zu Kompromissen mit den Behörden der sog. Staatssicherheit genötigt, die sie heute kompromittieren. Hieraus sind geistig-seelische Verletzungen hervorgegangen. Die freie Entfaltung der Persönlichkeit, die wir so über alles hochschätzen, ist für viele lebensbestimmend und irreversibel behindert worden. Solche Verletzungen können nur aufgearbeitet werden, wenn sich die Verletzten darüber aussprechen können und wenn sie mit Verständnis und Einfühlungsvermögen angehört werden. Für dieses notwendige Aussprechen und Anhören gibt es keine rechtsstaatlich geordneten Verfahren, die der Staat zur Verfügung stellen könnte.

An den Grenzen des Rechtsstaates kommen aber die moralischen Bürgerpflichten in den Blick. Wir alle, jeder einzelne und die Grup-

---

[2] Art. 18, 19 EV; EV Anlage I Kapitel III Sachgebiet A Abschnitt III Nr. 14 Maßgabe d; § 64 a Abs. 3 Bundeszentralregistergesetz; § 2 Gesetz über die innerdeutsche Rechts- und Amtshilfe in Strafsachen.

[3] EV Anlage I Kapitel XIX Sachgebiet A Abschnitt III Nr. 1, sowie Sachgebiet B Abschnitt II Nr. 2 § 7 Abs. 2.

[4] Art. 17 EV; Protokollvermerk Nr. 10 zum EV.

pen, sind aufgerufen, in persönlichen Gesprächen und Diskussionen, wenn immer sie sich ergeben, an der Aufarbeitung der geistigen und seelischen Verletzungen mit dem ganzen uns zur Verfügung stehenden Einfühlungsvermögen und Takt mitzuwirken. Wenn wir diese Bürgerpflicht wahrnehmen, werden wir, denen die unmittelbare Erfahrung mit einer Diktatur erspart geblieben ist, genauere Kenntnisse über das Leben unter einer Diktatur gewinnen und zu klarerem politischen Urteil befähigt werden. Das ist heute nicht mein Thema. Ich erwähne dies nur, um die Grenzen der Möglichkeiten des Rechtsstaates deutlich zu machen.

§ 4 Rechtsstaatlichkeit der Aufarbeitung

Eine rechtsstaatliche Aufarbeitung ist möglich und notwendig im Hinblick auf die durch Normen, Personen und Verbände geschaffenen rechtsstaatswidrigen Strukturen und im Hinblick auf die Verletzung absoluter Rechte. Hier fungiert der Rechtsstaatsbegriff als Maßstab für die Modalitäten, in denen die vor-rechtsstaatliche Vergangenheit jetzt unter der Herrschaft des Grundgesetzes aufgearbeitet wird:

- Restitution oder Wiedergutmachung auf andere Weise einerseits und Schutz wohlerworbener Rechte andererseits,
- verfahrensrechtliche und materiellrechtliche Anforderungen an die Aufhebung von Strafurteilen, an Rehabilitierungen und Wiedergutmachungen,
- strafrechtliche Verurteilung der Täter unter Beachtung des Grundsatzes nulla poena sine lege,
- Behandlung der Bediensteten in Verwaltung, Universitäten und Rechtsprechung,
- Behandlung des Vermögens der vom Staat der DDR nicht getrennten, die Diktatur ausübenden Partei und ihrer Satelliten,
- Verhinderung von Folgeverletzungen des Persönlichkeitsrechts der Opfer durch rechtsstaatlich gesicherten Umgang mit den Akten des ehemaligen Ministeriums für Staatssicherheit und der ihm untergeordneten Behörden (sog. Stasi-Akten).

II. Maßstäbe für und Typen von Vor-Rechtsstaatlichkeit

§ 5 Staatliches Unrecht ist möglich

Der Verwendung des Ausdrucks vor-rechtsstaatlich liegt eine Staatskonzeption zugrunde, nach der der Staat nicht vollständig frei bestimmen darf, was Recht ist. Ein Staat ist nur dann Rechtsstaat, wenn er bestimmte Rechtsgrundsätze anerkennt und seine Rechtsordnung mit diesen in Einklang hält. „Vor-rechtsstaatliche" Vergangenheit gäbe es nämlich nicht, wenn jeder Staat allein aus dem Umstand heraus, daß er Normen verbindlich macht, diese als Recht bezeichnet und durchsetzt, als Rechtsstaat zu qualifizieren wäre. Daß staatliche Akte rechtsstaatswidrig, insbesondere Unrecht sein können, ist eine gängige Überzeugung vor allem in den westlichen Verfassungsstaaten. Unrechtsakte werden in einem gewaltenteilig organisierten Staat systemintern festgestellt und, soweit sie nicht schon nichtig sind, beseitigt und gegebenenfalls wiedergutgemacht.

Unser Thema hat es mit anders gearteten Erscheinungen staatlichen Unrechts zu tun. Es geht im wesentlichen um Unrecht z. B. durch Strafverfolgung, durch Entzug von Eigentum oder durch Bespitzelung, gegen das man sich systemintern nicht wehren konnte, da eine unabhängige Gerichtsbarkeit nicht bestand. Das Unrecht wurde nicht selten auf Gesetze zurückgeführt, die dem Unrecht dienten oder ihm durch Auslegung dienstbar gemacht wurden. Die dies ermöglichende Parteidiktatur war als oberstes Verfassungsprinzip in Art. 1 Abs. 1 der Verfassung der DDR von 1968/1974 abgesichert[5]. Die einzelnen Unrechtsakte waren also in rechtsstaatswidrige Strukturen eingebettet. Mittels welchen Maßstabes können rechtsstaatswidrige Strukturen und einzelne Unrechtsakte festgestellt werden?

§ 6 Verbindlichkeit rechtsstaatlicher Grundsätze

Wenn das ehemalige Herrschaftsgebiet der SED unter die Geltung des Grundgesetzes kommt und dessen Vergangenheit unter rechtsstaatlichen Kriterien beurteilt werden muß, so bedeutet das nicht, daß durchgehend der im Grundgesetz speziell ausgeprägte Rechtsstaatsbegriff maßgebend sein kann. Woher kommt und welchen Inhalt hat der Rechtsstaatsbegriff, demzufolge man bestimmen kann, was vorrechtsstaatlich ist?

Als Ausgangspunkt können wir einen Rechtsstaatsbegriff nehmen, der das Ergebnis der historischen Entwicklung des Verfassungsstaates westlicher Prägung ist und in Art. 16 der französischen Erklärung der Menschen- und Bürgerrechte dahin Ausdruck gefunden hat, daß die

[5] Die Vorschrift lautet: „Die Deutsche Demokratische Republik ist ein sozialistischer Staat der Arbeiter und Bauern. Sie ist die politische Organisation von Werktätigen in Stadt und Land unter Führung der Arbeiterklasse und ihrer marxistisch-leninistischen Partei".

Garantie der Rechte und die Trennung der Gewalten gesichert sein müssen[6], d. h. heute insbesondere Gesetzesherrschaft und Unabhängigkeit der Gerichte sowie Parteienpluralismus als Voraussetzung für effektive Sicherung der Grundrechte und für Vertrauensschutz[7].

Die im Rechtsstaatsbegriff enthaltenen Rechtsgrundsätze der zivilisierten Staaten beruhen auf der Freiheit des Menschen, d. h. auf seiner Fähigkeit, über sich selbst zu bestimmen[8]. Die Freiheit als das Unbedingte im Menschen ist anthropologischer Bezugspunkt für die Gewinnung oberster Rechtsgrundsätze. Dieser Bezugspunkt erlaubt nur die negative Feststellung, ob historisch ausgeprägte Rechtsgrundsätze und positives Recht dem anthropologischen Befund gerecht werden. – Die aus der Freiheit folgende Fähigkeit zur Selbstbestimmung des Menschen muß mit Rücksicht auf die Mitmenschlichkeit in jeder Rechtsordnung dahin eingeschränkt werden, daß menschliche Handlungen gemeinverträglich sein müssen. Mit dem Recht ist eine rechtsetzende und rechtanwendende Gemeinschaftsautorität gegeben, der gegenüber die Freiheitsposition des Menschen gesichert werden muß. Staatsgewalt ist immer nur beschränkt zulässig.

Der Rechtsstaatsbegriff findet z. T. Ausdruck in den völkerrechtlichen Garantien der klassischen Menschenrechte, die innerstaatlich zu achten sich übrigens die DDR 1973/74 durch ihren Beitritt zu den Vereinten Nationen verpflichtet hat[9]. Einschlägig sind besonders das Recht auf Leben, Freiheit und Sicherheit der Person[10], der Anspruch auf öffentliche Verfahren vor einem unabhängigen Gericht[11], das Recht, das eigene Land zu verlassen[12], und der Schutz vor willkürlicher Beraubung des Eigentums[13].

---

[6] Art. 16 der französischen Erklärung der Menschen- und Bürgerrechte: *Toute société dans laquelle la garantie des droits n'est pas assurée, ni la séparation des pouvoirs déterminée, n'a point de constitution.*

[7] BVerfGE 84, 90, 124 spricht von überstaatlichen Rechtsgrundsätzen.

[8] Dazu eingehend *Christian Starck,* Die Bedeutung der Rechtsphilosophie für das positive Recht, in: Alexy/Dreier/Neumann (Hrsg.), Rechts- und Sozialphilosophie in Deutschland heute, Stuttgart, 1991, S. 376, 389 ff.

[9] GBl. 1973 II, 14/15: Bekanntmachung über das Inkrafttreten der Charta der VN für die Deutsche Demokratische Republik vom 24. 9. 1973. Es ist davon auszugehen, daß die DDR mit dem Beitritt zur UNO die Allgemeine Erklärung der Menschenrechte als Zielsetzung anerkannt hat. Vgl. ferner Bekanntmachung über die Ratifikation der Internationalen Konventionen vom 19. 12. 1966 (GBl. 1974 II, 2/5).

[10] Art. 3 AEMR, Art. 6, 9 IPbürgR.

[11] Art. 10 AEMR, Art. 14 IPbürgR.

[12] Art. 13 Nr. 2 AEMR, Art. 12 Abs. 2 IPbürgR.

[13] Art. 17 Nr. 2 AEMR.

§ 7 *Unrechtssystem und notwendige Konsequenzen*

Soweit staatliche Gesetze oder Maßnahmen mit diesen Rechtsgrundsätzen gröblich unvereinbar sind, sind sie als Unrecht zu bewerten[14]. Einen Staat, der solche Gesetze und Maßnahmen in größerer Zahl hervorbringt und diese systemintern nicht als Unrecht erkennen kann, bezeichnen wir fast von jedem rechtsphilosophischen Standpunkt aus als Unrechtssystem. In der ehemaligen DDR fand das Unrechtssystem hauptsächlich Ausdruck im Herrschaftsmonopol der SED. Aus diesem folgte, daß es weder Gewaltenteilung noch Kontrollen gab und daß die elementarsten Menschenrechte andauernd verletzt wurden.

Auch wer „vorstaatliche" Rechtsgrundsätze für sich genommen nicht als geltendes Recht anerkennt, wird nicht umhinkönnen, staatliches Recht am Maßstab dieser Rechtsgrundsätze zu bewerten. Aus dieser Bewertung kann sich für einen Staat, der sich diesen Rechtsgrundsätzen verpflichtet hat, ergeben, daß Folgen staatlichen Handelns, das im Widerspruch zu diesen Rechtsgrundsätzen steht, durch Leistungen der Allgemeinheit ausgeglichen werden müssen. Wenn der Rechtsstaat Unrecht aus vor-rechtsstaatlicher Zeit wiedergutmacht, indem er den Opfern Leistungen erbringt, kann er selbstverständlich das vorangegangene staatliche System mit strengeren Kriterien als mit den allgemeinen (minimalen) rechtsstaatlichen Grundsätzen beurteilen. Eine andere, davon streng zu trennende Frage ist, ob auf Grund allgemeiner Rechtsgrundsätze die Täter in einem Unrechtssystem nach dessen Ende zur Rechenschaft gezogen, insbesondere bestraft werden können. Es muß geprüft werden, inwieweit es dafür Maßstäbe gibt, die rechtsstaatlichen Anforderungen genügen.

§ 8 *Funktion der DDR-Strafgesetze*

Erlauben DDR-Strafgesetze, Unrechtsakte aus der Zeit der SED-Diktatur, die in zivilisierten Staaten Straftaten sind, als solche festzustellen und die Täter zu verurteilen? Soweit nämlich solche Gesetze im Einklang mit den geschilderten Rechtsgrundsätzen ausgelegt und verstanden werden können, könnten Urteile, die die Gesetze in einem den Rechtsgrundsätzen widersprechenden Verständnis angewandt

---

[14] So im Hinblick auf die nationalsozialistische Diktatur BVerfGE 23, 98, 106 unter Bezugnahme auf BVerfGE 3, 58, 119; 6, 132, 198.

haben, als Unrecht bewertet werden. Diese Konstellation ergibt sich daraus, daß die meisten Straftatbestände des Strafgesetzbuches der DDR in einer Weise formuliert sind, die sich von entsprechenden Gesetzen in den westlichen Verfassungsstaaten nicht unterscheiden. Unrecht entsteht erst dann, wenn solche Gesetze ideologisch aufgeladen angewendet werden, um Menschen zu verfolgen, wenn diese Gesetze auf höhere Funktionäre des Systems nicht angewendet werden oder wenn Strafverfahren nur zum Schein durchgeführt werden, in Wirklichkeit aber die Strafe vorher durch einen Aktenvermerk des Parteisekretärs oder eines anderen Parteigewaltigen festgelegt wird[15].

Solches rechtsstaatswidriges Vorgehen ist erleichtert worden durch die Lehre von der Auslegung der Strafgesetze, wie sie in dem von einem Autorenkollektiv verfaßten offiziellen Lehrbuch „Strafrecht der DDR"[16] von *Lothar Reuter* dargelegt ist. Danach wird die Auslegung der Strafrechtsnorm folgendermaßen gekennzeichnet: „Die Auslegung muß auf der Politik der Arbeiterklasse und ihrer Partei in der konkreten Etappe der gesellschaftlichen Entwicklung basieren. Sie bildet den Schlüssel für die Erkenntnis des Inhalts des sozialistischen Strafrechts unter den gegebenen Bedingungen". Der reine Instrumentalcharakter des Rechts im Dienste der Partei[17] wird in dem vom Minister für Hoch- und Fachschulwesen für die Ausbildung an Universitäten und Hochschulen der DDR anerkannten Lehrbuch „Marxistisch-leninistische Staats- und Rechtstheorie"[18] von *Gerhard Stiller* so umschrieben: „Auslegung ermittelt den Inhalt des in der Rechtsnorm ausgedrückten Klassenwillens sowie ihr gesellschaftliches Ziel; sie ist ein parteilicher Vorgang". Und: „Grundlage jeder Auslegung sozialistischer Rechtsnormen sind der dialektische Materialismus und die Beschlüsse der marxistisch-leninistischen Partei".

Hält man sich dieses „Rechts"-Verständnis vor Augen, so sind erhebliche Zweifel angebracht, ob die Gesetze der ehemaligen DDR überhaupt als Maßstab für Unrecht in Frage kommen, da sie Wachs in

---

[15] Vgl. dazu die beispielhaften Dokumente abgedruckt in FAZ v. 6.4.1991/Nr.80, S.65, „Tod durch Hausmitteilung" (*Walter Ulbricht*, 1955) und v. 21.5.1991/Nr.115, S.4, „Das Verfahren ist geeignet, aus erzieherischen Gründen gegen Smolka die Todesstrafe zu verhängen" (*Erich Mielke*, 1960).

[16] 1. Aufl. 1988, S.140f.

[17] Dazu auch *Ernst-Wolfgang Böckenförde*, Die Rechtsauffassung im kommunistischen Staat, 1967, S.33, 36ff., 40f.

[18] 3. Aufl. 1980, S.580.

den Händen der alles beherrschenden Partei und die Worte der Gesetze nur Fassade waren[19]. Jedoch, in den Worten der meisten Straftatbestände des Strafgesetzbuchs der DDR kommt zum Ausdruck, was den überkommenen zivilisierten Rechtsgrundsätzen gemäß strafwürdiges Unrecht ist. Auf dieser Basis konnten Strafurteile als Willkürurteile bewertet und konnte die Nichtverfolgung von Straftaten wichtiger Parteifunktionäre als Unrecht angesehen werden. Nur so ist zu erklären, daß Strafverfahren und Urteilsverkündungen in vielen Fällen nicht öffentlich waren, daß Spuren staatlicher Handlungen, z. B. bei Todesschüssen an der Grenze, verwischt wurden und daß Rechtsverletzungen hoher Parteifunktionäre nicht ans Tageslicht gebracht werden durften. Diese Heimlichkeiten waren Folge des schlechten Gewissens der Machthaber. Trotz des unablässigen propagandistischen Trommelfeuers auf die Bevölkerung konnte wenigstens in elementaren Fragen das Rechtsbewußtsein der großen Mehrheit der Bevölkerung offenbar nicht verändert werden. Anderenfalls wären Heimlichkeiten und Einschüchterungen nicht notwendig gewesen. Der Sturz der Parteidiktatur in einer günstigen weltpolitischen Situation ist nur verständlich, weil das Bewußtsein von Recht und Unrecht weiter in der Bevölkerung lebendig war und diese in ihrer großen Mehrheit das SED-Regime für illegitim hielt.

§ 9 Ausnahmsweise Rückwirkung des Grundgesetzes

Wir haben schon gesehen, daß rechtsstaatliche Grundsätze, nicht aber der ausgearbeitete Rechtsstaatsbegriff des Grundgesetzes Maßstab für die Beurteilung der DDR-Vergangenheit sind. Auch über die Brücke des Wiedervereinigungsauftrags kann man das Grundgesetz als Ganzes mit all seinen Vorgaben nicht nachträglich zum Maßstab für die Beurteilung innerstaatlicher Maßnahmen des SED-Regimes in der ehemaligen DDR machen.

Eine Rückwirkung des Grundgesetzes auf die Beurteilung innerstaatlicher Vorgänge in der ehemaligen DDR mit eingreifenden Rechtsfolgen kann ausnahmsweise jedoch damit begründet werden, daß dies für den demokratischen Willensbildungsprozeß in Deutschland unabdingbar ist. Das wichtigste Beispiel entstammt dem Par-

[19] Ablehnend daher *Josef Isensee*, Staatseinheit und Verfassungskontinuität, VVDStRL 49 (1990), S. 39, 61.

teienrecht. Nach dem Parteiengesetz der DDR von 1990 und dem Einigungsvertrag[20] werden alle Vermögenserwerbungen der Parteien und Massenorganisationen der ehemaligen DDR seit dem 8. Mai 1945 bis zum 7. Oktober 1989 darauf überprüft, ob sie „nach materiell-rechtsstaatlichen Grundsätzen im Sinne des Grundgesetzes" erfolgt sind. Der Grund für die Rückwirkung des Rechtsstaatsbegriffs des Grundgesetzes ist darin zu sehen, daß der Vermögenserwerb der genannten Institutionen fortwirkt und daß es sich bei den Institutionen um Parteien und Massenorganisationen handelt, die nach Wiederherstellung der staatlichen Einheit Deutschlands gemäß Art. 21 GG ausdrücklich an der politischen Willensbildung mitwirken oder auf Grund des Art. 9 GG an der politischen Willensbildung mitwirken können. Die Chancengleichheit der Parteien bei der politischen Mitwirkung im wiedervereinigten Deutschland[21] soll nicht dadurch beeinträchtigt werden, daß die Parteien und Massenorganisationen der ehemaligen DDR dadurch ungerechtfertigte Vorteile haben, daß sie über Vermögen verfügen, welches sie in einer freiheitlichen Demokratie im Sinne des Grundgesetzes niemals hätten erlangen können[22].

Hier ist also ein strengerer Maßstab geboten, nach dem beurteilt wird, was vor-rechtsstaatlich ist. Berücksichtigt man ferner den oben gemachten Unterschied zwischen Aufarbeitung durch Wiedergutmachung und durch Eingriff, zeigt sich, daß der Maßstab für das, was vor-rechtsstaatlich ist, abgestuft werden muß, je nachdem, welchem Zweck die Aufarbeitung dient.

§ 10 Typologie des Unrechts

Völkerrecht, allgemeine Rechtsgrundsätze und diesen entsprechende Gesetze der DDR, z. T. auch das Grundgesetz sind Maßstäbe, um Strukturen und Einzelmaßnahmen der SED-Diktatur als rechtsstaatswidrig zu qualifizieren. Rechtsstaatswidrige Strukturen

---

[20] §§ 20 a, 20 b des Gesetzes vom 21. 2. 1990 (BGBl. I, S. 66), i. d. F. des Änderungsgesetzes vom 31. 5. 1990 (GBl. I, S. 275); Anlage II Kapitel II Sachgebiet A Abschnitt III Nr. 1 zum Einigungsvertrag vom 31. 8. 1990 (BGBl. II, S. 889).

[21] Siehe dazu BVerfG, Beschluß vom 10. 7. 1991, DVBl. 1991, S. 991, 992.

[22] Vgl. dazu eingehend *Christian Starck,* Die Behandlung des Vermögens der Parteien und Massenorganisationen der ehemaligen DDR, in: Staatswissenschaften und Staatspraxis 2 (1991), S. 316, 322 ff.

fanden Ausdruck im Personal-, Parteien- und Überwachungswesen. Es kann hier nicht darum gehen, alle tatsächlich vorgekommenen Unrechtsakte in abschließenden Kategorien zu erfassen. Vielmehr geht es unter dem im Thema vorgegebenen Gesichtspunkt der „Aufarbeitung" um eine Typologie grober Unrechtsakte, die von den Menschen erlitten worden sind und auf die der Rechtsstaat in einer noch zu bestimmenden Weise reagieren muß. Es handelt sich im wesentlichen um die folgenden Rechtsgüter:

(1) Angriffe auf *Leben und Gesundheit* müssen nach den hier herausgearbeiteten Maßstäben jedenfalls insoweit als Unrecht angesehen werden, als Todesurteile ergingen und vollstreckt wurden; es sei denn, sie sollten nachgewiesene schwerste Verbrechen sühnen. Entsprechend sind zu beurteilen militär- oder verwaltungsseitig vorgenommene Tötungen und schwere Körperverletzungen, etwa im Zusammenhang mit Untersuchungshaft oder Strafvollzug oder zur Verhinderung des Grenzübertritts, wenn es nur darum ging, Flüchtlinge an der Flucht zu hindern.

(2) Verletzungen der *Freiheit* sind Unrecht, wenn Freiheitsstrafen gemessen an der Tat unverhältnismäßig lang waren, wenn eine Straftat durch Unterschieben von Beweismitteln fingiert wurde oder wenn die Tat nach allgemeinen Rechtsgrundsätzen gar nicht strafbar ist, weil z. B. nur das Grundrecht der freien Meinungsäußerung oder der Versammlungsfreiheit wahrgenommen worden ist. Freiheitsberaubung durch Polizei- und Verwaltungsbehörden sind entsprechend zu bewerten.

(3) Verletzungen des *Persönlichkeitsrechts* sind in einem Unrechtssystem an der Tagesordnung, weil die Illegitimität des Regimes durch Überwachung und Einschüchterung kompensiert wird. Es genügt, auf das Stasi-Syndrom hinzuweisen.

(4) Das *Elternrecht,* das das Grundgesetz als ein natürliches Recht bezeichnet und das von allen zivilisierten Staaten anerkannt wird, ist verletzt worden, wenn man „politisch unzuverlässigen" Eltern ihre Kinder weggenommen, sie in Heime gesteckt oder zur Adoption gegeben hat.

(5) Verletzungen des *Eigentums* sind zu sehen in Konfiskationen, ohne daß ein strafrechtlicher Grund dafür vorliegt, und in entschädigungslosen Enteignungen.

(6) Das *berufliche Fortkommen* vieler Menschen ist u. a. schon dadurch gestört worden, daß die Zulassung zum Studium von politischem Wohlverhalten abhängig gemacht war.

III. Rechtsstaatliche Aufarbeitung

§ 11 Reaktion auf ungerechte Strafverfolgung

a) Unrechtsurteile

In der DDR und in der früheren SBZ sind von sowjetischen und deutschen Gerichten eine Unzahl ungerechter Strafurteile erlassen worden. Zu erinnern ist insbesondere an die Verurteilungen auf Grund des Art. 6 Abs. 2 der DDR-Verfassung von 1949[23]. Obwohl diesem Artikel alle Wesensmerkmale eines Strafgesetzes fehlten, war er bis 1958 Grundlage für viele Strafurteile, in denen schwerste Strafen, einschließlich Todesstrafen verhängt wurden[24]. In den Waldheimer Prozessen[25] haben Strafkammern des Landgerichts Chemnitz auf Grund des Kontrollratsgesetzes Nr. 10 im wahrsten Sinne des Wortes kurzen Prozeß gemacht und Strafurteile gegen sog. Kriegsverbrecher verhängt, die das Kammergericht später als „absolut und unheilbar nichtig" bezeichnet hat[26]. Bis Oktober 1989 wurden in der DDR Strafvorschriften angewandt, die Meinungs- und Willensbekundungen und sonstige Grundrechtsausübungen kriminalisierten. Es muß auch damit gerechnet werden, daß durch behördliche Beweismanipulationen Menschen wegen Straftaten verurteilt worden sind, die sie nicht begangen haben. Häufig sind unverhältnismäßig hohe Freiheitsstrafen zugemessen worden. Soweit solcherart Verurteilte in die Bundesrepublik kamen, erhielten sie bescheidene soziale Ausgleichsleistungen auf Grund des Häftlingshilfegesetzes[27].

Das Unrecht der Strafurteile liegt entweder auf der Ebene der Gesetzesanwendung, und zwar immer dann, wenn das Gesetz seinem

---

[23] Art. 6 Abs. 2 lautet: „Boykotthetze gegen demokratische Einrichtungen und Organisationen, Mordhetze gegen demokratische Politiker, Bekundung von Glaubens-, Rassen-, Völkerhaß, militaristische Propaganda sowie Kriegshetze und alle sonstigen Handlungen, die sich gegen die Gleichberechtigung richten, sind Verbrechen im Sinne des Strafgesetzbuches. Ausübung demokratischer Rechte im Sinne der Verfassung ist keine Boykotthetze".

[24] *Karl Wilhelm Fricke*, Politik und Justiz in der DDR. Zur Geschichte der politischen Verfolgung 1945–1968, 1979, S. 261 ff.; siehe auch die ab S. 250 ff. angeführten Urteile.

[25] *Fricke* (Anm. 24), S. 205 ff.

[26] KG, NJW 1954, S. 1901; siehe jetzt Art. 1 § 1 Abs. 2 Entwurf eines Gesetzes zur Bereinigung von SED-Unrecht (BR-Drucks. 483/91).

[27] I. d. F. der Bekanntmachung vom 4. 2. 1987 (BGBl. I, S. 512), zuletzt geändert durch Art. 6 des Gesetzes vom 22. 12. 1989 (BGBl. I, S. 2398). Es gab Beschädigtenversorgung (§ 4), Hinterbliebenenversorgung (§ 5), Unterhaltsbeihilfe für Angehörige (§ 8) sowie verschieden gestufte Eingliederungshilfen (§§ 9 a, 9 b, 9 c).

Wortlaut nach nicht schon selbst unzweideutig Unrecht darstellt[28], wenn aber der Richter es aus freien Stücken oder auf Grund von Instruktionen parteilicher Stellen so anwendet, daß Handlungen bestraft werden, die kein kriminelles Unrecht darstellen, oder wenn der Richter auf Grund einer Beweismanipulation verurteilt oder unverhältnismäßig hohe Strafen verhängt. Oder das Unrecht liegt schon eindeutig im Strafgesetz begründet, indem z. B. die Wahrnehmung von Grundrechten kriminalisiert wird, so daß eine korrekte Anwendung solch eines Strafgesetzes das gesetzliche Unrecht konkretisiert[29].

b) Kassation und Rehabilitierung

Schon vor der Wiedervereinigung hat die Volkskammer der DDR versucht, beiderlei Arten von Unrecht dem jeweiligen Niveau seiner Entstehung entsprechend festzustellen, aufzuheben und wiedergutzumachen. Unrecht bei der strafrichterlichen Gesetzesanwendung soll durch Kassation beseitigt werden. Dafür wurde auf ein Instrument sozialistischen Prozeßrechts[30] zurückgegriffen, das mit wesentlichen Änderungen[31] nun dazu dienen soll, zugunsten eines Verurteilten und auf dessen Antrag rechtskräftige Entscheidungen in Strafsachen daraufhin zu kontrollieren, ob sie auf einer schwerwiegenden Verletzung des Gesetzes beruhen oder im Strafausspruch gröblich unrichtig sind. Der Kassationsanspruch ist durch den Einigungsvertrag dahin erweitert worden, daß auch Strafaussprüche darunterfallen, die nicht mit rechtsstaatlichen Maßstäben vereinbar sind[32]. Damit verliert die Kassation ihre Gesetzesimmanenz. Ist der Kassationsantrag begründet, so wird im Gerichtsverfahren das angefochtene Urteil aufgehoben, abgeändert oder die Sache zurückverwiesen.

Neben die Kassation von Strafurteilen ist die Rehabilitierung zu Unrecht Verurteilter getreten. Das Rehabilitierungsgesetz vom

---

[28] *Erich Buchholz*, Wiedergutmachung von Unrecht, ZRP 1990, S. 466, 468.

[29] Nach der Präambel des Rehabilitierungsgesetzes vom 6. 9. 1990 (GBl. I, S. 1459) sind die verfassungsmäßig in der damaligen DDR garantierten Grund- und Menschenrechte Maßstab.

[30] Strafverfahrensrecht, Lehrbuch, 2. Aufl. 1982, S. 330 ff.; vgl. auch *Kurt Kemper / Robert Lehner*, Überprüfung rechtskräftiger Strafurteile der DDR, NJW 1991, S. 329, 330 f.

[31] Vgl. § 311 StPO-DDR sowie Einigungsvertrag Anlage I Kapitel III Sachgebiet A Abschnitt III Nr. 14 lit. h.

[32] Anlage I Kapitel III Sachgebiet A Abschnitt III Nr. 14 lit. h, hh.

6.9.1990[33] ist, obgleich schon eine geraume Zeit erörtert, erst nach Abschluß des Einigungsvertrages erlassen worden, der in Art. 17 für Opfer einer politisch motivierten Strafverfolgungsmaßnahme oder sonst einer rechtsstaats- und verfassungswidrigen gerichtlichen Entscheidung eine Rehabilitierung vorsieht. Das Rehabilitierungsgesetz in seiner durch die Vereinbarung zur Durchführung und Auslegung des Einigungsvertrages vom 18.9.1990[34] reduzierten Fassung bezweckt die Rehabilitierung von Personen, die im Widerspruch zu verfassungsmäßig garantierten Grund- und Menschenrechten strafrechtlich verfolgt worden sind[35]. Die Rehabilitierung setzt kein Strafurteil voraus, sondern kommt auch in Betracht, wenn die Strafverfolgung im Ermittlungsverfahren beendet worden ist (§ 1 Abs. 3), etwa wenn Haft verhängt oder gefoltert wurde.

Die im § 3 Abs. 2 aufgezählten Rehabilitierungsfälle sind Regelbeispiele; sie zeigen, daß die Feststellung des Unrechts wiederum DDR-rechtsintern zu treffen versucht wird. Wer verfassungsmäßige politische Grundrechte i.S. der DDR-Verfassung[36] wahrgenommen hat, wer gewaltlos Widerstand geleistet hat, wer mit friedlichen Mitteln Einfluß auf die Genehmigung einer Ausreise aus der DDR genommen hat oder wer Kontakt zu Dienststellen, Organisationen und Personen außerhalb des Gebietes der DDR aufgenommen hat, ohne Spion oder Agent zu sein, und deshalb verurteilt worden ist, kann rehabilitiert werden. Dasselbe gilt für den, der auf Grund des Straftatbestandes der Republikflucht (§ 3 Abs. 3) verurteilt worden ist.

Inzwischen liegt der Entwurf eines Ersten SED-Unrechtsbereinigungsgesetzes vor[37], das die beiden Verfahren zusammenführen und die Entschädigungsleistungen erheblich verbessern soll. Danach sind strafgerichtliche Entscheidungen, strafrechtliche Maßnahmen und Einweisungen in psychiatrische Anstalten[38], die von staatlichen deut-

---

[33] GBl. I, S. 1459.

[34] Einigungsvertrag Anlage II Kapitel III Sachgebiet C Abschnitt III Nr. 2.

[35] Vgl. dazu insbesondere *Buchholz*, ZRP 1990, S. 466 ff.; *Kemper/Lehner*, NJW 1991, S. 329, 332 f.; *Wolfgang Pfister*, Das Rehabilitierungsgesetz, NStZ 1991, S. 165 ff.

[36] Siehe Staatsrecht der DDR, 2. Aufl. 1984, S. 188: Gleichheit, Recht auf Mitbestimmung und Mitgestaltung, aktives und passives Wahlrecht, Recht auf freie Meinungsäußerung, sowie die Freiheit der Presse, des Rundfunks und des Fernsehens, Versammlungs- und Vereinigungsfreiheit.

[37] BR-Drucks. 483/91 vom 16.8.1991, das folgende Zitat entstammt Art. 1 § 1 Abs. 1 des Entwurfs.

[38] Protokollvermerk Nr. 10 zum Einigungsvertrag.

schen Gerichten bzw. Behörden zwischen 1945 und 1990 im Beitrittsgebiet getroffen worden sind, in einem gerichtlichen Verfahren für rechtsstaatswidrig zu erklären, „soweit sie mit wesentlichen Grundsätzen einer freiheitlichen rechtsstaatlichen Ordnung unvereinbar" sind.

c) Wiedergutmachung

Als Entschädigung sind abgestufte soziale Ausgleichsleistungen vorgesehen, die mindestens 300 DM, in aller Regel aber 450 DM pro Monat Freiheitsentziehung betragen und die bis zur Höhe der Versorgung nach dem Bundesversorgungsgesetz gehen können. Nach Art. 17 Satz 2 EV ist die Rehabilitierung der Opfer des SED-Unrechts-Regimes mit einer angemessenen Entschädigungsregelung zu verbinden. Maßstäbe, die der Staat nicht unterschreiten darf, sind durch das Wiedergutmachungsrecht nach dem Ende der nationalsozialistischen Diktatur gesetzt worden[39]. Wiedergutmachung staatlichen Unrechts ist ein Gebot der Gleichheitsgarantie. Denn individuell zugefügtes Unrecht verletzt stets besonders kraß die Gleichheit unter den Bürgern[40]. Während der Staat unrechtmäßig weggenommenes Eigentum in Substanz zurückgeben oder anderweitig wertmäßig ersetzen kann, können rechtswidrig entzogene Freiheit oder geschädigte Gesundheit nicht zurückgegeben und auch nicht zuverlässig bewertet werden. Möglich ist nur eine Wiedergutmachung in Geld. Diese muß so bemessen sein, daß sie der Kompensation für entzogenes Eigentum einigermaßen entspricht, d. h. vor allem, daß sie nicht nur symbolisch ist.

Wessen Gesundheit im Gefängnis beschädigt worden ist, der hat — abgestuft nach Grad und Dauer der Schädigung — Anspruch auf höhere Entschädigung als derjenige, der die ungerechte Freiheitsentziehung ohne Gesundheitsschaden überstanden hat. Entsprechende Unterscheidungen sieht der Gesetzentwurf vor. Keinen Anspruch auf Entschädigung hat, wer „gegen die Grundsätze der Menschlichkeit oder Rechtsstaatlichkeit verstoßen" (z. B. Spitzel, Denunziant) oder „in schwerwiegendem Maße seine Stellung zum eigenen Vorteil oder zum Nachteil anderer mißbraucht" hat. Eine Wiedergutmachung für

---

[39] Dazu vor allem *Ernst Féaux de la Croix*, Vom Unrecht zur Entschädigung, in: ders./Rumpf (Hrsg.), Der Werdegang des Entschädigungsrechts, 1985, S. 1 ff.

[40] Vgl. zu den Kassationsfällen Einigungsvertrag Anlage I Kapitel III Sachgebiet C Abschnitt II Nr. 4 = § 16 a Gesetz über die Entschädigung für Strafverfolgungsmaßnahmen vom 8. 3. 1971 (GBl. I, S. 157), zuletzt geändert durch Gesetz vom 24. 5. 1988 (GBl. I, S. 638).

rechtsstaatswidrige Strafverfolgung durch sowjetische Besatzungsbehörden ist noch nicht geregelt, ist aber wegen des Alters der Opfer vordringlich.

§ 12 Reaktion auf Verwaltungsunrecht

Die Rehabilitierung ist in der Gestalt, die sie durch den Einigungsvertrag bekommen hat, auf erlittenes Unrecht durch Strafverfolgung beschränkt. Schwerwiegendes Unrecht ist aber auch von Verwaltungs- und Polizeibehörden begangen worden. Ein weites Spektrum solchen Unrechts ist sichtbar. Dabei geht es nicht nur um Verwaltungsakte, die nach Art. 19 EV aufgehoben werden können, wenn sie mit rechtsstaatlichen Grundsätzen oder mit den Regelungen des Einigungsvertrages unvereinbar sind. Unrecht ist zu sehen im Ausschluß vom Besuch der höheren Schule oder vom Studium, in Diskriminierungen im Beruf jeweils wegen politischer Unzuverlässigkeit — das ist ein Riesenkomplex von Berufsunrecht —, in der Bespitzelung, Drangsalierung und Nötigung durch die Behörden der Staatssicherheit. Für den Fall der Tötung bei dem Versuch, Grenzsicherungsanlagen der DDR zu überwinden, verweist § 3 Abs. 4 RehaG die Hinterbliebenen ausdrücklich auf einen Schadensersatzanspruch gemäß Staatshaftungsgesetz der DDR. Im übrigen dürfte dieses durch den Einigungsvertrag verändert weitergeltende Gesetz[41] nicht auf SED-Unrechtsmaßnahmen anwendbar sein.

§ 13 Bestrafung der Täter

a) Anwendung des Strafrechts der DDR

Zur Aufarbeitung vor-rechtsstaatlicher Vergangenheit gehört auch die Verfolgung und Aburteilung von Straftaten, die unmittelbar zur Aufrechterhaltung des Unrechtsregimes begangen und naturgemäß nicht verfolgt worden sind oder die, ohne einem solchen Zweck gedient zu haben, aus politischen Gründen zur Schonung der Nomenklatura ungeahndet gelassen worden sind. Wenn man an die Aufarbeitung der nationalsozialistischen Diktatur unmittelbar nach dem zweiten Weltkrieg denkt, könnte man in Erwägung ziehen, aus den allgemeinen Rechtsgrundsätzen den gesetzlichen Straftatbestand des

[41] Gesetz v. 12. 5. 1969 (GBl. I, S. 34) geändert durch Gesetz vom 14. 12. 1988 (GBl. I, S. 329), mit den Maßgaben des Einigungsvertrages in Anlage II Kapitel III Sachgebiet B Abschnitt III Nr. 1.

Verbrechens gegen die Menschlichkeit zu bilden und rückwirkend auf Vorgänge in der SBZ und der DDR zwischen 1945 und 1989 anzuwenden. Entsprechend sind die Alliierten 1945 mit den "crimes against humanity" verfahren[42]. Auf Grund dieser rückwirkenden Strafbestimmung sind zahlreiche Verurteilungen zunächst durch Gerichte der Besatzungsmächte, später in einigen Fällen auch durch deutsche Gerichte erfolgt[43]. Ich erwähne diese Rechtsprechung, weil sie zu einer lebhaften Kontroverse geführt hat[44], in deren Folge der rückwirkende Straftatbestand nicht mehr angewandt worden ist und der Grundsatz nulla poena sine lege den Sieg davongetragen hat. Diesen sollten wir auch bei der Aufarbeitung des SED-Unrechtsregimes nicht in Frage stellen. Anwendung kann danach nur das in der damaligen DDR jeweils geltende Strafrecht finden[45].

Zur Ahndung von Straftaten kommen insbesondere in Frage die Straftatbestände des Mordes (§ 112), des Totschlags (§ 113), der Körperverletzung (§§ 115 ff.), der Freiheitsberaubung (§ 131) und der Entführung von Kindern (§ 144), aber auch Nötigung (§ 129) und Erpressung (§ 127) sowie Bedrohung mit einem Verbrechen (§ 130). Straftatbestände zur Ahndung von Verletzungen des persönlichen Lebens- und Geheimbereichs, wie sie das geltende Strafrecht der

---

[42] Vgl. Kontrollratsgesetz Nr. 10 v. 20. 12. 1945 (ABl. des Kontrollrats 1946, S. 22) crimes against humanity: atrocities and offenses, including but not limited to murder, extermination enslavement, deportation, imprisonment, torture, rape, or other inhumane acts committed against any civilian population, or persecutions on political, racial or religious grounds whether or not in violation of the domestic laws of the country where perpetracted.

[43] Das Oberste Gericht für die Britische Zone (OGHSt. 2, 269, 271 ff.; vgl. auch OGHSt. 1, 217–229) hat den rückwirkenden Straftatbestand wie folgt gerechtfertigt: im Bereich aller Kulturvölker gebe es bestimmte, mit dem Wert und der Würde der menschlichen Persönlichkeit zusammenhängende Grundsätze menschlichen Verhaltens, die für das Zusammenleben der Menschen und für das Dasein jedes einzelnen so wesentlich seien, daß auch kein diesem Bereich angehörender Staat berechtigt sei, sich davon loszusagen. Der Verstoß gegen diese Grundsätze der Menschlichkeit bleibe also strafbares Unrecht, auch wenn er von einem Staat geduldet, gefördert oder veranlaßt werde.

[44] Vgl. *Hodo v. Hodenberg*, Zur Anwendung des Kontrollgesetzes Nr. 10 durch deutsche Gerichte, Süddt. JZ 1947, Sp. 113–124; *August Wimmer*, Die Bestrafung von Humanitätsverbrechen und der Grundsatz „nullum crimen sine lege", Süddt. JZ 1947, Sp. 123–132; *Gustav Radbruch*, Zur Diskussion über die Verbrechen gegen die Menschlichkeit, Süddt. JZ 1947, Sp. 131–136; den Bericht von *Martin Broszat*, Siegerjustiz oder strafrechtliche „Selbstreinigung", in: Vierteljahresschrift für Zeitgeschichte 29 (1981), S. 477, 516 ff., auch interne behördliche Stellungnahmen umfassend.

[45] Vgl. Art. 315 Abs. 1 EGStGB.

Bundesrepublik enthält[46], kennt das DDR-Strafgesetzbuch nicht[47]; insoweit kommt eine Verurteilung nicht in Betracht. Abzuurteilen sind insbesondere Tötungen und Tötungsversuche sowie schwere Körperverletzungen, die im Zusammenhang mit der Beschränkung der Freizügigkeit begangen oder angeordnet worden sind, Mißhandlungen, die während der Strafverfolgung und Strafvollstreckung begangen worden sind, die Entführung von Kindern durch Zwangsadoption aus politischen Gründen, Nötigungen und Bedrohungen durch Angehörige des Staatssicherheitsdienstes. Ob ein Rechtfertigungsgrund vorliegt, ist zunächst nach DDR-Recht zu prüfen. Schon hier wird häufig – entgegen der damaligen Praxis – ein Rechtfertigungsgrund zu verneinen sein[48]. In den Fällen, in denen nach DDR-Recht ein Rechtfertigungsgrund konstruiert werden kann, gilt folgendes: Staatliche Befehle, die sich außerhalb der Rechtsgrundsätze bewegen, die von den zivilisierten Staaten heute zumeist auch völkerrechtlich anerkannt sind, können nicht als Rechtfertigungsgründe dienen[49]. Weiter ist dann zu prüfen, ob der Täter einem Verbotsirrtum unterlag.

b) Insbesondere Rechtsbeugung

Was im vorangegangenen Paragraphen über Rehabilitierung und Entschädigung zu Unrecht Verurteilter gesagt worden ist, wirft die

[46] §§ 201, 202 a, 203, 204 StGB.

[47] Das 5. Strafrechtsänderungsgesetz v. 14. 12. 1988 (GBl. I, S. 335) führte ein die Strafbarkeit der Folter (§ 91 a), die Verletzung des Rechts an persönlichen Daten (§ 136 a), das 6. Strafrechtsänderungsgesetz v. 29. 6. 1990 (GBl. I, S. 526) die Strafbarkeit unberechtigten Abhörens (§ 135 a).

[48] Ungesetzlicher Grenzübertritt (§ 213 DDR-StGB) war ein Straftatbestand, der selbst in der Form des schweren Falles kein Verbrechen im Sinne des § 1 Abs. 3 DDR-StGB war. Denn die angedrohte Mindeststrafe lag deutlich unter zwei Jahren. Nach § 27 Abs. 2 Grenzgesetz vom 25. 3. 1982 (GBl. I, S. 197) war die Anwendung der Schußwaffe nur *gerechtfertigt*, „um die unmittelbar bevorstehende Ausführung oder Fortsetzung einer Straftat zu verhindern, die sich den Umständen nach als Verbrechen darstellt“. Daß später eine Freiheitsstrafe von über zwei Jahren ausgesprochen wird, macht die Tat zwar auch zu einem Verbrechen (§ 1 Abs. 3 DDR-StGB); da dies aber nicht vorausgesehen werden kann, kann sich die Straftat nicht gemäß § 27 Abs. 2 den Umständen nach als Verbrechen darstellen. Ein Befehl, bei Fluchtversuchen *stets* den Versuch eines Verbrechens anzunehmen, war vom Gesetz nicht gedeckt und stand auch im Widerspruch zur völkerrechtlichen Verpflichtung der DDR, jedem Bürger das Recht zu gewährleisten, sein Land zu verlassen. Ein entsprechender Rechtfertigungsgrund scheidet also schon nach dem damaligen DDR-Recht aus.

[49] Vgl. insbesondere BGHSt. 2, 173, 175 ff.; 2, 234, 236 ff.

Frage auf, ob die an solch einer Verurteilung Beteiligten strafrechtlich zur Rechenschaft gezogen werden können. Auch das DDR-Strafgesetzbuch kennt das Delikt der Rechtsbeugung (§ 244), wonach derjenige Richter, Staatsanwalt oder Mitarbeiter eines Untersuchungsorgans bestraft wird, der *wissentlich* gesetzwidrig zugunsten oder zuungunsten eines Beteiligten entscheidet. Danach ist direkter Vorsatz erforderlich, der nur selten wird nachgewiesen werden können, wenn man die ideologische Ausrichtung der Richter in Betracht zieht. Auf jeden Fall dürfte der Nachweis eines direkten Vorsatzes der Rechtsbeugung ebenso schwer zu erbringen sein wie gegenüber Richtern aus der nationalsozialistischen Zeit. Deshalb werden Richter nur selten strafrechtlich zur Rechenschaft gezogen werden können. Bei Entscheidungen von Kollegialgerichten setzt eine Verurteilung überdies den Nachweis voraus, daß der Angeklagte für die Entscheidung gestimmt hat. Zum alten § 336 StGB, der bis 1968 noch in der DDR galt, hat der BGH[50] entschieden, daß ein DDR-Strafrichter, möge auch sein Schuldspruch keine vorsätzliche Rechtsbeugung enthalten, dennoch Rechtsbeugung begehe, wenn er bewußt eine Strafe verhänge, die nach Art und Höhe in einem unerträglichen Mißverhältnis zur Schwere der Tat und der Schuld des Täters stehe. Wird in dem das Recht beugenden Urteil eine Freiheitsstrafe verhängt, wird, soweit diese vollstreckt ist, in Tateinheit das Delikt der Freiheitsberaubung (§ 131 DDR-StGB) begangen, bei einem willkürlichen Todesurteil ein Tötungsdelikt.

c) Anwendung westdeutschen Strafrechts

Westdeutsches Strafrecht wird angewandt bei Auslandstaten gegen inländische Rechtsgüter, die in § 5 StGB aufgeführt sind. Darunter fallen die Verschleppung (§ 234 a StGB) und die politische Verdächtigung (§ 241 a StGB), wenn sich die Tat gegen einen Deutschen richtet, der im Inland seinen Wohnsitz oder gewöhnlichen Aufenthalt hat (§ 5 Nr. 6 StGB). Nach ständiger Rechtsprechung des BGH[51] war insoweit auch die DDR Inland, da der Schutzzweck der Norm gerade auch die dort wohnenden Deutschen als Tatopfer erreichen will[52], zugleich aber auch Ausland, wo die Tat dem Gesetz gemäß begangen sein muß. Die Auslegung des Inlandsbegriffs durch den BGH ist umstritten[53].

---

[50] NJW 1960, 974 f.

[51] BGHSt. 30, 1; 32, 293; 33, 238.

[52] Vgl. Denkschrift des Bundesjustizministeriums, DRiZ 1951, S. 162 f.

[53] *Volker Krey*, Anwendung des Internationalen Strafrechts im Verhältnis der Bundesrepublik Deutschland zur DDR, JR 1980, S. 48; *ders.*, Schutz von DDR-

Während früher nur selten nach §§ 234 a, 241 a StGB bestraft worden ist, weil die Täter nur ausnahmsweise in die Bundesrepublik gekommen sind, steht nach der Wiedervereinigung eine Fülle von Denunziantenprozessen und -verurteilungen zu erwarten. Die Problematik kann hier nicht näher erörtert werden. Der BGH hat nach der Wiederherstellung der staatlichen Einheit noch nicht über entsprechende Fälle entschieden. Es ist jedoch nicht zu erwarten, daß er seine Rechtsprechung angesichts der neuen Lage ändert. In jedem einzelnen Fall, in dem es zu einer Anklage kommt, muß individuelle Schuld des Täters nachgewiesen werden. Der Täter muß gewußt haben, was er tat, er muß in der Lage gewesen sein, anders zu handeln, und er muß bei gehöriger Gewissensanspannung gewußt haben, daß sein Handeln rechtswidrig war[54]. Diese Gewissensanspannung hat auf der Grundlage der Vorstellungen der Rechtsgemeinschaft stattzufinden[55]. Rechtsgemeinschaft war nicht die Nomenklatura, sondern die Bevölkerung insgesamt, deren Rechtsbewußtsein den überlieferten Rechtsgrundsätzen entsprach, weshalb vieles vor ihr geheimgehalten wurde.

Nach bundesdeutschem Strafrecht können auch die Mitarbeiter des Spionageapparates der DDR wegen Landesverrats und Gefährdung der äußeren Sicherheit verfolgt werden. § 5 Nr. 4 StGB bezeichnet die Straftaten der §§ 94–101 a StGB als Auslandstaten gegen inländische Rechtsgüter. Entsprechende Anklagen sind von der Bundesanwaltschaft erhoben worden. Der Bundesgerichtshof hält entsprechende Strafverfolgungen für möglich, da er eine Haftbeschwerde eines entsprechenden Angeklagten verworfen hat[56]. Jeder kleine Agent des DDR-Spionagedienstes mußte im Falle seiner Enttarnung mit Strafverfolgung auf Grund der Staatsschutzbestimmungen des westdeutschen Strafrechts rechnen; die friedliche Revolution in der ehemaligen DDR und die darauffolgende Wiedervereinigung haben nun dazu geführt, daß auch die in der DDR residierenden planenden Köpfe des Spionagedienstes dem Zugriff der bundesdeutschen Justiz ausgesetzt

---

Bürgern durch das Strafrecht der Bundesrepublik Deutschland?, JR 1985, 406; *Wilhelm Wengler*, Anmerkung, JR 1981, 208; *Christian Friedrich Schroeder*, Anmerkung, NStZ 1981, S. 179; *Gerald Grünwald*, Die strafrechtliche Bewertung in der DDR begangener Handlungen, in: Strafverteidiger 1991, S. 31, 34.

[54] BGHSt. 2, 194.

[55] BGHSt. 4, 1, 5.

[56] BGH, Beschl. v. 30. 1. 1991, JZ 1991, S. 713 ff.; BGH, Beschl. v. 29. 5. 1991, NJW 1991, S. 2498 ff.; anders KG, Vorlagebeschl. v. 22. 7. 1991, NJW 1991, S. 2501 ff.

sind und wegen der von ihnen gegen die Bundesrepublik begangenen Staatsschutzdelikte anzuklagen sind.

Im Einigungsvertrag hätte eine solche Strafverfolgung ausgeschlossen werden können. Das ist nicht geschehen[57]. Verlangt das Grundgesetz[58], auf die Strafverfolgung zu verzichten? Aus dem Gleichheitssatz ergibt sich nicht die Pflicht, die Mitarbeiter des DDR-Spionagedienstes und die entsprechenden Agenten des westdeutschen Nachrichtendienstes gleichzubehandeln. Denn die westlichen Agenten waren zur Verteidigung eines demokratischen Rechtsstaates tätig. Dagegen haben die DDR-Agenten die äußere Sicherheit des Rechtsstaates Bundesrepublik Deutschland gefährdet und die Ziele einer Parteidiktatur gefördert, die von der Bevölkerung gestürzt worden ist. Dadurch und letztlich durch die Wiedervereinigung sind die Mitglieder des DDR-Spionagedienstes der Strafverfolgung für Taten ausgesetzt worden, deren Strafbarkeit vor Begehung der Tat gesetzlich begründet war (Art. 103 Abs. 2 GG)[59].

Es stellt sich jedoch die Frage, ob nach dem Zusammenbruch der sozialistischen Parteidiktatur im östlichen Teil Deutschlands und dem Wegfall dieser Gefahrenquelle für die äußere und innere Sicherheit der Bundesrepublik die im dortigen Spionagedienst Tätigen durch Amnestie außer Strafverfolgung gesetzt werden sollten[60], soweit reine Staatsschutzdelikte erfüllt worden sind. Dies ist eine Frage der politischen Klugheit, die der Bundestag zu entscheiden hat. Er wird dabei zu beachten haben, ob eine Amnestie eine friedenstiftende Wirkung erzielen kann.

d) Ruhen der Verjährung

Nach den Vorschriften über die Verfolgungsverjährung der beiden Strafgesetzbücher[61] sind die meisten Straftaten, die weiter zurückliegen, verjährt. Die gesetzlichen Vorschriften über das Ruhen der Verjährung betreffen nicht die Fälle, in denen Straftaten aus politischen

---

[57] Arg. Einigungsvertrag Anlage I Kapitel III Sachgebiet C Abschnitt II Nr. 2 lit. b (= Art. 315 Abs. 4 EGStGB); sowie a. a. O. Abschnitt III Nr. 1 (= Unanwendbarkeit des § 5 Nrn. 8, 9 StGB).

[58] Zur Vereinbarkeit mit dem Völkerrecht vgl. BGH, JZ 1991, S. 713, 714 f.

[59] A. A. *C. D. Classen*, Anmerkung, JZ 1991, S. 717, 718; *Gunter Widmaier*, Verfassungswidrige Strafverfolgung der DDR-Spionage, NJW 1991, S. 2460.

[60] So auch BGH, JZ 1991, S. 713, 716 f.; *Bruno Simma / Klaus Volk*, Zur BGH-Entscheidung über die Strafbarkeit der DDR-Spione, NJW 1991, S. 871, 875; *Helmuth Schulze-Fielitz*, Der Rechtsstaat und die Aufarbeitung der vor-rechtsstaatlichen Vergangenheit, DVBl. 1991, S. 893, 902.

[61] §§ 82, 84 DDR-StGB; § 87 StGB.

Gründen systematisch nicht verfolgt worden sind. Es ist deshalb zu prüfen, ob aus allgemeinen Gesichtspunkten begründet werden kann, daß die Verjährung der aus politischen Gründen nicht verfolgten Straftaten bis zum Tage der Wiedervereinigung geruht hat.

Die Ausübung von Strafgewalt durch den Staat wahrt den Frieden. Verfolgungsverjährung bedeutet, daß der Staat auf die Verwirklichung seines Strafanspruchs verzichtet, wenn die Straftat — je nach ihrer Schwere abgestuft — eine gewisse Zeit zurückliegt. Der inzwischen normalerweise eingetretene Rechtsfriede soll nicht gestört werden. Wenn aber ein diktatorisches System aus politischen Gründen bestimmte Straftaten und bestimmte Täter nicht verfolgt, werden die Sozialordnung und der Rechtsfrieden schwer gestört. Man denke nur an die von höchster staatlicher Stelle veranlaßten Kindesentführungen, an Erpressungen durch Stasi-Offiziere oder an Peiniger in Zuchthäusern. Solange die die Strafverfolgung hindernden politischen Verhältnisse bestehen, verlangt der dem Strafrecht innewohnende Gedanke des Rechtsfriedens ein Ruhen der Verjährung. Zum Rechtsfrieden gehört auch die prinzipielle Gleichheit bei der Strafverfolgung, die während der Diktatur schwerwiegend verletzt worden ist. Sollte sich ein Ruhen der Verjährung nicht richterrechtlich begründen lassen[62], müßte ein entsprechendes Gesetz erlassen werden. Die Verfassungsmäßigkeit eines solchen Gesetzes im Hinblick auf die nationalsozialistische Willkürherrschaft ist 1952 vom Bundesverfassungsgericht bestätigt worden[63].

§ 14 Wiedergutmachung von Eigentumsentziehungen

Die sowjetische Besatzungsmacht und die Parteidiktatur der SED haben Eigentum und andere Vermögensgegenstände entschädigungslos oder gegen unverhältnismäßig geringe Entschädigung — also rechtsstaatswidrig — entzogen, um die gesellschaftlichen Verhältnisse grundlegend zu ändern. Die entzogenen Vermögenswerte wurden in Volkseigentum überführt, veräußert oder Kadern zur Nutzung überlassen. Da Art. 14 GG in der Sowjetzone und späteren DDR nicht galt, kann unmittelbar darauf ein Rückübereignungs- oder Entschädigungsanspruch nicht gestützt werden. Der Rechtsstaat, der die vorrechtsstaatliche Vergangenheit aufarbeitet, die unter die Geltung des Grundgesetzes gelangt ist, kann die Eigentumsentziehungen ebenso-

---

[62] In Frage kommt eine analoge Anwendung derjenigen Vorschriften über das Ruhen der Verjährung, die an Verfolgungshindernisse anknüpfen (§ 78 b Abs. 1 Satz 1 StGB, § 83 Nr. 3 StGB-DDR).

[63] BVerfGE 1, 418, 422 ff.

wenig auf sich beruhen lassen[64] wie die schon behandelten Schädigungen des Lebens, der Gesundheit und der Freiheit. Alle diese Beeinträchtigungen verletzen die Rechtsgleichheit.

Soweit Eigentum und andere Vermögenswerte nach 1949 entzogen worden sind, sieht das Gesetz zur Regelung offener Vermögensfragen, das Bestandteil des Einigungsvertrages ist[65], als Regel die Rückübertragung vor (§ 3 Abs. 1 Satz 1). Soweit diese nicht möglich ist (§ 4), wird durch Übereignung von Grundstücken mit möglichst vergleichbarem Wert oder in Geld entschädigt (§ 9). Aus dem Zusammenhang dieser Vorschriften folgt, daß die Entschädigung in Geld dem derzeitigen Verkehrswert des entzogenen Vermögensgegenstandes entsprechen muß, weil anderenfalls der Gleichheitssatz verletzt würde[66]. Bei niedrigerem Entschädigungsniveau müßte das rückübereignete Grundeigentum entsprechend belastet werden.

Eigentumsentziehungen auf besatzungsrechtlicher bzw. besatzungshoheitlicher Grundlage zwischen 1945 und 1949 sollen nach dem Einigungsvertrag nicht mehr rückgängig gemacht werden[67]. Diese Vorgänge werden wegen ihrer Intensität und Begleitumstände, die häufig zur Vertreibung, Verschleppung oder Tötung des Eigentümers führten, sehr euphemistisch mit dem Rechtsbegriff Enteignung bezeichnet, wie dies in Anlage III zum Einigungsvertrag geschieht. Vielmehr handelt es sich um Konfiskationen oder Einziehungen, die als bewußte Entrechtungen mit Strafcharakter gemeint waren[68]. Die Maßnahmen, die als „demokratische Bodenreform" bezeichnet wurden, sprachen auch minimalen rechtsstaatlichen Grundsätzen Hohn und standen, soweit von der sowjetischen Besatzungsmacht zu verantworten, nicht im Einklang mit dem Völkerrecht[69].

---

64 Ähnlich *Peter Badura*, Der Verfassungsauftrag der Eigentumsgarantie im wiedervereinigten Deutschland, DVBl. 1990, S. 1256, 1262.

65 Anlage II Kapitel III Sachgebiet B Abschnitt I Nr. 5.

66 Entsprechende Andeutung BVerfGE 84, 90, 128 f.

67 Art. 41 Abs. 1 EV i. V. mit Anlage III Nr. 1; Art. 143 Abs. 3 n. F. GG.

68 Vgl. dazu insbesondere Weißbuch über die „Demokratische Bodenreform", bearbeitet von *Joachim v. Kruse*, hrsg. von der Arbeitsgemeinschaft Deutscher Landwirte und Bauern, Hannover 1955; Die Enteignungen in der Sowjetischen Besatzungszone und die Verwaltung des Vermögens von nicht in der Sowjetzone ansässigen Personen, hrsg. vom Bundesministerium für Gesamtdeutsche Fragen, 3. Aufl., Bonn 1962; *Gerhard Fieberg / Harald Reichenbach* (Hrsg.), Enteignungen und offene Vermögensfragen in der ehemaligen DDR, Bd. I, Köln 1991.

69 Vgl. *Alfred Verdroß / Bruno Simma*, Universelles Völkerrecht, 1984, § 581; nach *Seidl-Hohenveldern*, Völkerrecht, 6. Aufl. 1987, S. 411, galt die Haager Landkriegsordnung auch gegenüber Deutschland nach 1945.

Es war der Wunsch nicht nur der Vertreter der damals in Agonie liegenden Parteidiktatur, sondern auch der Regierung, die aus der ersten frei gewählten Volkskammer hervorgegangen ist, die genannten Maßnahmen unangetastet zu lassen[70]. Dies ist in Art. 143 Abs. 3 GG verfassungsrechtlich verankert, vom Bundesverfassungsgericht an Art. 79 Abs. 3 GG gemessen und bestätigt worden[71]: Die durch Art. 79 Abs. 3 GG geschützten Prinzipien der Rechts- und Sozialstaatlichkeit seien in ihren Grundelementen, die auch der verfassungsändernde Gesetzgeber nicht außer acht lassen dürfe, jedenfalls nicht verletzt, wenn die in Frage stehenden Enteignungen nicht im Wege der Restitution in Natur bereinigt würden. Auf weitere Deduktionen aus Art. 79 Abs. 3 GG läßt sich das Gericht nicht ein. Das Gericht untersucht nicht, ob die von ihm so genannten „Grundelemente des Gleichheitssatzes, die nach Art. 79 Abs. 3 GG unantastbar sind", einen finanziellen Ausgleich fordern. Das ist zu bejahen. Die in den Unrechtsakten steckenden groben Verletzungen der Rechtsgleichheit bedürfen der Kompensation. Das Bundesverfassungsgericht begründet die Ausgleichspflicht aus dem Vergleich mit der gesetzlichen Wiedergutmachungsregelung für Eigentumsentziehungen nach 1949[72]. Anzuwenden seien die Grundsätze, die für den Ausgleich von Kriegsfolgeschäden entwickelt worden seien[73]. Angesichts der nicht in unbegrenzter Höhe zur Verfügung stehenden Mittel muß bei dem Ausgleich meßbarer materieller Schäden Rücksicht genommen werden auf den Ausgleich nicht meßbarer Schädigungen der körperlichen Integrität und der Freiheit.

---

[70] Vgl. dazu die Angaben bei *Gerhard Fieberg / Harald Reichenbach*, Zum Problem der offenen Vermögensfragen, NJW 1991, S. 321, 322 f.; vgl. auch *Eckart Klein*, Der Einigungsvertrag, DÖV 1991, S. 569, 574.

[71] BVerfGE 84, 90, 126, 128, 131.

[72] Im Ergebnis wie das Bundesverfassungsgericht, aber vor Erlaß des Urteils, *Badura*, DVBl. 1990, S. 1256, 1262; *v. Mangoldt/Klein/v. Campenhausen*, Das Bonner Grundgesetz, 3. Aufl., Bd. 14, 1991, Art. 143 Rdn. 56; *Matthias Herdegen*, Die Verfassungsänderungen im Einigungsvertrag, Heidelberg 1991, S. 19 ff.; eine staatliche Pflicht zum Ausgleich lehnen ab *Edzard Schmidt-Jortzig*, Sind nicht in Wahrheit bloß Hoffnungen enttäuscht worden?, in: FAZ v. 22. 9. 1990/Nr. 221, S. 10; *Hans-Jürgen Papier*, Verfassungsrechtliche Probleme der Eigentumsregelung im Einigungsvertrag, NJW 1991, S. 193, 197; *Schulze-Fielitz*, DVBl. 1991, S. 903; von der Nichtigkeit der Konfiskationen gehen aus *Otto Kimminich*, Die Eigentumsgarantie im Prozeß der Wiedervereinigung (Landwirtschaftliche Rentenbank, Frankfurt, Schriftenreihe Bd. 3), 1990; *Hans-Herbert v. Arnim*, Entzug der Grundrechte aus Opportunität?, FAZ v. 6. 9. 1990/Nr. 207, S. 8.

[73] Vgl. BVerfGE 27, 253, 284 f.; 38, 128, 133.

§ 15 Behandlung der Angehörigen des öffentlichen Dienstes

a) Das alte Kadersystem

Die Angehörigen des öffentlichen Dienstes der ehemaligen DDR unter Einschluß der Universitätsprofessoren, insbesondere in den Geisteswissenschaften, und der Richter waren in ganz besonderem Maße der marxistisch-leninistischen Partei und der von dieser vertretenen Ideologie verpflichtet. Sie hatten einen streng parteilichen Standpunkt in Verwaltung[74], Lehre und Ausbildung[75] sowie in der Rechtsprechung[76] zu vertreten und die Aufgabe, die Beschlüsse der SED zu verwirklichen. Demgemäß waren potentiell alle Angehörigen des öffentlichen Dienstes und aktuell viele von ihnen Instrumente des Unrechtsstaates, durch die die dem System unterworfenen Menschen drangsaliert, verunsichert, unter Anpassungsdruck gesetzt und ihrer Lebenschancen beraubt worden sind. Hier kristallisiert sich die vor-rechtsstaatliche Vergangenheit, die aufzuarbeiten ist, wie auf keinem anderen Gebiet. Hinzu kommt, daß die einseitige ideologische Ausrichtung in Wissenschaft, Verwaltung und Rechtsprechung bei zahlreichen Angehörigen des öffentlichen Dienstes dazu geführt hat, daß sie mangels fachlicher Qualifikation und persönlicher Eignung den Anforderungen nicht gewachsen sind, die nach Beseitigung der sozialistischen Parteidiktatur in einem rechtsstaatlichen System an sie gestellt sind.

---

[74] Über die diesbezüglichen Anforderungen an die „Kader" des Staatsapparates vgl. Verwaltungsrecht, als Lehrbuch für die Aus- und Weiterbildung an Universitäten und Hochschulen der DDR vom Minister für Hochschul- und Fachschulwesen anerkannt, 2. Aufl. 1988, S. 86.

[75] Zur Parteiherrschaft in den Hochschulen eingehend mit Zitaten der einschlägigen Verordnungen und der Beschlüsse des Staatsrates *Julius Schoenemann,* Verzweifelte Opportunisten, arrogante Karrieristen, FAZ v. 3.1.1991/Nr. 2, S. 5.

[76] Vgl. insbesondere *Karl Polak,* Reden und Aufsätze, Ostberlin 1968, S. 431: „Die Frage nach der Parteilichkeit des Rechts und damit der Durchsetzung des Rechts, seine Hebung auf das Niveau der bewußten Gestaltung der gesellschaftlichen Entwicklung durch die marxistisch-leninistische Partei der Arbeiterklasse, ist also identisch mit der Durchsetzung der marxistischen Dialektik im Recht". Ähnlich *Günther Lehmann / Hans Weber,* Theoretische Grundfragen der sozialistischen Rechtspflege, in: Neue Justiz 1969, S. 608; vgl. dazu *Böckenförde* (Anm. 17), S. 68 ff.

b) Kündigungen oder Abwicklung

Auf diesen Befund reagiert der Einigungsvertrag[77] mit Vorschriften über ordentliche Kündigungen mangels Qualifikation und Eignung und über außerordentliche Kündigungen aus wichtigem Grund. Ein solcher liegt dann vor, wenn der Arbeitnehmer gegen die Grundsätze der Menschlichkeit oder Rechtsstaatlichkeit, d. h., gegen die im Internationalen Pakt über bürgerliche und politische Rechte vom 19. Dezember 1966 gewährleisteten Menschenrechte oder gegen die in der Allgemeinen Erklärung der Menschenrechte vom 10. Dezember 1948 enthaltenen Grundsätze verstoßen hat oder wenn er für das frühere Ministerium für Staatssicherheit tätig war und deshalb ein Festhalten am Arbeitsverhältnis unzumutbar erscheint.

Während die Kündigungsvorschriften am früheren Verhalten oder an der Eignung des einzelnen Angehörigen des öffentlichen Dienstes anknüpfen, bestimmt sich die in Art. 13 EV vorgesehene (Auflösung und) Abwicklung[78] einer Einrichtung nach objektiven Erfordernissen, die nach dem Warteschleifen-Urteil des Bundesverfassungsgerichts der Abwehr von Gefahren für ein überragend wichtiges Gemeinschaftsgut gleichkommen müssen[79]. Die Abwicklung führt zu einer sozial abgefederten[80] Entlassung der in der aufgelösten Einrichtung tätigen Bediensteten, soweit deren Dienstverhältnisse nicht schon vorher gekündigt worden sind.

Anläßlich der geplanten Abwicklung der früheren Sektion Rechtswissenschaft und einiger weiterer extrem ideologisch bestimmter Sektionen der Humboldt-Universität hat sich die Frage gestellt, ob die nach dem Einigungsvertrag gebotene Erneuerung des Hochschulwesens und die Herstellung der Grundlagen der Wissenschaftsfreiheit[81] durch Auflösung, Abwicklung und Neugründung in den Fächern vollzogen werden müssen, die in vollständiger geistiger Abhängigkeit von der SED betrieben wurden. Eine ehemalige Sektion Rechtswissenschaft, deren Aufgabe allein in der ideologischen und praktischen

---

[77] Einigungsvertrag Anlage I Kapitel XIX Sachgebiet A Abschnitt III Nr. 1 Absätze 4 und 5.

[78] Zum Begriff der Abwicklung siehe BVerfGE 84, 133, 149 ff.

[79] BVerfGE 84, 133, 151 f.

[80] Einigungsvertrag Anlage I Kapitel XIX Sachgebiet A Abschnitt III Nr. 1 Absätze 2 und 3.

[81] Vgl. Denkschrift zum Einigungsvertrag, BT-Drucks. 11/7760, S. 353 ff., hier zu Art. 37.

Unterstützung der SED-Diktatur bestand, stellt eine andere Funktions- und Organisationseinheit dar als eine juristische Fakultät, in der Rechtswissenschaft als Grundlage einer rechtsstaatlichen Demokratie gelehrt wird. Dieser wesentliche Funktionsunterschied drängt sich auf[82]; und er muß schon deshalb hervorgehoben werden, weil die neue, d. h. andere Funktion von der überwiegenden Mehrheit des alten Personals nicht erfüllt werden kann. Die Beibehaltung des alten Personals in den juristischen Fakultäten würde die Einführung des Rechtsstaats bei der Ausbildung der neuen Generation von Juristen an der Wurzel schädigen.

Das OVG Berlin hat in einem Verfahren auf Erlaß einer einstweiligen Anordnung[83] die Abwicklung mehrerer ehemaliger Sektionen der Humboldt-Universität, u. a. der Sektion Rechtswissenschaft, mangels Untergangs der jeweiligen Funktionseinheit für unzulässig gehalten. In rein dienstrechtlichen Kategorien befangen sieht das Gericht nicht den Unterschied zwischen einer juristischen Fakultät und einer sonstigen Einheit der öffentlichen Verwaltung oder Rechtspflege, deren Struktur und Aufgaben modifiziert werden. Während die Professoren einer juristischen Fakultät in Forschung und Lehre frei sind[84], können alle Entscheidungen von Behörden auf ihre Recht- und Zweckmäßigkeit überprüft werden. Die Gerichte entscheiden in kollegial besetzten Spruchkörpern, deren Entscheidungen der Berufung und Revision unterliegen.

Sollten die Gerichte die Abwicklung ideologisch besonders belasteter Universitäts-Sektionen und anschließende Neugründung nicht zulassen, muß von den Möglichkeiten der Kündigung Gebrauch gemacht werden. Die Behörden müssen im Zusammenwirken mit Überprüfungsausschüssen in jedem einzelnen Fall nachweisen, daß ein Kündigungsgrund vorliegt. Jede Kündigung ist gerichtlich überprüfbar. Solche Gerichtsverfahren würden ebenso wie einstweilige Anordnungen gegen Abwicklungen die Erneuerung der Hochschulen über Jahre verschleppen.

---

82 Vgl. *Ulrich Karpen*, Den Dienern des Systems die Freiheit schenken, FAZ vom 17. 8. 1991/Nr. 190, S. 23.

83 Beschluß vom 6. 6. 1991, DÖV 1991, S. 746, 748 = DVBl. 1991, S. 762, 766. Ähnlich Kreisgericht Erfurt betreffend den Fachbereich Erziehungswissenschaften der Pädagogischen Hochschule Erfurt-Mühlhausen, lt. Bericht der FAZ v. 17. 8. 1991.

84 Dazu *v. Mangoldt/Klein/Starck*, GG, Art. 5 Rdn. 221 ff.; *Starck* (Anm. 8), S. 380.

c) Überprüfung der Richter

Die Zahl der Richter in der ehemaligen DDR belief sich nur auf ca. 1200, die stets nur auf Zeit ernannt waren. Eine Reinigung der Richterschaft von ungeeigneten Richtern ist schon durch das Richtergesetz der DDR vom 5. Juli 1990[85] eingeleitet worden, das die Einrichtung von sog. Richterwahlausschüssen vorsieht[86], ohne deren Zustimmung kein Richter berufen werden kann. Die Regelungen im Einigungsvertrag enthalten einige Maßgaben zum Deutschen Richtergesetz[87], die an das Richtergesetz der DDR anknüpfen, das jetzt auf Länderzuständigkeit umgestellt ist. Bei den Richterwahlausschüssen handelt es sich in Wahrheit um Richterüberprüfungsausschüsse, die sich mit allen aus der Zeit der SED-Diktatur stammenden Richtern beschäftigen, die weiterhin Richter sein wollen[88]. In der zitierten Maßgabe heißt es, daß die Ausschüsse über den Fortbestand der Richterverhältnisse der nach den Vorschriften des Richtergesetzes der DDR zur Ausübung der Rechtsprechung ermächtigten Richter späte-

---

[85] GBl. I, S. 637.

[86] Vgl. Beschluß der Volkskammer der Deutschen Demokratischen Republik zum Richtergesetz — Ordnung über die Bildung und Arbeitsweise der Richterwahlausschüsse — vom 22. Juli 1990 (GBl. I, S. 904). Danach haben die Ausschüsse folgende Voraussetzungen für die Berufung zu prüfen: Treue zum freiheitlichen, demokratischen, föderativen, sozialen und ökologisch orientierten Rechtsstaat, moralische und politische Integrität, fachliche Eignung und Fortbildungsbereitschaft, berufsethische Eigenschaften.

[87] Anlage I Kapitel III Sachgebiet A Abschnitt III Nr. 8, insbesondere Maßgabe o.

[88] Ehemalige Richter, Staatsanwälte und andere juristisch ausgebildete Angehörige des öffentlichen Dienstes, die wegen ihrer Berufsausübung während der Diktatur den öffentlichen Dienst verlassen mußten oder freiwillig verließen, drängten in die Rechtsanwaltschaft, die ihnen durch die Verordnung über die Tätigkeit und die Zulassung von Rechtsanwälten mit eigener Praxis vom 22. 2. 1990 (GBl. I, S. 147) offenstand. Das nach Unterzeichnung des Einigungsvertrages erlassene und vereinbarte (Art. 9 Abs. 3 EV) Rechtsanwaltgesetz der DDR vom 13. 9. 1990 (GBl. I, S. 1504) bestimmt, daß als Rechtsanwalt nicht zugelassen werden darf, wer „sich eines Verhaltens schuldig gemacht hat, das ihn unwürdig erscheinen läßt, den Beruf eines Rechtsanwalts auszuüben" (§ 7 Nr. 2); aus den gleichen Gründen ist eine Zulassung zurückzunehmen (§ 16 Abs. 2). Wer als ehemaliger Richter oder Staatsanwalt vom entsprechenden Überprüfungsausschuß abgelehnt worden ist oder hätte abgelehnt werden müssen, falls er sich der Überprüfung unterworfen hätte, ist zugleich unwürdig, als Rechtsanwalt, d. h. als unabhängiges Organ der Rechtspflege (§ 1), tätig zu sein. Insbesondere ist konspirative Zusammenarbeit mit der Stasi zum Schaden von Mandanten ein Grund, die Zulassung zu versagen oder zurückzunehmen.

stens bis zum 15.4.1991 zu entscheiden hätten und daß bis zur Entscheidung durch den Richterwahlausschuß die im Amt befindlichen Richter zur Ausübung der Rechtsprechung ermächtigt seien.

Die Überprüfung der Richter ist notwendig, weil das Vertrauen der Bevölkerung in eine unabhängige Richterschaft, die rechtsstaatlich entscheidet, eine wesentliche Voraussetzung für den Aufbau des Rechtsstaates in den neuen Ländern ist[89]. Für die Überprüfung spricht noch ein zweiter Grund. Wenn Richter wegen des Erlasses von Unrechtsurteilen mangels Rechtsbeugungsabsicht in aller Regel nicht strafrechtlich verurteilt werden können (siehe oben § 13 b), so muß wenigstens verhindert werden, daß solche Richter weiter amtieren. Auch jede konspirative Zusammenarbeit mit den ehemaligen Behörden der Staatssicherheit ist ein Grund, die Eignung des entsprechenden Richters zu verneinen[90]. Von einem Richter, der übernommen werden will, wird man verlangen können, daß er seine Personalakte, die er unter der Regierung Modrow „bereinigen" durfte — was ein letztes Gaunerstück der auslaufenden Parteidiktatur darstellt —, wieder vervollständigt. Wichtige Beweismittel für die Überprüfung der Richter sind die Unterlagen der Zentralen Erfassungsstelle der Landesjustizverwaltungen in Salzgitter[91], die in Berlin-Rummelsburg zentral lagernden Strafakten der von der Bundesrepublik freigekauften Strafgefangenen, die i. d. R. aus politischen Gründen verurteilt waren, sowie Mitteilungen aus der Bevölkerung, insbesondere der Verurteilten, über das berufliche Verhalten einzelner Richter.

§ 16 Behandlung der personenbezogenen Stasi-Akten

a) Der Aktenbestand

Der Staatssicherheitsdienst der damaligen DDR hat ca. 8 Millionen Akten hinterlassen, in denen 6 Millionen Einwohner der damaligen DDR und 2 Millionen Einwohner der alten Bundesrepublik erfaßt

---

[89] So sieht der in Anm. 37 zitierte Entwurf vor, daß die Rehabilitierungssenate und -kammern mit höchstens je einem von drei Richtern besetzt sein dürfen, der vor dem 3. 10. 1990 im Beitrittsgebiet als Berufsrichter oder Staatsanwalt tätig war.

[90] Die Erwähnung eines Richters in den Stasi-Akten allein genügt freilich noch nicht, um Konspiration anzunehmen.

[91] Vgl. *Heiner Sauer / Hans-Otto Plumeyer*, Der Salzgitterreport 1991, über die Rechtsgrundlage und Tätigkeit der Erfassungsstelle, insbesondere die Registrierung der Tötungshandlungen, der politischen Verurteilungen, der Mißhandlungen im Gewahrsam des Staatssicherheitsdienstes und der Vollzugsanstalten sowie der politischen Verdächtigungen.

sind[92]. Die in den Akten enthaltenen Informationen betreffen die gesamte Lebenswelt der Ausgeforschten vom Verhalten am Arbeitsplatz über den Bekanntenkreis und die Briefkontakte bis zum Sexualleben. Gewonnen wurden die Informationen, indem heimlich Briefe geöffnet und kopiert, Telefongespräche abgehört und Wanzen gelegt worden sind. Außerdem wurden die Ausgeforschten bespitzelt, häufig sogar durch ihnen nahestehende Personen. Die Stasi-Akten dienten der Bewertung der Treue zur Parteidiktatur, die man Staatstreue nannte, und waren Grundlagen, um Menschen zu nötigen, zu erpressen, zu ängstigen und einzuschüchtern.

Was Umfang und Inhalt der Akten anbelangt, gibt es nichts Vergleichbares. Der Aktenbestand dokumentiert die Illegitimität der Parteidiktatur, die sich vor ihren Untertanen nicht sicher fühlte, und Staatsfrechheit. Aber die Angst der Herrschenden, die das gigantische Überwachungssystem aufgebaut und betrieben haben, zeigt auch Züge von Besessenheit und Wahn. Der Aktenbestand beruht auf millionenfachen schwersten Verletzungen des Persönlichkeitsrechts[93], wurde als Grundlage für weitere Rechtsverletzungen benutzt und stellt noch heute eine unabsehbare Gefährdung des Persönlichkeitsrechts der Erfaßten dar. Bei der konspirativen Vorgehensweise des Staatssicherheitsdienstes ist zu vermuten, daß Originalakten in Verstecke oder in Geheimarchive von Mitarbeitern geschafft oder daß Kopien hergestellt worden sind, die im geeigneten Zeitpunkt mißbraucht werden.

Diese Stasi-Akten stellen ein Informationssystem dar, dessen Umfang noch nicht genau bekannt ist, dessen Inhalt im Rahmen des bekannten Umfangs zu einem wesentlichen Teil noch nicht erschlossen ist und dessen sachgerechte Nutzung auch bei bekanntem Inhalt größte Schwierigkeiten bereitet, weil die Stasi-Behörden das Informationsmaterial auf konspirative Weise beschafften, verarbeiteten und speicherten.

b) Rechtsstaatlicher Umgang mit den Akten

Es hat sich gezeigt, daß die Stasi-Akten wichtiges Beweismaterial enthalten, das Grundlagen darstellt für Rehabilitierung und Wieder-

---

[92] Vgl. Erläuterungen zu den Anlagen zum Einigungsvertrag, BT-Drucks. 11/7811, S. 2; *Gauck*, Die Stasi-Akten, 1991, passim.

[93] Einigungsvertrag Anlage I Kapitel II Sachgebiet B Abschnitt II Nr. 2 lit. b, Vorspruch spricht von „rechts- und verfassungswidrig gewonnenen personenbezogenen Informationen“.

gutmachung, für die Bestrafung der Täter, für die Aufklärung des Schicksals Vermißter und ungeklärter Todesfälle und für den Nachweis einer offiziellen oder inoffiziellen Tätigkeit gegen Entgelt für die Stasi-Behörden[94]. Die Akten sind deshalb unverzichtbar für die notwendige juristische Aufarbeitung der vor-rechtsstaatlichen Verhältnisse. Deshalb dürfen die in den Stasi-Akten enthaltenen Informationen nicht vernichtet werden[95].

Die Aufbewahrung und Benutzung der Stasi-Akten muß gesetzlich geregelt werden. Im Hinblick auf rechtswidrige Gewinnung der meisten Informationen und auf die fortdauernde Gefährdung des Persönlichkeitsrechts steht die Nutzung der Stasi-Akten unter Gesetzesvorbehalt[96]. Der Rechtsstaat steht hier vor einer außergewöhnlichen Herausforderung. Der Einigungsvertrag enthält nur eine provisorische Regelung[97]; in der Vereinbarung zur Durchführung und Auslegung des Einigungsvertrages vom 18. 9. 1990[98] betonen die damaligen Vertragspartner ihre Erwartung, daß der gesamtdeutsche Gesetzgeber die dem Ende August erlassenen Volkskammer-Gesetz zugrunde liegenden Grundsätze umfassend berücksichtigen werde. Erste juristische Analysen dieses Gesetzes zeigen, daß es nur einen ungenügenden Versuch darstellt, der Problematik auf rechtsstaatliche Weise Herr zu werden[99], weshalb es auch vom Einigungsvertrag nicht in Geltung gelassen worden ist.

---

[94] Nicht jeder in Stasi-Akten als Informant bezeichnete Zuträger ist Mitarbeiter gewesen. „Wer mit dem Teufel um Menschenschicksale gepokert hat, hat Spuren in den Stasi-Akten hinterlassen", vgl. zum Problem *Richard Schröder,* Soll die Zersetzungsarbeit endlos weitergehen? Wie man zum Mitarbeiter des Staatssicherheitsdienstes gepreßt werden konnte, was erwartet wurde und warum man es tat, in: FAZ vom 2. 1. 1991/Nr. 1, S. 23.

[95] Davon geht auch das von der Volkskammer erlassene Gesetz über Sicherung und Nutzung der personenbezogenen Daten des ehemaligen Ministeriums für Staatssicherheit vom 24. 8. 1990 (GBl. I, S. 1419) aus; so ausdrücklich § 2 Abs. 1 Satz 2 Überleitungsregelungen über die Behandlung von Unterlagen des ehemaligen Ministeriums für Staatssicherheit = Einigungsvertrag Anlage I Kapitel II Sachgebiet B Abschnitt II Nr. 2 lit. b.

[96] BVerfGE 65, 1, 44.

[97] Siehe Anm. 95.

[98] BGBl. II 1990, S. 1239.

[99] Vgl. dazu kritisch *Klaus Stoltenberg,* Zur Regelung des Umgangs mit den Stasi-Akten, ZRP 1990, S. 460, 461–463; *Klaus Martin Groth,* Das Stasi-Unterlagengesetz, Krit. Justiz 1991, S. 168 ff.

Das noch zu erlassende Gesetz[100] muß zunächst die Pflicht normieren und sanktionieren, daß alle Stasi-Akten und Kopien derselben an die Stellen herausgegeben werden, die befugt sind, diese zu verwahren. Ausgenommen sind nur Opfer der Stasi-Behörden bezüglich der sie betreffenden Akten. Diese Regelung dient in gleicher Weise dem Persönlichkeitsschutz und der Sicherung der Beweismittel. — Das Gesetz muß sodann den Persönlichkeitsschutz mit der Notwendigkeit, Beweismittel zu erlangen, unter strenger Wahrung des Verhältnismäßigkeitsprinzips zum Ausgleich bringen. Dabei muß dem Schutz von Informationen über Opfer ein höherer Rang zukommen als dem Schutz von Informationen über Täter (= Mitarbeiter der Stasi), auch wenn diese zunächst Opfer waren und erst später zu Tätern wurden. Eine durchgehende Trennung von Opfer- und Täterakten ist nicht möglich, was bei der Gewährung von Akteneinsicht zum Schutze des Persönlichkeitsrechts beachtet werden muß. — Das Recht auf Auskunft und auf Akteneinsicht muß differenziert geregelt werden. Opfern der Stasi, gegebenenfalls Angehörigen von Opfern, muß ein uneingeschränktes Auskunfts- und Einsichtsrecht bezüglich der sie betreffenden Akten garantiert werden. Ihnen muß auch das Recht zugesichert werden, die Namen der Spitzel und Führungsoffiziere zu erfahren, die auf sie angesetzt waren und über sie Informationen geliefert haben. Die durch Bespitzelung gestörten menschlichen Beziehungen können auf Dauer nur durch Offenlegung geordnet werden. Ehemaligen Stasi-Mitarbeitern steht ein Auskunftsrecht nur insoweit zu, als diese Informationen zur Rechtsverfolgung nötig sind und schutzwürdige Interessen anderer nicht überwiegen. Ein Recht für jedermann, Auskunft zu verlangen, ob die Stasi-Akten Informationen über seine Person enthalten, kann gesetzlich erst festgelegt werden, wenn die Akten entsprechend aufbereitet sind. Bei der Gewährung gesetzlicher Ansprüche muß auch bedacht werden, wie weit dies zur Vermehrung des Personals führt. Je mehr Personal mit den Akten beschäftigt ist, um so schwerer ist das Datengeheimnis zu wahren und um so größer ist die Gefahr des Mißbrauchs der Daten, besonders wenn ehemalige Stasi-Mitarbeiter im Archiv tätig sind, wie man während der Anhörung des Innenausschusses des Deutsches Bundestages zum Gesetzentwurf über die Stasi-Akten erfahren konnte[101].

---

[100] Vgl. den Gesetzentwurf der Bundesregierung vom 12.6.1991, BR-Drucks. 365/91 mit Stellungnahme des Bundesrates und Anträgen der Länder Bayern, Niedersachsen und Sachsen; vgl. jetzt Stasi-Unterlagen-Gesetz vom 20.12.1991 (BGBl. I, S.2272).

[101] Vgl. FAZ vom 28.8.1991/Nr.199, S.5.

Einen Anspruch von Opfern auf Löschung einzelner personenbezogener Daten darf das Gesetz deshalb nicht vorsehen, weil nicht sicher ist, ob sich ein Opfer noch als Täter erweist. Außerdem besteht ein allgemeines Interesse auch an einer historisch-politischen Aufarbeitung der Stasi-Akten. Für diesen Zweck werden personenbezogene Informationen später anonymisiert werden müssen. Handelt es sich jedoch um Persönlichkeitsbilder, die die Stasi-Behörden aus den einzelnen Informationen zusammengestellt haben, überwiegt das Interesse der Opfer an der Vernichtung solcher Unterlagen.

Dürfen die Stasi-Akten von Strafverfolgungsbehörden verwendet werden? Ich möchte die Frage bejahen, jedoch eine Ausnahme machen. Personenbezogene Informationen über Opfer sollten diesen Behörden nicht zugänglich sein; es sei denn, es handelt sich um den Verdacht schwerster Verbrechen oder des Terrorismus oder um die Verfolgung von Straftaten im Zusammenhang mit der Tätigkeit des Staatssicherheitsdienstes.

Dringend erforderlich ist es, die Akten der SED sicherzustellen, damit keine weiteren Manipulationen mehr stattfinden können. Die SED als die die Staatsgewalt innehabende marxistisch-leninistische Partei ist vom Staat nicht zu trennen. Daher sind deren Akten den Staatsakten gleichzustellen.

§ 17 Schlußbemerkung

Ein Wort zum Schluß: Unsere Augen sind zu Recht auf die Zukunft gerichtet. Denn es geht heute in erster Linie um den wirtschaftlichen Aufbau und die ökologische Sanierung des ehemaligen Herrschaftsgebietes der SED-Diktatur. Starke Kräfte der Unternehmer und der Politiker sind damit beschäftigt. Die Landtage der neuen Länder schaffen Verfassungen und Gesetze, die Grundlagen für eine rechtsstaatliche Zukunft darstellen werden. Dadurch darf aber die Aufarbeitung des Unrechts nicht verdrängt werden. Für die Rechtskultur unseres Volkes ist die erneute Lehre wichtig, daß nur eine rechtlich beschränkte staatliche Herrschaft legitim ist und daß auch die Regierenden für begangenes Unrecht zur Rechenschaft gezogen werden.

Leitsätze des Berichterstatters über:*

Der Rechtsstaat und die Aufarbeitung der vor-rechtsstaatlichen Vergangenheit

I. Die Probleme: Was ist wie aufzuarbeiten?

1. Der durch das Grundgesetz konstituierte Rechtsstaat mit seinem nunmehr erfüllten Wiedervereinigungsauftrag darf die Vergangenheit der DDR nicht unbeachtet lassen. Die daraus erwachsenden finanziellen Lasten sind solidarisch vom ganzen Volk zu tragen.

2. Maßstab für die Feststellung, was vor-rechtsstaatlich ist, ist in der Regel nicht die spezielle Rechtsstaatlichkeit des Grundgesetzes.

3. Nicht alle Diktaturschäden, die die einzelnen Menschen erlitten haben, lassen sich ausgleichen oder in anderer Weise von Rechts wegen aufarbeiten. An den Grenzen des Rechtsstaates kommen die moralischen Bürgerpflichten in den Blick.

4. Rechtsstaatlich aufzuarbeiten sind rechtsstaatswidrige Strukturen und die Verletzung absoluter Rechte.

II. Maßstäbe für und Typen von Vor-Rechtsstaatlichkeit

5. Kein Staat darf völlig frei bestimmen, was Recht ist.

6. Rechtsstaatliche Grundsätze sind das Ergebnis der historischen Entwicklung des Verfassungsstaates westlicher Prägung, sie entsprechen der Freiheit des Menschen als dem anthropologischen Bezugspunkt allen Rechts und finden Ausdruck in den völkerrechtlichen Garantien der klassischen Menschenrechte.

7. Ein Staat, der mangels systeminterner Kontrollen rechtsstaatswidrige Gesetze und Maßnahmen in größerer Zahl hervorbringt, ist ein Unrechtssystem.

8. In den meisten Straftatbeständen auch des späteren DDR-StGB kommt zum Ausdruck, was den überkommenen Rechtsgrundsätzen gemäß strafwürdiges Unrecht ist. Auf dieser Basis konnten Strafurteile

---

* Die Nummern der Leitsätze entsprechen den einzelnen Paragraphen des Textes.

von Gerichten der SBZ und der DDR als Willkürurteile bewertet und konnte die Nichtverfolgung von Straftaten der Nomenklatura als Unrecht angesehen werden.

9. Je nachdem, welchem Zweck die Aufarbeitung dient, ist der Maßstab für das, was vor-rechtsstaatlich ist, abgestuft. Wenn es für den demokratischen Willensbildungsprozeß in Deutschland unabdingbar ist, müssen innerstaatliche Vorgänge in der ehemaligen DDR ausnahmsweise auch mit eingreifenden Rechtsfolgen rückwirkend nach dem Grundgesetz beurteilt werden.

10. Aufzuarbeiten sind rechtsstaatswidrige Strukturen, die Ausdruck finden im Personal-, Parteien- und Überwachungswesen, und typische Akte staatlichen Unrechts wie Tötungen und schwere Verletzungen der Gesundheit, Entzug der Freiheit, schwere Verletzungen des Persönlichkeitsrechts, des Elternrechts, des Eigentums sowie des beruflichen Fortkommens.

III. Rechtsstaatliche Aufarbeitung

11. Opfer politisch motivierter Strafverfolgungsmaßnahmen in der SBZ und der DDR haben Anspruch auf Rehabilitierung durch Aufhebung oder Abänderung des entsprechenden Strafurteils eines deutschen Gerichts und auf angemessene Wiedergutmachung für Freiheitsentzug und Gesundheitsschädigung. Wiedergutmachung ist auch zu leisten für entsprechende rechtsstaatswidrige Strafmaßnahmen der sowjetischen Besatzungsmacht.

12. Das durch Verwaltungs- und Polizeibehörden außerhalb von Strafverfolgungen begangene Unrecht muß über Art. 19 Satz 2 EV hinaus festgestellt und wiedergutgemacht werden.

13. Straftaten, die unmittelbar zur Aufrechterhaltung des Unrechtsregimes begangen und nicht verfolgt worden sind oder die zur Schonung der Nomenklatura nicht geahndet worden sind, sind nach dem DDR-StGB, das zur Tatzeit galt, abzuurteilen. Soweit für eine Tat vor dem Beitritt das Strafrecht der Bundesrepublik galt, verbleibt es dabei; für bestimmte Taten könnte sich eine Amnestie empfehlen. Das Ruhen der Verfolgungsverjährung bis zum Ende der Parteidiktatur, höchstens bis zum 3. Oktober 1990, ist anzunehmen oder anzuordnen.

14. Eigentumsentziehungen zwischen 1945 und 1949 wurden als Entrechtungen mit Strafcharakter vollzogen und sprachen rechtsstaatlichen Grundsätzen Hohn. Wenn auch rechtsstaatliche Grundsätze nicht eine Rückübereignung fordern, so fordern sie doch einen finanziellen Ausgleich.

15. Während Kündigungsvorschriften am früheren Verhalten oder an der Eignung des einzelnen Angehörigen des öffentlichen Dienstes anknüpfen, bestimmt sich die Abwicklung einer Einrichtung nach objektiven Erfordernissen. Die Erneuerung des Hochschulwesens und die Herstellung der Grundlagen der Wissenschaftsfreiheit setzen die Auflösung und Abwicklung derjenigen Sektionen voraus, die in vollständiger geistiger Abhängigkeit von der SED standen. Die Überprüfung der Richter aus der Zeit der Diktatur, die weiter amtieren wollen, ist notwendig, weil das Vertrauen der Bevölkerung in eine unabhängige Richterschaft, die rechtsstaatlich entscheidet, eine wesentliche Voraussetzung für den Aufbau des Rechtsstaates in den neuen Ländern ist.

16. Die Stasi-Akten sind unverzichtbar für die notwendige juristische Aufarbeitung der vor-rechtsstaatlichen Verhältnisse. Die Aufbewahrung und Nutzung der Stasi-Akten muß gesetzlich geregelt werden. Persönlichkeitsschutz und die Notwendigkeit, Beweismittel zu erlangen, müssen unter strenger Wahrung des Verhältnismäßigkeitsprinzips zum Ausgleich gebracht werden. Informationen über Opfer sind strenger zu schützen als solche über Stasi-Mitarbeiter. Opfer haben Anspruch auf Auskunft und Akteneinsicht. Den Strafverfolgungsbehörden sollten personenbezogene Informationen über Opfer nur zugänglich sein, wenn es sich um den Verdacht schwerster Verbrechen oder des Terrorismus oder um die Verfolgung von Straftaten im Zusammenhang mit der Tätigkeit des Staatssicherheitsdienstes handelt.

17. Für die Rechtskultur unseres Volkes ist die erneute Lehre wichtig, daß nur eine rechtlich beschränkte staatliche Herrschaft legitim ist und daß auch die Regierenden für begangenes Unrecht zur Rechenschaft gezogen werden.

Der Rechtsstaat und die Aufarbeitung der vor-rechtsstaatlichen Vergangenheit

2. Bericht von Prof. Dr. *Wilfried Berg*, Bayreuth

Inhalt

I. Primat und Unparteilichkeit des Rechts im Rechtsstaat

Der Rechtsstaat ist charakterisiert durch Differenz und Distanz: Er setzt die Existenz individualisierbarer Rechte voraus und schafft die organisatorischen Bedingungen für die Sicherung dieser Rechte durch einen unparteilichen, von der Gesellschaft getrennten Staat[1]. Als *materieller* Rechtsstaat geht er aus von Wert und Würde des einzelnen Menschen und von seinem Recht auf Entfaltung in Freiheit. Als *formeller* Rechtsstaat garantiert er durch Organisation und Verfahren die Realisierung dieser Rechte[2]. Dementsprechend sorgt er für Gerechtigkeit *und* für Rechtssicherheit[3].

---

[1] Vgl. *E. Schmidt-Aßmann,* Der Rechtsstaat, in: Isensee/Kirchhof (Hrsg.), Handbuch des Staatsrechts der Bundesrepublik Deutschland Bd. I, 1987, § 24 Rdn. 24 ff. mit Hinweis auf *M. Kloepfer,* Gesetzgebung im Rechtsstaat, VVDStRL 40 (1982), S. 65: „Der Rechtsstaat ist eine Staatsform der Distanz". – Zum Primat und zur Unparteilichkeit des Rechts *K. Hesse,* Grundzüge des Verfassungsrechts, 18. Aufl. 1991, Rdn. 193 ff.; *R. Weber-Fas,* Rechtsstaat und Grundgesetz, 1977, S. 25 ff. – Zur „Unparteilichkeit" des Staates siehe *M. Kriele,* Menschenrechte und Friedenspolitik, in: Festschrift K. Carstens Bd. 2, 1984, S. 671; *P. Schneider,* Rechtsstaat und Unrechtsstaat, 1984, S. 7. – Zum Auseinandertreten von Staat und Gesellschaft in der europäischen Emanzipationsbewegung *H. H. Rupp,* Die Unterscheidung von Staat und Gesellschaft, in: Isensee/Kirchhof (Hrsg.), Bd. I, § 28 Rdn. 3 ff.; *C. Link,* Staatszwecke im Verfassungsstaat, VVDStRL 48 (1990), S. 27, 42. Siehe auch *G. Dürig,* Das Eigentum als Menschenrecht, ZgesStW 109 (1953), S. 326 Fn. 1: Wer den Dualismus von Individuum und Gemeinschaft „nicht wahrhaben will, betreibt politische Romantik". – Zum Rechtsstaatsprinzip im Gemeinschaftsrecht siehe *H. Steinberger,* Der Verfassungsstaat als Glied einer europäischen Gemeinschaft, VVDStRL 50 (1991), S. 24 ff. *P. Häberle,* Gemeineuropäisches Verfassungsrecht, EuGRZ 1991, S. 269 belegt, wie sich die Rechtsstaatsidee europaweit bewährt.

[2] Zur Abgrenzung und zur näheren Inhaltsbestimmung *Schmidt-Aßmann,* Fn. 1, Rdn. 18 f. – Zur wechselseitigen Bedingtheit von Grundrechten und organisierter Staatlichkeit *K. Hesse,* Grundlinien der verfassungsrechtlichen Ordnung und ihrer Fortbildung, in: 40 Jahre Grundgesetz, 1990, S. 12 ff.; *Luchterhandt,* Die Sowjetunion auf dem Weg zum Rechtsstaat?, JöRNF 39 (1990), S. 161 f.; *H. F. Zacher,* Elemente der Rechtsstaatlichkeit, in: Stimmen der Zeit 203 (1985), S. 424. Klassische Formel *O. Bachof*'s, Begriff und Wesen des sozialen Rechtsstaates, VVDStRL 12 (1954), S. 39: Rechtsstaat ist der „auf Verwirklichung und Sicherung der Gerechtigkeit zielende Staat"; vgl. auch *H. Peters / J. Salzwedel / G. Erbel,* Geschichtliche Entwicklung und Grundfragen der Verfassung, 1969, S. 196.

[3] Eine „praktikable Abgrenzung" in der Spannungslage zwischen Gerechtigkeit und Rechtssicherheit in der Rechtsprechung des BVerfG vermißt *N. Achterberg,* Deutschland nach 30 Jahren GG, VVDStRL 38 (1980), S. 81. Zur Notwendigkeit gesetzgeberischer Abwägung insoweit z. B. BVerfGE 3, 225 (232 ff., 237 ff.); 7,

Die Entwicklung zum Rechtsstaat ist das Ergebnis eines jahrhundertelangen Erkenntnis- und Emanzipationsprozesses und zugleich eine unendliche Aufgabe – nicht nur für Staatsrechts- und Rechtsstaatslehrer[4]. Das Rechtsstaatsziel enthält eine dauernde Rechtspflicht, deren Erfüllung nicht notwendig „Fortschritt" bedeuten muß; denn jede Zeit hat ihre eigenen Rechtsstaatsbedürfnisse[5].

Individualisierung von Rechtsgütern macht den Rechtsstaat aus, auch wenn sich die Aus-Differenzierung insoweit in der Entwicklung der „alten" Bundesrepublik nach Meinung vieler zuweilen schon zur Gefahr des „summum ius – summa iniuria" – Paradoxons zuge-

---

89 (92 f.); 7, 194 (196); 19, 150 (166); 60, 253 (268 f.). *C. F. Menger,* Rechtsstaat, in: *ders.* (Hrsg.), Verfassung und Verwaltung in Geschichte und Gegenwart, 1982, S. 106 betont das „ewige Spannungsverhältnis" zwischen Gerechtigkeit im Einzelfall und Rechtssicherheit; *D. Grimm,* Die Zukunft der Verfassung, in: Staatswissenschaften und Staatspraxis 1990, S. 27. – Dazu, daß zur Rechtsstaatlichkeit ein Mindestmaß an Kontinuität und Berechenbarkeit staatlichen Handelns gehört *C. Degenhart,* Rechtsstaat – Sozialstaat, in: Festschrift Scupin 1983, S. 545; *Kloepfer,* Fn. 1, S. 86; vgl. auch *W. Schmitt Glaeser,* Systemgerechtigkeit in der Raumplanung, in: Verwaltung und Rechtsbindung 1979, S. 301: Es gehe „nicht um Richtigkeit, sondern um Folgerichtigkeit". – *H. Maurer,* Bestandskraft für Satzungen?, in: Festschrift Bachof 1984, S. 243 betont den Zeitfaktor, der auf Dauer zugunsten der Rechtssicherheit wirken müsse; vgl. auch BVerfGE 2, 380 (403 f.); 25, 269 (290 ff. – Verjährung).

[4] Zu Anfang und Entwicklung von rechtsstaatlichen Grundsätzen im deutschen Schrifttum siehe *G. C. von Unruh,* Die „Schule der Rechts-Staats-Lehrer" und ihre Vorläufer in vorkonstitutioneller Zeit, in: Festschrift Scupin 1983, S. 251 ff. Zur Kritik *E. Forsthoff*'s daran, daß die Staatsrechtswissenschaft zur „Rechtsstaatswissenschaft" geschrumpft sei *G. Püttner,* Der Rechtsstaat und seine offenen Probleme, DÖV 1989, S. 137.

[5] Zum „dynamischen Prinzip" des Rechtsstaates („Der Rechtsstaat ist, da liegt ein grundsätzliches Mißverständnis bei uns vor, kein Zustand") *K. A. Bettermann,* Diskussionsbeitrag, in: Badura/Roellecke, Der Zustand des Rechtsstaates, 1986, S. 77; *Hesse,* Fn. 2, S. 12: „Verfassung in der Zeit"; *H. Hofmann,* Aufgaben und Grenzen des Staatshandelns unter den Bedingungen der Gegenwart, in: Die Zukunft gestalten, 1989, S. 24; *Kloepfer,* Fn. 1, S. 96: „Gesetz und Rechtsstaat sind fordernde Formulierungen auch in die Zukunft"; *Püttner,* Fn. 4, S. 142: „Aufgabe und Ziel"; *Schulze-Fielitz,* Der Rechtsstaat und die Aufarbeitung der vor-rechtsstaatlichen Vergangenheit, DVBl. 1991, S. 893: Die Rechtsstaatsidee „intendiert einen Prozeß ständiger Annäherung an die immer neu zu findende Gerechtigkeit". – Zum „Sozialstaat als Prozeß" *H. F. Zacher,* Das soziale Staatsziel, in: Isensee/Kirchhof (Hrsg.), Fn. 1, § 25 Rdn. 66. Nicht richtig ist es dagegen, die Dynamik der Entwicklung allein der Sozialstaatlichkeit zuzuordnen; so aber *Degenhart,* Fn. 3, S. 539 ff.; *Link,* Fn. 1, S. 36. – Zur Wandlung der Rechtsauffassung siehe nur BVerfGE 76, 171 (189).

spitzt haben mag[6]. Aber *wenn* erst einmal die Existenz eines einzelnen Gutes als Wert erkannt ist, dann darf der Rechtsstaat die Anerkennung als Rechtsgut nicht versagen. Andernfalls käme es einer „Re-Feudalisierung" gleich, wollte man etwa die Erkenntnis vom Eigenwert des menschlichen Embryos rechtlich ignorieren und Embryo und Mutter zur „untrennbaren Einheit" erklären[7, 8].

II. Die Instrumentalisierung des Rechts im Kommunismus

Differenz und Distanz sind dem Kommunismus fremd. Das Recht hat hier nur instrumentalen Charakter, auch wenn die Formen von Gesetz und Verfassung und die Inhalte von Grundrechten und Anspruchsnormen als Stilfiguren benutzt werden. Zusätze wie „Volks-"Demokratie, „sozialistischer" Rechtsstaat oder „sozialistische" Gesetzlichkeit zeigen an, daß das Recht hier nichts ist, was neben oder gar über der Politik steht. Im Kommunismus ist Recht Erfüllungsgehilfe einer Partei und ihres alleinigen Machtanspruchs. Seine Geltungskraft wird von der einheitlichen Partei- und Staatsführung nur solange und soweit akzeptiert, wie damit die Durchsetzung

---

[6] Vgl. *K. A. Bettermann*, Zur Entwicklung und Dialektik des Rechtsstaates, in: derselbe, Der totale Rechtsstaat, 1986, S. 14; *R. Herzog*, Das Grundgesetz an der Schwelle der neunziger Jahre, DÖV 1989, S. 467: „Atomisierung des Verfassungsrechts"; *Kloepfer*, Fn. 1, S. 67: „Übernormierung"; *Püttner*, Fn. 4, S. 138; *P. Schneider*, Fn. 1, S. 2; *H. Sendler*, Vierzig Jahre Rechtsstaat des Grundgesetzes: Mehr Schatten als Licht? DÖV 1989, S. 482 ff., 490 f.; *Schmidt-Aßmann*, Fn. 1, Rdn. 97: „Filigran".

[7] Insoweit zutreffend *H. Reis*, Offene Fragen zum Einigungsvertrag: Verfassungsrechtliche Implikationen der DDR-Fristenregelung, NJW 1991, S. 667 f.; siehe auch *G. Roellecke*, Schwierigkeiten mit der Rechtseinheit nach der deutschen Wiedervereinigung, NJW 1991, S. 659; *A. Eser*, Schwangerschaftsabbruch zwischen Grundwertorientierung und Strafrecht, ZRP 1991, S. 294 f.: Es ist ausgeschlossen, „das grundsätzliche Lebensrecht des ungeborenen Lebens völlig zu leugnen oder von vornherein der vorrangigen Autonomie der Schwangeren zu unterwerfen".

[8] Ob die rechtsstaatlich notwendige Anerkennung als Rechtsgut durch das *Strafrecht* geschützt werden kann oder gar muß, ist eine gänzlich andere Frage; dazu BVerfGE 39, 1 (44): „Wie der Staat seine Verpflichtung zu einem effektiven Schutz des sich entwickelnden Lebens erfüllt, ist in erster Linie vom Gesetzgeber zu entscheiden"; siehe auch *M. Sachs*, Der Fortbestand der Fristenlösung für die DDR und das Abtreibungsurteil des BVerfG, DtZ 1990, S. 193 ff.; *E. Klein*, Der Einigungsvertrag, DÖV 1991, S. 573 f.; *M. Herdegen*, Die Verfassungsänderungen im Einigungsvertrag, 1991, S. 23. – Siehe jetzt das Gesetz zum Schutz von Embryonen vom 13. 12. 1990 (BGBl. I, 2746) und dazu *G. Wurzel/B. Born*, BayVBl. 1991, S. 705 ff.

des Parteiwillens gefördert und gesichert werden kann. Grundrechtsverbürgungen haben hier ihre eigentliche Wirksamkeit auf dem „außerjuristischen Gebiet der Agitation und Propaganda", als „Vehikel der Sowjetisierung" *(Georg Brunner)*, die Verfassung ist eine „rechtsförmliche Tarnmaßnahme"[9].

III. Die Bedeutung des Eigentums

1. Eigentum im Kommunismus

Der Mißachtung des Rechts im allgemeinen entspricht das Traktieren des Eigentums im besonderen.

«La propriété c'est le vol» sagt *Proudhon* (1840), und *Karl Marx*, der zwar alsbald in seiner Schrift „Das Elend der Philosophie" (1846) gegen ihn zu Felde zog[10], hat die Grundlagen für eine viel radikalere Beseitigung des Privateigentums durch den Kommunismus gelegt. So wird *Lenin* mit dem Satz zitiert:

---

[9] Vgl. *G. Brunner*, Das Staatsrecht der DDR, in: Isensee/Kirchhof (Hrsg.), Fn. 1, Rdn. 85; *E. Röper*, Verfassungsgebung und Verfassungskontinuität in den östlichen Bundesländern, ZG 1991, S. 157. Mit der einsetzenden rechtsstaatlichen Entwicklung hat der Zusatz des „Sozialistischen" auch in der Sowjetunion jegliche Kontur eingebüßt, vgl. *O. Luchterhandt*, Fn. 2, S. 157 ff., 229. — Zur Instrumentalisierung des „Selbstbestimmungsrechts der Völker" für die Schaffung der „einheitlichen Weltnation" *B. Meissner*, Sowjetunion und Selbstbestimmungsrecht, 1962, S. 88 ff. — Zur Bedeutung des „Rechts" im real-sozialistischen zentralen Verwaltungsstaat siehe nur *W. Bernet*, Vom Staatsdienst zum öffentlichen Dienst, DÖV 1991, S. 187; *W. Fikentscher*, Wirtschaftsrecht, Bd. 1, 1983, S. 102, 160; *K. König*, Verwaltung im Übergang, DÖV 1991, S. 178 f., 183; *Kriele*, Fn. 1, S. 671, 674; *P. Stelkens*, Fragen zum Verwaltungsverfahrensgesetz nach dem Einigungsvertrag, DtZ 1991, S. 226 f.; BVerfGE 5, 85 (180 f.); 11, 150 (150 ff.) — *B. Meissner*, Der marxistisch-leninistische Parteibegriff und seine Rezeption durch die SED, in: Blumenwitz/Zieger (Hrsg.), Die Deutsche Frage im Spiegel der politischen Parteien, 1989, S. 22 ff. stellt deutlich heraus, daß nicht nur das Recht, sondern der Staat überhaupt als Mittel zur Herrschaft der SED verstanden wurde; BVerfG EuGRZ 1991, S. 287 (290) — zur Stellung der SED als „Staatspartei". — Zum Teil vergleichbar war der Einsatz des „Rechts" im totalitären Regime des Nationalsozialismus, vgl. BVerfGE 13, 39 (43): Immer „standen die Verfolgungsmaßnahmen im Einklang mit den politischen Zielen der nationalsozialistischen Machthaber, und vielfach ergingen sie auf höhere Weisungen, die ihrerseits auf Vorschriften eines Unrechtsstaates beruhten". Vgl. auch BVerfGE 2, 237 (249); 20, 150 (156, 160 — Sammlungsgesetz).

[10] Es ist reizvoll, nicht nur die Abrechnung des Kommunismus mit der Theorie der „positiven Anarchie" *Proudhons* zu verfolgen, sondern auch *Max Stirner*, den

„Wir haben einen äußerst gefährlichen geheimen Feind, der weitaus gefährlicher ist als viele offene Konterrevolutionäre; dieser Feind — der tödliche Feind der sozialistischen Republik der Sowjetmacht — dieser Feind ist die elementare Kraft des kleinen Eigentümers“[11].

Auf dem Weg zum Endziel des Kommunismus bedeutete die Vergesellschaftung des Eigentums an den Produktionsmitteln einen entscheidenden Schritt. In der DDR wurden letzte nennenswerte Reste des Privateigentums 1972 beseitigt[12]. Die Verfassung der DDR vom 7. 10. 1949 kannte zwar noch die Gewährleistung des Eigentums (Art. 22 f., 24 V 2). Aber in Art. 24 III und V 1 hieß es schon:

„Die Betriebe der Kriegsverbrecher und aktiven Nationalsozialisten sind enteignet und gehen in Volkseigentum über. Das gleiche gilt für private Unternehmungen, die sich in den Dienst einer Kriegspolitik stellen.“

„Der private Großgrundbesitz, der mehr als 100 ha umfaßt, ist aufgelöst und wird ohne Entschädigung aufgeteilt“.

Art. 25 ordnete u. a. die Überführung aller Bodenschätze, der Betriebe des Bergbaus, der Eisen- und Stahlerzeugung „in Volkseigentum“ an; und Art. 27 ermächtigte dazu, privatwirtschaftliche Unternehmungen, „die für die Vergesellschaftung geeignet sind“, durch Gesetz „nach den für die Enteignung geltenden Bestimmungen in Gemeineigentum“ zu überführen.

Die Verfassung der DDR vom 6. 4. 1968 in der Fassung vom 7. 10. 1974 gewährleistete hingegen nicht mehr das Eigentum als solches. Die Rede ist jetzt vom „sozialistischen Eigentum“, das als „gesamtgesellschaftliches Volkseigentum“ oder als „genossenschaftliches Gemeineigentum werktätiger Kollektive“ sowie als „Eigentum

---

Bayreuther Begründer des „individualistischen Anarchismus“, nachzulesen, insbesondere sein Hauptwerk „Der Einzige und sein Eigentum“ (1845): *Proudhon* spreche vom „Spuk der Sozietät als einer moralischen Person“; er könne zwar den Eigentümer als solchen nicht wegdenken, verlege ihn aber „ins Jenseits“.

[11] Zitiert nach *H. Krüger*, Die Rechtsnatur des sogenannten Siedlungseigentums der Neubauern der kommunistischen Bodenreform in der ehemaligen Sowjetischen Besatzungszone/DDR, DtZ 1991, S. 390, Fn. 33.

[12] Zur Bedeutung des Eigentums in den Zielsetzungen der KPD siehe BVerfGE 5, 85 (161 ff., 181 ff.). Siehe ferner *Brunner*, Fn. 9, § 10 Rdn. 9 ff., 34 ff.; *K. A. Mollnau*, Rechtsfortschritt und Rechtstradition, in: Schäffer (Hrsg.), Gesetzgebung und Rechtskultur, 1987, S. 40: Die sozialistische Revoution ist „per definitionem der radikale Bruch mit allen überlieferten Eigentumsverhältnissen und ihren Ideen“. — Dank der das Eigentum an Grund und Boden reglementierenden „Nebengesetzgebung“ ging man davon aus, daß sich z. B. das Problem des privaten Eigentums an Miethäusern „bald von selbst erledigen würde“, vgl. *S. Jung / M. Vec*, Einigungsvertrag und Eigentum in den fünf neuen Bundesländern, JuS 1991, S. 715.

gesellschaftlicher Organisationen der Bürger" erscheint (Art. 10). Daneben wird zwar auch das „persönliche Eigentum der Bürger und das Erbrecht" genannt; aber es kann nur an Konsumgütern und Gegenständen des persönlichen Bedarfs, nicht an Produktionsmitteln erworben werden (vgl. die Aufzählung in § 23 I ZGB). „Privateigentum" taucht nur als Begriff noch auf, indem es als „unzulässig" bezeichnet wird an Bodenschätzen, Bergwerken, Kraftwerken, Industriebetrieben, Banken und Versicherungseinrichtungen; hieran gibt es nur Volkseigentum (Art. 12 I 2)[13].

Das Volkseigentum als „Schlüsselkategorie" in der sozialistischen DDR, das dem Zivilrechtsverkehr bereits faktisch entzogen war[14], ließ sich nach rechtsstaatlichen Kategorien nur als „eigentümerloses Eigentum" bezeichnen[15]. Die Auflösung des Eigentums war eine Voraussetzung für die einheitlich-sozialistische Gesellschaftsordnung, für das totale, alle Lebensbereiche bestimmende Feudalsystem der

---

[13] Zur Überwindung des monistischen Eigentumsbegriffs des Bürgerlichen Rechts und zu seiner Aufspaltung nach Funktionen und Zweckbindungen in der DDR siehe *H. Krüger,* Fn. 11, S. 386 f.; *W. Leisner,* Eigentum, in: Isensee/Kirchhof (Hrsg.), Handbuch des Staatsrechts der Bundesrepublik Deutschland Bd. VI, 1989, § 149 Rdn. 55; *G. Turner,* Der Eigentumsbegriff in der DDR, NJW 1990, S. 555 f.; *K. Westen,* Der Stand des Zivilrechts in der DDR, DtZ 1990, S. 3 f. Siehe auch *S. Lörler,* Das öffentliche Recht im Einigungsvertrag, NVwZ 1991, S. 136: „Die Beseitigung des Privateigentums gehört zu den fundamentalen Zielstellungen des sozialistischen Staates"; *F. Ossenbühl,* Wem gehören die ehemaligen Stadtwerke in den neuen Bundesländern?, DÖV 1991, S. 303; *H. Spiecker,* Wege zur deutschen Einheit, BayVBl. 1990, S. 259. — Vom Staatshaftungsrecht der DDR war der Schutz des Privateigentums nicht erfaßt, vgl. *S. Lörler,* NVwZ 1990, S. 830. Die weitestgehende Vernachlässigung der Grundbuchführung ist ein Indiz für die Abkehr vom Privateigentum, siehe z. B. *W. Böhringer,* Die Grundbucheinsicht in den neuen Bundesländern, DtZ 1991, S. 272 mit Nachweisen in Fn. 5 zur Geheimhaltung der früheren Bestimmungen über die Grundbuchführung; *G. Janke,* Der gutgläubige Erwerb von Grundstücken, NJ 1990, S. 407 f.; *Spiecker,* a. a. O.; *R. Weimar,* Probleme der Kreditsicherung, DtZ 1991, S. 50.

[14] Übersicht über Bedeutung und Funktion des Volkseigentums bei *K. Heuer,* Grundzüge des Bodenrechts der DDR 1949–1990, 1991, Rdn. 1, 4.

[15] So *G. Dürig,* Zum hessischen Sozialisierungsproblem, DÖV 1954, S. 131 im Hinblick auf die hessische Ausgestaltung. Siehe auch *Roellecke,* Fn. 7, S. 661: „Das westliche Recht hat seit 200 Jahren weder ein Institut noch ein Wort, ja nicht einmal einen Gedanken, der dem nahe kommt, was man unter ‚sozialistischem Eigentum' verstanden hat"; *U. Scheuner,* Grundlagen und Art der Enteignungsentschädigung, in: Reinhardt/Scheuner, Verfassungsschutz des Eigentums, 1954, S. 142 mit Fn. 225. — Nach 40 Jahren gegensätzlicher Entwicklung ist offenbar ein eigenes „Deutsch-Deutsches-Rechtswörterbuch" nötig, vgl. *Köbler/Pohl,* 1991.

kommunistischen Partei. Das unteilbare Volkseigentum bildete die Basis für die zentrale Leitung und Planung aller ökonomischen und gesellschaftlichen Prozesse.

Die Konzeption des Volkseigentums in der DDR ordnete sich ein in die weltbezogenen Ziele des Kommunismus überhaupt. Der Totalitätsanspruch war von vornherein umfassend, inter-national, vom Selbstverständnis her auf Überwindung aller Grenzen ausgerichtet: Das galt nicht nur im Hinblick auf die kommunistische Weltherrschaft nach außen, sondern auch nach innen durch Leugnung abgrenzbarer Rechtssphären von Individuen. Die Breschnew-Doktrin der „begrenzten Souveränität" der sozialistischen Staaten korrespondierte mit der Entrechtung des einzelnen[16].

Am Beispiel der Eigentumsbehandlung wird die politische Instrumentalisierung des Rechts besonders deutlich. So wurde die sogenannte Bodenreform nach innen und außen durch die Täuschungsstrategie erleichtert, hier werde für mittellose „Neubauern" Eigentum im herkömmlichen Sinne geschaffen — eine Strategie, die sich wohl noch bis in die Ausgestaltung des Einigungsvertrages hinein ausgewirkt hat[17]. Da die zunächst zugelassenen winzigen „Neubauernwirtschaften" aber nicht lebensfähig waren, erschien die von vorn-

---

[16] *Brunner,* Fn. 9, beschreibt das „in Moskau für ganz Osteuropa" entworfene Konzept des „volksdemokratischen Übergangs vom Kapitalismus zum Sozialismus". Siehe auch *M. Stolleis,* Besatzungsherrschaft und Wiederaufbau deutscher Staatlichkeit, in: Isensee/Kirchhof (Hrsg.), Fn. 1, § 5 Rdn. 95 ff.: Die Sowjetunion bediente sich „der Kader deutscher Kommunisten, die in Moskau im Exil gewesen waren". — Zur stillschweigend vorausgesetzten Interessenübereinstimmung zwischen Staat und Bürger siehe *R. Schüler,* Grundsätze des Enteignungsverfahrens (in der DDR), in: Blümel/Bernet (Hrsg.), Verwaltungsverfahrensrecht und Verwaltungsprozeßrecht, 1990, S. 97; *G. Ress,* Staatszwecke im Verfassungsstaat, VVDStRL 48 (1990), S. 101.

[17] So sieht *Herdegen,* Fn. 8, S. 18 die eigentliche Problematik des Art. 143 III GG in dem Versuch, „die Eigentumsverhältnisse in der früheren DDR zu zementieren". Nach *G. Fieberg / H. Reichenbach,* Zum Problem der offenen Vermögensfragen, NJW 1991, S. 322 wird die Bodenreform „rückblickend als eine Art Lastenausgleich angesehen". Siehe ferner *H. D. Kittke,* Zur Regelung offener Vermögensfragen, DtZ 1990, S. 180: Der Verzicht auf die Rückabwicklung der Bodenreform bedeute eine „Privilegierung des früheren sozialistischen Eigentums". *W. Schäuble,* Der Einigungsvertrag — Vollendung der Einheit Deutschlands in Freiheit, ZG 1990, S. 305 begründet den Verzicht auf eine Rückabwicklung der Bodenreform unter anderem mit Interessen des Rechtsfriedens und der Rechtssicherheit. — *P. J. Tettinger,* Risiken eines Flächenrecyclings für Anlagenerwerber, DtZ 1991, S. 41 weist private Investoren darauf hin, daß es kaum mehr sinnvoll sei, „sich bei dem bisherigen Bodenrecht der DDR aufzuhalten".

herein beabsichtigte Kollektivierung als ökonomisch zwingend; zugleich war der „Beweis“ für die Untauglichkeit des Privateigentums als Grundlage wirtschaftlicher Existenzsicherung erbracht[18].

Die Praxis der Instrumentalisierung von Rechtsformen für die Zielverwirklichung des Kommunismus setzte sich über die Umwandlung der SBZ in die DDR bis in die jüngste Vergangenheit hinein fort. So gab es „Regeln“ über die Einziehung von Flüchtlingsvermögen, die Aneignung „devastierter“ Landwirtschaftsbetriebe, die „kalte Enteignung“ nach Überschuldung, Regeln über Sequestrationen und Treuhandschaften[19]. Hierfür sind phasenweise Einteilungen möglich, etwa für die Zeit bis zum 17. Juni 1953, für die Zeit des Mauerbaues 1961 oder für die Zeit der Verstaatlichungskampagne von 1972. Festzuhalten bleibt jedoch, daß zwar die Methoden wechselten, daß manche Instrumente widersprüchlich waren, daß die Zielsetzung aber — Abschaffung des Privateigentums zur Verwirklichung des Kommunismus — unbeirrt weiterverfolgt worden ist: Insoweit kann die Frage nach sowjetischer oder deutscher Verantwortung für die Ent-

[18] Sehr plastisch zu dem „Mechanismus“ der Bodenreform *Krüger*, Fn. 11, S. 388 ff., 392 f.; *Badura*, Der Verfassungsauftrag der Eigentumsgarantie im wiedervereinigten Deutschland, DVBl. 1990, S. 1260. Siehe im übrigen das Bodenreform-Urteil des BVerfG vom 23. 4. 1991, NJW 1991, S. 1597 ff.

[19] Eine umfassende und systematische Behandlung der verschiedenen Fallgruppen bei *Brunner/Clemm* et al. (Hrsg.), Rechtshandbuch Vermögen und Investitionen in der ehemaligen DDR, 1991; siehe auch *Fieberg/Reichenbach*, Fn. 17, S. 323; dieselben (Hrsg.), Enteignung und Offene Vermögensfragen in der ehemaligen DDR, RWS-Dokumentation in zwei Bänden; *G. Gutmann*, Produktivität und Wirtschaftsordnung, in: Aus Politik und Zeitgeschichte B 33/1990, S. 22; *Heuer*, Fn. 14, insbesondere Rdn. 69 ff. zur Rechtsstellung des privaten Grundstückseigentümers; *Kittke*, Fn. 17, S. 180; *K. Kinkel*, Deutsche Rechtseinheit — eine Standortbestimmung, NJW 1991, S. 340 f.; *G. Luttosch / F. von Schlabrendorff*, DDR-Reformgesetzgebung, DtZ 1990, S. 60 ff.; *Spiecker*, Fn. 13, S. 259. *F. K. Fromme*, FAZ vom 29. 6. 1991, S. 10 unterscheidet acht Enteignungsphasen. — Ab Oktober 1991 erscheint die „Zeitschrift für Vermögens- und Investitionsrecht (VIZ)“ als neue Zeitschrift für ein „neues Rechtsgebiet“. — Siehe noch *L. Penig*, Stärkung des Kommunalvermögens durch Entflechtung des Volkseigentums, in: Knemeyer (Hrsg.), Neubau kommunaler Selbstverwaltung in der DDR, 1990, S. 50: Volkseigene Kapazitäten müßten in das „Gemeineigentum der Kommunen“ überführt werden. — Art. 29 des Verfassungsentwurfs des „Rundes Tisches“ für die DDR vom 4. 4. 1990 sah die Aufrechterhaltung unterschiedlicher „Formen“ des Eigentums vor; positiv dazu *P. Häberle*, Der Entwurf der Arbeitsgruppe „Neue Verfassung der DDR“ des Runden Tisches (1990), JöRNF 39 (1990), S. 337. — Die vom Ministerrat noch am 1. 3. 1990 beschlossene Gründung der Treuhandanstalt hatte den Zweck der „Wahrung des Volkseigentums“, vgl. *W. Rosener / R. Roitzsch*, DtZ 1990, S. 38.

eignungen keine Rolle spielen – die Wirkungen für die im Osten wie im Westen betroffenen Menschen blieben gleich[20].

2. *Eigentum im Rechtsstaat*

Wenn Eigentumsaufhebung zentrales Ziel des Kommunismus und der von ihm dirigierten Staaten war, dann muß Achtung und Sicherung des Eigentums doch nicht zentrales Ziel des Rechtsstaates sein; der Kapitalismusvorwurf läge sonst weiterhin sehr nahe. Tatsächlich ist auch die Eigentumsgarantie als solche nicht das Kernstück der rechtsstaatlichen Ordnung des Grundgesetzes[21], und die Abgrenzungen zwischen Voraussetzungen und Umfang der Gewährleistung des Rechtsstaates und der Eigentumsgewährleistung sind äußerst subtil[22].

---

[20] In seinem Bodenreform-Urteil hat BVerfG NJW 1991, S. 1597 (1601) ebenfalls keinen grundsätzlichen Unterschied zwischen den entschädigungslosen Enteignungen vor und nach 1949 gemacht, auch wenn die „rechtsstaatlichen Defizite, die beide Gruppen von Enteignungen nach den Gerechtigkeitsvorstellungen des dem Grundgesetz verpflichteten Gesetzgebers aufweisen", verschieden sein „mögen". Vgl. auch *Herdegen,* Fn. 8, S. 13 ff., 20 ff.; *H.-J. Papier,* Verfassungsrechtliche Probleme der Eigentumsregelungen im Einigungsvertrag, NJW 1991, S. 197; auch *Klein,* Fn. 8, S. 574 fragt, ob die Differenzierung im Einigungsvertrag nicht willkürlich ist. *Stern,* Der verfassungsändernde Charakter des Einigungsvertrages, DtZ 1990, S. 291 mit Fn. 17 trennt hingegen die „Unrechtsmaßnahmen im Mantel des Rechts" von 1945 bis 1949 und die späteren Eigentumsregelungen in der DDR, die „nicht frei von Unrechtsmaßnahmen" gestaltet worden seien. *C. Degenhart,* Verfassungsfragen der Deutschen Einheit, DVBl. 1990, S. 979 stellt wesentlich darauf ab, in wessen Verantwortung die Enteignungsmaßnahmen durchgeführt worden sind.

[21] Vgl. *P. Häberle,* Vielfalt der Property Rights und der verfassungsrechtliche Eigentumsbegriff, AöR 109 (1984), S. 63: Die Verfassung, die von Art. 1 GG als anthropologischer Prämisse ausgeht, „*braucht* Eigentum Privater ..., aber nicht als goldenes Kalb, um das die anderen elementaren Grundsätze ‚tanzen'". – Dazu, daß mit der Warnung vor dem „häßlichen Kapitalismus" gegenwärtig in den neuen Bundesländern beste Geschäfte gemacht werden können siehe *F. Schirrmacher,* Phänomen – Die neue Demagogie, FAZ vom 29. 5. 1991.

[22] Vgl. *P. Häberle,* Verfassungspolitik für die Freiheit und Einheit Deutschlands, JZ 1990, S. 361 f.; *Papier,* Fn. 20, S. 196. – Zur Sozialkritik an der Privateigentumsordnung *W. Kerber,* Sozialphilosophie des Eigentums, in: Staatslexikon Bd. 2, 1986, Spalte 168. – Zum Verhältnis zwischen Eigentums- und Rechtsstaatsgarantie z. B. *H. D. Jarass,* Die Anwendung neuen Umweltrechts auf bestehende Anlagen, 1987, S. 81 ff.; *Kimminich,* Die Eigentumsgarantie im Prozeß der Wiedervereinigung, 1990, S. 30; *Leisner,* Fn. 13, Rdn. 78; *P. Lerche,* Rechtsprobleme der wirtschaftslenkenden Verwaltung, DÖV 1961, S. 489; *W.-R. Schenke,* Probleme der Bestandskraft von Verwaltungsakten, DÖV 1983, S. 323, 327; *A. Schink,* Um-

Ebensowenig kann aber übersehen werden, daß die Erkenntnis des Wertes und der Würde des einzelnen aufs engste mit der Ablösung des von personalen Treueverhältnissen geprägten feudalen Lehensstaates zusammenhängt[23]. Und so wird auch bei Darstellungen des Rechtsstaates stets auf den ursprünglichen Zusammenhang zwischen der Anerkennung der individuellen Freiheit und dem ihr dienenden persönlichen Eigentum hingewiesen[24]. Die Verbindung zwischen Freiheit und Eigentum ist essentiell, ebenso wie die Verbindung zwischen Leib und Seele. Eigentum ist nicht als Selbstzweck gewährleistet, sondern als materielle Voraussetzung allen Freiheitsgebrauchs. Beispielhaft hat dies der Bundesgerichtshof in einem Urteil aus dem Jahr 1952 dargestellt:

---

weltschutz — Eigentum — Enteignung — Salvatorische Klauseln, DVBl. 1990, S. 1381 ff.; BVerfGE 36, 281 (293); 51, 193 (218); 53, 257 (309); 58, 81 (120); 64, 87 (104); 69, 272 (309). Zur Konkretisierung des Rechtsstaatsprinzips durch einzelne Verfassungsbestimmungen siehe die abweichende Meinung *Geiger*, BVerfGE 42, 79 ff.

[23] Anschaulich *G. Roellecke*, Der Zustand des Rechtsstaates, in: Badura/Roellecke, Fn. 5, S. 27 ff. In der Konsequenz dieser Entwicklung zum Rechtsstaat liegt die Erkenntnis von *P. Kirchhof*, Besteuerung und Eigentum, VVDStRL 39 (1981), S. 232 f: „Die Garantie des Privateigentums verbietet das Staatseigentum und fordert statt dessen die Steuer".

[24] Vgl. *P. Badura*, Der Zustand des Rechtsstaates, in: Badura/Roellecke, Fn. 5, S. 13, 17, 19; *Dürig*, Fn. 1, S. 334 mit Nachweisen frühkonstitutioneller Verfassungstexte in Fn. 4; *O. Kimminich*, Eigentum, in: Staatslexikon Bd. 2, 1986, Spalte 162; *J. M. Thiel*, Europa 1992: Grundrechtlicher Eigentumsschutz im EG-Recht, JuS 1991, S. 274; *v. Unruh*, Fn. 4, S. 265, 269, 280 mit zahlreichen Nachweisen zur Geschichte. *W. Böhmer*, Grundfragen der verfassungsrechtlichen Gewährleistung des Eigentums, NJW 1988, S. 2568 betont, daß „Mensch" und „Sache" zu den „ontologischen Grundsachverhalten" gehören; *H. Hattenhauer*, in: J. F. Baur (Hrsg.), Das Eigentum 1989, S. 98 spricht von einem tiefsitzenden „Urtrieb des Menschen zum Volleigentum"; *P. Häberle*, Fn. 21, S. 74: „Eigentum als Freiheit"; *König*, Fn. 9, S. 179: Wertprämissen „Freiheit und Eigentum" für das Wirtschaftsleben (als autonomer Bereich) in der sozialen Marktwirtschaft; *Leisner*, Fn. 13, Rdn. 21: „Eigentum ist Freiheit"; *Th. Mayer-Maly*, Das Eigentumsverständnis der Gegenwart und die Rechtsgeschichte, in: Festschrift Hübner, 1984, S. 146, 157; *J. Schwartländer / D. Willoweit* (Hrsg.), Das Recht des Menschen auf Eigentum, 1983. — Aus der Rechtsprechung des BVerfG siehe zur besonderen Betonung des engen inneren Zusammenhangs zwischen Freiheit und Eigentum nur E 24, 367 (389); 31, 229 (239); 42, 64 (76 ff.); 50, 290 (339); 70, 191 (201); 78, 58 (73); 79, 292 (304). — Dementsprechend konsequent war die Zerstörung des Eigentums durch den Kommunismus der zentrale Ansatz für die planmäßige Zerstörung der Menschenrechte, vgl. *Kimminich*, Fn. 22, S. 71. *Fromme*, Fn. 19, spricht von der „Hybris" der SED, „ihre Ideologie werde das Interesse der Menschen an Eigentum überdauern".

„Der in den Staat eingegliederte Einzelne bedarf, um unter seinesgleichen als Person, d. h. frei und selbstverantwortlich leben zu können und um nicht zum bloßen Objekt einer übermäßigen Staatsgewalt zu werden, also um seiner Freiheit und Würde willen einer rechtlich streng gesicherten Sphäre des Eigentums“[25].

Die Freiheit des einzelnen, vor allem also die — realisierbare — Möglichkeit, das eigene Leben nach eigenen Entwürfen zu gestalten, bildet „*das* ererbte ‚Kulturgut' Europas“[26]. Die Dynamik des KSZE-Prozesses und schließlich die friedliche Revolution in der DDR haben gezeigt, welche elementare Kraft in dieser Idee der Freiheit steckt. Die Frage ist, ob die Rechtsgestaltung durch den Einigungsvertrag diesem Ziel gerecht wird und eine rechtsstaatliche Ordnung, insbesondere eine der Verwirklichung der Freiheit dienende Eigentumsordnung zu schaffen vermag.

IV. Der Einigungsvertrag — rechtsstaatliche Aufarbeitung der Eigentumsfragen?

Angesichts der absoluten Gegensätzlichkeit der Zielsetzung und der Behandlung des Eigentums im kommunistischen System und in der rechtsstaatlichen Ordnung des Grundgesetzes erstaunt es nicht, daß die Eigentumsfragen bei den Beitrittsverhandlungen und in der

---

[25] BGHZ 6, 270 (276 — Urteil vom 10.6.1952 zur Wohnungszwangswirtschaft). Siehe auch *R. Reinhardt,* Wo liegen für den Gesetzgeber die Grenzen, gem. Art. 14 des Bonner Grundgesetzes über Inhalt und Schranken des Eigentums zu bestimmen?, in: Reinhardt/Scheuner, Fn. 15, S. 14 ff., 23 ff.; *Scheuner,* Fn. 15, S. 80, 115: Eigentum als „Basis persönlicher Freiheit und Selbstgestaltung“. — Auf die von *P. Häberle,* Fn. 21, S. 63 ff. entwickelten „sieben Differenzierungsmaximen“ kommt es in diesem Zusammenhang nicht an. Allerdings wäre von dem hier vertretenen Ansatz her, daß die Eigentumsfreiheit materielle Basis aller (sonstigen) Freiheitsverwirklichungen ist, vermutlich eine Begründung für ähnliche Differenzierungen möglich: Die Entfaltung der Berufsfreiheit stellt andere Anforderungen an das Eigentum als etwa die Entfaltung der Religions- oder Petitionsfreiheit. Siehe auch *Herzog,* Fn. 6, S. 468: Eigentum und Besitz als Voraussetzung für den einzelnen dafür, aus den verfassungsrechtlichen Freiheiten „für sich etwas zu machen“; *O. Kimminich,* Das Eigentum in der Spannung zwischen Freiheit und Sozialbindung, in: Lampe (Hrsg.); Persönlichkeit, Familie, Eigentum, 1987, S. 340 f. zum hohen Abstraktionsgrad des Eigentumsbegriffs.

[26] Vgl. *P. Häberle,* Europa in kulturverfassungsrechtlicher Perspektive, in: Schwarze/Graf Vitzthum (Hrsg.), Grundrechtsschutz im nationalen und internationalen Recht, 1983, S. 56 ff.; *J.-D. Kühne,* Die französische Menschen- und Bürgerrechtserklärung im Rechtsvergleich mit den Vereinigten Staaten und Deutschland, JöRNF 39 (1990), S. 3; *Mayer-Maly,* Fn. 24, S. 145 ff.; *C. Starck,* Die französische Revolution und das deutsche Staatsrecht, JZ 1989, S. 601; *Steinberger,* Fn. 1, S. 25 ff.; BVerfGE 60, 253 (268).

öffentlichen Diskussion des Währungs- und des Einigungsvertrages im Mittelpunkt des Interesses gestanden haben[27]. Die Grundzüge dieser Vereinbarungen laufen bekanntlich darauf hinaus, daß die entschädigungslosen Konfiskationen aus der Zeit von 1945–1949 „nicht mehr rückgängig zu machen" sind[28]. Im übrigen wird enteignetes Grundvermögen jedoch grundsätzlich zurückgegeben, es sei denn, die Rückgabe ist „von der Natur der Sache her nicht möglich" oder Bürger der DDR haben an „zurückzuübereignenden Immobilien Eigentum oder dingliche Nutzungsrechte in redlicher Weise erworben". Vertraglich eingeräumte Nutzungsrechte schließen die Rückübertragung nicht aus, vgl. § 17 VermG. — Soweit danach eine Restitution ausnahmsweise nicht möglich (oder aber nicht gewünscht) ist, hat der „alte Eigentümer" einen Anspruch auf Entschädigung[29].

Der Ausschluß der Restitution für die Eigentumsvernichtungen bis 1949 hatte zu einem heftigen, vom Bundesverfassungsgericht jedoch recht lapidar beendeten und auf die Erwartung von Ausgleichsregelungen umgeleiteten Rechtsstreit geführt. Die Durchführung des Restitutionsgrundsatzes für die Zeit nach Gründung der DDR hat demgegenüber die Praxis vor dauerhafte Probleme gestellt: Die ungeklärten Eigentumsverhältnisse gelten — oft gemeinsam genannt mit

---

[27] Vgl. *T. Maunz*, Der Rechtsstaat und die Aufarbeitung der vor-rechtsstaatlichen Vergangenheit, BayVBl. 1991, S. 550. — Umfassende Darstellung und Dokumentation bei *Stern/Schmidt-Bleibtreu* (Hrsg.), Verträge und Rechtsakte zur Deutschen Einheit, 1990, Bd. 1, S. 69 ff., 107 f., 237 f.; Bd. 2, S. 43 ff., 823 ff.; siehe auch *v. Münch* (Hrsg.), Dokumente der Wiedervereinigung Deutschlands, 1991, und dort die Einführung von *G. Hoog*, Zur Regelung offener Vermögensfragen, S. XXXV ff.

[28] Vgl. Art. 41 I, III Einigungsvertrag in Verbindung mit der Gemeinsamen Erklärung vom 15. 6. 1990; zur verfassungsrechtlichen Unbedenklichkeit dieser Bewältigung der sogenannten „Bodenreform" BVerfG NJW 1991, S. 1597 ff.; dies gilt auch für Berlin, vgl. KG DtZ 1991, S. 298 (299 f.). Siehe zuvor schon LG Braunschweig DtZ 1990, S. 214 ff. zur grundsätzlichen Anerkennung von Enteignungen in der früheren DDR. — Zweifel am Sinn der Aufrechterhaltung der „Bodenreform" bei *D. Blumenwitz*, Der Vertrag vom 12. 9. 1990, NJW 1990, S. 3048. Nachweise der Stellungnahmen von Staatsrechtslehrern zur „Bodenreform" bei *Jung/Vec*, Fn. 12, S. 718 in Fn. 72.

[29] Zur Darstellung, Begründung und praktischen Durchsetzung des Restitutionsgrundsatzes siehe außer den in Fn. 27 nachgewiesenen Dokumenten z. B. *J. Kimme*, Zum Ablauf der Anmeldefrist, NJW 1990, S. 3185 f.; *Kinkel*, Fn. 22, S. 341; *Kittke*, Fn. 17, S. 179 ff.; *J. Kohler*, Zivilrechtliche Sicherung der Rückerstattung von Grundstücken in den neuen Bundesländern, NJW 1991, S. 465 ff.; *F. v. Schlabrendorff / H. M. de Vasconcellos*, Die Wirtschaftsunion der beiden deutschen Staaten, DtZ 1990, S. 142 ff., 147.

fehlender Verwaltungskraft in den neuen Bundesländern – als gravierendste Investitionshemmnisse[30]. Hier hat sich in kürzester Zeit ein Chaos entwickelt, das durch ein Riesenaufgebot an wissenschaftlichen und praktischen Lebenshilfen, durch einander überholende Vorfahrts- und Supervorfahrtsregelungen, „Enthemmungs-“ und „Spaltungsgesetze“, durch Prozesse und Vergleiche, kurz: durch Einsatz der gesamten Finessen unserer Rechts- und Wirtschaftsordnung in Form gebracht werden soll[31,32].

---

[30] Vgl. nur *G. Brunner,* Was bleibt übrig vom DDR-Recht nach der Wiedervereinigung?, JuS 1991, S. 355: Eigentum, Nutzungsberechtigungen und drohende Restitutionsansprüche haben sich „zu einem gordischen Knoten verschlungen“; *Donges/Engels/Hamm/Möschel/Sievert,* Wirtschaftspolitik für das geeinte Deutschland, 1990, S. 28 ff.; *Gutmann,* Fn. 19, S. 23; *Jung/Vec,* Fn. 12, S. 714 ff.; *Kohler,* Fn. 29, S. 465; *J.-P. Lachmann,* Das Treuhandgesetz, DtZ 1990, S. 239 („Damoklesschwert der Restitution“); *W. Lenz,* Investitionshemmnisse in den neuen Bundesländern, ZRP 1991, S. 201 ff.; *W. Möschel,* Wohnungswirtschaft in den ostdeutschen Bundesländern, DVBl. 1991, S. 460; *G. Rohde,* Die Entwicklung der Grundeigentums- und Bodennutzungsverhältnisse nach dem Einigungsvertrag, DtZ 1990, S. 316; *J. Schmidt-Räntsch,* Grundbuchvorfahrt bei Investitionsvorhaben, DtZ 1991, S. 65; *E. Wittmann,* Öffentlichrechtliche Fragen zum Gesetz über besondere Investitionen, DtZ 1991, S. 174. *G. Fieberg / H. Reichenbach,* Offene Vermögensfragen und Investitionen in den neuen Bundesländern, NJW 1991, S. 1978 f. bezeichnen die Investitionshemmnisse als „multikausal“. – Vgl. auch *I. v. Münch,* Deutschland: Gestern – Heute – Morgen, NJW 1991, S. 868, 870: „Es bedarf keiner prophetischen Gaben, um vorherzusagen, daß die Abwicklung der Vermögensfragen ... noch Jahre, vielleicht Jahrzehnte dauern wird“. Ebenso *B. Grunewald,* Die Auswirkungen eines Irrtums über politische Entwicklungen in der DDR auf Testamente und Erbschaftsausschlagungen, NJW 1991, S. 1208. Siehe auch das „Fallbeispiel Mecklenburg-Vorpommern – Im Dickicht der Finanzen“ von *P. Christ,* Die Zeit vom 31. 5. 1991, S. 25.

[31] Siehe nur das umfassend angelegte Rechtshandbuch von *Brunner* et al. (Fn. 19); ferner z. B. *Heuer,* Fn. 14; *J. Lorff,* Offene Vermögensfragen nach der Einigung Deutschlands, 1991; *Rodenbach / v. Seldeneck,* Grundstücks- und Immobilienrecht in der DDR, 1990; *Donges* et al., Fn. 30, S. 28 (keine Rückübertragung bei Investitionsabsichten); *Fieberg/Reichenbach,* Fn. 17, S. 323 (nur „Teilungsunrecht“ wiederaufgreifen); *J. Hübner,* Das Gesetz über besondere Investitionen in der DDR und seine Novellierung, DtZ 1991, S. 161 ff. („Superinvestitionsgesetz“ und „Investitionsautobahn“); *Kohler,* Fn. 30, S. 465 (Rechtsfolgen des Investitionsgesetzes „verworren und in einigen Hinsichten bedenklich“); *Lenz,* Fn. 30, S. 202 („ein Auge zudrücken“); *Möschel,* Fn. 30, S. 75 sieht „trotz“ des Einigungsvertrages noch Spielräume zur Fehlervermeidung (eigene Vorschläge auf S. 73 ff.); *R. Nissel,* Rechtsangleichung bei der Herstellung der Einheit Deutschlands, ZG 1990, S. 340; *Rohde,* Fn. 30, S. 317; *Schmidt-Räntsch,* Fn. 30, S. 66 („Vorfahrtregelung“); *ders.,* Zum sogenannten Enthemmungsgesetz, DtZ 1991, S. 171 („Supervorfahrtregelung“); *R. Weimar,* Spaltung von Treuhandunternehmen, DtZ 1991, S. 182 ff. („neuartiges

V. Rechtsstaatliche Maßstäbe für die Eigentumsregelungen im Einigungsvertrag

Es gilt nun, den Einigungsvertrag am Maßstab des Rechtsstaates zu messen.

Eine Besonderheit dieses Maßstabes wird bewußter, wenn man das gestellte Thema auf andere Staatszielbestimmungen projiziert: Die Aufarbeitung einer vor-republikanischen, vor-demokratischen oder vor-bundesstaatlichen Vergangenheit ließe sich von einer Stunde Null -

---

Rechtsinstrument"). — *Wittmann,* Fn. 30, S. 179 empfiehlt schließlich, „das InvG möglich zu vergessen und unter Hinzuziehung aller denkbaren Beteiligten eine einvernehmliche Lösung anzustreben"; in diesem Sinne auch *M. Weber,* Die Verfahrensbeteiligung von Mietern und sonstigen Nutzungsberechtigten nach dem VermG, NJW 1991, S. 343. — Zu den „Unklarheiten des nur von Spezialisten zu überblickenden Vermögensgesetzes" und zum „Mehrklassenrecht für Eigentümer" siehe *F. U. Fack,* FAZ vom 16.5.1991, S. 1 und kritische Leserbriefe FAZ vom 29.5.1991: Den „Glücksrittern" Tür und Tor geöffnet. — Zu Problemen in der Rechtsprechung siehe nur BVerfGE 83, 162 (170 — erhebliche Beweisschwierigkeiten); *J. Busche,* Die Unterlassungsverpflichtung nach § 3 III VermG, DtZ 1991, S. 294 f.; dazu auch BVerfG EuGRZ 1991, S. 291 (292). KG NJW 1991, S. 360; LG Berlin DtZ 1991, S. 221 f.; OVG Berlin NJW 1991, S. 715 f.; VG Berlin NJW 1991, S. 376 ff.; 1969 f.; *P. Weides,* JuS 1991, S. 818 ff. (jeweils zur Frage des Rechtsweges gegen Handlungen der Treuhandanstalt). — Die „extrem unübersichtlichen" Regelungen des „Rechtsgemenges" des Einigungsvertrages beklagt *Schulze-Fielitz,* Fn. 5, S. 897. S. auch *M. Lange,* Wem gehört das ehemalige Volkseigentum? — Grundfragen der Art. 21 und 22 EinigungsV, DtZ 1991, S. 329 ff.

[32] Auch wenn der Einigungsvertrag nicht für die durch den Kommunismus verursachten Probleme verantwortlich gemacht werden kann, läßt sich im Hinblick auf die Schwierigkeiten nach der Wiedervereinigung doch an den in BVerfGE 52, 1 (38) formulierten Satz denken, daß das nunmehr geltende Recht „den Mangel mit verursacht, dem es entgegenwirken" soll. — Rechtsstaatlich keineswegs unbedenklich ist auch das Verfahren des Einigungsvertrages überhaupt, weil nicht der (distanzierte) gesamtdeutsche Gesetzgeber, sondern eine (interessierte) Vertrags-Partei über den Untergang des anderen Vertragspartners hinaus, aber für dessen Bevölkerung gravierende Zukunftsentscheidungen getroffen hat; der Staat ist auf das Recht der Gesamtheit, nicht auf die Macht der Mehrheit gegründet, vgl. *D. Merten,* Rechtsstaatsdämmerung, in: Festschrift Samper, 1982, S. 36; *Peters/Salzwedel/Erbel,* Fn. 2, S. 196; s. auch oben Fn. 1 zur „Unparteilichkeit" des Rechtsstaates. Zu einigen Problemen des Zustandekommens des Einigungsvertrages siehe z. B. *Klein,* Fn. 8, S. 570 f. Keine Probleme sieht insoweit *Herdegen,* Fn. 8, S. 6: „Der flinke Griff nach dem Zipfel des vorbeiwehenden Mantels der Geschichte ist primär Sache der Exekutive und nicht des Parlaments". Siehe auch BVerfGE 82, 316 (319 ff.): Der Antrag im Organstreitverfahren sei „offensichtlich unbegründet" gewesen; „beitrittsbezogene" Verfassungsänderungen durfte die Bundesregierung zum Gegenstand des Einigungsvertrages machen.

ausgehend in wesentlichen Teilen durch organisatorische Mittel erreichen. Die Schaffung des sozialen Rechtsstaates ist mit Organisation allein nicht zu bewältigen. Der soziale Rechtsstaat hat es mit Werten zu tun: solchen, die er vorfindet und schützen muß, und solchen, für deren Schöpfung er den Boden zu bereiten hat.

1. *Das Faktum: Die Ungleichzeitigkeit der „wiedervereinigten" Ordnungen*

Das Außerordentliche der damit zu bewältigenden Problematik liegt in der Ungleichzeitigkeit der aufeinander prallenden Ordnungen: Auf der einen Seite ein Kollektiv, das durch ein totales Kommandosystem in eine (sich notwendigerweise immer weiter entfernende) Utopie eines Kommunismus aus der Mitte des 19. Jahrhunderts geführt wurde — unter unvorstellbaren Opfern des einzelnen, unter Aufgabe von Recht und Persönlichkeit. Auf der anderen Seite das Filigran eines Rechts- und Sozialstaates, in dem etwa die Bestimmung des Familiennamens als Problem empfunden wird, das — verfassungsgerecht — durch ein Losverfahren gelöst werden soll[33].

Dieser verfeinerte Rechtsstaat hat eine Unzahl von Instrumenten und Mechanismen entwickelt, um mit Reform- und Rechtsgeltungskonflikten fertig zu werden. Wir haben diese Schwierigkeiten bei der Eingliederung des Saarlandes, bei der kommunalen Neugliederung und beim Zusammentreffen in der EG gemeistert[34]. Wir haben die

---

[33] Vgl. BVerfG NJW 1991, S. 1602 ff. S. auch VGH München NJW 1991, S. 2306 f. (Losentscheid durch Münzwurf bei der Personalratswahl). — Zur Problematik von Losverfahren siehe bereits *W. Berg*, Die Verwaltung des Mangels, Der Staat 15 (1976), S. 16 f., 22 f. — Nachweise zur Kritik an der „Verfeinerung" des Rechtsstaates oben Fn. 6.

[34] Zur Eingliederung des Saarlandes siehe BVerfGE 4, 157 (169 ff.). Nach hier vertretener Ansicht kann man weder hierin noch in der Schaffung des Deutschen Reichs von 1871 „Muster" für eine „Rechtsangleichung" sehen. Zutreffend z. B. *Stelkens*, Fn. 9, S. 266, der zugleich von einer „Fiktion der Vergleichbarkeit der Rechtsordnungen" im Einigungsvertrag spricht. Vgl. auch *H. Goerlich*, Hergebrachte Grundsätze und Beitrittsbeamtentum, JZ 1991, S. 75: „Vereinigung zweier gegensätzlicher Gemeinwesen". Anders aber z. B. *U. Drobnig*, Überlegungen zur innerdeutschen Rechtsangleichung, DtZ 1990, S. 116 („Deutsches Reich"); *W. Binne*, „Grundgesetzwidriges" Übergangsrecht?, DtZ 1990, S. 210 („Saar"). Unzutreffend ist auch der Vergleich von *H. A. Engelhard*, Stand und Perspektiven Deutsch-Deutscher Rechtsangleichung, DtZ 1990, S. 129 mit der Situation zwischen 1849 und 1900 im Hinblick auf den in § 64 RV 1849 enthaltenen Auftrag, „die Rechtseinheit im deutschen Volk zu begründen". — Zu den EG-Eingliederungsmechanismen siehe nur *J. Scherer*, EG und DDR: Auf dem Weg zur Integration,

Schwierigkeiten „echter" und „unechter" Rückwirkung im Griff, können über § 79 BVerfGG auch mit den Rechtsfolgen für nichtig erklärter Normen umgehen und schaffen es, verfassungsrechtlich geschützte Besitzstände in neues Recht „überzuleiten"[35]. Dank eines umfassenden Rechtsschutzsystems — einschließlich des Petitionsrechts als einer elementaren Notrufgarantie und einschließlich der Verfassungsbeschwerde und sonstiger außerordentlicher Rechtsbehelfe: dank all dieser Instrumente gelingt es immer wieder, einen größeren „Unrechtsstau" zu verhindern, Druck abzulassen, Mißstände von unten her und doch mit hoheitlicher Gewalt zu beseitigen[36].

Diese Möglichkeiten gab es in der DDR nicht, und die beschriebenen, eingeübten und in unserer Rechtsordnung bewährten Reform- und Überleitungsmechanismen können bei der Aufarbeitung der vorrechtsstaatlichen Vergangenheit nicht greifen: Weder hat das Grundgesetz vor dem 3. Oktober 1990 in der DDR gegolten, noch läßt sich

---

Beilage 16 zu Heft 12/1990 Betriebsberater, S. 11 f.; *D. Rauschning / R. Hach*, Geltung des Rechts der Europäischen Gemeinschaften im Gebiet der DDR nach der Wiedervereinigung, EuZW 1990, S. 344 ff.; *H. J. Wolff*, Schrittweise Herstellung der deutschen Einheit und Europäisches Gemeinschaftsrecht, NJW 1990, S. 2168 ff.

[35] Vgl. nur *J. Salzwedel*, Verfassungsrechtlich geschützte Rechtspositionen und ihre „Überleitung" in neues Recht, Die Verwaltung 5 (1972), S. 11 ff.; *K.-P. Dolde*, Bestandsschutz im Immissionsschutzrecht, in: Festschrift Bachof, 1984, S. 191 ff.; *M. Kloepfer*, Übergangsgerechtigkeit, DÖV 1978, S. 225 ff., 232; *J. Jekewitz*, Der Zeitpunkt wirksamer Zerstörung des Vertrauensschutzes bei rückwirkenden Rechtsnormen, NJW 1990, S. 3114 ff.; *Lerche*, Fn. 22, S. 489; *K. Stern*, Zur Problematik rückwirkender Gesetze, in: Festschrift Maunz 1981, S. 381 ff.; zuletzt *G. Kutschera*, Bestandsschutz im öffentlichen Recht, 1990. — Zur zukunftsorientierten Umgestaltung alter Fischereirechte BVerfGE 70, 191 (205 f., 213) im Anschluß an E 58, 300 (351 f. — Naßauskiesung). — Zum Mechanismus des § 79 BVerfGG siehe z. B. BVerfGE 2, 280 (404 f.); 7, 194 (194 f.); 11, 263 (265). — Zur Kollisionslösung gem. Art. 100 GG siehe BVerfGE 2, 124 (128 ff.).

[36] Zum „allgemeinen Justizgewähranspruch" als Element des grundgesetzlichen Rechtsstaatsprinzips siehe *H.-J. Papier*, Justizgewähranspruch, in: Isensee/Kirchhof (Hrsg.), Handbuch des Staatsrechts der Bundesrepublik Deutschland, Bd. VI, 1989, § 153 Rdn. 7 f.; *derselbe*, Rechtsschutzgarantie gegen die öffentliche Gewalt, ebenda, § 154, Rdn. 1 ff.; *M. Schröder*, Rechtsstaatlichkeit in der Rechtsprechung der Landesverfassungsgerichte, in: Starck/Stern (Hrsg.), Landesverfassungsgerichtsbarkeit, Teilband III, 1983, S. 244 ff. Zum Petitionsrecht *J. Burmeister*, in: Isensee/Kirchhof (Hrsg.), Handbuch des Staatsrechts der Bundesrepublik Deutschland, Bd. II, 1987, § 32. Grundlegend zur Problematik der Wiedereinsetzung BVerfGE 60, 253 (267 ff.). Zum Rehabilitierungsgesetz der DDR siehe *E. Buchholz*, Wiedergutmachung von Unrecht, ZRP 1990, S. 466 ff.

die rechtsstaatliche Begrifflichkeit „rückwirkend" auf die dortigen Verhältnisse übertragen[37].

Schon die eingängige Formulierung von der „beispiellosen Entrechtung" durch die kommunistische „Bodenreform"[38] überträgt die *Rechtsvorstellung* des heutigen Rechtsstaates auf die Handlungen der Organe eines Systems, für das „Recht" keinen Wert an sich darstellte, sondern ausschließlich instrumentalen Charakter zur Durchsetzung des Kommunismus hatte. Die Menschen, die in und mit diesem System lebten, hatten keine verbürgten, gesicherten Rechte, die sie notfalls vor unabhängigen Gerichten hätten einklagen können. Sie hatten nur ein einigermaßen gesichertes Vertrauen darauf, daß der Staat mehr oder minder ausreichend für die Erfüllung einiger Grundbedürfnisse sorgen werde, und sie hatten die Verheißung des Kommunismus durch die Partei als Begründung für den Entzug und für die Kollektivierung ihrer Rechte.

2. *Das Ziel: Sicherung des Rechts durch Schaffung des Rechtsstaates*

In einem Nicht-Rechtsstaat, wie der früheren DDR, kann es also nicht darum gehen, den Rechtsstaat zu „vollenden", sondern es gilt,

---

[37] Gem. Art. 23 S. 2 GG mußte das Grundgesetz durch einen Legislativakt des Bundestages im Beitrittsgebiet in Kraft gesetzt werden; dazu *Stern,* in: Stern/Schmidt-Bleibtreu, Fn. 27, Bd. 1 S. 31 ff., Bd. 2 S. 29 ff. Allerdings hat der Vertrag über die Schaffung einer Währungs-, Wirtschafts- und Sozialunion vom 10. 5. 1990 bereits mit Wirkung vom 1. 7. 1990 das Privateigentum als Bestimmungsfaktor der sozialen Marktwirtschaft in der DDR eingeführt; dazu *Schmidt-Bleibtreu,* in: Stern/Schmidt-Bleibtreu, a. a. O. Bd. 1, S. 56 ff., 67, 106 f., 146, 237 f. Auch wenn die DDR zu Deutschland gehörte und im Verhältnis zur Bundesrepublik nicht als Ausland angesehen werden konnte, vgl. BVerfGE 82, 316 (320), so beschränkte sich die Staatsgewalt der Bundesrepublik aber nicht nur tatsächlich, sondern auch staatsrechtlich auf ihr damaliges Gebiet (Art. 23 S. 1 GG, vgl. BVerfG NJW 1991, S. 1597 (1599 a. E.). Siehe ferner etwa *Badura,* Fn. 18, S. 1261 f.; *Binne,* Fn. 34, S. 210; *Degenhart,* Fn. 20, S. 978 f.; *J. Isensee,* Deutschlands aktuelle Verfassungslage — Staatseinheit und Verfassungskontinuität, VVDStRL 49 (1990), S. 60; *Papier,* Fn. 20, S. 195; *Stern,* Fn. 20, S. 291. Vgl. auch BVerfGE 2, 237 (246); 4, 219 (236); 17, 38 (50); 29, 166 (175); 29, 413 (437); 46, 268 (288): Staatliche Hoheitsakte, die vor Inkrafttreten des Grundgesetzes endgültig wirksam geworden sind, können „nicht rückwirkend am Grundgesetz gemessen werden". — Das Problem der „Ungleichzeitigkeit" ist in der 226. Sitzung des Deutschen Bundestages vom 20. 9. 1990 von *Dr. Schäuble* klar erkannt worden: „In mehr als vierzig Jahren Teilung haben sich die beiden Teile Deutschlands so auseinanderentwickelt, daß das Gefälle riesengroß ist. Wir stehen in Wahrheit vor dem Problem ..., daß wir in der DDR vergleichbar der Situation des Jahres 1949 sind, und in der Bundesrepublik stehen wir in der des Jahres 1990".

[38] Vgl. nur *Badura,* Fn. 18, S. 1259.

ihn erst zu *schaffen*[39]. Darin besteht das eigentliche Staatsziel der „Wiedervereinigung": Nicht Vergrößerung des Staatsgebietes der Bundesrepublik Deutschland, sondern Herstellung und Garantie von Recht und Freiheit für *alle* Deutschen, den Geltungsbereich der Grundrechte auszudehnen — darin lag und liegt die eigentliche und spezifische Aufgabe[40], die mit der Aufhebung der trennenden Grenzen allein keineswegs erfüllt ist. Nicht Staatsselbstverwirklichung, sondern Staatszielverwirklichung war — und ist — die Pflicht des Staates.

Diese Aufgabe stößt freilich nicht in ein *menschenrechtliches* Vakuum. Selbst da, wo staatlicherseits das Menschenrecht auf Leben als Recht des einzelnen geleugnet wurde, gab es Leben; auch dort, wo Wohnung nicht als unverletzlich galt, wurde gewohnt. Darüber hinaus hatten die Menschen natürlich eigene Gedanken, Meinungen, sie übten Berufe aus — freilich alles unter den strengen Direktiven eines totalitären Staates. Aber die einzige Bedingung des Menschenrechts ist der Mensch. Die Grundrechte wurden faktisch in Anspruch genommen[41] — in der DDR bis hin zur Revolution, die friedlich war und menschenrechtlich geführt.

---

[39] Vgl. *Maunz*, Fn. 27, S. 545. In diesem Sinne im Hinblick auf die Sowjetunion *Luchterhandt*, Fn. 9, S. 160. — Das BVerfG hat gegenüber der DDR stets „eine vorsichtige und letztlich nichts praekludierende Entscheidungsstrategie befolgt: Man hat sich geweigert, die andere deutsche Republik als ‚den Unrechtsstaat durch und durch' zu betrachten ...", vgl. *A. Blankenagel*, Verfassungsgerichtliche Vergangenheitsbewältigung, ZNR 1991, S. 80 mit Nachweisen; *Leisner*, Das Bodenreform-Urteil des BVerfG, NJW 1991, S. 1573; *K. Kemper / R. Lehner*, Überprüfung rechtskräftiger Strafurteile der DDR, NJW 1991, S. 329ff. — Der Nicht-Rechtsstaatlichkeit der DDR wird es nicht gerecht, von „rechtsstaatlichen Defiziten des SED-Staates" zu sprechen; so aber *Schulze-Fielitz*, Fn. 5, S. 894. — Für *P. Schneider*, Fn. 1, S. 7 ist der parteiliche Staat kein Unrechtsstaat, sondern ein „Widerspruch in sich, eben ein Unstaat".

[40] Ausführlicher *W. Berg*, Zonenrandförderung, 1989, S. 78ff.; *Röper*, Fn. 9, S. 169. *K. Stern*, BayVBl. 1991, S. 529 spricht insoweit von der Aufgabe, die „innere Wiedervereinigung" zu vollenden. Siehe auch die Ausführungen des Abg. *Mischnick* (FDP) in der 226. Sitzung des Deutschen Bundestages vom 20. 9. 1990: „Der Gedanke der Einheit Deutschlands wurde untrennbar mit dem Gedanken der Freiheit verbunden, nicht mit dem Gedanken der Macht, der Herrschaft, des eingebildeten Rechts, über andere Völker zu bestimmen. Unser Streben nach Einheit war und ist keine verstaubte, nach rückwärts gewandte Reichsromantik, sondern ein in die Zukunft gerichtetes gemeinsames europäisches Friedensziel". — Zur territorialen Komponente der Wiedervereinigung *W. Schmitt Glaeser*, Die Stellung der Bundesländer bei einer Vereinigung Deutschlands, 1990, S. 18ff.

[41] Vgl. *P. Häberle*, Aktuelle Probleme des deutschen Föderalismus, Die Verwaltung 24 (1991), S. 193; *Spiecker*, Fn. 13, S. 259. Entsprechend für die Sowjetunion *Luchterhandt*, Fn. 9, S. 231, 234. — Die rechtliche Bedeutung faktischer Grund-

Im Rechtsstaat ist die Schutzwürdigkeit bloß tatsächlich existierender, rechtsgrundlos erlangter Positionen rechtlich vor allem unter dem Stichwort „Vertrauensschutz" in zahllosen Normen und Institutionen anerkannt[42]. Die Bundesrepublik hat zwar die Pflicht, auf dem Gebiet der ehemaligen DDR den Rechtsstaat zu schaffen. Aber schutzwürdige Positionen, die vor-rechtsstaatlich faktisch vorhanden waren, hat sie nicht erst zu „schaffen", sondern anzuerkennen, zu achten und zu schützen, so wie Würde und Leben des Menschen, die als Werte dem Staat vorgegeben sind und hinsichtlich derer sich der Rechtsstaat nur dadurch als Rechtsstaat erweist, daß er ihre Existenz und Entfaltungsmöglichkeit um ihrer selbst willen garantiert und fördert[43]. „Aufarbeitung" der vor-rechtsstaatlichen Vergangenheit kann von daher nicht Neubeginn in einer Stunde Null bedeuten; denn für vorstaatliche Menschenrechte gibt es keine Stunde Null. Umgekehrt formuliert: Das Leben in der DDR, in einem Nicht-Rechtsstaat, hat die Menschen nicht „rechtlos" in dem Sinne gemacht, daß ihnen Grundrechte erst mit der Wiedervereinigung durch den Rechtsstaat „verliehen" würden.

---

rechtsverwirklichung scheint auch den Verfassern des Einigungsvertrages nicht ganz verborgen geblieben zu sein; denn der Schutz des „redlichen" Erwerbs knüpft bewußt an einen juristisch nicht vorgeprägten Begriff an, der den spezifischen gesellschaftlichen Verhältnissen in der DDR-Realität Rechnung tragen soll, vgl. *Fieberg/Reichenbach*, Fn. 17, S. 327 zu Nr. 3 b) der Gemeinsamen Erklärung (Anlage III zum Einigungsvertrag) und zu § 4 II, III VermG. – Die kritischen Bemerkungen von *E. Denninger*, Verfassung und Gesetz, KritV 1986, S. 312 zur „Begründungslast des Reformwilligen", die sich gegen die Gleichsetzung des „Wirklichen" (Bestehenden) mit dem „Vernünftigen" richten, sind zu Unrecht allgemeingültig formuliert; sie meinen offenbar nur politisch konservative Positionen. – Siehe auch unten, zu Fn. 65 und das Zitiat *Dürig*'s dort; ferner *R. Schröder*, Einspruch gegen Jürgen Habermas: Auch im Faktischen steckt manchmal ein bißchen Vernunft, in: Die Zeit – Feuilleton vom 31. 5. 1991, S. 54.

[42] Umfassend *H. Maurer*, Kontinuitätsgewähr und Vertrauensschutz, in: Isensee/Kirchhof (Hrsg.), Handbuch des Staatsrechts der Bundesrepublik Deutschland, Bd. III, 1988, § 60 Rdn. 1 ff., 67 ff. (zur Rücknahme von Verwaltungsakten); *Schenke*, Fn. 22, S. 323. Siehe auch die Nachweise oben, Fn. 35, zu Überleitungsregeln.

[43] Zur Vorstaatlichkeit der Menschenrechte und damit zu ihren außer-rechtlichen Anknüpfungen siehe hier nur *Link*, Fn. 1, S. 42; *Roellecke*, Fn. 5, S. 31 (Anknüpfung an die Geburt des Menschen); *Schmidt-Aßmann*, Fn. 1, Rdn. 26 ff. Siehe auch BVerfGE 29, 166 (176): Eine Rechtsordnung, „die von vor- und überstaatlichen Menschenrechten ausgeht ...". *P. Saladin / C. A. Zenger*, Rechte künftiger Generationen, 1988, S. 87 sieht auch die Lebensrechte künftiger Menschen als dem Staat „vorgegeben".

3. Besonderheiten des Grundrechts auf Eigentum

Die Umsetzung dieser Erkenntnis bereitet allerdings bei der Behandlung des Eigentumsgrundrechts Schwierigkeiten. Denn der Inhaltsbestimmungsauftrag des Art. 14 I 2 GG scheint das Eigentum zum Muster eines „Grundrechts aus der Hand des Gesetzgebers" zu machen[44]. Es gibt Stimmen in der Literatur, nach denen das Eigentum dem Recht nicht vorgegeben sei, sondern als Rechtsinstitut erst durch das Recht geschaffen und gestaltet werde[45]. Von daher erschiene eine Argumentation als logisch zwingend, die aus dem Nichtbestehen einer Rechtsordnung im Sinne einer rechtsstaatlichen Anerkennung und Ausgestaltung von Individualrechten in der ehemaligen DDR die Nichtexistenz von Eigentum herleiten und allenfalls einen unrechtmäßigen „Besitz" annehmen will[46].

Aber schon die Prämissen für solche Folgerungen sind nicht einwandfrei. Denn Eigentum ist auch nach der Ordnung des Grundgesetzes nicht nur positivistisch zu bestimmen. Selbst bei Gütern des „geistigen Eigentums" ist die eigentliche Substanz, die Idee, die Erfindung im Kopf des Urhebers der Rechtsordnung vorgegeben; lediglich für die wirtschaftliche Verwertung braucht der Eigner die Anerkennung durch das staatliche Recht: Die „schöpferische Lei-

---

[44] Vgl. *M. Nierhaus,* Grundrechte aus der Hand des Gesetzgebers?, AöR 116 (1991), S. 72 ff., 95 ff. Siehe auch schon *Dürig,* Fn. 1, S. 330: „Bei der Eigentumsregelung des GG scheint sich der Widerspruch zwischen dem vom GG anerkannten Menschenrechtscharakter der Grundrechte und der trotzdem bestehenden staatlichen Dispositionsbefugnis vollends zu einem unerträglichen Widerspruch zu verdichten".

[45] Vgl. *H. Maurer,* Enteignungsbegriff und Eigentumsgarantie, in: Festschrift Dürig 1990, S. 310; siehe auch *G. Manssen,* Regelung der Baugestaltung und gemeindliche Selbstverwaltung, Die Verwaltung 24 (1991), S. 39: Es gebe kein Eigentum ohne gesetzgeberische Ausgestaltung; BVerfGE 20, 351 (355): „Da es keinen ‚absoluten' Begriff des Eigentums gibt, ist es Sache des Gesetzgebers, Inhalt und Schranken zu bestimmen". Unmißverständlich demgegenüber BVerfGE 58, 300 (330): „Das Eigentum als Zuordnung eines Rechtsgutes an einen Rechtsträger bedarf, um im Rechtsleben praktikabel zu sein, notwendigerweise der rechtlichen Ausformung"; *Böhmer,* Fn. 24, S. 2568.

[46] Besonders prägnant in diesem Sinne *H. Krüger,* Fn. 11, S. 391 f.; *O. Kimminich,* Fn. 22, S. 57, 73, allerdings nur bezogen auf den „Bodenreformbesitz der Neubauern". Nach der hier vertretenen Ansicht bestehen jedoch keine prinzipiellen Unterschiede zwischen den Behandlungen des Eigentums im Kommunismus in der Zeit vor oder nach 1949; siehe oben zu Fn. 20. – Nicht eindeutig *Isensee,* Fn. 37, S. 61: Zwar soll Art. 14 GG „unrechtmäßigen Besitz" nicht sanieren, aber doch die „vorhandenen vermögenswerten Rechte" erfassen.

stung" liegt beim Urheber, nicht beim Staat. Die Inhalts- und Schrankenbestimmung ist dabei nicht im Sinne absoluter Inhaltsbestimmungsgewalt zu verstehen, sondern als Verpflichtung des Gesetzgebers, die „Eigentumsfähigkeit" dieser Güter zu gewährleisten[47].

Die Besonderheiten des Eigentums, vor allem des Grundeigentums, gehen indes noch in ganz andere Richtungen. Grund und Boden sind auch im Rechtsstaat nicht nur als Eigentum dem Privaten zugeordnet, sondern zugleich Hoheitsgebiet des Staates und damit Element der Staatlichkeit überhaupt: Hier verbinden sich Individuum und Staat unauflöslich[48]. So wie das Staatsgebiet die Basis für die Wirksamkeit des Staates ist, so sind Grund und Boden Voraussetzung der Entfaltung seiner Bürger in Freiheit. Und so wie sich der Staat als Rechtsstaat nur konstituiert, um sichere Basis für Leben und Freiheitsentfaltung seiner Bürger zu sein, so muß er das Eigentum Privater als Mittel zu diesem Zweck anerkennen.

Wie eng die Verflechtung zwischen Staatsgebiet und Freiheitsgewähr ist, wird in der Erinnerung an die besonderen Beziehungen zwischen den früheren beiden Staaten in Deutschland sehr deutlich. Da auch die Bürger der DDR „Deutsche" im Sinne des Grundgesetzes waren, hatten sie in dem Augenblick, in dem sie das Staatsgebiet der Bundesrepublik betraten, Anspruch auf Schutz und Entfaltungsfreiheit für alle ihre Grundrechte. Das Grundrecht auf Eigentum an

[47] Ausführlich dazu *Leisner,* Fn. 13, Rdn. 54ff., 66ff.; *Nierhaus,* Fn. 44, S. 101. Grundlegend zur Vorstaatlichkeit des Eigentums *Dürig,* Fn. 1, S. 237ff. Im Hinblick auf das geistige Eigentum sprechen z. B. BVerfGE 31, 229 (241); 31, 275 (290) mit Recht von der „schöpferischen Leistung", die Urheberrechtsschutz genießen soll. Ebenso sieht BVerfGE 78, 58 (74) den warenzeichenrechtlichen Ausstattungsschutz als „Ausdruck der Leistung" an. Zum Zusammenhang zwischen geistigem Eigentum und „Grundrecht der Arbeit" *Häberle,* Fn. 21, S. 56, 69f. — Den vorrangigen „Schutz der Arbeit und ihres Ertrages" sieht *Badura,* Fn. 24, S. 17 als ständige Aufgabe des Rechtsstaates.

[48] Näher *W. Graf Vitzthum,* Staatsgebiet, in: Isensee/Kirchhof (Hrsg.), Fn. 1, § 16 Rdn. 1 zum Staatsgebiet als „Resonanzboden" des Staates nach innen und Rdn. 16 zur überholten Vorstellung des Staates als eines „zivilistischen Obereigentümers"; *K. Doehring,* Allgemeine Staatslehre, 1991, Rdn. 59ff. zur Bedeutung des Territorialprinzips und Rdn. 65f. zur Ablehnung der „Patrimonialtheorie"; *K. Stern,* Staatsrecht Bd. I, 2. Aufl. 1984, § 7 I 2 (S. 235): Der moderne Staat ist Gebietskörperschaft, während der Staat des Mittelalters stärker Personalverbandsstaat war, „der auf einem persönlichen Gefolgschaftsverhältnis basierte". — Zur Entwicklung des Rechtsstaates aus der „Entpersönlichung" der Herrschaftsverhältnisse siehe oben zu Fn. 23. — Zutreffend erkennt *Böhmer,* Fn. 24, S. 2562 in der Verbindung von Personenrecht und Vermögenswert eine wesentliche Besonderheit der Eigentumsgarantie im Vergleich mit allen anderen Grundrechten.

Grund und Boden im Staatsgebiet der DDR konnte die Bundesrepublik aber nicht gewährleisten[49].

Gewiß hat das Grundeigentum für die Menschen der Industriegesellschaft am Ende dieses Jahrtausends nicht mehr die zentrale Bedeutung für die Freiheitssicherung wie für frühere Generationen[50]. In der Bundesrepublik hat sich demgemäß der Schutzbereich der Eigentumsgarantie in einer rasanten Entwicklung ausgeweitet auf alle vermögenswerten Rechte, „die dem Berechtigten von der Rechtsordnung in der Weise zugeordnet sind, daß er die damit verbundenen Befugnisse nach eigenverantwortlicher Entscheidung zu seinem privaten Nutzen ausüben darf“[51]. Sind damit im Zivilrecht schuldrechtliche Ansprüche miterfaßt, richten sich bei öffentlich-rechtlich geschaffenen Positionen Umfang und Intensität des Eigentumsschutzes danach, inwieweit eine Rechtsposition von der persönlichen Leistung des Rechtsinhabers (mit)bestimmt worden ist[52].

---

[49] Siehe Art. 6 S. 2 Grundlagenvertrag. Näher *Berg,* Fn. 40, S. 81 ff. mit weiteren Nachweisen; *R. Bernhardt,* Deutschland nach 30 Jahren Grundgesetz, VVDStRL 38 (1980), S. 39; *R. Grawert,* Staatsvolk und Staatsangehörigkeit, in: Isensee/Kirchhof (Hrsg.), Fn. 1, Rdn. 43, 46. Siehe auch *Badura,* Fn. 18, S. 1256; *Leisner,* Fn. 39, S. 1571. — Zur Besonderheit des Verlustes von Grundeigentum im Vergleich mit sonstigen Eigentumswerten siehe BVerfGE 15, 126 (151). — Zur Geltung des „subjektiv-persönlichen Territorialitätsprinzips“ im Wiedergutmachungsrecht nach dem zweiten Weltkrieg BVerfGE 38, 128 (136); 46, 299 (308) und bei der Währungsumstellung BVerfG DtZ 1990, S. 253.

[50] Vgl. nur BVerfGE 40, 65 (84); 53, 257 (290). Siehe aber auch *Donges* et al., Fn. 30, S. 34: Zwar sei der Boden als Produktionsfaktor in der modernen Industriegesellschaft von relativ geringem Gewicht: „Aber ohne Boden geht nun einmal nichts“.

[51] Zuletzt BVerfGE 83, 201 (209 — Vorkaufsrecht). Vgl. auch BVerfGE 45, 142 (170 ff., 179); 68, 193 (222) und zur Frage des verfassungsrechtlichen Schutzes des Gewerbebetriebes als solchem z. B. BVerfGE 51, 193 (218 ff.); 68, 193 (223).

[52] Vgl. BVerfGE 40, 65 (82 ff.); 53, 257 (291 f.); 69, 272 (300 ff.); *Kimminich,* Fn. 25, S. 339, 343; *R.-U. Schlenker,* Soziales Rückschrittsverbot und Grundgesetz, 1986, S. 141 ff. Siehe auch oben zu Fn. 47. Deshalb unterfällt auch z. B. eine immissionsschutzrechtliche Genehmigung nicht selbst der Eigentumsgarantie, „wohl aber die auf Grund der Genehmigung durch persönliche Leistung oder durch Kapitaleinsatz entwickelte Vermögensposition“, vgl. *Jarass,* Fn. 22, S. 82; *B. Maiwald,* Entschädigungspflichtige Eigentumseingriffe?, BayVBl. 1991, S. 103; *E. Kutscheidt,* Vor § 4 BImSchG, in: Landmann/Rohmer, GewO III Umweltrecht, 1978, Rdn. 25; *R. Stettner,* Der Schutz privater Investitionen gegen nachträgliche verschärfende Gesetzgebung, BayVBl. 1991, S. 556. Zu diesem Ansatz bereits BVerfGE 1, 264 (278 — Bezirksschornsteinfeger); siehe ferner E 48, 403 (413 — Wohnungsbauprämie).

4. *Bedeutung des Eigentums für die Existenzsicherung und für die Freiheitsentfaltung des Menschen im Rechtsstaat*

Diese Entwicklung macht offenkundig, welche Bedeutung das Eigentum für den Menschen im Rechtsstaat hat. Eigentum gibt eine Grundlage für die Existenz und ist zugleich materielle Voraussetzung für die Entfaltung jeder Freiheit und damit auch wiederum Anreiz zur Freiheitsentfaltung, so daß etwa die herkömmliche Faustformel zur Abgrenzung zwischen Eigentums- und Berufsfreiheit eher irreführend ist: Art. 14 schützt eben nicht nur das „Erworbene", das Ergebnis (abgeschlossener) beruflicher Betätigung, sondern zugleich die materiellen Voraussetzungen jeder (künftigen) Erwerbstätigkeit und gibt damit eine Perspektive für die privatautonome Lebensgestaltung[53].

---

[53] Zur „Faustformel" BVerfGE 30, 292 (335); NJW 1992, S. 36 (37); BGH WUR 1990, S. 175 (176). Auch das plastische Bild *Dürig*'s vom „Eigentum als geronnener Arbeit" (dazu *Schlenker,* Fn. 52, S. 150 ff.) spiegelt die Bedeutung der Eigentumsgarantie nicht vollständig. Mit Recht betont *H.-J. Papier,* Entwicklung der Rechtsprechung zur Eigentumsgarantie des Art. 14 GG, NWVBL 1990, S. 399 die Bedeutung privatnütziger, wirtschaftlich sinnvoller Verwendungsarten. Zutreffend dazu, daß Eigentum und Erbrecht die Berufsfreiheit „zwangsläufig" ergänzen *F. Rittner,* Die wirtschaftsrechtliche Ordnung des Grundgesetzes, in: 40 Jahre Grundgesetz, 1990, S. 140, 149. In der Sicherung der materiellen Voraussetzungen jeder Erwerbstätigkeit liegt gerade der Sinn des Eigentumsschutzes von Vermögenspositionen, die im Vertrauen auf öffentlich-rechtliche Genehmigungen geschaffen werden; siehe oben, Fn. 52. Zum vorrangigen Schutz der Arbeit und ihres Ertrags durch den Rechtsstaat siehe *Badura,* Fn. 24, S. 17. Siehe auch oben, zu Fn. 24 ff. und die Nachweise dort; ferner *Dürig,* Fn. 15 S. 131: Unantastbarer Wesensgehalt des Eigentums kann nach der „Menschenrechtsentscheidung des Grundgesetzes nur das die Materie beherrschende, den Menschen als Endzweck setzende *personale* Substrat des Rechtsinstituts sein". Privatisierung ist wichtigste Voraussetzung zur Förderung der Investitionsbereitschaft, auch wenn nicht alle Bürger „geborene Aktivisten der Freiheit" sind, vgl. *Hofmann,* Fn. 5, S. 25 ff. Zur „Anspornfunktion" des Eigentums *Häberle,* Fn. 21, S. 74; *Reinhardt,* Fn. 25, S. 14 f.: Eigenwert der Privatnützigkeit als bewegende Kraft: *Gutmann,* Fn. 19, S. 21 f. Die Institutsgarantie des Eigentums gibt eine „objektiv-rechtliche Direktive zur Privatisierung", vgl. *Isensee,* Fn. 37, S. 62. Im Mitbestimmungsurteil hat BVerfGE 50, 290 (338) deutlich betont, daß ohne individuelle Freiheit „nach der Konzeption des Grundgesetzes ein Leben in menschlicher Würde nicht möglich ist". — Zur Testierfreiheit als bestimmendem Element der Erbrechtsgarantie in die Zukunft siehe BVerfGE 67, 329 (341): „Sie ist als Verfügungsbefugnis des Eigentümers über den Tod hinaus eng mit der Garantie des Eigentums verknüpft und genießt wie diese als Element der Sicherung der persönlichen Freiheit des Einzelnen von Verfassungs wegen besonders ausgeprägten Schutz"; *Leisner,* Erbrecht, in: Isensee/Kirchhof (Hrsg.), Fn. 13, § 150 Rdn. 1: Ohne Erbrecht ist Eigentum nur „Nießbrauch".

Für die Menschen in der DDR wurden die materiellen Existenzvoraussetzungen nicht durch staatlich anerkannte Eigentumsrechte, sondern nach der Doktrin der Einheitspartei durch den Staat selber garantiert und durch das den Menschen abverlangte Vertrauen in den Staat. So hatte im Zivilgesetzbuch der DDR das Mietrecht einen „Platz an der Spitze" der Vertragstypen, und die breite Masse der Bevölkerung lebte in der Gewißheit, daß finanzielle Gründe allein niemals zum Verlust der Wohnung führen würden und daß — bei Einhaltung der Pflichten im übrigen — Kündigung und Obdachlosigkeit ausgeschlossen seien[54]. Damit erfüllte die Ausgestaltung des Mietverhältnisses für den Mieter in der DDR existenzsichernde Funktionen, ähnlich denen des Eigentums. Zugleich beruhte diese Position auf „eigener Leistung", auch wenn der Mietzins in keiner Weise dem Nutzungswert entsprach: Durch Unfreiheit und Armut haben die Mieter ihre Wohnungen extrem teuer bezahlt[55].

Die Menschen in der DDR hatten dadurch allerdings kein „Vertrauenseigentum" im Sinne unserer Verfassungsrechtsordnung[56] erworben, weil subjektiv-öffentliche Rechtspositionen des einzelnen in der kommunistischen Ordnung weder anerkannt noch einklagbar waren. Der Unmöglichkeit geschützten Rechts-Vertrauens korrespondierte das Fehlen jedes Selbst-Vertrauens der ehemaligen DDR-Bürger nach der Wiedervereinigung im Hinblick auf Eigenes, auf Eigentum. Und so war es psychologisch leicht, im Einigungsvertrag den Restitutionsgrundsatz durchzusetzen, obwohl die Grundstücke im Staatsgebiet der DDR für keinen der Prätendenten die Bedeutung

---

[54] Vgl. *J. Göhring*, Einigungsvertrag und Mietrecht, DtZ 1990, S. 317 ff. Siehe auch *M. Weber*, Fn. 31, S. 344.

[55] Vgl. *Brunner*, Fn. 30, S. 355, 361; *Möschel*, Fn. 30, S. 72. Siehe auch *Fieberg/Reichenbach*, Fn. 17, S. 321 zum enormen persönlichen Einsatz und zu den schwierigen wirtschaftlichen Bedingungen für die Menschen in der DDR. Daraus zieht *Degenhart*, Fn. 20, S. 979 die Konsequenz, daß für „funktional vergleichbare", durch eigene Leistung erworbene Besitztitel in der früheren DDR jetzt der Schutz der Eigentumsgarantie wirken müsse; im Ergebnis ähnlich *Spiecker*, Fn. 13, S. 259.

[56] Zum „Vertrauenseigentum", das über den rechtsstaatlichen Vertrauensschutz hinausgeht, siehe *Leisner*, Fn. 13, Rdn. 94 ff.; BVerfGE 58, 81 (121). Entscheidend für den Eigentumsschutz durch das Grundgesetz sind die Komplementärvorschriften zum Rechtsschutz, wie z. B. Art. 1 III, 19 I, II, IV, 93 I 2, 4 a, 100 I GG, vgl. *Böhmer*, Fn. 24, S. 2562; *Maurer*, Fn. 45, S. 316 f. Dagegen war der Rechtsweg gegen entschädigungslose Massenenteignungen zum Zwecke der Sozialisierung in der DDR ausgeschlossen, vgl. *Brunner*, Fn. 9, Rdn. 94. Zum Ausschluß von Staatshaftungsansprüchen bei Verletzung des Privateigentums *Lörler*, Fn. 13, S. 830. — Zur Bedeutung des Rechtsschutzes für den Rechtsstaat siehe oben zu Fn. 36.

hatten und haben, die kennzeichnend für das Eigentum ist: Keineswegs sicherten sie seinen Freiheitsraum im vermögensrechtlichen Bereich, noch ermöglichten sie ihm eine eigenverantwortliche Gestaltung seines Lebens; Privatnützigkeit und grundsätzliche Verfügungsbefugnis über die Grundstücke waren für die heutigen Anspruchssteller über 40 Jahre ausgeschlossen. Auch die *Verantwortung* für das Eigentum, die untrennbar mit der Eigentumsfreiheit verbunden ist, die sich nicht zuletzt in der polizeirechtlichen Zustandshaftung für Altlasten manifestiert[57], wurde und wird nicht von denjenigen getragen, die dank des Einigungsvertrages in ihre früheren Rechte wieder eingesetzt werden sollen. Dies folgt nicht nur aus der Freistellungsmöglichkeit des §4 III Umweltrahmengesetz der DDR[58], sondern auch daraus, daß versucht wird, zwischenzeitliche Handlungsstörer heranzuziehen[59]. Im übrigen haben die Menschen in der DDR und nicht in der Bundesrepublik über Jahrzehnte hinweg die unvorstellbaren Gesundheitsschädigungen und Einbußen an Lebensqualität tragen

[57] Vgl. *J. Isensee,* Die Ambivalenz des Eigentumsrechts, in: Ossenbühl (Hrsg.), Eigentumsgarantie und Umweltschutz, 1990, S. 18: „Die Eigentümerverantwortung präsentiert sich als Alternative zur staatlichen Umweltreglementierung". BVerwG GewArch. 1991, S. 177f. läßt allerdings offen, ob Art. 14 GG die Zustandsverantwortlichkeit des Eigentümers dann begrenzt, wenn der Eigentümer selbst in einer Art „Opfersituation" ist, weil sein Grundstück allein einer Fremdeinwirkung ausgesetzt war; vgl. auch *H.-J. Papier,* Rechtsgrundlagen der Altlastensanierung, NWVBL 1989, S. 326 f.; *A. Schink,* Grenzen der Störerhaftung bei der Sanierung von Altlasten, VerwArch. 82 (1991), S. 357 ff.

[58] Zur „flexibleren Sonderregelung" des §4 III URG in der Fassung des Einigungsvertrages Kap. XII Abschn. III *M. Dombert / R. Reichert,* Altlasten in den neuen Bundesländern: Die Freistellungsklausel des EinigungsV, NVwZ 1991, S. 744 ff.; *M. Kloepfer,* Umweltrecht im geeinten Deutschland, DVBl. 1991, S. 5 f.; *H. Kloepfer / H. Kröger,* Haftungsfreistellung für „Altlasten" in den neuen Bundesländern, DÖV 1991, S. 989 ff.; *D. Martinetz,* Umweltrahmengesetz in der (ehemaligen) DDR, UWSF 1990, S. 195 f.; *H.-J. Müggenberg,* Immissionsschutzrecht und -praxis in den neuen Bundesländern, NVwZ 1991, S. 738 ff; *E. Rehbinder,* Die Freistellung von Anlagenerwerbern von der Verantwortlichkeit für die Sanierung von Altlasten, DVBl. 1991, S. 421 ff.; *Tettinger,* Fn. 17, S. 44 f. Durch Art. 12 des „Enthemmungsgesetzes" vom 22. 3. 1991 (BGBl. I, 788) ist der Anwendungsbereich der Freistellungsmöglichkeit erheblich erweitert worden. Dazu, daß — im Unterschied zur „alten" Bundesrepublik — auf dem Gebiet der früheren DDR „der Staat für die Beseitigung der Altlasten aufzukommen hat" BVerwG GewArch. 1991, S. 177 (178).

[59] Dazu *B. Becker,* Zur intertemporalen Verwirklichung der Handlungsstörerhaftung bei Rüstungsaltlasten, DVBl. 1991, S. 346 ff.; *T. Brandner,* Gefahrenerkennbarkeit und polizeirechtliche Verhaltensverantwortlichkeit, 1990, S. 28 ff., 92 f.; *H. Zitzelsberger,* Verfassungsrechtliche Fragen beim Widerruf einer Anlagengenehmigung, GewArch. 1990, S. 162.

müssen, die von den Industriebetrieben auf dem Grund und Boden in der DDR ausgingen[60].

Schließlich ist anerkannt, daß die Eigentumsgarantie lediglich Rechtspositionen schützt, die einem Rechtssubjekt bereits zustehen. „Nicht erfaßt werden hingegen bloße Chancen", und die Wiedergewinnung von Gütern in der DDR war für die Westdeutschen kaum mehr als eine vage Hoffnung[61]. Denn trotz des Festhaltens des Bundesverfassungsgerichts am Wiedervereinigungsgebot und trotz vieler offizieller Erklärungen in Parteiprogrammen und in Reden zum 17. Juni war für Bezieher von Lastenausgleichsleistungen, für manchen Staatsrechtslehrer und für zahlreiche Politiker die Wiedervereinigung zum „ungreifbaren Fernziel" oder gar zur „Lebenslüge des Deutschen Volkes" geworden[62]. Dementsprechend ist — aus westli-

---

[60] Zum Umfang der Kontaminationen siehe z. B. *O. Hutzinger / D. Martinetz*, Umwelt und Umweltforschung im neuen Deutschland, UWSF 1990, S. 181: „Traurige Spitzenstellung" der DDR in Europa hinsichtlich des Schadstoffeintrages; *Tettinger*, Fn. 17, S. 40 ff.; *K. Lohs*, Rüstungsaltlasten, UWSF 1991, S. 74 f. Siehe ferner *Berg*, Fn. 40, S. 18 f., 83 f. und zur „persönlichen Leistung" der Menschen in der DDR oben, Fn. 54 f. — Zu den Hinterlassenschaften der Sowjetarmee siehe den Bericht von *K. Pries*, SZ vom 23. 1. 1991. — Zur Uran-Katastrophe der Wismut-AG siehe die Berichte in: Der Spiegel Nr. 34 vom 19. 8. 1991, S. 3, 58 ff., 64 ff.

[61] Dies mußte auch den Pharma-Unternehmen im Hinblick auf den neuen Markt im Osten klar gemacht werden, siehe nur BVerfG DtZ 1991, S. 91 (Preisabschlagsregelung für Arzneimittel auf dem Gebiet der ehemaligen DDR). Dieser Gedanke ist von *E. Schmidt-Jortzig*, Sind nicht in Wahrheit bloß Hoffnungen enttäuscht worden?, FAZ vom 22. 9. 1990, S. 10 im Hinblick auf die „Bodenreform" aufgegriffen worden. Vgl. auch *Papier*, Fn. 20, S. 196.

[62] Siehe die Nachweise bei *Berg*, Fn. 40, S. 15 in Fn. 2; *H. Hofmann*, Die Entwicklung des Grundgesetzes nach 1949, in: Isensee/Kirchhof (Hrsg.), Fn. 1, Rdn. 34; *E. Klein*, An der Schwelle zur Wiedervereinigung Deutschlands, NJW 1990, S. 1066 in Fn. 9 ff. (speziell zur Ablehnung des Wiedervereinigungsgebotes in politischen Äußerungen seit 1980); *D. Murswiek*, Das Staatsziel der Einheit Deutschlands nach 40 Jahren Grundgesetz, 1989, S. 9 ff.; *C. Starck*, Deutschland auf dem Weg zur staatlichen Einheit, JZ 1990, S. 350. Siehe im übrigen die Positionsbeschreibungen in: *D. Blumenwitz / G. Zieger* (Hrsg.), Die deutsche Frage im Spiegel der Parteien, 1989. Zum Stellenwert der Wiedervereinigungsfrage im öffentlichen Bewußtsein *W. G. Grewe*, Der Übergang vom Besatzungsregime zu den Verträgen von Bonn und Paris, in: Studien zur Deutschlandfrage, Bd. 9, 1985, S. 20. Indiz für die mangelnde Zuversicht in eine Wiedervereinigung sind die zahllosen Erbschaftsausschlagungen, die jetzt (erfolglos) angefochten werden; dazu *Grunewald*, Fn. 30, S. 1208 ff.; zuletzt OLG Frankfurt DtZ 1991, S. 300 ff. — Auch die Diskussion um die Hauptstadtfrage konnte Zweifel am wirklichen Willen zur Wiedervereinigung wecken, vgl. *J.-D. Kühne*, Nicht nur Papier und Sonntagsreden, ZParl. 1990, S. 515 ff. — Zur Distanz der evangelischen Kirche der Bundesrepublik

cher Sicht – zuweilen vom „Wunder" der geglückten Wiedervereinigung die Rede[63].

Dieses „Wunder" war in Wirklichkeit eine beispiellose geschichtliche *Leistung* der Menschen in der DDR – nach den Erfahrungen des Stalinismus und der Realität der *Breschnew*-Doktrin, mit der Erinnerung an den 17. Juni 1953, an Ungarn, an den Prager Frühling und im Angesicht des Massakers auf dem „Platz des himmlischen Friedens" in Peking 1989: Die existentiellen Risiken der Wiedervereinigung mußten die Menschen in der DDR allein tragen[64].

5. *Konsequenzen für den Rechtsstaat*

Der Rechtsstaat im wiedervereinigten Deutschland kann sich danach nur verwirklichen, wenn die vor-rechtsstaatliche Vergangenheit so aufgearbeitet wird, daß eine freiheitliche Lebens- (also Zukunfts-)gestaltung möglich und gefördert und nicht behindert oder gar verhindert wird. Das bedeutet für die Menschen in der früheren DDR, daß zunächst ihr Lebensbestand, ihre „faktische Anspruchnahme der Grundrechte" *(Peter Häberle)* legalisiert werden

---

gegenüber einer Wiedervereinigung s. *M. Heckel,* Rechtsprobleme kirchlicher Wiedervereinigung, ZevKr. 36 (1991), S. 116 ff.

[63] Vgl. *Häberle,* Fn. 41, S. 171, 188, 190 zum „Wunder" des Wiedererstehens der ostdeutschen Bundesländer; *dens.,* Die Staatsrechtslehre im Prozeß der deutschen Einigung, BayVBl. 1991, S. 385: Auch die Staatsrechtslehre wurde vom Prozeß der Einigung überrascht; *Stern/Schmidt-Bleibtreu,* Fn. 27, Vorwort Bd. 2: „Einmaligkeit dieses neuen *deutschen* Wunders". Siehe auch *Fieberg/Reichenbach,* Fn. 17, S. 321 zur „unerwarteten Chance", als die die Menschen in der Bundesrepublik die Wiedervereinigung empfunden haben.

[64] Siehe die Einführung in die Dokumentation zur Wiedervereinigung Deutschlands von *Hoog,* Fn. 27, S. X ff. (seit dem „Flüchtlingsstrom" vom August 1989, veranlaßt durch den Abbau der Grenzsicherungsanlagen zwischen Ungarn und Österreich). Zum Mut und zur Entschlossenheit der Bevölkerung in der DDR siehe ferner die Ausführungen des Abg. *Büchler* (SPD) in der 226. Sitzung des Deutschen Bundestages vom 20. 9. 1990: „Das Volk der DDR war es dann, das uns alle wachrüttelte und die genannten Prinzipien, auf denen unsere Politik ruht, durch eine friedliche Revolution in Deutschland realisierte, d. h. sein Selbstbestimmungsrecht verwirklichte"; *V. Busse,* Herausforderungen für den Rechtsstaat nach Schaffung der deutschen Einheit, ZRP 1991, S. 332; *Maunz,* Fn. 27, S. 546; *D. Rauschning,* Der deutsch-deutsche Staatsvertrag als Schritt zur Einheit Deutschlands, in: Aus Politik und Zeitgeschichte B 33/90, S. 3; *Starck,* Fn. 62, S. 350; *Schäuble,* Fn. 17, S. 304: „Deutsche Oktoberrevolution". – Siehe im übrigen *Lerche,* Fn. 22, S. 489 unter Bezugnahme auf *Dürig:* „Freiheit ist nur dort, wo Risiko ist".

muß, damit eine Rechtsbasis für selbstbestimmte Entfaltung entsteht[65].

Von dieser Zielvorgabe des Rechtsstaates her ist an zwei zuvor gewonnene Ergebnisse zu erinnern: Der Rechtsstaat ist kein fixierter Status, sondern eine Aufgabe, ein permanenter Prozeß[66]; damit im Zusammenhang steht das hier als Problem der „Ungleichzeitigkeit" bezeichnete Phänomen des Aufeinandertreffens zweier Ordnungen, die aus ganz unterschiedlichen Epochen stammen, und die dementsprechend auch jeweils eigengeartete, ganz unvergleichbare Schwierigkeiten haben entstehen lassen[67].

Wir haben in der „alten" Bundesrepublik wohl weitestgehend vergessen, wie die elementare Not in der Nachkriegszeit und der Wiederaufbau in den fünfziger Jahren bewältigt werden mußten und welche Rolle z. B. der Marshallplan für das „Wirtschaftswunder" gespielt hat[68]. Vergessen scheint ebenso, welche Faszination damals auch im Westen vom Sozialismus ausging, wie stark die frühen Landesverfassungen sozialistische Ziele und plan- und staatswirtschaftliche Methoden mit der Mehrheit der Bevölkerung zu ver-

---

[65] Zur „faktischen Anspruchnahme von Grundrechten" siehe oben zu Fn. 41 ff. Siehe auch — 1954 geradezu prophetisch — *Dürig*, Fn. 15, S. 130: „Wir stehen nicht an zu behaupten, daß auf die hier vertretenen Gedankengänge mit Abwandlungen auf die ostzonalen Rechtssetzer noch einmal zurückzukommen sein wird, wenn man die Eigentumsordnung einer wiederfreien Ostzone reparieren muß. (These: Die Verfassung der DDR hatte dort nicht die rechtliche Kraft, das Eigentum zu *verlagern*, wo der *status quo* der Eigentumsverteilung noch im Gesamtvolk gelebte Kulturtatsache — Faktizität — war und ist)".

[66] Siehe oben zu Fn. 5 und die Nachweise dort. *H. Schulze / Fielitz*, Staatszwecke im Verfassungsstaat, in: Staatswissenschaft und Staatspraxis 1990, S. 234 f. vermißt die Diskussion der „Geschichtlichkeit auch des Verfassungsstaates".

[67] Zur „Ungleichzeitigkeit" siehe oben, V 1 und die Nachweise in Fn. 33 ff. — Zur Gefahr der „Asymmetrie" bei der Strafverfolgung siehe z. B. *E. Samson*, Die strafrechtliche Behandlung von DDR-Alttaten nach der Einigung Deutschlands, NJW 1991, S. 335 ff.; *G. Widmaier*, Strafbarkeit der DDR-Spionage?, NJW 1990, S. 3169 ff.; dagegen *R. Lippoldt*, NJW 1992, S. 18 ff.

[68] Siehe z. B. *J. Becker*, Die deutsche Frage in der internationalen Politik 1941–1949, in: Becker/Stammen/Waldmann (Hrsg.), Vorgeschichte der Bundesrepublik Deutschland, 1979, S. 44 ff.; *D. Berg-Schlosser*, Die Konstituierung des Wirtschaftssystems, ebenda, S. 102 ff.: Im Juni 1947 begann der Wandel vom besiegten Feindstaat zum Verbündeten; *Berg*, Fn. 40, S. 70 f., 143 ff. Umfassende Nachweise zur Bewältigung der „Katastrophe" der NS-Zeit bei *Blankenagel*, Fn. 39, S. 67 ff. S. ferner *G. Hardach*, Transnationale Wirtschaftspolitik: Der Marshall-Plan in Deutschland, in: D. Petzina (Hrsg.), Ordnungspolitische Weichenstellungen nach dem zweiten Weltkrieg, 1991, S. 67 ff.

wirklichen suchten[69]. Es kann keinen Zweifel daran geben, daß die Entscheidung für die soziale Marktwirtschaft zu einem wesentlichen Teil Folge der weltpolitischen Konfrontation zwischen Ost und West gewesen ist und keineswegs allein auf die Leistung der Menschen in den westlichen Besatzungszonen zurückgeführt werden kann. Auch die Teilung Deutschlands war eine Voraussetzung für die politische und wirtschaftliche Konsolidierung Westeuropas[70].

---

[69] Siehe die Nachweise bei *M. Herdegen,* Strukturen und Institute des Verfassungsrechts der Länder, in: Isensee/Kirchhof (Hrsg.), Handbuch des Staatsrechts der Bundesrepublik Deutschland Bd. IV, 1990, § 97 Rdn. 61 ff.; *G. Lauer,* Die Entstehung der Bayerischen Verfassung von 1946, BayVBl. 1990, S. 737, 739, 743; *Zacher,* Fn. 5, Rdn. 6, 10. – Nachweise der „respektablen Rechtsgutachten" pro und contra Sozialisierung in Hessen bei *Dürig,* Fn. 15, S. 129 Fn. 3. Siehe auch *R. Morsey,* Verfassungsschöpfung unter Besatzungsherrschaft, DÖV 1989, S. 480; *Rittner,* Fn. 53, S. 140: vom Sozialismus drohte „in den ersten Jahren durchaus Gefahr"; *Scheuner,* Fn. 15, S. 138 ff. – In seinem Einsatz gegen Sozialisierung und Bodenreform setzt *W. Weber,* Die Entschädigung in der westdeutschen Bodenreform, DÖV 1953, S. 356 f. massiv auf die Schlagkraft des Arguments des „expansiv-bolschewisierenden Charakters der sowjetrussischen Besatzungspolitik". Selbst *Reinhardt,* Fn. 25, S. 5 stellt (1954) die Frage, inwieweit es in einer Notlage gerechtfertigt sein kann, im Wege einer Bodenreform Grundeigentum ohne angemessene Entschädigung zu entziehen. – Siehe noch *J. Isensee,* Fortgeltung des saarländischen Sozialisierungsartikels unter dem Grundgesetz, DÖV 1978, S. 233 ff. (mit Nachweisen zum ehrgeizigen Sozialisierungs-Experiment Hessens); *R. Seebald,* DÖV 1978, S. 645 ff.; *J. Pietzcker,* Zuständigkeitsordnung und Kollisionsrecht im Bundesstaat, in: Isensee/Kirchhof (Hrsg.), Bd. IV, § 99 Rdn. 34. – Freimütig gesteht *K. R. Popper,* Gegen den Zynismus in der Interpretation der Geschichte, SZ-Feuilleton-Beilage vom 15./16. 6. 1991 seine ursprüngliche Zuwendung zum Marxismus und verweist darauf, daß sogar „ein mutiger und entschlossener Dissident" wie Sacharow lange genug dem Marxismus verfallen war, „um zuerst Stalin und später Chruschtschow die fürchterlichsten Waffen zur Massenvernichtung in die Hände zu drücken, die jemals erfunden wurden". Zum „Recht auf politischen Irrtum" *(Kogon)* siehe *V. Dotterweich,* Die „Entnazifizierung", in: Becker et al. (Hrsg.), Fn. 68, S. 154 und dort (S. 149 ff.) auch Hinweise zur Unkenntnis und zur Verständnislosigkeit der Alliierten im Hinblick auf die Lebensbedingungen in einem totalen Staat: Parallelen zur heutigen Lage scheinen nicht ganz abwegig.

[70] Siehe außer den Nachweisen in Fn. 68 z. B. *Dotterweich,* Fn. 69, S. 148; *R. Mußgnug,* Zustandekommen des Grundgesetzes und Entstehen der Bundesrepublik Deutschland, in: Isensee/Kirchhof (Hrsg.), Fn. 1, § 6 Rdn. 5 ff., 14, 19 f.; *Stolleis,* Fn. 16, Rdn. 107; *R. Wenzel,* Wirtschafts- und Sozialordnung, in: Becker et al. (Hrsg.), Fn. 68, S. 293 ff., 329. Siehe auch *C.-F. Menger,* Der Begriff des sozialen Rechtsstaates im Bonner Grundgesetz (1953), in: *ders.* (Hrsg.), Fn. 3, S. 84: „Das nachdrückliche Bekenntnis zur Rechtsstaatlichkeit ist ... politisch aus dieser doppelten Frontstellung gegen die eigene Vergangenheit und gegen die östliche Gegenwart zu erklären". – Zum „Streit um das Wirtschaftsverfassungsrecht" die

Die Bewältigung der „Konkurssituation des Reiches" und der „Katastrophe" des Nationalsozialismus geschah im Rechtsstaat unter dem Grundgesetz im Rahmen und nach Maßgabe des „Möglichen"[71]: Das Bundesverfassungsgericht räumte dem Gesetzgeber sehr weite Gestaltungsfreiheit ein und nahm große Härten im Einzelfall in Kauf[72]. Besatzungsrecht und nationalsozialistische Vorschriften, die nicht mit dem Grundgesetz im Einklang standen, verfielen nicht automatischer Nichtigkeit, solange sie zumindest eine Ordnungsfunktion erfüllten[73].

Man kann die Bewältigungsmethoden der Nachkriegszeit und ihre Sanktionierung durch das Bundesverfassungsgericht nicht mit der Bemerkung abtun: „Not kennt kein Gebot"[74]. Die Beseitigung der Not war *die* Aufgabe der Zeit für den sozialen Rechtsstaat, und es konnte und durfte nur darum gehen, hierfür die adäquaten, rechtsstaatlich-angemessenen Mittel zu finden. Eine Gerechtigkeit, die nur dadurch geschaffen werden kann, daß die Welt dabei zugrunde geht, ist nicht die Gerechtigkeit des auf Würde und Freiheitsentfaltung des lebenden Menschen gegründeten Grundgesetzes. Und so durchzieht die Rechtsprechung des Bundesverfassungsgerichts der Gedanke, daß im Vordergrund nicht die „Abrechnung über die Vergangenheit" stehe, sondern die „Schaffung einer Grundlage für die Zukunft": Wiedergutmachung „im Interesse einer freiheitlich-demokratischen

---

umfassende Darstellung bei *E. R. Huber,* DÖV 1956, S. 97 ff., 135 ff., 172 ff., 200 ff. — Die historische Entwicklung zusammenfassend: *R. Schmidt,* Öffentliches Wirtschaftsrecht, Allgemeiner Teil, 1990, S. 31 ff., 68 ff. mit weiteren Nachweisen zu den Parteiprogrammen der Nachkriegszeit. — Der ungebrochen enorme Umfang erwerbswirtschaftlicher Staatstätigkeit in der Bundesrepublik hat seine historischen Grundlagen im Absolutismus; verfassungsrechtlich wird an (ebenso überholte) sozialistisch-wohlfahrtsstaatliche Rudimente angeknüpft. Dazu *W. Berg,* Die wirtschaftliche Betätigung des Staates als Verfassungsproblem, GewArch. 1990, S. 225 ff.

[71] Vgl. nur BVerfGE 15, 126 (144); 17, 67 (81); 23, 153 (166); 27, 253 (285); 29, 413 (425); 41, 126 (152).

[72] Vgl. BVerfGE 1, 97 (105 f.); 7, 305 (315); 11, 50 (60, 60); 13, 39 (43); 15, 167 (201 f.); 23, 153 (168); 27, 253 (286); 29, 413 (430); 41, 126 (175); 46, 299 (310 f.). — Entsprechend groß war die Gestaltungsfreiheit etwa bei Maßnahmen zur Bewältigung von Naturkatastrophen, vgl. BVerfGE 24, 367 (403 ff., 410); 25, 112 (119 ff.) oder zur Bekämpfung drohender Wohnungsnot, vgl. BVerfGE 79, 292 (304 — Eigenbedarf).

[73] Vgl. BVerfGE 15, 337 (347 ff. — Höfeordnung, Besatzungsrecht); 36, 146 (170 — Eheverbot); 2, 237 (246 ff. — Grundschuld); 3, 58 (118 f. — Beamtenverhältnisse: „Soziologische" Geltung von Rechtsvorschriften); 6, 132 (198 ff. — Gestapo).

[74] So aber *Blankenagel,* Fn. 39, S. 79.

Neuordnung"[75]. Was bei all diesen Bemühungen 1949 und zu Beginn der fünfziger Jahre „Grundgesetz-Standard" war, müßte heute zum großen Teil als verfassungswidrig verworfen werden, während manches Filigran, das wir heute als verfassungsgeboten entdecken, die Rechtsstaatsentwicklung vor 40 Jahren verhindert hätte, also verfassungswidrig gewesen wäre[76].

In der ehemaligen DDR war die Not der Nachkriegszeit wahrhaftig nicht geringer als im übrigen Deutschland — im Gegenteil: Reparationsleistungen, Demontagen und die wirtschaftliche Ausbeutung ihrer Besatzungszone anstelle von Aufbauhilfen hatten für die Sowjetunion von vornherein zentrale Bedeutung, so daß schon von daher die „Eröffnungsbilanz" der Deutschen in der DDR viel schlimmer aussah[77]. Letztlich gravierender war jedoch die Entrechtung der Menschen, die Aufrichtung einer zentralistisch-totalitären Parteiherrschaft anstelle des Aufbaus eines Rechtsstaates. Das Fehlen von Rechtsgrundlagen für die individuelle Existenz, und damit das Fehlen aller Voraussetzungen für Eigeninitiative, haben die gesellschaftliche und wirtschaftliche Entwicklung in erschütternder Weise stagnieren lassen[78].

---

[75] Vgl. nur BVerfGE 13, 39 (42); 15, 126 (141); 19, 150 (163); 27, 253 (289); 41, 126 (151); 46, 299 (307). — Zu den „Erschütterungen", die dadurch ausgelöst wurden, daß Verfassung und Gesetzgeber dem Wiederaufbau Vorrang gaben vor der Wahrung und Erfüllung traditioneller Ansprüche *H. Hofmann*, Fn. 62, Rdn. 13; zum Vorrang vorbeugender Daseinsvorsorge durch Neuordnung statt nachträglicher Fürsorge *Menger*, Fn. 70, S. 102.

[76] Zur „Verfeinerung" oder gar „Überfeinerung" des Rechtsstaates heute siehe oben zu Fn. 6, 33 ff. — Zur Abhängigkeit der Konkretisierung von Verfassungsnormen von der sich wandelnden „Wirklichkeit", die die jeweilige Norm zu ordnen bestimmt ist, und damit zum ständigen „Verfassungswandel" *K. Hesse*, Fn. 1, Rdn. 41 ff und 442 ff. speziell zu den Wandlungen der Funktion des Eigentums; *ders.*, Fn. 2, S. 121; *Böhmer*, Fn. 24, S. 2568 ff.; *Denninger*, Fn. 41, S. 301; siehe auch oben, zu Fn. 50 ff. Als konkrete Beispiele: BVerfG NJW 1992, S. 36 f. und BGH WUR 1990, S. 175 (177 — „Puffreisriegel"); BVerfGE 33, 1 (13 — Strafvollzug); 58, 257 (280 — Schulentlassung). — Zum „dynamischen Prinzip" des Rechtsstaates siehe oben zu Fn. 5 und Fn. 34 ff zu rechtsstaatlichen Überleitungs- und Anpassungsmechanismen.

[77] Vgl. *Becker*, Fn. 68, S. 19 f., 36 f., 43; *Kinkel*, Fn. 19, S. 340; *R. Herzog*, Ansprache in der Gedenkstunde des Deutschen Bundestages am 17. Juni 1988, S. 13; *T. Stammen*, Das alliierte Besatzungsregime in Deutschland, in: Becker et al. (Hrsg.), Fn. 68, S. 69, 80; *Stolleis*, Fn. 16, Rdn. 44, 95 ff.

[78] Zum Zustand der Wohnungen in der ehemaligen DDR siehe nur *Brunner*, Fn. 30, S. 355; *Lenz*, Fn. 30, S. 201 f.; *Möschel*, Fn. 30, S. 72 ff. Zur Umweltsituation siehe *Kloepfer*, Fn. 58, S. 1 ff.; *Spiecker*, Fn. 13, S. 259; siehe ferner die Nachweise oben, Fn. 60. — Allgemeiner *Drobnig*, Fn. 34, S. 117; *Fieberg/Reichenbach*, Fn. 30,

In dieser Situation die gegenwärtige Rechtsordnung der bisherigen Bundesrepublik gleichsam unbesehen auf das Gebiet der ehemaligen DDR zu erstrecken, wäre nicht rechtsstaatlich. Nicht die jeweilige Rechtsordnung ist „der Rechtsstaat". Rechtsstaatlich sind nur solche Rechtssätze, die dazu verhelfen, die formellen und materiellen Ziele des Rechtsstaats — Sicherheit und Freiheitsentfaltung — zu verwirklichen. So ist auch eine „gespaltene" Rechtsordnung im Rechtsstaat möglich[79].

Das ist ohne weiteres evident im Straßenverkehrsrecht: Die Zulässigkeit unbegrenzter Geschwindigkeit auf Straßen im Zustand der Kriegs- oder unmittelbaren Nachkriegszeit sichert und verwirklicht keine Freiheit, sondern vernichtet sie[80]. Auch das Datenschutzrecht

---

S. 1978 f. — Die DDR-Reichsbahn fährt im Durchschnitt mit 15 km/h, während die Bundesbahn-Durchschnittsgeschwindigkeit bei 60 km/h liegt; vgl. *H. Geiger*, Perspektiven der wirtschaftlichen Einheit Deutschlands im Rahmen der europäischen Integration, 1990, S. 8.

[79] Vgl. *Degenhart*, Fn. 20, S. 978; *Engelhard*, Fn. 34, S. 134; *Spiecker*, Fn. 13, S. 259 f.; *Starck*, Fn. 62, S. 354 f.; *M. Strahlmann*, Übernahme bundesrepublikanischer Sanierungsgesetze in der DDR?, DtZ 1990, S. 119 f. — Daß das „Simplizitätsvorbild" der DDR für die Rechtsordnung der Bundesrepublik folgenlos bleiben wird, ist nicht nur „zu befürchten", wie *Brunner*, Fn. 30, S. 362 meint, sondern mit Sicherheit zu erwarten. — Zur Problematik der Widerspruchsfreiheit der Rechtsordnung im Bundesstaat siehe *J. Pietzcker*, Fn. 69, Rdn. 1, 25. — Zu den Schwierigkeiten einer einheitlichen Verwaltungs-, Zivil- und Strafrechtsordnung siehe *M. Schröder* und *H. D. Jarass*, Verwaltungsrecht als Vorgabe für Zivil- und Strafrecht, VVDStRL 50 (1991), S. 196 ff., 238 ff. — Recht pragmatisch *Lenz*, Fn. 30, S. 202: „In den neuen Bundesländern wird man mit Augenmaß auch einmal ein Auge zudrücken müssen". — Das BVerfG bewertet das Bedürfnis nach Rechtseinheit nicht so hoch, daß dadurch der ersatzlose Entzug von Rechten gerechtfertigt wäre, vgl. E 31, 275 (292); 78, 58 (75); 83, 201 (213). Siehe hingegen *Schulze/Fielitz*, Fn. 5, zu Fn. 117 f.: „Rechtseinheit ist zentrales Integrationsinstrument des Rechts- wie des Bundesstaats"; Bedenken auch bei *Maunz*, Fn. 27, S. 547 ff.: „Verfassungsändernde Mehrheiten decken manches zu, was andernfalls verfassungswidrig wäre". — Hinweise zu konkreten Rechtsabweichungen für das Beitrittsgebiet unten Fn. 82.

[80] Allerdings wird neuestens schon die Frage nach der „Rechtswidrigkeit des Straßenverkehrs" (nicht nur im haftungsrechtlichen Sinne) in den „alten" Bundesländern gestellt, vgl. *P. Olivet*, Straßenverkehrsrecht und Straßenverkehrsverhältnisse, Die Verwaltung 24 (1991), S. 211 ff. — Zum Streit um die Anerkennung einer DDR-Fahrlehrerausbildung nach dem Einigungsvertrag VG Hamburg DtZ 1991, S. 320. — Alarmierend ist der dramatische Anstieg der Verkehrsunfälle in Ostdeutschland: Im ersten Halbjahr 1991 starben dabei 1733 Menschen — 51 % mehr als im Vergleichszeitraum 1990. Im Verhältnis sind das fast doppelt soviel Verkehrstote wie in den „alten" Bundesländern.

darf nicht in der Weise übernommen werden, daß es Menschen dauerhaft daran hindert, ihre eigene Identität zu finden[81]. Die unvermittelte Übertragung aktueller Umweltstandards auf Industriebetriebe oder auf die Wasserwirtschaft in der früheren DDR müßte das rechtsstaatliche Ziel der Lebens- und Gesundheitssicherung deshalb verfehlen, weil sie zum Zusammenbruch der wirtschaftlichen Existenz-, Versorgungs- und Entsorgungsgrundlagen führte[82].

6. *Zur Notwendigkeit einer Bodenreform*

Viele dieser Probleme der „Ungleichzeitigkeit" beim Aufeinandertreffen des Rechtsstaates mit den Folgen eines totalitären Systems hat der Einigungsvertrag und haben spätere Überleitungsgesetze aufzufangen versucht. Die rechtsstaatlichen Konsequenzen aus der Auflösung des Staatsgebietes der DDR sind für das Eigentum Privater[83] bisher jedoch nur unzureichend gezogen worden.

Die Menschen in den neuen Bundesländern stehen am Anfang, und es hängt von der Art und Weise der Anwendung der in der „alten" Bundesrepublik geschaffenen Rechtsordnung ab, ob die revolutionierende Kraft der Freiheit mehr bewirken kann als nur ein überlebtes

---

[81] Zur rechtsstaatlichen Notwendigkeit, aber auch zu den Grenzen des Datenschutzes im Hinblick auf Stasi-Akten siehe *R. Abel*, Datenschutz in den neuen Bundesländern, DtZ 1991, S. 112, 115; *E. Dörr*, Überlegungen zum „Stasi-Akten-Gesetz", ZG 1991, S. 170 ff.; *Isensee*, Fn. 37, S. 60 mit Fn. 52. — Gemäß Art. 1 Nr. 3 der Vereinbarung zur Durchführung und Auslegung des Einigungsvertrages gehen die Vertragspartner davon aus, „daß ein angemessener Ausgleich" zwischen der Aufarbeitung, der individuellen Rechtssicherung Betroffener und dem Schutz vor unbefugter Verwendung persönlicher Daten geschaffen wird.

[82] Eindringlich in diesem Sinne unter dem Aspekt „Sozialverträglichkeit" *Müggenberg*, Fn. 58, S. 741 ff. — § 67 a BImSchG enthält eine entsprechende Überleitungsregelung; dazu *Kloepfer*, Fn. 58, S. 5. — Zur Lockerung von Bestimmungen des Wohnungseigentumsrechts für das Beitrittsgebiet z. B. *J. Schmidt-Räntsch*, Fn. 31, S. 173. — Zur Überleitungsregelung des § 246 a BauGB siehe z. B. *M. Krautzberger*, Das Städtebaurecht nach dem Einigungsvertrag, NVwZ 1991, S. 239 ff.; *W. Leder / F.-K. Scholtissek*, Die Durchführung der Planung und des Baugenehmigungsverfahrens in den fünf neuen Bundesländern, DtZ 1991, S. 117 ff.; *Tettinger*, Fn. 17, S. 43. — Zum Chemikalienrecht nach dem Einigungsvertrag siehe *M. Jörgensen*, WUR 1991, S. 258 ff. — Einen wirksamen Übergang einer atomrechtlichen Genehmigung im Fall des „Endlagers für radioaktive Abfälle in Morsleben (ERAM)" verneint das Bezirksgericht Magdeburg DVBl. 1991, S. 401 ff.

[83] Zum Zusammenhang zwischen Staatsgebiet und privatem Grundeigentum siehe oben zu Fn. 48 ff.

Ordnungssystem zu beseitigen. Aufgabe des Einigungsvertrages wäre es vornehmlich gewesen, mit der Schaffung des Rechts alle Hindernisse wegzuräumen, die eine wirtschaftliche Selbstverwirklichung der Menschen in der DDR bisher unmöglich gemacht haben, kurzum — im Hinblick auf Grund und Boden — eine wirkliche Bodenreform auf den Weg zu bringen. Was die sogenannte „Bodenreform" unter sowjetischer Besatzung für die Menschen zunächst als Hoffnung erscheinen ließ, war das Versprechen, „persönliches Eigentum" zu erwerben[84]. Daß diese Hoffnung — wie die Hoffnung grundrechtlicher Verheißungen überhaupt — nur zur Täuschung mobilisiert worden war, haben die Menschen in der DDR in mehr als 40 Jahren der Enttäuschung und der Hoffnungslosigkeit erfahren müssen. Eine weitere Enttäuschung, daß nämlich „Recht" nur das Recht der anderen wäre, kann und darf nicht die Folge des Rechtsstaates sein. Vielmehr hat der Rechtsstaat jetzt den in der früheren DDR vorhandenen vorstaatlichen Menschenrechtsbestand zu sichern: Kontinuität, Beständigkeit, Verläßlichkeit sind Essentialia des Rechtsstaates[85].

Im Hinblick auf die sogenannte „Bodenreform" vor 1949 hat der Einigungsvertrag im Ergebnis diese Konsequenz gezogen — wenn auch mit politischer, nicht rechtlicher Begründung und mit minimalen Wirkungen für die Menschen in der ehemaligen DDR[86]. Im übrigen liegt ein — wiederum nur vom Ergebnis her — zutreffender Teilansatz in der Sicherung „redlichen" Erwerbs gemäß § 4 II 1 VermG. Die Verwendung des umgangssprachlichen, nicht-juristischen Terminus

---

[84] Vgl. *Krüger,* Fn. 11, S. 388. Das „Volkseigentum" begünstigte hingegen den Verfall der Gebäudesubstanz in der DDR: Die Menschen ließen die Wohnungen verrotten, um „den Staat zu schädigen wo es nur ging", vgl. den Bericht von *R. Thym,* SZ vom 17. 12. 1990, S. 3 über Wohnungsmangel in Dresden.

[85] Vgl. *O. Bachof,* Diskussionsbeitrag, in: VVDStRL 38 (1980), S. 158 f.: Verläßlichkeit des Rechts herstellen; *K. A. Bettermann,* Glanz und Elend des Rechtsstaats, in: *ders.,* Fn. 6, S. 30; *Degenhart,* Fn. 3, S. 545; *Kloepfer,* Fn. 1, S. 85 ff.; *Schmidt-Aßmann,* Fn. 1, Rdn. 81; *P. Schneider,* Fn. 1, S. 16; *Schulze-Fielitz,* Fn. 5, S. 897; *Zacher,* Fn. 5, Rdn. 102; BVerfGE 58, 300 (349 f.): Ohne Vertrauen in die Beständigkeit der Rechtsordnung ist „eine eigenverantwortliche Lebensgestaltung im vermögensrechtlichen Bereich nicht möglich". Dazu, welche „Enttäuschungen" der Bürger im Rechtsstaat hinnehmen muß BVerfGE 68, 287 (307). Siehe auch oben, zu Fn. 42; ferner BVerfGE 13, 261 (271 f.); 15, 167 (210); 25, 269 (279, 291); 30, 367 (386 ff.); 30, 392 (403 ff.); 36, 281 (239); 43, 242 (286); 45, 142 (167 f.); 58, 81 (132 ff. — abweichende Meinung *Benda/Katzenstein*); 60, 253 (267 ff.).

[86] Zu Inhalt und Begründung der Zementierung der Konfiskationsergebnisse im Einigungsvertrag für die Zeit von 1945–1949 siehe die Nachweise oben, Fn. 17, 27 ff.

„redlich" korrespondiert den Zuständen in der DDR, die mit rechtsstaatlich-rechtlichen Begriffen nicht zu umschreiben sind[87]. Inadäquat ist jedoch die Bezugnahme auf Grundstückseigentum im Sinne des Volleigentums in einer rechtsstaatlichen Ordnung, vor allem dann, wenn man dies im Zusammenhang mit der Regelung des Stichtags 18. Oktober 1989 sieht (§ 4 II 2 VermG): *Vor* diesem Datum gab es für Bürger der DDR keine Möglichkeit des Erwerbs von Grundeigentum im Rechtssinne; *danach* gab es zwar Eigentum im Rechtssinne, aber es war praktisch verboten, solches zu erwerben[88].

Wenn der Einigungsvertrag aber schon Rechtsbegriffe aus der „alten" Bundesrepublik zur Regelung der Vermögensverhältnisse in der früheren DDR heranzieht, dann hätte erwartet werden dürfen, daß er auch vom gegenwärtigen Stand der verfassungsrechtlichen Eigentumsdogmatik ausgeht: Warum soll nur redlicher Erwerb von „Eigentum oder dinglichen Nutzungsrechten" an enumerierten Vermögenswerten geschützt werden, warum nicht redlicher Erwerb von Eigentum überhaupt, nämlich im Sinne aller vermögenswerten Rechte, also einschließlich privater Forderungen und Mitgliedschaftsrechte und einschließlich subjektiv-öffentlicher Rechte, zumindest solcher, die Äquivalent eigener Leistung sind[89]?

Eine rechtsstaatliche Aufarbeitung der Eigentumsfragen ist nur möglich, wenn konsequent das verfassungsrechtliche Zukunftsziel der Wiedervereinigung im Blick behalten wird: Herstellung des freien, demokratischen, sozialen Rechts- und Bundesstaates für die-

---

[87] Siehe oben im Text zu Fn. 13 ff. und die Nachweise dort. Zur Interpretation des Begriffs „redlich" in diesem Zusammenhang siehe z. B. *Degenhart,* Fn. 20, S. 979; *Janke,* Fn. 13, S. 408; *Weber,* Fn. 31, S. 344. *M. Sachs,* Diskussionsbeitrag, in: VVDStRL 49 (1990), S. 177 verwendet im Hinblick auf DDR-Bürger nicht den Rechtsbegriff „Eigentümer", sondern „Eigner". — Zur „faktischen Anspruchnahme" von Grundrechten in der früheren DDR siehe oben zu Fn. 41.

[88] Zur Begründung siehe *Degenhart,* Fn. 20, S. 979: Rechtspositionen, die während des „Interregnums" erworben worden sind, erscheinen „in ihrer Schutzwürdigkeit von vornherein begrenzt".

[89] Zum Eigentumsbegriff im Sinne des Art. 14 GG siehe zu Fn. 50 ff. Gänzlich verfehlt ist die Vorstellung *Kohlers,* Fn. 29, S. 471, Sachrestitution sei „gerechtigkeitshalber" geboten, während die Förderung von Investitionen nur „sozialpolitisch" wünschbar sei. — Die abschließende Enumeration der eigentumsfähigen Vermögenswerte in § 2 II VermG wird auch nach der Erweiterung durch das Gesetz vom 22. 3. 1991 (BGBl. I S. 766) dem Gehalt des Art. 14 GG nicht gerecht.

jenigen Deutschen, die Grundrechte zuvor nur durch die Flucht aus ihrem Staatsgebiet verwirklichen und sichern konnten[90].

Wie in der „alten“ Bundesrepublik ist der Aufbau eines solchen Staates nur von „unten“ möglich, auf dem Fundament rechtlich garantierter Freiheit und rechtlich garantierten Eigentums jedes einzelnen[91]. *Freiherr vom Stein* hat im Jahre 1808 vermerkt, die Industrie scheine nur dort gedeihen zu können,

> „wo wirklich Eigentum und uneingeschränkte Verfügung darüber stattfindet. Bei einem ungewissen Eigentum wird man die Anlagen vermissen, die nur mit der Zeit Nutzen bringen; es wird wenig zur Verbesserung der Viehzucht geschehen, es

---

[90] Zur Bedeutung des Wiedervereinigungsgebotes siehe oben, zu Fn. 39f. und die Nachweise dort. Mit Recht wird die Zukunftsrichtung der „Aufarbeitung“ von *M. Kriele*, Die politische Bedeutung des Staatsvertrages, DtZ 1990, S. 189; *D. Majer*, Die Überprüfung von Richtern und Staatsanwälten in der ehemaligen DDR, ZRP 1991, S. 173; *Schulze-Fielitz*, Fn. 5, S. 896, 906. 131 in den Vordergrund gerückt. Das „Warteschleifen-Urteil“ des BVerfG vom 24.4.1991 NJW 1991, S. 1667ff. geht ebenfalls davon aus, daß es vordringlicher ist, rechtsstaatlich aufzubauen, als rechtsstaatlich abzuwickeln, vgl. *H. Prantl*, SZ vom 25.4.1991, S. 4. Diese Richtung hatte auch die Kriegsfolgenrechtsprechung des BVerfG, siehe oben zu Fn. 75 und die Nachweise dort. Die vergangenheitsorientierte Entnazifizierung wird (nicht nur) von *Hofmann*, Fn. 62, Rdn. 5, als „politisch unsinnige, bürokratische Massenabstrafung“ bezeichnet.

[91] Siehe nur *C.-F. Menger*, Deutsche Verfassungsgeschichte der Neuzeit, 4. Aufl. 1984, Rdn. 416; *Peters/Salzwedel/Erbel*, Fn. 2, S. 133: „Neuaufbau von unten nach oben“, S. 234ff. — Zum Grundsatz der Subsidiarität im Wirtschaftsverwaltungsrecht *Huber*, Fn. 70, S. 205. — Siehe auch *W. Berg*, Zum Einfluß des Öffentlichen Rechts auf das Privatrecht, Die Verwaltung 21 (1988), S. 323ff.; *dens.*, Selbstverwaltung im ländlichen Raum und die Grundlagen des demokratischen Lebens, BayVBl. 1982, S. 552ff.; *Hesse*, Fn. 2, S. 14: Grundrechte als Grundlage und entscheidender Faktor für den Bestand des Staates. — Zutreffend sieht *Badura*, Fn. 18, S. 1257 in der gesetzlichen Regelung einer rechtsstaatlich und sozial gerechten Eigentumsordnung eine Aufgabe innerhalb des übergreifenden Ziels „des Aufbaus einer lebensfähigen und zur selbständigen Entwicklung befähigten Wirtschaft“. Entsprechend hat BVerfGE 46, 268 (289, 293) die Bodenreform zugunsten der Vertriebenen in Bayern (auf Grund eines Gesetzes vom 18.9.1946) als ein „eminent wichtiges soziales Anliegen“ erkannt. So sah *Reinhardt*, Fn. 25, S. 16 in der Schaffung einer Eigentumsordnung, die möglichst allen eine Teilhabe an den Gütern eröffnet, „eines der aktuellsten Probleme unserer Gegenwart“ des Jahres 1954: Das gilt für die neuen Bundesländer heute ebenso! — Die zur Wahrung des „Volkseigentums“ gegründete Treuhandanstalt, die nunmehr Privatisierung von oben nach unten betreibt, steht deshalb auf „tönernen Füßen“, vgl. *Rosener/Roitzsch*, Fn. 19, S. 39. Den Investitionsanreiz privaten Eigentums betonen auch *R. Steding*, DWiR 1991, S. 39f. und *H.-J. Vogel*, Bodenrecht und Stadtentwicklung, NJW 1972, S. 1545. — Zur Bedeutung des Eigentums für Freiheitssicherung und Freiheitsentfaltung siehe ferner die Nachweise in Fn. 24ff., 53.

werden nicht Gräben gezogen, nicht Wiesen abgewässert, nicht Baumpflanzungen angelegt, und wenn es mit Zwang geschieht, so geschieht es schlecht"[92].

Die Rechtsordnung muß deshalb die von den Menschen in der früheren DDR innegehabten, „redlich" erworbenen vermögenswerten Positionen als Eigentum im Sinne des Art. 14 GG anerkennen[93]. Um daraus einen Freiraum für eigene wirtschaftliche Betätigung, einen Anreiz für Initiativen und Investitionen werden zu lassen, muß dieses Eigentum unbelastet von Restitutionsansprüchen sein. Soweit Menschen in der früheren DDR Nutzungsrechte an Grundstücken und Gebäuden erworben haben, müßte ihnen der Erwerb von Grund und Boden oder von Wohnungseigentum ermöglicht werden, so wie dies zum Teil aufgrund der inzwischen eingerichteten „Supervorfahrtregelungen" für Investitionsvorhaben geschieht[94]. Aber zum einen kamen diese Regelungen zu spät; die Verbesserung der realen und rechtlichen Lebensbedingungen der Menschen in der DDR — das Ziel der Wiedervereinigung — war um lange Zeit weiter verzögert worden[95].

---

[92] Siehe den Entwurf *Stein's* zum Rescript an *Broscovius* vom 28. 1. 1808, in: Botzenhart/Ipsen (Hrsg.), Freiherr vom Stein — ausgewählte politische Briefe und Denkschriften, 2. Aufl. 1986, S. 164; ausführlicher zur „Aufhebung der Eigenbehörigkeit" der Generalbericht *Stein's* an das Generaldirektorium über den Zustand der westfälischen Gebiete vom 10. 3. 1801, ebenda, S. 51 ff.

[93] Die Bodenreform darf sich nicht zugunsten der Blockparteien auswirken; denn sie waren im Einheitslistensystem der „nationalen Front" in die Alleinherrschaft der SED inkorporiert, vgl. *Meissner,* Der marxistisch-leninistische Parteibegriff, Fn. 9, S. 20 ff.; *Degenhart,* Fn. 20, S. 979; *Isensee,* Fn. 37, S. 62; BVerfGE 82, 322 (341). Zur derzeitigen Arbeit der „Parteivermögenskommission" siehe z. B. den Bericht „Treuhandanstalt kontrolliert jetzt auch Immobilien-Vermögen der FDP aus der früheren DDR", SZ vom 26. 7. 1991. Siehe auch *R. Bärwaldt,* Die Treuhandanstalt nach dem Inkrafttreten des Einigungsvertrages, DtZ 1990, S. 347 f.; *D. B. Rein,* Die Parteivermögenskommissionsverordnung, DtZ 1991, S. 290 f.; VG Berlin NJW 1991, S. 1969 f. Mit Recht wendet sich *Roellecke,* Fn. 15, S. 661 dagegen, das „sozialistische Eigentum" der SED-Nachfolgeorganisation PDS und der übrigen DDR-Organisationen jetzt wie „kapitalistisches Privateigentum" zu behandeln. Folgerichtig hat BVerfG EuGRZ 1991, S. 287 (290) den Antrag der PDS auf ungestörten Zugriff auf das SED-Vermögen zurückgewiesen.

[94] Ausführlich dazu *Fieberg/Reichenbach,* Fn. 30, S. 1981 ff.; *Hübner,* Fn. 31, S. 161 ff.; *Wittmann,* Fn. 30, S. 174 ff. Siehe auch oben zu Fn. 31. — Neuerdings werden auch ganze Wohnungsbestände „in großem Stil" in Wohnungseigentum aufgeteilt, vgl. *Böhringer,* Fn. 13, S. 277.

[95] Siehe die heftige Kritik am Restitutionsprinzip des Einigungsvertrages z. B. bei *Donges* et al., Fn. 30, S. 34 Nr. 31; *Möschel,* Fn. 30, S. 73. Demgegenüber meinen *Fieberg/Reichenbach,* Fn. 30, S. 1979, die Restitutionsentscheidung werde als Investitionshindernis „überschätzt". — Die Ablehnung einer einstweiligen Anordnung im Hinblick auf die „Bodenreform"-Entscheidung des Einigungsvertrages begrün-

Zum anderen wirken sie nur punktuell und nicht im Sinne einer Art prinzipieller „Beweislastumkehr“: Nicht erst der Nachweis der Absicht besonderer, arbeitsmarktwirksamer Investitionen legitimiert — als Ausnahme — den Eigentumserwerb gegenüber früheren Eigentümern, sondern aus dem Bewußtsein des gesicherten Eigentums heraus mobilisiert sich das Eigeninteresse an Investitionen.

Für diejenigen Deutschen, die in der DDR enteignet worden sind und deren Vermögen von Menschen in der DDR „redlich“, also ohne eigene Manipulation, erworben worden ist, bleiben Entschädigungsansprüche nach Maßgabe gesetzlicher Ausgestaltung. Sie sind nicht durch Art. 14 GG verfassungsrechtlich fundiert; denn das an die DDR verlorene Eigentum war für die vor Jahren in die Bundesrepublik gelangten Menschen nicht mehr die „ökonomische Mindestbasis individueller Freiheitsentfaltung“[96]. Die Wiedervereinigung eröffnet insofern lediglich neue Chancen zur Wiedergutmachung, die bisher nicht vorhanden waren. Selbstverständlich ist der Staat zur Rückübertra-

---

det BVerfGE 83, 162 (173) auch damit, daß dringend erforderliche Investitionen, „die ohnehin nur langsam anlaufen“, durch einen Privatisierungsstop weiter verzögert würden: Die einstweilige Anordnung zugunsten früherer Eigentümer wäre ein „hemmendes Signal“. *S. Lörler,* Das öffentliche Recht im Einigungsvertrag, NVwZ 1991, S. 134 meint, die Festschreibung von Enteignungen vor 1949 durch Art. 143 III GG diene dem Interesse der Investitionsförderung. — Im Hinblick auf das Verwaltungsverfahrensrecht äußert *Stelkens,* Fn. 9, S. 272 die Sorge, daß ein wesentlicher Teil der Rechtskultur dem Teil der Bevölkerung weiterhin vorenthalten werde, „der am längsten auf sie verzichten mußte“.

[96] Vgl. *Papier,* Fn. 20, S. 196, bezogen auf die „Bodenreform“ von 1945–1949. Siehe auch oben im Text zu Fn. 56 ff. Nach hier vertretener Ansicht sind die Enteignungen der späteren Zeit gleich zu behandeln, siehe oben zu Fn. 20 und in Fn. 46. Aus Art. 14 GG könnte nur dann noch ein Ausgleichsanspruch herzuleiten sein, wenn — über gewährte Flüchtlingshilfen, Lastenausgleichs- und sonstige Wiedergutmachungsleistungen hinaus — Enteignungsunrecht „fortwirkt“. Weitergehend wohl *Badura,* Fn. 18, S. 1262 f.; *Häberle,* Fn. 63, S. 387 („verfassungsstaatlicher Aufopferungsanspruch“); *Herdegen,* Fn. 8, S. 17; *Schulze-Fielitz,* Fn. 5, S. 903; *R. Scholz,* Ein neues Sonderopfer?, in: Die Welt vom 24. 4. 1991. — Nach Ansicht von *Fieberg/Reichenbach,* Fn. 30, S. 1979 hat der Einigungsvertrag verfassungsfeste Rechtspositionen der „Alteigentümer“ geschaffen; ein „Systemwechsel“ (Aufgabe des Restitutionsanspruchs) wäre deshalb inzwischen rechtsstaatswidrig. — Durch Art. 135 a II GG soll dem Gesetzgeber insbesondere mit Blick auf Enteignungen in der DDR Gestaltungsspielraum für die Bemessung von Entschädigungen geschaffen werden, vgl. *V. Busse,* Das vertragliche Werk der deutschen Einheit, DÖV 1991, S. 350. — Wenn Entschädigungen gewährt werden, dann darf sich der Gesetzgeber aber nicht auf die Entschädigung von Grundstücksverlusten beschränken, sondern muß alle Opfer berücksichtigen, vgl. schon BVerwGE 8, 4 (8 f.).

gung von Grundstücken auf frühere Eigentümer berechtigt, um das von der DDR zugefügte Unrecht auszugleichen[97], sofern sich diese Grundstücke z. B. im Volkseigentum befinden und sofern kein Bürger der früheren DDR daran eigentumsfähige Vermögenswerte in redlicher Weise erworben hatte. Verfassungsrechtlich geboten ist jedoch der Vorrang der Eigentumsverschaffung für die Menschen in den neuen Bundesländern *vor* einer etwaigen Restitution im Rahmen einer möglichen Entschädigung.

Angesichts der existentiellen Bedeutung des Eigentumsrechts für die Freiheitsentfaltung der Menschen in den neuen Bundesländern und damit für den Aufbau des Rechtsstaates hat der Gesetzgeber größten Gestaltungsspielraum, um Hindernisse aus dem Weg zu räumen. Hierfür gelten die gleichen Grundsätze, die das Bundesverfassungsgericht insoweit für den Wiederaufbau nach dem zweiten Weltkrieg, für den Beitritt des Saarlandes, für die Bewältigung der Hamburger Flutkatastrophe und auch für alle Maßnahmen aufgestellt hat, die zur Verwirklichung des Staatsziels der Wiedervereinigung — bis hin zum Einigungsvertrag — auf den Weg gebracht worden sind[98]. Die für den Gesetzgeber unübersteigbare Schranke des Rechtsstaates liegt dort, wo die Grundrechtsverwirklichung der Menschen in den neuen Bundesländern, der eigentlichen Subjekte der Wiedervereinigung, verhindert wird.

VI. Ausblick

Auch wenn es mit dem Einigungsvertrag nicht in allen Punkten gelungen ist, die fundamentale rechtsstaatliche Herausforderung der

---

[97] Ausdrücklich weist das BVerfG in seinem Bodenreform-Urteil NJW 1991, S. 1597 (1600 am Ende) darauf hin, „daß im Rahmen der beabsichtigten Ausgleichsregelung den Betroffenen auch die Möglichkeit eines Rückerwerbs ihres ehemaligen Eigentums eingeräumt wird"; vgl. auch *Badura,* Fn. 18, S. 1263; *Leisner,* Fn. 39, S. 1574.

[98] Hier liegt eine Aufgabe, in der die Komponente „kreativ-politischer Gestaltung", die *Püttner,* Fn. 4, S. 138 gegenwärtig in der Rechtsstaatsdiskussion vermißt, voll zur Wirksamkeit gebracht werden kann. — Nachweise zum besonders weiten Gestaltungsspielraum des Gesetzgebers bei der Bewältigung solch existentieller Fragen oben, Fn. 71 ff. Speziell im Hinblick auf die Wiedervereinigung siehe BVerfGE 5, 85 (128); 12, 45 (52); 36, 1 (17); 77, 137 (149 f.); *R. Bernhardt,* Die deutsche Teilung und der Status Gesamtdeutschlands in: Isensee/Kirchhof (Hrsg.), Fn. 1, § 8 Rdn. 51; *W. Geiger,* Zur Genesis der Präambel des Grundgesetzes, EuGRZ 1986, S. 125; *Herdegen,* Fn. 8, S. 17, 22; *Kinkel,* Fn. 19, S. 341. — Zum Einigungsvertrag siehe BVerfGE 82, 316 (321); NJW 1991, 1597 (1600); *Badura,* Fn. 18, S. 1257.

Wiedervereinigung aufzunehmen, kann es keinen Zweifel daran geben, daß die Aufarbeitung der vor-rechtsstaatlichen Vergangenheit gelingen wird. Die Verwirklichung der Menschenrechte ist — jedenfalls in Europa — nicht mehr aufzuhalten. Eine radikale, mit dem Mut des Aufbaus getroffene Entscheidung zum Vorrang gesicherten Eigentums in der Hand der Menschen in den neuen Bundesländern hätte dort die Entwicklung zum Rechtsstaat bis hin zu dem hier erreichten Standard beschleunigt. Der *Eigentümer* kann sich am besten gegen die Bevormundung durch Staat und Großunternehmen wehren, er übernimmt Verantwortung und hat das größte Interesse am Ausbau und an der Sicherung seiner Rechte. Das durch das Eigentum vermittelte Selbstbewußtsein erleichtert zugleich die selbständige Bewältigung der Vergangenheit in der früheren DDR, die ja im wesentlichen keine gemeinsame Vergangenheit der Menschen der heutigen Bundesrepublik war. Hier hat jetzt der Bundesstaat die Chance, den Rechtsstaat, der nicht total sein kann, sondern Gliederung und Maß benötigt, zum Wohle der Individualität und zum Schutz lebenswerter Vielfalt zu verwirklichen[99].

---

[99] Vgl. *H. Bethge,* Die Grundrechtssicherung im föderativen Bereich, AöR 110, (1985), S. 169 ff.; *O. Kimminich,* Der Bundesstaat, in: Isensee/Kirchhof (Hrsg.), Fn. 1, § 26 Rdn. 22; *Peters/Salzwedel/Erbel,* Fn. 2, S. 213 ff.; *Pietzcker,* Fn. 69, Rdn. 27: Art. 28 I GG sichert nur „ein Mindestmaß an Übereinstimmung"; *Schmidt-Aßmann,* Fn. 1, Rdn. 24 ff., 94; *Schmitt Glaeser,* Fn. 40, S. 47 ff.; BVerfGE 24, 367 (390): Art. 28 I fordert Homogenität, aber nicht Konformität oder gar Uniformität. — Konkret im Hinblick auf die Wiedervereinigung *H.-P. Schneider,* Die bundesstaatliche Ordnung im vereinigten Deutschland, NJW 1991, S. 2448 ff.; *B. Schmidt-Bleibtreu,* Der Vertrag über die Schaffung einer Währungs-, Wirtschafts- und Sozialunion, DtZ 1990, S. 142: „Freiraum für eigenständige Gestaltungsmöglichkeiten"; *Häberle,* Fn. 41, S. 169 ff., 188 ff., der allerdings auch den „beschämenden Krämergeist" der westdeutschen Länder beklagt (S. 171); siehe auch *W. Patzig,* Zwischen Solidität und Solidarität, DÖV 1991, S. 579: „Erst wir, dann die" *(R. Leicht).* — Der Bundesstaat ist insoweit von vornherein darauf angelegt, „gespaltene" Rechtsordnungen (in Grenzen) möglich und erträglich zu machen; vgl. auch *A. Benz,* Perspektiven des Föderalismus in Deutschland, DÖV 1991, S. 586 ff.; *J. Isensee,* Idee und Gestalt des Föderalismus, in: Isensee/Kirchhof (Hrsg.), Fn. 73, § 98 Rdn. 294, 310 f.: In der Zeit des Übergangs könne die Gliederung in Länder ein „Schleusensystem" abgeben, um die Unterschiede, die durch inkompatible Systeme entstanden sind, aufzunehmen. Im Hinblick auf die Abtreibungsproblematik meint *C. Tomuschat,* Die staatliche Einheit Deutschlands: staats- und völkerrechtliche Aspekte, in: Friedrich-Ebert-Stiftung (Hrsg.), Recht und Politik, 1990, S. 20: „Ein Bundesstaat kann offensichtlich solche Spannungen aushalten".

Leitsätze des 2. Berichterstatters über:

Der Rechtsstaat und die Aufarbeitung der vor-rechtsstaatlichen Vergangenheit

— Dargestellt anhand der Eigentumsproblematik in den neuen Bundesländern —

A. *Primat und Unparteilichkeit des Rechts im Rechtsstaat*

1. Der Rechtsstaat setzt die Existenz individualisierbarer Rechte der Menschen untereinander und gegenüber dem — unparteilichen — Staat voraus.

2. Durch verbindliche Regeln über die Organisation des Staates und über Form und Verfahren der Ausübung staatlicher Funktionen sichert der Rechtsstaat Wert und Würde der Menschen und die Freiheit ihrer Entfaltung.

3. Als Staatsziel bedeutet Rechtsstaatlichkeit eine dauernde Aufgabe, einen dynamischen Prozeß in der Zeit.

B. *Die Instrumentalisierung des Rechts im Kommunismus*

4. Im Kommunismus stand das Recht nicht über der Politik; es war allein Erfüllungsgehilfe der Macht der sich mit dem Staat identifizierenden Einheitspartei. Die Benutzung rechtsstaatlicher Terminologie diente zur politischen Tarnung.

C. *Die Bedeutung des Eigentums*

I. *Eigentum im Kommunismus*

5. Das Volkseigentum bildete die ökonomische Voraussetzung für die zentrale Leitung und Planung aller ökonomischen und gesellschaftlichen Prozesse.

6. „Bodenreformen" mit dem Ziel der Beseitigung des Privateigentums sollten die Machtbasis des kommunistischen Feudalsystems international vergrößern und stabilisieren.

II. Eigentum Privater im Rechtsstaat

7. Seit der Auflösung des feudalen Lebensstaates hängen individuelle Freiheit und persönliches Eigentum des einzelnen untrennbar miteinander zusammen; diese Verbindung ist ebenso essentiell wie die Verbindung zwischen Leib und Seele. Eigentum ist materielle Basis allen Freiheitsgebrauchs.

D. Der Einigungsvertrag — rechtsstaatliche Aufarbeitung der Eigentumsfragen?

8. Wegen der fundamentalen Bedeutung des Volkseigentums für den Kommunismus und des Eigentums Privater für den Rechtsstaat spielt die Regelung von Eigentumsfragen mit Recht eine große Rolle im Regelungskomplex des Einigungsvertrages (einschl. der Folgegesetze). Allerdings hat das Prinzip „Restitution vor Entschädigung" eine Klärung und Sicherung der Eigentumsverhältnisse in den neuen Bundesländern verzögert und den Aufbau gehemmt.

E. Rechtsstaatliche Maßstäbe für die Eigentumsregelungen im Einigungsvertrag

I. Das Faktum: Die Ungleichzeitigkeit der „wiedervereinigten" Ordnungen

9. Mit der Wiedervereinigung sind zwei gegensätzliche und „ungleichzeitige" Ordnungen aufeinandergeprallt: Das totale Kommandosystem des Kommunismus mit Utopien des 19. Jahrhunderts und der verfeinerte soziale Rechtsstaat vor der Verwirklichung des Binnenmarktes in der EG.

II. Das Ziel: Sicherung des Rechts durch Schaffung des Rechtsstaates

10. Das eigentliche Staatsziel der Wiedervereinigung besteht nicht in der Vergrößerung des Staatsgebietes der Bundesrepublik Deutschland, sondern in der Ausdehnung der verfassungsrechtlichen Grundrechtsgarantien auf alle Deutschen.

11. Auch im Nicht-Rechtsstaat der früheren DDR hatten die dort lebenden Menschen vorstaatliche Menschenrechte, die die Bundesrepublik nicht erst zu „schaffen", sondern anzuerkennen und zu schützen hat und deren Entwicklungsmöglichkeiten sie fördern muß.

III. Besonderheiten des Grundrechts auf Eigentum

12. Auch das Eigentum als materielle Voraussetzung des Freiheitsgebrauchs wird nicht erst durch den Gesetzgeber geschaffen, sondern hat einen eigenen, vorstaatlichen Menschenrechtsgehalt.

13. In ihrem Hoheitsbereich konnte die Bundesrepublik die Freiheitsrechte aller Deutschen schützen; allein das Recht auf Eigentum an Grund und Boden und an Gegenständen im Hoheitsbereich der DDR blieb ungeschützt.

IV. Bedeutung des Eigentums für die Existenzsicherung und für die Freiheitsentfaltung des Menschen im Rechtsstaat

14. Eigentum ist nicht nur das „Erworbene", sondern zugleich materielle Voraussetzung für die Entfaltung jeder Freiheit und Anreiz zur Entfaltung.

15. Für die meisten Menschen in der DDR erfüllten die — mit Unfreiheit und Armut teuer bezahlten — Mietverhältnisse zumindest die Sicherungsfunktion des Eigentums.

V. Konsequenzen für den Rechtsstaat

16. Der Rechtsstaat muß die faktischen Existenzvoraussetzungen der Menschen in den neuen Bundesländern rechtlich sichern, Eigentum und Erbrecht in die Zukunft hinein gewährleisten und damit Perspektiven für die privatautonome Lebensgestaltung schaffen.

17. Anzuknüpfen ist dabei an die Gesetzgebung zur Kriegsfolgenbewältigung, die nach Maßgabe des „Möglichen" die jeweils optimale Grundrechtsverwirklichung zum Ziel hatte.

18. Eine „gespaltene" Rechtsordnung ist solange „näher beim Grundgesetz", als eine Übertragung der Rechtsstandards der „alten" Bundesrepublik auf die neuen Bundesländer für die Menschen dort die Grundrechtsverwirklichung für die nähere Zukunft verhindern oder verzögern würde.

VI. Zur Notwendigkeit einer Bodenreform

19. Vordringlich muß den Menschen in den neuen Bundesländern die Möglichkeit gegeben werden, Eigentumsrecht an Grund und Boden zu erwerben. Ein richtiger Ansatz liegt in der Sicherung „redlichen" Erwerbss gem. § 4 II 1 VermG. Dem Eigentumsschutz müßten — entsprechend der Dogmatik zu Art. 14 GG — alle vermögenswerten Rechte unterfallen.

20. Keine Eigentumsrechte mit der Wirkung eines unmittelbar auf Art. 14 GG zu stützenden Restitutionsanspruchs haben diejenigen, deren Güter von Menschen in der DDR redlich erworben worden sind. Die Wiedervereinigung hat ihnen nur die für sie unerwartete und von den Menschen in der DDR erkämpfte Möglichkeit einer Wiedergutmachung eröffnet, die vom Gesetzgeber unter Beachtung des Gleichheitssatzes und unter Anrechnung solcher Leistungen, die bisher von der „alten" Bundesrepublik erbracht worden sind, konkretisiert werden muß.

Der Rechtsstaat und die Aufarbeitung der vor-rechtsstaatlichen Vergangenheit

3. Bericht von Prof. Dr. *Bodo Pieroth*, Marburg

Inhalt

I. Ausgangsthese

Der Rechtsstaat arbeitet die vor-rechtsstaatliche Vergangenheit dadurch auf, daß das Rechtsstaatsprinzip des Grundgesetzes[1] als geltendes Verfassungsrecht von allen Rechtsarbeitern strikt angewendet wird.

Diese These richtet sich vor allem gegen Argumentationen mit einem angeblich bestehenden Notstand bzw. einer zu bewältigenden Ausnahmesituation. So hat Bundesjustizminister *Kinkel* die Situation des Personals in der Rechtspflege der neuen Länder als Notstand gekennzeichnet[2]. Diese Wortwahl halte ich für gefährlich, weil aus der Feststellung der Not allzu leicht gefolgert wird, daß diese kein Gebot kenne[3]. Natürlich ist es zutreffend, die Zustände in den neuen Bundesländern in vielerlei Hinsicht als Sondersituation zu beschreiben, die besondere Anstrengungen einschließlich entsprechender rechtlicher Maßnahmen verlangt[4]; diese Sondersituation dispensiert aber nicht vom Rechtsstaatsprinzip.

Zu dieser Feststellung besteht Anlaß. So wird über die Verwaltungspraxis in den neuen Bundesländern berichtet, daß manche pragmatische Maßnahme in der Aufbauphase bei einer funktionierenden gerichtlichen Kontrolle wenig Realisierungschancen hätte[5]. Die Fragebogenaktionen im öffentlichen Dienst haben die rechtlichen Grenzen in einigen Punkten (Mitgliedschaft in Parteien, Daten von Ehegatten, Verlobten und Lebenspartnern) deutlich überschritten[6]. Aber auch die Gerichte widerstehen nicht immer der Versuchung, mit Blick auf die Sondersituation laxere Maßstäbe selbst im Kernbereich rechtsstaat-

---

[1] Zusammenfassend *Eberhard Schmidt-Aßmann:* Der Rechtsstaat, in: Isensee/Kirchhof (Hrsg.): Handbuch des Staatsrechts, Bd. I, 1987, S. 987 ff.; *Klaus Stern:* Das Staatsrecht der Bundesrepublik Deutschland, Bd. I, 2. Aufl., 1984, S. 787 ff. Ausführlich *Philip Kunig:* Das Rechtsstaatsprinzip, 1986.

[2] *Klaus Kinkel:* Beitrag zum Aufbau des Rechtsstaates in den neuen Bundesländern, in: Bulletin des Presse- und Informationsamts der Bundesregierung 1991, S. 649/650.

[3] Vgl. auch *Ernst-Wolfgang Böckenförde:* Der verdrängte Ausnahmezustand, in: NJW 1978, S. 1881 ff.; *Friedrich Müller:* Die Einheit der Verfassung, 1979, S. 177 ff.

[4] Vgl. die Tagungsberichte über „Entwicklung des Verfassungs- und Verwaltungsrechts im Gebiet der ehemaligen DDR" von *Bernd Holznagel,* in: DVBl. 1991, S. 477/480, und *Thomas Vesting,* in: DÖV 1991, S. 455/458.

[5] Vgl. *Wolfgang Seibel:* Verwaltungsreform in den ostdeutschen Bundesländern, in: DÖV 1991, S. 198/204.

[6] Vgl. *Thilo Weichert:* Personelle „Altlasten" und öffentlicher Dienst, MS Juli 1991, S. 7 ff.

licher Vorstellungen anzulegen, etwa wenn pauschal ein „weites organisatorisches Ermessen der Exekutive" postuliert wird[7].

Die Rechtfertigung der These, daß Aufarbeitung strikte Anwendung des Rechtsstaatsprinzips bedeutet, liegt zum einen in der durch Art. 3 des Einigungsvertrages (EV) bewirkten grundsätzlichen „Rechtsordnungserstreckung"[8] und zum andern in Art. 143 Abs. 1 GG. Wenn nach dessen Satz 1 Recht in den neuen Bundesländern von Bestimmungen des Grundgesetzes vorübergehend abweichen darf, soweit und solange infolge der unterschiedlichen Verhältnisse die völlige Anpassung an die grundgesetzliche Ordnung noch nicht erreicht werden kann, ist damit eine rechtlich geordnete, eine positiv-rechtliche Bewältigung des Übergangs und hierin auftretender Sondersituationen vorgenommen, die ein Heranziehen der „unterschiedlichen Verhältnisse" zur Begründung anderer Rechtsfolgen gerade ausschließt. Zwar ist dies eine recht vage, aber keineswegs konturenlose tatbestandliche Einschränkung, wie erste Judikate zeigen: Keine Folgen unterschiedlicher Verhältnisse im Sinn des Art. 143 Abs. 1 GG sind die Durchbrechung des Mutterschutzrechts durch die Warteschleifenregelung[9], die punktuelle Anwendung von ansonsten auch im Beitrittsgebiet abgeschafften Strafgesetzen[10] und die Nichtzulassung zur Universität bei vorhandenen Studienplätzen[11]. Damit erledigen sich auch die auf Art. 23 S. 2 GG a. F. gestützte angebliche „Fusionsgewalt", die Verfassungsdurchbrechungen durch einfaches Gesetz gestatten soll[12], und der fragwürdige „Vorbehalt des real Möglichen" einschließlich der für das Verhältnis zum Besatzungsrecht entwickelten Beschwichtigungsformel von einem Zustand „näher am Grundgesetz"[13]. Und wenn Art. 143 Abs. 1 S. 2 GG ergänzt, daß diese Abweichungen mit den in Art. 79 Abs. 3 GG genannten Grundsätzen vereinbar sein müssen, ist das Rechtsstaatsprinzip auch in der Sondersituation uneingeschränkt geltendes Recht.

---

7 VG Berlin, DVBl. 1991, S. 586; dagegen zu Recht OVG Berlin, DVBl. 1991, S. 762; nicht überzeugend *Udo Fink:* Ist die Abwicklung von Hochschuleinrichtungen in den neuen Bundesländern gescheitert?, in: MittHV 1991, S. 204 ff.

8 *Rainer Wahl:* Die deutsche Einigung im Spiegel historischer Parallelen, in: Der Staat 30 (1991), S. 181/206.

9 BVerfG, EuGRZ 1991, S. 133/136, 139.

10 LG Berlin, DtZ 1991, S. 217.

11 VG Berlin, LKV 1991, S. 206 im Gegensatz zu KreisG Leipzig-Stadt, LKV 1991, S. 112.

12 So *Matthias Herdegen:* Die Verfassungsänderungen im Einigungsvertrag, 1991, S. 6 f.

13 Vgl. *Josef Isensee:* Staatseinheit und Verfassungskontinuität, in: VVDStRL 49 (1990), S. 39/59 f.

Allerdings ist die Gültigkeit des Art. 143 Abs. 1 GG bestritten worden, und zwar zum einen, weil die mit dieser Norm beabsichtigte Fortgeltung der DDR-Fristenregelung gegen Art. 79 Abs. 3 GG verstoße, und zum andern, weil die hier normierten sachlichen und zeitlichen Ausnahmen von der Geltung des Grundgesetzes keine Verfassungsänderungen, sondern unzulässige Verfassungsdurchbrechungen seien[14]. Beide Argumente können nicht überzeugen. Die erste Begründung scheitert schon daran, daß Art. 143 Abs. 1 GG ausweislich seines Wortlauts und der Amtlichen Begründung[15] einen weit über die Problematik der Strafbarkeit des Schwangerschaftsabbruchs hinausgehenden Anwendungsbereich hat[16]. Zu der zweiten Begründung ist zu sagen, daß Art. 143 Abs. 1 GG selbst keine Verfassungsdurchbrechung gem. Art. 79 Abs. 1 GG darstellt, weil durch ihn der Wortlaut des Grundgesetzes ausdrücklich geändert worden ist, und im übrigen die formalen und inhaltlichen Schranken für Verfassungsänderungen gem. Art. 79 Abs. 2 und 3 GG eingehalten worden sind. Die Auffassung von der Ungültigkeit des Art. 143 Abs. 1 GG postuliert also Anforderungen an Verfassungsänderungen, für die es keine normative Grundlage gibt.

Aber endet die strikte Anwendung des Rechtsstaatsprinzips nicht in einer Aporie? Allerorten kann man hören und lesen, daß in der ehemaligen DDR der Rechtsstaat aufgebaut werden müsse. Das impliziert, daß er dort zur Zeit nicht (oder nicht vollständig) existiert. Ist dieser rechtsstaatslose oder -defizitäre Zustand nach dem eben Ausgeführten nicht verfassungswidrig? Insoweit ist jedoch folgendes zu berücksichtigen:

— Die Rede vom Aufbau des Rechtsstaats ist häufig im Sinn von verfassungspolitischer Zielsetzung und nicht verfassungsrechtlicher Geltung zu verstehen[17].

---

[14] So *Axel Frhr. von Campenhausen,* in: v. Mangoldt/Klein, GG, 3. Aufl., Bd. 14, 1991, Art. 143 Rdn. 17 ff. Bedenken wegen mangelnder Bestimmtheit äußert *Theodor Maunz:* Der Rechtsstaat und die Aufarbeitung der vor-rechtsstaatlichen Vergangenheit, in: BayVBl. 1991, S. 545/547 f. Von der Gültigkeit geht dagegen *Detlef Merten:* Grundfragen des Einigungsvertrages unter Berücksichtigung beamtenrechtlicher Probleme, 1991, S. 76 ff. aus.

[15] Denkschrift zum Einigungsvertrag, BT-Drucksache 11/7760, S. 359.

[16] In Anspruch genommen wird er z. B. für die Abweichungen des Einigungsvertrages von der Garantie der richterlichen Unabhängigkeit durch *Peter Rieß*: Rechtspflege in Deutschland nach der Wiedervereinigung, in: DWiR 1991, S. 10/15; *ders./Hans Hilger:* Das Rechtspflegerecht des Einigungsvertrages, 1991, Teil B Rdn. 63.

[17] Vgl. auch *Erk Volkmar Heyen:* Zum Aufbau einer rechtsstaatlichen Verwaltung in den neuen Bundesländern, in: LKV 1991, S. 113 f.

– Die speziellen rechtsstaatlichen Normen sind nicht alle und auch nicht immer in vollem Umfang von Art. 79 Abs. 3 GG erfaßt[18].
– Er muß, auch soweit das Rechtsstaatsprinzip in Bezug genommen wird, wegen der durch ihn hervorgerufenen Beschränkung der Volkssouveränität eng ausgelegt werden[19].
– Bei Verstößen gegen den Vorbehalt des Gesetzes schließlich kann auf die ständige Rechtsprechung zurückgegriffen werden, wonach im Interesse der Funktionsfähigkeit einer staatlichen Einrichtung materiell-rechtlich vertretbare Grundrechtseingriffe ohne formell-gesetzliche Grundlage für eine Übergangszeit hingenommen werden können[20].

Gleichwohl kann sich selbstverständlich nach all diesen Überlegungen ergeben, daß ein Verstoß gegen das Rechtsstaatsprinzip i. V. m. Art. 79 Abs. 3 GG vorliegt. Diese Konsequenz muß dann auch gezogen werden. Das eröffnet in unserem Rechtsstaat die begründete Chance der baldigen Behebung des Verfassungsverstoßes.

II. Vor-rechtsstaatliche Vergangenheit als normative Dimension

1. *Rechtshistorische Analyse*

Die Frage, welche strikt anzuwendenden Folgen die rechtsstaatlichen Normen des geltenden Verfassungsrechts an eine vor-rechtsstaatliche Vergangenheit knüpfen, setzt zunächst eine präzise Analyse dieser vor-rechtsstaatlichen Vergangenheit voraus. Kontinuität oder Diskontinuität; Anerkennung, Irrelevanz oder Umwertung früheren Rechts; gegenwärtige zivilrechtliche, verwaltungsrechtliche oder strafrechtliche Folgen damaligen Verhaltens – alle diese Probleme müssen von einer objektiven wissenschaftlichen Beschreibung des tatsächlich geltenden früheren Rechts, des historisch gewordenen Rechtszustands ihren Ausgang nehmen. Die gebotene rechtshistorische Betrachtung darf ihren Gegenstand nicht durch nachträglich (ex post) angelegte Maßstäbe, insbesondere eines wie auch immer bestimmten Naturrechts, verengen und verfälschen[21]. Diese Aufgabe stellt sich nach jeder grundlegenden Rechtsumwälzung; insofern bie-

---

[18] Vgl. BVerfGE 30, 1/25 im Hinblick auf Art. 19 Abs. 4 GG.

[19] Nachweise bei *Bodo Pieroth,* in: Jarass/Pieroth, GG, 1989, Art. 79 Rdn. 5.

[20] Vgl. BVerfGE 33, 1/12 f.; 41, 251/264; 51, 268/288; 73, 280/296 f.; aktueller Anwendungsfall: KreisG Gera-Stadt, LKV 1991, S. 286/287.

[21] Zu diesem Ansatz vgl. *Gerhard Werle:* Justiz-Strafrecht und polizeiliche Verbrechensbekämpfung im Dritten Reich, 1989, S. 4 ff., 52 ff.

tet das Verhältnis des Grundgesetzes zum Dritten Reich Anschauungsmaterial für die Lösung aktueller Probleme, ohne daß damit eine Gleichsetzung von NS-Staat und DDR vorgenommen würde[22].

Eine rechtshistorische Betrachtung des Dritten Reichs konnte angesichts der Ungeheuerlichkeit, der Grauenhaftigkeit der in ihm und von ihm verübten Taten und der Verstrickung eines Großteils der deutschen Bevölkerung in diese Taten — und sei es auch nur durch Verschließen der Augen[23] — wohl erst in beträchtlichem zeitlichen Abstand angemessen geleistet werden. Das hat auch psychologische Ursachen: Man setzte sich in der Nachkriegszeit dem Vorwurf aus, ein alter Nazi zu sein, wenn man an der tatsächlichen Geltung nationalsozialistischen Rechts festhielt[24]. In der Gefahr bin ich nicht und kann feststellen: Auch was in unseren Augen ein schändliches Verbrechen war — im Dritten Reich war es in vielen Fällen real geltendes positives Recht. Mag man auch im nachhinein von Pervertierung des Rechts, von schierem Unrecht oder Nichtrecht sprechen — es ändert nichts an der damaligen Legalität[25].

Maunz hat Begriff und Funktionsweise dieses Rechts im Jahr 1943 treffend zusammengefaßt: Was „der Führer und die von ihm besonders bezeichneten Personen in Form von Rechtsgeboten der Polizei an Aufträgen zuweisen, bildet die Rechtsgrundlage für das Wirken der Polizei. Die Zuweisung kann im förmlichen Gesetzgebungsverfahren erfolgen. Sie kann ferner erfolgen in sonstigen Normenschöpfungsverfahren. Sie kann aber auch ergehen im Wege der Einzelweisung oder auch der Einzelbilligung. Dieses System hat notwendigerweise und folgerichtig den alten Gesetzmäßigkeitsgrundsatz ersetzt, seitdem an die Stelle des alten Gesetzes der Wille des Führers getreten ist[26]." Und *Kelsen* stellt fest: „Nach dem Recht totalitärer Staaten ist die Regierung ermächtigt, Personen unerwünschter Gesinnung, Religion

---

[22] Zu Unterschieden vgl. *Helmuth Schulze-Fielitz:* Der Rechtsstaat und die Aufarbeitung der vor-rechtsstaatlichen Vergangenheit, in: DVBl. 1991, S. 893/895 f.; *Richard von Weizsäcker:* Arbeit an der Vergangenheit als wesentlicher Teil der deutschen Einigung, in: Bulletin des Presse- und Informationsamts der Bundesregierung 1991, S. 1165/1167.

[23] Zu diesem alltäglichen im Unterschied zum juristischen Schuldbegriff *Bernhard Schlink:* Recht — Schuld — Zukunft, in: Jörg Calliess (Hrsg.): Geschichte — Schuld — Zukunft, Loccumer Protokolle 66/1987, S. 57/58 f.

[24] *Michael Kirn:* Verfassungsumsturz oder Rechtskontinuität?, 1972, S. 65.

[25] Neueste ausführliche Darstellung m. w. N. *Werle* (oben Fn. 21), bes. S. 681 f.; vgl. auch *Rolf Grawert:* Die nationalsozialistische Herrschaft, in: Isensee/Kirchhof (Hrsg.): Handbuch des Staatsrechts, Bd. I, 1987, S. 143 ff.

[26] *Theodor Maunz:* Gestalt und Recht der Polizei, 1943, S. 26 f.

oder Rasse in Konzentrationslager zu sperren und zu beliebigen Arbeiten zu zwingen, ja zu töten. Solche Maßnahmen mag man moralisch aufs schärfste verurteilen; aber man kann sie nicht als außerhalb der Rechtsordnung dieser Staaten stehend ansehen[27].“ Legal waren daher die sog. Sonderbehandlung, d. h. die polizeiliche Exekutionsbefugnis bei „Zersetzung der Geschlossenheit und des Kampfeswillens des Deutschen Volkes“, die Euthanasieaktion, die „Vernichtung durch Arbeit“ von Gefangenen und die „Endlösung“ der Judenfrage.

In diesem System wird auch der Richter zum Gehilfen des Führers. Insbesondere die Strafjustiz des Dritten Reichs wirkte bei der Bekämpfung politischer Gegner ebenso mit wie bei der Verwirklichung der rassenpolitischen Ziele des Nationalsozialismus. Der Jurist ist eben in das jeweilige Rechtssystem eingebunden; das furchtbare System hat seine furchtbaren Juristen[28].

Die gleiche rechtshistorische Betrachtungsweise verdient die ehemalige DDR. Auch insoweit wird man wohl erst in größerer zeitlicher Distanz zu einem abgewogenen Urteil kommen, zumal Bundesrepublik und DDR in einer jahrzehntelangen Systemauseinandersetzung standen. Die sozialistische Rechtsordnung unterschied sich jedenfalls fundamental von der der Bundesrepublik Deutschland[29]: Der Staat stand im Dienst des Marxismus-Leninismus und das Recht im Dienst des Staats. Die Einheit der sozialistischen Staatsmacht, der demokratische Zentralismus kannte keine Gewaltenteilung und keine Grundrechte als subjektive Rechte. Da Rechtsverwirklichung und Verwirklichung des Parteiprogramms der SED „eines“ waren[30], gab es keine Unabhängigkeit der Gerichte, sondern nur eine Parteilichkeit der Rechtspflege. Die Auslegung der Rechtsvorschriften im Sinn der Be-

---

[27] *Hans Kelsen:* Reine Rechtslehre, 2. Aufl., 1960, S. 42.

[28] Diese Anspielung auf *Ingo Müller:* Furchtbare Juristen, München 1987, auch bei *Gerhard Werle:* Strafjustiz im Nationalsozialismus, demnächst in: JuS 1992.

[29] Vgl. *Ernst-Wolfgang Böckenförde:* Die Rechtsauffassung im kommunistischen Staat, 1967; *Georg Brunner:* Das Staatsrecht der Deutschen Demokratischen Republik, in: Isensee/Kirchhof (Hrsg.): Handbuch des Staatsrechts, Bd. I, 1987, S. 392 ff.; *Horst Henrichs / Arnold Kremer / Bernd Hucke:* Ehemalige DDR-Richter als Richter im geeinten Deutschland?, in: NJW 1991, S. 449; *Otto-Wilhelm Jakobs:* Verwaltungsrechtsschutz im Spannungsfeld zwischen Bürger und Staat, in: VBlBW 1990, S. 241 ff.; *Hans H. Klein:* Vom sozialistischen Machtstaat zum demokratischen Rechtsstaat, in: JZ 1990, S. 53 ff.

[30] *Gerhard Haney:* Werte der Arbeiterklasse und sozialistisches Recht, in: NJ 1976, S. 602/605.

schlüsse der SED-Parteitage, die Interpretation von Grundrechten als Pflichten und der brutale, in den Anfangsjahren geradezu terroristische[31] Einsatz der Strafrechtspflege – all das entsprach in der DDR geltendem Recht. Auch wenn die DDR im Einigungsvertrag als „SED-Unrechts-Regime“ bezeichnet wird (vgl. Art. 17 S. 2), ist jedoch evident, daß dessen Dimensionen nicht entfernt an die des Dritten Reichs heranreichten.

Nun ist zwar von westlicher Seite immer wieder darauf hingewiesen worden, daß Gesetze, administrative und judikative Praxis der DDR in vieler Hinsicht gegen die Menschenrechte, und insbesondere gegen den Internationalen Pakt über bürgerliche und politische Rechte, verstießen[32]. Aber erstens ist dieser Pakt mangels wirksamer innerstaatlicher Transformation nicht geltendes Recht geworden[33], zweitens ist ein Verstoß hiergegen und gegen sonstige Menschenrechte von den Staatsorganen der DDR wie der anderen Staaten des Warschauer Paktes stets in Abrede gestellt worden[34], und drittens hat die gesamte Rechtspraxis jahrzehntelang von den Menschenrechten in der durchaus richtigen westlichen Interpretation schlicht keine Notiz genommen – was nach den aufgezeigten Strukturen auch gar nicht anders sein konnte. Schließlich wird man nicht behaupten können, daß dort das Ausmaß von völkerrechtlichen Verbrechen gegen die Menschheit/Menschlichkeit erreicht worden wäre[35]. Nach allem waren die von außen und im Rückblick festgestellten Menschenrechtsverletzungen in der DDR gleichwohl innerstaatlich rechtens. Auf den Punkt gebracht: Wie der Todesschuß eines eine Sonderbehandlung ausführenden Gestapo-Mannes war in systemimmanenter Betrachtung der Todesschuß des Vopo an der innerdeutschen Grenze legal[36].

[31] *Wolfgang Schuller:* Geschichte und Struktur des politischen Strafrechts der DDR bis 1968, 1980, S. 331; umfangreiches Material auch bei *Karl Wilhelm Fricke:* Politik und Justiz in der DDR, 1979.

[32] Zusammenfassend *Georg Brunner,* in: Menschenrechte in den Staaten des Warschauer Paktes, in: BT-Drucksache 11/1344, S. 222 ff.

[33] *Hans von Mangoldt,* in: Menschenrechte (oben Fn. 32), S. 24.

[34] Vgl. *Eckart Klein,* in: Menschenrechte (oben Fn. 32), S. 15 ff.

[35] A. A. *Dieter Blumenwitz:* Gutachtliche Stellungnahme zur Strafbarkeit der von ehemaligen DDR-Amtsträgern begangenen Verbrechen gegen die Menschlichkeit, MS Juli 1991, S. 13 ff.

[36] Vgl. §§ 213 StGB-DDR, 27 des Gesetzes über die Staatsgrenze der DDR v. 25. 3. 1982 (GBl. I S. 197) und 17 des Gesetzes über die Aufgaben und Befugnisse der Deutschen Volkspolizei v. 11. 6. 1968 (GBl. I S. 232); dazu *Günter Jakobs:* Strafrecht, Allgemeiner Teil, 2. Aufl., 1991, S. 121 m. w. N.; *Gerald Grünwald:* Die strafrechtliche Bewertung in der DDR begangener Handlungen, in: Strafverteidiger

Damit soll nicht bestritten werden, daß im Dritten Reich und in der DDR auch Staatsorgane sich strafbar machen konnten. So gelten etwa KZ-Wächter, denen mehr als „bloße Pflichterfüllung" nachzuweisen ist, als „Exzeßtäter"[37]. Der Sonderbeauftragte für die Stasi-Akten *Gauck* nennt in dieser Hinsicht als Beispiele[38]: technische Observierung sog. Zielpersonen, Diebstahl von westlichen Banknoten aus Briefsendungen, Sachbeschädigungen, körperliche Gewalt bis hin zu mysteriösen Todesfällen in den Haftanstalten der Stasi. Die rechtlich problematischen Fälle sind aber die, in denen für Straftatbestände Rechtfertigungsgründe tatsächlich galten — was auch bei den eben genannten Beispielen nicht durchweg auszuschließen ist und im einzelnen zu untersuchen wäre.

2. *Grundsätzliche Befugnis zur Umwertung*

Aus der früheren Legalität folgt aber nicht — und das ist entscheidend — daß die gegenwärtige Rechtsordnung dieses Verhalten auch als legal bewerten und ihren Entscheidungen zugrunde legen muß. Der Satz „Was damals Recht war, kann heute nicht Unrecht sein" ist falsch. Er übersieht den fundamentalen Unterschied zwischen dem früheren Unrechtsstaat und dem jetzigen Rechtsstaat. Die grundgesetzlichen rechtsstaatlichen Normen fordern unbedingte Beachtung bei allen unter ihrer Geltung zu treffenden Entscheidungen, sie zwingen aber nicht zur rechtlichen Anerkennung und Fortgeltung aller Emanationen eines andersartigen Rechtssystems. Dies gilt, wie die privatrechtliche Vorbehaltsklausel des ordre public zeigt[39], schon im Verhältnis zwischen verwandten oder der gleichen Verfassungsfamilie angehörigen Rechtsordnungen. Um so mehr muß es zwischen verschiedenartigen Rechtsordnungen gelten. Es wäre ja auch eine seltsame Vorstellung, daß ausgerechnet der Rechtsstaat für verpflichtet gehalten würde, nichtrechtsstaatliche Verhältnisse zu legitimieren und zu perpetuieren.

1991, S. 31/35 f.; *Eckart Klein*, in: Bürger und Staat (hrsg. v. Bundesministerium für innerdeutsche Beziehungen), 1990, S. 221/243; *Otto Luchterhandt*, ebd., S. 61/80. — Anders allerdings die Rechtsprechung der Strafgerichte, vgl. BGHSt 14, 104/107; LG Stuttgart, NJW 1964, S. 563.

[37] Vgl. *Herbert Jäger:* Verbrechen unter totalitärer Herrschaft, 1967, S. 22 ff.; *Adalbert Rückerl:* NS-Verbrechen vor Gericht, 2. Aufl., 1984, S. 274 ff.

[38] *Joachim Gauck:* Die Stasi-Akten, 1991, S. 39.

[39] Dazu näher *Gerhard Kegel:* Internationales Privatrecht, 5. Aufl., 1985, S. 301 ff.

Aber verlangen nicht die Grundsätze der Rechtssicherheit und des Vertrauensschutzes als Bestandteile des Rechtsstaatsprinzips, daß die erneute rechtliche Bewertung schon endgültig bewerteter Sachverhalte unzulässig ist[40] und daß die „Unverbrüchlichkeit der Rechtsordnung“[41] bewahrt werden muß? Hat nicht schon *Savigny* vom „unerschütterlichen Vertrauen in die Herrschaft der bestehenden Gesetze“ gesprochen[42]? So ist denn auch im Zusammenhang mit der deutschen Vereinigung behauptet worden: „Bundesgesetzgeber oder Bundesregierung, die durch übereilte Rechtsetzungsmaßnahmen bei Aufhebung oder Erstreckung der Geltungskraft von Rechtsnormen im Zuge der Rechtsangleichung die Position von DDR-Bürgern vermeidbar verschlechtern, würden gegen den verfassungsrechtlichen Grundsatz des Vertrauensschutzes verstoßen[43]“.

Diese Auffassung verkennt, daß Rechtssicherheit und Vertrauensschutz grundsätzlich nur innerhalb des rechtsstaatlichen Systems gewährt sind[44]. Das hängt mit der Ungebundenheit der verfassunggebenden Gewalt zusammen. Eine neue Verfassungsordnung kann insbesondere über ihr Verhältnis zur vorherigen Rechtsordnung — vorbehaltlich hier nicht näher zu erörternder völkerrechtlicher Verpflichtungen — frei entscheiden[45]. Es gibt kein Meta-Verfassungsrecht über Kontinuität und Diskontinuität.

Positiv-rechtlich hat der Verfassunggeber im Jahr 1949 entschieden, daß punktuell früheres Verfassungsrecht weiter- oder besser:

---

[40] *Friedrich Klein / Günther Barbey:* Bundesverfassungsgericht und Rückwirkung von Gesetzen, 1964, S. 39 ff.

[41] *Georg Jellinek:* Allgemeine Staatslehre, 3. Aufl. 7. Neudruck, 1960, S. 369 f.

[42] *Friedrich Carl von Savigny:* System des heutigen Römischen Rechts, Bd. VIII, Nachdruck der Ausgabe von 1849, 1961, S. 390.

[43] *Herwig Roggemann:* Von der interdeutschen Rechtsvergleichung zur innerdeutschen Rechtsangleichung, in: JZ 1990, S. 363/372 f.; ähnlich der Ansatz bei *Paul Kirchhof:* Der Auftrag zur Rechtseinheit im vereinten Deutschland, in: Kirchhof/Klein/Raeschke-Kessler: Die Wiedervereinigung und damit zusammenhängende Rechtsprobleme, 1991, S. 3/12.

[44] Daher erkennen *Klein/Barbey* (oben Fn. 40), S. 86 ff. „Emanationen des Unrechts“ keine Unverbrüchlichkeit zu und lassen Gesetze zu, „die den Rechtszustand rückwirkend liquidieren, der auf dem Rechtsboden des Hitler-Reiches entstanden ist“. *Jakobs* (oben Fn. 36), S. 69 Fn. 23, stellt fest: „Der Grundsatz der Gesetzesbindung paßt nur bei einer *kontinuierlichen* Ordnung.“

[45] Vgl. *Rolf Grawert:* Rechtseinheit in Deutschland, in: Der Staat 30 (1991), S. 209/225); allgemein: *Ernst-Wolfgang Böckenförde:* Die verfassunggebende Gewalt des Volkes — Ein Grenzbegriff des Verfassungsrechts, 1986, S. 26 ff.; *Dietrich Murswiek:* Die verfassunggebende Gewalt nach dem Grundgesetz für die Bundesrepublik Deutschland, 1978, S. 157 f.

wieder gilt (vgl. Art. 140 GG) und im übrigen früheres Unterverfassungsrecht fortgilt, soweit es dem Grundgesetz nicht widerspricht (vgl. Art. 123 Abs. 1 GG). Der Einigungsvertrag beinhaltet die Verfassunggebung für die fünf neuen Bundesländer. Danach bleibt früheres DDR-Recht grundsätzlich nur in Kraft, soweit es nicht nur mit dem Grundgesetz, sondern auch mit dem in den neuen Bundesländern in Kraft gesetzten Bundesrecht sowie mit dem unmittelbar geltenden Recht der Europäischen Gemeinschaften vereinbar ist (vgl. Art. 9 Abs. 1 EV). Die Aufrechterhaltung bzw. Fortgeltung von einzelnen Entscheidungen hängt von ihrer Vereinbarkeit mit rechtsstaatlichen Grundsätzen ab (vgl. Art. 17 S. 1, 18 Abs. 1 S. 2 und 19 S. 2). Eine entsprechende Beurteilung ist auch für Einzelentscheidungen aus der Zeit vor 1949 immer für zulässig gehalten worden; ich verweise auf die Aufhebung der Entscheidungen des Volksgerichtshofs[46] und das neue Gesetz zur Beseitigung nationalsozialistischer Unrechtsurteile[47]. Das sind aber keine Rückwirkungen des Grundgesetzes oder des Rechtsstaatsprinzips, sondern Folgen der grundsätzlichen verfassungsrechtlichen Freiheit zu einfach-rechtlicher Bewertung und eben auch Umwertung der Vergangenheit. Diese einfach-rechtliche Bewertung wird im Fall der DDR nebenbei bemerkt dadurch kompliziert, daß vor dem entscheidenden Übergang zur neuen Verfassungsordnung am 3. 10. 1990 Etappen der schrittweisen Ablösung vom früheren Recht lagen[48].

Das Grundgesetz wirkt nach allem nicht zurück[49]. Es gibt also kein von den Grundrechten des Grundgesetzes geschütztes Verhalten und grundsätzlich auch keinen verfassungsrechtlichen Vertrauenstatbestand vor dem 23. 5. 1949 bzw. für die frühere DDR vor dem 3. 10. 1990. Zwar mögen sich für diese im Hinblick auf die Deutschen-Eigenschaft ihrer Bürger und die Annahme des Fortbestands des Deutschen Reichs gewisse Modifikationen ergeben; aber im Kern gilt die Aussage der Nichtrückwirkung des Grundgesetzes auch insoweit.

---

[46] Vgl. BT-Drucksache 10/2368 und Stenographische Berichte des Deutschen Bundestags, 10. Wahlperiode, 118. Sitzung, S. 8761 ff.

[47] Vom 25. 5. 1990 (BGBl. I S. 966).

[48] *Ingo von Münch* (Hrsg.): Dokumente der Wiedervereinigung Deutschlands, 1991; vgl. auch *Bernhard Schlink:* Deutsch-deutsche Verfassungsentwicklungen im Jahre 1990, in: Der Staat 30 (1991), S. 163 ff.

[49] BVerfGE 2, 237/246; 17, 38/50 f.; 29, 166/175; 29, 423/437; EuGRZ 1991, S. 121/129; *Isensee* (oben Fn. 13), S. 61; speziell zur DDR vgl. BVerfG, EuGRZ 1991, S. 287/290.

3. Spezielle vergangenheitsbezogene Verfassungsrechtssätze

Nach der These über die frühere Legalität des Staatshandelns und der Antithese über die Zulässigkeit seiner nachträglichen Umwertung komme ich zur Synthese: Die nachträgliche Umwertung früherer Legalität findet ihre Grenze an Sätzen des positiven Verfassungsrechts. Zu diesen gehören in erster Linie die bereits genannten Übergangsvorschriften. Sie haben die Vergangenheit gewissermaßen zum Gegenstand und gebieten oder verbieten die Anerkennung vergangener Legalität oder überlassen diese Frage dem einfachen Recht. Aber auch das „normale" Verfassungsrecht kann in unterschiedlicher Art und Weise vergangenheitsbezogen sein[50]. Insbesondere kann es Rechtsfolgen an frühere Rechtslagen oder Rechtsakte knüpfen, wobei deren Umwertung eingeschränkt ist. So gebietet die Schutzpflicht des Staats für Ehe und Familie aus Art. 6 Abs. 1 GG die weitgehende Anerkennung auch der im Dritten Reich und in der DDR geschlossenen Ehen. Andererseits kann eine Pflicht zur Umwertung bestehen: Das Bundesverfassungsgericht hat aus dem Sozialstaatsprinzip eine grundsätzliche Pflicht zum Lastenausgleich und zur Wiedergutmachung abgeleitet[51]. Häufig ist die Rechtslage jedoch verwickelter, wie ich im folgenden für einige ausgewählte Einzelbereiche zeigen möchte.

III. Konkrete Folgerungen

1. Strafrecht

Das brisanteste Problem wirft Art. 103 Abs. 2 GG auf, wonach es unzulässig ist, jemanden aufgrund eines Gesetzes zu bestrafen, das zur Zeit der Tat noch nicht in Kraft war, und jemanden schärfer zu bestrafen oder den Unrechtsgehalt höher zu bewerten, als zur Zeit der Tat gesetzlich bestimmt war[52]. Das strafrechtliche Rückwirkungsverbot dient zum einen dem subjektiv-rechtlichen Vertrauensschutz des einzelnen, der im voraus wissen soll, in welchen Fällen ihn eine strafrechtliche Sanktion treffen und wie hoch sie ausfallen kann. Es hat zum andern die objektiv-rechtliche Komponente der Rechtssicherheit im Sinn des Ausschlusses von Willkür- und Einzelfallregelungen; insbesondere soll der Gesetzgeber gehindert werden, Strafge-

---

[50] Zu unterschiedlichen Arten, Stufen und Graden des Vergangenheitsbezugs vgl. *Bodo Pieroth:* Rückwirkung und Übergangsrecht, 1981, S. 161 ff.

[51] BVerfGE 27, 253/283; 41, 126/153 f.; 41, 193/200; 43, 213/226; 53, 164/184.

[52] BVerfGE 25, 269/285; 46, 188/192 f.

setze unter dem Eindruck bereits geschehener Taten aufzustellen und auf diese zuzuschneiden[53]. Es ist danach unzweifelhaft, daß für die „gesetzliche Bestimmtheit" im Sinn des Art. 103 Abs. 2 GG auf das zur Tatzeit geltende Recht abzustellen ist. Kraft spezieller verfassungsrechtlicher Normierung wird Vertrauen rückwirkend geschützt. Wenn aber das, was wir heute als nationalsozialistische Verbrechen bezeichnen, damals legal war, scheint Art. 103 Abs. 2 GG einer Bestrafung und damit einer nachträglichen Umwertung dieses Handelns entgegenzustehen[54]. Das gleiche müßte für die Regimekriminalität in der DDR gelten. Ist danach die Richtigkeit des Satzes „Was damals Recht war, kann heute nicht strafbar sein" noch zu erschüttern?

Die Strafrechtsprechung hat sich hauptsächlich auf das Naturrecht berufen, nach dem bestimmte nationalsozialistische Rechtsvorschriften als nichtig zu behandeln seien[55]. Angesichts der Unmöglichkeit juristischer Praktikabilität und des nicht ausräumbaren Ideologieverdachts scheidet die Argumentation mit dem Naturrecht jedoch aus[56].

Man könnte erwägen, die aus Art. 1 Abs. 1 i. V. m. 2 Abs. 2 S. 1 GG ableitbare Schutzpflicht des Staates für die Menschenwürde, das Leben und die körperliche Unversehrtheit, die nach der Rechtsprechung des Bundesverfassungsgerichts im Extremfall durch den Erlaß von Strafrechtsnormen erfüllt werden muß[57], als mit Art. 103 Abs. 2 GG kollidierendes Verfassungsrecht anzusehen, mit dem Ergebnis, daß menschenwürdeverletzende Strafbarkeitsausschlüsse des früheren Rechts im Bereich der Delikte gegen das Leben und die körperliche Unversehrtheit unter dem Grundgesetz unbeachtlich wären. Aber auch gegen diesen Gedanken bestehen durchgreifende Bedenken: Wegen der historischen Singularität solcher Taten sind Geeignetheit und Erforderlichkeit des Strafens zum Schutz heutigen und zukünftigen Lebens und körperlicher Unversehrtheit nicht nachweisbar.

Das Ergebnis, daß die nationalsozialistischen Gewalttäter und DDR-Regime-Kriminelle straflos bleiben sollen, widerstreitet evident dem Rechtsgefühl. Dieses mag zwar eine Revolutionsjustiz legitimieren[58]. Mit der Berufung auf die Gerechtigkeit hat übrigens in vor-

---

[53] Zur historischen Entwicklung dieser beiden Komponenten ausführlich *Hans-Ludwig Schreiber:* Gesetz und Richter, 1976, bes. S. 213 ff.

[54] So in der Tendenz *Friedrich Dencker:* Vergangenheitsbewältigung durch Strafrecht?, in: KritV 1990, S. 299/306 f.

[55] BGHSt 2, 234/238 f.

[56] Nach *Grünwald* (oben Fn. 36), S. 36, ist dies heute „weitgehend anerkannt".

[57] BVerfGE 39, 1/45 ff.

[58] Vgl. *Ulrich K. Preuß:* Revolution, Fortschritt und Verfassung, 1990, S. 63 f.

grundgesetzlicher Zeit auch *Radbruch* das Kontrollratsgesetz Nr. 10 gerechtfertigt, das sich für Verbrechen gegen die Menschheit/Menschlichkeit offen Rückwirkung beilegte[59]. Aber der Rechtsstaat, einmal etabliert, muß sich treu bleiben: Das Rechtsgefühl darf geschriebene rechtsstaatliche Verfassungsnormen nicht überrollen[60]. Die einzige rechtsstaatliche Möglichkeit, hier dem Rechtsgefühl zum Sieg zu verhelfen, besteht darin, dem Art. 103 Abs. 2 GG im Weg der Verfassungsänderung eine Ausnahmeklausel für Verbrechen gegen die Menschheit/Menschlichkeit anzufügen. Dies wäre zulässig, weil Verfassungsrecht selbst keinem Rückwirkungsverbot unterliegt und wie gesagt die vor-rechtsstaatliche Vergangenheit umwerten darf und weil eine solche Einschränkung des Art. 103 Abs. 2 GG nicht gegen Art. 79 Abs. 3 GG verstößt. Sie hätte auch prominente Vorbilder: Den Rückwirkungsverboten der Europäischen Menschenrechtskonvention und des Internationalen Paktes über bürgerliche und politische Rechte ist jeweils die sog. Nürnberg-Klausel angefügt, wonach Verurteilungen oder Bestrafungen für solche Handlungen oder Unterlassungen nicht ausgeschlossen sind, die im Zeitpunkt ihrer Begehung „nach den allgemeinen von den zivilisierten Völkern anerkannten Rechtsgrundsätzen" bzw. „nach den von der Völkergemeinschaft anerkannten allgemeinen Rechtsgrundsätzen" strafbar waren[61].

2. *Öffentliches Dienstrecht*

Hier lautet das rechtsstaatliche Hauptproblem, ob und inwieweit das Verhalten in früheren Regimen einer Verwendung im öffentlichen Dienst unter dem Grundgesetz entgegensteht. Das einschlägige

---

[59] *Gustav Radbruch:* Gesetzliches Unrecht und übergesetzliches Recht, in: SJZ 1946, S. 105 ff.; dazu *Horst Dreier:* Die Radbruch'sche Formel-Erkenntnis oder Bekenntnis?, in: Festschrift Robert Walter, 1991, S. 117 ff.

[60] Gegen ein „Heraustreten aus den verfassungsrechtlichen Bindungen" zugunsten des Naturrechts oder der Gerechtigkeit in diesen Fällen auch *Klaus Lüderssen:* Zu den Folgen des „Beitritts" für die Strafjustiz der Bundesrepublik Deutschland, in: Frankfurter Rundschau v. 27. 4. 1991, S. 7.

[61] Vgl. *Matthias Herdegen:* Extrakonstitutionelle Grundnormen der deutschen Rechtsordnung?, in: Staat und Recht 1990, S. 697/703. Zur umstrittenen Geltung dieser sog. Nürnberg-Klausel vgl. einerseits *Rudolf Wassermann,* in: Alternativkommentar zum GG, 2. Aufl., 1989, Art. 103 Rdn. 62, andererseits *Jochen Abr. Frowein,* in: Frowein/Peukert: EMRK-Kommentar, 1985, Art. 7 Rdn. 8; *Hinrich Rüping,* in: Bonner Kommentar, Stand: November 1990, Art. 103 Abs. 2 Rdn. 98.

Grund- und Gleichheitsrecht ist Art. 33 Abs. 2 GG und insbesondere die Klausel der Eignung. Für die Rechtsprechung und herrschende Meinung ist die Antwort im Anschluß an den Radikalenbeschluß des Bundesverfassungsgerichts[62] einfach: Zur Eignung gehört auch die Verfassungstreue in einem umfassenden Sinn; Beschränkungen anderer Grundrechte sind durch Art. 33 Abs. 4 und 5 GG gerechtfertigt. Danach können alle Verhaltensweisen, in denen eine Loyalität zum DDR-Regime zum Ausdruck kam, als Indizien für eine mangelnde Verfassungstreue zum freiheitlich-demokratischen Rechtsstaat des Grundgesetzes dienen. Bedenkt man, daß das Bundesverwaltungsgericht im Jahr 1981 sogar eine ordnungsgemäß angemeldete Reise in die DDR, während der der Beamte nur „kommunalpolitische Erfahrungen austauschte", als Verstoß gegen die Verfassungstreuepflicht gewertet hat[63], kann der Bereich kompromittierender Handlungen im DDR-Regime sehr weit abgesteckt werden.

Ein zentrales Argument gegen den Radikalenbeschluß, das ich nach wie vor für überzeugend halte, lautet: Von Verfassung wegen genießt, solange das Bundesverfassungsgericht eine politische Partei nicht gem. Art. 21 Abs. 2 S. 2 GG für verfassungswidrig erklärt hat, die politische Position jeder Partei dieselbe Freiheit; erst wenn das Bundesverfassungsgericht entschieden hat, können an die politische Position einer Partei bzw. an die entsprechende politische Anschauung eines Bürgers negative Rechtsfolgen geknüpft werden[64]. Es wäre aber kurzschlüssig, diese Folgerung auch der SED und den deren politische Position vertretenden Bürgern der DDR zugute kommen zu lassen. Denn damit würde der bereits herausgestellte fundamentale Unterschied zwischen einem repressiven System und dem Rechtsstaat übersehen und die Zäsur der neuen Verfassungsordnung überspielt. Das Grundgesetz wirkt eben auch mit seinem Art. 21 nicht zurück und erst recht nicht mit dessen das Bundesverfassungsgericht voraussetzenden Abs. 2. Grundsätzlich dürfen daher an früher, im Dritten Reich oder in der DDR, legales Verhalten heute nachteilige Rechtsfolgen, insbesondere die Ablehnung des Zugangs zum öffentlichen Dienst, geknüpft werden.

---

[62] BVerfGE 39, 334; weitere Rechtsprechung bei *Pieroth* (oben Fn. 19), Art. 21 Rdn. 31, 33.

[63] BVerwGE 73, 263/280.

[64] Abw. Meinung der Richter *Seuffert* und *Rupp*, BVerfGE 39, 275/276; 39, 278/280 ff.

Auf die Rechtsentwicklung nach 1945 kann ich nur einige Schlaglichter werfen[65]. Die Rechtswissenschaft hat sich mit der Befugnis zur Umwertung der Vergangenheit recht schwer getan. Beispielsweise wandten sich auf der Tübinger Tagung der deutschen Staatsrechtslehrer im Jahr 1954 zum Thema „Die Berufsbeamten und die Staatskrisen" fast alle Redner gegen das Beamtenurteil des Bundesverfassungsgerichts, das ein Erlöschen der aktiven Beamtenverhältnisse am 8. 5. 1945 angenommen hatte[66]. Nur *Friesenhahn* verteidigte es unter Hinweis auf den „diametralen Gegensatz" des Grundgesetzes „zur Nazidiktatur" und erinnerte ein wenig maliziös daran, „daß unsere Stellungnahme auch einmal bedeutsam werden könnte für die Frage, wie bei der Wiedervereinigung die Rechte zu beurteilen sind, die im öffentlichen Dienst der Sowjetzonenrepublik erworben worden sind"[67]. Dabei waren die Übergangsregelungen seit 1949 durchaus schonend: Art. 131 GG hat eine überraschende[68] Gleichstellung von Personen, die wegen nationalsozialistischer Aktivitäten ausgeschieden waren, einerseits und Flüchtlingen, Vertriebenen und Kriegsgefangenen andererseits vorgenommen, und das G 131 hat eine insgesamt als großzügig zu beurteilende Wiederverwendung früher nationalsozialistischer Angehöriger des öffentlichen Dienstes vorgenommen. Das Ergebnis einer sehr weitgehenden Konstanz des Personals im öffentlichen Dienst ist hinlänglich bekannt[69].

An einer Stelle hat allerdings das G 131 einen scharfen Schnitt gemacht: Nach seinem § 3 Nr. 4 waren die Angehörigen der früheren

---

[65] Überblick bei *Bernhard Diestelkamp:* Rechts- und verfassungsgeschichtliche Probleme zur Frühgeschichte der Bundesrepublik Deutschland, in: JuS 1980, S. 401 ff., 481 ff., 790 ff.; 1981, S. 96 ff., 409 ff., 488 ff.

[66] BVerfGE 3, 58; dazu eingehend *Rolf Grawert:* Der Zusammenbruch des Staates und das Schicksal seiner Beamtenschaft im Spiegel der Nachkriegsjudikatur, in: Friedrich Gerhard Schwegmann (Hrsg.): Die Wiederherstellung des Berufsbeamtentums nach 1945, 1986, S. 25 ff.; *Kirn* (oben Fn. 24), S. 167 ff., 205 ff.; vgl. auch *Alexander Blankenagel:* Verfassungsgeschichtliche Vergangenheitsbewältigung, in: ZNR 1991, S. 67/70 ff.

[67] *Ernst Friesenhahn:* Aussprache, in: VVDStRL 13 (1955), S. 162/165.

[68] *Hans D. Jarass,* in: Jarass/Pieroth, GG, 1989, Art. 131 Rdn. 1.

[69] Vgl. aus jüngster Zeit *Blankenagel* (oben Fn. 66), S. 72; *Clemens Vollnhals* (Hrsg.): Entnazifizierung, 1991, S. 62; *Rudolf Wassermann:* Auch die Justiz kann aus der Geschichte nicht aussteigen, 1990, S. 186 ff.; *Udo Wengst:* Beamtentum zwischen Reform und Tradition, 1988; *Hans Wrobel:* Verurteilt zur Demokratie, 1989, S. 133 ff.; zum Scheitern der Reform des öffentlichen Dienstes vgl. zuletzt *Curt Garner:* „Zerschlagung des Berufsbeamtentums"?, in: VfZ 1991, S. 55 ff.

Geheimen Staatspolizei von den Rechten des Gesetzes generell ausgeschlossen. Das Bundesverfassungsgericht[70] hat diese Regelung für vereinbar mit dem Gleichheitssatz erklärt, weil die Aufgaben der Gestapo in ihrem wesentlichen Kern mit den schlimmsten Willkür- und Unrechtsmaßnahmen des nationalsozialistischen Staats besonders eng verbunden waren. Das Gericht ging noch einen Schritt weiter und hielt diese Regelung für verfassungsrechtlich geboten: „Insbesondere verlangte es die durch Art. 33 Abs. 5 GG gebotene Rücksicht auf die Integrität der staatlichen Verwaltung im erneuerten Rechtsstaat, daß der Beamtenschaft jede generelle beamtenrechtliche Verbindung oder Beziehung zu derartigen früheren Beamtengruppen ferngehalten wurde." Art. 33 Abs. 5 GG wird hier – wohl allzu[71] – kühn als verfassungsrechtliche Spezialnorm der Diskontinuität interpretiert. Deren Tragweite ist aber beschränkt; denn die Betonung liegt auf dem „verfassungsrechtlich gebotenen *generellen* Ausschluß": Damit „ist nicht schon entschieden, daß auch nicht einzelne frühere Gestapo-Beamte nach Prüfung ihres persönlichen Verhaltens, insbesondere nach individueller Bewährung oder innerer Umkehr, in einem individuellen Verfahren und ohne Rechtsanspruch, also gleichberechtigt mit allen sonstigen Staatsbürgern, auf Antrag wieder in den Staatsdienst aufgenommen werden könnten". Hier distanziert sich der Rechtsstaat von früheren Institutionen, aber ist doch den einzelnen Menschen nahe[72].

Der Einigungsvertrag normiert ein umgekehrtes Regel-Ausnahme-Verhältnis, was aber über das tatsächliche Ausmaß von Kontinuität oder Diskontinuität noch nichts besagt. Danach verbleiben die Angehörigen des öffentlichen Dienstes grundsätzlich „im Interesse der Verwaltungskontinuität und der Beschäftigten"[73] in ihrem Beschäftigungsverhältnis (vgl. Art. 20 Abs. 1 i. V. m. der Anlage I); insoweit ist die Bundesrepublik Deutschland Rechtsnachfolgerin der DDR als Dienstherr[74]. Diese Regel ist aber im Interesse der gebotenen Umstrukturierung der Verwaltung in den neuen Bundesländern stark durchbrochen. Zum einen führt die Abwicklung und Auflösung von Einrichtungen gem. Art. 13 EV zum Ruhen und in den vielen Fällen

[70] BVerfGE 6, 132; die folgenden Zitate auf S. 205, 218, 221.

[71] Abl. *Kunig* (oben Fn. 1), S. 345.

[72] Zum Rechtsstaat als „Staatsform der Distanz" *Michael Kloepfer:* Gesetzgebung im Rechtsstaat, in: VVDStRL 40 (1982), S. 63/65.

[73] BT-Drucksache 11/7817, S. 179.

[74] BVerfG, EuGRZ 1991, S. 133/137.

der Nichtweiterverwendung innerhalb von 6 bzw. 9 Monaten zur Beendigung der Arbeitsverhältnisse. Zum andern gibt es vier zusätzliche Kündigungstatbestände, von denen zwei das Problem der Berücksichtigung früher legalen Verhaltens aufwerfen.

Ein zusätzlicher ordentlicher Kündigungsgrund liegt bei mangelnder persönlicher Eignung vor[75]. Damit wird die persönliche Eignung als generelle Zugangsvoraussetzung zum öffentlichen Dienst zur Voraussetzung auch der Aufrechterhaltung des Dienstverhältnisses gemacht; dieser Kündigungstatbestand ist genauso zu interpretieren wie Art. 33 Abs. 2 GG. Diese Verfassungsnorm bietet ausreichenden Schutz gegen eine etwaige politische Hexenjagd auf ehemalige SED-Mitglieder. Erstens ist die Überprüfung der Verfassungstreue auf eine Prognose gerichtet: Die künftige Erfüllung der Pflicht zur Verfassungstreue muß gewährleistet sein. Ausgeschlossen ist die Berücksichtigung vergangenen Verhaltens aber keineswegs. Dabei ist jedoch zweitens zu beachten, daß es rechtsstaatlichem Anspruch gemäß ist, an Handlungen oder Unterlassungen, nicht aber an Gesinnungen anzuknüpfen[76]; die Gedanken müssen auch über einen Verfassungsumbruch hinweg frei bleiben. Es reicht also für die Annahme mangelnder persönlicher Eignung nicht aus, daß jemand im Sinn des SED-Regimes gedacht hat oder gesonnen war; vielmehr muß er am repressiven System aktiv beteiligt gewesen sein[77]. Die rein nominelle SED-Mitgliedschaft ist wie eine marxistische Überzeugung daher irrelevant[78]. Das bedeutet aber nicht, daß nur der Nachweis begangener repressiver Handlungen den Dienstherrn zum negativen Eignungsurteil berechtigt. Bei bestimmten Betätigungen kann regelmäßig angenommen werden, daß sie notwendigerweise zur aktiven Beteiligung am repres-

---

[75] Anl. I Kap. XIX Abschnitt III Nr. 1 Abs. 4 Nr. 1.

[76] *Herwig Roggemann:* Richterwahl und Rechtspflege in den Ländern der früheren DDR, in: NJW 1991, S. 456/458, 459, 463.

[77] Insoweit kann auf die Rechtsprechung zu § 2 Abs. 1 Nr. 1 des Häftlingshilfegesetzes zurückgegriffen werden, wonach ausgeschlossen ist, wer dem im Gewahrsamsgebiet herrschenden System erheblich Vorschub geleistet hat; vgl. zuletzt BVerwG, LKV 1991, S. 239.

[78] So der Bundesinnenminister *Wolfgang Schäuble* bei der 1. Lesung des Einigungsvertrags, in: Stenographische Berichte des Deutschen Bundestages, 11. Wahlperiode, 222. Sitzung, S. 17493; zust. *Ulrich Battis:* Entwicklungstendenzen und Probleme der Einführung des Dienstrechts in den neuen Ländern, in: NJ 1991, S. 89/92; *Hans-Joachim Nicksch:* Die Einführung des Berufsbeamtentums im Gebiet der früheren DDR nach dem Einigungsvertrag, in: DtZ 1990, S. 340/343; vgl. auch *Wolfgang Bernet / Helmut Lecheler:* DDR-Verwaltung im Umbau, 1990, S. 48.

siven System geführt haben[79]. Daher ist gegen § 5 S. 1 des Thüringischen Beamtenrechtlichen Vorschaltgesetzes[80] verfassungsrechtlich nichts einzuwenden, wonach bei hauptamtlichen und inoffiziellen Mitarbeitern des Ministeriums für Staatssicherheit/Amtes für Nationale Sicherheit, hauptamtlichen Mitarbeitern der SED und der Politabteilungen der bewaffneten Organe und einigen weiteren vergleichbaren Kadern vermutet wird, daß sie die für die Berufung in das Beamtenverhältnis erforderliche Eignung nicht besitzen. Gem. § 5 S. 2 dieses Gesetzes ist diese Vermutung nämlich im Einzelfall widerlegbar.

Demgegenüber bin ich nicht der Auffassung, daß es zulässig ist, „mit Rücksicht auf die Akzeptanz in der Bevölkerung, aber auch bei den Mitarbeitern sowie die Vorbildfunktion des öffentlichen Dienstes im Einzelfall (nicht pauschal) wegen der exponierten Stellung unter dem SED-Regime die Eignung für bestimmte Ämter zu verneinen, ohne auf die Prognose über die zu erwartende Verfassungstreuepflicht abzustellen“[81]. Damit werden an die Stelle der verbindlichen Maßstäbe aus Art. 33 Abs. 2 GG Vermutungen über aktuelle Gefühle und politische Meinungen möglicherweise betroffener Bürger gesetzt. Politische Gegnerschaft oder Freundschaft war bisher kein zulässiges Einstellungskriterium und darf es auch in den neuen Bundesländern nicht werden. Aus dem gleichen Grund meine ich, daß die Bezeichnung „politische Belastung“ für SED-Aktivitäten in diesem Zusammenhang wenig glücklich gewählt ist. Sie suggeriert, daß politische Anschauungen generell ein akzeptables Kriterium beim Zugang zum öffentlichen Dienst sind. Das entscheidende Besondere der unterschiedlichen Verfassungsordnungen kann dabei vergessen werden, weshalb mir die Bezeichnung „Regimebelastung“ passender erscheint.

Die dargelegten Grundsätze folgen aus Art. 33 Abs. 2 GG und gelten daher wie dieser für alle beruflichen und ehrenamtlichen Funktionen öffentlich-rechtlicher Art bei Bund, Ländern und Gemeinden sowie Körperschaften und Anstalten des Öffentlichen Rechts, einschließlich der Arbeiter und Angestellten im öffentlichen Dienst, nicht aber für staatlich gebundene Berufe und auch nicht für Rechtsanwälte[82]. Im einzelnen können sich aber auch Differenzierungen

---

[79] Entsprechend dem Gestapo-Beschluß des BVerfG (oben Fn. 70).

[80] Vom 17. 7. 1991 (GVBl. S. 217).

[81] So *Battis* (oben Fn. 78), S. 92.

[82] Vgl. m. w. N. *Pieroth* (oben Fn. 19), Art. 33 Rdn. 5; zur aktuellen Problematik *Timm Stark:* Überprüfung von Rechtsanwälten auf „Stasi-Vergangenheit“?, in: ZRP 1991, S. 366 ff.

ergeben. So ist einerseits bei Angestellten und Arbeitern im öffentlichen Dienst die Verfassungstreuepflicht abgeschwächt[83]. Andererseits ist die persönliche Eignung auf das konkrete Amt bezogen. Unter diesem Aspekt kommt es beispielsweise für die Ausübung des unabhängigen Richteramts unter dem Grundgesetz auf Persönlichkeitsmerkmale an, die sich in der früheren DDR nur schlecht entwickeln und manifestieren ließen. Zwar wird man auch hier Unterschiede feststellen können, etwa danach, ob sich ein früherer DDR-Richter als „jederzeitiger vorbehaltloser Vollstrecker von Staatsmacht verstand und durch inhumanen Rigorismus auszeichnete"[84]; aber insgesamt dürfte die Übernahmequote bei dieser Berufsgruppe amtsnotwendig niedriger ausfallen als bei anderen mehr technischen und untergeordneten Berufen[85]. Ähnliches muß für Hochschullehrer in den Geisteswissenschaften angenommen werden, für die Unabhängigkeit des Denkens und eigenständige kritische Reflexion essentiell sind[86].

Einen zusätzlichen außerordentlichen Kündigungsgrund hat der Einigungsvertrag für den Fall geschaffen, daß der Arbeitnehmer in der öffentlichen Verwaltung

„1. gegen die Grundsätze der Menschlichkeit oder Rechtsstaatlichkeit verstoßen hat, insbesondere die im Internationalen Pakt über bürgerliche und politische Rechte vom 19. Dezember 1966 gewährleisteten Menschenrechte oder die in der Allgemeinen Erklärung der Menschenrechte vom 10. Dezember 1948 enthaltenen Grundsätze verletzt hat oder

2. für das frühere Ministerium für Staatssicherheit/Amt für Nationale Sicherheit tätig war

und deshalb ein Festhalten am Arbeitsverhältnis unzumutbar erscheint"[87].

Greifbare Konturen hat die Nr. 2, deren Gültigkeit nach dem Gestapo-Beschluß des Bundesverfassungsgerichts nicht zweifelhaft ist. Die Rigorosität, mit der auch Kraftfahrer, Küchen- und Reinigungspersonal der Stasi einbezogen werden, kann durch die Unzumutbarkeitsklausel und die dadurch gebotene Verhältnismäßigkeits-

---

[83] BAGE 28, 62/69; 29, 247/258; BAG, NJW 1989, S. 2563.

[84] *Roggemann* (oben Fn. 76), S. 462.

[85] Vgl. *Diemut Majer:* Die Überprüfung von Richtern und Staatsanwälten in der ehemaligen DDR, in: ZRP 1991, S. 171 ff.

[86] Vgl. *Henning Tüffers:* Die persönliche und fachliche Evaluierung, in: MittHV 1991, S. 210 ff.

[87] Anl. I Kap. XIX Abschnitt III Nr. 1 Abs. 5.

prüfung abgefangen werden[88]. Die Nr. 1 dagegen gibt Rätsel auf, zu deren Lösung weder die Entstehungsgeschichte beiträgt[89] noch bisher auf praktische Fälle zurückgegriffen werden kann. Ich kann nur einige grobe Markierungen geben: Die Vorschrift hält sich im Rahmen des auch insoweit einschlägigen Art. 33 Abs. 2 GG. Das Anlegen des Maßstabs der Menschenrechtserklärungen für hier und heute zu treffende Personalentscheidungen ist zulässig, obwohl sie wie gesagt nicht geltendes Recht in der DDR waren. Es erscheint aber problematisch, wenn man bedenkt, daß danach weite Bereiche der Verwaltungstätigkeit unter diesen außerordentlichen Kündigungsgrund fallen. Ein normativer Fixpunkt ist jedenfalls Art. 1 Abs. 1 GG: Menschenwürdeverletzende Handlungen berechtigen zweifellos zur außerordentlichen Kündigung. Der Maßstab der Rechtsstaatlichkeit ist wie im nunmehr als letztes zu behandelnden Verfahrensrecht zu verstehen.

3. *Verfahrensrecht*

Was genau bedeutet die Vereinbarkeit mit rechtsstaatlichen Grundsätzen, die der Einigungsvertrag auch für die Korrektur von Einzelmaßnahmen der Exekutive und Judikative der früheren DDR als maßgeblich normiert? Bezüglich der Aufhebung von Verwaltungsakten gem. Art. 19 S. 2 EV wird man zwischen formell- und materiellrechtlichen Aspekten zu unterscheiden haben[90]: Rechtsstaatliche Verfahrens- und Kompetenzanforderungen wie der Gesetzesvorbehalt konnten per se nicht eingehalten werden; würde man auch sie zu den rechtsstaatlichen Grundsätzen in diesem Sinn rechnen, gäbe es keine wirksam bleibenden Verwaltungsentscheidungen der früheren DDR. Aus einem ähnlichen Grund ist auch die Vorschrift des Einigungsvertrags über die außerordentliche Kündigung auf Richter und Staatsanwälte nicht anwendbar: Da das Straf- und Verfahrensrecht der

---

[88] Vgl. *Gauck* (oben Fn. 38), S. 27 f.; *Frank Lansnicker / Thomas Schwirtzek:* Ehemalige Mitarbeiter des früheren Ministeriums für Staatssicherheit im öffentlichen Dienst – Weiterbeschäftigung und Übernahme?, in: MDR 1991, S. 202/203.

[89] BT-Drucksache 11/ 7817, S. 180 f. paraphrasiert bloß; vgl. auch *Hans-Dietrich Weiß:* Wiedereinführung des Berufsbeamtentums im beigetretenen Teil Deutschlands, in: ZBR 1991, S. 1/31.

[90] *Paul Stelkens:* Fragen zum Verwaltungsverfahrensgesetz nach dem Einigungsvertrag in: DtZ 1991, S. 264/ 270. Eine Parallele ist die Unterscheidung zwischen materiellem und formellem Widerspruch zum Grundgesetz im Rahmen des Art. 123 Abs. 1 GG; vgl. *Jarass* (oben Fn. 68), Art. 123 Rdn. 5 f.

DDR vielfach nicht den rechtsstaatlichen Ansprüchen des Grundgesetzes entsprach, hätte sonst praktisch kein ehemaliger DDR-Richter wiederverwendet werden können[91].

Anders steht es mit inhaltlichen Anforderungen rechtsstaatlicher Provenienz; hierzu zählen in erster Linie der Verhältnismäßigkeitsgrundsatz und das Willkürverbot. Dies sind auch wesentliche Gesichtspunkte, die schon vor der Vereinigung im Rahmen der innerdeutschen Rechts- und Amtshilfe in Strafsachen und der Häftlingshilfe zum Tragen kamen[92] und die im Zug der jetzt erfolgenden Rehabilitierungs-, Kassations- und Vollstreckungsunzulässigkeitsfeststellungsverfahren maßgeblich sein werden[93].

IV. Schlußbemerkung

Politische Systemwechsel und Verfassungsumbrüche haben als Triebfeder und Ziel, Neues zu schaffen. Mit der radikalen Umgestaltung der früheren DDR verändert sich notwendig die Bundesrepublik Deutschland, deren Teil jene nunmehr ist. Gegenstand und Motor dieser Veränderung ist auch das Rechtssystem. Betrachtet man von diesem nur den Kuppelbau der Verfassung, haben sich mit dem Einigungsvertrag schon Änderungen ergeben und befassen sich mit weiteren die „gesetzgebenden Körperschaften des vereinten Deutschlands" gemäß der Empfehlung des Art. 5 EV. Darüber hinaus wird sich die veränderte Wirklichkeit notwendig auf Auslegung und Anwendung des Verfassungsrechts auswirken[94].

Solche Veränderungen müssen aber vor dem Rechtsstaatsprinzip haltmachen. Das ist geltendes Verfassungsrecht und — gleichgültig wie man den Art. 146 GG interpretiert — auch in der Diskussion über weitere Verfassungsänderungen oder eine Verfassunggebung unumstritten. Rechtsänderungen in rechtsstaatsrelevanten Bereichen erfordern daher jetzt wie stets besondere Aufmerksamkeit und genaue Prüfung. Der Aufbau des Rechtsstaats im Osten darf keinen Abbau der Rechtsstaatlichkeit im ganzen Deutschland befördern.

---

[91] *Roggemann* (oben Fn. 76), S. 460.

[92] Vgl. *Thomas von Lindheim:* Zur Auslegung von § 1 des Häftlingshilfegesetzes, 1989, S. 61 ff.; *Herwig Roggemann:* Zur Rechtswirksamkeit von Strafurteilen aus der DDR in der Bundesrepublik, in: ROW 1986, S. 87/101 f.

[93] Vgl. *Wolfgang Pfister:* Das Rehabilitierungsgesetz, in: NStZ 1991, S. 165, 264.

[94] Dazu grundsätzlich *Friedrich Müller:* Juristische Methodik, 3. Aufl. 1989, S. 147 ff.

Leitsätze des 3. Berichterstatters über:

Der Rechtsstaat und die Aufarbeitung der vor-rechtsstaatlichen Vergangenheit

I. Ausgangsthese

Der Rechtsstaat arbeitet die vor-rechtsstaatliche Vergangenheit dadurch auf, daß das Rechtsstaatsprinzip des Grundgesetzes als geltendes Verfassungsrecht von allen Rechtsarbeitern strikt angewendet wird. Die Rechtfertigung dieser These liegt zum einen in der durch Art. 3 des Einigungsvertrages (EV) bewirkten grundsätzlichen Rechtsordnungserstreckung und zum andern in Art. 143 Abs. 1 GG. Die Auffassung von der Ungültigkeit des Art. 143 Abs. 1 GG postuliert Anforderungen an Verfassungsänderungen, für die es keine normative Grundlage gibt.

II. Vor-rechtsstaatliche Vergangenheit als normative Dimension

1. Rechtshistorische Analyse

a) Kontinuität oder Diskontinuität; Anerkennung, Irrelevanz oder Umwertung früheren Rechts; gegenwärtige zivilrechtliche, verwaltungsrechtliche oder strafrechtliche Folgen damaligen Verhaltens — alle diese Probleme müssen von einer objektiven wissenschaftlichen Beschreibung des tatsächlich geltenden früheren Rechts ihren Ausgang nehmen.

b) Auch was in unseren Augen ein schändliches Verbrechen war — im Dritten Reich war es in vielen Fällen real geltendes positives Recht. Mag man auch im nachhinein von Pervertierung des Rechts, von schierem Unrecht oder Nichtrecht sprechen — es ändert nichts an der damaligen Legalität.

c) Wie der Todesschuß eines eine Sonderbehandlung ausführenden Gestapo-Mannes war in systemimmanenter Betrachtung der Todesschuß des Vopo an der innerdeutschen Grenze legal.

2. Grundsätzliche Befugnis zur Umwertung

a) Der Satz „Was damals Recht war, kann heute nicht Unrecht sein", ist falsch. Er übersieht den fundamentalen Unterschied zwischen dem früheren Unrechtsstaat und dem jetzigen Rechtsstaat.

b) Eine neue Verfassungsordnung kann über ihr Verhältnis zur vorherigen Rechtsordnung — vorbehaltlich hier nicht näher zu erörternder völkerrechtlicher Verpflichtungen — frei entscheiden. Es gibt kein Meta-Verfassungsrecht über Kontinuität und Diskontinuität.

c) Das Grundgesetz wirkt nicht zurück. Es gibt kein von den Grundrechten des Grundgesetzes geschütztes Verhalten und grundsätzlich auch keinen verfassungsrechtlichen Vertrauenstatbestand vor dem 23. 5. 1949 bzw. für die frühere DDR vor dem 3. 10. 1990.

3. Spezielle vergangenheitsbezogene Verfassungsrechtssätze

Die nachträgliche Umwertung früherer Legalität findet ihre Grenze an Sätzen des positiven Verfassungsrechts. Sie können Rechtsfolgen an frühere Rechtslagen oder Rechtsakte knüpfen, wobei deren Umwertung eingeschränkt ist.

III. Konkrete Folgerungen

1. Strafrecht

a) Für die gesetzliche Bestimmtheit i. S. d. Art. 103 Abs. 2 GG ist auf das zur Tatzeit geltende Recht abzustellen. Kraft spezieller verfassungsrechtlicher Normierung wird hier Vertrauen rückwirkend geschützt.

b) Weder die Berufung auf Naturrecht noch auf die aus Art. 1 Abs. 1 i. V. m. 2 Abs. 2 S. 1 GG ableitbare Schutzpflicht des Staates für die Menschenwürde, das Leben und die körperliche Unversehrtheit können insoweit eine Strafbarkeit begründen.

c) Das Rechtsgefühl darf geschriebene rechtsstaatliche Verfassungsnormen nicht überrollen. Die einzige rechtsstaatliche Möglichkeit, hier dem Rechtsgefühl zum Sieg zu verhelfen, besteht darin, dem Art. 103 Abs. 2 GG im Weg der Verfassungsänderung eine Ausnahmeklausel für Verbrechen gegen die Menschheit/Menschlichkeit anzufügen.

2. Öffentliches Dienstrecht

a) Grundsätzlich dürfen an früher, im Dritten Reich oder in der DDR, legales Verhalten heute nachteilige Rechtsfolgen, insbesondere die Ablehnung des Zugangs zum öffentlichen Dienst, geknüpft werden.

b) Die Rechtswissenschaft hat sich nach 1945 mit der Befugnis zur Umwertung der Vergangenheit recht schwer getan — im Gegensatz zur Rechtsprechung des Bundesverfassungsgerichts.

c) Die persönliche Eignung als generelle Zugangsvoraussetzung zum öffentlichen Dienst gem. Art. 33 Abs. 2 GG wird nach dem Einigungsvertrag zur Voraussetzung auch der Aufrechterhaltung des Dienstverhältnisses gemacht. Für die Annahme mangelnder persönlicher Eignung reicht es nicht aus, daß jemand im Sinn des SED-Regimes gedacht hat oder gesonnen war; vielmehr muß er am repressiven System aktiv beteiligt gewesen sein. Politische Gegnerschaft oder Freundschaft war bisher kein zulässiges Einstellungskriterium und darf es auch in den neuen Bundesländern nicht werden.

d) Die persönliche Eignung ist auf das konkrete Amt bezogen. Für die Ausübung des unabhängigen Richteramtes kommt es unter dem Grundgesetz auf Persönlichkeitsmerkmale an, die sich in der früheren DDR nur schlecht entwickeln und manifestieren ließen.

e) Menschenwürdeverletzende Handlungen berechtigen zweifellos zur außerordentlichen Kündigung.

3. Verfahrensrecht

Rechtsstaatliche Grundsätze i. S. d. Art. 19 S. 2 EV meint inhaltliche Anforderungen, wie namentlich den Verhältnismäßigkeitsgrundsatz und das Willkürverbot, nicht aber Verfahrens- und Kompetenzanforderungen, wie namentlich den Vorbehalt des Gesetzes.

IV. Schlußbemerkung

Die durch die Vereinigung veränderte Wirklichkeit wird sich notwendig auf Auslegung und Anwendung des Verfassungsrechts auswirken. Solche Veränderungen müssen aber vor dem Rechtsstaatsprinzip haltmachen. Der Aufbau des Rechtsstaats im Osten darf keinen Abbau der Rechtsstaatlichkeit im ganzen Deutschland befördern.

4. Aussprache und Schlußworte

Der Rechtsstaat und die Aufarbeitung der vor-rechtsstaatlichen Vergangenheit

Vorsitzender (Götz): Sehr verehrte Kolleginnen und Kollegen, wir kommen zur Aussprache über die drei Referate zum Thema „Der Rechtsstaat und die Aufarbeitung der vor-rechtsstaatlichen Vergangenheit". Der Vorstand beabsichtigte, mit der Wahl dieses Beratungsthemas einen der zentralen staatsrechtlichen Fragenkomplexe der deutschen Wiedervereinigung auf unsere Tagesordnung zu setzen. Daß die Formulierung unseres Themas die Wiedervereinigung nicht ausdrücklich nennt, hielten wir einerseits für unschädlich, weil der Bezug auf die gegenwärtige staatsrechtliche Situation Deutschlands schlechterdings nicht verkannt werden konnte, und andererseits für zweckmäßig, um Raum für vergleichende Überlegungen zu lassen, die sich auf die deutsche Geschichte, insbesondere die Reaktion auf das nationalsozialistische Unrecht, wie auch auf den Wandel in Osteuropa beziehen könnten. Die Referenten haben jedenfalls den Wünschen des Vorstandes vollständig entsprochen, indem sie sich auf die aktuelle deutsche Situation konzentriert haben. Der vom Vorstand angeregten Aufteilung und Schwerpunktbildung folgend hat Herr *Starck* das gesamte Feld der Aufarbeitung von Unrechtsakten des DDR-Regimes und der von ihm hinterlassenen Strukturen abgeschritten. Dementsprechend haben wir uns in der Aussprache zu befassen mit: Restitution und Wiedergutmachung wegen der Verletzung von Eigentum, Freiheit und Persönlichkeitsrechten, der strafrechtlichen Verfolgung der Regime-Kriminalität, dem Fragenkreis der Stasi-Akten, der Abarbeitung der vorhandenen Strukturen in Verwaltung, Hochschulen und Rechtsprechung, soweit diese außerrechtsstaatlich geprägt sind, und der Behandlung des Personals; schließlich mit der Frage des Vermögens der SED und der von ihr abhängigen Organisationen. Herr *Berg* hat die Eigentumsproblematik vertieft, Herr *Pieroth* das Thema der von der DDR hinterlassenen Staats- und Personalstruktur und außerdem den Fragenkreis der Bestrafung der Regierungskriminalität. Der verfassungsrechtliche Zielpunkt und Maßstab ist in alledem der Rechtsstaat. Von ihm wird daher in der Behandlung der anstehenden konkreten Fragen stets die Rede sein. Inwieweit wir in der Aufarbeitung jeweils auf das Rechtsstaatsprinzip des Grundgesetzes oder die im Einigungsvertrag angeführten rechtsstaatlichen Grundsätze oder den internationalen Standard, wie er in den Menschenrechtspakten und in dem KSZE-Prozeß zum Ausdruck kommt, inwieweit wir jeweils auf das eine oder andere abzustellen haben, inwieweit es hierbei zu Differenzierungen kommen kann, das alles muß der Erörterung der einzelnen anstehenden Fragen vorbehalten bleiben. Aber es bleibt eben immer dieses unser heutiges einziges Thema: die rechtsstaatlichen Maßstäbe für die notwendige Aufarbeitung der DDR-Hinterlassenschaft, während andere ebenso drängende staatsrechtliche Fragen der Wiedervereinigung — ich denke dabei etwa an das durch Art. 5 Einigungsvertrag und Art. 146 GG aufgeworfene Problem der Verfassungskontinuität — heute nicht auf der Tagesordnung unserer Beratungen stehen.

Vor diesem Hintergrund habe ich Ihnen vorgeschlagen, drei Abschnitte der Aussprache zu bilden. Der erste Abschnitt soll diejenigen Beiträge aufnehmen, die unser Thema in einer übergreifenden Weise ansprechen und betreffen, sowie die Beiträge zu verschiedenen der erwähnten Einzelkomplexe, insbesondere den strafrechtlichen Fragenkreis. Der zweite Abschnitt der Diskussion wird die Strukturen in Verwaltung, Hochschulen und Rechtsprechung sowie die Frage des Personals des öffentlichen Dienstes betreffen, der dritte Abschnitt den Komplex des Eigentums. Ich möchte nun Herrn *Häberle* bitten, die Aussprache zu eröffnen.

Häberle: Ich hatte mich zum ersten Punkt der Gliederung, zum Rechtsstaatsbegriff gemeldet und möchte, nach einer wissenschaftsgeschichtlichen Vorbemerkung, in drei Schritten auf jeden Referenten einzeln eingehen. Der *erste* Punkt soll ein Gespräch mit Herrn *Starck* sein: über die Frage der methodologischen Gewinnung des Rechtsstaatsprinzips. Meine These lautet, „Rechtsstaat" ist ein *topisch* zu erarbeitendes Prinzip, ist vor allem im Wege des Rechtsvergleichs topisch auf der verfassungsstaatlichen Ebene zu gewinnen. Der *zweite* Themenbereich dient dem Gespräch mit Herrn *Berg*, seinem Stichwort „Ungleichzeitigkeit" und dem sehr humanen Ansatz, der These, wenn ich sie in meine eigenen Worte fassen darf, daß die kleinen Grundrechtswirklichkeiten, die sich hinter der Negativität des Vor-Rechtsstaates DDR entwickelt haben und „normal" gelebt wurden, von unserem Verfassungsstaat gerecht aufzufangen sind. Der *dritte*

Diskussionspunkt gilt einem Gespräch mit Herrn *Pieroth*. Ich möchte bei ihm ein wenig dort nachfassen, wo er der Fachmann ist, beim Übergangsrecht. Vor allem geht es mir darum, Verfassungslehre und Rechtsphilosophie stärker zusammenzuführen. Sie, Herr *Pieroth*, haben zwar *Gustav Radbruch* erwähnt, aber in einem entscheidenden Punkt möchte ich Ihnen mit Hilfe der sog. „*Radbruch*schen Formel" widersprechen. — Zunächst zur wissenschaftsgeschichtlichen Vorbemerkung: Wir können unserem heutigen Vorstand dankbar sein, daß er in der neuen Wende nach 1989 die Auseinandersetzung mit einem Nichtrechts- und Unrechtsstaat in der ganzen Bandbreite der Probleme zum Thema gemacht hat. Wissenschaftsgeschichtlich ist es ja bemerkenswert, daß in der Zeit unmittelbar nach 1945 recht punktuell nur zwei Probleme der Bewältigung der totalitären Vergangenheit gewählt worden sind: die Kontinuität des Staates mit dem großen Tübinger Referat von *G. Dürig* (1954) sowie das Thema „Das Beamtentum und die Staatskrisen". Berufenere könnten und sollten methodologisch und wissenschaftsgeschichtlich die damaligen Antworten mit den heutigen vergleichen, und Sie haben ja das weitblickende Wort des großen *Ernst Friesenhahn* schon zitiert, für das wir ihm besonders dankbar sein müssen. —

Zum *ersten* Punkt: Herr *Starck*, ich darf zu Ihrem Rechtsstaatsbegriff nachfragen, ob Sie ihn methodisch in der ganzen Fülle und Flexibilität herausgearbeitet haben, wie wir das tun sollten. Mit Recht haben Sie die historische Dimension, die deutsche Rechtsstaatstradition betont (LS 6). Doch möchte ich ergänzend anregen, daß wir in derselben logischen Sekunde mit der geschichtlichen die rechtsvergleichende, die verfassungsvergleichende Dimension für die Maßstabsfrage mit einbringen müssen. Das deutsche Rechtsstaatsprinzip, das — Herr *Berg* — vielleicht wirklich „gespalten" ist, muß auf einer ein Stück höher als das Grundgesetz liegenden Ebene angesiedelt werden, um die in Ostdeutschland anstehenden Aufgaben sachgerecht zu bewältigen. Es geht um eine Verfassungslehre, die in Raum und Zeit wesentlich rechtsvergleichend arbeitet. Dies um so mehr, als es heute nicht nur die vom Herrn Vorsitzenden mit Grund zitierten KSZE-Folgetexte gibt, sondern auch Textstufen in den osteuropäischen Verfassungsentwürfen, in denen das unverzichtbare Rechtsstaatsprinzip nach wie vor seine große Suggestivkraft und Überzeugungskraft unter Beweis stellt. Ich verweise in aller Kürze auf den Verfassungsentwurf des polnischen Sejm von 1991, den ich soeben in Warschau dort begutachten durfte, sodann auf den Entwurf des CSFR-Bürgerforums (1990) sowie Rumäniens, zuletzt auf eine Parlamentserklärung der Republik Tadschikistan, die ebenfalls das Rechtsstaatsprinzip für ihre neue Legitimität prominent in Anspruch nimmt. Darum große Zustimmung zu Herrn *Berg:* Wir können nicht von den letzten Feinheiten des Rechtsstaatsbegriffs her deduzieren, den unsere ganze Staatsrechtslehrervereinigung arbeitsteilig in Jahrzehnten erarbeitet hat, sondern wir müssen seine einzelnen Elemente topisch argumentierend in rechtsvergleichender Erweiterung klären. Wie kaum sonst im Verfassungsrecht hat die Topik hier und heute ihre spezifische Aufgabe. Sie muß das verfassungsstaatliche Prinzip „Rechtsstaat" in all seinen Facetten herausarbeiten, z. B. den allgemeinen Rechtsgrundsatz Vertrauensschutz, die Rechtssicherheit, Zweckmäßigkeit, materielle und formale Gerechtigkeitsprinzipien, Grundrechtspositionen hier, gewordene, gelebte, erarbeitete „kleine" Grundrechtspositionen dort offen abwägen. — Mein *zweiter* Punkt will auf Herrn *Berg* eingehen. Er sprach an einer Stelle von der faktischen Inanspruchnahme von Grundrechten etwa in kleinen Mietwohnungen. In der Tat, ich erinnere an den uns alle in diesen Monaten sehr beunruhigenden, ungerechten, erst soeben korrigierten Vorgang der tarifvertraglichen *Nicht*anerkennung von Beschäftigungszeiten ostdeutscher Bürger im dortigen öffentlichen Dienst. Wir stehen doch vor der Aufgabe zu klären, wie wir grundrechtstheoretisch die in Ostdeutschland im Alltag faktisch gelebten kleinen Freiheiten, die erarbeiteten Lebensleistungen und Lebensinhalte und Identitäten im kleinen, also all das von Herrn *Berg* überzeugend Genannte, auffangen und gleichzeitig den Rechtsstaat „nicht abbauen". —

Mein *dritter* und letzter Punkt richtet sich an den Drittreferenten, der natürlich auch ein Erstreferent ist. An Herrn *Pieroth* folgende Frage: Sie haben *Gustav Radbruch* erwähnt, in Ihren Legalitätsableitungen, mit denen Sie uns Ältere gewiß auch provozieren wollten — Sie gehören ja zu den „jungen Kräften", nach denen wir gestern nachmittag in der Mitgliederversammlung als Referenten gerufen haben. Ich fühle mich in der Tat provoziert. Wir haben doch gerade von der *Radbruch*schen Formel, die präzis nach 1945 geschaffen wurde, dieses gelernt: Es gibt einen Punkt, von dem an das legale Gesetz nichtig ist, weil es in einem schlechthin unerträglichen Widerspruch zu wesentlichen Gerechtigkeitsprinzipien des Rechts steht. Auch das positive Gesetz — das formal in der DDR gültige Gesetz — ist materiell dann ungültig. Jetzt zum letzten Aspekt Ihrer hochdifferenzierten, gewiß erst beim späteren Nachlesen voll ausschöpfbaren, Bemerkungen zur Materie des Übergangsrechts. Ich frage mich und Sie, ob es nicht doch entgegen These II 2b spezifische Übergangsrechtsprinzipien im Verfassungsstaat gibt. Hier wäre rechtsvergleichend zu arbeiten. Z.B. müßten die spanischen Kollegen und die griechischen gefragt werden, wie sie die totalitäre Vergangenheit von *Franco* bzw. *Papadopoulos* in ihren späteren Verfassungsstaaten 1975 bzw. 1978 bewältigt haben. Die Frage ist doch, wie wir mit Hilfe des reichen Arsenals von, wie ich dies nenne, „gemeineuropäischen Verfassungsrechtsprinzipien" bzw. Gerechtigkeitselementen die Übergangsproblematik sachgerecht lösen, also den neuen und alten Bundesländern gerecht werden und in unsere gesamtdeutschen Strukturen einbetten. Es fällt auf, daß sich in einem Rechtsvergleich vieler Verfassungsstaaten die eigene Kategorie „Übergangsnormen" bilden läßt, Übergangsregelungen, die Anormales meist in den Schlußvorschriften regeln. Im Vergleich ließe sich hier gewiß manche verfassungsstaatliche Rechtswahrheit und Gerechtigkeit entdecken, die uns jetzt weiterhilft.

Vorsitzender: Vielen Dank, Herr *Häberle*, daß Sie zu einem so frühen Zeitpunkt unserer Diskussion den rechtsvergleichenden Aspekt eingeführt haben. Das ist nur zu unterstreichen: Wir erleben es, daß der Rechtsstaat seine Faszination nach Osteuropa hin entfaltet, und daß dabei der deutsche Begriff „Rechtsstaat" verwendet wird.

Eckart Klein: Ich habe es als sehr wohltuend empfunden, daß gleich zu Beginn seiner Ausführungen Herr *Starck* auf die Grenzen einer *rechtlichen* Bewältigung der vor-rechtsstaatlichen Vergangenheit hingewiesen hat — auch wenn, wie er zu Recht sagte, dies hier nicht unser Thema sein kann. Es ist aber, glaube ich, wichtig, daß wir uns der immanenten Grenzen bei dieser hochsensiblen und sensitiven Materie bewußt sind, und viele Berichte und tägliches Erleben bestätigen mich darin, daß in diesem Bereich das Recht nicht immer die ausschließliche Grundlage der Bewältigung sein kann. Für die rechtliche Bewältigung bleibt freilich genug zu tun, und die Referenten haben uns mit ihren Beispielen gezeigt, wo diese Felder aufzufinden sind.

Für mich stellt sich eine zusätzliche Frage, die hier nur am Rande — wenn ich das richtig sehe — in den drei Referaten unmittelbar angesprochen wurde, nämlich die Frage des Wozu; d.h. die Frage nach der Funktion der rechtsstaatlichen Bewältigung vor-rechtsstaatlicher Vergangenheit. Allein die Befriedigung darüber, daß das Rechtsstaatsprinzip sich auch für die in der Vergangenheit liegenden Verhältnisse durchsetzt, kann eigentlich nicht, jedenfalls nicht das eigentliche Ziel sein, das wäre mir auch zu abstrakt. Der entscheidende Gesichtspunkt scheint mir zu sein, daß durch eine derartige Aufarbeitung den Menschen in der ehemaligen DDR, aber auch uns in den alten Bundesländern, die Möglichkeit gegeben wird, auf diese Weise zu verstehen, was eigentlich geschehen ist, die nun erfolgte Änderung zu begreifen und damit auch die neue Rechtsordnung verstehend zu akzeptieren. Natürlich kann dabei der Rechtsstaat sich nicht selbst aufgeben, das ist selbstverständlich. Ich glaube, da können wir Herrn *Pieroth* zustimmen. Aber die Frage ist natürlich, was verlangt er denn, der Rechtsstaat? Verlangt er wirklich, daß das Unrecht, das nach allgemeiner Überzeugung Unrecht ist, straflos bleibt? Herr *Pieroth* hat natürlich richtig dargelegt, daß innerhalb eines bestimmten Systems alles positiv-rechtlich straflos gestellt werden kann oder daß jedenfalls Rechtfertigungsgründe bereitgestellt werden können, die dazu führen, daß der Straftatbestand letztlich zwar verwirklicht, aber der einzelne dann doch nicht zur Verantwortung gezogen werden kann. Aber ist das die richtige Auffassung in einer Situation, in der es ja nicht so ist, daß nationale Rechtsordnungen völlig isoliert und abgekapselt sind, sondern doch so, daß die maßgeblichen Organe der DDR sich bewußt waren, wie stark sie von elementaren Überzeugungen in der restlichen Welt außerhalb des kommunistischen Blocks abgewichen sind. Ich meine, eine solche isolierende Sicht ist angesichts der internationalen Verflechtung, in der die Staaten heute stehen, in dieser strikten Form nicht durchzuführen. Mit den Deutschen im Westen teilten die Deutschen im Osten überdies die Erfahrung staatlichen Unrechts während der NS-Zeit. Sie waren nicht mehr im Stadium der Unschuld. Ich meine deshalb, daß wir unter diesem Gesichtspunkt die Vergangenheit verstehen und dabei die These von Herrn *Pieroth* doch überdenken müssen. Der Rechtsstaat würde m. E. sonst seine Funktion verlieren, eine schlimme Situation zu ordnen. Die ordnende Aufgabe des Rechtsstaates würde dabei verlorengehen. In diesem Zusammenhang, Herr *Berg*, habe ich auch an die von Ihnen zitierte seltsame Entscheidung des Bundesverfassungsgerichts über das Losverfahren gedacht. Es ist nur eine schwache Parallele. Aber deutlich wird immerhin: wenn das Recht nicht mehr in der Lage ist, selber zu ordnen, sondern die letztliche Entscheidung einem Losverfahren überantworten muß, dann ist das eine Abdankung des Rechts in meinen Augen. Das Recht darf aber nicht abdanken, und das darf auch in der hier zur Debatte stehenden Situation, die natürlich ganz anders geartet ist, nicht passieren.

Abschließend nur noch folgendes: Wir sprechen heute über die Aufarbeitung. Es ist wohl ein Versäumnis unserer Gesellschaft, daß wir uns in der Vergangenheit nie wirklich intensiv mit dem Recht der DDR befaßt haben.

Hoffmann-Riem: Ich würde gern etwas zu der grundsätzlichen Perspektive von Rechtsstaatlichkeit sagen, von der wir ausgehen, wenn wir die Vergangenheit aufarbeiten. Mir schien es häufig so, als hätten die drei Referenten ein eher statisches, vergangenheitsorientiertes Rechtsstaatskonzept zugrunde gelegt. Rechtsstaatlichkeit wurde gewissermaßen als ein exportfähiges Gut verstanden, das schon zur Serienreife entwickelt worden ist und versandt werden kann, um z. B. — wie Herr *Starck* es ausdrückte — den Abbau von Diktaturschäden vorzunehmen. Die Reparatur von Diktaturfolgen ist eine sicherlich wichtige Aufgabe. Ich glaube aber, daß man stärker und eigenständig die Zukunftsdimension von Rechtsstaatlichkeit herausarbeiten und den Rechtsstaat dabei als einen Auftrag zur Gestaltung der gemeinsamen Zukunft in dem nun wiedervereinigten Deutschland verstehen sollte. Es scheint mir geboten, den Rechtsstaatsbegriff ablaufsorientiert, veränderungsbedürftig und damit dynamisch zu deuten. Nach meinem Verständnis kann Rechtsstaatlichkeit in seiner konkreten Erscheinungsform immer nur in der jeweiligen historischen Situation, d. h. jeweils neu, sozial konstituiert werden. Rechtsstaatlichkeit ist nicht nur wie jedes Rechtsprinzip gewissermaßen passiv dem Wandel der Verhältnisse unterworfen, sondern sie ist darauf angewiesen, daß ein interaktiver Prozeß in der Gesellschaft stattfindet, in dem definiert wird, was die Rechtsstaatlichkeit in einer bestimmten historischen Situation ausmacht. Dieser Prozeß der sozialen Konstitutierung von Rechtsstaatlichkeit kann und darf nicht vom Westen her dominiert werden, sondern muß auch im Osten Deutschlands inhaltlich verankert sein.

Die in Deutschland nun neu geschaffene Lage schafft neue Grundlagen für diesen Prozeß sozialer Definition konkreter Rechtsstaatlichkeit. Deshalb sehe ich bei der Verarbeitung der vor-rechtsstaatlichen Vergangenheit in der ehemaligen DDR vor allem das Problem, ob es gelingt, auch dort selbstregulative Strukturen einzurichten, die es ermöglichen, daß der Rechtsstaat aus sich heraus und letztlich ohne westliche Entwicklungshilfe eigenständig funktionieren kann. Wenn wir hier über Einzelfragen, so z. B. die der Bestrafung, der Restitution, der Rehabilitation, der Abwicklung von Einrichtungen, der Eignungsprüfung bei der Einstellung von Beamten, Hochschullehrern oder Richtern sprechen, dann müssen wir jeweils auch fragen, wie diese Einzelmaßnahmen auf die Funktionsfähigkeit einer sich selbst regulierenden rechtsstaatlichen Ordnung zurückwirken. Ist Bestrafung, so kann gefragt werden, wirklich ein sinnvoller Ansatz, wenn sie doch in der konkreten Lage weder der Spezial- noch der Generalprävention dienen kann, sondern nur der Sühne; angesichts des aufgestauten Hasses aber läuft Sühne Gefahr, zur Rache zu werden, eine durchaus rechtsstaatsfremde Rechtfertigung von Strafe. Allgemeiner ist zu fragen: Helfen die aktuellen Maßnahmen – etwa die der Treuhand oder die der staatlichen Einstellungsbehörden –, die soziokulturellen Voraussetzungen dafür zu schaffen, daß der Rechtsstaat in der ehemaligen DDR auch in der Zukunft auf sich allein gestellt funktionieren kann? Was tragen wir aus dem Westen dazu bei – und sei es nur mittelbar –, daß die Bürger im Osten eine eigene rechtsstaatliche Handlungskompetenz entwickeln? Hierzu möchte ich auf drei Ebenen kritische Anmerkungen formulieren.

Erstens frage ich mich, ob wir Westler, die diesen Prozeß drüben sehr stark beeinflußt haben, uns den Kriterien der Rechtsstaatlichkeit auch bei unserem Handeln in dieser Übergangsphase hinreichend verpflichtet gefühlt haben? Zweifel weckt etwa das von Herrn *Pieroth* angesprochene Beispiel, daß aus Anlaß der Fragebogenaktion einige ungelöste Datenschutzprobleme virulent geworden sind, die wir im Westen so nicht toleriert hätten. Auch habe ich gelegentlich den Eindruck, daß die Übergangsphase genutzt worden ist, um implizit – im Vorbeigehen gewissermaßen – die für einen Rechtsstaat wichtige Kompetenzordnung zu verschieben. Herr *Schulze-Fielitz* hat jüngst in einem Aufsatz z. B. auf die kulturrechtliche Expansion des Bundes hingewiesen, die bei Gelegenheit des Umbruchs fast unbemerkt betrieben worden ist. In den größeren Zusammenhang von Rechtsstaatlichkeit gehört insbesondere die Finanzverfassung des Grundgesetzes. Hier werden gegenwärtig die verfassungsrechtlich festgeschriebenen Verschuldensgrenzen, wie mir scheint, deutlich mißachtet. Die entsprechenden finanzverfassungsrechtlichen Normen stellen doch auch eine rechtsstaatliche Zukunftssicherung dar. Nun aber zeigt sich, daß sie in ihrer rechtlichen Bindungskraft nicht das Gewicht haben, um wirklich steuernd und begrenzend wirken zu können. Verfassungsrecht wird in einer als Notlage definierten Lage beiseite geschoben. Die Schwierigkeit der Übergangssituation führt zu weiteren Gefährdungen von Rechtsstaatlichkeit, wie aus Anlaß der jetzt überall angestellten Beschleunigungsüberlegungen erkennbar wird. Bei den z. Zt. vorgeschlagenen Regelungen habe ich gelegentlich den Eindruck, daß die Wiedervereinigung auch als Vorwand genutzt wird, um Korrekturen an der gewachsenen Rechtsstaatlichkeit vorzunehmen, die man schon immer durchsetzen wollte, aber nicht konnte, so die Reduktion von Gerichtsschutz oder von ungeliebten Partizipationsmöglichkeiten. Solche Beobachtungen führen zu dem Problem der Glaubwürdigkeit von uns Westlern in der Kommunikation mit dem Osten Deutschlands.

Als zweites möchte ich nachdrücklich fragen, was wir eigentlich tun, um die von mir schon erwähnte rechtsstaatliche Handlungskompetenz im Osten herzustellen. Wie helfen wir insbesondere, um die jahrzehntelang gezüchtete obrigkeitsstaatliche Mentalität abzubauen? Sind die gewählten Formen der Abwicklung, die Warteschleifen und die Entscheidungsprozesse bei Neueinstellungen förderlich, um das Anpasslertum, das bisher im Osten vorherrschte, aus der Welt zu schaffen, oder steigern sie es nicht geradezu? Was tun wir, um die verkrüppelte Kreativität und die Bereitschaft zur Übernahme von Eigenverantwortlichkeit zu fördern? Wenn etwa viele westliche Beamte drüben aushelfen, dann ist das kurzfristig zwar unvermeidbar, hat aber u. U. negative Begleiteffekte. So höre ich gelegentlich, daß die Ostdeutschen sich in den Unternehmen oder Verwaltungen bei den Westlern genau so absichern, was richtig ist, wie sie es früher bei den Parteifunktionären getan haben. Wird hier ein altes Hierarchiedenken nur mit neuen Facetten versehen? Was bedeutet es für den Prozeß der rechtsstaatlichen Selbstfindung, wenn hochkomplizierte Gesetzesentwürfe für die neuen Länder aus dem Westen übernommen werden, ohne daß die ostdeutschen Kollegen oder gar die Parlamentarier überhaupt verstehen, was in den Gesetzen wirklich steht? Geht das nicht zu Lasten der zukünftigen Handlungskompetenz?

Herr *Häberle* hat mit Recht darauf hingewiesen, daß unser Rechtsstaatskonzept ein in der Welt sicher einmaliges, aber nicht das einzigmögliche ist. Ist es eigentlich — so mein dritter Fragenkomplex — vertretbar, daß wir den Prozeß der Wiedervereinigung als einen Transfer unseres Rechtsstaatskonzepts konstruieren, ohne gleichzeitig die Möglichkeit und Notwendigkeit der Transformaton dieser Rechtsstaatlichkeit mitzubedenken? Unser konkretes westdeutsches Rechtsstaatsmodell ist doch zu einem großen Teil im Kontrast zu dem Feindbild im Osten entstanden. Dieses Feindbild ist nun dahin. Müßte dies nicht auf das zurückwirken, was wir konkret unter Rechtsstaatlichkeit verstehen? Eine weitere Unterfrage lautet: Haben wir aus den 40 Jahren Erfahrung mit einer Diktatur im Osten wirklich nichts zu lernen, das auch für uns Folgen hat und das vielleicht in die m. E. gebotene wechselseitige Lernfähigkeit beider Teile Deutschlands eingehen müßte? Wichtig ist auch die Frage, wie wir verhindern können, daß die im Osten besonders intensiv entwickelte Law-and-Order-Mentalität, die sich z. Zt. in üblen rassistischen Aktionen austobt, in den Westen überschwappt? Wie können wir die Grundlagen des Rechtsstaatskonzepts auch angesichts solcher kultureller Rahmenbedingungen funktionsfähig halten? Meine letzte Bemerkung ist: Wie reagiert der Rechtsstaatstransfer eigentlich auf die z. B. von Herrn

Häberle und Herrn *Klein* angedeutete Internationalität des Problems und der Aufgabe. Müssen die internationale Verklammerung und die aktuellen Umbrüche in anderen östlichen Staaten nicht Rückwirkungen auf das haben, was als Zukunftskonzept von Rechtsstaatlichkeit gelten soll? Auch insoweit möchte ich dafür plädieren, daß wir die Einzeldiskussion nicht nur rückwärtsgewandt führen. Vielmehr müssen wir fragen, was die Verarbeitung der vor-rechtsstaatlichen Vergangenheit dazu beitragen kann, daß wir ein neues, zukunftsgeeignetes Modell von Rechtsstaatlichkeit erarbeiten.

Kisker: Mir geht es um Herrn *Pieroths* These (II 2), daß der Gesetzgeber grundsätzlich zur Umwertung von in der Vergangenheit liegenden Sachverhalten befugt sei. — Herr *Pieroth* spricht das Problem präzis an. Er verzichtet auf die Verwendung von Leerformeln wie etwa das Begriffspaar „retroactiv“ und „retrospektiv“. Soweit liegen wir auf einer Linie. Bedenken habe ich allerdings gegen die Auffassung, solche Umwertung sei statthaft, soweit sie nicht durch Spezialvorschriften des Grundgesetzes (etwa durch Art. 103 II GG) untersagt sei. Der damit ausgesprochene Verzicht auf ein aus Art. 2 I GG abzuleitendes allgemeines Vertrauensschutzprinzip reißt Lücken auf, die ohne unglaubwürdige dogmatische Akrobatik nicht zu schließen sind. Es scheint mir auch unbestreitbar, daß der Schutz des Bürgers gegen eine Umwertung vergangener Sachverhalte (und in diesem Sinne der Schutz des Prinzips der Verläßlichkeit der Rechtsordnung) Voraussetzung ist für freie Persönlichkeitsentfaltung. Warum das eine „metajuristische“ Argumentation sein soll, vermag ich nicht einzusehen.

Ein Entziehen von in der Vergangenheit erworbenem Eigentum mit der Begründung, der Erwerbsvorgang leide an einem Makel, weil die erworbene Sache einem Republikflüchtling abgenommen wurde, wäre danach Umwertung von Vergangenem und deshalb grundsätzlich nicht mit dem Vertrauensschutzprinzip vereinbar. Daß der Vertrauensschutzgedanke unter Umständen gegenüber anderen Erwägungen zurücktreten muß, steht auf einem anderen Blatt.

Richtig ist natürlich, und hier stimme ich mit Herrn *Pieroth* wohl wieder überein, daß nicht jedes Berücksichtigen von Vergangenem den Charakter einer Umwertung hat. Wenn etwa die Einstellung eines ehemaligen Angehörigen der Volkspolizei mit der Begründung verweigert wird, aus diesem oder jenem Verhalten des Bewerbers in der Vergangenheit sei zu folgern, daß er den hier und heute im Polizeidienst anzulegenden Eignungskriterien nicht entspreche, so geht es nicht um Umwertung von Vergangenem, sondern um eine zukunftsorientierte Prognose.

Bachof: Die Zeit nach 1945 ist heute schon mehrfach angesprochen worden. Ich werde es auch tun, aber unter einem anderen Aspekt. Ich bin – dank meines Alters – wohl einer der wenigen unter uns, der diese Zeit nicht nur bewußt, sondern auch aktiv handelnd erlebt hat. Ich war 1946/47 Abteilungsleiter im Ministerium für politische Befreiung in Stuttgart, bis die Amerikaner mich dort rauswarfen, weil sie mit meiner Arbeit genauso unzufrieden waren, wie ich mit ihren rechtswidrigen Eingriffen in die Entscheidungen der Spruchkammern. Ich wurde dann Vorsitzender einer Kammer des Verwaltungsgerichts Stuttgart und 1½ Jahre später Mitglied, bald auch Vorsitzender eines Senates des Verwaltungsgerichtshofs.

Es ist wenig bekannt und wohl geschichtlich noch gar nicht aufgearbeitet, welche Mühe damals die Gerichte hatten, wieder ein Rechtsstaatsbewußtsein zu begründen. Wenn wir heute manchmal in überheblicher Weise den Juristen in den neuen Bundesländern, den dort amtierenden Gremien und ganz allgemein den Bürgern der ehemaligen DDR vorwerfen, daß ihnen das Rechtsstaatsbewußtsein fehle, so wie es uns in Westdeutschland seit vielen Jahren geläufig ist, dann vergessen wir, wie es bei uns nach 1945 war; und wie lange Jahre es gedauert hat, bis dieses Rechtsstaatsbewußtsein damals wieder vorhanden war! Die Gerichte, aber auch viele andere Juristen haben einen fast verzweifelten Kampf darum geführt. Dafür ein Beispiel, nachzulesen in AöR Band 74 S. 485–498. Dort ist ein Urteil des Württ.-Bad. VGH mit einer Anmerkung von *Walter Jellinek* abgedruckt, nebst Auszug aus einem Zeitungsaufsatz *Jellineks* im Mannheimer Morgen mit der Überschrift „Friedrich der Große und der württemberg-badische Landtag". Darin hält er die Haltung des Berliner Kammergerichts in den Müller-Arnold-Prozessen dem Landtag als Vorbild für die von ihm mißachtete Rechtsstaatlichkeit vor. Der von *Jellinek* gerügte Vorgang war folgender: Stuttgarter Bürger, Eigentümer von Häusern einer ehemaligen SS-Siedlung – unter ihnen nur noch wenige ehemalige SS-Leute, überwiegend deren Witwen und Kinder – klagten vor VG und VGH gegen die Beschlagnahme der Häuser durch die Stadt Stuttgart. Nachdem die amerikanische Besatzungsmacht die zunächst für Polen beschlagnahmten Häuser nach deren Wegzug wieder freigab, umzäunte die Stadt sie mit Stacheldraht und erklärte, sie seien „frei" i. S. des Wohnungsgesetzes und würden für politisch unbelastete Wohnungssuchende in Anspruch genommen. Die Eigentümer gewannen in beiden Instanzen, weil das Wohnungsgesetz keine Handhabe für die Beschlagnahme bot. Das gab einen gewaltigen Aufruhr, nicht nur in den Medien, sondern auch im

Landtag. Dort wurde nicht nur die Absetzung der Richter, sondern auch disziplinarisches und sogar strafrechtliches Vorgehen gegen sie gefordert. Keiner der anwesenden Regierungsvertreter nahm die Richter in Schutz, und aus dem Innenministerium verlautete gar, die Aufregung sei unnötig, denn es bestehe nicht die Absicht, dem (rechtskräftigen!) Urteil des VGH Rechnung zu tragen. Erst nach weiteren Prozessen konnten die Eigentümer ihre Wohnungen wieder beziehen. So war damals das „Rechtsstaatsbewußtsein": nicht etwa von ehemaligen Nazis, sondern eines demokratisch gewählten Parlaments und einer demokratisch gewählten Regierung.

Ein anderes Beispiel: Das Verwaltungsgericht mußte damals gegen das „Verwaltungsstandrecht" der Stadt Stuttgart kämpfen. Deren Wohnungsamt benutzte den Samstagnachmittag und den Sonntag, um unter Ausmanövrierung des Gerichts rechtlich fragwürdige Wohnungsbeschlagnahmen durchzuführen; mit der Beschlagnahme- und Einweisungsverfügung zugleich kam das Polizeikommando zwecks eventuell notwendiger zwangsweiser Durchführung. Wir haben damals eine Wochenendkammer bilden müssen, die auch samstags und sonntags präsent war, und die zwar nicht immer, aber doch in den meisten Fällen rechtzeitig mit einer Aussetzung der Vollziehung eingreifen konnte.

Diese – und viele andere Vorgänge – zeigen, wie beschädigt das Rechtsstaatsbewußtsein damals, nach nur 12 Jahren Diktatur, war; seine Wiederaufrichtung hat sehr lange gedauert. Und wir sollten heute, nach 56 Jahren Diktatur (1933–1989!) in der DDR, erwarten können, daß dort ein Rechtsstaatsbewußtsein nach unserem Verständnis noch vorhanden sein oder sich rasch wieder herstellen solle? Das wird sehr, sehr lange dauern, bis sich das durchsetzen läßt! Wir hoffen zwar, das zu erreichen, und wir werden es auch. Aber ich meine, etwas mehr Geduld sollten wir haben! Dies auch mit unseren dortigen Kollegen. Ich votiere keineswegs dafür, daß Hochschullehrer, die dafür politisch ungeeignet sind, die dortigen Studenten ausbilden. Aber, wer ist „ungeeignet"? Ist manches von uns beanstandete Verhalten zur DDR-Zeit nicht nur eine oberflächliche Anpassung gewesen? Meine Damen und Herren, wenn wir die Maßstäbe, die wir heute dort anlegen, nach 1945 bei uns angelegt hätten: Wie viele unserer Kollegen wären dann nie in die Staatsrechtslehrervereinigung aufgenommen worden?

Quaritsch: Zunächst zur Frage, inwieweit überhaupt eine strafrechtliche Aufarbeitung der DDR-Vergangenheit möglich ist. Herr *Pieroth* hat dazu eine These aufgestellt, die so nicht richtig ist. Dem

Verhalten der Staatsorgane, soweit es sich im Legen von Minenfeldern, im Aufbau von Selbstschußautomaten und auch im Schießbefehl für die Grenztruppen äußerte, fehlte auch nach den für die DDR gültigen Maßstäben die Legalität. Alle diese Anordnungen wurden geheimgehalten. Auch der Schießbefehl war stets „Vertrauliche Verschlußsache". Seine Existenz wurde gelegentlich von DDR-Oberen abgestritten, sie waren sich der Illegalität ihres Verhaltens sehr wohl bewußt. Positivrechtlich stellte § 257 DDR-StGB klar, daß Militärpersonen auch bei bindendem militärischen Befehl von strafrechtlicher Verantwortlichkeit nicht frei sind, wenn die Befehlsausführung gegen das Völkerrecht verstößt. Verletzt die Ausführung des Befehls die anerkannten Normen des Völkerrechts oder ein Strafgesetz, „ist dafür auch der Vorgesetzte strafrechtlich verantwortlich, der den Befehl erteilt hat" (§ 257 II DDR-StGB). Zu den Rechtssätzen des Völkerrechts gehörte aber in der DDR seit Übernahme des UN-Pakts über bürgerliche und politische Rechte im Jahre 1976 dessen Artikel 12 II: „Jedermann steht es frei, jedes Land einschließlich seines eigenen zu verlassen." Da Ausreisegenehmigungen regelmäßig nicht erteilt, schon die Stellung des Antrags mit schwerwiegenden Schikanen beantwortet wurden, verstieß der Straftatbestand „Republikflucht" und die Verhinderung illegalen Verlassens der DDR durch Minenfelder, Selbstschußautomaten und Grenzsoldaten gegen den Pakt als Völkerrecht wie gegen den Pakt als innerstaatliches Recht. Solche Handlungen waren zudem „im Zeitpunkt ihrer Begehung nach den allgemeinen, von den zivilisierten Völkern anerkannten Rechtsgrundsätzen strafbar" (§ 7 II EMRK). In keinem zivilisierten Staat war es bisher üblich und möglich, daß Grenzbeamte das Verlassen des eigenen Staatsgebiets verhindern dürfen, indem sie die Magazine ihrer Schnellfeuergewehre leeren. In der einschlägigen Dienstvorschrift für die Grenztruppen hieß es: „Bleibt auch diese Warnung [der Warnschuß] erfolglos, ist gezieltes Feuer zu führen." „Gezieltes Feuer" mit einer modernen automatischen Waffe ist eine Handlung, die den Tod wenigstens in Kauf nimmt. Art. 7 II EMRK ist als allgemeine Regel des Völkerrechts sowohl gem. § 257 DDR-StGB wie gem. Art. 25 GG vorrangig gegenüber allen Legalitätsbehauptungen. – Die Bezugnahme auf die angebliche Legalität der Anordnungen *Hitlers* geht völlig daneben. Denn auch nach dem Verfassungsrecht des Großdeutschen Reiches mußte der „Führerwille" öffentlich geäußert worden sein. *Hitler* war das durchaus klar, sonst hätte er sich 1942 vom Reichstag nicht erlauben lassen, in wohlerworbene Beamtenrechte und in die persönliche Unabhängigkeit der Richter einzugreifen. Er wußte sehr wohl um die Illegalität seines Geheimbefehls vom 1. September 1939 über die Tötung von Geisteskranken und den nur mündlich erteilten Befehl zur Massenerschießung und Vergasung der Juden im Osten. Alle Mittäter und Ausführungsorgane, das zeigte bereits der erste Frankfurter Auschwitz-Prozeß, waren sich der Illegalität ihres Verhaltens bewußt, sie glaubten nur, kein Staatsanwalt würde sie je vor den Richter ziehen. Eben diese Lage bestand auch in der DDR, die Geheimhaltungsvorschriften und Vertuschungsversuche der DDR-Instanzen sind insofern eindeutig. Wir können daher durchaus die DDR-Vergangenheit auch strafrechtlich aufarbeiten, insofern stimme ich Herrn *Starck* voll zu, des von Herrn *Pieroth* vorgeschlagenen Umweges bedarf es nicht.

Die strafrechtliche Aufarbeitung wird aber zu äußerst unbefriedigenden Ergebnissen führen. Wie der erste Mauerschützenprozeß in Berlin zeigt, werden nur die niedrigsten Dienstgrade der Grenztruppen, die 20- und 22jährigen Soldaten vor Gericht stehen, denen das Unglück widerfuhr, daß ihnen ein Flüchtling vor die Gewehre lief. Vielleicht werden wir noch den einen oder anderen Gefängniswärter strafrechtlich belangen können, der in den Anstalten des berüchtigten „sozialistischen Strafvollzuges" wütete. Aber diejenigen, die für das geistige Klima der DDR verantwortlich waren, das Mauer, Minenfelder, Selbstschußautomaten und Quälereien in den Gefängnissen überhaupt erst ermöglichte, die intellektuellen Stützen des Regimes also werden niemals vor dem Strafrichter stehen. Oder glaubt jemand, die Journalisten des „Neuen Deutschlands" und anderer Gazetten, die viele Jahre lang gegen die Bundesrepublik hetzten und ständig das Feindbild der imperialistischen, revanchistischen und faschistischen Bundesrepublik Deutschland und des kapitalistischen Westens beschworen, würden jemals vor den Richter kommen? Nach welchen Paragraphen denn? Unser Strafrecht ist auf den staatlichen Normalzustand zugeschnitten und ist für die Bewältigung einer illegalen und schlechterdings illegitimen Vergangenheit ungeeignet. Das Ergebnis wird sein: Das Verlangen nach Gerechtigkeit durch Bestrafung der Schuldigen wird nur in einigen Schwurgerichtsprozessen und nur gegen subalterne Organe befriedigt werden können. Die eigentlichen Schuldigen werden straffrei ausgehen. Sie sind entweder tot, verhandlungsunfähig oder kommen auf andere Weise davon. Die eng geführten Befehlsstränge der DDR werden z. B. dazu führen, daß fast alle Mitglieder des Politbüros glaubhaft erklären können, sie seien nie an einem Beschluß über den Schießbefehl an der Grenze beteiligt gewesen. Das heißt: Die Kleinen werden „gehängt" und die Großen werden wir laufen lassen müssen.

Die Referenten haben als Beispiel nur die Jahre nach 1945 herangezogen. Dazu möchte ich vorab anmerken, daß das Gesetz zu Art. 131 GG und die von Herrn *Pieroth* offenbar wenig goutierte Identität des Beamtenstandes vor und nach 1945 eine bedeutende Leistung der frühen Bundesrepublik gewesen ist. Es wurde nämlich ein möglicherweise schädliches, weil unzufriedenes Potential ehemaliger Nationalsozialisten oder belasteter Mitläufer nicht nur neutralisiert, sondern für den Aufbau des demokratischen Rechtsstaats gewonnen. Das gilt auch für „belastete" Mitglieder unserer Vereinigung. Meine Überlegungen gehen aber über diesen Vergleich hinaus. Wir haben bisher so debattiert, als wäre der Zusammenbruch eines illegitimen Regimes und die Wiederkehr der Herrschaft des Rechts eine deutsche Angelegenheit des 20. Jahrhunderts. Mit dieser Situation hat man sich in fast jedem Jahrhundert auseinandersetzen müssen. Das Wort „amnestia" geht zurück auf das Jahr 404 v. Chr. Nach der Kapitulation Athens beseitigten die siegreichen Spartiaten die athenische Demokratie und setzten ein kollaborierendes Regime der „Dreißig Tyrannen" ein, das mit Hilfe eines „Rates der Elf" im Blut watete. 1500 Athener wurden während der fünfzehn Monate dauernden Schreckensherrschaft hingerichet — bei 30000 Athenern waren das fünf Prozent der Bürgerschaft. Als das Regime gestürzt wurde, stand die große Abrechnung mit den Unterdrückern an. Dem „Rat der Elf" hatten viele Denunzianten geholfen. Die Demokraten unter *Thrasybulos* erließen jedoch ein „Gebot des Vergessens", eben die erste uns bekannte gesetzliche Amnestie. Sie galt nicht für die „Dreißig" und den „Rat der Elf", aber für alle anderen Kollaborateure. Diese Amnestie wird heute als einer der wenigen Glanzpunkte des politischen Handelns der athenischen Demokratie jener Zeit bewertet. Andere taten es ihnen gleich, etwa *Heinrich IV.*, der 1594 nach seinem Einzug in Paris verlangte, aus den Protokollen des Pariser Parlaments alle Angriffe gegen ihn zu entfernen, damit er sie nie zu lesen bekäme. Nach dem Ende der Herrschaft *Cromwells* erließ *Karl II.* 1660 den Act of indemnity and oblivion, mit dem der König alle Verbrechen amnestierte, die zwischen 1637 und 1660 auf Veranlassung der in dieser Zeit herrschenden Autoritäten begangen worden waren. Ausgenommen war nur der engere Kreis der sog. Königsmörder, der unmittelbar mit der Hinrichtung *Karls I.* zu tun gehabt hatte. Auch nach der Rückkehr der Bourbonen wurde so verfahren (Art. 11 der Charte Constitutionelle von 1814: „Jede Nachforschung nach den Meinungen und Stimmabgaben bis zur Wiederherstellung des Königtums ist verboten. Dieses Vergessen ist auch den Gerichten und den Bürgern auferlegt"). Im übrigen galt in Europa die Erkenntnis: „In amnestia consistit substantia pacis". Der Satz galt so selbstverständlich, daß unsere juristischen Vorfahren ihn in Friedensverträge hineininterpretierten, die eine Amnestie-Klausel ausnahmsweise nicht enthielten.

Ich glaube allerdings nicht, daß wir uns im wiedervereinigten Deutschland zu einer in Jahrtausenden bewährten Regel durchringen werden, nämlich zu amnestieren, um gemeinsam neu anzufangen. Dagegen stehen nicht nur die Meinungen und Bedürfnisse der Opfer, die Täter hinter Schloß und Riegel zu sehen. Es gibt zu viele Vergangenheits-Interessenten, potentielle Konkurrenten mit alten Akten vom Wettbewerb um Posten und Stellungen auszuschließen. Besonders unsere Medien werden es sich nicht verbieten lassen wollen, mit einer Akten-Story ihrer publizistischen Verantwortung gerecht zu werden. Solche Interessenten gab es in früheren Zeiten nicht. Wir sollten uns jedoch daran erinnern, daß der rechtsstaatliche Weg nicht das einzige Mittel ist, um der Ausnahmelage gerecht zu werden, wie sie nach dem Zusammenbruch eines illegitimen Regimes entsteht. Es gibt daneben auch die politische Lösung, diktiert von der Staatsräson. Wir würden schneller zu einem inneren Frieden kommen und den Kern der SED, etwa 350 000 Aktivisten (wo auch immer sie gedient haben), schneller und reibungsloser für den Verfassungsstaat des wiedervereinigten Deutschlands gewinnen können, wenn wir die Vergangenheit vergangen sein lassen. Sonst müssen wir damit rechnen, daß die PDS ewig lebt.

Kriele: Ein Wort zu dem Grundsatz „nulla poena sine lege“ im Zusammenhang mit der Strafbarkeit von Mauerschützen, Willkürrichtern oder Folterern in den Stasi-Kellern. Die Frage liegt nahe: wie haben es unsere Gerichte bewerkstelligt, Nazi-Verbrecher zu verfolgen? Es bedurfte nicht der rückwirkenden Einführung neuer Straftatbestände, sondern der Anwendung der Vorschriften über Mord, Totschlag, Körperverletzung, Freiheitsberaubung usw. Der Grundsatz „nulla poena sine lege“ erstreckt sich zwar auch auf die allgemeinen Rechtfertigungs- und Entschuldigungsgrundsätze. Aber es gab die besonderen, typisch nationalsozialistischen Rechtfertigungsgründe — z. B. „minderwertige Rasse“, „lebensunwertes Leben“. Diese fanden als evidentes Unrecht keine Anerkennung. Bei einem konsequenten Rechtspositivismus hätten sie aber Anerkennung finden müssen; denn es galt damals das Staatsrecht des Großdeutschen Reiches, wie es z. B. *Ernst Rudolf Huber* dargestellt hat. Danach hatte der Wille des Führers Vorrang vor allen Gesetzen. Da wir derartiges nicht als generellen Rechtfertigungsgrund anerkennen, brauchen wir heute auch nicht die besonderen typisch sozialistischen Gesichtspunkte — Parteilichkeit, Vorrang des Willens der Partei- und Staatsführung — als rechtfertigend gelten zu lassen.

Konsequente Rechtspositivisten, die das anders sehen, müssen von der Testfrage ausgehen: Wäre eine Tat, wenn sie damals herausgekommen wäre, damals angeklagt und verurteilt worden? Sie müßten aber dann ehrlicherweise zugeben, daß man unter Zugrundelegung dieser Testfrage Nazi-Verbrechen ebensowenig verfolgen könnte wie DDR-Verbrechen. Das wäre dann ein grundsätzlicher Bruch mit unserer bisherigen Rechtsprechung. Er hätte erstens zur Folge, daß man alle Verfahren gegen KZ-Mörder unverzüglich einstellen und die bereits Verurteilten im Wiederaufnahmeverfahren freisprechen müßte. Zweitens gilt, wenn man konsequent ist, dann nicht nur der Satz: Was damals Recht war, kann heute nicht Unrecht sein, sondern auch der umgekehrte: was damals Unrecht war, kann heute nicht Recht sein. Man müßte also auch die Widerstandskämpfer aus der Nazi-Zeit und aus der DDR-Zeit nach den damals geltenden Gesetzen verurteilen und ihnen Entschädigungen, Renten usw. rückwirkend wieder entziehen.

Wer diese Konsequenzen für absurd hält, gesteht damit zu, daß in Fällen evidenten schweren Unrechts der Rechtspositivismus seine Grenze finden muß. Dann aber braucht auch das Rückwirkungsverbot nicht zur Anerkennung der besonderen „Rechtfertigungs"-Gesichtspunkte zu führen, die für totalitäre Unrechtssysteme charakteristisch sind. Jedenfalls gibt es keinen Grund, die DDR-Verbrecher nach anderen Prinzipien zu behandeln als die Nazi-Verbrecher. Es gibt zwar allerlei trübe — und zum Teil auch respektable — Motive, mit Mördern und Folterern aus der DDR anders zu verfahren als mit solchen aus der Nazizeit, aber es gibt keinen sachlich rechtfertigenden Grund dafür. Es wäre ein eklatanter Verstoß gegen den Gleichheitssatz und damit zugleich gegen das Rechtsstaatsprinzip. Die dahin zielenden Regelungen des Einigungsvertrages (vgl. Art. 315 EGStGB) sind in diesem Sinne verfassungskonform zu interpretieren.

Alexy: Das Thema des heutigen Tages führt aus der Normallage des Rechtssystems hinaus in eine Ausnahmesituation. In derartigen Ausnahmesituationen ragt hervor, was sonst unter der Oberfläche des rechtlichen Alltags ruht: das Spannungsverhältnis von Recht und Moral. Das ist in zahlreichen Beiträgen deutlich geworden und spielte in allen drei Referaten eine Rolle. Der elementare Rechtsstaatsbegriff von Herrn *Starck* ist kein positivistischer Begriff. Er hat einen natur- oder vernunftrechtlichen Charakter, mag er auch historisch unterfüttert und komparativ gestützt sein. Entsprechendes gilt für die vorstaatlichen Menschenrechte, von denen Herr *Berg* sprach. Was sind vorstaatliche Menschenrechte, wenn nicht Naturrecht? Eine andere Linie hat Herr *Pieroth* eingeschlagen. Er hat sich gegen das Naturrecht gestellt und für eine rein positivrechtliche Konzeption plädiert.

Ich möchte diese Problematik auf das Strafrecht beziehen und noch einmal auf einen Punkt eingehen, den Herr *Häberle* bereits angesprochen hat: die *Radbruch*sche Formel. Meine These lautet, daß die Anwendung der *Radbruch*schen Formel auf das Strafrecht der ehemaligen DDR auch angesichts des Art. 103 Abs. 2 GG gerechtfertigt ist. Sie verstößt nicht gegen den Grundsatz „nulla poena sine lege". Zunächst erinnere ich daran, daß die *Radbruch*sche Formel kein schlichtes Naturrecht ist, wenn sie sich auch auf Natur- oder Vernunftrecht stützt. Sie sagt, daß positives Recht dann, aber auch nur dann seinen Rechtscharakter oder seine rechtliche Geltung verliert, wenn es extremes Unrecht ist. Dabei fügt sie hinzu, daß dann, wenn extremes Unrecht vorliegt, dieses auch evident und für jedermann erkennbar ist. Mit dieser hohen Schwelle hat jene Formel bereits den Vertrauensschutz, den Herr *Pieroth* fordert, in sich eingebaut: Das Unrecht muß extrem und deshalb für jedermann evident sein. Des weiteren möchte ich hervorheben, daß die *Radbruch*sche Formel keine neuen Straftatbestände schafft und, wie Herr *Kriele* schon zu Recht hervorgehoben hat, die generellen Rechtfertigungsgründe nicht beseitigt. Als Nicht-Recht oder nichtig vermag sie nur besondere Rechtfertigungsgründe zu erklären.

An dieser Stelle möchte ich einen zweiten rechtstheoretischen Punkt anfügen. Es geht dabei um den Rechtsbegriff. Wenn wir nur das ordnungsgemäß gesetzte geschriebene Recht der DDR als positives Recht der DDR einstufen, dann können wir heute die alten Rechtstexte mit unseren Interpretationen versehen. Wenn wir den Wortlaut der Normen der ehemaligen DDR im Lichte unserer Methodenlehre und vor dem Wertungshintergrund des Grundgesetzes interpretieren, kommen wir in vielen Fällen schnell zu dem Ergebnis, daß sich jemand strafbar gemacht hat. Das ist eine unzulässige Vorgehensweise. Zum Begriff des Rechts gehört die jeweilige interpretative Praxis. Wenn wir dies annehmen, dann kann vom Standpunkt des positiven Rechts aus vieles, was dort an Unrecht geschehen ist, nicht als zur Zeit der Tat rechtswidrig und deshalb auch nicht als heute strafbar bezeichnet werden. Das bedeutet, daß wir unter Voraussetzung eines Rechtsbegriffs, der die interpretative Praxis einschließt, die *Radbruch*sche Formel anwenden müssen, wenn extreme Unrechtstaten nicht straffrei bleiben sollen.

Damit stehen wir vor einem Problem, das ich nicht mehr ansprechen möchte, nämlich vor der substantiellen Frage, was von dem, was in der DDR geschehen ist, bloß ungerecht oder vielleicht grob ungerecht war – das alles reicht nicht aus – und was extrem ungerecht und deshalb für jeden von Anfang an als evidentes Nicht-Recht erkennbar war, so daß die Sperre des Art. 103 Abs. 2 GG entfällt.

Isensee: Seit der Öffnung der Mauer erleben die Deutschen der DDR so etwas wie einen Kulturschock. Seit der Einführung des Grundgesetzes erfahren sie einen Rechtsstaatsschock. Der Rechtsstaatsschock trifft die Opfer des totalitären Sozialismus, der über mehr als vier Jahrzehnte Recht und Freiheit mißachtet, Lebenswerte vernichtet, Entwicklungsmöglichkeiten vorenthalten, Beruf und Eigentum ruiniert hat. Die Opfer dieses Systems haben auf gerechten Ausgleich, Wiedergutmachung gehofft und auf gerechte Vergeltung des Unrechts. Nun aber erleben sie, daß der Rechtsstaat des Westens, den sie herbeigewünscht und den sie bewundert hatten, sich schwertut, die Hinterlassenschaft des sozialistischen Unrechtsstaats mit seinen Mitteln zu bewältigen. Die Opfer erfahren, daß der Schutz des Rechtsstaats auch den Tätern zugute kommt. Nicht wenige meinen, er komme allein ihnen zugute.

In der Tat ist der Rechtsstaat wesentlich für die Opfer da. Er wird sich nicht zuletzt in den Entschädigungsleistungen zu bewähren haben. Diese aber kommen allzu zögerlich und allzu kleinkariert. Doch der Rechtsstaat ist unabweislich auch da für die Täter. Freilich lassen sich in der Wirklichkeit die Täter nicht säuberlich unterscheiden von den Opfern. Das ist nicht nur eine Frage der Beweisbarkeit, sondern auch der zu beweisenden Realität. Der totalitäre Staat drängt und verführt jeden seiner Untertanen dazu, auch Täter zu werden, so daß am Ende, in schrecklicher Verstrickung der Rollen, viele Menschen sich als Täter und als Opfer zugleich wiederfinden. Das freilich ist kein Grund, niemanden mehr als Opfer anzuerkennen und begangenes Unrecht einzuebnen und abzuleugnen.

Der Rechtsstaat gerät schon in Schwierigkeiten, wenn er die Sonder- und Zusatzversorgungen für die Angehörigen der alten Führungskader abschaffen, kürzen oder einfrieren will. Hier erhebt sich verfassungsrechtlicher Widerstand aus der Eigentumsgarantie der Rentenanwartschaft, dem Gleichheitssatz, dem Vertrauensschutz.

Die Probleme spitzen sich zu in der Frage, ob die Amtswalter des Staates nach nunmehr rechtsstaatlich fundiertem Strafrecht bestraft werden können für die Befehle, die sie im Rahmen des weiland real existierenden sozialistischen Systems gegeben haben, und für deren

Ausführung. Der Rechtsstaat gerät in ein Dilemma, wenn er mit Hilfe seiner Strafgewalt unrechtstaatliche Vergangenheit bewältigen will. Das Dilemma ist der Preis für die unblutige Revolution der DDR. Hätte es eine Nacht der langen Messer gegeben, wäre das Unrechtssystem durch den Ausbruch von Gewalt gesprengt und wäre der Gerechtigkeits- und Vergeltungsbedarf mit Blut gestillt worden, so hätte sich ein Bedürfnis nach Frieden und allseitiger Aussöhnung eingestellt. Nun aber schwelt das alte Unrecht weiter, es schwelt das Bedürfnis nach Sühne, es schwelt das Bedürfnis nach materialer Gerechtigkeit. Der Rechtsstaat aber kann dem Bedürfnis, wenn überhaupt, nur unzulänglich abhelfen.

Die schwierige strafrechtliche Diskussion würde entlastet, wenn man die Grundunterscheidung akzeptierte zwischen dem Unrecht und seiner Sanktion. Die Qualität des Unrechts hängt nicht ab von der Reichweite der Strafe. Unrecht bleibt Unrecht, auch wenn es nicht bestraft wird, sogar dann, wenn es aus rechtsstaatlichen Gründen nicht bestraft werden darf. Das Strafrecht ist nur eine Sanktion des Unrechts, wegen ihrer Schärfe gebunden an anspruchsvolle formelle wie materielle Voraussetzungen. Zu diesen gehört der Nulla-poena-Satz. Dieser gebietet, daß eine Tat zu ihrer Begehungszeit und an ihrem Begehungsort mit Strafe bedroht gewesen sein muß, wenn sie später eine Strafe begründen soll. Das rechtsstaatliche Strafrecht des wiedervereinigten Deutschland kann zwar die typischen Kriminaltaten aus der DDR-Ära erfassen, ebenso die privaten Exzesse der Regimetäter, nicht aber das systemkonforme Unrecht, das, selbst wenn es dem förmlichen Strafrecht der DDR widersprochen haben sollte, unter den Bedingungen des sozialistischen Systems nicht mit Strafe bedroht war, weil die Geltung und Anwendung der Gesetze überlagert war von der Maxime der sozialistischen Parteilichkeit und die sozialistische Parteiführung es war, die sich des Rechts als Herrschaftsinstrument bediente, ohne sich selbst daran zu binden, und die letztverbindlich über das systemimmanente Recht oder Unrecht disponierte.

Wer Strafe fordert für das Regime-Unrecht der DDR, entfernt sich vom formalen Erfordernis des Nulla-poena-Satzes und kehrt zurück zum materialen Gerechtigkeitsstrafrecht, und zwar zu der verschleierten Naturrechtsjustiz, die der offenen Naturrechtsjustiz der Nürnberger Prozesse gefolgt ist. Diese respektiert nur scheinbar das Rückwirkungsverbot, indem sie das zur Tatzeit geltende Strafgesetz anwendet; jedoch löst sie es aus seinem zeitgemäß-nationalsozialistischen Kontext heraus und interpretiert es aus heutiger Sicht, unterlegt ihm damit einen neuen Inhalt und schafft rückwirkend neues Strafrecht zu

Lasten der Täter. Rückwirkung liegt auch im Zurechtschneiden des alten Strafrechts nach neuen Wertungen, in der selektiven Übernahme nach Maßgabe des heutigen ordre public. Der Rechtsstaat gerät in einen unlösbaren Konflikt mit dem Nulla-poena-Satz, wenn er die Naturrechtsjustiz, die er gegen die Täter des rechtstotalitären Unrechtsstaates rückwirkend übt, gegen die des linkstotalitären Unrechtsstaates aus Konsequenz fortsetzt. Nach 1945 war die strafrechtliche Vergangenheitsbewältigung zunächst von den Besatzungsmächten oktroyiert; die Deutschen haben das Siegerrecht später verinnerlicht. Gegenüber den Altlasten der DDR steht die Bundesrepublik von Anfang an in der vollen, autochthonen Verantwortung als Rechtsstaat. Sie hat zu prüfen, ob die Sühne im Einzelfall die Preisgabe rechtsstaatlicher Substanz rechtfertigt. Wenn man gleichwohl das Strafrecht für notwendig hält, so bleibt nur der korrekte Weg, die Verfassung förmlich zu ändern und den Nulla-poena-Satz zu modifizieren durch einen Vorbehalt zugunsten eines strafrechtlichen Schutzes eines menschenrechtlichen Minimums oder zugunsten eines Völkerstrafrechts. Vorbild könnte die einschlägige Klausel der Europäischen Menschenrechtskonvention (Art. 7 Abs. 2) sein, die freilich von der Bundesrepublik bisher aus verfassungsrechtlichen Gründen nicht akzeptiert worden ist.

Praktisch wird ohnehin wenig herauskommen aus den Strafprozessen, jedenfalls den gegen die eigentlich Verantwortlichen. Die materiale Gerechtigkeit und der innere Frieden werden wenig gewinnen, wenn Erich Honecker wegen Devisenschiebung verurteilt wird, Harry Tisch wegen Veruntreuung von FDGB-Geldern zugunsten der FDJ, Mielke wegen Aktenunterdrückung. Am Ende könnten sich die Opfer verhöhnt sehen.

Das rechtsstaatliche Dilemma läßt sich mit strafrechtlichen Mitteln nicht lösen. In dubio sollte man auf Strafe verzichten.

Um so dringlicher ist aber die außerrechtliche Sanktion der Aufdeckung und Aufhellung der historischen Wahrheit. Dieser Wahrheit haben sich auch die Deutschen im Westen zu stellen, diejenigen, die erst heute lautstark gegen die Stasi zu Felde ziehen, indes sie ihrerseits vor 1989 jeden Kritiker der DDR reflexhaft des „primitiven Antikommunismus" bezichtigt hatten; diejenigen, die das DDR-System von außen her stärkten und abschirmten, lästige Information unterdrückten, das Unrecht verdrängten, die totalitäre Gestalt geflissentlich ignorierten und den sozialistischen Staat legitimierten als hoffnungsträchtige Alternative zum „kapitalistischen" Rechtsstaat des Westens; auch diejenigen, die in leichtfertigem „progressivem" Umgang mit dem Grundgesetz versuchten, das Ziel der nationalen

Einheit aus dem Grundgesetz herauszuinterpretieren und das verfassungsrechtliche Pfand politischer Hoffnung der Deutschen im Osten zu beseitigen.

Der Rechtsstaat ist nicht das hohe Roß, von dem die „Wessis" als verfassungspatriotische Pharisäer auf ihre Landsleute im Osten herabblicken können. Es wäre Dienst am Rechtsstaat, mit der inneren Versöhnung zu beginnen und die Toten die Toten begraben zu lassen. Die innere Wiedervereinigung ist Grund, den Rechtsstaat positiv zu begreifen: als Chance zu gemeinsamer Zukunft.

Horst Dreier: Erlauben Sie mir noch eine kurze Bemerkung zur *Radbruch*schen Formel, die hier schon mehrmals angesprochen worden ist. Zunächst hat Herr *Häberle* sie gegen Herrn *Pieroth* in Stellung gebracht und Herr *Alexy* hat sogar — wenn ich ihn richtig verstanden habe — gemeint, die gesamte Aufarbeitung der vorrechtsstaatlichen Vergangenheit auf sie stützen zu könen. Die *Radbruch*sche Formel besagt bekanntlich, daß im Falle eines unerträglichen Widerspruchs zwischen dem positiven, d. h.: wirksamen, von den Rechtsinstanzen angewendeten und den Rechtsunterworfenen befolgten Normen zur Idee der Gerechtigkeit das positive Recht seinen Rechtscharakter verliert. *Radbruch*s Grundgedanke lautet, daß aus „Unrecht" im Sinne eines wertwidrigen Rechts in extremen Fällen Nichtrecht wird. Folge dieser Betrachtungsweise ist, daß durch wertende Rückprojektion eine Normenordnung erst entsteht, die so niemals als eine effektive, wirksame, befolgte und durchgesetzte Rechtsordnung in Kraft stand. Darauf sei noch einmal mit Nachdruck hingewiesen. Die *Radbruch*sche Formel bewirkt eine rückwirkende Neuordnung des Rechtssystems auf offen naturrechtlicher Grundlage. Ihre Anwendung schafft im Grunde genommen die gleiche Situation wie der Erlaß rückwirkender Gesetze. Beide Strategien: die positivistische qua Rückwirkung wie die naturrechtliche qua Negation der Rechtsqualität bestimmter Normen wollen völlig richtig die ansonsten zu befürchtende Herrschaft einer staatsterroristischen Vergangenheit über die rechtsstaatliche Gegenwart brechen. Der Unterschied: Bei der *Radbruch*schen Formel wird die Entscheidung im Zweifelsfall durch den Richter in einem konkreten Gerichtsverfahren mit allen einzelfallbedingten Besonderheiten gefällt — vielleicht unter freundlicher Assistenz kompetenter Rechtsphilosophen. Bei der rechtspositivistischen Lösung hingegen wird die Entscheidung durch den demokratisch legitimierten Gesetzgeber gefällt — nach einer öffentlichen, kritischen und vermutlich kontroversen Diskussion, die zudem mit einem heilsamen Zwang zu einer bewußten gesellschaftlichen Auseinandersetzung mit der Vergangenheit verbunden ist. Ich hätte keine Schwierigkeiten, mich bei dieser Alternative gegen den Richter und für den demokratischen Gesetzgeber zu entscheiden.

Fastenrath: Es ist bereits mehrfach auf das unterschiedliche Rechtsstaatsverständnis hingewiesen worden, und ich möchte noch einmal darauf zurückkommen, insbesondere darauf, wie der Rechtsstaatsbegriff abgeleitet wird. Wenn ich Herrn *Starck* richtig verstanden habe, leitet er diesen Begriff historisch, so wie er im Abendland gewachsen ist, her und sichert ihn dann unter Rückgriff auf einen internationalen Menschenrechtsstandard ab. Hierbei hat er sich wohl auf die Allgemeine Erklärung der Menschenrechte von 1948 bezogen; denn er führt beim internationalen Menschenrechtsschutz noch das Eigentum mit an, das nur in dieser Allgemeinen Erklärung der Menschenrechte enthalten war, aber nicht mehr in den Menschenrechtspakten von 1966. Noch vor dem Beitritt der DDR zur UNO war also schon eine Aufweichung des allgemeinen Menschenrechtsstandards im Gange. Man muß weiterhin sehen, daß die internationalen Menschenrechtsdokumente nicht einfach mit westlichen Augen gelesen werden dürfen, sondern daß die darin enthaltenen Begriffe sehr unterschiedlich verstanden worden sind. Das gilt insbesondere für den Freiheitsbegriff in West und Ost. Ein Menschenrechtsstandard internationaler Art ist daher nur sehr schwer zu eruieren. Wenn wir aber so vorgehen wie Herr *Starck*, dann müssen wir das auch bis zu Ende tun. Zum internationalen Menschenrechtsstandard gehört nämlich auch eine Auflockerung des Satzes nulla poena sine lege: Taten, die gegen die Menschlichkeit verstoßen, können auch dann bestraft werden, wenn es kein entsprechendes Strafgesetz gibt. Die insoweit inkonsequente, auf ein bestimmtes Rechtsstaatsverständnis abstellende Vorgehensweise von Herrn *Starck* führt zu der Feststellung, daß die DDR den geforderten Stand nicht erreicht hat, was wiederum ein negatives Odium mit sich bringt. Ich denke, dies ist der falsche Weg, wenn man zwei Staaten oder Bevölkerungsteile zusammenwachsen lassen will. Man muß den Lebensentwurf der DDR, den gescheiterten Lebensentwurf, unter dem die dortige Bevölkerung genügend gelitten hat, nichtsdestoweniger ernst nehmen. Man kann nicht einfach unseren westlichen Lebensentwurf als Maßstab anlegen. Wir dürfen uns nicht in einer abkanzelnden Weise auf einer Einbahnstraße bewegen, sondern müssen Recht kommunikativ verstehen, d. h. im Miteinander einen neuen Rechtsstaatsbegriff finden. Herr *Hoffmann-Riem* hat schon auf viele Einzelheiten hingewiesen, die dabei zu bedenken sind. Ich möchte noch auf einen zweiten Punkt eingehen:

die Strafverfolgung von Agenten. Herr *Starck* hat sich der Meinung des BGH angeschlossen und sich damit implizit gegen die Meinung des Berliner Kammergerichts gestellt, daß DDR-Agenten nicht bestraft werden dürften. Deren Handlungsweise ist bei oberflächlicher Betrachtung, ausgehend von der herrschenden Vorstellung, daß die DDR in die Bundesrepublik inkorporiert – oder etwas unfreundlich auf deutsch: einverleibt – worden ist, sicherlich strafbar. Ich möchte nur zu einem Gedankenexperiment auffordern: Stellen wir uns vor, die DDR wäre nicht inkorportiert, sondern mit der Bundesrepublik zu einem vereinten Deutschland fusioniert worden. Dann wäre das vereinte Deutschland ein neuer Staat und folgerichtig hätten wir im Westen wie im Osten Agenten, die gegen einen früher bestehenden Staat spioniert hätten zugunsten einer Macht, die es gar nicht mehr gibt. Es käme kein Mensch auf die Idee, in dieser Situation irgend jemand bestrafen zu wollen. Kann das wirklich anders sein, wenn wir die Vereinigung als Inkorporation werten?

Herdegen: Ich will nur einige kurze Bemerkungen zur strafrechtlichen Rückwirkungsproblematik und zu den naturrechtlichen Gehalten des Rechtsstaatsproblems machen. Ich meine, und hier folge ich Herrn *Pieroth* und Herrn *Isensee*, daß in der Tat die Rechtsprechung des Bundesgerichtshofs und auch die des Bundesverfassungsgerichts letztlich der Rückwirkungsproblematik ausgewichen sind – nicht nur wegen des Rückgriffs auf naturrechtliche Konzepte, sondern auch deswegen, weil sie schlicht die Umformung des Rechtsquellensystems nicht zur Kenntnis genommen haben. Auch das Abtauchen des nationalsozialistischen Regimes in das Dunkel heimlicher Befehlsstrukturen weist nicht das Bewußtsein der Illegalität aus, sondern vielmehr das Bewußtsein der Inhumanität. So würde ich auch die berühmte Passage im *Eichmann*-Urteil des israelischen Supreme Court verstehen. Ich meine auch, daß es nicht angeht, sich durch eine Differenzierung zwischen Tatbestandsmerkmalen und „normalen" Rechtfertigungsgründen, speziellen Rechtfertigungsgründen sowie Entschuldigungsgründen aus der Sicht der Staatsrechtslehre ganz den Subtilitäten der Strafrechtsdogmatik anheimzugeben. Die Evidenz, die Herr *Alexy* beschworen hat, wird immer wieder die Frage mit sich bringen, wer denn nun der authentische Interpret der Evidenz sein soll. Wenn wir etwa an gewisse Phänomene aus dem islamischen Kulturkreis denken, die auch bis in unsere Hemisphäre herüberreichen, dann werden wir uns der Frage nach der Evidenz, und zwar der umstrittenen Evidenz, stellen müssen. Solche Entscheidungen legen die geringe Tragfähigkeit dieses Konzepts bloß. Mir scheint es vor allen Dingen an zwei

Gründen zu liegen, daß uns heute der Abschied von Naturrechtskonzepten, so wie ihn Herr *Pieroth* formuliert hat, leichtfällt. Und es würde mich interessieren, ob er mir darin zustimmt. Einmal meine ich, daß wir ein gewachsenes Selbstbewußtsein der eigenen Rechtsordnung ausmachen können: einer Rechtsordnung, die sich schließlich dazu bekennt, daß es um die Durchsetzung ihrer eigenen Grundwerte geht, deswegen, weil es ihre eigenen Grundwerte sind, und die deswegen des naturrechtlichen Gewandes zunehmend entbehren kann. Ich will nur des Kontrastes halber darauf hinweisen, daß die Bundesrepublik Deutschland seinerzeit beim Beitritt zur Europäischen Menschenrechtskonvention einen Vorbehalt zu der „Nürnberg-Klausel" angebracht hat: einen Vorbehalt, der überflüssig war, der aber eine Art Ängstlichkeit vor der Versuchung signalisiert, man könne die eigenen Werte rückwirkend mit dem Mittel des Strafrechtes durchsetzen. Zum zweiten – in engerer Verbindung hiermit – haben wir auf völkerrechtlicher Ebene die Ausformung eines Wertsystems, das zunehmend anthropologische Grundlagen offenlegt, die letztlich die gleichen sind wie die des Rechtsstaatsbegriffs des Grundgesetzes. Ich denke, daß sich dies auch fruchtbar machen läßt bei der Bestimmung der Konturen der unveräußerlichen Menschenrechte im Sinne von Art. 1 Abs. 2 des GG, einer Vorschrift, die ja das Bundesverfassungsgericht in seiner Entscheidung zu den Konfiskationen erneut aktiviert hat. Denn gerade hier scheint mir die Tendenz zu bestehen, den Kern des Rechtsstaatsprinzips wieder mit naturrechtlichen Gehalten aufzuschwemmen. Das Bundesverfassungsgericht selbst spricht davon, daß der verfassungsändernde Gesetzgeber an das Willkürgebot gebunden sei. Mir erscheint es außerordentlich merkwürdig, die Entscheidung des verfassungsändernden Gesetzgebers an Plausibilitätskriterien zu messen, denen eine materielle Struktur fehlt. Aber das ist die späte Frucht vollmundiger Bekenntnisse zu naturrechtlichen Gehalten unserer Verfassungsordnung in den fünfziger Jahren. Heute hat uns Herr *Berg* wissen lassen, daß Art. 14 GG eine vorstaatliche Komponente hat. Allerdings weist gerade seine Analyse aus, daß diese vorstaatliche Konzeption bei der konkreten Zuordnung bestimmter Vermögensgegenstände zu bestimmten Rechtsträgern wenig leistet. Ich sehe hier die Gefahr einer Aufblähung des Kerns des Rechtsstaatsbegriffs, einer Aufblähung, welche gerade die Bewältigung der vorstaatlichen Vergangenheit in einer außerordentlich schwierigen wirtschaftlichen Traditionsphase unnötig kompliziert und zugleich dem verfassungsändernden Gesetzgeber unangemessene Fesseln auferlegt.

Vorsitzender: Danke sehr. Ich möchte jetzt den Referenten Gelegenheit geben, ein Zwischenwort zu den bisherigen Beiträgen vorzutragen.

Starck: Ich werde auf alle Bemerkungen, die zu meinem Referat gemacht worden sind, in dem Zwischenwort nicht eingehen können, sondern mir einige für das Schlußwort aufsparen.

Zunächst zu den Diskussionsbeiträgen, die sich mit dem Rechtsstaatsbegriff ohne die Zusammenhänge mit dem Strafrecht beschäftigt haben. Herr *Häberle*, Sie haben gewiß nicht verkannt, daß ich für den Rechtsstaatsbegriff auf die gemeinsame europäische Geschichte abgestellt habe. Allein durch die Zitierung der französischen Erklärung der Menschenrechte ist das deutlich geworden, man hätte auch auf die englische *Rule of Law* hinweisen können. Ich glaube, daß ein minimaler gemeineuropäischer Rechtsstaatsbegriff, der in mehreren Diskussionsvoten angeklungen ist, nur rechtsvergleichend unter Einbeziehung der Rechtsgeschichte gewonnen werden kann. Was die Rechtsvergleichung anbelangt, sind für unsere Überlegungen selbstverständlich Neuaufnahmen rechtsstaatlicher Vorstellungen, wie sie jetzt auch in Asien stattfinden, nicht von so großer Bedeutung wie die Geschichte der Rechtsstaatskonzeption in Europa. – Herr *Hoffmann-Riem*, Sie haben viel Bedenkenswertes gesagt. Sie haben ein Bouquet von Fragen angeschnitten, zu denen ich in meinem Vortrag nicht Stellung genommen habe. Ich habe einleitend gesagt, daß nicht alle Dinge rechtsstaatlich zu lösen sind, sondern daß die Bürgermoral gefordert ist; und einige Dinge, die Sie angeschnitten haben, würde ich in der Tat diesem Bereich zuordnen. Selbstverständlich müssen wir, wenn wir drüben beim Aufbau des Rechtsstaates helfen, uns so verhalten, daß die Menschen nicht den Eindruck haben, sie würden kolonialisiert. Takt und ruhige Überzeugungsarbeit sind ganz wichtig. Herr *Bachof* hat in diesem Sinne zutreffend darauf hingewiesen, daß die Entwicklung des rechtsstaatlichen Bewußtseins der Menschen, der Beamten, der Richter, die aus der ehemaligen DDR stammen und dort weiter tätig sein werden, eine gewisse Zeit erfordert. Das würde ich Ihnen alles zugeben und als eine bemerkenswerte und wichtige Ergänzung zu meinem Vortrag ansehen. Kritisch möchte ich mich dagegen zu dem äußern, was Sie am Anfang über den Rechtsstaatsbegriff gesagt haben, der nicht statisch, mechanistisch sein dürfe, wie ich ihn vorgestellt habe; Sie haben zwar zugegeben, daß gewisse Dinge mit dem statischen, mechanistischen Rechtsstaatsbegriff zu lösen sind, haben aber für einen prozeduralen, dynamischen Rechtsstaatsbegriff plädiert. Zunächst einmal würde ich sagen, daß der Rechtsstaatsbegriff, den ich verwende, sehr viel prozedurale Werte in sich hat. Was Sie mit dynamisch bezeichnen, das bedürfte freilich einer genaueren Erklärung. Ich möchte davor warnen, mit diesem Begriff zu arbeiten; denn es besteht die Gefahr, daß der Rechtsstaatsbegriff zu einer Wanderdüne wird und seine festen Konturen verliert. Denken Sie nur daran, daß in der DDR seit etwa 1987 von einem sozialistischen Rechtsstaatsbegriff gesprochen wurde. Und da ist es dann nur noch ein kleiner Schritt, eine Synthese aus dem „kapitalistischen Rechtsstaatsbegriff" und dem „sozialistischen Rechtsstaatsbegriff" zu fordern und damit die machtbegrenzende Funktion des klassischen Rechtsstaatsbegriffs zu zerstören. Selbstverständlich wird die Wiedervereinigung auf die Dauer viele Fragen neu aufwerfen; immer wenn neue Verhältnisse auftauchen, muß der Rechtsstaatsbegriff darauf abgeklopft werden, wie er darauf zu reagieren hat. Ich darf nur an die Datenschutzproblematik erinnern. Auch wenn wir diese Problematik grundrechtlich gelöst haben, so ging es doch dabei um eine rechtsstaatliche Frage.

Die weiteren Bemerkungen waren, wenn ich mich richtig erinnere, Bemerkungen zu der sehr schwierigen Frage der strafrechtlichen Aufarbeitung. Hier ist ein ganzes Füllhorn von Lösungsmöglichkeiten über uns ausgeschüttet worden. Herr *Kriele* hat sich auf die Rechtsprechung des BGH in Strafsachen im 2. Bd. berufen, die als Rechtfertigungsgründe staatliche Befehle nicht anerkannt hat, die sich außerhalb der Rechtsgrundsätze zivilisierter Staaten befinden. Damit hätten wir die weiteste Möglichkeit der strafrechtlichen Aufarbeitung, der ich ja auch zuneige. Nach der These von Herrn *Alexy* soll man mit der Radbruchschen Formel arbeiten und auf diese Art das gröbste Unrecht strafrechtlich aufarbeiten. Nach den extremen Positionen, die von Herrn *Isensee* und Herrn *Herdegen* vertreten worden sind, sei eine strafrechtliche Aufarbeitung nicht möglich bzw. nicht wünschenswert. Wenn Sie sagen, nicht wünschenswert, aber möglich, dann müßte man auf eine Amnestie hinaus, über die politisch zu entscheiden wäre. Ich habe für einen bestimmten Bereich von Straftaten eine Amnestie in Erwägung gezogen. Freilich gingen einige Diskussionsbemerkungen in eine andere Richtung, und zwar in die Richtung, daß eine strafrechtliche Aufarbeitung wegen des nulla poena sine lege-Grundsatzes nicht möglich sei, weil das Strafrecht der DDR so genommen werden müsse, wie es in der damaligen Zeit verstanden worden sei; wir hätten also zu prüfen, wie wäre damals entschieden worden, wenn Anklage erhoben worden wäre. Auch Herr *Alexy* hat das noch einmal betont. Ich bin der Meinung, daß das Strafrecht der DDR — zunächst hat das alte deutsche Strafgesetzbuch, später das Strafgesetzbuch der DDR, in dem viele Straftatbestände ähnlich formuliert sind, wie sie in dem alten Strafgesetz gestanden haben, gegolten — Grundlage für Verurteilungen sein kann und damit dem Grundsatz nulla poena sine lege Genüge getan wird. Dabei können wir sogar die Rechtfertigungsproblematik wenigstens zum Teil im Rahmen des DDR-Strafrechts in den Griff bekommen. Das kann man am Beispiel des Schießbefehls deutlich machen. Mehrere Diskussionsredner haben darauf hingewiesen, daß der Schießbefehl nie veröffentlicht war. Die Existenz des Schießbefehls ist bestritten worden. Möglicherweise gibt es also den Schießbefehl gar nicht. Wenn man sich die Strafbestimmung über die Republikflucht und das Grenzgesetz, das eine Schießberechtigung bei der Verfolgung von Straftaten geregelt hat, ansieht, ergibt sich folgendes: Nach dem Grenzgesetz durfte geschossen werden, nur wenn der Verdacht eines Verbrechens besteht. Nach dem Strafgesetzbuch liegt ein Verbrechen nur dann vor, wenn die gesetzliche Mindeststrafe 2 Jahre Gefängnis ist, oder — bei niedrigerer Mindeststrafe — wenn der Richter 2 Jahre verhängt. Von dieser Regel ist nicht gedeckt, immer dann, wenn eine Republikflucht (Mindeststrafe unter 2 Jahre) versucht wird, ein Verbrechen anzunehmen. Ein entsprechender Befehl hätte also keine Grundlage im Gesetz gehabt. Hinzu kommt, daß der Befehl nicht veröffentlicht war. Die Veröffentlichung des Rechts ist auch für das nationalsozialistische Recht noch ganz am Schluß der nationalsozialistischen Zeit gefordert worden. Die These von Herrn *Isensee* und Herrn *Herdegen* und von einigen anderen Diskussionsteilnehmern ist nicht richtig, daß die jeweiligen Machthaber vollständig frei bestimmen können, was Recht ist. Eine Mindestanforderung an Recht ist, daß es veröffentlicht sein muß. Teilweise ist eine strafrechtliche Aufarbeitung schon DDR-rechtsintern möglich, weil schon nach DDR-Recht keine Rechtfertigungsgründe vorlagen. Darüber hinaus kann man die von Herrn *Kriele* erwähnte Rechtsprechung des BGH fruchtbar machen. Jede strafrechtliche Aufarbeitung bringt jedoch die Gefahr mit sich, daß sie in der Bevölkerung mißverstanden wird, weil manch begangenes Unrecht nicht strafbar werden kann.

Eine letzte Bemerkung zu dem, was Herr *Klein* am Anfang über die Funktion der Aufarbeitung gesagt hat. Es handelt sich um drei wichtige Funktionen. Einmal geht es darum festzustellen, daß das, was wir hier als Unrecht beschrieben haben, in grober Weise die Gleichheit verletzt und einer Kompensation bedarf. Das ist die erste und wichtigste Funktion. Und zweitens meine ich, daß die Aufarbeitung auch zur Befriedung notwendig ist. Unter diesem Gesichtspunkt kann jedoch in bestimmten abgrenzbaren Fallgruppen die Amnestie die bessere Lösung sein. Ich habe noch auf einen dritten Gesichtspunkt, auf eine dritte Funktion der Aufarbeitung hingewiesen, und zwar ist das die Sicherung des demokratischen Prozesses; als Beispiel habe ich die Behandlung des Parteivermögens angeführt.

Pieroth: Ich möchte die in den Redebeiträgen aufgeworfenen Fragen in drei Schritten beantworten. Erstens: die Frage nach dem Verhältnis von Verfassungsrecht und darüber hinausgehender Verfassungslehre, einschließlich der gemeineuropäischen Rechtsvorstellungen. Zweitens: die Frage des Maßstabs. Drittens: die Frage der exakten Analyse der Vergangenheit.

Natürlich ist es, um mit dem ersten zu beginnen, wünschenswert, so wie wir eine Lehre von der intertemporalen Gesetzgebung haben, zu einer Lehre vom intertemporalen Verfassungsrecht zu kommen, und in der Tat ist der Weg dorthin komparatistisch, Verfassungstraditionen aufspürend, in Ausrichtung an gegenwärtigen europäischen und überregionalen, die ganze Welt umfassenden Menschenrechtskodifikationen.

Ich meine nur: So weit sind wir noch nicht, und habe das mit dem etwas provokanten Satz in meinem Referat festgehalten: „Es gibt kein Metaverfassungsrecht über Kontinuität und Diskontinuität." Das schließt nicht aus, daß – bei Bewußtsein der Grenzen des geltenden Verfassungsrechts – auf darüber hinausgehende Bindungen hingearbeitet wird, so wie im 19. Jahrhundert es noch keine Überprüfung der Verfassungsmäßigkeit der Gesetze gab und gleichwohl darauf hingearbeitet wurde. Das Zitat *Savignys* vom unerschütterlichen Vertrauen in die Herrschaft der bestehenden Gesetze war auch als Appell an den Gesetzgeber gedacht und noch nicht als ein den Gesetzgeber bindender, damals geltender Verfassungsrechtssatz. Insofern sind wir auf dem Weg; wir müssen uns auf dem Weg eben nur klar sein, und das auch festhalten, was wir als geltendes Verfassungsrecht haben und wo wir darüber hinausgehen und wo wir in weiteren Zusammenhängen zukünftiges positives Recht schaffen.

Zweitens zur Frage des Maßstabs. Daß das Naturrecht nicht als Maßstab herangezogen werden kann, ist eine harsche, eine provokante, oder wie immer es genannt worden ist, These, aber ich bin erleichtert, daß ich mit meiner These nicht ganz allein stehe, sondern Flankenschutz von prominenter und – denke ich – unerwarteter Seite bekommen habe, und will deshalb nicht weiter darauf eingehen. Es ist in der Tat eine grundsätzliche Frage, ob man hier einen naturrechtlichen Maßstab einführen will; denn auch bei der *Radbruch*schen Formel wird ein solcher naturrechtlicher Maßstab letztlich eingeführt. — Es ist gesagt worden, daß das auch prozedurale Konsequenzen hat: Entscheidet der Richter oder entscheidet der demokratische Gesetzgeber? Für diesen von mir bisher in dieser Konsequenz nicht bedachten prozeduralen Aspekt bin ich besonders dankbar. — Das Beispiel, das mir als argumentum ad absurdum von Herrn *Kriele* — jedenfalls habe ich es so empfunden — entgegengehalten worden ist, jetzt müßte man sogar die Widerstandstäter von damals vor Gericht zerren, ist selber etwas absurd, weil ich ja ganz klar gesagt habe, daß heute nur nach dem heutigen Recht zu urteilen ist und eine Fortgeltung sozialistischen oder nationalsozialistischen Rechts hier überhaupt nicht zur Debatte steht. — Die Frage, wieso es kommt, daß man sich heute auf diesen klaren positivistischen Standpunkt stellen kann, habe ich — ehrlich gesagt — auch noch nicht durchdacht. Die Erklärungsversuche, die Herr *Herdegen* dafür geliefert hat, nämlich einmal gewachsenes Selbstbewußtsein der eigenen Rechtsordnung — ganz im Unterschied zur Unsicherheit der Bundesregierung bei der Abgabe des Vorbehalts zur Nürnberg-Klausel bei der Ratifizierung der Europäischen Menschenrechtskonvention —, scheinen mir plausibel ebenso wie die zunehmende Kongruenz des völkerrechtlichen Wertesystems mit dem Wertesystem des Grundgesetzes. Und in dieser Richtung, nämlich Einbau in zukünftige übernationale Zusammenhänge, sehe ich auch den richtigen Ort, wo der Gedanke des Rechtsfriedens im Sinne von Herrn *Klein* aufgehoben ist, und nicht in einem Ausspielen materieller Gerechtigkeit gegen geschriebene Verfassungssätze à la nulla poena sine lege. — Die Frage, ob das Rechtsstaatsprinzip statisch-mechanistisch oder dynamisch-prozedural aufzufassen ist, kann ich schlecht beantworten. Ich bin nüchtern und sage, ich versuche das aktuell geltende Verfassungsrecht bezüglich der rechtsstaatlichen Normen herauszuarbeiten. Was dann durch das von Herrn *Hoffmann-Riem* gewünschte Dynamisch-Prozedurale herauskommt, ist — soweit ich sehe — nicht viel anderes als was ich mit meiner Betonung der strikten Anwendung des Rechtsstaatsprinzips erreichen wollte: nämlich die Sondersituation nicht auszunützen, Kompetenzregeln zu wahren, keinen Formenmißbrauch einreißen zu lassen (ich beziehe mich insoweit auf ein Beispiel, das Herr *Starck* gebracht hat, die Humboldt-Universität). In diesen Dingen wird Rechtsstaatlichkeit vorgelebt; auch wenn es uns leichtfiele, hier etwas laxer zu sein, sollten wir es nicht. In den tatsächlichen Ergebnissen stimme ich Herrn *Hoffmann-Riem* weitgehend zu.

Mein letzter Punkt: die Analyse der Vergangenheit. Es ist hier mehrfach gesagt worden, daß doch das Geheimhalten im Dritten Reich eigentlich dafür spräche, daß gar nicht mehr von Recht gesprochen werden darf. Dazu gibt es eine knappe, etwas ironische Gegenfrage: *Hitler* durfte offensichtlich alles, nur nicht das Reichsgesetzblatt abschaffen?

Berg: Ich habe bisher wenig offenen Widerspruch erfahren und kann mich deshalb ganz kurz fassen. Besonders gefreut habe ich mich über das Plädoyer von Herrn *Isensee* dazu, daß der Rechtsstaat eine Chance für die gemeinsame Zukunft werden muß. In dieselbe Richtung geht auch der Beitrag von Herrn *Hoffmann-Riem.* Zu Ihrer Frage, Herr *Hoffmann-Riem,* was wir heute zur Herausbildung rechtsstaatlicher Handlungskompetenzen — so haben Sie sich ausgedrückt — beitragen können, nur ein Beispiel aus dem wirtschaftlichen Bereich, der meiner Themenstellung naheliegt. Wenn der Rechtsstaat durch Differenz und Distanz charakterisiert wird, dann müßte unsere Rechtsordnung als rechtsstaatliche Ordnung endlich aus dem Zusammenbruch des Sozialismus die Konsequenz der Aufgabe der Staatswirtschaft ziehen. Die Verquickung eigenwirtschaftlicher Staatstätigkeit mit der Pflicht, gesetzliche Rahmenbedingungen für die Wirtschaft zu setzen und deren Einhaltung zu beaufsichtigen — diese Verquickung ist im Rechtsstaat auf Dauer nicht tragbar. Ich glaube, das wäre eine sehr konkrete Konsequenz, die wir jetzt ziehen müßten. — Zu meinem von Herrn *Alexy* angesprochenen naturrechtlichen Ansatz. Es ist — wenn ich richtig lese — der Ansatz des Art. 1 Abs. II GG, und auf diesem Boden fühle ich mich ausgesprochen wohl. Daß sich daraus keine konkreten Folgerungen ziehen lassen, wie Herr *Herdegen* befürchtet, sehe ich nicht. Was wäre konkreter als etwa das Eigentum rechtlich anzuerkennen, das die Menschen in der DDR an „kleiner" Grundrechtswirklichkeit — ich beziehe mich auf eine Formulierung von *Peter Häberle* — in 40 Jahren erworben haben?

Vorsitzender: Vielen Dank, Herr *Berg.* Wir können die Aussprache fortsetzen. Zunächst eine Spontanbemerkung von Herrn *Vogel.*

Vogel: Verehrte Kollegen, ich möchte nur kurz auf die Möglichkeit zweier Äquivokationen aufmerksam machen. Beide beziehen sich auf den Satz „nulla poena sine lege". Wenn ich recht sehe, diskutieren wir hier über zwei Sätze neben- und durcheinander, nämlich einmal über die präzise Aussage des Art. 103 Abs. 2 GG und andererseits über den „nulla-poena"-Satz als Bestandteil rechtsstaatlicher Mindestanforderungen, wie sie nicht nur Herr *Starck,* sondern auch Herr *Häberle* und andere Redner postuliert haben. Wir sollten das bei der Auslegung des Satzes im Blick behalten. Zum zweiten stellt sich

— scheint mir — auf beiden Ebenen die Frage: Was meint in der Formel das Wort „lex"? Meint es wirklich das *Recht*, dessen Begriff man natürlich, wie es Herr *Alexy* und andere hier vertreten haben, ganz umfassend verstehen kann als das, was tatsächlich praktiziert wird. Oder meint es das publizierte Gesetz als eine Norm, die Vertrauen schaffen, die aber auch Vertrauen zerstören kann? — Ich hoffe, daß dies eine Hilfe zur weiteren Diskussion sein kann.

Fiedler: Ich möchte eigentlich nur eine Frage stellen. Es sind so viele Antworten gegeben worden, daß ich mich gerne auf eine Frage beschränken kann. Und zwar möchte ich ansetzen bei einer These von Herrn *Pieroth*, die lautet, das Rechtsgefühl dürfe geschriebene rechtsstaatliche Verfassungsnormen nicht überrollen. Ich würde mich dem ganz anschließen, wenn ich genau wüßte, daß Sie wirklich auch nur das Rechtsgefühl gemeint hätten. Ich frage mich nämlich während der ganzen Diskussion, auch gelegentlich während der Referate, wo denn ein Kriterium des Rechtsstaatsbegriffes geblieben ist, das ganz traditionell immer miterwähnt wird und nicht weggefallen ist, nämlich das Kriterium der materiellen Gerechtigkeit. Es wird immer einbezogen, wenn es auch sicher etwas schwammig ist. Was ist geworden — frage ich mich — aus der kleinen Antwort des Grundgesetzes auf ein totalitäres Regime, nämlich aus Art. 20 Abs. 3, und der Unterscheidung, wie eben Herr *Vogel* sie auch unternommen hat, zwischen Gesetz und Recht. Die Frage ist, ob man hier nicht unter neueren Bedingungen neue Akzente setzen muß. Selbstverständlich führen diese Akzente in eine stärkere Berücksichtigung internationalrechtlicher Standards. Auch wenn sie sich, wie Herr *Starck* das beschrieben hat, oft nur auf einem niedrigen Niveau befinden. Wir befinden uns eben nicht mehr nur in dem Nebeneinander von Einzelstaaten, sondern auch unter einer internationalen Rechtsordnung. Hier müßte im Rahmen der geführten Diskussionen sehr viel stärker die Normenbildung im internationalen Recht berücksichtigt werden. Und zwar zum Teil auch schon für die Vergangenheit.

Maurer: Unser Thema birgt die Gefahr, daß Recht und Politik, Recht und Moral miteinander vermengt werden und ineinander übergehen. Wir lebten von 1949 bis 1989 in einem Bürgerkrieg. Es war — Gott sei Dank — kein heißer, aber doch ein kalter Krieg, wobei die Fronten nicht immer geradlinig verliefen. In diesem Bürgerkrieg hat der Westen gesiegt. Er mußte meines Erachtens auch siegen, da die freiheitliche rechtsstaatliche Ordnung die besseren, ja die einzigen akzeptablen Voraussetzungen bot. Die rechtliche Bewältigung darf nun nicht zum Siegerrecht werden. Wer gesiegt hat, kann großzügig sein. Das ist allerdings nur die eine Seite. Denn es gibt in diesem Bürgerkrieg nicht nur Sieger und Besiegte, sondern auch Unterdrückte. Millionen von Menschen in der DDR sind von dem damaligen Regime verfolgt, unterdrückt und gedemütigt worden. Es ist durchaus verständlich, daß sie erwarten und verlangen, daß jene Verfolgungsmaßnahmen geahndet und gesühnt und sie selbst damit rehabilitiert werden. Diese beiden Determinanten, die Großzügigkeit des Siegers und die Rehabilitierung der Unterdrückten, müßten bei der Frage nach der strafrechtlichen Bewältigung beachtet werden. Das Strafrecht kann freilich nur nach Maßgabe der individuellen Schuld eingesetzt werden und nicht das System insgesamt treffen. Zu Recht hat Herr *Isensee* bereits darauf hingewiesen, daß letztlich die historische Wahrheit entscheidet.

Sodann möchte ich noch auf die schon mehrfach angegriffene These von Herrn *Pieroth* eingehen, daß die Todesschüsse an der Mauer nach damaligem Recht formal legal waren. Auch ich bin der Meinung, daß diese These nicht haltbar ist. Fraglich ist schon, ob diese Todesschüsse nach DDR-Recht gedeckt waren. Aber die ganze Diskussion darüber führt nicht weiter, etwa darüber, ob eine gesetzliche Regelung bestand, ob sie ordnungsgemäß verkündet wurde usw. In einer Diktatur geschieht nichts ohne Weisung und Billigung der obersten Machthaber, jedenfalls dann, wenn es sich nicht um eine einmalige Tat, sondern um eine längerfristige Aktion handelt. Es wäre grotesk, wenn die verantwortlichen Machthaber deshalb freigesprochen werden würden, weil ihre ausdrücklichen oder konkludenten Anordnungen nach unseren rechtsstaatlichen Grundsätzen formaljuristisch nicht einwandfrei ergangen waren, die Todesschützen selbst aber wegen exzessiven Verhaltens bestraft werden würden. Es gibt Verstöße gegen die Menschenwürde und die Menschenrechte, die so eindeutig und schwerwiegend sind, daß sie nicht nur nachträglich, sondern von vornherein als ungültig betrachtet werden müssen. Das gilt auch hier. Das führt nicht zwangsläufig zur Bestrafung des „kleinen Mannes", da sich die Todesschützen ggf. auf einen Entschuldigungsgrund berufen können.

Drittens noch zum Rechtsstaatsprinzip: Es wurde bereits mehrfach zwischen dem engeren allgemeingültigen Rechtsstaatsprinzip, das überall gilt, und der konkreten Ausgestaltung des Rechtsstaatsprinzips in der Bundesrepublik unterschieden. Es ist nichts dagegen einzuwenden, daß die ehemaligen DDR-Verhältnisse nach dem engeren allgemeingültigen Rechtsstaatsprinzip beurteilt werden. Es wäre jedoch verfehlt, wenn man sich auch im Bereich der Bundesrepublik dann, wenn es angebracht oder nützlich erscheint, auf das engere allgemein gültige Rechtsstaatsprinzip zurückziehen würde. Das Rechtsstaatsprinzip muß sich in der historischen Wirklichkeit bewähren. Es darf daher nicht nur abstrakt bestimmt werden, sondern muß jeweils nach den historischen Erfahrungen, tatsächlichen Gegebenheiten und möglichen Gefährdungen näher ausgestaltet werden. Das kann zu Einrichtungen führen, die andere Staaten, die ebenfalls rechtsstaatlich ausgerichtet sind, nicht oder nicht im gleichen Umfang besitzen. Als Beispiel ist auf den lückenlosen gerichtlichen Rechtsschutz in der Bundesrepublik zu verweisen. Er ist nach unseren Erfahrungen eine Forderung des Rechtsstaatsprinzips. Daß er in anderen Staaten nicht besteht, rechtfertigt nicht, diesen ein rechtsstaatliches Defizit vorzuwerfen, zumal möglicherweise ein Ausgleich in anderer Richtung besteht, rechtfertigt aber auch nicht, ihn für die Bundesrepublik zu beschränken oder zu beseitigen. Es gibt eben Forderungen, die nach unserer rechtsstaatlichen Ordnung unverzichtbar sind.

Schließlich noch ein vierter Gesichtspunkt zur Bewältigung der Vergangenheit. Begangenes Unrecht kann nicht oder nur noch sehr bedingt korrigiert werden. Was tatsächlich geschehen ist, kann rechtlich nicht mehr ungeschehen gemacht werden. Das Recht hat nur die Möglichkeit, die Vergangenheit rechtlich anders zu bewerten und die Zukunft dementsprechend neu zu gestalten. In der historischen Entwicklung haben sich immer wieder die Grenzen der Beseitigung geschehenen Unrechts gezeigt, gerade auch dann, wenn es große Ausmaße angenommen hatte. Das muß auch im Blick auf die Vergangenheitsbewältigung der DDR beachtet werden. Die Korrektur rechtswidriger Maßnahmen und Zustände setzt zwar in der Vergangenheit an, greift aber in die Zukunft. Entscheidend kommt es deshalb darauf an, daß ex nunc rechtsstaatliche Verhältnisse in beiden Teilen der Bundesrepublik geschaffen werden. Dabei ist auch das zu berücksichtigen, was in der Zwischenzeit geschehen ist, insbesondere was andere in redlicher Weise erlangt und erworben haben. Vergangenes Unrecht darf nicht dadurch beseitigt werden, daß man neues Unrecht schafft.

Pitschas: Die Frage der Sanktionierbarkeit von Vergehen und Verbrechen an der Berliner Mauer und andernorts ist hier durchweg vom ersten Redebeitrag bis zu dem Beitrag von Herrn *Maurer* eben mehrdeutig beantwortet worden. Und es gehörten dann sehr viele Voraussetzungen dazu, wenn man – wie Herr *Isensee* – Großmut zeigen möchte, und – wie Herr *Quaritsch* – gleichsam Stillschweigen erbittet für die Frage der Aufarbeitung dieser Straftaten. Ich denke, es könnte gelingen, so in der Zukunft zu verfahren, in den meisten Fällen – nicht in allen, Herr *Quaritsch,* glaube ich – in den meisten Fällen, wenn wir einen Mechanismus hätten, der uns lehrt, mit den Erfahrungen umzugehen. Es wäre eine Art sozialer Lernmechanismus.

Diesen sozialen Mechanismus konnten bei der gegebenen Themenstellung die Referenten nicht hinreichend entfalten. Doch liegt hier recht eigentlich die *soziale Dimension* der Rechtsstaatlichkeit, von der, leider Gottes, nur sehr zurückhaltend die Rede war, wiewohl etwa Herr *Starck* in der These 1 durchaus zum Schluß davon spricht, wie finanzielle Lasten solidarisch zu tragen wären. Das ist ein deutlicher Hinweis auf diese soziale Komponente der Aufarbeitung von Vergangenheit. Gleiches gilt, wenn Herr *Berg* etwa in seiner These 9 von dem verfeinerten sozialen Rechtsstaat spricht. Diese Thesen und andere in den Referaten von Herrn *Berg* und Herrn *Starck* verweisen darauf, daß wir den erwähnten sozialen Lernmechanismus brauchen. Denn wenn wir ihn nicht einführen, auch nicht rechtlich als Kategorie der Vergangenheitsbewältigung einführen, dann werden wir es nicht erreichen, Lastengleichheit in diesem Lernprozeß zu schaffen. Und das wird ja dann ganz konkret die Aufgabe sein, wenn wir bei Herrn *Starck* die These 9 sehen, die danach ruft, den Maßstab für die Aufarbeitung der Vergangenheit etwa abzustufen oder eingreifende Rechtsfolgen zu differenzieren. Dies geht wiederum nur, wenn wir die Lasten bewerten – und das scheint mir mit einem bloßen Rechtsstaatskonzept nicht möglich zu sein.

„Lernen" zu wollen heißt dann auch, die These Nr. 3 von Herrn *Starck* aufzugreifen und sich zu fragen: Sind die moralischen Bürgerpflichten nicht nur und inmitten einer solchen *sozialen* Rechtsstaatlichkeit zu verorten? Recht ist ja doch Ausfluß von Moral und Ethik. Wir hatten das eben diskutiert – *Radbruch*sche Formel hin und her. Ich denke, die Antwort ist klar. Herr *Fiedler* hat sie auch gegeben. Art. 20 Abs. 3 GG formuliert sie von Verfassung wegen: „Gesetz und Recht" verweisen auf diesen ethischen und moralischen *sozialen* Gehalt. Von hier aus, Herr *Pieroth,* kann ich – so leid es mir tut – Ihrem Einstieg in das Thema in Ihrer Anfangsthese nicht folgen. Ich meine, es bleibt *das* Unrecht, was geschehen ist. Unrecht ist nicht als legal zu bezeichnen, ob wir nun die *Radbruch*sche Formel nehmen oder andere Wertungen. Dann aber kommt es auch nicht zu einer Umwertung. Auch da möchte ich also leisen Widerspruch anmelden und zu bedenken geben, ob wir dann nicht konsequent das Unrecht als solches auch werten müssen. Auch dies gehört zur Formel vom sozialen Lernmechanismus, und ich darf bitten, daß vielleicht Herr *Berg* noch einmal darüber nachdenkt, soweit er — das ist die Überschrift VI vor These 19 — zu einer Bodenreform plädiert, aber dann die Frage der Mietverhältnisse dahingestellt sein läßt. „Lernen" und damit auch diese ganzen Vorgänge zu verarbeiten, hilft eigentlich nach meiner Ansicht und in der empirischen Kenntnis der früheren DDR-Situation nur, wenn wir nicht nur über Bodenreformen nachdenken, sondern auch darüber sprechen, wie kommt es zu mehr Wohnungen. Was ist mit dem sozialistischen Wohnungsbau, wie überführen wir ihn vielleicht in sozialere Verhältnisse? Das wäre dann auch eine Aufgabe des *sozialen* Rechtsstaats.

Lassen Sie mich zum Schluß zu den Stasi-Akten kommen. Ich finde, das ist der eigentliche Punkt eines solchen sozialen Lernens. Der andere war das Strafrecht, dieser ist abgehandelt worden. Bei den Stasi-Akten stellt sich für mich die Frage nicht so sehr nach dem Gesetz. Ich stimme Herrn *Starck* zur These 16 zu, die Nutzung muß gesetzlich geregelt werden. Die informationelle Selbstbestimmung, aber auch der Vorbehalt des Gesetzes verlangen dies. Das eigentliche Problem liegt aber wieder im Lernvorgang: Wie können wir Täter und Opfer dazu bewegen, über die Fragen der Bespitzelung miteinander zu sprechen und gemeinsam aus diesen Fragen zu lernen. Die bloße Regelung, wie sie in These 16 empfohlen wird, Herr *Starck*, nämlich Informationsweitergabe zu Tätern und Opfern differenziert zu unterscheiden, ist etwas, was uns jetzt klar ist auf der Basis gewonnener Erkenntnisse über die informationelle Selbstbestimmung. Aber hier liegt ein anderer Aspekt noch vor: Wie gehen wir mit diesen Informationen um? Darüber haben wir eigentlich bisher jenseits von Zweckbindung und anderen kompetenziellen und prozeduralen Elementen der Informationennutzung noch nicht nachgedacht. Deshalb scheint es mir sehr wichtig zur These 16 nachzusinnen darüber, was könnten sozialrechtsstaatlich oder im sozialen Rechtsstaat die *materialen* Elemente einer solchen gesetzlichen Stasi-Regelung oder gesetzlicher Regelungen an anderer Stelle sein?

Czybulka: Anknüpfungspunkt meines Beitrages ist das Wort von Herrn *Berg:* Der Rechtsstaat ist erst zu schaffen bzw. das Wort von Herrn *Pieroth* „kein Abbau der Rechtsstaatlichkeit in den alten Bundesländern beim Aufbau des Rechtsstaates im Osten". Und ich meine, daß man an dieser Stelle ein paar Worte dazu verlieren könnte, daß es auch hier im Westen noch gilt, Ziele des Rechtsstaates aufzuarbeiten und zu verwirklichen. Drei Problemfelder möchte ich kurz ansprechen aus der täglichen Arbeit des Juristen, vielleicht nicht unbedingt des Staatsrechtslehrers: Zunächst die heutige mangelnde Effektivität des verwaltungsgerichtlichen Rechtsschutzes im Verhältnis Staat/Bürger, jedenfalls dann, wenn der Bürger etwas vom Staat will. Hier spricht man vom Überlastungssyndrom. Verfassungsrechtlich ist es eine Frage von Art. 19 Abs. 4. Wenn man heute einen Studienplatz einklagen will, dann haben Sie die negative Version des Märchens vom Hasen und Igel. Soll das im Osten auch so werden? Die zweite problematische Sache: Fristen im Rechtsstaat, m. E. ein völlig vernachlässigtes Problem. Berufung und Revision im Strafverfahren müssen Sie binnen einer Woche einlegen ohne Kenntnis der schriftlichen Urteilsbegründung. Die Verfassungsbeschwerde ist innerhalb eines Monats zu *begründen*. Bei Anfechtung eines x-beliebigen Streitwertbeschlusses können Sie sich 6 Monate Zeit lassen. Weiterhin die Praxis der Akteneinsicht in Verwaltungsakten, teilweise auch in verwaltungsgerichtliche Akten und in Strafakten im Ermittlungsverfahren. Das erschwert die Arbeit, insbesondere auch der Rechtsanwälte, auf unnötige Weise. Schließlich die Protokollierung im Strafrecht, hier, wo es heißt: „Der Zeuge äußerte sich zur Sache", die berühmte vereinfachte Protokollierung in Strafsachen. Das soll dann zur rechtlichen Überprüfung in zweiter oder dritter Instanz dienen. Ich meine, das sind keine Zierden des Rechtsstaates, die es zu exportieren gälte. Und ich bitte meine verehrten Kolleginnen und Kollegen, auch auf diesem Gebiet an der Verwirklichung des Rechtsstaates im kleinen auch in den alten Ländern weiter zu arbeiten und dies dann im gesamten Deutschland zu vertreten.

Schachtschneider: Nicht jede Despotie ist schon ein Staat. Wir sollten uns der *Kant*schen Formel vom Staat erinnern: Der Staat ist die Vereinigung einer Menge von Menschen unter Rechtsgesetzen. Die Einheit von Moralität und Legalität wirkt sich auf den Staatsbegriff aus. Meine Position, daß im Gegensatz zur Despotie nur der Rechtsstaat ein Staat sei, reklamiert die Einheit von Freiheit, Recht und Staat. Das hat Konsequenzen: allein schon die Staatlichkeit der Handlungen, die nunmehr zu bewältigen sind, hat legitimierende Wirkung, etwa aus dem völkerrechtlichen Prinzip der Nichteinmischung in die inneren Angelegenheiten eines Staates. Dieses Prinzip gilt nicht gegenüber Despotien. Aus der vermeintlichen Staatlichkeit der DDR ergeben sich die Schwierigkeiten, über die wir sprechen. Das führt so weit, daß Gesetz und Recht identifiziert werden. Der Begriff der Legalität darf jedoch nicht völlig von dem des Rechts gelöst werden, so daß jeder Herrschaft Legalität zugesprochen werden kann. Dadurch entstehen Probleme, deren Lösung eine willkürliche Umwertung erfordert, die

Herr *Pieroth* empfiehlt. Die Begriffe Legalität und Illegalität werden dem jeweiligen Entscheider ausgeliefert und dadurch beliebig. Auch die Menschen in der früheren DDR standen im übrigen unter dem Schutz des Grundgesetzes. Es gibt die von Herrn *Pieroth* bestrittene Verfassungskontinuität, die für die Beurteilung der Legalität des Handelns der Organe der DDR bedeutsam war und ist. Die Menschen in der DDR hatten die deutsche Staatsangehörigkeit und waren Träger der Grundrechte. Das ist bei der Bewältigung der Geschehnisse in der DDR zu berücksichtigen, die folglich nicht von einer Staatlichkeit in der DDR oder gar einer Legalität des Handelns in der DDR behindert wird. Die geeigneten Maßnahmen sind vielmehr eine Frage der praktischen Vernunft, eine Frage des kategorischen Imperativs, eine Frage der Liebe zu unseren Mitmenschen, zu unseren Mitbürgern. Ich schließe mich dem Votum von Herrn *Dreier* an, der sagte, das Problem sollten wir gesetzlich bewältigen. Politik und Moral können im Rechtsstaat nicht, wie Herr *Maurer* das sagte, getrennt werden, wenn auch das Gesetz einen spezifischen Stellenwert in einem durch die Moral der Politik bestimmten Rechtsstaat hat. Die Vergangenheit der DDR ist politisch zu bewältigen, also durch Gesetze. Nur eine richtige, also moralische, Gesetzgebung führt zum Recht. Dabei sollten wir darauf achten, daß sich nicht wieder einmal der Opportunismus gelohnt hat. Wir haben die Chance, daß Gesetze gegeben werden, die für die Zukunft ein Warnzeichen gegen den Opportunismus setzen. Insofern darf man den Blick durchaus auch in den Westen richten. Wir müssen Vorsorge für die Zukunft treiben. Wenn wir mit Formeln, wie: Gesetzlichkeit ist Legalität, arbeiten, haben wir schlechte Vorsorge getroffen.

Streinz: Zum Strafrecht der Ex-DDR als Maßstab: Das Problem liegt, wie bereits mehrfach gesagt wurde, weniger bei den Tatbeständen, sondern bei den Rechtfertigungsgründen. Und hier eben bei den systembedingten Rechtfertigungsgründen, indem die Taten zur Erhaltung der „sozialistischen Ordnung" begangen wurden. Die Antwort nach dem gebotenen Maßstab steht meiner Meinung nach noch aus. Die Uminterpretation betroffener Begriffe kommt einer Ersetzung der Norm durch eine neue gleich. Sie ist also kein gangbarer Weg, dem Rückwirkungsverbot zu entsprechen. Die Evidenzformel muß sich mit der Frage auseinandersetzen, was evident ist bzw. für den Täter damals evident sein mußte. Insbesondere stellt sich die Frage: Kann es ein hinreichender Gesichtspunkt sein, daß der Staat, dem man diente, ein Unrechtsstaat war, der auch hier von vielen erst nach seinem Erlöschen als solcher bezeichnet wurde? In diesem Zusammenhang auch eine Frage zu der Strafbarkeit der Spionage: Zu den aufgeführten Fällen merkwürdiger Verurteilungen würden dann die von Herrn *Wolf* wegen Spionage und Beamtenbestechung hinzutreten. Ich habe Zweifel, ob die typische und allgemein übliche Spionagetätigkeit verfolgt werden kann, wenn man nicht *andere* dabei begangene Straftaten nachweisen kann, und ob hier das gebrachte Argument der Stützung des DDR-Systems als Unrechtssystem trägt. Sollte allerdings dann jemand auf die Idee kommen, was ja auch nicht auszuschließen ist, daß man auch diesen „Staatsdienst" noch rentenfähig machen sollte, würde ich sagen, hier ist eine Grenze erreicht, mit dem Argument der Unzumutbarkeit. Die anderen Fragen, die ich habe, betreffen Diskussionspunkt 3.

Dicke: Ich möchte ausgehen von der These Nr. 9 von Herrn *Starck*. Danach muß differenziert werden je nach den Zwecken, die man bei der Aufarbeitung der Vergangenheit verfolgt. Und wenn wir hier zwei unterschiedliche Rechtsstaatsbegriffe in Konkurrenz haben, scheint mir doch in diesem Bereich zumindest im Zusammenhang mit dem Grundsatz der Gesetzmäßigkeit eine Differenzierung sich geradezu aufzudrängen, daß man da, wo man begünstigt, durchaus mit dem Rechtsstaatsbegriff im vollen Umfang des GG arbeiten kann, weil das nur zugunsten der betroffenen Personen geschieht. Umgekehrt da, wo man strafrechtlich oder in beamtenrechtliche Positionen eingreift, sollte man sehr, sehr vorsichtig sein und sich an internationalen Maßstäben der Rechtsstaatlichkeit orientieren, um nicht altes Unrecht durch neues Unrecht zu ersetzen. Schon Art. 3 des GG verlangt eigentlich, daß wir die neuen und bis zum gewissen Grad alten Bürger der Bundesrepublik bei Leistungen genauso behandeln unter dem Rechtsstaatsprinzip wie unsere eigenen. Allenfalls unter dem Sozialstaatsprinzip noch etwas besser. Das scheint mir evident zu sein. Insofern habe ich mit einer vollumfänglichen Anwendung des Rechtsstaatsprinzips nach dem Grundgesetz bei Fragen des Rechtsschutzes, der Rehabilitierung oder der Wiedergutmachung überhaupt keine Schwierigkeiten. Im Gegenteil, ich muß sagen, das, was hier im Bereich der Wiedergutmachung geleistet worden ist seitens der Bundesrepublik, ist eher enttäuschend. Der Vorrang der Restitution gegenüber der Entschädigung ist im Völkerrecht praktisch aufgegeben. Der einzige schiedsgerichtliche Fall, in dem ein Richter sich noch für restitutio in integrum entschieden hat, hat damit geendet, daß sich wegen Inpraktikabilität die Parteien auf Entschädigung geeinigt haben. Hier wendet also die Bundesrepublik im Verhältnis zu ihren Brüdern ungünstigere Maßstäbe an, als sie das sonst auf internationalem Parkett gewohnt ist. Wenn wir jetzt umgekehrt zur Eingriffsseite kommen, da scheint es mir sehr notwendig zu sein, daß man im Hinblick auf die einzelnen Akte und Schritte genau prüft, ob sie tatsächlich rechtsstaatswidrig waren, oder ob sie nur uns ungewohnt und vielleicht auch relativ ungerecht waren, aber nicht stoßend gegen elementare Rechtsstaatsprinzipien verstoßen haben. Wenn ich also in der Diskussion hier höre, daß selbstverständlich auch die Veröffentlichung des Rechts zur Rechtsstaatlichkeit ganz unbedingt dazu gehört, dann muß ich Ihnen sagen, daß bei uns im Kanton Freiburg und in der Schweiz sehr viele Erlasse bis zum Jahre 1981 nicht publiziert worden sind, aber trotzdem von den Gerichten angewandt worden sind. Wenn ich auf den Rechtsschutz schaue, dann wird die Schweiz ja oft genug vom Gerichtshof in Straßburg verurteilt. Und wenn ich mir die Maßstäbe, die einige Kollegen hier angelegt haben, so genommen und mir gedacht habe: Stell Dir vor, im Jahre 2015 tritt die Schweiz der Europäischen Gemeinschaft bei und dann hat sich der deutsche Rechtsstaatsbegriff durchgesetzt. Dann müssen wir eine Reihe von unseren Bundesrichtern aus dem Amt schmeißen und auch sonst einige hohe Funktionsträger beseitigen. (Zwischenruf) Herr Kollege, ich spreche vom Fall *Belilos,* in dem sich das Bundesgericht als einzige Gerichtsinstanz geweigert hat, den Sachverhalt überhaupt zu überprüfen, und von der Tatsache, daß nach den offiziellen Angaben des schweizerischen Bundesrates und der Kantonsregierungen über tausend Vorschriften des schweizerischen Verwaltungsrechts nicht mit Artikel 5 EMRK vereinbar sind.

Andere Dinge möchte ich mir aus Zeitgründen schenken. Im Hinblick auf die Diskussion über die Hochschullehrer, da möchte ich allerdings einen Punkt aufgreifen. Ich glaube, es war unvermeidlich, daß zu diesem Zeitpunkt, gerade an einem Tag wie heute, der der Feiertag der deutschen Einheit ist, über diese Fragen diskutiert wird. Ich bin auch niemand, der das Wort reden würde, daß man jetzt die DDR-Staatsrechtslehrer in Bausch und Bogen einfach so aufnehmen sollte in diese Vereinigung. Aber wenn wir über den Rechtsstaat diskutieren und dabei über die Kollegen in der DDR reden, ohne den Grundsatz zu respektieren *audiatur et altera pars,* hat das auch einen gewissen Makel an sich. Wobei ich allerdings sagen muß, daß die gefährlicheren Kollegen da drüben sich längst wieder etabliert haben. Wenn ich in wichtigen UN-Gremien vorbeischaue, dann sehe ich bisweilen den Vertreter der Bundesrepublik, den ursprünglichen, nicht, weil er verhindert ist, und die Bundesrepublik wird nur durch jemanden vertreten aus der DDR mit einer mehr als zweifelhaften Vergangenheit, ... was man sich vielleicht überlegen sollte.

Vorsitzender: Ich komme zu den Wortmeldungen zum zweiten Abschnitt, der den Strukturfragen, besonders den konkreten Fragen des öffentlichen Dienstes gewidmet ist. Herr *Meyer* möchte dabei auch noch zum ersten Abschnitt etwas sagen.

Meyer: Ich habe bei dem Begriff „aufarbeiten" meine Schwierigkeiten. Ich mag ihn überhaupt nicht. Aber wenn man ihn schon mag, dann haben nicht „wir" aufzuarbeiten, sondern „die" haben aufzuarbeiten. Was wir hier tun, ist, daß wir uns klar machen, wie wir Unrecht, das dort begangen ist, zu behandeln haben — wenn wir denn dafür zuständig sind. Das scheint mir aber etwas anderes zu sein als aufzuarbeiten. Damit zusammen hängt der für mich unangenehme Geschmack, daß die bisherigen Gerichtsverfahren nur vor westlichen Gerichten abgelaufen sind. Mir wäre es sehr viel lieber, die dortigen Täter würden vor ostdeutschen Gerichten abgeurteilt werden. Es wird ja möglicherweise noch dazu kommen. Auch den Begriff des Vorrechtsstaates halte ich für außerordentlich unglücklich. Warum sagt man denn nicht, daß man die Despotie drüben meint und ihre Folgen; und das System war eine außerordentlich spießbürgerliche Despotie.

Wenn ich mich aber nun frage, was denn der Rechtsstaat mit diesen Dingen zu tun hat, dann scheint mir, daß eine Reihe von Ausführungen mit dem Rechtsstaat überhaupt nichts zu tun hat, sondern mit der Frage, welche Politik man vernünftigerweise betreibt. Normalerweise benutzen wir den Begriff der Rechtsstaatlichkeit als Schutzschild gegen staatliches Handeln. Hier aber wird er als Handlungsauftrag gegen irgend jemanden benutzt. Ich denke an einigen Beispielen klarmachen zu können, was ich mir bei diesem Vorwurf denke.

Zunächst aber zur These 12 von Herrn *Starck*. Herr *Starck*, wenn ich diese These ernst nähme, so wie sie da steht, müßten Sie eine Bürokratie aufbauen, die sämtliche Bürokratien bei uns in den Schatten stellen würde. Wenn nämlich jedes durch Verwaltungs- und Polizeibehörden verübte Unrecht über Art. 19 Satz 2 des Einigungsvertrages hinaus festgestellt und auch noch wieder gutgemacht werden muß, dann haben Sie ein Feststellungs- und Wiedergutmachungsverfahren für über die Hälfte der DDR-Bürger nötig. Denn tatsächlich ist der größte Teil von ihnen durch das System in seinen Lebenschancen unrechtmäßig beschnitten worden. Das kann aber nicht Ihr Ernst sein. Und ob der Rechtsstaat das wirklich verlangt, scheint mir sehr zweifelhaft.

Zur These 13: Wenn Sie das aktuelle Problem der Verurteilung wegen Spionage ansprechen, so hätte ich erwartet, daß Sie mindestens darauf hingewiesen hätten, daß es einen Vorlagebeschluß des Kammergerichts an das BVerfG gibt, der immerhin zur Vorsicht gemahnt, das Problem des Gleichheitssatzes – auch kein Problem des Rechtsstaates – mit der einfachen Formel lösen zu wollen: das eine sind die guten Spione und das andere sind die schlechten Spione.

Das zweite Beispiel, bei dem ich meine, daß Sie mit dem Rechtsstaat überhaupt nichts im Sinn, sondern gegen ihn argumentiert haben, ist die Nr. 15 Ihrer Thesen, in der es um die Abwicklung geht, die bekannte Abwicklung. Was Sie hier machen, ist die Auslegung des Einigungsvertrages ohne Rücksicht auf die Regeln der Technik, die wir normalerweise anwenden. Ich glaube Ihnen nachweisen zu können, daß das Ergebnis, das Sie zeitigen, rechtsstaatswidrig ist. Die Abwicklung ist im Einigungsvertrag für Institutionen vorgesehen. Und die Folgen der Abwicklung sind insbesondere arbeitsrechtlicher Art; alle Bediensteten der Institutionen müssen nämlich nach einer gewissen Karenzzeit aus dem Arbeitsverhältnis ausscheiden, und zwar automatisch, ohne Ansehen der Person. Der Grund ist, daß man die Institution nicht braucht und folglich eine Legitimation hat, alle Arbeitsverhältnisse zu beenden. Wenn Sie die Abwicklung auf Sektionen oder Fachbereiche oder Fakultäten der Universitäten mit der Behauptung anwenden, wir bräuchten das, was das derzeitige Personal macht, etwa in einer fortgesetzten rechtswissenschaftlichen Fakultät nicht mehr, dann zielen Sie nicht auf die Institution, sondern Sie zielen auf die Arbeitsverhältnisse, die Sie beenden wollen. Damit machen Sie die Folge der Abwicklung zur Voraussetzung der Abwicklung. Das ist systematisch unzulässig und führt deswegen zu rechtsstaatswidrigen Ergebnissen, weil Sie nicht nur die treffen, die Sie meinen, nämlich die Professoren, sondern auch das Personal, das Sie gar nicht meinen können, z. B. die Sekretärinnen. Die Entscheidung des Einigungsvertrages ist aber – und ich bin mit *Friesenhahn* der Meinung, daß das keine notwendige Entscheidung war –, daß die Arbeitsverhältnisse grundsätzlich weiterbestehen.

Ich würde mit Ihnen noch verhandeln, wenn es keine andere Möglichkeit gäbe, einen Professor oder eine Professorin aus dem Arbeitsverhältnis zu entfernen. Der Einigungsvertrag kennt aber eine Fülle von Instrumenten. Und diese Instrumente sind rechtsstaatlich viel wertvoller, weil sie individuale Entscheidungen und also auch Begründungen für eine Kündigung verlangen. Es sind die normalen Kündigungsgründe, die erweitert worden sind, es gibt die außerordentlichen Kündigungsgründe und es gibt noch ein anderes Instrument, das westliche Verwaltungen aus alter Erfahrung ungern anwenden, das sind nämlich die Überleitungsregeln nach dem durch den

Einigungsvertrag eingefügten § 75 a des Hochschulrahmengesetzes. In ihm ist das Überleitungsrecht des alten Hochschulrahmengesetzes so selektiv aufgenommen worden, daß keinerlei Rechtsansprüche bestehen. Selbst diejenigen also, denen sie nach den außerordentlich weitgehenden Kündigungsregeln des Einigungsvertrages nicht kündigen können, können sie über Überleitungsbestimmungen so still stellen, daß sie ihnen nicht mehr schaden können. Ich sehe also nicht, wie Sie gerade wegen des Rechtsstaates das große Schwert hervorholen müssen, um ohne Ansehen der Person und über das Ziel hinaus, das Sie selbst anstreben, Abwicklungen zu rechtfertigen. Die Abwicklung war und ist rechtswidrig.

Denninger: Ich hatte mich zu Thema 2 gemeldet, aber bemerkt, daß ich auch einige Bemerkungen zur Problematik der Gruppe 1 machen müßte; denn ich meine, daß man zu diesen speziellen Fragen ohne Rückgriff auf die allgemeine, zugrundeliegende Problematik nicht sinnvoll sprechen kann, und der Beitrag von Herrn *Meyer* hat das jedenfalls, glaube ich, bestätigt. Auch ich habe, um damit zu beginnen, große Schwierigkeiten mit dem Begriff der Vorrechtsstaatlichkeit. Ich habe auch Schwierigkeiten mit dem Begriff der Rechtsstaatlichkeit, aber das haben wir ja offenbar alle, denn sonst würden wir hier nicht so lange und ausgiebig über diesen Begriff oder diese Kategorie diskutieren. „Vorrechtsstaatlich" kann, da werden Sie sicher alle zustimmen, sicherlich nicht rein temporal verstanden werden; denn wenn man das so auffassen würde, dann würde das die Idee einer Entwicklungstheorie suggerieren, die verdecken müßte, daß ein Rückfall in sozusagen nichtrechtsstaatliche, unrechtsstaatliche Regime doch jederzeit möglich ist. Also von dieser paradiesischen endzeitlichen Vorstellung sind wir weit entfernt. Wird der Begriff „vorrechtsstaatlich" aber strukturell verstanden, dann erinnert er doch sehr deutlich an den Begriff des Vorstaatlichen, den wir gemeinhin dann verwenden, wenn wir von Menschenrechten oder vom Naturrecht sprechen. Ich bevorzuge den Ausdruck der Menschenrechte, also das suggeriert dann die Vorstellung eines vorstaatlichen Zustandes im Sinne eines Naturzustandes, im Sinne eines vor der bürgerlichen Gesellschaft existierenden Zustandes. Und ich glaube, daß das eine Kategorie ist, die nun — jetzt werde ich etwas konkreter — der DDR vollkommen unangemessen ist. Denn selbstverständlich war die DDR — Herr *Schachtschneider,* da muß ich Ihnen, falls Sie das anders gemeint haben sollten, doch sehr deutlich widersprechen — ein Staat, ein Staat mit einer Rechtsordnung, also einer legalen Ordnung, die wir heute teils als Unrecht, teils als eben positives Recht, bezeichnen. Und ich glaube, anders als eine solche Gemengelage von Unrechtsstaat und Gesetzesstaat kann man die DDR und damit das Problem auch gar nicht bezeichnen. Das führt aber zu der Überlegung, ob die Rechtsstaatskategorie, wie wir sie heute verwenden, nicht einfach überfordert ist, wenn wir glauben, daß sich aus ihr nun konkrete Entscheidungsmaßstäbe ableiten ließen. Das ist in den Referaten, meine ich, deutlich zum Ausdruck gekommen. Insbesondere in den Ausführungen von Herrn *Berg*, der ja aufgewiesen hat, daß sich Elemente des Rechtsstaatsgedankens in Konfikt miteinander befinden können, z. B. das Element der Rechtssicherheit mit dem Element des Vertrauensschutzes und dem Element der Wiedergutmachung.

Ich möchte nun, indem ich zu Gruppe 2 spreche, nicht nur zu den strafrechtlichen Problemen hier sprechen, sondern zu Problemen, die sich primär mit der Frage beschäftigen: Wie halten wir's eigentlich mit „rechtsstaatlicher" Vorteilsausgleichung, also etwa darzustellen am Beispiel der Verquickung von Wissenschaft und Politik. Wie haben wir es hinsichtlich der Frage eines wohlerworbenen Rechtes, eines Bestandsschutzes zu halten, angesichts der Tatsache, daß zweifellos einige nur auf politische Weise an ihre akademischen Ämter gekommen sind, andere dagegen nicht. Ich glaube, daß in diesem Bereich der Leistungen und der Statussicherungen, Statusanerkennung, daß da noch eine ganze Reihe von rechtsstaatlichen Einzelproblemen liegen, die mindestens genauso schwierig zu beantworten und zu lösen sein werden wie das Problem der Wiedergutmachung von zugefügtem Unrecht oder das Problem der strafrechtlichen Sanktionierung der Untaten. Letzten Endes habe ich den Eindruck, daß wir mit dem Rechtsstaatsprinzip, verstanden als formelles Rechtsstaatsprinzip, also aus der Synthese von Rechtssicherheit und Vertrauensschutz etwa, hier die Dinge nicht ordentlich in den Griff bekommen werden. Es ist, da stimme ich den Kollegen zu, die das mit verschiedenen Worten hier vorgebracht haben, es ist unabweislich und unabdingbar, hier auf den Gedanken der materiellen Gerechtigkeit und damit auf letztlich auch international anerkannte Menschenrechtsstandards zurückzugreifen. Und damit bin ich nun bei meiner ganz konkreten Frage an Herrn *Berg*, zur Gruppe 2: Herr *Berg*, Sie haben diese Problematik sehr schön für die Eigentumsfrage entwickelt, auch eben den Gegensatz zwischen wohlerworbenen Rechten unter dem Aspekt des Schutzes und der Ermunterung von neuen Investoren, aber man braucht das ja nicht nur unter diesem Aspekt zu sehen, auf der einen Seite und der Restitution oder Wiedergutachtung von entzogenem Eigentum auf der anderen Seite. Würden Sie diesen Gedanken, den Sie ja — wenn ich das recht verstanden habe — menschenrechtlich fundiert haben, nicht auch auf Arbeitsverhältnisse anwenden wollen oder sogar anwenden müssen, angesichts der Tatsache, daß doch heute der Arbeitsplatz in vielen Fällen, existenziell gesehen, das Surrogat für Eigentum geworden ist?

Murswiek: Herr *Pieroth*, ich stimme Ihrem Referat ganz überwiegend zu und möchte Ihnen nur eine Frage stellen, um Sie in einem Punkte um eine Ergänzung bzw. Präzisierung Ihrer Argumentation zu bitten. Sie haben die Weiterbeschäftigung oder Nichtweiterbeschäftigung von öffentlich Bediensteten behandelt unter dem Aspekt der Neubewertung vergangenen Verhaltens. Sie haben in diesem Zusammenhang erinnert an die Diskussion auf der Staatsrechtslehrertagung 1954. Sie haben *Friesenhahn* zitiert, haben die damalige Diskussion in Bezug gesetzt zu unserer heutigen Situation und damit zumindest einen Verblüffungserfolg erzielt. Ich frage mich, ob Sie aber mit dieser Gleichsetzung der damaligen und der heutigen Problematik nicht einen rechtlich relevanten Umstand übersehen haben, der hier doch möglicherweise zu einer unterschiedlichen Bewertung Anlaß gibt, nämlich die Frage der Kontinuität oder Diskontinuität des Staates als des öffentlichen Dienstherrn. Ich habe die Diskussion 1954 nicht nachgelesen, ich vermute aber, daß das, was Sie uns vorgetragen haben, nur zu verstehen ist vor dem Hintergrund der Diskussion um die staatliche Kontinuität. Daß Staatsrechtler und Völkerrechtler nicht nur in Deutschland und nicht nur im Hinblick auf die besondere Rechtslage Deutschlands der Nachkriegszeit über staatliche Kontinuität in verfassungsrechtlichen Umbruchsituationen streiten, daß das vielmehr eine Diskussion ist, die weltweit für solche Lagen stattfindet, das ist ja kein juristisches *l'art pour l'art*, sondern diese Diskussion wird im Hinblick darauf geführt, daß an die staatliche Kontinuität auch die Kontinuität von Rechtsverhältnissen geknüpft ist, die dieser Staat eingegangen ist. Das können völkerrechtliche Rechtsverhältnisse sein, völkerrechtliche Verträge, aber auch innerstaatliche Rechtsverhältnisse, und in unserem Zusammenhang öffentlich-rechtliche Dienstverhältnisse. Die Diskussion 1954 fand auf der Basis der fast völlig einhelligen Auffassung statt, daß zwischen dem Staat, der vor 1945 bestand, und der Bundesrepublik Deutschland eine Rechtssubjektidentität bestand und heute immer noch besteht. Diese Situation ist im Verhältnis ehemalige DDR und Bundesrepublik Deutschland anders. Die DDR ist am 2. Oktober 1990 untergegangen. Damit ist das Rechtssubjekt untergegangen, das Dienstherr der öffentlich Bediensteten in diesem Gebiet war. Somit ist die Grundlage für die Fortexistenz dieser Dienstverhältnisse entfallen, so daß diese

Dienstverhältnisse nur durch einen konstitutiven Akt in die Bundesrepublik Deutschland übernommen werden konnten, etwa durch eine Regelung im Einigungsvertrag. Meine Frage ist, ob nicht dieser Unterschied Konsequenzen haben muß für die Heranziehung verfassungsrechtlicher Bewertungsmaßstäbe. Und die Frage ist weiter, ob Sie jetzt, wenn Sie den Kontinuitäts-/Diskontinuitätsaspekt berücksichtigen, im Hinblick auf ihre Umwertungs- oder Neubewertungsproblematik andere rechtliche Konsequenzen sehen oder auch unter diesem Aspekt zu demselben Ergebnis kommen.

Rauschning: Auch ich möchte zu der Garantie von Rechtspositionen der Bürger, die dem Regime der DDR unterworfen waren, sprechen. Herrn *Berg* will ich dahingehend beruhigen, daß nicht nur materielles Sacheigentum geschützt ist, sondern daß die gegenwärtige Rechtsordnung das gesamte Eigentum im gegenwärtigen Sinne schützt. Allerdings sind eben Vertrauensgrundsätze nur soweit angebracht, als Rechtspositionen vorher bestanden. Ein Beispiel: Die Wohnungsmietverhältnisse waren in der DDR mit einer Frist von 14 Tagen kündbar. Wir haben durch die Erstreckung des BGB-Mietrechts unser gesamtes soziales Mietrecht übertragen und dessen Mietbeendigungsgründe sogar weiter eingeschränkt. Und auch bei Staatsdienerverhältnissen müssen wir uns klarmachen, daß z. B. die Richter lediglich auf die Amtsdauer der jeweiligen Volkskammer gewählt und bestellt und nicht auf Lebenszeit Richter waren, daß es einen Beamtenstatus überhaupt nicht gab und eine Unkündbarkeit von Staatsdienern gleichfalls nicht.

Als zweiten Punkt wollte ich allerdings das betonen, was Ihnen Herr *Murswiek* eben eindeutig vor Augen gestellt hat, nämlich daß die DDR als Rechtssubjekt untergegangen ist, daß alle Rechtsverhältnisse mit der DDR untergegangen sind, soweit der Einigungsvertrag nicht Regelungen dazu enthält. Der Bund ist nicht Universalsukzessor nach der DDR! Auch die Länder sind nach dem Länder-Einführungsgesetz der DDR in der Fassung des Einigungsvertrages nicht Rechtsnachfolger der Bezirke; sie sind ganz neu gebildete Rechtspersonen, und es ist doch die Frage, wie Rechtsverhältnisse, die mit untergegangenen Rechtspersonen bestanden haben, nun übergeleitet werden. Um Ihnen nur ein Beispiel zu bringen: Es ist nicht so, daß wir als Deutschland nun im Sinne des Staatshaftungsrechts haftbar sind für alles Unrecht, das die DDR begangen hat. Dann brauchten wir über Entschädigungsregeln gar nicht weiter zu reden. Es ist nicht Deutschland und es sind nicht unsere Staatsbehörden, die dieses Unrecht begangen haben. Wir haften nicht für das Unrecht der DDR, es sei denn aus Sozialgesichtspunkten im Sinne eines Ausgleichs.

Eine beschränkte Überleitungsregelung ist im einzelnen in Art. 13 des Einigungsvertrages enthalten. Sie besagt, Einrichtungen im Bereich der Kompetenz des Bundes werden Bundeseinrichtungen, entsprechendes gilt für Einrichtungen aus dem Bereich der Landeskompetenz. Was nicht weitergeführt wird als öffentliche Aufgabe, das wird lediglich dem Bund oder dem Land zur Abwicklung unterstellt. Und da möchte ich doch Herrn *Meyer* gegenüber sagen, daß auch z. B. die Sektion Marxismus-Leninismus nicht Aufgaben hatte, die von der zukünftigen Verwaltung weitergeführt werden sollen, sie werden nicht übernommen und so abgewickelt. Das gleiche gilt für die Sektionen Rechtswissenschaft, die den gesetzlichen Auftrag hatten, den politischen Funktionär in Gestalt des sozialistischen Juristen zu erziehen. Diese Aufgabe wird nicht fortgeführt, insofern ist es richtig, und das haben einige Landesgesetze in den Hochschulerneuerungsgesetzen ja ausdrücklich bestätigt, daß diese Einrichtungen abgewickelt, d. h. vorher aufgelöst sind.

Und es ist auch nicht richtig, wenn das BVerfG erklärt, daß insoweit und arbeitsrechtlich der Bund Rechtsnachfolger der DDR ist. Das wird hergeleitet aus einem Satz, der anfängt, „Soweit die Funktionen auf den Bund übergeleitet werden", sei der Bund Rechtsnachfolger. Aber man kann doch das *Soweit* nicht streichen, selbst das Bundesverfassungsgericht nicht.

Ich möchte noch etwas über die Eigentumsfrage anschließen, und zwar zu den Thesen von Herrn *Berg*, die im Bereich Nr. 19 und Nr. 20 stehen. Es geht um die Restitution und die Kritik daran, daß Restitution vor Entschädigung geht. Die Vorrangregeln, die Sie noch ausgedehnt wissen wollten zugunsten der DDR-Bürger, wirken gar nicht zugunsten der DDR-Bürger, sondern zugunsten anderer, kapitalkräftiger, westlicher Unternehmen, die z. T. auch spekulativ dort eingreifen. Und wenn sie zugunsten von DDR-Bürgern wirken, dann von solchen, die im alten Regime derartige Summen haben ansammeln können, daß sie das Kapital aufgrund der Umstellung 2 zu 1 haben, um dort in größerem Umfang zu investieren. Wirklich die allgemein Geschädigten zu begünstigen, ist praktisch nicht durchführbar.

Ich habe mit den Arbeitern bei BUNA darüber diskutiert, ob sie sich nicht an ihrem Unternehmen beteiligen. Es würde keiner einen Teil seiner Ersparnisse darauf verwenden, sich an den BUNA-Werken zu beteiligen. Die ganzen Altlasten! Und auch in Halle-Neustadt werden Sie niemanden finden, der eine von diesen Plattenbauwohnungen als Eigentumswohnung kauft und dafür einen Teil seiner Ersparnisse hingibt. Von daher kann ich nur sagen, daß gerade die Restitution von Eigentum zum Zusammenwachsen gehört: Die früheren

Eigentümer sind auch aus einer ethischen Bindung engagiert, den Besitz der Familie wieder instandzusetzen. Es kann doch nicht sein, daß die Bindungen, die von seiten der Menschen, die von dort hierher geflohen sind, noch bestehen, jetzt dadurch abgeschnitten werden, daß sie durch Zahlung eines kleinen Geldbetrages aufgehoben werden. Von daher möchte ich eben doch ein gutes Wort für die gegenwärtige Regelung einlegen.

Ein letztes zu den Überleitungsbestimmungen. Art. 22 des Einigungsvertrages besagt, daß Finanzvermögen zur Hälfte auf den Bund und zur Hälfte auf die jeweiligen Länder übergeht. Das betrifft u. a. die enteigneten Forsten. Es kann doch aber der Bund sich nicht bereichern an den aus Systemgründen vollzogenen Enteignungen und die Enteignungsbeute zu Domänen machen. Wenn man einen Dieb beerbt, muß man wissen, daß man Hehler ist.

Vorsitzender: Vielen Dank, das war schon der Übergang in den letzten Abschnitt, der sich mit Eigentumsfragen befassen soll. Ich möchte jetzt die Wortmeldungen zu diesem Abschnitt aufrufen.

Bryde: Ich möchte zwei dogmatische Bemerkungen machen. Die erste ebenfalls zum Rechtsstaat. Mit der Begrifflichkeit habe ich auch Schwierigkeiten, es geht — wie Herr *Meyer* richtig gesagt hat — auf unserer heutigen Tagung um die Bewältigung der Folgen einer Diktatur. Da aber das Thema „die Bewältigung der Folgen einer spießbürgerlichen Despotie" offensichtlich als Tagungsthema für die Staatsrechtslehrer ungeeignet ist, mußte es heißen: Der Rechtsstaat und die Bewältigung der vor-rechtsstaatlichen Vergangenheit. Und das zwingt nun die Referenten dazu, alles was es an Problemen gibt, erst einmal dem Rechtsstaatsprinzip unterzuordnen, bevor sie es behandeln dürfen, und das ist — glaube ich — ein dogmatischer Rückschritt. Wir haben eigentlich in der letzten Zeit Fortschritte gemacht beim Verzicht darauf, unmittelbar aus dem Rechtsstaatsprinzip zu judizieren. Ich finde z. B. die Verschiebung des Vertrauensschutzprinzips nach Art. 14 richtig, ich finde es dort besser aufgehoben, und solche Fortschritte werden durch unsere Tagung — unbeabsichtigt — möglicherweise rückgängig gemacht. Der eigentliche Grund, weshalb ich mich gemeldet habe, ist aber der, daß ich annahm, und Herr *Rauschning* hat damit schon begonnen, daß Herr *Berg* angegriffen würde für seine Kritik am Restitutionsprinzip; und ich wollte ihm dann nachdrücklich zur Seite stehen. Das Prinzip Restitution vor Entschädigung hat nicht nur viele pragmatische Schwierigkeiten, zum Teil katastrophale, wie viele von uns wissen. Es beruht m. E. auch auf falschen

Wertungen, und die liegen nun wiederum an einer dogmatischen Verwirrung im Rahmen des Art. 14, die man oft beobachtet. Wir sind uns eigentlich darüber einig, daß der verfassungsrechtliche Eigentumsbegriff nicht identisch ist mit dem BGB-Eigentum, sondern alle vermögenswerten Rechtspositionen umfaßt. Aber diese von uns allen geteilte dogmatische Einsicht geht immer wieder verloren, wenn man über Eigentum spricht, so daß dann eben doch, wenn man z. B. sagt „Eigentum" muß durchgesetzt werden in der Ex-DDR, ans BGB-Eigentum denkt und das BGB-Eigentum der ehemaligen Eigentümer sehr viel höher bewertet als die „kleinen" Eigentumsrechte der ehemaligen DDR-Bürger, die in einem Rechtssystem, das uns ja sehr fremd ist, erst mühsam herausgearbeitet werden müßten.

Vorsitzender: Herr *Bryde,* wenn ich dies ausnahmsweise mal sagen darf: wenn wir ein Problem in Art. 14 GG verorten, bleibt es für mich immer noch ein Problem des Rechtsstaates.

Schoch: Ganz kurz nur. Ich habe eine Frage an Herrn *Berg,* und zwar nehme ich Bezug auf Ihre These 12. Es geht mir um die Prämisse zu dieser These, wie Sie sie im Referat behandelt haben. Es geht mir, Herr *Berg,* ausdrücklich nicht um den von Herrn *Herdegen* vorhin aufgeworfenen Punkt und Ihre Antwort darauf, die lautete: Anerkennung des in der DDR erworbenen Eigentums. Meine Frage setzt prinzipieller an. — Herr *Berg,* niemand hat bestritten — um Ihr Beispiel zu nehmen —, daß eine Erfindung geistige Schöpfung ihres Urhebers ist und nicht etwa des Staates. Ebenso wird niemand in Abrede stellen, daß es über Gegenstände hier im Raum — über diesen Stuhl, diesen Tisch — eine tatsächliche Sachherrschaft gibt. Erklären Sie aber, wie diesen Realvorgängen oder Realzuständen auf vorstaatlicher Grundlage (These 12) das rechtsnormative Prädikat „Eigentum" zukommt. Nach welchem rechtlichen Maßstab bestimmen wir ohne eine dem Art. 14 Abs. 1 S. 2 GG entsprechende Regelung, welcher reale Zustand oder Vorgang zugleich rechtsnormativ als „Eigentum" zu qualifizieren ist? Ich frage Sie also nach dem Unterschied zwischen der Deskription und dem juristischen Eigentumsbegriff und nach der Verbindung zwischen beiden, die rechtlich herzustellen ist. Noch eine Bitte: Falls Sie in Ihre Antwort den Hinweis auf den „vorstaatlichen Menschenrechtsgehalt" (These 12) aufnehmen sollten, bitte ich um Erläuterung, was diesen konkret ausmacht, worin er besteht, wie weit er reicht.

Gröschner: Die heutigen Referate und die heutige Diskussion haben für mich sehr eindrucksvoll demonstriert, wie wichtig die strikte Unterscheidung zwischen verfassungsrechtlichen und verfassungstheoretischen Begründungen ist: weil in der Zunft der Verfassungsrechtler zünftig — nach den Regeln unserer Zunft — nur über verfassungsrechtliche Begründungen diskutiert werden kann. In der verfassungstheoretischen Diskussion, das zeigte sich jetzt, werden dagegen oft unzünftige politische Bekenntnisse abgegeben und unbegründete moralische Forderungen erhoben. Unbegründet in diesem ganz strikten verfassungsrechtlichen Sinne erscheinen mir, mit Verlaub, auch die Maßstabsthese 9 von Herrn *Starck* und die Eigentumsthesen 7 und 12 von Herrn *Berg*, durchgehend zünftig begründet die Thesen von Herrn *Pieroth* — übrigens auch im Hinblick auf die ex-post-Betrachtung nach Maßgabe der *Radbruch*schen Formel; ex ante befragt werden durfte nicht nur *Hans Kelsen*, sondern auch *Theodor Maunz*.

Fastenrath: Lassen Sie mich die Fallgruppen der Eigentümer und der Enteigneten noch um eine weitere Gruppe erweitern. Es gibt erstens diejenigen, die in der ehemaligen DDR ihr Eigentum behalten haben. Zweitens gibt es diejenigen, die ihr Eigentum nach dem Vermögensgesetz zurückbekommen sollen. Dann gibt es als dritte Gruppe diejenigen, die ihr Eigentum nicht zurückbekommen, entweder weil der Rückerstattungsanspruch aufgrund des Investitionsgesetzes ausgeschlossen ist oder weil die Enteignung zwischen 1945 und 1949 stattgefunden hat. Aber es gibt noch eine vierte Gruppe, nämlich diejenigen, die legal — auch nach unseren westlichen, rechtsstaatlichen Maßstäben legal — enteignet worden sind. Sie haben, wie in der DDR üblich, eine sehr geringe Entschädigung erhalten und deshalb jetzt keinen Rückerstattungsanspruch nach dem Vermögensgesetz. Wenn das BVerfG die Entschädigungspflicht bei der dritten Fallgruppe im wesentlichen mit dem Gleichheitssatz begründet hat, frage ich mich, wie man der vierten Gruppe unter Gleichheitsgesichtspunkten Rechnung tragen will.

Streinz: Ich hätte eine Anmerkung zunächst zur These 10 von Herrn *Berg*. Meiner Meinung nach ist auch die staatliche Einheit ein Verfassungsgebot gewesen, das jetzt — soweit es möglich war — erfüllt ist. Es ist aber sicher richtig, wie in These 10 ausgeführt, daß die Einheit nur zu bestimmten Bedingungen und bestimmten Zielen hergestellt werden darf. Und hier liegt der richtige Kern des Satzes „Einheit in Freiheit“, der früher leider zu Festreden, Formeln oder Schlimmerem degeneriert war. Bedenken habe ich gegen mögliche Konsequenzen aus dem Ansatz, aber vielleicht habe ich den auch nicht richtig aufgefaßt, daß der mit dem Entzug seines Eigentums verbundene Entzug seiner Funktion zum Rechtsverlust führen soll. Wenngleich, das möchte ich zugeben, der Ablauf einer bestimmten Zeit, das Ziel des Rechtsfriedens und der Erwerb neuer schützenswerter Positionen zumindest eine Schranke der Rechtsausübung dahingehend, daß nur noch Surrogate realisiert werden können, entstehen lassen können. Die vorgeschlagene Lösung der Bodenreform läßt sich aber, so meine ich, wohl mit dem Gesichtspunkt einer Art Lastenausgleich rechtfertigen als eine späte, aber erst jetzt mögliche Kriegsfolgenbewältigung. Wenn ich ganz kurz noch eine Frage an Herrn *Pieroth* anknüpfen darf: Bringt die Nürnberg-Klausel gegenüber dem von Ihnen abgelehnten Naturrecht tatsächlich einen Präzisierungsgewinn, nur weil sie schriftlich niedergelegt ist?

Vorsitzender: Vielen Dank, Herr *Streinz*. Damit ist die letzte Runde eröffnet für die Schlußworte der Referenten. Ich gebe Herrn *Pieroth* das Wort.

Pieroth: Zunächst habe ich mich natürlich sehr über die Kennzeichnung meiner Arbeit als zünftig gefreut, vor allen Dingen weil dasselbe Adjektiv auch für eine andere Tätigkeit benutzt wird, die ich gerne ausübe, nämlich das Feiern. Zünftiges Arbeiten kann man auch etwas anspruchsvoller bezeichnen, und insofern würde ich sagen, mein Anliegen war Methodenklarheit und Methodenehrlichkeit. Ich wollte hier die anerkannten juristischen Kategorien zugrundelegen, die in einer — jedenfalls für das Arbeiten zunächst vorauszusetzenden — Trennung von Naturrecht und geltendem Recht erstens, von Verfassungsrecht und einfachem Recht zweitens und von Recht und Politik drittens bestehen. Die Trennung von Verfassungsrecht und einfachem Recht bedeutet, daß wir die verfassungsrechtlichen Inhalte des Rechtsstaatsprinzips von der Verwendung des Begriffs „rechtsstaatliche Grundsätze" im einfachen Recht, insbesondere in verschiedenen Normen des Einigungsvertrages, zu unterscheiden haben, und die Auslegung dieser einfach-rechtlichen Normen in der Tat zu von dem verfassungsrechtlichen Rechtsstaatsbegriff abweichenden Einzelergebnissen führen kann. Wenn ich hiermit mein grundsätzliches Anliegen in rechtswissenschaftlicher Hinsicht gekennzeichnet habe, dann auch kurz ein Wort zu der dahinter stehenden moralischen Position. Sie läßt sich am besten kennzeichnen mit dem, was heute morgen in den Eingangsworten Herr *Raiser* gesagt hat, nämlich die Haltung des Pharisäers in der gegenwärtigen Situation zu vermeiden.

Ich bin zu einigen Punkten direkt gefragt worden, und auf diese Fragen will ich eine konkrete Antwort zu geben versuchen. Die eine Frage war von Herr *Kisker:* ob es nicht doch Vertrauenstatbestände aus vor-rechtsstaatlicher bzw. vorgrundgesetzlicher Zeit gibt. Meine grundsätzliche Antwort darauf war, daß sich dies aus einzelnen speziellen verfassungsrechtlichen Normen ergeben kann; näher ausgeführt habe ich das zu Art. 33 Abs. 2, kurz anklingen lassen habe ich das zu Art. 6 Abs. 1. Es wäre im einzelnen zu untersuchen, ob auch Art. 14 GG für die Masse der überhaupt nicht durch einen Umbruch in Frage gestellten alltäglichen Vorgänge eine solche gewisse Bestandsgarantie enthält; daß nicht die Grundbücher bei jedem Verfassungsumsturz ganz umgeschrieben werden müssen und so weiter, ist klar. Die Frage ist, ob das eine Folgerung des einfachen Rechts oder des Verfassungsrechts ist. M. E. wird das häufig nicht problematisiert, gar nicht in Frage gestellt, und von daher tritt das Problem nicht auf. Allerdings kann das Problem auftreten, und ob man dann eine verfassungsrechtliche Absicherung bestimmter vergangener Eigentumsvorgänge annehmen muß, darauf möchte ich im Moment die Antwort verweigern. Bisher hat sich das so nicht zugespitzt, außer bei der Frage, inwiefern ein Verfassungsschutz von früheren Urteilen, sozusagen ein Schutz von Urteilen gegen eine Umwertung des Gesetzgebers, anzunehmen ist. Und da hat das Bundesverfassungsgericht, gestützt auf das Rechtsstaatsprinzip, in einem engen Umfang einen Verfassungsschutz rechtskräftiger Entscheidungen gegen nachträgliche Änderungen durch den Gesetzgeber angenommen.

Das ist auch der Punkt, wo die *Kunig*sche Rechtsstaatsthese nicht ganz aufgeht — auf die hat sich ja Herr *Bryde* bezogen —, die lautet: Wir sollten nicht von Rechtsstaatlichkeit und vom Rechtsstaatsprinzip reden, sondern nur von den rechtsstaatlichen Normen. Allein in den rechtsstaatlichen Normen verkörpert sich das Rechtsstaatsprinzip. Aus anderen Quellen als aus den rechtsstaatlichen Normen des Grundgesetzes sind keine verfassungsrechtlichen Rechtsfolgen abzuleiten. Diese rechtsstaatlichen Normen sind die Gesetzesbindung und die Grundrechte. Diese These ist mir sehr sympathisch. Wie gesagt gibt es allerdings in der Rechtsprechung des Bundesverfassungsgerichts einige punktuelle richterrechtliche, möglicherweise verfassungsgewohnheitsrechtliche Fortentwicklungen, die darüber hinausreichen, wie der Verfassungsschutz rechtskräftiger Entscheidungen. Soviel zu den Fragen von Herrn *Bryde* und Herrn *Kisker.*

Kisker: Was ist mit Art. 2 Abs. 1, das ist doch keine metajuristische Norm?

Pieroth: Daß Vertrauenstatbestände durch einzelne Grundrechte festgeschrieben werden, ist wie gesagt für Art. 6 Abs. 1 und Art. 14 anerkannt, und soweit diese eingreifen, ist die Frage nach dem Auffanggrundrecht des Art. 2 Abs. 1 sowieso erledigt.

Zur Frage nach der materiellen Gerechtigkeit von Herrn *Fiedler*. Natürlich ist folgende Argumentation denkbar: Das Rechtsstaatsprinzip enthält – jetzt wiederum auf der Basis der Rechtsprechung des Bundesverfassungsgerichts und von der stringenten *Kunig*-These abgehend – zwei sich widersprechende Grundprinzipien: materielle Gerechtigkeit kontra Rechtssicherheit, das ist die objektiv-rechtliche Dimension des subjektiv-rechtlichen Vertrauensschutzes. Und dieses Spannungsverhältnis zwischen materieller Gerechtigkeit und Rechtssicherheit – so könnte man argumentieren – schlägt auch durch bei einzelnen im Umkreis des Rechtsstaatsprinzips angesiedelten Normen wie Art. 103 Abs. 2 und müßte in Fällen extremen Verstoßes gegen die materielle Gerechtigkeit auch dort sozusagen die Rechtssicherheit zurückdrängen. Das ist eine methodisch sehr unsaubere Argumentation, der ich einfach deshalb nicht folgen kann und die ich auch in mein Referat, obwohl zunächst erwogen, nicht aufgenommen habe.

Herr *Murswiek* hat mich gefragt: Wie steht es mit der Vergleichbarkeit zwischen der Situation nach 1945 und 1989? Es müssen hier zwei Unterscheidungen gemacht werden: die Unterscheidung zwischen Staat und Verfassung und die Unterscheidung zwischen allgemeinen Rechtsgrundsätzen und speziell positivierter Regelung. 1945 hat man zwar mit der Staatskontinuität argumentiert für das Weiterbestehen der Beamtenrechtsverhältnisse, aber durchgesetzt hat sich die Auffassung des Bundesverfassungsgerichts, daß das nicht notwendig miteinander gekoppelt ist. Die Beamten schuldeten insoweit Verfassungsloyalität und nicht Staatsloyalität, und die Frage, ob der Staat weiter besteht, entscheidet nicht im gleichen Atemzug die Frage, ob die Beamtenverhältnisse fortbestehen. Nach 1989 haben wir dagegen eine ziemlich spezielle Regelung: Der Einigungsvertrag hat eben für diese Frage – jedenfalls soweit bestimmte Einrichtungen usw. fortgeführt werden – die Bundesrepublik Deutschland als Rechtsnachfolgerin der DDR eingesetzt. Und insofern haben wir jetzt diese spezialgesetzliche Regelung, die dazu führt, daß die Bediensteten, soweit sie nicht entlassen werden, der neuen Verfassung Loyalität schulden, wie 1949 die wiedereingestellten Beamten dem Grundgesetz Loyalität schuldeten. Insofern vermag ich, trotz der anders ausgestalteten positiv-rechtlichen Regelung, an der Einschlägigkeit des Art. 33 Abs. 2 in beiden Fällen in gleicher Weise keine Abstriche zu machen.

Präzisierungsgewinn durch die Nürnberg-Klausel, Herr *Streinz.* Das war das letzte, was ich mir noch schnell notiert habe, bevor ich hier gleich in die Antwort eintreten mußte. Natürlich, die Formeln in der Europäischen Menschenrechtskonvention und im Internationalen Pakt über bürgerliche und politische Rechte unterscheiden sich nicht stark. Die Formel, die im Kontrollratsgesetz Nr. 10 gefunden wurde, nennt – und darauf habe ich mich bezogen bei meinem Verfassungsänderungsvorschlag bzw. der Möglichkeit der Verfassungsänderung durch einen Zusatz zu Art. 103 Abs. 2 – Verbrechen gegen die Menschheit / Menschlichkeit. Und da hat es immerhin Anwendungsfälle gegeben, dazu haben wir das Statut über das International Military Tribunal. So haben wir eine ziemlich breite internationale Diskussion über die einzelnen Tatbestandsmerkmale, etwa daß es sich um einen auf breiter Ebene und umfassend vorgetragenen Angriff auf die Menschlichkeit handeln muß. Also hier existieren Elemente einer tatbestandlichen Eingrenzung, die noch nicht perfekt sind, die aber m. E. die wirklich extremen Fälle erfassen – und um die geht es uns ja auch, um die ging es *Radbruch* und um die geht es denjenigen, die heute die *Radbruch*sche Formel verteidigt haben.

Berg: Ich möchte die Gelegenheit eines letzten Wortes nutzen, dem Vorstand zu danken dafür, daß er mir Gelegenheit gegeben hat, zu diesem Thema hier und heute zu sprechen. Es war für mich eine faszinierende Aufgabe, die mich sehr gefordert hat. Sie heute offensichtlich auch. Ich wünschte mir, daß noch vielen, vor allem jüngeren Kollegen die Möglichkeit gegeben wird, eine solche Aufgabe ebenfalls anzugehen.

Ich komme nun zu einigen Fragen, die an mich gerichtet worden sind. Herr *Pitschas,* Sie fragen nach sozialen Lernmechanismen und Sie fragen danach, wie etwa konkret für mehr Wohnungen gesorgt werden könnte auf der Grundlage meiner Thesen. Sie wissen wahrscheinlich – es ist ja oft genug durch die Presse gegangen und geht dort täglich durch –, wie verkommen die Wohnungen in der früheren DDR waren. Es ist für uns heute schwer vorstellbar, wie jemand seine eigene Wohnung verkommen lassen kann. Das ist wohl nur dadurch erklärbar, daß sich die Menschen drüben des Staatseigentums, des „Volkseigentums", sehr bewußt waren und dieses Staatseigentum haben verkommen lassen, um den *Staat* zu treffen, wo sie ihn treffen konnten. Eine furchtbare Vorstellung eigentlich, wenn man sich überlegt, daß die Menschen ohne Perspektive einer Veränderung in dieser Situation leben mußten.

Wenn jetzt dank einer rechtsstaatlichen Ordnung diesen Menschen eigenes Eigentum verschafft werden könnte, dann würde sich ihr eigenes Interesse auf Investitionen in die Substanz ihrer Wohnungen richten. Ich kann das nicht so pessimistisch sehen wie Herr *Rauschning*. Man hat den Versuch doch gar nicht gewagt. Man hat den Versuch jedenfalls nicht sofort gewagt, sondern man hat in erster Linie die Restitution begünstigt, und die Aufrechterhaltung der Ergebnisse der sogenannten „Bodenreform" von 1945 bis 1949 hat ja den Menschen nichts gebracht; denn die damals konfiszierten Grundstücke waren im wesentlichen zurückgefallen ins Volkseigentum; diese „Bodenreform" war von vornherein aufs Scheitern hin programmiert worden. Diese Grundstücke nicht zurückzugeben bedeutete eine Begünstigung des Staates, und das war wohl im Einigungsvertrag auch so beabsichtigt. Dieses Ergebnis kann man ganz sicher nicht als Beleg dafür nehmen, daß eine andere Bodenreform, nämlich eine Ermöglichung des Eigentums Privater, also eine Ermöglichung wirklichen Eigentumserwerbs, den Menschen in der DDR nicht doch das Selbstbewußtsein und die Chance gegeben hätte, sich selbst zu verwirklichen auf dieser neuen Grundlage. Denn auf dieser Grundlage hatten *wir* nach 1945 ja immerhin wieder aufbauen können. Die Enteignungen im „Dritten Reich" hatten bekanntlich nicht die Dimension angenommen wie die prinzipielle Eigentumsvernichtung in der DDR. — Herr *Denninger* fragte danach, ob man Arbeitsverhältnisse nicht auch menschenrechtlich fundieren könne: Arbeit gewissermaßen als Eigentum. Hier habe ich prinzipiell überhaupt keine Bedenken bei geleisteter Arbeit. Das darf jetzt nicht als Widerspruch zu meinen sonstigen Thesen verstanden werden, das muß ich hier jetzt etwas verkürzt formulieren. Selbstverständlich kann ein Menschenrecht der Arbeit nicht im Sinne einer eigentumsmäßig verfestigten Arbeitsplatzgarantie verstanden werden. Davon kann keine Rede sein. Genau umgekehrt muß es funktionieren: Eigentum ist Voraussetzung für Arbeit. Ohne Produktivität, ohne Investitionen können keine Arbeitsplätze geschaffen werden. Es muß jedem die Möglichkeit gegeben werden, Arbeitsleistung zu erbringen. Diese Möglichkeit läßt sich aber nur durch eine intakte Eigentumsordnung schaffen. Selbstverständlich muß eigentumskräftig gesichert sein, was an Dienstzeiten — Herr *Häberle* hatte das vorhin ja schon angesprochen — geleistet worden ist. Es kann nicht angehen, daß wir den Menschen, die 40 Jahre im öffentlichen Dienst tätig waren, ihre Lebensarbeitszeit wegnehmen. Darüber, glaube ich, kann man heute nicht mehr geteilter Meinung sein. Aber eine Arbeitsplatzgarantie kann in der Marktwirtschaft eines sozialen Rechtsstaates nicht als eigentumskräftige Position fundiert sein. –

Zu den Fragen von Herrn *Schoch* und Herrn *Gröschner* zur rechtsnormativen und faktischen Problematik meines Eigentumsbegriffs. Ich bin mir völlig bewußt, daß ich bei der Verwendung des Eigentumsbegriffs gewechselt habe zwischen faktischem und rechtlichem Begriff, weil mir eine andere Begrifflichkeit nicht zu Gebote stand. Ich danke Herrn *Zippelius* für den Hinweis, daß diese Unterscheidung wohl auf *Rousseau* zurückgeht. Hätte ich nun aber den Begriff „Besitz" für die faktische Inanspruchnahme vermögenswerter Güter verwendet, so wäre dieser Begriff hier auch wieder rechtlich aufgeladen gewesen und hätte zur Klarstellung nichts gebracht. Normativ kann ich nicht im Hinblick auf die vor-rechtsstaatliche Zeit argumentieren, weil in der DDR vor der Wiedervereinigung subjektiv-öffentliche Rechte nicht existiert haben, so daß wir also nur auf die vorstaatlichen Menschenrechte zurückgreifen können. Und da sehe ich den vorstaatlichen Menschenrechtsgehalt des Eigentums eben in der materiellen Basis, in dem, was man faktisch braucht, um seine Existenz zu sichern, seine Grundrechte zu verwirklichen und seine Persönlichkeit zu entfalten. Sie können zu jedem Grundrecht eine Eigentumsposition, eine materiell unverzichtbare, faktische Basis formulieren, die zu dem Grundrecht unbedingt dazugehört. Eigentum und Freiheit sind menschenrechtlich-vorstaatlich nicht voneinander zu trennen. Niemand kann arbeiten, ohne irgendeine Substanz an materiellen Gütern zu haben, wenn er einen Arbeitsertrag erwirtschaften will. Den Rechtsstaat haben wir im Gebiet der früheren DDR eben erst seit einem Jahr, aber Grundrechtsverwirklichungen, Menschenrechtsverwirklichungen gab es schon in der vor-rechtsstaatlichen Zeit. Und das, was an materiellen Vorgaben da war, muß jetzt rechtsstaatlich anerkannt werden – das ist die Aufgabe der rechtsstaatlichen Aufarbeitung unserer Zeit. Es ist sicher ein mühsames Geschäft festzustellen, was denn nun der einzelne erwirtschaftet hat und von welcher materiellen Basis er ausgehen durfte. Aber ich glaube, daß die Prozeßflut, die dank des Restitutionsgrundsatzes noch auf uns zukommen wird und schon auf uns zugekommen ist, daß die nicht geringere Probleme aufwirft, ohne aber zugleich den positiven Effekt zu haben, den Menschen von vornherein die grundrechtliche Sicherung zu geben, die sie als Menschen verdient haben.

Ich möchte enden mit einem kurzen Ausblick. Ich bin etwas überrascht gewesen, daß mein bundesstaatlich gefärbtes Schlußwort zum Ende des Referats nicht aufgegriffen worden ist; denn ich bin überzeugt, daß der Rechtsstaat allein es nicht schaffen kann, die durch die kommunistische Vergangenheit entstandenen Probleme zu bewältigen. Selbst als sozialer und demokratischer Rechtsstaat wird er die Aufarbeitung dieser Vergangenheit nicht bewältigen können. Entscheidend gefordert ist vielmehr auch der Bundesstaat. Der Bundesstaat, der nicht nur zum Schutz lebenswerter Vielfalt, sondern auch mit dem Ziel mobilisiert werden muß, gespaltene Rechtsordnungen erträglich zu machen. Aber das wäre ganz sicher ein neues Thema.

Zum Abschluß ein Zitat. In einer natürlich hier nicht mitteilbaren Fußnote habe ich in meinem Referat den in Bayreuth geborenen Begründer des „individualistischen Anarchismus" *Max Stirner* zitiert mit seinem Hauptwerk „Der Einzige und sein Eigentum". Es gibt aber mindestens noch einen Bayreuther, an den zu erinnern lohnt. Ich denke hier an *Jean Paul.* Ich zitiere aus seiner 1809 in den „Dämmerungen für Deutschland" erschienenen „Kriegs-Erklärung gegen den Krieg": „Auf der kleinen Erde sollte nur ein Staat liegen — um den häßlichen Widerstreit zwischen Moral und Politik, zwischen Menschenliebe und Landesliebe auszutilgen; — nicht aber eben eine Universalmonarchie sollte sein, weil diese wenigstens die Bürgerkriege zuließe, sondern eine Universalrepublik oder ein Fürsten- und Staatenbund und Föderativsystem der Kugel".

Ich danke Ihnen.

Starck: Meine Damen und Herren. Ich möchte zum Schluß auf vier Punkte besonders eingehen, zunächst ganz kurz zu den Stasi-Akten sprechen, und zwar zu der Frage, die Herr *Pitschas* aufgeworfen hat. Sodann möchte ich mich zu den noch übriggebliebenen Diskussionsvoten zum Rechtsstaatsbegriff äußern. Drittens werde ich mich Problemen, die Herr *Meyer* in seinem umfassenden Diskussionsvotum aufgeworfen hat, zuwenden und schließlich viertens etwas zu Begriff und Vollzug der Aufarbeitung sagen.

Zu den Stasi-Akten: Herr *Pitschas,* Sie haben nach den materiellen Elementen eines Gesetzes gefragt, das sich mit den Stasi-Akten beschäftigt. Ich bin mir nicht ganz sicher, ob ich Sie mißverstehe. Aber Sie können doch wohl nur die inhaltlichen Regeln meinen, also was man mit den Akten macht. Darüber ist hier schon ausführlich diskutiert worden. Ich will jetzt insoweit gar nicht meinen Vortrag erwähnen, sondern nur erinnern, daß es eine Anhörung im Innenausschuß des Bundestages gegeben hat und man im einzelnen versucht hat, sich klarzuwerden, wieweit man die Stasi-Akten als Beweismittel verwenden kann, wieweit sie dienlich sein können zur Selbstvergewisserung der Opfer, wer diese bespitzelt hat und dergleichen, daß auch der Schutz der Opfer eine Rolle spielt und daß schließlich die Frage der historischen Aufarbeitung der DDR-Vergangenheit eine Rolle spielen muß. Diese kann nur geleistet werden, wenn man die Stasi-Akten, möglicherweise später anonymisiert, zur Verfügung hat. Ich hoffe, daß ich mit diesen Bemerkungen Ihre Fragen einigermaßen beantwortet habe.

Zweitens zum Rechtsstaatsbegriff: Es ist zunächst auf ein Diskussionsvotum zurückzukommen, das Herr *Fastenrath* in der ersten Hälfte der Diskussion gegeben hat. Er hat für einen neuen Rechtsstaatsbegriff plädiert: wir dürften unseren Rechtsstaatsbegriff der ehemaligen DDR nicht aufdrängen, sondern müßten berücksichtigen, daß dort ein Lebensentwurf gescheitert sei, der ernst genommen werden müsse. Darauf hat Herr *Maurer* schon zutreffend erwidert, daß es primär nicht um den Lebensentwurf des DDR-Regimes gehe, sondern um die dort in der Vergangenheit stattgefundene Unterdrükkung. Der Lebensentwurf war ja nicht der Lebensentwurf der Bevölkerung, sondern war ihr von der SED aufgedrängt. Und dabei war weit und breit nichts zu erkennen, was den Namen Rechtsstaat verdient. Herr *Bryde* hat dann die interessante Frage aufgeworfen, warum wir eigentlich mit dem Rechtsstaatsprinzip operieren. Wir seien doch schon viel weiter. Wir hätten das Rechtsstaatsprinzip analysiert und wüßten, daß wir den Rechtsstaatsbegriff gar nicht brauchten. Denn alles, was wir im Rechtsstaatsbegriff versammelten, sei durch andere Verfassungsnormen, insbesondere durch die Grundrechte geschützt. Der Rechtsstaatsbegriff ist uns vorgegeben durch den Einigungsvertrag und durch die vielen anderen Gesetze, die mit ihm arbeiten. Zudem ist „Rechtsstaat" ein Verfassungsbegriff und eine der kostbarsten Errungenschaften der Verfassungsentwicklung des 19. Jh. Es ist unsere Aufgabe als Juristen, mit solchen wohlbekannten legislatorischen Vorgaben hantieren und operieren zu können. Warum wir bei der Aufarbeitung der DDR-Vergangenheit auf einen allgemeinen minimalen Rechtsstaatsbegriff zurückgreifen müssen, habe ich in meinem Vortrag begründet. Ich widerspreche insoweit Herrn *Gröschner*, der in diesem Zusammenhang gesagt hat: wir seien eine Staatsrechtslehrervereinigung und wir hätten uns nur mit verfassungsrechtlichen Fragen zu befassen, nicht aber mit politischen und theoretischen Fragen. Das Verfassungsrecht hängt an der Verfassungstheorie. Ferner kann ich auch die Historie nicht verdrängen; denn ich kann die verfassungsrechtlichen Institutionen nur verstehen, wenn ich ihre Herkunft kenne. Schließlich muß ich auch rechtsvergleichend argumentieren können, gerade wenn es um die Herausarbeitung von „rechtsstaatlichen Grundsätzen" geht.

Ich komme jetzt drittens zur Stellungnahme von Herrn *Meyer*, der mir die These 12 vorgehalten und gesagt hat, daß diese zu einer ungeheuren Bürokratie führen werde. Die These ist vielleicht ungeschickt formuliert worden. Mir ging es bei der These 12, die nur eine Abstraktion längerer Ausführungen im mündlichen Vortrag ist, hauptsächlich darum zu zeigen, daß eine bloße Unrechtsbereinigung im Hinblick auf Strafurteile und Strafverfahren der Sache deshalb nicht gerecht wird, weil starke Schädigungen und willkürliche Behandlungen eben auch durch Verwaltungsmaßnahmen stattgefunden haben. Der Gesetzgeber wird sich über weitere Typen von Unrecht, das vorgekommen ist, Klarheit verschaffen müssen und dann entsprechende Zweite, Dritte SED-Unrechtsbereinigungsgesetze erlassen müssen. Das ist der Inhalt meiner These. Sie nicken, Herr *Meyer*, was mich freut. Sie haben dann einen schwerer wiegenden Vorwurf erhoben im Hinblick auf die These 15, die sich mit der Abwicklung von Institutionen beschäftigt. Sie haben Personen und Institution gegenübergestellt und mir Formenmißbrauch bei Verwendung des Instituts der Abwicklung vorgehalten. Ich meine aber, Herr *Meyer*, daß man so nicht trennen kann zwischen Institution und Personen. Es zeigt sich ganz besonders deutlich im Hinblick auf die Marxismus-Leninismus-Institutionen, die die Aufgabe hatten, diese Ideologie an die Menschen zu vermitteln, daß Institution und Personen zusammenfallen. Und so verhält es sich auch in den Sektionen für Rechtswissenschaft. Wenn es um die Frage geht, wie behandele ich eine solche Sektion Rechtswissenschaft, die hauptsächlich aus Professoren und Assistenten besteht, die von Ausbildung und bisheriger Tätigkeit her gesehen in aller Regel nicht geeignet sind, dem Lehrkörper einer juristischen Fakultät anzugehören, die etwas qualitativ anderes ist als eine Sektion für Rechtswissenschaft, so kann ich die Frage Abwickeln oder bloß Kündigen nicht von den Sekretärinnen her aufrollen, die in aller Regel (falls sie nicht Stasi-Spitzel waren) geeignet sind, ihren Arbeitsplatz zu behalten.

Sie haben dann, Herr *Meyer*, und damit komme ich zum vierten Punkt, an dem Begriff der Aufarbeitung Kritik geübt. Uns war der Begriff vom Vorstand vorgegeben und wir konnten auch damit arbeiten. Sie haben aber dann, und das wiegt schwerer, gesagt, die Aufarbeitung sei gar nicht unsere Arbeit, sondern die Aufarbeitung sei die Arbeit, die drüben in den neuen Ländern geleistet werden müsse. Das stimmt nur zum Teil. Wer aufzuarbeiten hat, ist ein Kompetenzproblem. Es gibt Aufarbeitung, die der Bundesgesetzgeber leistet. Es gibt Aufarbeitung, die die Landesgesetzgeber leisten. Wir als Staatsrechtslehrer können natürlich alles diskutieren, da wir nicht an Kompetenzen gebunden sind. Die Aufarbeitung der vor-rechtsstaatlichen Vergangenheit hat aber schon Ende März 1990 begonnen, und zwar innerhalb der DDR, nachdem die Volkskammer frei gewählt und eine Regierung gebildet worden ist. Es ist daran zu erinnern, daß die rechtliche Änderung des Instituts der Kassation, das erste Rehabilitierungsgesetz, auch das Stasi-Aktengesetz Gesetze der DDR sind. Wir konnten, nachdem diese erste Phase der Aufarbeitung in der DDR begonnen hat, in Fortsetzung dieser Aufarbeitung in der zweiten Phase davon nicht absehen. Bei der Rehabilitierung und beim Stasi-Aktengesetz zeigte sich, daß gewisse Änderungen notwendig waren. Aber die Lösungen sind in der zweiten Phase durch Maßgaben zu DDR-Gesetzen im Einigungsvertrag oder durch entsprechende Bundesgesetze nur weiterentwickelt worden. Die zweite Phase der Aufarbeitung, in der wir uns jetzt immer noch befinden, steht in Kontinuität zur ersten Phase der Aufarbeitung.

Nun eine letzte Bemerkung, die auch mit der Aufarbeitung zusammenhängt. Interessanterweise lag der Schwerpunkt der Diskussion bei der strafrechtlichen Aufarbeitung. Fast jeder zweite Diskussionsteilnehmer hat über die strafrechtliche Aufarbeitung gesprochen. Wenn diese Diskussion gedruckt vorliegt, ist das ganze Spektrum entfaltet, ob und wie eine strafrechtliche Aufarbeitung möglich ist. Wer sich mit dem Strafrecht zwangsläufig beschäftigen mußte, um diesen Vortrag auszuarbeiten, der hat sich die Vor- und Nachteile der verschiedenen Lösungen schon klargemacht und dann zu einer Lösung durchgerungen. Ich habe mit großem Interesse gehört, was dazu gesagt worden ist. Gestatten Sie mir dazu am Schluß eine Einschätzung: Aus zwei Gründen werden wir um die strafrechtliche Aufarbeitung nicht herumkommen. Der erste Grund ist, daß nach 1945 auch strafrechtliche Aufarbeitung stattgefunden hat. Die dabei angewandten Grundsätze werden auch heute maßgeblich sein. Zweitens hat das Strafrecht in der Bevölkerung nun einmal eine große Bedeutung, um festzustellen, was Recht und Unrecht ist. Ich erkenne selbstverständlich, daß Unrechtsfeststellung auch anders stattfinden kann als im Wege eines Strafprozesses. Aber in der Bevölkerung spielt das Strafrecht eine so große Rolle. Und deswegen will ich voraussagen, daß wir mit der strafrechtlichen Abwicklung oder Aufarbeitung zu tun haben werden, auch wenn sie für viele enttäuschend sein wird.

Vorsitzender: Wir sind am Ende unserer heutigen wissenschaftlichen Beratungen angelangt. Ich bin überzeugt, es war ein denkwürdiger Tag in der Geschichte unserer Vereinigung. Wir begehen in Deutschland heute zum zweiten Mal den Tag der Einheit. Indem es sich so gefügt hat, daß dieser Tag auch das Datum unserer staatsrechtlichen Beratungen war, war die Behandlung des Themas der Verwirklichung des Rechtsstaatszieles in Auseinandersetzung mit der Hinterlassenschaft des SED-Staates unser Beitrag zur Einheitsfindung in Deutschland. Ich hoffe, d. h. ich bin sicher, daß dieser Beitrag sein Gewicht, seine Nachwirkungen haben wird. Dafür ist den Referenten und allen Diskussionsteilnehmern zu danken.

Zweiter Beratungsgegenstand:

Eigentum, Sozialbindung und Enteignung bei der Nutzung von Boden und Umwelt

1. Bericht von Prof. Dr. *Heinz Peter Rill*, Wien

Inhalt

I. Die Rechtsquellen

Die verfassungsrechtliche Garantie des Eigentums in Österreich geht — wie die meisten unserer Grundrechte — auf das Jahr 1867 zurück. Der Art. 5 des Staatsgrundgesetzes über die allgemeinen Rechte der Staatsbürger der im Reichsrathe vertretenen Königreiche und Länder (StGG), das 1920 Teil der Bundesverfassung der Republik Österreich wurde[1], lautet: „Das Eigentum ist unverletzlich. Eine Enteignung gegen den Willen des Eigentümers kann nur in den Fällen und in der Art eintreten, welche das Gesetz bestimmt." Als lex specialis garantiert Art. 6 des Staatsgrundgesetzes allen Staatsangehörigen, daß sie Liegenschaften aller Art erwerben und über diese frei verfügen dürfen. Einen ausdrücklichen Gesetzesvorbehalt enthält dieses Grundrecht nur für Beschränkungen für bestimmte kirchliche Einrichtungen. 1964 trat als Bestimmung im Bundesverfassungsrang der Art. 1 des (ersten) Zusatzprotokolls zur Menschenrechtskonvention (ZP) hinzu[2], der den Rechtsunterworfenen nach dem derzeitigen Stand der Straßburger Rechtsprechung keine günstigere Position als die beiden aus monarchischer Zeit stammenden Grundrechte gewährt.

Als boden- und umweltpolitische Entscheidungen, die eine bundesverfassungsrechtliche Verankerung gefunden haben, besitzen zwei kompetenzrechtliche Anordnungen und das Bekenntnis zum Umweltschutz für die Auslegung der Eigentumsgrundrechte nicht zuletzt im Blickwinkel unseres Themas Relevanz. Die Bundesverfassung ermächtigt die Landesgesetzgeber, den Verkehr mit land- und forstwirtschaftlichen Grundstücken[3] und den Liegenschaftserwerb durch Ausländer[4] verwaltungsbehördlichen Beschränkungen zu unterwerfen, was das Grundrecht auf freien Liegenschaftsverkehr — jedenfalls explicite — nicht zuläßt. 1984 wurde das Bundesverfassungsgesetz über den umfassenden Umweltschutz erlassen[5]. Seinen normativen Gehalt muß man in der Legaldefinition dieses Schutzes[6] und in dem

---

[1] Art. 149 Abs. 1 B-VG.

[2] Art. II Z 7 BVG BGBl. 1964/59.

[3] Rechtssatz des Kompetenzfeststellungserk. des VfGH (Slg. 2658/1954): „Die Regelung des Verkehrs mit land- und forstwirtschaftlichen Grundstücken ... steht ... gemäß Art. 15 Abs. 1 B-VG in Gesetzgebung und Vollziehung den Ländern zu." Der Rechtssatz hat nach h. A. Bundesverfassungsrang.

[4] Art. 10 Abs. 1 Z 6 B-VG.

[5] BGBl. 1984/491.

[6] § 1 Abs. 2: „Umfassender Umweltschutz ist die Bewahrung der natürlichen Umwelt als Lebensgrundlage des Menschen vor schädlichen Einwirkungen. Der umfassende Umweltschutz besteht insbesondere in Maßnahmen zur Reinhaltung der Luft, des Wassers und des Bodens sowie zur Vermeidung von Störungen durch Lärm."

Satz suchen: „Die Republik Österreich (Bund, Länder und Gemeinden) bekennt sich zum umfassenden Umweltschutz."[7] Dem sogenannten *Konrad-Lorenz*-Volksbegehren, das etwa 353 000 Wahlberechtigte unterstützt haben[8] und das auf die Schaffung eines Grundrechts auf umfassenden Umweltschutz gerichtet war[9], blieb ein Erfolg versagt.

Welchen Schutz die Eigentumsgrundrechte und die erwähnten boden- und umweltschutzrechtlichen Regelungen im Gesamtzusammenhang der Bundesverfassung dem Eigentum gewähren und welchen Aktionsradius sie dem einfachen Gesetzgeber bei der Bewältigung der aktuellen boden- und umweltpolitischen Probleme eröffnen, möchte ich nun unter Orientierung an jenen Schwerpunkten darlegen, die unserem Vorstand und den Berichterstattern wesentlich erschienen.

II. Schutzobjekt der Eigentumsgarantie

A. Die Eigentumsgarantie schützt die vermögenswerten Privatrechte

Art. 5 des Staatsgrundgesetzes und Art. 1 des Zusatzprotokolls zur Menschenrechtskonvention schützen — darin sind sich Lehre[10] und Rechtsprechung[11] einig — alle vermögenswerten Privatrechte. Ob sich der Schutz darin erschöpft, lasse ich vorerst offen. Der Grundrechtsgesetzgeber von 1867 hat sich bei der Verwendung des Begriffs Eigentum am ABGB orientiert. Eine andere Orientierung ist durch nichts indiziert. Art. 5 stellt das Eigentum, wie es § 353 ABGB abgrenzt, unter Schutz[12]. § 353 lautet: „Alles, was jemandem zugehört, alle seine körperlichen und unkörperlichen Sachen, heißen sein

---

[7] § 1 Abs. 1.

[8] ABl. zur WrZtg. vom 22. 3. 1985.

[9] Text des Begehrens in 607 d. Blg. z. d. StenProt. d. Nationalrats XVI. GP.

[10] Vgl. die Nachweise bei *Aicher*, Grundfragen der Staatshaftung bei rechtmäßigen hoheitlichen Eigentumsbeeinträchtigungen (1978) 302 Fn. 228, *Adamovich/Funk*, Österreichisches Verfassungsrecht[3] (1985) 421; *Walter/Mayer*, Grundriß des Verfassungsrechts[6] (1988) Rdn. 1370 und *Ermacora*, Grundriß der Menschenrechte in Österreich (1988) Rdn. 993.

[11] Vgl. die Nachweise bei *Aicher* (Fn. 10) 302 Fn. 229 und bei *Öhlinger*, Eigentum und Gesetzgebung in Österreich, EuGRZ 1984, 557 (560 f.) sowie aus jüngster Zeit VfSlg. 11689/1988.

[12] Das ABGB kennt in § 354 auch einen engeren Eigentumsbegriff (Eigentum an körperlichen Sachen). Für eine Beschränkung der Eigentumsgarantie auf das Sacheigentum läßt sich ein einsichtiger Grund nicht finden. So auch *Aicher* (Fn. 10) 305 ff.

Eigentum." und definiert damit Eigentum als Inbegriff der vermögenswerten Privatrechte[13]. Eben diese Rechte sind auch unter den Eigentumsbegriff des Art. 1 des Zusatzprotokolls subsumierbar[14], der nach herrschender Auffassung im Sinne des Völkergewohnheitsrechts zu interpretieren[15] ist.

Welche vermögenswerten Privatrechte den Rechtsunterworfenen zukommen, hängt von der zivilen Vermögensrechtsordnung ab, deren Gestaltung der Gesetzgebung obliegt. Anders gewendet, der Inhalt des Eigentums wird durch die Gesetze bestimmt. Dies gilt — wenngleich nicht ausdrücklich normiert wie in Art. 14 des Bonner GG — auch in Österreich[16]. Ebensowenig wie in der BRD[17] steht aber deshalb der Umfang des verfassungsrechtlichen Eigentumsschutzes zur unumschränkten Disposition des einfachen Gesetzgebers[18]. Vielmehr hat er sich bei der Bestimmung des Inhalts des Eigentums innerhalb nicht allzu weit gesteckter Schranken zu bewegen.

Was den Art. 5 StGG anbelangt, sind diese Schranken in den wesentlichen Elementen der präkonstitutionellen Bestimmung des Inhalts des Eigentums zu sehen[19]. Das Prädikat „wesentlich" verdienen jene Elemente, auf die die prägenden Grundgedanken dieser präkonstitutionellen Ordnung hinweisen und die im Lichte des Telos der Eigentumsgarantie des Art. 5 Bedeutung haben, wie es sich vor

---

[13] Vgl. die Definition von körperlichen und unkörperlichen Sachen in § 292 ABGB.

[14] *Böckstiegel,* Die allgemeinen Grundsätze des Völkerrechts über die Eigentumsentziehung (1963) 26 ff.; *Frowein/Peukert,* EMRK-Kommentar (1985) Rdn. 5–7 zu Art. 1 des 1. ZP; *Dolzer,* Eigentum, Enteignung und Entschädigung im geltenden Völkerrecht (1985) 170.

[15] *Böckstiegel* (Fn. 14) 22 ff.; *Frowein/Peukert* (Fn. 14) Rdn. 4 zu Art. 1 des 1. ZP; *Dolzer* (Fn. 14) 170 f.

[16] Dies ergibt sich jedoch nicht — wie *Aicher* (Fn. 10) 93 meint — mangels einer ausdrücklichen Regelung, wie sie Art. 14 Abs. 1 Satz 2 GG enthält, „aus einem ‚denknotwendig' angenommenen Gesetzesvorbehalt", sondern daraus, daß der Eigentumsbegriff des § 353 ABGB, an dem sich Art. 5 StGG orientiert, ein Verweisungsbegriff ist. Zur deutschen Rechtslage vgl. insbesondere *Rudolf Wendt,* Eigentum und Gesetzgebung (1985) 33 ff. und *Rüdiger Breuer,* Die Bodennutzung im Konflikt zwischen Städtebau und Eigentumsgarantie (1976) 19 ff.

[17] *Papier* in *Maunz/Dürig* et al., Grundgesetz. Kommentar (Loseblatt 1958 ff.), Rdn. 252–278 zu Art. 14; *Breuer* (Fn. 16) 19 ff.; *Wendt* (Fn. 16) 144 ff.

[18] *Aicher* (Fn. 10) 86 ff.; *Öhlinger* (Fn. 11) EuGRZ 1984, 557 (569 f.); *Karl Korinek,* Zur Lage des Eigentumsschutzes in Österreich, Wirtschaftspolitische Blätter (WipolBl.) 1982, 125 (127 f.)

[19] *Aicher* (Fn. 10) 93 spricht in diesem Zusammenhang vom Leitbild eines durch einfachgesetzliche Normierung auszugestaltenden Sozialbezuges.

dem historischen Hintergrund von 1867 und auf Grund des Zusammenhangs der Eigentumsgarantie mit den anderen Grundrechten des Wirtschaftslebens darstellt. Danach ist die Eigentumsgarantie – wie vor allem *Karl Korinek*[20] zutreffend herausgearbeitet hat – darauf gerichtet, eine grundsätzlich marktwirtschaftliche Ordnung zu gewährleisten. Art. 5 ist ein Kind des Liberalismus, ohne daß aber – wie in Österreich seit jeher unbestritten ist – diese Abkunft zur verfassungsrechtlichen Verankerung einer liberalistischen Wirtschaftsordnung geführt hätte[21]. Die Schranken für die einfachgesetzliche Bestimmung des Inhalts des Eigentums nach Art. 1 des Zusatzprotokolls sind aus dem Völkerrecht zu gewinnen.

Schließlich unterliegen Änderungen der Inhaltsbestimmung des Eigentums zu Lasten des Eigentümers, also Inhaltsbestimmungen, die zugleich Schrankenbestimmungen sind[22], dem aus der Grundrechtsordnung abzuleitenden Gebot, daß Eigentumseingriffe dem Verhältnismäßigkeitsgrundsatz zu entsprechen haben[23].

Lassen Sie mich nun einige Aussagen zu dieser Schrankenziehung machen, die für unser Thema relevant sind. Da ist zunächst einmal festzuhalten: Die Eigentumsgarantie beschränkt sich angesichts ihrer dargelegten Zielsetzung nicht auf das sogenannte persönliche Eigentum, sondern umfaßt auch das Eigentum an den Produktionsmitteln Boden und Kapital, welcher Größenordnung immer[24].

---

[20] *Karl Korinek*, Verfassungsrechtlicher Eigentumsschutz und Raumplanung (1977) 15, *Ermacora* (Fn. 10) Rdn. 992; *Karl Wenger*, Grundriß des österreichischen Wirtschaftsrechts I (1989) Rdn. 176 f.; *Pernthaler*, Raumordnung und Verfassung III (1990) 400.

[21] Entgegen *Öhlinger* (Fn. 11) 562 ist eine liberalistische Deutung des Art. 5 nicht deshalb verfehlt, weil man „auch das Rezeptionsdatum" der Übernahme des StGG ins republikanische Bundesverfassungsrecht im Jahre 1920 „in Betracht ziehen muß". Denn eine Festschreibung des liberalistischen Wirtschaftskonzepts hat nicht stattgefunden. Die Gesetzesvorbehalte sind vom Vertrauen in die Gesetzgebung getragen und eröffnen ein weites Feld von Gestaltungsmöglichkeiten. Es ist daher entgegen *Öhlinger* (ebenda) nicht erforderlich, „jene (einfach-)gesetzlichen Gestaltungsmöglichkeiten, die unter der Verfassung der Monarchie ... als verfassungsrechtlich möglich und zulässig angesehen wurden", (= „dem Wandel des Eigentums, wie er in der Gesetzgebung nach 1867 zum Ausdruck kommt") bei der Interpretation des Art. 5 zu berücksichtigen, um eine Deutung des Art. 5 i. S. der Vorstellungswelt des Liberalismus zu vermeiden.

[22] Zur Notwendigkeit und Möglichkeit der Unterscheidung zwischen Inhaltsbestimmung und Schrankenziehung siehe *Wendt* (Fn. 16) 147 ff.

[23] *Papier* (Fn. 17) Rdn. 258 zu Art. 14; *Wendt* (Fn. 16) 280 ff.; *Breuer* (Fn. 16) 33 ff.

[24] *Korinek* (Fn. 20) 11 ff.

Ferner sind Grund und Boden ohne Einschränkung eigentumsfähig. Der einfache Gesetzgeber verletzte die Verfassung, wenn er zum Beispiel, einem Vorschlag *Hans Christoph Binswangers*[25] folgend, „kulturell wertvolle Gebäude ... aus dem Komplex möglicher privater Eigentumsinhalte“ ausschlösse.

Das Sacheigentum ist in der präkonstitutionellen Ordnung als ein grundsätzlich volles Herrschaftsrecht gestaltet[26]. Exemtionen aus diesem umfassenden Recht müssen in der präkonstitutionellen Eigentumsordnung angelegt sein, um im Rahmen einfachgesetzlicher Inhaltsbestimmung verfügt werden zu dürfen.

So ist im Hinblick auf das Bergregal, das der Grundrechtsgesetzgeber vorfand[27], davon auszugehen, daß die bergbauliche Nutzung der Bodensubstanz dem Grundeigentümer nicht zur Gänze verfassungsrechtlich vorbehalten ist. Aus der Konzeption dieses Regals ist abzuleiten, daß der einfache Gesetzgeber Mineralien wegen ihres nutzbaren Gehalts und der damit verbundenen volkswirtschaftlichen Bedeutung der Nutzungsbefugnis des Grundeigentümers vorenthalten und sich selbst oder einem tauglichen Bewerber vorbehalten darf[28]. Die mit den Bewilligungen bzw. durch Vereinbarung mit dem Staat erworbenen Bergbauberechtigungen sind vermögenswerte Privatrechte[29]. Sie machen den Bergbauberechtigten zum vertikalen Nachbar des Grundeigentümers[30,31]. Die erwähnten bergrechtlichen Gestaltungsmöglichkeiten haben auch vor dem völkerrechtlichen Eigentumsbegriff des Art. 1 des Zusatzprotokolls Bestand.

Beim Grundwasser und bei dem auf einem Grundstück zutage tretenden Wasser liegen die Dinge anders, soweit es sich nicht um die dem Bergrecht unterworfenen Gewässer handelt. Nach der präkonsti-

---

25 Eigentum und Eigentumspolitik (1978) 66.

26 *Aicher* (Fn. 10) 26 ff.

27 § 3 Allgemeines BergG ÖRGBl. 1854/146.

28 Es ist daher nicht verfassungswidrig, wenn in Österreich heute Kohlenwasserstoffe und Uran bundeseigene mineralische Rohstoffe sind und viele andere mineralische Rohstoffe als „bergfreie“ Mineralien mit behördlicher Bewilligung von jedem erschlossen und gewonnen werden dürfen, der bestimmte Voraussetzungen erfüllt.

29 Schurfbewilligungen sind gem. § 22 BergG privatrechtlich übertragbar. Bergbauberechtigungen sind gem. § 49 leg. cit. unbewegliche Sachen. Über die bundeseigenen Mineralien verfügt der Bund gem. § 77 BergG als Träger von Privatrechten.

30 Zum Ausdruck vertikaler Nachbar: *Leisner*, Bestandsgarantie des Eigentums — vom Bergrecht unterminiert? DVBl. 1988, 555 (559).

31 Bei der sog. Zugangsenteignung ist daher das Vorliegen eines öffentlichen Interesses nach Enteignungsgrundsätzen nicht erforderlich; vgl. *Leisner* (Fn. 30).

tutionellen Eigentumsordnung war die Nutzung des Grundwassers und des Quellwassers dem Grundeigentümer vorbehalten, und zwar nicht nur als Nebenfolge einer Bodennutzung[32]. Im Hinblick auf das Telos der Eigentumsgarantie und weil es zur Sicherung einer funktionsfähigen Wasserwirtschaft nicht notwendig ist, die Nutzung der genannten Gewässer einer öffentlich-rechtlichen dem Eigentumsschutz entzogenen Benutzungsordnung zu unterstellen, erachte ich die in Rede stehende Nutzungsbefugnis als vom verfassungsfesten Inhalt des Eigentums erfaßt[33].

Aus den gleichen Gründen ist auch die Nutzung des Umweltmediums Luft zum Kernbestand des Eigentums zu zählen[34].

Während die Grundwasser- und Luftproblematik in Österreich eigentumsgrundrechtlich bisher überhaupt nicht thematisiert wurden, läßt sich hinsichtlich der Frage, ob die Befugnis zur baulichen Nutzung aus dem Grundeigentum erfließe, eine beinahe einhellige Zustimmung des Schrifttums[35] zur ständigen Rechtsprechung des Verfassungsgerichtshofs[36] feststellen, daß die bauliche Nutzung zum Inhalt des Grundeigentums gehört. Diese zutreffende Auffassung ist dahin zu verstehen, daß die Verknüpfung von Grundeigentum und Befugnis zur baulichen Nutzung verfassungsrechtlich festgeschrieben ist.

Zuletzt sei dem Recht am sogenannten eingerichteten und ausgeübten Gewerbebetrieb[37] Aufmerksamkeit geschenkt. Ist das Recht am

---

[32] Waren nach dem ReichwasserrechtsG 1869 ÖRGBl. 1869/93 die Eigentumsverhältnisse am Grundwasser in vielerlei Hinsicht umstritten, so war doch klar, daß dieses letztlich dem Grundeigentümer vorbehalten ist (vgl. dazu *Klang* in *Klang* II 151 m. w. N.). Seit Erlassung des WasserrechtsG 1934 BGBl. 1934 II 316 „gehört" das Grundwasser als Privatgewässer kraft ausdrücklicher Normierung dem Grundeigentümer, hat dieser also ein vermögenswertes Privatrecht auf Nutzung des Grundwassers.

[33] Ebenso für Deutschland: *Papier* (Fn. 17) Rdn. 371 a–371 c, *Wendt* (Fn. 16) 211 ff.; a. M. z. B. *Kloepfer*, Umweltrecht (1989) 609.

[34] Die einfachgesetzlichen Regelungen über Emissionsbegrenzungen und Immissionsschutz lassen sich nicht als eine öffentlich-rechtliche Benutzungsordnung deuten, nach der die Benutzung des Umweltmediums Luft auf hoheitlicher Zuteilung beruhte. Vgl. *Stephan Schwarzer*, Die Betriebsanlage im Spannungsfeld zwischen Wirtschaftssicherung und Umweltschutz (1991) 218 f.

[35] *Aicher* (Fn. 10) 367 ff.; *Krzizek*, System des österreichischen Baurechts I (1971) 82 f. A. M. nur *Fröhler/Oberndorfer*, Positivplanung und Eigentumsrecht (1979) 47 ff., *dieselben*, Österreichisches Raumordnungsrecht I (1975) 159 f.

[36] VfSlg. 4500/1963, 7108/1973, 8281/1978, 8603/1979.

[37] Das Recht am eingerichteten und ausgeübten Gewerbebetrieb umfaßt nicht nur das Sacheigentum und die Förderungsrechte, sondern „alles das, was in seiner Gesamtheit den wirtschaftlichen Wert des konkreten Betriebes ausmacht" (BGHZ 23, 157).

Unternehmen in Österreich ein auf Gesetz oder sogenanntem Richterrecht basierendes vermögenswertes Privatrecht, das der Disposition des den Inhalt des Eigentums bestimmenden einfachen Gesetzgebers entzogen ist? Die Antwort lautet nein. Die österreichische Zivilistik leugnet, daß es ein absolutes Recht am Unternehmen gibt, das gegen nicht sozialadäquate Beeinträchtigungen deliktischen Schutz gewährt[38]. Auch durch richterliche Rechtsfortbildung trat ein solches Recht bei uns nicht ans Licht. Es fehlt ja auch in der Bundesrepublik Deutschland nicht an Stimmen, die das Bestehen eines solchen absoluten Rechts leugnen. Es wurde z. B. von *Peter Badura* daraus die einleuchtende Konsequenz gezogen, daß das genannte Recht nur unmittelbar durch die verfassungsrechtliche Eigentumsgarantie geschützt sein kann[39]. Es stellt sich daher die Frage, ob die österreichische Eigentumsgarantie Vermögen als solches schützt[40].

B. Schützt die Eigentumsgarantie auch das Vermögen als solches?

Die herrschende Lehre[41] und der Verfassungsgerichtshof[42] leugnen, daß Art. 5 Staatsgrundgesetz solchen Schutz gewährt, sofern nicht die allerdings nur von der Lehre anerkannte Entschädigungspflicht bei gravierenden Eigentumseingriffen in Frage steht. Ich teile diese Auffassung. Was nach verbal-historischer Interpretation kaum zweifelhaft ist, nämlich, daß Art. 5 mit Eigentum nur das Eigentum im Sinne des

---

[38] *Bydlinski,* Der Ausgleich von Schadensfolgen der Durchführung öffentlicher Projekte, in: Bundeskammer der gewerblichen Wirtschaft (Hrsg.), Rechtsprobleme der Planungsfolgen (1971) 27 (28); *Koziol,* Österreichisches Haftpflichtrecht II (1975) 33; *Aicher* (Fn. 10) 341.

[39] *Peter Badura,* Der Eigentumsschutz des eingerichteten und ausgeübten Gewerbebetriebes, AÖR 98 (1973) 153 (163).

[40] Dem von *Bydlinski* (Fn. 38) 40 f. und *Aicher* (Fn. 10) 338 ff. unternommenen Versuch, das Recht am Unternehmen als ein im ABGB, nämlich im schon erwähnten weiten Eigentumsbegriff des § 353 verankerten Anspruch auszugeben, kann indes nicht gefolgt werden, weil nach der insoweit klaren Terminologie des ABGB (vgl. § 353 i. V. m. § 292 ABGB) das Eigentum nur als Inbegriff von Sacheigentum und Forderungsrechten definiert ist. Vgl. auch die Ablehnung der Meinung *Bydlinskis* und *Aichers* durch *Rummel,* in: *Rummel/Schlager,* Enteignungsentschädigung (1981) 39 f.

[41] *Aicher* (Fn. 10) 338 ff.; *Korinek* (Fn. 20) 50 ff.; *Pernthaler,* Raumordnung und Verfassung II (1978) 299 f.; *Holzinger,* Buchbesprechung ZfV 1976, 32; a. M. *Fröhler/Oberndorfer* (Fn. 35 Raumordnungsrecht) 172 ff.; *Rummel* (Fn. 40) 39 ff.; *Potacs,* Devisenbewirtschaftung (1991) 325 ff.

[42] VfSlg. 9570/1982, 9876/1983.

ABGB und somit nur Rechtspositionen meint, ist auch teleologisch wohl begründet. Der Zielsetzung des Art. 5, eine grundsätzlich marktwirtschaftliche Ordnung zu gewährleisten, entspricht es, das Risiko von Vermögenswertänderungen dem Eigentümer zu belassen[43].

Ebensowenig wie Art. 5 gewährt Art. 1 ZP also einen Schutz des Vermögens als solchen. Jedenfalls ist mir eine unzweifelhaft widersprechende Entscheidung einer Straßburger Instanz nicht bekannt[44]. Auch der Eigentumsschutz nach Völkergewohnheitsrecht gibt meines Erachtens keine hinreichende Basis, um Art. 1 als primäre Vermögenswertgarantie[45] zu verstehen[46].

C. *Schützt die Eigentumsgarantie auch öffentlich-rechtliche vermögenswerte Ansprüche?*

Meines Erachtens ist nicht nur die Erstreckung der Eigentumsgarantie auf einen primären Vermögensschutz abzulehnen, es ist auch ein Schutz von öffentlich-rechtlichen Ansprüchen als solchen de constitutione lata nicht begründet[47]. Was subjektive vermögenswerte

---

[43] Nicht zu Unrecht hat *Korinek* (Fn. 20) 38 f. die Frage aufgeworfen, ob jene inzwischen aufgehobene Raumordnungsvorschrift des Landes Steiermark, die für jede Minderung des Verkehrswertes des Grundstücks durch Widmung oder Widmungsänderung eine Entschädigung zusprach, nicht verfassungswidrig war, weil sie jegliches raumordnungsrechtliche Risiko sozialisieren wollte. – Diese Regelung bewirkte im übrigen, daß die Gemeinden keine Flächenwidmungspläne erließen, um nicht entschädigungspflichtig zu werden.

[44] Der vom EGMR entschiedene Fall Van Marle (EuGRZ 1988, 35) bietet – entgegen der Meinung von *Potacs* (Fn. 41) 330 Fn. 73 – keinen Ansatzpunkt für einen Schutz des Vermögenswertes des Eigentums. Die Passage des Erkenntnisses, auf die sich *Potacs* beruft, bringt m. E. zum Ausdruck, daß ein auf eigener Arbeit beruhender öffentlich-rechtlicher Anspruch als Eigentum i. S. des Art. 1 ZP verstanden werden kann.

[45] Im Gegensatz zum subsidiären Vermögensschutz durch die Enteignungsentschädigungspflicht: *Papier* (Fn. 17) Art. 14 Rdn. 154.

[46] Ich kann in den Fällen Oscar Chinn (PCIJ Series A/B, Nr. 63 [1934]) und Jablonski (Annual Digest 1935–1937, No. 42, 138 ff.) keine hinreichende Basis für die Annahme eines solchen Schutzes erblicken. Vgl. *Böckstiegel* (Fn. 14) 28, der unter Berufung auf den Oscar-Chinn-Fall einen Schutz des goodwill leugnet, a. M. aber *Dolzer* (Fn. 14) 180 ff. A. M. als hier aber *Böckstiegel* (Fn. 14) 30, wenn er unter Berufung auf den Jablonski-Fall einen völkergewohnheitsrechtlichen Schutz des Rechts am eingerichteten und ausgeübten Gewerbebetrieb annimmt.

[47] D. h. indes nicht, daß sozialversicherungsrechtliche Ansprüche, Gehaltsansprüche der Beamten und ähnliche öffentlich-rechtliche Entgeltansprüche überhaupt keinen verfassungsrechtlichen Schutz genießen. Der VfGH gewährt solchen

Ansprüche im Rahmen des Systems der sozialen Sicherheit anbelangt, widerspricht ihre Einbeziehung in den Eigentumsschutz entgegen der Meinung der meisten meiner österreichischen Kollegen[48], wohl aber – im Ergebnis – in Übereinstimmung mit dem VfGH[49] der Zielsetzung der Eigentumsgarantie, soweit nicht der Schutz der eigenen Beitragsleistung in Frage steht. Telos der Eigentumsgarantie ist, wie gesagt, die Gewährleistung einer grundsätzlich marktwirtschaftlichen Ordnung. Das System sozialer Sicherheit beruht aber gerade nicht auf diesem Mechanismus der Selbstregulierung. Liberale Grundrechte, wie sie Art. 5 Staatsgrundgesetz und Art. 1 des Zusatzprotokolls darstellen, in soziale umzudeuten, ist verfehlt[50, 51].

Indes ist diese Problematik im Rahmen unseres Beratungsgegenstandes nicht weiter zu vertiefen. Vielmehr ist die von mir vertretene Beschränkung des Eigentumsschutzes auf vermögenswerte Privatrechte gegen den angesichts der Rechtsprechung des Verfassungsgerichtshofs naheliegenden Einwand zu verteidigen, eine so verstandene Eigentumsgarantie verfehle gerade hinsichtlich der Nutzung von Boden und Umwelt ihre Schutzfunktion. Der Verfassungsgerichtshof kommt in der Tat von der Prämisse, nur vermögenswerte Privatrechte seien geschützt, zu nicht beifallswürdigen Ergebnissen. So qualifiziert er Nachbarrechte auf Grund des Baurechts oder des gewerblichen Betriebsanlagenrechts als öffentlich-rechtliche und

---

öffentlich-rechtlichen Ansprüchen durch seine auf den Gleichheitsgrundsatz gegründete Vertrauensschutzrechtsprechung verfassungsrechtliche Protektion (VfSlg. 11309, 11310/1987, 11665/1988).

[48] *Pernthaler* in *Ermacora/Klecatsky/Marcic* (Hrsg.), FS 100 Jahre Verfassungsgerichtsbarkeit, 50 Jahre VfGH (1968) 201; *Groiss/Schantl/Welan*, ÖJZ 1975, 367; *Korinek*, WipolBl. 1982, 128; *Rummel* (Fn. 40) 37; *Ermacora* (Fn. 10) Rdn. 993; kritisch *Wenger* (Fn. 20) Rdn. 183. Für eine Einbeziehung öffentlich-rechtlicher Ansprüche im Wege der Verfassungsreform *Öhlinger*, in *Adamovich/Pernthaler* (Hrsg.), Auf dem Weg zur Menschenwürde und Gerechtigkeit – Klecatsky-FS (1980) 699 (700 ff.).

[49] Der VfGH (VfSlg. 1827/1949, 2119/1951, 2437/1952, 2869/1955, 5370/1966, 5684/1968, 7267/1974) stützt sich zur Begründung allerdings offenbar nur auf eine Wortsinninterpretation des Begriffs Eigentum in Art. 5 StGG.

[50] Im wesentlichen auch dieser Meinung *Morscher*, 9. ÖJT (1985) II/1, 3.

[51] M. E. sind auch Beamtengehaltsansprüche und ähnliche öffentlich-rechtliche Entgeltansprüche nicht durch die Eigentumsgarantie geschützt, weil im Hinblick auf die Sonderstellung der Beamten (VfSlg. 5341/1966, 11665/1988) oder sonstiger öffentlich-rechtlich in Dienst Genommener die Entgeltansprüche dieser Personen nicht funktionsgleich mit privatrechtlichen Entlohnungsansprüchen sind, auch wenn die Sonderstellung der Beamten in Österreich keine dem Art. 33 GG entsprechende bundesverfassungsrechtliche Verankerung gefunden hat.

daher eigentumsgrundrechtlich nicht geschützte Ansprüche[52]. Keinen Eigentumsschutz gewährte der Gerichtshof in einem älteren, heute allerdings nicht mehr verallgemeinerungsfähigen Erkenntnis einem Betriebsinhaber, der neue Maschinen in seinem Betrieb aufstellen wollte, weil gewerbebehördliche Verfügungen dieser Art dem öffentlichen Recht angehörten[53]. Wasserbenutzungsrechte an öffentlichen Gewässern sind nach unbestrittener Auffassung öffentlich-rechtlicher Natur und könnten im Sinne der Verfassungsgerichtshofrechtsprechung folglich keinen Eigentumsschutz genießen[54].

Solche Folgerungen aus der Beschränkung der Eigentumsgarantie auf den Schutz vermögenswerter Privatrechte sind meines Erachtens verfehlt. Die erwähnten Nachbarrechte sind — ich verweise auf *Jürgen Schwabe*[55] — nur als Ansprüche gegenüber der Behörde, die nachbarschützenden Normen korrekt anzuwenden, öffentlich-rechtlicher Natur, als Ansprüche gegen den Nachbarn sind sie, auch wenn sie in Österreich nur im Verwaltungswege geltend gemacht werden können, subjektive Privatrechte[56].

Was die anlagenrechtlichen Verfügungen betreffend die Aufstellung neuer Maschinen anbelangt, so weicht der Verfassungsgerichtshof in diesem älteren Erkenntnis von der Linie ab, daß Anordnungen, welche die aus dem Eigentum erfließenden Nutzungsbefugnisse

---

[52] VfSlg. 2943/1955, 3309/1958, 5334/1966, 9195/1981, 10106/1984.

[53] VfSlg. 5416/1966.

[54] *Walter/Mayer,* Grundriß des Besonderen Verwaltungsrechts (1987) 285 f.

[55] Nachbarschützende Baurechtsnormen und Art. 14 GG, NJW 1971, 913; *ders.*, Letztmals: Zur Enteignungsfähigkeit subjektiver öffentlicher Nachbarrechte des Baurechts, NJW 1971, 1835. A. M. *Horst Joachim Müller,* Zum enteignungsrechtlichen Bestandsschutz subjektiver öffentlicher Nachbarrechte des Baurechts, NJW 1971, 81 ff., *ders.*, Nochmals: Zur Enteignungsfähigkeit subjektiver öffentlicher Nachbarrechte des Baurechts, NJW 1971, 1302.

[56] Die traditionelle Qualifikation (*Krzizek,* Das öffentliche Nachbarrecht [1959] 12 ff.; *Wolfgang Hauer,* Der Nachbar im Baurecht[2] [1986] 21. Zur Rsp. siehe Fn. 52.) als öffentlich-rechtliche Ansprüche beruht offensichtlich allein darauf, daß diese Ansprüche nur im Verwaltungswege geltendzumachen sind und die einschlägigen nachbarrechtlichen Bestimmungen zwischen öffentlich-rechtlichen (= nur im Verwaltungsweg geltendzumachen) und privatrechtlichen (= nur im ordentlichen Rechtsweg geltendzumachen) Nachbarrechten unterscheiden. Diese Qualifikation in einfachen Gesetzen hindert jedoch nicht, sie im Sinne des Art. 5 als vermögenswerte Privatrechte zu qualifizieren. Gerade im Lichte einer Unterscheidung nach der Interessentheorie (eingehend dazu *Rill,* Zur Abgrenzung des öffentlichen vom privaten Recht, ZöR 11 [1961], 457 [466 ff.]) erscheint diese Qualifikation wohlbegründet.

betreffen, ins Eigentum eingreifen[57] und demnach die verfassungsrechtlichen Grenzen zulässiger Sozialbindung des Eigentums nicht überschreiten dürfen.

Soweit es sich wie bei den Wasserbenutzungsrechten an öffentlichen Gewässern um hoheitlich verliehene Nutzungsbefugnisse handelt, ist nach deutscher Lehre[58] – und nichts anderes kann meines Erachtens für Österreich gelten – ein Eigentumsschutz dann gegeben, wenn auf Grund der öffentlich-rechtlichen Verleihungen Investitionen getätigt wurden. Nicht die öffentlich-rechtlichen Befugnisse als solche stehen unter dem Schutz, wohl aber die Verfügungs- und Nutzungsbefugnisse des Eigentümers, die er sich dank der öffentlich-rechtlichen Befugnisverleihung durch seine Investitionen erworben hat. Denn diesfalls handelt es sich um eine Position, die ganz ähnlich der Position eines Grundeigentümers ist, der eine Betriebsanlage mit behördlichem Konsens betreibt, der die Ausübung einer Grundeignerbefugnis erlaubt und nicht eine Nutzungsbefugnis zuteilt. Soviel zum Schutzobjekt der allgemeinen Eigentumsgrundrechte.

D. *Die Liegenschaftsverkehrsfreiheit (Art. 6 StGG) schützt den rechtsgeschäftlichen Verkehr mit Grundstücken*

Die Frage nach dem Schutzobjekt der österreichischen Eigentumsgarantie wäre unvollständig erörtert, wollte man in diesem Zusammenhang nicht auch den Blick auf Art. 6 StGG werfen. Ich darf daran erinnern, daß dieser Artikel allen Staatsangehörigen garantiert, daß sie Liegenschaften aller Art erwerben und über dieselben frei verfügen dürfen. Schutzobjekt dieses Grundrechts ist der rechtsgeschäftliche Verkehr mit Grundstücken[59], und zwar argumento lege non distinguente unter Einschluß erbrechtlicher Dispositionen.

---

[57] VfSlg. 7125/1973, 7362/1974, 8281/1978, 8603/1979, 9306/1981.

[58] So hinsichtlich aller Genehmigungen außer der Baugenehmigung *Stettner,* Der Schutz privater Investitionen gegen nachträgliche verschärfende Gesetzgebung, BayVBl. 1991, 550 (556 f.) und *Friauf,* Zum gegenwärtigen Stand der Bestandsschutzproblematik, WiVerw. 1986, 87 (98 f.). Ebenso *Breuer* (Fn. 16) 209 f. hinsichtlich der Baubewilligung, die seiner Meinung nach eine öffentlich-rechtliche Nutzungsbefugnis zuteilt.

[59] A. M. nur *Morscher,* Die Niederlassungsfreiheit und die Freiheit des Liegenschaftsverkehrs in Österreich, EuGRZ 1983, 515 (521 f.), und *Wenger* (Fn. 20) Rdn. 345, die durch dieses Grundrecht auch die freie Nutzung der Grundstücke garantiert sehen. Zur h. M. *Walter/Mayer* (Fn. 10) Rdn. 1384 m. w. N.

III. Sozialbindung und Enteignung

A. Systematik der Eigentumseingriffe

Um den Gestaltungsspielraum zu umreißen, den die Eigentumsgarantie dem einfachen Gesetzgeber bei Verfolgung boden- oder umweltpolitischer Ziele beläßt, empfiehlt es sich, die zulässigen Eingriffe begrifflich zu ordnen.

Art. 5 StGG erwähnt als zulässigen Eigentumseingriff nur die Enteignung. Von Eigentumsbeschränkungen ist ausdrücklich nicht die Rede, was Lehre und Rechtsprechung nicht wenig verwirrt hat[60]. Eine

---

[60] Der VfGH hat in seiner Rsp. eine klare dogmatische Einordnung der Eigentumsbeschränkungen nach Art. 5 StGG nicht vorgenommen. Einerseits führt er in älteren Erkenntnissen (VfSlg. 2685/1954, 4486/1963, 6264/1970) unter Hinweis auf § 364 Abs. 1 ABGB aus, Eigentumsbeschränkungen und deren Zulässigkeit aus Gründen des öffentlichen Wohls seien dem Begriff des Eigentums inhärent. Andererseits betont er in zahlreichen Erkenntnissen, Art. 5 Satz 2 StGG enthalte einen Gesetzesvorbehalt sowohl für Enteignungen als auch für Eigentumsbeschränkungen. Anders als bei Enteignungen sieht er jedoch die verfassungsrechtlichen Schranken für eine gesetzliche Eigentumsbeschränkung lediglich im Wesensgehalt des Grundrechts und in sonstigen Verfassungsgrundsätzen. Die Eingriffsvoraussetzung des allgemeinen Wohls wird entweder nicht erwähnt (VfSlg. 5208/1966, 6780/1972, 7306/1974, 8759/1980, 9173/1981) oder es wird gar ausgeführt, daß sich bei Eigentumsbeschränkungen die Frage nicht stellt, „ob die Maßnahmen durch das öffentliche Wohl geboren war" (VfSlg. 8212/1977). Vgl. zu dieser Rsp. auch *Berchtold,* Eigentumsbeschränkungen und allgemeines Interesse, ZfV 1983, 123 ff.

Stolzlechner, Abgabengesetze und Eigentumsgarantie, ÖZW 1975, 31 (37 ff.), sieht durch die Rsp. des VfGH zum Gesetzesvorbehalt in Art. 5 Satz 2 StGG „alle Zweifel über den Inhalt des Enteignungsbegriffs ausgeräumt". Der grundrechtliche Enteignungsbegriff erfasse auch Beschränkungen des Eigentums. Auch *Schantl,* Berufsfreiheit, Eigentumsfreiheit und Vertragsfreiheit als die wichtigsten Grundrechte der Wirtschaft, in: Franz Korinek-FS (1972) 129 (149) versteht unter dem Begriff Enteignung jede Beschränkung des Eigentums. Ohne rechtsdogmatische Begründung unternimmt es die h. L. (*Aicher,* Enteignung durch Raumplanung, JBl. 1975, 393 ff., *ders.* [Fn. 10] 235 ff., *ders.,* Verfassungsrechtlicher Eigentumsschutz und Enteignung, 9. ÖJT I/1, 17 ff.; *Pernthaler* II [Fn. 41] 304 f.; *Korinek* [Fn. 20] 34 ff.; *Stolzlechner,* ÖZW 1975, 331 f.), der klassischen Enteignung eine „materielle Enteignung" zur Seite zu stellen und diese unter den Enteignungsbegriff des Art. 5 Satz 2 StGG zu subsumieren. Dieser Versuch beruht zwar auf der zutreffenden teleologischen Erwägung, daß die Eigentumsgarantie nicht nur für klassische Enteignungen, sondern auch für andere schwere Eigentumseingriffe eine Entschädigung verlangt. Was die Zulässigkeit solcher Eigentumseingriffe anbelangt, erweist sich jedoch die Subsumtion unter Art. 5 Satz 2 verfehlt. Denn man kann — entgegen *Aicher,* 9. ÖJT I/1, 18 — die Zulässigkeitsvoraussetzungen der klassischen Enteignung (wie sie VfSlg. 3666/1959 — siehe weiter unten im Text — formuliert) nicht auf die materielle Enteignung anwenden. Das Erfordernis, daß der Eingriff

adäquate Lösung ist indes nicht so schwer, sofern man nicht nur das ausdrücklich Verfügte als Sinngehalt von Normen anerkennt. Aus dem Schweigen über Eigentumsbeschränkungen folgt weder, daß Art. 5 Eigentumsbeschränkungen ausschließt, noch, daß diese unter Enteignung zu subsumieren sind und folglich vielleicht gar uneingeschränkter Entschädigungspflicht unterliegen. Wäre eines von beidem der Fall, ginge insoweit die Eigentumsgarantie aus 1867 über das hinaus, was Art. 1 Zusatzprotokoll zur MRK verbürgt, der entschädigungslose Eigentumsbeschränkungen fraglos zuläßt. Vielmehr ist aber aus der Orientierung des Art. 5 an der Eigentumsordnung des ABGB abzuleiten, daß im verfassungsrechtlichen Eigentumsbegriff das mitverstanden ist, was § 364 ABGB so ausdrückt: „Überhaupt findet die Ausübung des Eigentumsrechtes nur insofern statt, als dadurch weder in die Rechte eines Dritten ein Eingriff geschieht, noch die in den Gesetzen zur Erhaltung und Beförderung des allgemeinen Wohles vorgeschriebenen Einschränkungen übertreten werden“[61].

Von den Eigentumsbeschränkungen ist die Enteignung abzuheben, die nach dem zweiten Satz des Art. 5 nur in den Fällen und in der Art erfolgen darf, die das Gesetz bestimmt. Auch der Enteignungsbegriff ist meines Erachtens unter Orientierung an der Eigentumsordnung des ABGB auszulegen[62, 63]. Dort bestimmt § 365: „Wenn es das all-

---

einem im öffentlichen Interesse liegenden *konkreten Vorhaben* zu dienen hat, taugt nicht auch als Voraussetzung für eine zulässige „materielle Enteignung“ (z. B. für eine in der Schwere einer klassischen Enteignung gleichkommende Änderung einer Widmung im Flächenwidmungsplan). Eingriffe dieser Art sind, abgesehen vom Erfordernis der Entschädigung, zulässig, wenn sie einem öffentlichen Interesse dienen und einer Verhältnismäßigkeitsprüfung standhalten. Es ist daher keineswegs – wie *Aicher* (9. ÖJT I/1, 12) meint – eine bloß terminologische Frage, ob man bestimmte Fälle von Eigentumsbeschränkungen dem Enteignungsbegriff subsumiert oder ob man zwischen Enteignung, entschädigungslosen und entschädigungspflichtigen Eigentumsbeschränkungen unterscheidet.

[61] So auch VfSlg. 2685/1954, 4486/1963 und die h. L. Vgl. *Korinek* (Fn. 20) 21 f.; *Aicher*, 9. ÖJT I/1, 12 f., 58; *Öhlinger*, EuGRZ 1984, 561 f.

[62] *Öhlinger*, EuGRZ 1984, 561, ohne daraus allerdings ausdrücklich abzuleiten, daß Enteignungen Entschädigungspflicht nach sich ziehen (für die Lösung der Entschädigungsfrage will *Öhlinger* offensichtlich allein den Gleichheitssatz heranziehen, vgl. ebenda, 571); *Aicher* (Fn. 10) 35 ff., 73 f., 144 ff., der allerdings die Enteignung i. S. von Art. 5 Satz 2 StGG nicht auf die Enteignung i. S. von § 365 ABGB beschränkt sehen will, was mit dem verfehlten Versuch (siehe oben Fn. 60) zusammenhängt, unter Art. 5 Satz 2 auch die „materielle Enteignung“ zu subsumieren.

[63] Der VfGH hat in älteren Erkenntnissen (z. B. VfSlg. 2572/1953, 2680/1954) ausgesprochen, § 365 ABGB sei nicht Bestandteil von Art. 5 StGG geworden. Insbesondere seit VfSlg. 3666/1959 hat er aber ausdrücklich auch § 365 zur Aus-

gemeine Beste erheischt, muß ein Mitglied des Staates gegen eine angemessene Schadloshaltung selbst das vollständige Eigentum einer Sache abtreten." Angesichts dieser den rechtsstaatlichen Erfordernissen des Art. 5 freilich nicht entsprechenden Ermächtigung an die Vollziehung meint Enteignung in Art. 5 den gänzlichen oder teilweisen Entzug eines vermögenswerten Privatrechts im Einzelfall, daher mittels Verwaltungsakts zugunsten eines dem allgemeinen Besten dienenden Vorhabens gegen angemessene Schadloshaltung, also das, was man in Österreich – sehen wir von Definitionsabweichungen in Nuancen ab[64] – die klassische Enteignung nennt.

Art. 5 StGG gibt danach entgegen der Rechtsprechung des Verfassungsgerichtshofs[65] einer Sozialisierung keine verfassungsrechtliche Deckung[66]. Sozialisierungen wie die Verstaatlichung großer Industrie- und Bankunternehmen und praktisch der gesamten E-Wirtschaft in Österreich nach dem Zweiten Weltkrieg[67] dienten keinem konkreten Vorhaben, sondern waren auf strukturelle Änderungen in der Wirtschaftsordnung gerichtet. Die gegenteilige Auffassung des Verfassungsgerichtshofs stützt sich auf eine isolierte jeden Kontext vernachlässigende und daher methodologisch verfehlte Wortsinninterpretation des Art. 5. Schlechthin unvertretbar ist die Ansicht des Gerichtshofs, die ja auch auf eine einheitliche Front der Ablehnung in der

---

legung des Enteignungsbegriffs herangezogen. So auch in den Erkenntnissen VfSlg. 5617/1967, 5807/1968, niemals aber eine Entschädigungspflicht für Enteignungen angenommen.

[64] Allerdings sind entsprechend dem Schutzbereich des Art. 5 StGG nicht nur Grundstücke und dingliche Rechte daran, sondern alle vermögenswerten Privatrechte als Enteignungsobjekt zu begreifen. Das Element der Rechtsübertragung ist für einen klassischen Enteignungsbegriff jedoch unwesentlich. Der völlige oder teilweise Untergang eines vermögenswerten Privatrechts ist ebenso Eigentumsentzug und damit Enteignung.

[65] VfSlg. 1853/1949, 2092/1951, 2374/1952, 2431/1952, 2572/1953, 2680/1954, 3118/1956.

[66] *Ermacora/Klecatsky/Ringhofer,* Die Rechtsprechung des VfGH im Jahre 1956, ÖJZ 1959, 8; *Klecatsky,* Das Verhältnis von öffentlicher und privater Wirtschaft in verfassungsrechtlicher Sicht, WipolBl. 1965, 2 (29 f.). *Oberndorfer,* Die verfassungsgerichtliche Rechtsprechung zur Wirtschaftsordnung dargestellt am Beispiel der österreichischen Verstaatlichung, WiVerw. 1976, 46 (60 ff.); für die Qualifikation der Verstaatlichungen nach dem Zweiten Weltkrieg als Enteignung, *Wenger* (Fn. 20) Rdn. 217.

[67] 1. VerstaatlichungsG BGBl. 1946/168, 2. VerstaatlichungsG BGBl. 1947/81 (beide in der Folge mehrfach novelliert).

Lehre stößt[68], Enteignungen dürften auch entschädigungslos erfolgen[69]. Die Annahme, daß der liberale Gesetzgeber von 1867 hinter den schon im Polizeistaat erreichten Standard zurückgegangen sein soll, erscheint geradezu absurd. Auch bedeutet die Rechtsprechung praktisch eine fast gänzliche Preisgabe der Eigentumsgarantie. Denn was bleibt, läßt sich mit Hilfe des Gleichheitsgrundsatzes und rechtsstaatlicher Prinzipien ohne große Not auch bewältigen.

Wenn man den Enteignungsbegriff im historischen Sinne interpretiert, so provoziert dies klarerweise die Frage, wie dann Eigentumsbeschränkungen verfassungsrechtlich zu beurteilen sind, die den Eigentümer gleich schwer belasten wie Enteignungen im hier zugrunde gelegten Sinn. Sie sind selbstverständlich nicht unzulässig, sie sind auch nicht entschädigungslos zu dulden. Leugnete man die Entschädigungspflichtigkeit gravierender Eigentumsbeschränkungen, so unterstellte man dem Verfassungsgesetzgeber eine sachlich nicht zu rechtfertigende Differenzierung innerhalb der Eigentumseingriffe, nämlich zwischen entschädigungspflichtigen Enteignungen klassischen Musters und gleichbelastenden Eigentumsbeschränkungen, die entschädigungslos bleiben dürfen. Hier liegt eine planwidrige Unvollständigkeit vor. Die Lücke muß durch Anerkennung einer besonderen Kategorie von Eigentumsbeschränkungen, die ob ihrer enteignungsgleichen Wirkung Entschädigungspflicht auslösen, geschlossen werden. *Im Ergebnis* entspricht diese Auffassung der herrschenden Lehre in Österreich[70].

Aus Art. 1 des Zusatzprotokolls kann meines Erachtens weder für Enteignungen klassischen Musters noch für enteignungsgleich belastende Eigentumsbeschränkungen ein Entschädigungsanspruch für Inländer abgeleitet werden[71]. Art. 5 StGG ist daher insoweit als günstigere Bestimmung im Sinne des Art. 60 MRK zu werten.

---

[68] *Aicher* (Fn. 10) 33; *Rummel* (Fn. 40) 26 ff.; *Walter/Mayer* (Fn. 10) Rdn. 452; *Adamovich/Funk* (Fn. 10) 424; *Spanner,* Enteignungsprobleme im österreichischen Recht, Forschungen und Berichte aus dem öffentlichen Recht, Jellinek-GedS (1955) 469 (481 f.). A. M. nur *Krzizek* I (Fn. 35) 438 ff.; *Spielbüchler,* in *Rummel,* Kommentar zum ABGB², Rdn. 9 zu § 365.

[69] VfSlg. 1023, 1123/1928, 2572/1953, 2680/1954.

[70] *Aicher* (Fn. 10) 430, *ders.,* 9. ÖJT I/1, 19 ff.; *Korinek* (Fn. 20) 37 ff.; *Pernthaler* (Fn. 41) 304 ff.; *Walter/Mayer* (Fn. 10) Rdn. 1376.

[71] So auch *Böckstiegel* (Fn. 14) 79; *Öhlinger,* EuGRZ 1984, 571; *Barfuß,* Eigentum und Vollziehung in Österreich, EuGRZ 1984, 572 (576). Zum nunmehr gegenteiligen Standpunkt der EKMR siehe *Peukert,* Der Schutz des Eigentums nach Art. 1 des Ersten Zusatzprotokolls zur Europäischen Menschenrechtskonvention, EuGRZ 1981, 97 (108 f.).

Zur begrifflichen Ordnung der zulässigen Eigentumseingriffe bleibt also festzuhalten. Zunächst ist zwischen Eigentumsbeschränkungen und Enteignungen zu unterscheiden. Innerhalb der Eigentumsbeschränkungen sind entschädigungsfreie von ob ihrer enteignungsgleichen Wirkung entschädigungspflichtigen Beschränkungen abzuheben[72].

Um der Rechtsvergleichung willen lassen Sie mich noch folgende Bemerkung anschließen. Wird rechtswidrig ins Eigentum eingegriffen, so hat der Betroffene in Österreich den Weg des sogenannten primären Rechtsschutzes zu gehen. Ein Amtshaftungsanspruch besteht nur, wenn trotz erfolgreicher Bekämpfung des Eingriffs ein Schaden durch schuldhaft rechtswidriges Organverhalten entstanden ist. Die haftungsrechtlichen Institute, die in Deutschland unter dem Titel „enteignungsgleicher Eingriff" entwickelt wurden[73], sind der österreichischen Rechtslage und -praxis fremd. Das gleiche gilt für den enteignenden Eingriff, wie ihn der BGH entwickelt hat[74].

Nach diesem rechtsvergleichenden Hinweis kehre ich zu den in Österreich eigentumsgrundrechtlich zulässigen Eigentumseingriffen zurück.

B. Eigentumsbeschränkungen

1. Eigentumsbeschränkungen nach Art. 5 StGG und Art. 1 Zusatzprotokoll zur Menschenrechtskonvention

Das Hauptinstrument der Boden- und Umweltschutzpolitik des einfachen Gesetzgebers ist fraglos die Eigentumsbeschränkung und nicht die klassische Enteignung. Der Einsatz dieses Instruments ist der Initiative des Gesetzgebers überlassen. Einen Verfassungsauftrag, bestimmte boden- und umweltpolitische Ziele zu verfolgen, gibt es nicht. Das eingangs erwähnte bundesverfassungsrechtliche Bekenntnis zum Umweltschutz schreibt zwar fest, daß der umfassende Umwelt-

---

[72] Der Enteignung und den entschädigungspflichtigen Eigentumsbeschränkungen entspricht die Eigentumsentziehung i.S. von Art. 1 Abs. 1 ZP, während die entschädigungslos zu duldende Eigentumsbeschränkung der Regelung der Benützung des Eigentums i.S. von Art. 1 Abs. 2 ZP entspricht. In diesem Sinne auch *Öhlinger*, EuGRZ 1984, 564.

[73] Siehe zu diesen haftungsrechtlichen Instituten *Papier*, Zum Schicksal des enteignungsgleichen Eingriffs, NVwZ 1983, 258 ff.

[74] Nur *Bydlinski* (Fn. 38) 44 ff. und *Aicher* (Fn. 10) 386 ff. haben versucht, einen Entschädigungsanspruch für derartige Sonderopferlagen zu entwickeln.

schutz im öffentlichen Interesse liegt, enthält aber keinen Auftrag an die Gesetzgebung[75]. Gerade einen solchen wollte man ja — das *Konrad-Lorenz*-Volksbegehren im Visier[76] — vermeiden. Auch wenn das Grundrecht auf Leben und die Eigentumsgarantie einen Schutz gegen zu großzügige Gefährdungserlaubnisse bieten, kann darin kein Auftrag von echt umweltpolitischer Relevanz gesehen werden. Jenseits des Schutzes, den diese Grundrechte gewähren, beginnt ja erst die umweltpolitische Diskussion[77]. Die Grundrechte auf Leben und auf Unverletzlichkeit des Eigentums sind, um ein plakatives Beispiel zu wählen, gegenüber der Frage der *prinzipiellen* Zulässigkeit der Stromerzeugung mittels Atomenergie neutral[78]. Ein gesetzliches Verbot, wie wir es derzeit haben[79], ist ebenso grundrechtskonform wie die Rechtslage vor dem Atomsperrgesetz.

In unserem Zusammenhang ist also kein Gebot zu umweltschützenden Eigentumsbeschränkungen zu erörtern, sondern von den Grenzen solcher Schrankenbestimmungen zu sprechen.

Art. 5 StGG und Art. 1 ZP verzichten weitgehend auf eine inhaltliche Determinierung ihrer Gesetzesvorbehalte. Art. 5 folgt damit dem die Grundrechtsordnung von 1867 kennzeichnenden Vertrauen in die nicht mehr allein dem Monarchen vorbehaltene Gesetzgebung. Eigentumsbeschränkungen müssen dem öffentlichen Wohl dienen[80]. Zu entscheiden, was dem öffentlichen Wohle frommt, bleibt weitestgehend dem einfachen Gesetzgeber überlassen. Liberalistische Gemeinwohlvorstellungen sind nicht festgeschrieben. Gleich offen sind die Gesetzesvorbehalte in Art. 1 ZP. Das heißt indes nicht, daß die beiden Grundrechte dem Gesetzgeber einen Freibrief ausstellen. Der Verfassungsgerichtshof hat allerdings in seiner älteren Rechtsprechung die

---

[75] *Marko,* Umweltschutz als Staatsziel, ÖJZ 1986, 289 (292); *Benjamin Davy,* Folgenloses Umweltrecht (1989) 16; *Gutknecht/Holoubek/Schwarzer,* Umweltverfassungsrecht als Grundlage und Schranke der Umweltpolitik, ZfV 1990, 554 f.

[76] 469 Blg. z. d. StenProt d. Nationalrats XVI. GP, S. 1 f.

[77] *Isensee,* Die Ambivalenz des Eigentumsgrundrechts, in: *Ossenbühl* (Hrsg.), Eigentum und Umweltschutz (1990) 5, überschätzt die Leistungsfähigkeit der eigentumsgrundrechtlichen Schutzpflichten.

[78] Freilich sind die genannten Grundrechte gegenüber der Stromerzeugung mittels Atomenergie im übrigen (also über die Frage hinaus, ob diese Art der Stromerzeugung *überhaupt* zulässig ist) keineswegs neutral.

[79] Bundesgesetz v. 15. 12. 1978 über das Verbot der Nutzung der Kernspaltung für die Energieversorgung in Österreich BGBl. 1978/676 (sogenanntes „Atomsperrgesetz").

[80] Zur Ableitung dieser Voraussetzung aus § 364 Abs. 1 ABGB siehe oben im Text nach Fn. 60.

Gesetzesvorbehalte zumeist nur durch eine weit hinausgeschobene absolute Wesensgehaltsschranke begrenzt gesehen[81]. Bis 1989 hat denn auch der Verfassungsgerichtshof keine einzige gesetzliche Eigentumsbeschränkung wegen Verletzung der Eigentumsgarantie aufgehoben. Er hat allerdings unter Berufung auf den Gleichheitsgrundsatz im Ergebnis mitunter auch Eigentumsschutz gewährt[82]. Seit 1983 vertritt aber nun der Verfassungsgerichtshof — unter Berufung auf Art. 1 ZP — klar und deutlich die Position, daß Eigentumsbeschränkungen dem öffentlichen Interesse dienen müssen[83]. Der Sache nach nimmt er auch eine Verhältnismäßigkeitsprüfung vor, er prüft, ob der Eingriff durch ein öffentliches Interesse geboten und ein taugliches und adäquates Mittel zur Verfolgung des öffentlichen Interesses ist[84].

Diese Entwicklung der Judikatur ist zu begrüßen. Die neue Linie — Anwendung des Verhältnismäßigkeitsgrundsatzes — ist meines Erachtens durch die Funktion der liberalen Grundrechte, Staatseingriffe zu minimieren, geboten, auch wenn die in die Verhältnismäßigkeitsprüfung einzubringenden Werte zu einem guten Teil nicht einem positiv-rechtlich vorgegebenen Maßstab entnommen werden können[85].

Angesichts des dargelegten Entwicklungsstandes der Rechtsprechung kann ich mich kaum auf Judikate des Verfassungsgerichtshofs berufen, wenn ich nun einige Fragen gesetzlicher Beschränkungen der Nutzung von Boden und Umwelt eigentumsgrundrechtlich beleuchte. Ich möchte die Positivplanung in der Raumordnung, die Plangewährleistung, den Bestandsschutz und die Öko-Lenkungsabgaben bzw. -beiträge ansprechen.

Die Raumplanung als Positivplanung zu gestalten, steht im grundsätzlichen Widerspruch zur Eigentumsgarantie. Denn das alleinige

---

[81] Der VfGH gebraucht verschiedene Wendungen: Das Gesetz dürfe das Grundrecht in einem Sektor nicht praktisch beseitigen (VfSlg. 3118/1956), das Gesetz dürfe in seiner Wirkung nicht einer Aufhebung des Grundrechts gleichkommen (VfSlg. 6316/1970), der Inhalt des Gesetzes dürfe den Wesensgehalt des Grundrechts nicht aushöhlen (VfSlg. 5150/1965), vgl. auch VfSlg. 3929/1961, 4486/1963, 7306/1974 u. a.).

[82] Vgl. etwa VfSlg. 8233/1978.

[83] VfSlg. 9911/1983, 10354/1985, 11402/1987.

[84] VfSlg. 10354/1985, 11402/1987.

[85] Daß der VfGH in seiner älteren Judikatur die dargestellte Zurückhaltung geübt hat, hat seine Ursache (u. a.) gewiß in einer verengten rechtspositivistischen Sicht. Die Auffassung, daß die Gesetzesvorbehalte i. S. des Verhältnismäßigkeitsprinzips auszulegen sind, überschreitet indes nicht die Grenzen einer auf das positive Recht ausgerichteten Rechtsdogmatik.

Interesse an der Verwirklichung des Planungskonzeptes kann angesichts der Eigentumsgarantie kein anerkennenswertes öffentliches Interesse sein, dem Baugebote zur Erfüllung dienen dürfen[86]. Zutreffend sagen *Fröhler/Oberndorfer,* daß weitere Gesichtspunkte des Gemeinwohls, z. B. wichtige Erfordernisse des Stadtbildschutzes, zu den für die Baulandwidmung sprechenden Gründen hinzutreten müssen, um im Einzelfall die zwangsweise Durchsetzung der Widmungsnutzung zu rechtfertigen[87, 88].

Was die Plangewährleistung anbelangt, regeln die Gesetze mit wenigen Ausnahmen ausdrücklich, unter welchen Voraussetzungen Raumpläne abänderbar sind[89]. Alles in allem sind die Bestimmungen von dem Anliegen geprägt, das Vertrauen in den Bestand des Plans zu schützen. Sie entsprechen der Eigentumsgarantie und werden vom Verfassungsgerichtshof ohne Berufung auf die Eigentumsgrundrechte stets dahin interpretiert, daß sie Änderungen nur zulassen, wenn diese auf einer gerechten Abwägung der in Betracht kommenden Interessen beruhen[90]. Dort, wo er sich auf keine ausdrückliche Planänderungsregel stützen konnte, hat der Verfassungsgerichtshof mit Hilfe des Sachlichkeitsgebotes des Gleichheitsgrundsatzes gleichen Schutz gewährt[91].

Ganz anders als in der Bundesrepublik Deutschland wird die Frage des Bestandsschutzes in Österreich so gut wie nicht eigentumsgrundrechtlich thematisiert[92]. Dennoch handelt es sich um ein eigentumsgrundrechtliches Problem. Lassen Sie mich an einigen Beispielen darlegen, wie der einfache Gesetzgeber ohne Anleitung durch eine

---

[86] Bei Anerkennung eines solchen öffentlichen Interesses würde der Inhalt der Eigentumsgarantie ins Gegenteil verkehrt.

[87] *Fröhler/Oberndorfer,* Positivplanung (Fn. 35) 73.

[88] Verfassungswidrig ist es daher, wenn ohne Bezug auf ein konkretes Vorhaben und unter Umständen ohne kompetenzrechtliche Deckung eine Enteignungsmöglichkeit allein an die Widmung als Vorbehaltsfläche geknüpft wird (vgl. z. B. § 17 Bgld. RPlG). Keine Bedenken bestehen gegen die zwangsweise Durchsetzung der Assanierung auf Grund des StadterneuerungsG (BGBl. 1974/287 i. d. g. F.). Das öffentliche Interesse an der Assanierung rechtfertigt in diesem Fall die Durchsetzung der Planung. Unbedenklich ist auch das Instrumentarium, das § 23 a Stmk ROG zur Verwirklichung der Baulandwidmung vorsieht.

[89] Vgl. die Darstellung der einschlägigen Bestimmungen bei *Pernthaler* III (Fn. 20) 479 f.

[90] *Fröhler/Oberndorfer,* Österreichisches Raumordnungsrecht II (1986) 122 ff. m. w. N.

[91] VfSlg. 5581/1967, 5794/1968.

[92] Ansätze bei *Benjamin Davy,* Gefahrenabwehr im Anlagenrecht (1990) 513 ff. in bezug auf das Betriebsanlagenrecht.

Eigentumsgrundrechtsrechtsprechung mit Beständen umgeht und wie seine Lösungen zu beurteilen sind.

Die österreichischen raumordnungs- und baurechtlichen Gesetze gewähren – wenngleich nicht ausdrücklich – passiven Bestandsschutz[93]. Rechtskräftig bewilligte Bauten dürfen weiterbestehen, erhalten und genützt werden, auch wenn sie nach der genannten Rechtslage neu so nicht mehr errichtet werden dürften[94]. Nur vier Länder gestatten darüber hinaus, bauliche Änderungen und Ergänzungen in einem die bauliche Situation nicht wesentlich verändernden Umfang vorzunehmen[95]. Dieser aktive Bestandsschutz ist nicht nur sinnvoll, er ist meines Erachtens – wie dies auch in der Bundesrepublik Deutschland herrschende Lehre ist[96] – auch durch die Eigentumsgarantie geboten[97].

Im gewerblichen Betriebsanlagenrecht ist die Zumutbarkeitsgrenze für nachträgliche Auflagen sowohl angesichts einer sich als unzulänglich erweisenden Anlagengenehmigung[98] als auch für die dynamische Anpassung[99] an den Stand von Technik und Wissenschaft – wie im deutschen Bundes-Immissionsschutzgesetz[100] – durch ein Verhältnismäßigkeitsgebot bestimmt. Die Auflagen dürfen in der Relation Aufwand für den Betriebsinhaber–erwarteter Erfolg für die Umwelt nicht unverhältnismäßig sein. Soweit allerdings der Schutz von Leben und Gesundheit von Menschen in Frage steht, wird in Österreich jeder Aufwand für verhältnismäßig erachtet[101].

---

[93] Zur Terminologie *Friauf*, Zum gegenwärtigen Stand der Bestandsschutz-Problematik, WiVerw. 1986, 87 (89 f.).

[94] *Unkart*, Raumplanung und Eigentumsgarantie, JBl. 1966, 305 f., der diesen Bestandsschutz aus der in allen Bauordnungen normierten Erhaltungspflicht ableitet. Ebenso *Fröhler/Oberndorfer* I (Fn. 35) 158.

[95] § 24 Abs. 1 Sbg. ROG, § 25 Abs. 4 Stmk. ROG, § 15 Abs. 6 Tir. ROG, § 69 Abs. 1 lit. h. WrBauO.

[96] *Friauf*, WiVerw. 1986, 95 ff.; *Nüßgens/Boujong*, Eigentum, Sozialbindung, Enteignung (1986) 27 ff.

[97] Wo genau die Grenzen des verfassungsrechtlichen Bestandsschutzes liegen, muß letztlich das Verfassungsgericht im wohlerwogenen Ermessen entscheiden. Auf die subtile Differenzierung zwischen einfachem aktiven und sogenanntem überwirkenden oder übergreifenden Bestandsschutz wird daher nicht eingegangen.

[98] § 79 GewO.

[99] § 82 GewO.

[100] § 17 BImmSchG.

[101] *Donninger*, Betriebsanlagenrecht und verwandte Rechtsgebiete (1988) 42; *Aichlreiter*, § 79 GewO und Nachbarrecht, WBl. 1990, 162 (163). § 17 BImmSchG sieht im Gegensatz dazu in diesem Fall den Widerruf der Genehmigung und die Gewährung einer Entschädigung vor.

Auch die wasserrechtlichen Vorschriften passen ins Bild. Auch das Wasserrechtsgesetz läßt Durchbrechungen der Rechtskraft und Befristungen von Bewilligungen nur nach Maßgabe von Kriterien zu, die eine in der Relation Aufwand–Erfolg unverhältnismäßige Belastung hintanhalten[102].

Die vorgesehenen Maßnahmen sind vom verfassungsrechtlich anerkannten Interesse am Umweltschutz gedeckt und zur Zielerreichung tauglich und adäquat. Sie haben in Österreich bislang keine Einwände hervorgerufen. Es gibt auch keine Diskussion darüber, ob damit die verfassungsrechtliche Reformgrenze erreicht ist[103].

Was den Eigentumsschutz gegenüber Öko-Lenkungsabgaben[104] oder -beiträgen[105] anbelangt, ist die Frage aus der Sicht der bisherigen Rechtsprechung des Verfassungsgerichtshofs von bescheidenem Interesse. Dieser sieht durch Abgaben- oder Beitragsregelungen das Eigentumsgrundrecht nämlich erst dann als verletzt an, wenn die Pflichtigen exzessiv belastet werden[106]. Wohl aber werden die Interessen der Eigentümer über eine Sachlichkeitsprüfung nach dem Gleichheitsgrundsatz durch den Verfassungsgerichtshof geschützt[107]. Dogmatisch ist die Konzentrierung auf den Gleichheitsgrundsatz freilich problematisch[108].

---

[102] Wasserbenutzungsbewilligungen (§ 21) und Bewilligungen von Einwirkungen auf Gewässer (§ 32) sind befristet zu erteilen. Die Fristlegung hat nach Abwägen des Bedarfs des Bewerbers einerseits und den öffentlichen Interessen andererseits für die jeweils längste vertretbare Zeitdauer (maximal 90 Jahre) zu erfolgen. Nachträgliche Anordnungen zum Schutz der öffentlichen Interessen (§ 21 a) können für alle Bewilligungen nach dem WRG unter Berücksichtigung des Grundsatzes der Verhältnismäßigkeit getroffen werden. Bei der generellen Festlegung von Emissionswerten (§ 33 a) sind für Altanlagen Sanierungsfristen festzulegen, die nach Abwägung des wirtschaftlichen Aufwands für die Sanierung und des Ausmaßes der zu erwartenden Emissionsminderung verlängert werden können (§ 33 c).

[103] Anders in der Bundesrepublik Deutschland: *Breuer*, in *von Münch*, Besonderes Verwaltungsrecht[8] (1988) 676; *Stettner* (Fn. 58) 555 ff.

[104] Unter Abgaben sind nach der Rsp. des VfGH (VfSlg. 1465/1932, 3919/1961, 5811/1968, 9335/1982) Geldleistungen zu verstehen, die eine Gebietskörperschaft kraft öffentlichen Rechts zur Deckung ihres Finanzbedarfs erhebt. Beispiel für eine Öko-Lenkungsabgabe: erhöhter Mineralölsteuersatz für verbleites Benzin.

[105] Also solche Geldleistungen, die nicht an Gebietskörperschaften erbracht werden. Als Beispiel für einen Ökobeitrag kann die sog. Bodenschutzabgabe nach dem MarktordnungsG angeführt werden, die den Einsatz von Kunstdünger reduzieren soll.

[106] VfSlg. 7770/1967, 7996/1977, 9750/1983 u. a.

[107] VfSlg. 8233/1978, 8457/1978, 10001/1984.

[108] So schon zutreffend *Karl Korinek*, Gedanken zur Bindung des Gesetzgebers an den Gleichheitsgrundsatz nach der Judikatur des VfGH, Melichar-FS (1983) 41 f.

In den bisherigen Erörterungen der eigentumsgrundrechtlichen Zulässigkeit von Eigentumsbeschränkungen blieb die Frage ausgeklammert, wann eine Eigentumsbeschränkung ihrer Schwere wegen eine Entschädigung notwendig macht. Zu dieser Abgrenzungsfrage ist eine Reihe von Theorien entwickelt worden[109], die berechtigte Kritik erfahren haben. Das Scheitern der von *Walter Leisner*[110] so genannten Großformeln liegt in der Eigenart des Problems der Einschätzung der Eingriffsschwere einer Eigentumsbeschränkung im Vergleich mit den für klassische Enteignungen typischen Belastungen. Man kann demnach nur versuchen, Gesichtspunkte herauszuarbeiten, die bei Bewältigung dieser Wertungsfrage sinnvollerweise zu berücksichtigen sind. Ohne Anspruch auf Vollständigkeit erheben zu können, erachte ich folgende Aspekte für relevant. Fraglos ist es für die klassische Enteignung typisch, daß sie den einzelnen oder eine kleine Gruppe trifft, man spricht von Sonderopfer[111]. Auch Eigentumsbeschränkungen können Sonderopfercharakter haben, der nicht notwendig Enteignungsgleichheit bedeutet, aber als ein Indiz zu deuten ist[112]. Relevant ist fraglos auch, inwieweit die Eigentumsbeschränkung eine sinnvolle privatnützige Gebrauchnahme vom Eigentum zuläßt. Nicht ohne guten Grund wird in der Lehre auch darauf abgestellt, ob und inwieweit bereits von der durch die Beschränkung nunmehr verschlossenen Nutzungsmöglichkeit schon Gebrauch gemacht wurde[113]. Dem Eigentümer, der ein ihm gehöriges Grundstück nur zur Vermögensanlage nutzen will, kann das Risiko einer Wertminderung durch Änderung der Widmung zugemutet werden[114]. Die Reihe der topoi ließe sich fortsetzen[115].

---

[109] Siehe dazu etwa *Papier* (Fn. 17) Rdn. 283–317.

[110] Sozialbindung des Eigentums (1972) 185.

[111] Daß darüber hinaus materielle Kriterien notwendig sind, um sozialpflichtige Eigentumsbeschränkung und Enteignung voneinander abzugrenzen (dazu die berechtigte Kritik der Lehre an der sog. Sonderopfertheorie z. B. in *Papier* [Fn. 17] Rdn. 303 ff.), ändert nichts an der Richtigkeit dieser Feststellung.

[112] Das Vorliegen einer Sonderopferlage wird in der Lehre als ein mögliches Abgrenzungskriterium von Eigentumsbeschränkungen und „materieller Enteignung" herangezogen: *Binder,* Die Entschädigung für Flächenwidmungsänderungen, ÖJZ 1956, 146 (149), *Pernthaler* II (Fn. 41) 304 f.; *Aicher,* 9. ÖJT, I/1 19.

[113] *Papier* (Fn. 17) Rdn. 88–90 zu Art. 14.

[114] Dieser Gedanke kommt in der Entschädigungsregelung des Vlbg. RPlG (§ 25) zum Ausdruck, wonach ein Entschädigungsanspruch unter anderem besteht, wenn ein Grundstück innerhalb einer bestimmten Frist zu einem Baugrundpreis erworben wurde und die Bebauung durch eine Planänderung verhindert wird.

[115] Letztlich ist *Korinek* (Fn. 20) 43 f. darin zu folgen, daß eine Abgrenzung nur im Sinne einer Kombination der verschiedenen Kriterien im Sinne eines beweglichen Systems vorgenommen werden kann.

Vor dem Hintergrund einer Rechtsprechung, die aus der Eigentumsgarantie überhaupt keine Entschädigungspflicht ableitet, bieten die Regelungen der österreichischen Raumordnungsgesetze zur Frage des Ersatzes von Schäden durch Widmungsänderungen ein buntes Bild. Der Bogen reicht vom Schweigen des Gesetzgebers[116] über eine Beschränkung des Ersatzes von nutzlos gewordenen Aufwendungen[117] bis hin zu Regelungen, die eine Sonderopferlage im Vergleich zu Eigentümern in gleicher Situation berücksichtigen[118] oder auch darauf Bedacht nehmen, ob das nunmehr nicht bebaubare Grundstück innerhalb einer nicht allzu weit zurückliegenden Frist zu Baugrundpreisen erworben wurde[119]. Auch findet sich die Regelung, daß ein durch Widmungsänderung entwertetes Grundstück einen Einlösungsanspruch des Eigentümers gegenüber der Gemeinde auslöst[120]. Eine genaue Darstellung und eine eingehende verfassungsrechtliche Beurteilung dieser Regelungen muß ich mir versagen. Die meisten sind jedenfalls eigentumsgrundrechtlich unzureichend.

2. *Eigentumsbeschränkungen, die den Liegenschaftsverkehr betreffen*

Eine Sonderproblematik im Kreise der Eigentumsbeschränkungen stellen die Beschränkungen des rechtsgeschäftlichen Verkehrs mit Liegenschaften dar. Da der Verfassungsgerichtshof die Liegenschaftsverkehrsfreiheit nur gegen die ehemaligen Klassenbevorrechtungen gerichtet hält, sieht er die Möglichkeiten des einfachen Gesetzgebers bei Beschränkung des Liegenschaftsverkehrs nicht auf die in Art. 6 StGG allein ausdrücklich vorbehaltenen Beschränkungen für kirchliche Einrichtungen begrenzt[121]. Er hatte daher keine grundrechtlichen Vorbehalte gegen das land- und forstwirtschaftliche Grundverkehrsrecht[122] und das Ausländergrunderwerbsrecht[123], die — wie eingangs erwähnt — durch Kompetenzvorschriften nunmehr verfassungsrecht-

---

116 Krnt. ROG.

117 § 24 nö. ROG.

118 § 34 stmk. ROG.

119 § 25 Vlbg. RplG. Vgl. dazu auch oben Fn. 114.

120 § 59 BauO für Wien.

121 So z. B. in VfSlg. 1682/1948, 2404/1952, 6157/1971, 7468/1974, 8766/1980.

122 VfSlg. 21/1919, 5562/1967, 8766/1980, 9131/1981 u. a.

123 VfSlg. 6092/1969, 6718/1972.

lich unzweifelhaft gedeckt sind[124, 125]. Wie ich die Dinge einschätze, wird der Verfassungsgerichtshof bei seiner Rechtsprechung bleiben. Aktuelle Gesetzesvorhaben durch Genehmigungsvorbehalte, den Grundstückverkehr zur Hintanhaltung von Zweitwohnsitzen und bloßen Vermögensanlagen zu beschränken[126], könnten dann verfassungsrechtlich nur am Mangel der Verhältnismäßigkeit der Eingriffe scheitern.

C. Enteignungen

Der schwerste Eingriff ins Eigentum, den die österreichische Eigentumsgarantie zuläßt, ist die klassische Enteignung[127]. Sie besteht im Gegensatz zur Eigentumsbeschränkung im gänzlichen oder teilweisen Entzug eines vermögenswerten Privatrechts und nicht bloß in der Beschränkung der Ausübung eines solchen Rechts. Die Grenze zwischen Teilenteignung und Eigentumsbeschränkung ist fraglos fließend, aber gewiß leichter zu markieren als jene zwischen entschädigungsfreien und entschädigungspflichtigen Eigentumsbeschränkungen. Die Markierung zwischen Teilenteignung und Eigentumsbeschränkung wird wohl nur in der Weise möglich sein, daß man typische Fälle des Entzugs und typische, also unbestritten als solche zu qualifizierende Eigentumsbeschränkungen einander gegenüberstellt und nach Maßgabe der Merkmalsidentität des zu beurteilenden Eingriffs mit dem einen oder dem anderen Pol eine Zuordnung vornimmt. Entschärft wird die Abgrenzungsfrage übrigens durch den Einzelfallcharakter der Enteignung und durch das Erfordernis eines konkreten Bedarfs.

---

[124] Siehe Fn. 3 und 4.

[125] Die Frage, ob über diese beiden verfassungsrechtlich legitimierten Beschränkungen hinaus noch andere Beschränkungen zulässig sind, führt den Interpreten in ein rechtes Dilemma. Anerkennt man die Zulässigkeit, meint man, die genannten kompetenzrechtlichen Regelungen bestätigten die Rsp. des VfGH, dann stellt sich die nicht leicht plausibel zu beantwortende Frage, warum es dann überhaupt das Grundrecht auf Liegenschaftsverkehrsfreiheit gibt. Genügten da nicht Art. 5 StGG und der Gleichheitsgrundsatz? Geht man den Weg restriktiver Auslegung und läßt man keine weiteren Beschränkungen zu, dann kämpft man mit dem Wertungswiderspruch, warum gerade der Liegenschaftsverkehr in einem liberalistischen Sinn frei sein soll, während die anderen Grundrechte unbestrittenermaßen nicht liberalistisch zu interpretieren sind.

[126] Entwurf des BMJ, JMZ 2035/37-I, 2/90.

[127] Daß Sozialisierungen unzulässig sind, wurde bereits dargelegt.

Was die materiellen Voraussetzungen einer zulässigen Enteignung anbelangt, hat der Verfassungsgerichtshof 1959 eine aus der übrigen Eigentumsjudikatur herausragende Entscheidung getroffen, die im Gegensatz zu den Verstaatlichungserkenntnissen steht. Er hat dort ausgeführt: „Der Gesetzgeber darf ... eine Enteignung nur ... vorsehen, ... soweit es notwendig ist, Privatrechte zu entziehen, um einem Gebot des allgemeinen Besten zu entsprechen ... Es muß demnach ein konkreter Bedarf vorliegen, dessen Deckung im öffentlichen Interesse liegt, es muß weiters das Objekt der Enteignung überhaupt geeignet sein, diesen Bedarf unmittelbar zu decken, und es muß schließlich unmöglich sein, den Bedarf anders als durch Enteignung zu dekken“[128]. Hier wird also das Erfordernis eines im öffentlichen Interesse liegenden Vorhabens mit dem Gebot der Verhältnismäßigkeit verknüpft.

Wenn Enteignungen dem öffentlichen Interesse dienen müssen, schließt dies Enteignungen zugunsten Privater nicht aus. Wenn der begünstigte Private die enteignete Sache in einem gemeinnützigen Unternehmen[129] einsetzt, ist dem Erfordernis entsprochen. Auch die Nutzung der enteigneten Sache in privatnütziger Weise kann, wenn die Erbringung von Leistungen im öffentlichen Interesse liegt, dem allgemeinen Besten dienen[130].

Das Erfordernis des konkreten Bedarfs trifft insbesondere im Raumordnungsrecht auf entgegenlaufende Interessen. So schließt dieses Erfordernis eine Enteignung allein zur Realisierung eines Bebauungsplanes im Sinne einer Positivplanung aus[131]. Desgleichen sind Enteignungen auf Vorrat, die raumplanerischen Anliegen nützlich sein könnten, ausgeschlossen. Wenn z. B. Raumordnungsgesetze die

---

[128] VfSlg. 3666/1959.

[129] Wie bei jeder Enteignung entsteht auch bei der Enteignung zugunsten Privater ein Rückübereignungsanspruch bei Nichterreichen des angestrebten Zwecks. Darüber hinausgehende Anforderungen an die Dauer des verfolgten Allgemeininteresses zu stellen, ist nicht gerechtfertigt.

[130] Unter diesem Gesichtspunkt stellt das RohrleitungsG sicher einen Grenzfall dar. Zwar bilden gewisse öffentliche Interessen bereits eine Voraussetzung der Konzessionserteilung (gegenwärtiger oder künftiger volkswirtschaftlicher Bedarf). Es kann aber auch für nicht konzessionspflichtige Rohrleitungsanlagen enteignet werden, was verfassungswidrig ist.

[131] Vgl. schon oben bei Fn. 86. Die in diesem Zusammenhang geäußerten verfassungsrechtlichen Bedenken treffen auch auf die Möglichkeit einer Enteignung zum Zweck der Weiterveräußerung an Private, die in der Folge das Planungskonzept verwirklichen sollen, zu; zu den entsprechenden Regelungen des BBauG vgl. *Bullinger*, Die Enteignung zugunsten Privater, Der Staat 1962, 449 (473 f.).

Ausweisung von Vorbehaltsflächen für Baulichkeiten, die öffentlichen Zwecken dienen, vorsehen und an die Widmung von Vorbehaltsflächen die Möglichkeit der Enteignung zugunsten der nach dem Zweck Begünstigten vorsehen, ohne daß eine Bedarfsprüfung und eine Verhältnismäßigkeitsprüfung stattzufinden hat[132], ist dies mit der Eigentumsgarantie unvereinbar.

Die klassische Enteignung verlangt — wie gesagt — nach einhelliger Lehre[68] und entgegenstehender ständiger Rechtsprechung des Verfassungsgerichtshofs[69] eine angemessene Entschädigung. Verfehlt ist es allerdings, den Entschädigungsanspruch unmittelbar aus dem Eigentumsgrundrecht abzuleiten[133]. Er muß durch Gesetz geregelt werden. Die Entschädigungsregelung kann im Enteignungsgesetz enthalten sein, sie kann unter Wahrung der bundesstaatlichen Kompetenzverteilung auch als generelle für alle Enteignungen einheitlich normiert sein[134]. Es ist mangels eines ausdrücklichen Junktimgebots meines Erachtens auch zulässig, die Entschädigungsregelung einem späteren Gesetz vorzubehalten, das aber innerhalb angemessener Frist ergehen muß, widrigenfalls das Enteignungsgesetz verfassungswidrig wird[135].

Nicht geringe Auslegungsprobleme wirft die Frage auf, wie die Entschädigungshöhe der Eigentumsgarantie nach zu bestimmen ist. Art. 5 StGG, aus dem die herrschende Lehre die Entschädigungspflicht ableitet, spricht selbst ausdrücklich nicht von der Entschädigung. Vielmehr wird die Entschädigungspflicht im Hinblick auf die Orientierung des Grundrechtsgesetzgebers an der Eigentumsordnung des ABGB aus § 365 dieses Gesetzbuches abgeleitet. Diese präkonstitutionelle Eigentumsordnung spricht eher dafür[136], daß die angemessene Entschädigung im Sinne des § 365 durch den sogenannten gemeinen Preis zu bestimmen ist, also vom Nutzen bestimmt wird, den die

---

[132] Vgl. etwa § 17 bgld. ROG.

[133] Die gegenteilige Auffassung von *Aicher*, 9. ÖJT, I/1, 70 f., ist mit dem Legalitätsprinzip und dem speziellen Gesetzesvorbehalt in Art. 5 Satz 2 StGG schwer zu vereinbaren. Ob man die Entschädigung als Begriffsmerkmal oder Rechtsfolge der Enteignung versteht, ist dabei ohne Bedeutung.

[134] § 365 ABGB i. V. m. § 13 VerwaltungsentlastungsG 1925 reicht als Anspruchsgrundlage nicht hin, weil § 365 ABGB nicht mehr als unmittelbar anwendbare Regelung zu verstehen ist. A. M. *Barfuß*, Eigentum und Vollziehung in Österreich, EuGRZ 1984, 572 (576).

[135] Abgesehen von allen anderen gegen die Verstaatlichung vorgebrachten verfassungsrechtlichen Bedenken werden die Entschädigungsregelungen des 1. und 2. Verstaatlichungs-EntschädigungsG, BGBl. 1954/89 und BGBl. 1960/3, dieser Anforderung nicht gerecht.

[136] *Aicher*, 9. ÖJT, I/1, 72.

Sache mit Rücksicht auf Zeit und Ort gewöhnlich und allgemein leistet[137]. Im Hinblick auf diesen historischen Hintergrund, aber insbesondere wegen der allgemeinen Tendenz des Staatsgrundgesetzes, der Gesetzgebung nicht geringe Gestaltungsspielräume zu gewähren, kann ich mich nicht dazu verstehen, eine vollständige Schadloshaltung für verfassungsrechtlich garantiert zu erachten[138]. Was die Entschädigungsregelungen in den beiden wichtigsten einschlägigen einfachen Gesetzen anbelangt, so gewährt das Eisenbahnenteignungsgesetz in Österreich volle Schadloshaltung[139], während das Bundesstraßengesetz Ansatzpunkte für eine objektiv-abstrakt zu berechnende Entschädigungshöhe wie auch für eine konkrete Berechnung des Entschädigungsschadens liefert, wozu die überwiegende Judikatur neigt[140].

Zuletzt sei zur Abrundung der Erläuterung des österreichischen Instituts der Enteignung noch darauf hingewiesen, daß nach neuester Rechtsprechung des Verfassungsgerichtshofs unmittelbar auf Grund der Verfassung ein Rückübereignungsanspruch für den Fall besteht, daß die enteignete Sache nicht für den Enteignungszweck verwendet wird[141]. Dem einfachen Gesetzgeber ist es allerdings unbenommen, die Rückübereignung näher zu regeln. Davon hat z. B. der Gesetzgeber im Bundesstraßengesetz Gebrauch gemacht[142].

IV. Schlußbemerkung

Meine Damen und Herren, ich möchte nun mit folgender Bemerkung den Schlußpunkt setzen: Eine überaus zurückhaltende Judikatur des Verfassungsgerichtshofs zur Eigentumsgarantie hat der Eigentumsgarantie gewiß nicht jene Rolle zugeteilt, die ihr in einem Staate mit liberaler Wirtschaftsordnung angemessen ist. In den letzten zehn Jahren ist aber die Grundrechtsrechtsprechung in Bewegung geraten.

---

137 § 305 Satz 1 ABGB.

138 Zur Begründung der gegenteiligen Ansicht (*Aicher,* 9. ÖJT, I/1, 72 ff., *Rummel* [Fn. 40] 82 ff.) können keinesfalls einfachgesetzliche Enteignungsregelungen aus monarchischer Zeit herangezogen werden. Denn dem Verfassungsgesetzgeber kann nicht unterstellt werden, er hätte mit der Rezeption des Art. 5 StGG in Art. 149 B-VG auch unterverfassungsrechtliche Normen mitübernehmen wollen.

139 § 4 EisenbahnenteignungsG.

140 Vgl. die Nachweise bei *Aicher,* 9. ÖJT, I/1, 76 ff.

141 VfSlg. 8981, 8982/1980, 11017/1986.

142 § 20 a BundesstraßenG.

Ich erwarte, daß diese Dynamik auch die Eigentumsrechtsprechung erfassen und die Kritik der Lehre Aufmerksamkeit finden wird. Der Boden- und Umweltpolitik werden daraus keine entscheidenden Hindernisse erwachsen. Sinnvolle Boden- und Umweltschutzpolitik kann und wird nicht an den Grundrechten scheitern.

Leitsätze des Berichterstatters über:

Eigentum, Sozialbindung und Enteignung bei der Nutzung von Boden und Umwelt

1. Die bundesverfassungsrechtliche Eigentumsgarantie (Art. 5 Staatsgrundgesetz aus 1867 [StGG] und seit 1964 Art. 1 ZP MRK) schützt alle vermögenswerten Privatrechte.

2. Den Inhalt des Eigentums und damit den Umfang der Eigentumsgarantie bestimmt die einfache Gesetzgebung innerhalb nicht allzu weit gesteckter bundesverfassungsrechtlicher Schranken.

3. Diese ergeben sich für Art. 5 StGG aus den wesentlichen Elementen der präkonstitutionellen Eigentumsordnung (ABGB), an der sich der Grundrechtsgesetzgeber von 1867 orientiert hat. Welche Elemente das Prädikat wesentlich verdienen, ist nach den die präkonstitutionelle Eigentumsordnung prägenden Grundgedanken und dem Telos der Eigentumsgarantie zu bestimmen. Nach Art. 1 ZP MRK sind die Grenzen durch den Eigentumsbegriff des Völkergewohnheitsrechts fixiert, wodurch nach dem derzeitigen Stand der Rechtsprechung der Umfang des verfassungsrechtlichen Eigentumsschutzes nicht erweitert wird.

4. Das Telos der Eigentumsgarantie besteht in der Gewährleistung einer grundsätzlich *marktwirtschaftlichen Ordnung.*

5. Als für die Nutzung von Boden und Umwelt relevante Schranken für die einfach-gesetzliche Bestimmung des Inhalts des Eigentums sind folgende bundesverfassungsrechtliche Festschreibungen zu erwähnen:

(a) Die Eigentumsgarantie schützt nicht nur das sogenannte persönliche Eigentum, sondern auch das Eigentum an den Produktionsmitteln Boden und Kapital jeder Größenordnung.

(b) Grund und Boden sind ohne Unterschied eigentumsfähig.

(c) Das Sacheigentum ist in der präkonstitutionellen Ordnung als ein volles Herrschaftsrecht gestaltet. Exemtionen aus diesem umfassenden Herrschaftsrecht müssen in der präkonstitutionellen Eigentumsordnung angelegt sein, um im Rahmen einfach-gesetzlicher Inhaltsbestimmung verfügt werden zu dürfen.

(d) Das Eigentum an Grund und Boden muß sich nicht auf die gesamte Bodensubstanz beziehen, der einfache Gesetzgeber darf Mineralien, die ob ihres Gehalts eine besondere volkswirtschaftliche Bedeutung haben, der Nutzungsbefugnis des Grundeigentümers entziehen.

(e) Die Befugnis zur Nutzung des Grundwassers, des Umweltmediums Luft und die Befugnis zur baulichen Nutzung erfließen aus dem Grundeigentum.

6. Das sogenannte Recht am eingerichteten und ausgeübten Gewerbebetrieb ist kein vermögenswertes Privatrecht.

7. Die Eigentumsgarantie schützt nicht das Vermögen als solches.

8. Öffentlich-rechtliche Ansprüche als solche sind nicht Schutzobjekt der Eigentumsgarantie. (Ein über den Schutz der erbrachten eigenen Beitragsleistungen hinausgehender Schutz von sozialversicherungsrechtlichen Ansprüchen ist mit der Zielsetzung der Eigentumsgarantie nicht zu vereinbaren.)

9. Die sogenannten öffentlich-rechtlichen Nachbaransprüche nach Baurecht oder Betriebsanlagenrecht sind nur als Ansprüche gegenüber der Behörde, die nachbarschützenden Normen korrekt anzuwenden, öffentlich-rechtlicher Natur, als Ansprüche gegenüber dem Nachbarn sind sie subjektive Privatrechte.

10. Anlagenrechtliche Verfügungen der Gewerbebehörde greifen wie alle Anordnungen, die aus dem Eigentumsrecht erfließende Nutzungsbefugnisse betreffen, ins Eigentum ein.

11. Hoheitlich verliehene (zugeteilte) Nutzungsbefugnisse als solche genießen nicht den Schutz der Eigentumsgarantie, wohl aber die Verfügungs- und Nutzungsbefugnisse des Eigentümers, die er sich dank der hoheitlich verliehenen Befugnis durch seine Investitionen erworben hat.

12. Das Grundrecht auf freien Liegenschaftsverkehr schützt den rechtsgeschäftlichen Verkehr mit Grundstücken unter Einschluß erbrechtlicher Dispositionen.

13. Im Eigentumsbegriff des Art. 5 StGG ist eine Ermächtigung zu gesetzlichen Eigentumsbeschränkungen „zur Erhaltung und Beförderung des allgemeinen Wohles" (§ 364 ABGB) mitverstanden.

14. Enteignung im Sinne des Art. 5 StGG meint im Hinblick auf die Orientierung am ABGB den gänzlichen oder teilweisen Entzug eines vermögenswerten Privatrechts mittels Verwaltungsakts zugunsten eines dem allgemeinen Besten dienenden Vorhabens gegen angemessene Schadloshaltung (klassische Enteignung).

15. Sozialisierungen (1. und 2. Verstaatlichungsgesetz in Österreich) sind entgegen der Rechtsprechung des VfGH durch Art. 5 nicht gedeckt, da sie Maßnahmen struktureller Wirtschaftspolitik darstellen und demnach von der klassischen Enteignung wesensverschieden sind.

16. Eigentumsbeschränkungen von besonderer Schwere unterliegen gemäß Art. 5 StGG der Entschädigungspflicht.

17. Im Hinblick auf die Entschädigungspflicht (Thesen 14 und 16) und dem Ausschluß von Sozialisierungen (These 15) ist Art. 5 StGG gegenüber Art. 1 ZP MRK die günstigere Bestimmung im Sinne von Art. 60 MRK.

18. Die Haftungsinstitute „enteignungsgleicher Eingriff" und „enteignender Eingriff" sind der österreichischen Rechtslage und -praxis fremd.

19. Die österreichische Bundesverfassung enthält keinen Verfassungsauftrag, bestimmte umweltpolitische Ziele zu verfolgen: Das verfassungsrechtliche Bekenntnis zum umfassenden Umweltschutz schreibt nur fest, daß der Umweltschutz im öffentlichen Interesse liegt. — Auch wenn das Grundrecht auf Leben und die Eigentumsgarantie einen Schutz gegen zu großzügige Gefährdungserlaubnisse bieten, kann darin kein Umweltschutz-Gestaltungsauftrag gesehen werden. (Die genannten Grundrechte sind z. B. in der Frage der prinzipiellen Zulässigkeit der Stromerzeugung mittels Atomenergie neutral.)

20. Die Gesetzesvorbehalte des Art. 5 StGG und des Art. 1 ZP MRK eröffnen dem Gesetzgeber ein weites Feld der Entscheidung darüber, was dem öffentlichen Wohle frommt. Die ältere Rechtsprechung des Verfassungsgerichtshofs hat den Gesetzesvorbehalten eine zu weite Auslegung gegeben. Die neuere Rechtsprechung, die — jedenfalls der Sache nach — Eigentumsbeschränkungen nur zuläßt, wenn sie dem öffentlichen Interesse dienen und hierfür tauglich und adäquat sind, ist de constitutione lata wohl begründet.

21. Die Bauplanung als Positivplanung zu gestalten, steht im grundsätzlichen Widerspruch zur Eigentumsgarantie. Die für eine Baulandwidmung sprechenden Gründe allein rechtfertigen keine Baugebote.

22. Der von der Eigentumsgarantie geforderte aktive Bestandsschutz im Baurecht ist in den meisten Bundesländern nicht gewährt.

23. Der Verfassungsgerichtshof schützt das Vertrauen in den Bestand von Raumplänen, stützt sich dabei aber nicht auf die Eigentumsgarantie.

24. Das Betriebsanlagenrecht der Gewerbeordnung, das Luftreinhaltegesetz für Kesselanlagen und das Wasserrechtsgesetz tragen in ihren Ermächtigungen, von rechtskräftigen Bewilligungen Abwei-

chendes zu verfügen, dem Verbot unverhältnismäßiger Belastung des Eigentümers Rechnung.

25. Der Verfassungsgerichtshof hat bis dato Abgaben- oder Beitragsregelungen — verfehlterweise (These 20) — nur bei exzessiver Belastung des Pflichtigen für unvereinbar mit der Eigentumsgarantie erachtet, aber die Interessen des Eigentümers (vor allem in der jüngeren Rechtsprechung) über eine Sachlichkeitsprüfung nach dem Gleichheitsgrundsatz geschützt.

26. Für die Abgrenzung der entschädigungsfreien von der entschädigungspflichtigen Eigentumsbeschränkung lassen sich nur Gesichtspunkte herausarbeiten, deren Berücksichtigung bei der Lösung dieser Wertungsfrage berücksichtigt werden sollen, wie Sonderopferlage, Ausmaß der Beschränkung sinnvoller privatnütziger Gebrauchnahme und Ausmaß der Wertminderung, bereits getätigte Investitionen.

27. Die einfach-gesetzliche Rechtslage betreffend die Entschädigung von Eigentumsbeschränkungen ist vor dem Hintergrund der Rechtsprechung des Verfassungsgerichtshofs zu sehen, daß aus Art. 5 StGG und Art. 1 ZP MRK überhaupt kein Entschädigungsgebot abgeleitet werden kann. Die Rechtslage ist daher uneinheitlich und entspricht z. B. im Raumordnungsrecht weitgehend nicht den Anforderungen der Eigentumsgarantie.

28. Obgleich Art. 6 StGG (Liegenschaftsverkehrsfreiheit) ausdrücklich nur für bestimmte kirchliche Einrichtungen einen Gesetzesvorbehalt enthält, sieht der Verfassungsgerichtshof das Grundrecht nur gegen Klassenbevorrechtungen gerichtet und läßt gesetzliche Verfügungsbeschränkungen zu, so daß Art. 6 StGG weitgehend seinen Charakter als lex specialis zu Art. 5 StGG verliert. Es ist daher zu erwarten, daß die in Österreich aktuellen Bestrebungen, den Verkehr mit Baulandgrundstücken verwaltungsbehördlichen Beschränkungen zu unterwerfen, an der Liegenschaftsverkehrsfreiheit — vorbehaltlich der Beachtung des Verhältnismäßigkeitsgrundsatzes — nicht scheitern werden.

29. Die Grenze zwischen klassischer Enteignung und Eigentumsbeschränkung ist fraglos fließend. Man wird die Teilenteignung von der Eigentumsbeschränkung wohl nur in einem typologischen Verfahren abgrenzen können. Im übrigen erleichtert das Erfordernis der Deckung eines konkreten Bedarfs die Abgrenzung von Enteignung und Eigentumsbeschränkung (konkret-individuell, abstrakt-generell).

30. Im Gegensatz zum Hauptstrom der Rechtsprechung zur Eigentumsgarantie und lange bevor der Gedanke des Verhältnismäßigkeitsgrundsatzes die Grundrechtsrechtsprechung zu prägen begann, umschrieb der Verfassungsgerichtshof (VfSlg. 3666/1959) die materiel-

len Voraussetzungen einer verfassungsmäßigen (klassischen) Enteignung völlig zutreffend so: „Der Gesetzgeber darf ... eine Enteignung nur ... vorsehen, ... soweit es notwendig ist, Privatrechte zu entziehen, um einem Gebot des allgemeinen Besten zu entsprechen... Es muß demnach ein konkreter Bedarf vorliegen, dessen Deckung im öffentlichen Interesse liegt, es muß weiters das Objekt der Enteignung überhaupt geeignet sein, diesen Bedarf unmittelbar zu decken, und es muß schließlich unmöglich sein, den Bedarf anders als durch Enteignung zu decken."

31. Eine Enteignung allein zum Zwecke der Durchsetzung eines Flächenwidmungsplans im Sinne einer Positivplanung verletzt die Eigentumsgarantie (vgl. These 21). Es ist daher z. B. eigentumsgrundrechtswidrig, wenn ein Raumordnungsgesetz die Ausweisung sogenannter Vorbehaltsflächen für verschiedene öffentliche Zwecke zuläßt und dem durch den Zweck Begünstigten das Recht auf Enteignung einräumt, ohne daß die Enteignung den in These 30 umschriebenen eigentumsgrundrechtlichen Anforderungen genügen muß.

32. Eine Enteignung zugunsten Privater ist zulässig, wenn diese die enteignete Sache im Rahmen eines gemeinnützigen Unternehmens (gemeinnützige Wohnbauvereinigung) einsetzen oder wenn die privatnützige Gebrauchnahme vom enteignetem Gut im öffentlichen Interesse liegt, was der österreichische Gesetzgeber z. B. für Rohrleitungsunternehmen ganz generell annimmt.

33. Die Pflicht zur Enteignungsentschädigung folgt nicht unmittelbar aus Art. 5 StGG, sie muß nach dem Gebot, daß Enteignungen nur in den Fällen und in der Art eintreten, die das Gesetz bestimmt (Art. 5 Abs. 2 StGG), gesetzlich geregelt werden.

34. Die Regelung der Entschädigung muß nicht in dem die Enteignung vorsehenden Gesetz enthalten sein. Der einfache Gesetzgeber kann sich auch der Technik bedienen, für alle Enteignungen ein gemeinsames Entschädigungsrecht zu erlassen. Auch ist es nicht verfassungswidrig, wenn das Enteignungsgesetz die Entschädigungsregelung einem späteren Gesetz vorbehält, das innerhalb angemessener Frist ergeht, widrigenfalls das Enteignungsgesetz verfassungswidrig wird.

35. Für den Fall, daß die enteignete Sache nicht für den Enteignungszweck verwendet wird, besteht unmittelbar auf Grund der Verfassung oder auf Grund die Rückübereignung allenfalls näher regelnder Vorschriften ein Anspruch auf Rückübereignung (VfSlg. 8981/1980).

Eigentumsschutz, Sozialbindung und Enteignung bei der Nutzung von Boden und Umwelt

2. Bericht von Prof. Dr. *Dirk Ehlers,* Münster

Inhalt

Die intensive Nutzung von Boden, Wasser und Luft hat auch in Deutschland zu erheblichen Mißständen geführt, die etwa in einer starken Landzersiedelung und -versiegelung, der Bodenverseuchung durch Altlasten und andere Kontaminierungen, einem dramatischen Artenrückgang, dem Waldsterben sowie der Wasserverunreinigung und Luftverschmutzung zum Ausdruck kommen[1]. Mitursächlich für diese Entwicklung soll nach einer verbreiteten Ansicht die Eigentumsgarantie des Art. 14 GG sein, weil sie dem Eigentümer ein Recht auf Umweltnutzung und damit vielfach zugleich auf Schädigung der Umwelt einräume[2]. Daß Eigentums- und Umweltschutz in einem Spannungsverhältnis stehen, ist offensichtlich. Nähere Aussagen über dieses Verhältnis lassen sich aber erst gewinnen, wenn Klarheit über den Sinngehalt der Eigentumsgarantie erzielt worden ist.

Die Grundrechtsbestimmung des Art. 14 GG wurde unter der Rechtsprechungsägide des Bundesgerichtshofs über Jahrzehnte hinweg eher aus der Sicht ihres Absatzes 3 als aus derjenigen des Absatzes 1 interpretiert: Eigentumsschutz also vornehmlich durch Entschädigung gewährt[3]. Es ist das Verdienst des Bundesverfassungsgerichts, die Eigentumsgarantie von ihrem entschädigungsrechtlichen Kopf auf die grundrechtlichen Füße gestellt zu haben[4]. Drei zutreffende Grundannahmen prägen die Rechtsprechung des Gerichts[5]. Erstens hat die Verfassungsjudikatur deutlich herausgestellt, daß Art. 14 GG in qualitativ und quantitativ anderer Weise als die sonstigen Grundrechte auf gesetzliche Ausgestaltung angelegt ist. Zweitens geht das Gericht davon aus, daß Freiheit und Eigentum keine Gegensätze sind, auch Art. 14 GG vielmehr ein Freiheitsrecht konstituiert. Da Freiheit nicht kommerzialisierbar ist, bedeutet dies zugleich, daß die Eigentumsgewährleistung in erster Linie eine Bestandsgarantie enthält, die sich nur in Ausnahmefällen in eine Wertgarantie verwandelt. Drittens folgt aus dieser Stoßrichtung des Art. 14 GG ein Vorrang des primären vor dem sekundären Rechtsschutz und die Ablehnung eines Wahlrechts nach dem Motto „Wehre dich oder liquidiere“. Im übrigen ist vieles offen oder unklar geblieben.

---

[1] Vgl. *Hoppe/Beckmann*, Umweltrecht, 1989, § 1 Rdn. 25 ff.; *Kloepfer*, Umweltrecht, 1989, § 1 Rdn. 8 ff.

[2] Näher zu dieser Sichtweise — und ihrer Berechtigung — *Sendler*, UPR 1983, 33 ff.; *Isensee*, in: Ossenbühl (Hrsg.), Eigentumsgarantie und Umweltschutz, 1990, S. 3 (4 ff.); *Schink*, DVBl. 1990, 1375 f.

[3] Zutreffend dazu *Osterloh*, DVBl. 1991, 906 (907).

[4] So auch *Schoch*, Jura 1989, 113.

[5] Vgl. bereits (zunächst kaum beachtet) BVerfGE 4, 219 (230 ff.); 24, 367 (389); ferner insbes. BVerfGE 58, 300 (318 ff.); 68, 193 (222); 83, 201 (208 f.).

Im folgenden wird zunächst zum Eigentumsbegriff (I.), zur Eigentumsgewährleistung (II.) und zu den verfassungsrechtlichen Direktiven der Eigentumsgestaltung (III.) Stellung genommen. Sodann soll das Augenmerk auf die Enteignung (IV.) und die Eigentumsunrechtshaftung (V.) gerichtet werden. Ein Fazit und ein kurzer Ausblick (VI.) schließen die Ausführungen ab. Auf die gestern behandelte Eigentumsfrage in den neuen Bundesländern wird absprachegemäß nicht eingegangen.

I. Der Eigentumsbegriff des Grundgesetzes

Als Eigentum im verfassungsrechtlichen Sinne ist das gegen den Staat gerichtete Recht des Bürgers zu verstehen, einen ihm von der Rechtsordnung zugeordneten Vermögensgegenstand innezuhaben und zu nutzen[6]. Da es kein natürliches Eigentum gibt, können Schutzobjekte der Eigentumsgarantie nur die durch Gesetz oder aufgrund Gesetzes eingeräumten Rechtspositionen sein[7]. Entgegen der herkömmlichen Ansicht[8] ist es deshalb nicht angängig, zum Beispiel bestimmte Anlieger- oder Nachbarrechte ohne einfachgesetzliche Vermittlung verfassungsunmittelbar aus Art. 14 Abs. 1 S. 1 GG herzuleiten[9].

Dem Eigentum im Sinne des Grundgesetzes sind zum einen alle vermögenswerten Rechte des privaten Rechts zuzurechnen[10]. Diese Rechte entfalten über Art. 14 Abs. 1 S. 1 GG als Transformationsnorm

---

[6] Das BVerfG spricht zwar davon, daß der Begriff des Eigentums aus der Verfassung gewonnen werden müsse (E 58, 300, 335), definiert diesen Begriff aber nicht. Zur Begriffsbildung vgl. auch *Wendt*, Eigentum und Gesetzgebung, 1985, S. 12, 73.

[7] Die Gesetzesabhängigkeit des Schutzbereiches schließt entgegen *Kleinlein* (DVBl. 1991, 365, 369) die Herleitung eines Folgenbeseitigungsanspruchs und eines Rückenteignungsanspruchs (im Falle der Nichtverwirklichung des Enteignungszwecks) aus Art. 14 GG nicht aus. Vgl. zum letzteren BVerfGE 38, 175 (179 ff.); BVerwGE 85, 96 (98 f.).

[8] Vgl. zum Anliegerrecht: BVerwGE 30, 235 (238 f.); 32, 222 (224 ff.); BVerwG, NJW 1988, 432 (433); zum Nachbarrecht: BVerwGE 32, 173 (178); *Hoppe*, in: Ernst/Hoppe, Das öffentliche Bau- und Bodenrecht, Raumplanungsrecht, 2. Aufl. 1981, Rdn. 454; *Steinberg*, Das Nachbarrecht der öffentlichen Anlagen, 1988, S. 20.

[9] Läßt sich das einfache Recht nicht verfassungskonform auslegen (vgl. z. B. BVerwGE 81, 329, 335), kann sich aus Art. 14 I 1 GG u. U. ein Recht auf Gesetzgebung ergeben. Dagegen stellt die ausfüllungsbedürftige Eigentumsgewährleistung nicht selbst Rechtspositionen bereit.

[10] Vgl. BVerfGE 70, 191 (199); *Kimminich*, BK, Drittbearb. 1976, Art. 14 Rdn. 55 f.

eine Tatbestandswirkung im Verfassungsrecht[11]. Zu den vermögenswerten Rechten des Privatrechts gehört auch das Recht am eingerichteten und ausgeübten Gewerbebetrieb[12] — jedenfalls solange dieses als sonstiges Recht im Sinne des § 823 Abs. 1 BGB angesehen wird[13]. Es handelt sich um ein Auffangrecht, das sich auf die Rechtsgesamtheit[14] eines wirtschaftlichen Unternehmens bezieht. Da regelmäßig erst die Gesamtheit den besonderen Wert des Unternehmens ausmacht, geht der Schutz über die Summe der ohnehin gewährleisteten Einzelrechte hinaus. Er erstreckt sich darauf, die im Unternehmen zusammengefaßten Rechte behalten und nutzen zu dürfen[15].

Zum anderen unterfallen die vermögenswerten Rechte des öffentlichen Rechts dem verfassungsrechtlich geschützten Eigentum, sofern sie nicht ausschließlich auf eine staatliche Gewährung zurückgehen[16]. Wie noch zu zeigen sein wird, liegen solche Rechte nicht nur vor, wenn sie auf beträchtlichen Eigenleistungen oder eigenen Opfern beruhen, sondern insbesondere auch dann, wenn sie in einem Zusam-

---

[11] D. h., sie gelten nicht nur gegenüber Privaten, sondern schützen ihre Inhaber auch gegenüber dem Staat. Vgl. *Ramsauer*, Die faktischen Beeinträchtigungen des Eigentums, 1980, S. 146 f.; *Wendt* (Fn. 6), S. 134.

[12] So im Ergebnis auch die h. M., vgl. BVerwGE 67, 93 (96); BGHZ 111, 349 (355 f.); *Badura*, in: Benda/Maihofer/Vogel, HdbVerfR, 1983, S. 653 (692 f.). A. A. z. B. *Sendler*, UPR 1983, 33 (36); *Kutschera*, Bestandsschutz im öffentlichen Recht, 1990, S. 40 ff. Bedenken hat auch das BVerfG geäußert (E 51, 193, 221 f.), ohne sich festzulegen.

[13] Dies ist zwar im Privatrecht umstr. (vgl. *Medicus*, Bürgerliches Recht, 15. Aufl. 1991, Rdn. 614), aber ganz h. M. Entgegen der üblichen Auffassung handelt es sich nicht um reines Richterrecht, sondern um die richterrechtliche Ausfüllung eines unbestimmten Rechtsbegriffs („sonstiges Recht"). Geht man davon aus, daß Art. 14 GG alle vermögenswerten Rechte des Privatrechts schützt, müßte begründet werden, warum hier etwas anderes gelten soll.

[14] In der Rspr. wird zumeist von „Sach- und Rechtsgesamtheit" gesprochen (BGHZ 111, 349, 356), doch werden auch die Sachen nur insoweit geschützt, als sie Gegenstand rechtlicher Zuordnung sind.

[15] Ein Schutz des Unternehmens allein durch Art. 12 GG (*Rittstieg*, AK-GG, Bd. I, 2. Aufl. 1989, Rdn. 100; vgl. auch *Steinberg/Lubberger*, Aufopferung — Enteignung und Staatshaftung, 1991, S. 79 f.) reicht nicht aus, weil z. B. der staatliche Befehl, ein bestehendes Unternehmen aufzugeben, nicht nur den Erwerb, sondern auch das Erworbene betrifft. Die generelle Ausklammerung der Chancen und Verdienstmöglichkeiten aus dem Schutz des Art. 14 I GG (BVerfG, NVwZ 1991, 358) geht daher zu weit. Vielmehr ist zwischen imperativen Einwirkungen und sonstigen Nachteilszufügungen zu unterscheiden. Vgl. auch *Bryde*, in: v. Münch, GG, Bd. 1, 3. Aufl. 1985, Art. 14 Rdn. 21, sowie die Ausf. zu II.3.

[16] Vgl. zum Meinungsstand BVerfGE 53, 257 (289 ff.); 69, 272 (300 ff.); *Leisner*, in: Isensee/Kirchhof (Hrsg.), HdbStR, Bd. VI, 1989, § 149 Rdn. 119 ff. Krit. *Papier*,

menhang mit den vermögenswerten Rechten des privaten Rechts stehen oder kompensatorisch an deren Stelle treten[17]. Das Vermögen als solches wird nicht geschützt[18].

II. Die Eigentumsgewährleistung

Bekanntlich enthält Art. 14 Abs. 1 S. 1 GG sowohl eine Instituts- als auch eine subjektivrechtliche Bestandsgarantie[19].

1. Die Institutsgarantie des Eigentums

Die Institutsgarantie verpflichtet den Gesetzgeber, Normen zur Verfügung zu stellen, welche die reale Geltung der Eigentumsgewährleistung sichern[20]. Sie zielt inhaltlich im Sinne eines Leitprinzips auf die Gewährleistung der Freiheit im vermögensrechtlichen Sinne ab, garantiert dem Bürger einen Mindeststandard privatnützig zugeordneter Vermögensrechte[21] und wirkt insoweit als strikt zu beachtendes Untermaßverbot[22].

2. Die Bestandsgarantie des Eigentums

Die subjektivrechtliche Bestandsgarantie schützt alle dem Grundrechtsinhaber zustehenden vermögenswerten Rechtspositionen vor Beeinträchtigungen des Staates. Hier geht es um die Frage, ob ein Recht auf Nutzung des Bodens, des Wassers und der Luft besteht.

Eigentumsgarantie des Grundgesetzes im Wandel, 1984, S. 9ff. Für eine grds. Einbeziehung der Wirtschaftssubventionen in den Schutz des Art. 14 GG: *Stücke*, Eigentum an Wirtschaftssubventionen, 1991, S. 54ff.

[17] Vgl. die Ausf. zu II.2.a) u. b).

[18] BVerfGE 74, 129 (148); BVerwG, DVBl. 1991, 938 (940).

[19] Die Institutsgarantie (BVerfGE 24, 367, 389f.; 31, 229, 240f.) stellt eine besondere Ausprägung des objektivrechtlichen Gehalts des Art. 14 I 1 GG dar, die subjektivrechtliche Bestandsgarantie räumt dem einzelnen ein Grundrecht ein.

[20] Sie kann auch organisatorische und verfahrensrechtliche Vorkehrungen gebieten. Vgl. *Papier*, in: Maunz/Dürig, GG, 1983, Art. 14 Rdn. 43ff.; *Schmidt-Aßmann*, in: FS der Juristischen Fakultät zur 600-Jahr-Feier der Ruprecht-Karls-Universität Heidelberg, 1986, S. 107 (123f.).

[21] Von der Privatnützigkeit wird grds. auch die Verfügungsbefugnis mitumfaßt (vgl. dazu BVerfGE 83, 201, 208f.). Daß sich der Gesetzgeber nicht allein an Art. 14 I 1 GG auszurichten hat, ergibt sich aus Art. 14 I 2 u. II GG. Vgl. die Ausf. zu III.2.

[22] Allgemein zum grundrechtlichen Untermaßverbot *Scherzberg*, Grundrechtsschutz und „Eingriffsintensität“, 1989, S. 208ff.

a) Das Recht auf Nutzung des Bodens. Was die bauliche Nutzung des Bodens betrifft, ist heftig umstritten, ob zu den Elementen des verfassungsrechtlich geschützten Eigentums auch die Baufreiheit gehört. Die Befürworter dieser Ansicht leiten eine entsprechende Rechtsposition aus Art. 14 Abs. 1 S. 1 GG[23] oder § 903 BGB[24] her, während die Gegenmeinung[25] nur eine von vornherein beschränkte, rein öffentlich-rechtliche Verleihung der Bebauungsbefugnis auf einfachgesetzlicher Grundlage anerkennt. Keiner dieser Auffassungen ist zu folgen.

Die Berufung allein auf Art. 14 Abs. 1 S. 1 GG greift nicht durch, weil die Eigentumsgarantie notwendigerweise der gesetzlichen Ausformung bedarf. § 903 BGB wird weitgehend durch die Normen des öffentlichen Rechts[26] überlagert. Die rein öffentlich-rechtliche Konzeption ist mit dem Untermaßverbot der Institutsgarantie nicht vereinbar. Die bauliche Nutzung von Grundstücken gehört zum elementaren Bestand der vermögensrechtlichen Betätigung, welcher der Privatrechtsordnung nicht gänzlich entzogen werden darf[27]. Eine nur öffentlich-rechtliche Verleihung der Bebauungsbefugnis würde sich weitgehend im grundrechtsfreien Raum bewegen. Der Grundeigentümer hat aber einen Anspruch darauf, daß seine aus dem privatrechtlichen Eigentum resultierenden Belange bei der Baurechtsgesetzgebung und vor allem der Bebauungsplanung berücksichtigt werden. Im Ergebnis kommt es daher nicht auf das private oder öffentliche Recht, sondern auf die Gesamtheit der baurechtlich relevanten Vorschriften beider Rechtskreise an[28]. Art. 14 Abs. 1 S. 1 GG schützt das Recht des

---

[23] *Hoppe,* in: Ernst/Hoppe (Fn. 8), Rdn. 165 (der in Rdn. 166 aber einschränkend von einer „potentiellen" Baufreiheit spricht); *Oldiges,* in: Steiner (Hrsg.), Besonderes Verwaltungsrecht, 3. Aufl. 1988, IV Rdn. 136 ff.; *Maurer,* Allgemeines Verwaltungsrecht, 7. Aufl. 1990, § 9 Rdn. 51. Vgl. auch BVerwGE 48, 271 (273); BGHZ 88, 51 (59).

[24] *Wendt* (Fn. 6), S. 170 ff.; vgl. auch *Papier* (Fn. 20), Rdn. 59 ff.; *Peine,* Raumplanungsrecht, 1987, S. 101; *Leisner* (Fn. 16), Rdn. 104.

[25] *Breuer,* Die Bodennutzung im Konflikt zwischen Städtebau und Eigentumsgarantie, 1976, S. 162 ff.; *ders.,* in: Schrödter, BauGB, 4. Aufl. 1980, § 44 Rdn. 8 ff.; *Schulte,* DVBl. 1979, 133 ff.; *Rittstieg* (Fn. 15), Art. 14 Rdn. 92.

[26] Insbes. die §§ 29 ff. BauGB.

[27] Zum elementaren Bestand grundrechtlich geschützter Betätigung vgl. BVerfGE 24, 367 (389); 58, 300 (339).

[28] Zur Maßgeblichkeit des privaten *und* öffentlichen Rechts vgl. BVerfGE 58, 300 (335 f.); 72, 66 (77).

Grundeigentümers, sein Grundstück auf der Grundlage und im Rahmen dieser Vorschriften zu bebauen[29].

Dies schließt die Teilhabe der Baufreiheit an der Institutsgarantie des Eigentums nicht aus[30]. Da sich die Institutsgarantie aber nur an den Gesetzgeber wendet und gerade nicht allein den Inhalt der Gesetze bestimmt, hat der einzelne kein Grundrecht auf Baufreiheit im Sinne eines umfassenden Rechts, das nur nachträglich Beschränkungen unterworfen werden darf. So hängt die bauliche Nutzung des Bodens vielfach von einer vorgängigen Bebauungsplanung und damit von der pflichtgebundenen „Freiheit" eines anderen – nämlich der planerischen Gestaltungsfreiheit der Verwaltung – ab, ohne daß der Grundeigentümer die Aufstellung der Bauleitpläne beanspruchen kann[31]. Was von der Freiheit übrigbleiben muß, bestimmt wiederum das Untermaßverbot. Insbesondere darf die Erteilung der Bebauungsbefugnis – von den Planvorbehalten[32] und Besonderheiten atomrechtlicher Anlagegenehmigungen[33] abgesehen – nicht in das Ermessen der Verwaltung gestellt werden[34].

Da die Nutzungszuweisungen der öffentlich-rechtlichen Baugesetze und Bebauungspläne vor dem Hintergrund und im Zusammenhang mit den durch § 903 BGB eingeräumten Herrschaftsbefugnissen des Grundeigentümers gesehen werden müssen, unterfallen sie stets der verfassungsrechtlichen Eigentumsgarantie, obwohl sie nicht das Äquivalent eigener Leistung darstellen. An dem Grundrechtsschutz nehmen ferner die rechtmäßigen[35], wegen der Gesetzesabhängigkeit des Schutzbereiches dagegen nicht die rechtswidrigen[36] Baugenehmigungen teil.

---

29 Zu Unrecht stellt das BVerfG nur auf den „Rahmen der Gesetze" ab (E 35, 263, 276 f.).

30 *Erbguth*, Bauplanungsrecht, 1989, Rdn. 16 ff.

31 Vgl. § 2 III BauGB.

32 Näher dazu *Wahl*, DVBl. 1982, 51 (56 f.).

33 § 7 II AtG statuiert ein repressives Verbot mit Befreiungsvorbehalt (*Ehlers*, in: Achterberg/Püttner, Besonderes Verwaltungsrecht, Bd. 1, 1990, S. 211; a. A. die h. M., vgl. BVerfGE 49, 89, 145).

34 Demgemäß muß § 35 II BauGB i. S. einer zwingenden Norm ausgelegt werden (BVerwGE 18, 247, 249 ff.; BGH, MDR 1981, 652; a. A. *Ortloff*, NVwZ 1988, 320 ff.).

35 A. A. *Stettner*, BayVBl. 1991, 550 (556) m. w. N.

36 A. A. *Krebs*, in: Grimm/Papier (Hrsg.), Nordrhein-westfälisches Staats- und Verwaltungsrecht, 1986, S. 379 (413 f.); *Knoke*, Rechtsfragen der Rücknahme von Verwaltungsakten, 1989, S. 199 ff. Einen „enteignungsgleichen Eingriff" i. S. d. § 48 VI letzter Halbs. VwVfG gibt es nach der hier vertretenen Ansicht nicht.

Für die sonstige Nutzung des Bodens – etwa der Naturgüter – gelten grundsätzlich dieselben Maßstäbe wie für die bauliche Nutzung[37].

b) Das Recht auf Nutzung des Wassers. Prinzipiell anders als die Nutzung des Bodens ist dagegen die (wirtschaftliche) Nutzung des Wassers geregelt, weil das Wasserhaushaltsgesetz die Gewässerbenutzung und den Ausbau der oberirdischen Gewässer zwar nicht vollständig, aber weitgehend der Privatrechtsordnung entzogen und von einer im Ermessen der Verwaltung stehenden Zulassung abhängig gemacht hat[38]. Wegen der lebenswichtigen Bedeutung des Wassers, seiner Empfindlichkeit und der überindividuellen Zugriffsfolgen sind die sehr einschneidenden Regelungen des Wasserhaushaltsgesetzes nicht nur für das Grund-, sondern auch für das Oberflächenwasser mit dem Untermaßverbot der Institutsgarantie vereinbar[39]. Die prinzipielle Herausnahme der Gewässerbenutzung aus dem Grundeigentum besagt aber nicht, daß die Gewährleistung des Art. 14 Abs. 1 S. 1 GG für die Gewässerbehörden unbeachtlich ist. Zum einen müssen die Behörden im Rahmen ihres Ermessens die Auswirkungen ihrer Entscheidungen auf den durch Art. 14 Abs. 1 S. 1 GG geschützten Bereich – zum Beispiel die bauliche Nutzbarkeit der Erdoberfläche oder den eingerichteten und ausgeübten Gewerbebetrieb – mitberücksichtigen[40]. Dies spricht für die Annahme eines Anspruchs des

---

[37] Bestimmte Ausübungsrechte sind zur Verfolgung öffentlicher Zwecke auf öffentlich-rechtliche Realkörperschaften mit Zwangsmitgliedschaft – wie z. B. Wasser- und Bodenverbände – übertragen worden, wobei die Körperschaften nicht selbst Träger des Eigentumsgrundrechts werden (teilweise a. A. *Hoppe/Beckmann,* DVBl. 1990, 177 ff.). Ferner sind gew. Sachkategorien – wie die bergfreien Bodenschätze (§ 3 II 2 BBergG; grundlegend dazu BVerwGE 81, 329 ff.; *Hoppe,* Das Spannungsverhältnis von Bergwerkseigentum und Oberflächeneigentum im Lichte des Verfassungsrechts, 1991, S. 9 ff.), die öffentlichen Straßen und Wege (z. B. § 2 FStrG) oder die besonderen spaltbaren Stoffe (Art. 86 EAG-Vertrag), nicht aber die landesrechtlichen Schatzregale (a. A. *Lorenz,* NVwZ 1989, 812, 816) – ganz oder teilweise aus dem privatrechtlichen Grundeigentum herausgenommen und einem öffentlich-rechtlichen bzw. europarechtlichen Nutzungsregime unterstellt worden.

[38] §§ 1 a III, 2 ff. WHG.

[39] Zum Grundwasser: BVerfGE 58, 300 ff. Vgl. ferner *Breuer,* Öffentliches und privates Wasserrecht, 2. Aufl. 1987, Rdn. 80. Krit. *Wendt* (Fn. 6), S. 222 ff.; *Papier* (Fn. 20), Rdn. 371 a ff.

[40] Vgl. auch *Krebs,* in: Krebs/Oldiges/Papier, Aktuelle Probleme des Gewässerschutzes, 1990, S. 1 (24). Ferner: BGHZ 90, 4 (10); krit. dazu *Soell,* NuR 1984, 185 ff.

Nutzungsinteressenten auf ermessensfehlerfreie Entscheidung, der sich in bestimmten Fällen sogar zu einem Anspruch auf Zulassung verdichten kann. Zum anderen dürften die dem Grundeigentümer rechtmäßig erteilten Erlaubnisse oder Bewilligungen eine Kompensation für die aus dem Grundeigentum herausgenommenen Nutzungsbefugnisse darstellen und daher Eigentumsqualität besitzen[41].

c) Das Recht auf Nutzung der Luft. Wenden wir uns dem dritten Umweltmedium – der Luft – zu, liegt die Frage auf der Hand, ob das, was dem oft so arg malträtierten Wasser recht ist, nicht der häufig kaum besser behandelten Luft billig sein muß[42]. Im Schrifttum wird eine analoge rechtliche Behandlung von Wasser und Luft nach Maßgabe eines Bewirtschaftungsermessens der Verwaltung zunehmend gefordert[43]. Die überragende Bedeutung einer reinen Luft rechtfertige es, diese als „öffentliches Gut"[44] oder „öffentliche Sache"[45] einzustufen. Die Luftbenutzung beruhe daher nicht auf dem Eigentum, sondern auf einer öffentlich-rechtlichen Zuteilung der Nutzungschancen, die wie eine Subventionierung wirke[46].

Diese Auffassung geht nicht nur am geltenden Gesetzesrecht – insbesondere der §§ 905 BGB, 6 BImSchG[47] – vorbei, sondern setzt sich auch zum Untermaßverbot der Institutsgarantie in Widerspruch. Eine Grundstücksnutzung ist in der Regel ohne Inanspruchnahme des

---

[41] Allgemein zum Kompensationsgedanken: *Kutschera* (Fn. 12), S. 63 ff. Zum Vertrauensschutz im Wasserrecht vgl. *Salzwedel*, FS für Sendler, 1991, S. 321 ff. (ohne Bezugnahme auf Art. 14 GG).

[42] Ausdrücklich zu dieser Fragestellung *Sendler*, UPR 1983, 33 (38).

[43] *Murswiek*, Die staatliche Verantwortung für die Risiken der Technik, 1986, S. 357 ff.; *Stettner*, BayVBl. 1991, 550 (553). Vgl. auch *Jarass*, BImSchG, 1983, Vor § 4 Rdn. 5.

[44] *Murswiek*, in: Scholz (Hrsg.), Wandlungen in Technik und Wirtschaft als Herausforderung des Rechts, 1985, S. 67 (68, 110); *Soell*, NuR 1985, 205 (209). Krit. zum juristischen Gehalt des Ausdrucks *Schulte*, VerwArch. 77 (1986), 372 (401 f. m. Fn. 139).

[45] *Lorenz*, NVwZ 1989, 812 (816, 819). Ob nur körperliche Gegenstände öffentliche Sachen sein können (so *Papier*, Recht der öffentlichen Sachen, 2. Aufl. 1984, S. 2), mag hier dahinstehen. Jedenfalls ist der Luftraum nach geltendem Recht nur partiell einer öffentlich-rechtlichen Nutzungsordnung unterstellt worden (vgl. z. B. § 1 I LuftVG, § 1 IV Nr. 2 FStrG).

[46] So *Sendler*, UPR 1983, 33 (41).

[47] Die Vorschrift ist als präventives Verbot mit Erlaubnisvorbehalt ausgestaltet. Vgl. BVerwGE 55, 250 (253 f.); *Sellner*, Immissionsschutzrecht und Industrieanlagen, 2. Aufl. 1988, Rdn. 21.

Wassers, aber niemals ohne Inanspruchnahme der Luft möglich. Ein zweidimensionales „luftleeres" Grundeigentum wäre für jedermann funktionslos[48] und würde de facto einer Abschaffung des Privateigentums an Grund und Boden nahekommen. Der Eigentümer muß daher berechtigt sein, nicht nur den Boden, sondern auch die Luftsäule über dem Boden bis zu einer gewissen Höhe auf der Grundlage und im Rahmen der Gesetze zu benutzen, ohne daß die Zulassung der Nutzung von einem Bewirtschaftungsermessen der Verwaltung abhängig gemacht werden darf[49]. Das schließt einen effektiven Umweltschutz — insbesondere die Verpflichtung eines Anlagenbetreibers auf das Vorsorgeprinzip — nicht aus[50], verlangt aber entsprechende gesetzliche Normierungen[51].

3. *Der Schutz vor nicht imperativen Beeinträchtigungen*

Die Reichweite des Eigentumsschutzes bei der Nutzung der Umwelt wird maßgeblich davon beeinflußt, ob Art. 14 Abs. 1 S. 1 GG auch vor nicht imperativen Beeinträchtigungen schützt. Insoweit geht es in der Regel nicht um eine Begrenzung des Umweltschutzes, sondern im Gegenteil um einen Schutz der Umwelt durch Abwehr umweltbelastender Vorhaben des Staates oder Privater, die sich störend auf das Eigentum Dritter auswirken. Verfassungsrechtlich ist hierbei zu differenzieren. Weder schützen die Grundrechtsbestimmungen nur die Adressaten staatlicher Regelungsakte, noch gewähren sie Schutz vor jeder realen Nachteilszufügung[52]. Ein Schutz nur der Adressaten liefe auf eine erhebliche Freistellung der Staatsgewalt von der Grundrechtsbindung, ein Schutz vor jeder Nachteilszufügung auf eine uferlose Ausdehnung des subjektiven grundrechtlichen Abwehranspruchs im Sinne eines allgemeinen Rechtsvollziehungsanspruchs

---

[48] *Friauf*, WiVerw. 1986, 87 (102 ff.). Vgl. auch *Schröder*, UPR 1986, 127 (130).

[49] Anderenfalls müßte z. B. auch die baurechtliche Genehmigung eines Einfamilienhauses in das Ermessen der Verwaltung gestellt werden, weil auch insoweit Luft in Anspruch genommen wird.

[50] A. A. *Wieland*, WuR 1991, 128 (131), der davon ausgeht, daß das Vorsorgeprinzip immer mit einem Bewirtschaftungssermessen verbunden ist. Zutreffend weist *Henseler* (in: Scholz, Fn. 44, S. 95, 98) unter Bezugnahme auf das Vollzugsdefizit im Wasserrecht darauf hin, daß mehr Flexibilität der Behörden auch weniger Umweltschutz bedeuten kann.

[51] Wie die bau- unterfällt auch die immissionsschutzrechtliche Genehmigung dem Schutz des Art. 14 I 1 GG (str., vgl. *Dolde*, NVwZ 1986, 873, 874, Fn. 15).

[52] Vgl. zur Problematik statt vieler *Bleckmann/Eckhoff*, DVBl. 1988, 373 ff.

hinaus. Notwendig erscheint die Erarbeitung einer Typologie[53]. Im Falle mittelbarer Nachteilszufügungen kommt es vor allem auf die Zurechenbarkeit und die Intensität der Beeinträchtigung an[54].

So kann die staatliche Genehmigung privater Vorhaben Eingriffscharakter für den Nachbarn haben, weil der feststellende, gestaltende und unter Umständen auch rechtsverleihende Regelungsgehalt einer Genehmigung[55] Bindungswirkungen gegenüber dem Nachbarn zu entfalten vermag[56]. Dies wird besonders deutlich, wenn das Gesetz an die Genehmigung ausdrücklich eine Duldungspflicht des Nachbarn knüpft (wie dies etwa im Planfeststellungs-, Immissionsschutz-, Atom-, Wasser- und Gentechnikrecht der Fall ist)[57]. Im übrigen liegt die Eingriffsvorstellung auch der Rechtsschutzbestimmung des § 80 a VwGO zugrunde. Soweit der negatorische Grundrechtsschutz zum Zuge kommt, bedarf es nicht der Annahme einer grundrechtlichen Schutzpflicht des Staates zugunsten des Nachbarn. Damit ist noch nicht die Frage beantwortet, wann ein Eingriff in die Rechte des Nachbarn anzunehmen ist. Der grundrechtliche Eigentumsschutz setzt die Beeinträchtigung oder Verletzung einer nachbarschützenden Norm des einfachen Rechts voraus. Der nachbarschützende Charakter kann sich aber aus einer verfassungskonformen Auslegung ergeben. Das Untermaßverbot der Institutsgarantie verpflichtet den Gesetzgeber nicht nur, den Nachbarn vor schweren und unerträgli-

---

[53] Formal wäre zwischen Rechts- und Realakten, unmittelbaren und mittelbaren Nachteilszufügungen sowie finalen und unbeabsichtigten Folgen staatlichen Verhaltens zu unterscheiden.

[54] Vgl. *Ramsauer*, Die faktischen Beeinträchtigungen des Eigentums, 1980, S. 174 ff.; *Erichsen*, Jura 1987, 367 (369). Gegen ein Abstellen auf die Intensität *Schulte*, DVBl. 1988, 512 (517). Zu anderen Kriterien vgl. BVerwG, NJW 1989, 2272 (2273).

[55] Die Feststellung bezieht sich auf die Übereinstimmung des Vorhabens mit den Gesetzen, die Gestaltung auf die Aufhebung des Verbots, ohne Genehmigung tätig zu werden. Eine Rechtsverleihung liegt jedenfalls vor, wenn die Genehmigung auf einem Dispens beruht.

[56] So auch die h. M. Vgl. BVerwGE 32, 173 (178 f.); 50, 282 (286 ff.); *Lübbe-Wolff*, Die Grundrechte als Eingriffsabwehrrechte, 1988, S. 178 ff. Nach a. A. (z. B. *Rauschning*, VVDStRL 38, 1980, 167, 184 f.; *Schwerdtfeger*, NVwZ 1982, 5, 7; *Hoppe/Beckmann*, Fn. 1, § 4 Rdn. 42) soll nur der Private, der von der Genehmigung Gebrauch macht, nicht der Staat den Nachbarn beeinträchtigen. Das schlösse zwar einen Anspruch des Nachbarn auf staatlichen Schutz vor rechtswidrigen Übergriffen des Privaten nicht aus. Doch würde ein solcher (auf Leistung gerichteter) Schutz später als der Schutz vor staatlichen Eingriffen einsetzen (anders *Dirnberger*, Recht auf Naturgenuß und Eingriffsregelung, 1991, S. 97).

[57] Vgl. die §§ 75 II VwVfG, 14 BImSchG, 7 VI AtG, 11 I 1 WHG, 23 GenTG.

chen Belastungen zu schützen[58], sondern gebietet einen weitergehenden Schutz. Die von der Rechtsprechung mit Hilfe des Gebotes der Rücksichtnahme begründete teilweise Subjektivierung der §§ 34, 35 BauGB[59] ist daher im Prinzip unerläßlich, sollen die Vorschriften nicht als verfassungswidrig angesehen werden[60].

Im Falle einer mittelbaren Einwirkung auf den eingerichteten und ausgeübten Gewerbebetrieb sind besonders strenge Anforderungen an die Zurechenbarkeit des Beeinträchtigungserfolges zu stellen[61]. Schon im Privatrecht wird vorausgesetzt, daß der Eingriff betriebsbezogen erfolgt[62]. Da Art. 14 Abs. 1 S. 1 GG nur hinsichtlich des Schutzobjektes an das Privatrecht anknüpft, die grundrechtliche Eingriffsschwelle gegenüber öffentlich-rechtlichen Einwirkungen aber originär verfassungsrechtlich zu bestimmen ist, können insoweit andere und das heißt zugleich auch höhere Maßstäbe als im Privatrecht gelten. Hervorzuheben ist, daß ein Betriebsinhaber grundsätzlich nicht die Aufrechterhaltung günstiger Umweltbedingungen außerhalb seines Grundstückes beanspruchen kann[63]. Eigentumsrechtlich gesehen ist ein Krabbenfischer daher nicht vor Erteilung einer Erlaubnis zur Einleitung von Dünnsäure in die Nordsee geschützt[64].

---

[58] Lediglich einen solchen Schutz leitet das BVerwG (E 32, 173, 178 f.; 50, 282, 287 f.; 66, 307, 309) aus Art. 14 I GG her – allerdings im Wege einer verfassungsunmittelbaren Anwendung der Vorschrift.

[59] Vgl. BVerwGE 52, 122 (130 f.); BVerwG, NVwZ 1987, 409 f. Die Rspr. ist inzwischen auf zahlreiche weitere Vorschriften übertragen worden, vgl. BVerwGE 78, 40 (43 f.).

[60] Wie hier *Lübbe-Wolff* (Fn. 56), S. 202. Die verfassungsrechtlichen Wurzeln des Rücksichtnahmegebots werden vom BVerwG (NVwZ 1985, 37, 38) verkannt. Die nähere Ausgestaltung des Nachbarrechts (vgl. etwa *Wahl*, JuS 1984, 578, 582) ist verfassungsrechtlich nicht vorgegeben. Zur Kritik der Rspr. vgl. *Peine*, DÖV 1984, 963 ff.

[61] Erst in zweiter Linie kommt es auf die Intensität der Beeinträchtigung an. Vgl. auch Fn. 63.

[62] Vielfach wird ein Eingriff in die Substanz (vgl. schon BVerfGE 13, 225, 229) verlangt. Näher zum Ganzen *Nüßgens/Boujong*, Eigentum, Sozialbindung, Enteignung, 1987, Rdn. 76 ff.

[63] Zu den (grds. nicht geschützten) Lagevorteilen gewerblicher Anlieger vgl. BVerfG, NVwZ 1991, 358; VGH Bad.-Württ., NVwZ 1991, 387 (388 f.).

[64] Unklar BVerwGE 66, 307 (309). Wie hier *Kunig*, JZ 1981, 295 (297 f.); a. A. *Ossenbühl*, in: ders. (Fn. 2), S. 35 (40 ff.). Dagegen läßt sich der staatlichen Warnung vor dem Genuß bestimmter Weine (vgl. BVerwG, DVBl. 1991, 699 ff.), der Einführung eines Anschluß- und Benutzungszwangs oder der Verhängung eines Embargos der Eingriffscharakter (grds.) nicht absprechen.

Eine andere als durch Einschaltung eines Dritten bewirkte Form mittelbarer Einwirkung auf die Eigentumsobjekte stellt die Verpflichtung zur Zahlung von Abgaben dar. Den Abgabeschuldnern bleibt die Wahl, mit welchen Mitteln sie ihre Leistung bewirken wollen. Unmittelbar wird daher nur auf das durch Art. 14 Abs. 1 S. 1 GG nicht geschützte Vermögen, indirekt aber auf die Gesamtheit der vermögenswerten Rechte oder auf Einzelpositionen zugegriffen. Soweit die Abgabenerhebung – wie bei einer Umweltsteuer – in imperativer Form erfolgt, ist sie stets an Art. 14 Abs. 1 S. 1 GG zu messen, weil der Eigentümer[65] genötigt wird, eine vermögenswerte Rechtsposition in Anspruch zu nehmen[66]. Handelt es sich um sonstige Abgaben[67], kommt es darauf an, ob an die Innehabung und den Gebrauch von Eigentumsrechten angeknüpft wird. Im Ergebnis geht die dadurch erreichte Bindung nicht wesentlich über das hinaus, was sich anderenfalls auch aus sonstigen Verfassungsbestimmungen[68] herleiten ließe.

III. Die verfassungsrechtlichen Direktiven der Eigentumsgestaltung

1. *Die Unterscheidung von Inhalts- und Schrankenbestimmungen*

Nach Art. 14 Abs. 1 S. 2 GG ist der Gesetzgeber dazu berufen, Inhalt und Schranken des Eigentums zu bestimmen. Soweit der Parlamentsvorbehalt nicht eingreift, kommen auch Verordnungen und Satzungen, nicht dagegen Verwaltungsvorschriften in Betracht, weil letztere nicht auf unmittelbare Außenwirkung angelegt sind[69]. In

---

[65] Von der Kreditaufnahme und der altruistischen Hilfe Dritter abgesehen.

[66] A. A. das BVerfG, das in st. Rspr. (vgl. E 81, 108, 122) nur übermäßige Geldleistungspflichten, die den Betroffenen grundlegend in seinen Vermögensverhältnissen beeinträchtigen, an Art. 14 GG mißt (vgl. aber auch BVerfGE 58, 137, 144 – Naturalleistungspflicht in Form einer Abgabe). Wie hier die h. L. Vgl. zum Meinungsstand: *Birk*, Das Leistungsfähigkeitsprinzip als Maßstab der Steuernormen, 1983, S. 205 ff.; *Friauf*, Steuerrecht und Verfassungsrecht, 1989, S. 19 ff.; *Vogel*, in: Isensee/Kirchhof (Fn. 16), Bd. IV, 1990, § 87 Rdn. 85; *Kirchhof*, ebd., § 88 Rdn. 886 ff. Speziell zur Vereinbarkeit von Umweltabgaben mit Art. 14 GG *Meßerschmidt*, Umweltabgaben als Rechtsproblem, 1986, S. 136 ff.

[67] D. h. um Vorzugslasten (Gegenleistungen des Bürgers für eine Leistung des Staates). Zu den „naturschutzrechtlichen Ausgleichsabgaben" vgl. *Kloepfer* (Fn. 1), § 10 Rdn. 37 ff.

[68] Insbes. Art. 2 I GG. Zur Anwendbarkeit des Verhältnismäßigkeitsprinzips (Äquivalenzprinzips) auf Gebührenerhebungen vgl. BVerfGE 28, 66 (88).

[69] A. A. die wohl h. M., die normkonkretisierende Verwaltungsvorschriften anerkennt (BVerwGE 72, 300, 320 f.). Vgl. zum Meinungsstand: *J. Ipsen*, VVDStRL 48 (1990), 177 (191).

jedem Falle ist es bedenklich, wenn grundlegende Wertungen und Entscheidungen auf die Ebene der Verwaltungsvorschriften verlagert werden – wie dies bei den „Technischen Anleitungen" zum Teil der Fall ist[70].

Die Inhaltsbestimmungen einerseits und die Schrankenbestimmungen andererseits lassen sich nicht materiell, sondern nur zeitlich voneinander unterscheiden[71]. Inhaltsbestimmungen regeln oder definieren die Eigentümerstellung für die Zukunft, Schrankenbestimmungen greifen in eine nach bisherigem Recht bestehende Position ein[72]. Dagegen kann nicht zwischen der Normierung von Befugnissen und Pflichten differenziert werden[73]. Zunächst ist der Gesetzgeber nicht gehalten, die Rechtsstellung im Sinne einer quasi unbegrenzten Freiheit zu definieren, um anschließend bestimmte Herrschaftsbefugnisse wieder von ihr auszuschließen[74]. Selbst § 903 BGB enthält schon einen tatbestandlichen Vorbehalt zugunsten anderweitiger Gesetze und Rechte Dritter. Des weiteren haben die Inhaltsbestimmungen keinen juristischen Mehrwert gegenüber den Schrankenbestimmungen. Schließlich läßt sich eine materielle Unterscheidung von Inhalt und Schranken praktisch nicht durchführen, wie sich besonders deutlich bei den vermögenswerten Rechten des öffentlichen Rechts zeigt[75].

---

[70] Zur EG-Problematik vgl. EuGH, NVwZ 1991, 866 ff.

[71] A. A. z. B. *Ramsauer* (Fn. 54), S. 73 ff.; *Leisner* (Fn. 16), Rdn. 133 ff.; *Stein*, Staatsrecht, 12. Aufl. 1990, § 27 III 1. Vgl. auch Fn. 73.

[72] So wohl auch *Pieroth/Schlink*, Grundrechte, Staatsrecht II, 7. Aufl. 1991, § 23 Rdn. 995, 1013; vgl. auch *Schmitt-Kammler*, FS für E. Wolf, 1985, S. 595 (598 f.). Üblicherweise wird zwischen Inhalts- und Schrankenbest. keinerlei Unterschied gemacht (vgl. *Papier*, Fn. 20, Rdn. 251).

[73] So aber *Lutz*, Eigentumsschutz bei „störender" Nutzung gewerblicher Anlagen, 1983, S. 163 ff.; *Wendt* (Fn. 6), S. 147 ff.; prinzipiell zust. *Schwabe*, Staat 1988, 93 (97 f.).

[74] BVerfGE 58, 300 (336). Vgl. auch *Häberle*, Die Wesensgehaltgarantie des Art. 19 Abs. 2 Grundgesetz, 3. Aufl. 1983, S. 179 f.; *dens.*, AöR 109 (1984), 36 (63 ff.).

[75] Z. B. ist es nicht angängig, dem einzelnen einen Anspruch auf unbegrenzte Sozialversicherung zuzugestehen und alle Best. über die Entstehungsvoraussetzungen des Rechts und die Höhe der Versicherungsleistung als Schrankenregelungen anzusehen. Die Ablehnung einer materiellen Unterscheidung gebietet nicht, den Maßnahmen gegenüber einem „Störer" mangels einer Befugnis desselben die Eingriffstauglichkeit abzusprechen und als Folge in Kauf zu nehmen, daß best. Grundsätze, wie das Übermaßverbot, ihre Geltung verlieren (so die Befürchtung von *Wendt*, Fn. 6, S. 160). So greift eine rechtmäßige Abrißverfügung schon deshalb in die Eigentumsgarantie ein, weil der „Schwarzbauer" verpflichtet wird, sein privatrechtliches Eigentum zu zerstören. Wird nur eine Baueinstellung verlangt, ist jedenfalls Art. 2 I GG berührt.

2. *Das verfassungsrechtliche Abwägungsgebot*

Bei der Erfüllung des ihm in Art. 14 Abs. 1 S. 2 GG erteilten Auftrags, Inhalt und Schranken des Eigentums zu bestimmen, muß der Gesetzgeber einerseits die Institutsgarantie des Art. 14 Abs. 1 S. 1 GG und andererseits das Gebot des Art. 14 Abs. 2 GG beachten[76]. Eine Gemeinwohlbindung gem. Art. 14 Abs. 2 GG ist erforderlich, wenn das Eigentumsobjekt in einem sozialen Bezug steht[77]. Dies ist bei der Nutzung der Umwelt in einem eklatanten Ausmaß der Fall, so daß der Gesetzgeber nicht nur zu einem wirksamen Umweltschutz berechtigt, sondern auch verpflichtet ist[78]. Gerade weil sich Art. 14 Abs. 1 S. 1 GG als Freiheitsrecht darstellt, muß die von vornherein mitangelegte soziale Komponente dieses Rechts um so deutlicher hervorgehoben werden[79]. Allerdings soll der Gebrauch des Eigentums nur „zugleich", niemals allein dem Allgemeinwohl dienen. Es ist deshalb eine umfassende materielle Abwägung zwischen den Privatnützigkeitsinteressen des einzelnen und den Belangen der Allgemeinheit geboten.

Die in Rechtsprechung und Schrifttum entwickelten allgemeinen Sozialbindungsklauseln können das Ergebnis der Abwägung nicht vorwegnehmen. So haben zwar die sog. Enteignungstheorien[80] nach wie vor einen nicht zu unterschätzenden heuristischen Wert, wenn man sie nicht primär zur Bestimmung der Enteignungsakte, sondern der verfassungsrechtlichen Grenzen zulässiger Eigentumsgestaltung heranzieht[81]. Doch stellen sie nur auf einzelne Gesichtspunkte ab. Zum Beispiel kann die Schwere des Eingriffs nicht ohne weiteres und in jedem Fall den Ausschlag geben, weil es nicht nur auf die Perspektive des Eigentümers, sondern zugleich auf diejenige des Gemeinwohlzwecke verfolgenden Gesetzgebers ankommt[82].

Zurückhaltung ist auch gegenüber dem vor allem im Natur- und Denkmalschutzrecht beliebten Kriterium der „Situationsgebunden-

---

[76] Vgl. z. B. BVerfGE 37, 132 (140); 52, 1 (29).

[77] *Böhmer*, NJW 1988, 2561 (2573).

[78] Bei der Diskussion über eine „Verankerung des Umweltschutzes im Grundgesetz" (vgl. Öffentl. Anhörung d. Rechtsausschusses d. Dt. Bundestages, in: Zur Sache 2/88) kann es daher nur um eine zusätzliche Absicherung des Umweltschutzes gehen.

[79] I. d. S. bereits *H. P. Ipsen*, VVDStRL 10 (1952), 74 ff.

[80] Vgl. *Ossenbühl*, Staatshaftungsrecht, 4. Aufl. 1991, S. 144 ff.

[81] Ähnlich *Schmidt-Aßmann* (Fn. 20), S. 118; *ders.*, DVBl. 1987, 216 (218).

[82] Vgl. auch *v. Brünneck*, Die Eigentumsgarantie des Grundgesetzes, 1984, S. 397.

heit des Grundeigentums"[83] geboten. Die Rechtsprechung sieht die „Situationsgebundenheit" zumeist als immanente Beschränkung der Eigentümerrechte an. Indessen lassen sich weder aus der Sozialbindungsklausel des Art. 14 Abs. 2 GG[84] noch gar aus der „Natur der Sache" verfassungsunmittelbare Pflichten des Eigentümers ableiten. Es ist daher nicht auf den „vernünftigen Eigentümer"[85] oder die „Verkehrsanschauung"[86], sondern allein auf die gesetzlichen Bestimmungen abzustellen. Der Gesetzgeber kann und muß unter Umständen zwar die unterschiedlichen Realfaktoren verschieden gewichten. Doch reichen hierfür Schlagworte wie das von der Situationsgebundenheit nicht aus.

3. Die Bindung an das Übermaßverbot

In der Regel kommt es entscheidend auf die Verhältnismäßigkeit der staatlichen Inpflichtnahme (im engeren Sinne)[87] und damit auf die Abwägung zwischen der Intensität der Belastung und dem Gewicht der zu ihrer Rechtfertigung angeführten Gründe an[88].

a) Der personelle und sachliche Bezugspunkt der Verhältnismäßigkeitsprüfung. Da die Inhalts- und Schrankenbestimmungen die Rechte und Pflichten des Eigentümers grundsätzlich generell und abstrakt festlegen, beurteilt sich die Verhältnismäßigkeit der Regelungen prinzipiell nach einer typisierenden Betrachtungsweise. Sind die Verhältnisse sehr unterschiedlich, muß differenziert werden, wobei der

---

[83] Vgl. etwa BVerfG, NVwZ 1991, 358; BGHZ 105, 15 (18 f.); BVerwGE 84, 361 (371); grundlegend *Weyreuther,* Die Situationsgebundenheit des Grundeigentums, 1983; krit. *Papier* (Fn. 20), Rdn. 326; *Leisner,* Situationsgebundenheit des Eigentums – eine überholte Rechtssituation?, 1990; *Schink,* DVBl. 1990, 1375 (1381 ff.).

[84] A. A. *Badura* (Fn. 12), S. 661; *Bryde* (Fn. 15), Rdn. 67.

[85] So BGHZ 87, 66 (71 f.).

[86] BVerwGE 49, 365 (372).

[87] Da etwas nicht Vorhandenes nicht übermäßig beschränkt werden kann, entfaltet das Übermaßverbot nicht schon bei der erstmaligen Best. des Eigentumsinhalts, sondern erst dann seine vollen Wirkungen, wenn die einfachgesetzlich ausgeformten Eigentumspositionen durch Änderung des Gesetzesrechts verkürzt werden. Da die Nutzung der Umwelt aber seit langem einfachgesetzlich geregelt ist, kann der Gesetzgeber auf diesem Gebiet grds. nicht Neuland betreten, sondern nur ändernd tätig werden.

[88] Zur Bindung an den Gleichheitssatz vgl. BVerfGE 79, 174 (198); zur Bindung an die Wesensgehaltsgarantie: *Chlosta,* Der Wesensgehalt der Eigentumsgewährleistung, 1975, S. 39 ff.

Gesetzgeber auch mit Generalklauseln, Dispensmöglichkeiten, Optimierungsgeboten, Ermessensermächtigungen oder Härteausgleichsregelungen arbeiten darf[89]. In dem Ausmaß, in dem das Gesetz auf die Umstände des Einzelfalls verweist, tritt an die Stelle der generell-abstrakten eine individuell-konkrete Verhältnismäßigkeitsprüfung[90]. Auch in diesem Falle ist grundsätzlich ein objektiver Maßstab zugrundezulegen[91].

Die dadurch erreichte Flexibilität darf nicht sofort wieder durch Pauschalüberlegungen unterlaufen werden. Zum Beispiel entfällt die polizei- oder ordnungsrechtliche Zustandsverantwortlichkeit nicht stets, wenn eine Altlast durch Fremdeinwirkungen wie wilde Ablagerungen hervorgerufen worden ist. Vielmehr sind Risiko- und Billigkeitsüberlegungen erst bei der Frage zu berücksichtigen, was dem Verantwortlichen konkret abverlangt werden darf[92]. Nicht gefolgt werden kann daher auch der Ansicht[93], die Behörde müsse zur Gefahrenerforschung bei einer vermuteten Altlast stets selbst tätig werden und dürfe vom Eigentümer höchstens die Duldung der Untersuchungsmaßnahmen verlangen.

In sachlicher Hinsicht ist grundsätzlich auf das konkrete Eigentumsobjekt abzustellen. So bestimmt sich die Zumutbarkeit denkmalschützender Maßnahmen nach dem verbleibenden Nutzwert des Denkmals und nicht nach den allgemeinen Vermögensverhältnissen des Eigentümers[94]. Stellt sich das Eigentumsobjekt als Teil eines durch Art. 14 Abs. 1

---

[89] Vgl. *Schmidt-Aßmann* (Fn. 20), S. 117; ferner: *Schulze-Fielitz*, DV 1987, 307 (334).

[90] Zu der (bisher nicht hinreichend geklärten) Unterscheidung von „großer" und „kleiner" Verhältnismäßigkeit vgl. allgemein *Jakobs*, Der Grundsatz der Verhältnismäßigkeit, 1985, S. 139 f., 164; speziell zum Immissionsschutzrecht: *Jarass*, DVBl. 1986, 314 (316 ff.); *Ossenbühl*, NVwZ 1986, 161 (167 f.).

[91] Das Gesetz kann etwa anderes vorsehen und z. B. zur Vermeidung persönlicher Härten eine Befreiung zulassen. Auch in solchen Fällen reicht ein Hinweis auf die schlechte Finanzlage nicht aus. Hinzu kommen muß etwa, daß der Eigentümer diese Lage nicht selbst zu verantworten hat.

[92] So auch der Rat von Sachverständigen für Umweltfragen, Altlasten, Sondergutachten, 1990, S. 205 (der allerdings die Verantwortlichkeit auf Duldungspflichten beschränken will). A. A. *Papier*, Altlasten und polizeiliche Störerhaftung, 1985, S. 49 ff. Vgl. auch BVerwG, NVwZ 1991, 475.

[93] Zu Unrecht bezeichnet der HessVGH, UPR 1991, 197, unter Berufung auf *Breuer*, NVwZ 1987, 751 (754), diese Ansicht als nahezu unstreitig; wie hier BayVGH, DVBl. 1986, 1283 (1285); VGH Bad.-Württ., NVwZ-RR 1991, 24 ff. – zugleich auch zur Frage, ob zwischen der Verantwortlichkeit und der Kostentragungspflicht differenziert werden kann.

[94] Vgl. VGH Bad.-Württ., DÖV 1989, 79 (80 f.); *Moench*, NVwZ 1988, 304 (309); a. A. *Eberl/Martin/Petzel*, Bay. DSchG, 3. Aufl. 1985, Art. 4 Rdn. 12 f.

S. 1 GG geschützten Ganzen dar, ist dies bei der Proportionalitätsabwägung zu berücksichtigen. Werden etwa einzelne Flächen eines landwirtschaftlichen Betriebes unter Naturschutz gestellt oder Veränderungen einer immissionsschutzrechtlichen Anlage verlangt, die technisch, organisatorisch und funktionell in einen Betrieb eingegliedert ist, entscheiden die Auswirkungen auf den Gesamtbetrieb mit über die eigentumsrechtliche Zulässigkeit[95].

b) Die Unterscheidung von ausgeübten und nicht ausgeübten Nutzungen. Inhaltlich macht es einen erheblichen Unterschied aus, ob sich die Beschränkungen auf bereits verwirklichte oder nur mögliche Nutzungen der Umwelt beziehen. Der durch legale Eigentumsausübung geschaffene Bestand genießt infolge der Aufwendungen und Dispositionen des Eigentümers einen besonderen Vertrauensschutz, der sich unmittelbar aus der Gewährleistung des Eigentums und nicht erst aus dem Rechtsstaatsprinzip ergibt[96]. Im einzelnen hängt die Reichweite dieses Schutzes von der Art des Eigentumsobjektes, dessen Schutzbedürftigkeit in der Zeit und dem tatsächlichen Kontinuitätsvertrauen ab[97]. In der Regel muß eine Umgestaltung der „wohl erworbenen" Rechte zumindest durch eine Übergangsregelung „abgefedert" werden.

Besonders ausgeprägt ist der Bestandsschutz im Baurecht. Daß es selbst insoweit keinen absoluten Schutz gibt, zeigen etwa die sog. Schweinemästerfälle[98]. Wesentlich größer ist der gesetzgeberische Freiraum im Umweltrecht[99]. Dies läßt sich damit rechtfertigen, daß Umweltbelastungen nicht an der Grundstücksgrenze haltzumachen pflegen, die Eigentümer selbst von den ökologischen Maßnahmen

---

[95] In seiner Tunnelofen-Entscheidung (E 50, 49, 52 ff.) hat das BVerwG diesen Gesichtspunkt nicht hinreichend gewürdigt. Krit. auch *Dolde*, NVwZ 1986, 873 (884). Vgl. ferner § 1 III 1 der 4. BImSchVO; BVerwGE 69, 351 (355 f.).

[96] Zur Grundlage des Vertrauensschutzes vgl. *Kunig*, Das Rechtsstaatsprinzip, 1986, S. 160; *Maurer*, in: Isensee/Kirchhof (Fn. 16), Bd. III, 1988, § 60 Rdn. 23 f., 45.

[97] Vgl. zum Meinungsstand: BVerwG, DÖV 1974, 814 (815); *Schulze-Fielitz*, DV 1987, 307 ff.; *Pietzcker*, NVwZ 1991, 418 (422); *Stettner*, BayVBl. 1991, 550 ff.

[98] Vgl. etwa BVerwG, UPR 1987, 380 ff. Ändert sich die Umgebung eines emittierenden, nur durch eine Baugenehmigung abgesicherten Betriebes durch das Heranrücken einer störanfälligen Umgebung, darf vielfach seine Einstellung verlangt werden. Nach der wohl h. M. ist in solchen Fällen keine „Entschädigung" zu leisten. Krit. dazu *Schenke*, NuR 1989, 8 (14); *Kutschera* (Fn. 12), S. 228 ff.

[99] Vgl. auch BVerwGE 65, 313 (317 f.). Zum Naturschutzrecht: *Czybulka*, NuR 1988, 214 (218).

profitieren[100] und es um den Schutz der Lebensgrundlagen aller geht. So unterliegt der Betrieb genehmigungsbedürftiger Anlagen nach dem Bundesimmissionsschutzgesetz dynamischen Dauerpflichten, das heißt Beschränkungen, die sich mit wechselnden Umweltbedingungen, fortschreitenden technischen Standards sowie neuen wissenschaftlichen Erkenntnissen ändern können[101]. Dementsprechend sind in weitgehendem Ausmaß nachträgliche Anordnungen zulässig[102]. Insbesondere kommt es nicht allein auf die wirtschaftliche Vertretbarkeit und damit auf die betriebswirtschaftlichen Folgen an[103]. Im Rahmen der Verhältnismäßigkeitsprüfung sind die wirtschaftlichen Auswirkungen — etwa die Frage einer Amortisierung der getätigten Investition[104] — nur mitzuberücksichtigen.

Werden aus wichtigen Gemeinwohlgründen noch nicht verwirklichte Nutzungen des Eigentums ausgeschlossen[105], muß dies der Eigentümer grundsätzlich hinnehmen, es sei denn, daß die einzige wirtschaftlich sinnvolle Verwendung des Eigentumsobjektes verhindert wird. Auch insoweit bestehen aber bemerkenswerte Unterschiede zwischen dem Bau- und dem Umweltrecht. Zum Beispiel darf die zulässige, jedoch noch nicht ins Werk gesetzte bauliche Nutzung eines Grundstücks innerhalb einer Frist von sieben Jahren prinzipiell nur gegen „Entschädigung" aufgehoben oder geändert werden[106], während es im Umweltrecht ähnliche Vorschriften nicht gibt.

---

[100] Grundlegend dazu *Leisner*, Umweltschutz durch Eigentümer, 1987, S. 26 ff.

[101] Vgl. *Jarass*, DVBl. 1985, 193 ff.; *Kloepfer* (Fn. 1), § 7 Rdn. 93.

[102] Erst durch den Erlaß solcher Anordnungen (nach Maßgabe des § 17 BImSchG) kann die Befolgung der dynamischen Dauerpflichten durchgesetzt werden.

[103] Anders noch die bis zum Inkrafttreten der 2. Novelle zum BImSchG geltende Fassung des § 17.

[104] Vgl. dazu *Murswiek* (Fn. 43), S. 265 ff.; *Schröder*, UPR 1986, 127 (131). Krit. *Stettner*, BayVBl. 1991, 550 (557).

[105] Solche Nutzungen unterfallen ebenfalls dem Schutz des Art. 14 I GG (*Pietzcker*, NVwZ 1991, 418, 422). Aus der viel kritisierten Äußerung des BVerfG, daß sich die Problematik der Legalenteignung nur stelle, wenn von einer Nutzungsbefugnis bereits Gebrauch gemacht worden sei (E 58, 300, 338), kann schon deshalb nichts anderes gefolgert werden, weil diese Aussage Art. 14 I GG nicht betrifft (a. A. *Steinberg/Lubberger*, Fn. 15, S. 63).

[106] § 42 BauGB. Die Vorschrift genügt den verfassungsrechtlichen Anforderungen (a. A. *Papier*, NWVBL 1990, 397, 399), ist im Grundsatz aber auch verfassungsrechtlich geboten (vgl. dazu *Battis*, in: Battis/Krautzberger/Löhr, BauGB, 3. Aufl. 1990, § 42 Rdn. 3).

Soweit der Eigentümer die bestehenden bau- bzw. immissionsschutzrechtlichen Anlagen verändern oder erweitern will, läßt sich zugunsten solcher Folgemaßnahmen der Gedanke des aktiven Bestandsschutzes fruchtbar machen[107]. Hierbei kann es entgegen der Rechtsprechung[108] aber von vornherein nur um eine verfassungskonforme Ausgestaltung und Interpretation des Gesetzesrechts, nicht um seine Verdrängung durch Richterrecht gehen. Abzulehnen ist daher auch die Rechtsfigur einer „eigentumskräftig verfestigten Anspruchsposition“[109], wenn und soweit sie dazu dienen soll, dem Eigentümer einen Genehmigungsanspruch contra legem zu verschaffen.

c) Die Auferlegung von Positivpflichten. Seit dem Übergang von der Auffang- zur Entwicklungsplanung und dem starken Ausbau des öffentlichen Bau-, Umwelt- und Wirtschaftsrechts bürden die Gesetze den Eigentümern immer häufiger positive Handlungspflichten auf. Hinzuweisen ist etwa auf die Entwicklungs-, Pflege- und Erschließungsmaßnahmen des Naturschutzrechts[110]. Da der Sozialauftrag des Art. 14 Abs. 2 GG nicht nur auf Duldung und Unterlassung abzielt, bestehen gegen die Statuierung solcher Handlungspflichten im Grundsatz keine Bedenken[111]. Die Sozialbindungsgrenze wird im Regelfall aber früher als bei der Auferlegung von Negativpflichten erreicht. Der Spielraum des Gesetzgebers ist relativ weit, wenn ein gegebener Zustand (zum Beispiel durch Pflege naturnaher Lebensräume) erhalten bleiben soll. Er verringert sich, wenn es um die Anpassung an Zeitanforderungen geht (wie bei den Modernisierungsmaßnahmen), und wird noch kleiner, wenn neuartige Verbesserungen angestrebt werden (etwa in Form erstmaliger Anpflanzungen).

d) Die Beachtlichkeit von Kumulationen und Subventionsleistungen. Unzulässig sind ferner unverhältnismäßige Eingriffskumulationen,

---

107 Vielfach wird weiter zwischen dem einfachen und dem überwirkenden aktiven Bestandsschutz unterschieden. Vgl. *Friauf,* WiVerw. 1986, 87 (90 ff.) m. w. N.

108 BVerwGE 47, 126 (128); 49, 365 (369 ff.); 50, 49 (55 ff.); 72, 362 ff.; BGHZ 94, 77 (81 f.). Die h. L. hat sich der Rspr. angeschlossen, vgl. *Papier* (Fn. 20), Rdn. 340 ff.

109 BVerwGE 26, 111 (116 ff.); 47, 126 (130 ff.); 49, 365 (371 f.); 67, 84 (91 f.) u. 93 (96 f.); *Oldiges* (Fn. 23), Rdn. 205; *Finkelnburg/Ortloff,* Öffentliches Baurecht I, 2. Aufl. 1990, S. 14 f. Krit. *Schulze-Fielitz,* DV 1987, 307 (329 ff.); *Schenke,* NuR 1989, 8 (17). Vgl. neuerdings auch BVerwG, BayVBl. 1991, 180 (182).

110 Vgl. etwa §§ 11 BNatSchG, 26 LG NW. Zu den Bau-, Modernisierungs-, Instandsetzungs-, Pflanz- und Abbruchgeboten des Baurechts s. §§ 175 ff. BauGB.

111 Vgl. auch *Papier* (Fn. 20), Rdn. 408 ff.; *Czybulka,* NuR 1988, 215 (218 f.).

das heißt Beschränkungen des Eigentums, die für sich gesehen nur unproblematische Belastungen mit sich bringen, in der Summe aber eine zu weitgehende Inanspruchnahme des Eigentümers zur Folge haben. Gesetzgeber und gesetzesvollziehende Verwaltung müssen zwar nicht alle betroffenen Belange positiv gegeneinander abwägen, jedoch vor jedem neuen Eingriff negativ prüfen, ob das Faß der Sozialpflichtigkeit den neuen Tropfen der Sozialbindung noch aufzunehmen vermag oder bereits überläuft[112].

Auf der anderen Seite darf nicht außer Betracht bleiben, daß der Staat Wirtschaftszweige wie die Landwirtschaft in erheblichem Ausmaß fördert. Wer laufend hohe Subventionen in Anspruch nimmt, unterliegt einer höheren Sozialpflichtigkeit als derjenige, der auf sich selbst angewiesen ist[113].

e) Ausgleichspflichtige Inhalts- und Schrankenbestimmungen. Schließlich kann der Gesetzgeber zur Wahrung der Verhältnismäßigkeit gezwungen sein, eine aus Gemeinwohlgründen für erforderlich gehaltene Inhalts- und Schrankenbestimmung durch einen finanziellen Ausgleich abzumildern[114]. Anders als bei der Enteignung geht es in solchen Fällen nicht um eine Durchbrechung der Eigentumsordnung gegen Entschädigung, sondern um deren Verhinderung durch eine Kompensation, welche die Belastung auf ein erträgliches Maß reduziert. Die im Schrifttum gegen diese Konstruktion erhobenen Bedenken[115] greifen nicht durch. Insbesondere überläßt Art. 14 GG den Schutz der Vermögensinteressen nicht allein dem Art. 14 Abs. 3 GG.

So kann die Auferlegung positiver Handlungspflichten einen Eigentümer unverhältnismäßig belasten, wie dies etwa für die Pflicht der Waldbesitzer zur Wiederaufforstung[116] nach größeren Sturmschäden oder Waldbränden zutreffen dürfte. Eine Enteignung kommt insoweit

---

[112] *Kloepfer,* Beilage I/1986 in AgrarR 12/1986, 3 (14 ff.); *Leisner* (Fn. 16), Rdn. 154 f.; *Schink,* Naturschutz- und Landschaftspflegerecht Nordrhein-Westfalen, 1989, Rdn. 662.

[113] Aufschlußreich BVerfGE 21, 150 (158 f.).

[114] Als Leitentscheidung gilt BVerfGE 58, 137 (147, 149 f.). Vgl. ferner BVerfGE 79, 174 (192); BVerwGE 84, 361 (368 f.); BGHZ 102, 350 (360); 110, 12 (16); *Schulze-Osterloh,* Das Prinzip der Eigentumsopferentschädigung im Zivilrecht und im öffentlichen Recht, 1980, S. 232 ff.; *dies.,* NJW 1981, 2537 (2543 ff.).

[115] *H. P. Ipsen,* VVDStRL 10 (1952), 74 (93); *Papier* (Fn. 20), Rdn. 283 ff.; *Wendt* (Fn. 6), S. 314 ff.; *J. Ipsen,* Neuere Entwicklungen der Eigentumsdogmatik, in: Osnabrücker Rechtswissenschaftliche Abhandlungen, Bd. 1, 1985, S. 129 (143 ff.). Krit. auch *Pietzcker,* JuS 1991, 369 (370 ff.). Vgl. ferner die Ausf. zu V.

[116] Vgl. §§ 11 BWaldG u. (z. B.) 44 LFoG NW.

nicht in Betracht, weil die zwangsweise Wegnahme der Grundstücke über das Ziel hinausschießen würde. Da die Pflicht der Waldbesitzer auf eine vertretbare Handlung gerichtet ist, kann sie aber durch einen Dritten vorgenommen und demgemäß mit Geld ausgeglichen werden. Art. 14 Abs. 1 S. 1 GG wirkt insoweit nicht anders als Art. 12 Abs. 1 GG[117], da auch diese Vorschrift bestimmte Indienstnahmen zugunsten des Staates nur gegen finanziellen Ausgleich zuläßt[118].

Wegen des Vorrangs des Bestandsschutzes dürfen finanzielle Zuwendungen allerdings stets nur das letzte Mittel sein, um an sich unverhältnismäßige Regelungen vor dem Verdikt der Verfassungswidrigkeit zu retten[119]. Sie vermögen Eigentumsbeschränkungen lediglich zu rechtfertigen und sind auch nur dann geboten, wenn andere Regelungen (wie z. B. Dispensbestimmungen) nicht in gleicher Weise den Gemeinwohlerfordernissen genügen und nach Art der berührten Belange eine Verweisung des Eigentümers auf die Befriedigung seiner Vermögensinteressen zulässig ist[120]. In Anbetracht der besonderen Grundrechtsrelevanz einerseits und der Folgen für die öffentlichen Haushalte andererseits bedürfen die Ausgleichszahlungen einer formell gesetzlichen Grundlage, die den Tatbestand sowie die Art und das Ausmaß der Kompensation als Rechtsfolge regelt[121]. Somit gelten

---

117 Vgl. BVerfGE 54, 251 (271); 57, 107 (117). Näher zum Härteausgleich gem. Art. 12 I u. 14 I GG *Dörr*, NJW 1988, 1049 (1051 f.).

118 Ferner gebietet das Verhältnismäßigkeitsprinzip etwa in den Fällen der sog. privatrechtlichen Aufopferung die Zubilligung eines finanziellen Ausgleichs (vgl. zur Rspr. *Schwabe*, JZ 1983, 273, 276). Z. B. ist die Regelung des § 906 II BGB nur deshalb verfassungsmäßig, weil der Nachbar einen Ausgleich in Geld verlangen kann. Der Rekurs auf Art. 14 III GG scheidet in solchen Fällen von vornherein aus, weil es eine privatrechtliche Enteignung nicht gibt (BVerfGE 14, 263, 277).

119 Zum Ausnahmecharakter vgl. auch *Maurer* (Fn. 23), § 26 Rdn. 68.

120 Entgegen *Schulze-Osterloh* (NJW 1981, 2537, 2543) und *Leisner* (DÖV 1991, 781, 786) ist nicht eine zweistufige Prüfung dergestalt vorzunehmen, daß zunächst untersucht wird, ob der Eingriff zulässig ist und bejahendenfalls abgewogen wird, ob ein finanzieller Ausgleich geleistet werden muß. Erweist sich die Inanspruchnahme des Eigentümers als zulässig, erübrigt sich eine weitere Prüfung. Nur wenn der Eingriff an sich zu weit geht, aber auf gesetzlicher Grundlage ein finanzieller Ausgleich erbracht wurde, muß noch untersucht werden, ob dadurch dem Übermaßverbot genügt worden ist.

121 *Papier*, NWVBL 1990, 397 (400 f.); *Pietzcker*, JuS 1991, 369 (372). A. A. etwa BVerwGE 84, 361 (367 f. – „zumindest" für eine Übergangszeit); *Schwerdtfeger*, Die dogmatische Struktur der Eigentumsgarantie, 1983, S. 29 (im Hinblick auf enteignende Eingriffe); *Nüßgens/Boujong* (Fn. 62), Rdn. 340; *Steinberg/Lubberger* (Fn. 15), S. 152.

für die ausgleichspflichtigen Inhalts- und Schrankenbestimmungen ähnliche Vorgaben wie für die Enteignung. Nicht ausreichend ist zum Beispiel eine Bestimmung, nach der unzumutbare Belastungen angemessen zu entschädigen sind. Eine solche Normierung überläßt die gebotene Abwägung ganz den rechtsanwendenden Organen und führt vielfach dazu, daß entweder die Sozialbindung oder die Grundrechtsverletzung erkauft werden. Da es dem Gesetzgeber nicht versagt ist, mit Generalklauseln und Regelbeispielen zu arbeiten, wird ihm nichts Unmögliches abverlangt[122]. Die zahlreichen salvatorischen Ausgleichsbestimmungen des geltenden Rechts können allenfalls noch für eine Übergangszeit hingenommen werden.

Von den verfassungsrechtlich gebotenen Ausgleichs- sind die reinen Billigkeitsregelungen zu unterscheiden. Sie werden von Art. 14 GG nicht erfaßt[123]. Ihre Finanzierung muß allerdings über den öffentlichen Haushalt erfolgen und darf nicht einer anderen Gruppe von Eigentümern auferlegt werden, wie dies für den Ausgleich nach § 19 Abs. 4 WHG in vielen Bundesländern zutrifft[124]. Da die Billigkeitszahlungen in der Regel Subventionscharakter haben, wird außerdem in Zukunft stärker auf die Vereinbarkeit mit den Regelungen des GATT und des europäischen Gemeinschaftsrechts zu achten sein.

IV. Die Enteignung

1. Der Begriff der Enteignung

Unter bestimmten Voraussetzungen ist der Staat befugt, im Wege der Enteignung auf das Eigentum zuzugreifen. Wann eine Enteignung

---

[122] A. A. z. B. *Ossenbühl,* JZ 1991, 89 (90 f.); *ders.* (Fn. 80), S. 153 f. Da der Gesetzgeber bei der Schaffung von Ausgleichsbest. zumindest typische Fallkonstellationen vor Augen haben muß, können diese auch normiert werden (vgl. etwa §§ 177 IV BauGB, 8 a V FStrG). Zu den salvatorischen Entschädigungsklauseln des Enteignungsrechts s. Fn. 163.

[123] Neben reinen Billigkeitsregelungen kennt das geltende Recht Inhalts- und Schrankenbest., die eine nur im Kern gebotene, aber über das verfassungsrechtlich Geforderte hinausgehende Kompensation gewähren. Als eine solche Regelung sieht das BVerwG (E 77, 295, 298; 84, 361, 368) zu Unrecht § 74 II 3 VwVfG an (krit. auch *Wahl,* NVwZ 1990, 426, 440). Es handelt sich um eine verfassungsrechtlich gebotene Ausgleichsbest., allerdings salvatorischer Art. Abzulehnen daher auch BGHZ 97, 114 (117 — Billigkeitsregelung) u. *Kleinlein,* DVBl. 1991, 365 (371 — Enteignungsregelung).

[124] Der Ausgleich nach § 19 IV WHG ist verfassungsrechtlich nicht geboten (*F. Kirchhof,* NVwZ 1987, 1031, 1033; a. A. *Weyreuther,* UPR 1987, 41, 50), wie sich aus dem Zusammenhang mit Absatz 3 ergibt (der sich bei Zugrundelegung des sogleich zu erörternden Enteignungsbegriffs dogmatisch nicht als Enteignungs-, sondern als ausgleichspflichtige Inhalts- und Schrankenbest. darstellt). Zur Verfas-

vorliegt, ist bis heute äußerst unklar geblieben. Während die Anhänger eines weiten Enteignungsbegriffs[125] alle über die Sozialbindung hinausgehenden Eingriffe in eine Eigentumsposition als zumindest potentiell enteignungsfähig ansehen, verwendet insbesondere das Bundesverfassungsgericht[126] einen engeren Begriff und stellt auf die Entziehung vermögenswerter Rechtspositionen ab. Für eine engere Begriffsbildung spricht neben dem Ausnahmecharakter des Absatzes 3[127] vor allem der Umstand, daß die verschiedenen Absätze des Art. 14 GG Maßstäbe für die Steuerung staatlichen Handelns aufstellen. Die unterschiedlichen Einwirkungen auf das Eigentum müssen daher primär handlungsbezogen und nicht folgenorientiert voneinander abgegrenzt werden. Es kommt entscheidend auf die Ausrichtung der Maßnahmen, nicht auf ihre erst ex post bestimmbaren Wirkungen an. Die Inhaltsbestimmungen legen die Rechte und Pflichten des Eigentümers für die Zukunft fest, während die Enteignungsakte auf die Aufhebung bestimmter Rechtspositionen abzielen. Die Enteignung stellt somit keine Steigerung der Inhaltsbestimmung, sondern ein aliud dar[128].

Mehrdeutig ist die Annahme des Bundesverfassungsgerichts, daß eine neue, für die Zukunft geltende objektivrechtliche Regelung im Sinne des Art. 14 Abs. 1 S. 2 GG zugleich eine Legalenteignung bewirken könne[129]. Sollte das Gericht dahingehend zu verstehen sein, daß

---

sungswidrigkeit der hier angesprochenen Landesregelungen (z.B. Art. 74 VI BayWG; § 15 III LWG NW) vgl. *Murswiek*, NuR 1990, 289 (294 ff. – allerdings ohne Bezugnahme auf Art. 14 GG).

[125] Grundlegend BGHZ 6, 270 ff.; 23, 32 ff. Vgl. ferner *v. Brünneck* (Fn. 82), S. 401 ff.; *Breuer*, in: v. Münch (Hrsg.), Besonderes Verwaltungsrecht, 8. Aufl. 1988, S. 618; *Leisner* (Fn. 16), Rdn. 168 f.; *Papier*, NWVBL 1990, 397 (398); *Stein* (Fn. 71), § 27 IV 1.

[126] Vgl. z.B. BVerfGE 24, 367 (394); 70, 191 (199 f.).

[127] Bei Zugrundelegung eines weiten Enteignungsbegriffs oder der Annahme, daß die Wertinteressen des Eigentümers nur über Art. 14 III GG geschützt sind, wandelt sich die Enteignung von einem „extraordinären" Institut (*Wendt*, Fn. 6, S. 326) in ein normales Instrument staatlicher Eigentumsgestaltung.

[128] Vgl. auch *Schmitt-Kammler* (Fn. 72), S. 595 (599). Anderes gilt für das Verhältnis von Schranken- und Enteignungsbest., sofern die Schrankenbest. einen Entzug von Eigentumspositionen betreffen – vgl. die Ausf. unten zu b); abw. insoweit *Rittstieg* (Fn. 15), Rdn. 182; *Lege*, NJW 1990, 864 (865). Dies bedeutet zugleich, daß entgegen BVerfGE 58, 300 (331), zwischen Inhalts- und Schrankenbest. unterschieden werden muß. Für ein Wahlrecht des Gesetzgebers in best. Fällen: *Schmidt-Aßmann*, JuS 1986, 833 (836); *Kleinlein*, DVBl. 1991, 365 (370).

[129] Vgl. BVerfGE 45, 297 (332 f.); 52, 1 (28); 58, 300 (331 f., 337 f.); 72, 9 (22 f.). Krit. *Bryde* (Fn. 15), Rdn. 54 f.; *Schmitt-Kammler*, FS der Rechtswissenschaftlichen Fakultät zur 600-Jahr-Feier der Universität zu Köln, 1988, S. 821 (827 ff.); *Schoch*, Jura 1989, 113 (121).

ein und dieselbe Regelung einen Doppelcharakter aufweisen kann, wäre ihm nicht zu folgen. Denkbar ist nur, daß in einem Rechtssatz rein äußerlich verschiedene Regelungen zusammengefaßt werden, die teils dem Art. 14 Abs. 1, teils dem Art. 14 Abs. 3 GG zuzuordnen sind. Zum Beispiel könnte der Gesetzgeber durch Inhaltsbestimmung das Entstehen von Rechten, die nach bisherigem Recht möglich waren, für die Zukunft ausschließen und zusätzlich im Wege der Legal-, besser Legislativenteignung[130] die bereits entstandenen Rechtspositionen entziehen[131].

Folgt man diesen Weichenstellungen, dürfte die Enteignung des näheren zu definieren sein als die vollständige oder teilweise Entziehung einer subjektiven Eigentumsposition[132] im Wege einer Durchbrechung der Eigentumsordnung durch einen gezielten öffentlichen Rechtsakt zum Zwecke der Indienstnahme der entzogenen Position für die Erfüllung von Staatsaufgaben. Dies bedarf der Erläuterung.

a) Das Merkmal der Entziehung. Im Unterschied zum klassischen Enteignungsbegriff des 19. Jahrhunderts, der nur auf die Übertragung von Grundstücken abstellte, erstreckt sich die Entziehung auf alle Rechtspositionen des Art. 14 Abs. 1 S. 1 GG und läßt die bloße Aufhebung des Rechts ausreichen[133]. Eine teilweise Entziehung ist anzunehmen, wenn sich der Zugriff auf rechtlich selbständige oder verselbständigungsfähige Bestandteile einer umfassenderen Eigentü-

---

[130] *Maurer* (Fn. 23), § 26 Rdn. 36.

[131] Nach BVerfGE 83, 201 (211 f.) – vgl. dazu Fn. 144 –, soll Art. 14 III GG nicht unmittelbar anwendbar sein, wenn der Gesetzgeber im Zuge der generellen Neugestaltung eines Rechtsgebietes bestehende Rechte abschafft. Dies kann aber nicht bedeuten, daß eine Enteignung dann immer ausgeschlossen ist. Beseitigt der Staat die Sozialversicherung, um Geld zu sparen, liegt gegenüber denjenigen, die bereits einen Anspruch erworben haben, eine Enteignung vor. Nach *Maurer*, FS für Dürig, 1990, S. 293 (307 f.), soll es sich dagegen niemals um eine Enteignung, sondern immer um ein Übergangsproblem handeln.

[132] Das BVerfG spricht von der Notwendigkeit einer Entziehung „konkreter" Eigentumsrechte, die „rechtmäßig" erworben worden sind (E 58, 300, 330 f.). Doch kann es eine Entziehung abstrakter Rechte nicht geben (entweder besteht Eigentum oder nicht). Ferner werden rechtswidrig erworbene Positionen von Art. 14 GG nicht erfaßt (vgl. die Ausf. oben mit Fn. 36).

[133] Vgl. zur klassischen Enteignung: *Kirchheimer*, Die Grenzen der Enteignung, 1930, S. 7 ff. Der Devise „Zurück zum klassischen Enteignungsbegriff" (*Dürig*, JZ 1954, 4 ff.; *Osterloh*, DVBl. 1991, 906, 911) ist zuzugeben, daß ein solcher Enteignungsbegriff am einfachsten handhabbar wäre. Doch knüpft Art. 14 III an Art. 14 I GG und damit nicht nur an das Sacheigentum an. Gegen ein Abstellen nur auf Güterbeschaffungsvorgänge auch BVerfGE 83, 201 (211 m. w. N.).

merstellung richtet[134], wie dies zum Beispiel bei dinglichen Belastungen von Grundstücken der Fall ist. Dagegen können die sonstigen Nutzungs- und Verfügungsbeschränkungen[135] – etwa in Gestalt bauplanerischer Herabzonungen des Grundstücks oder der Festsetzung von Naturdenkmälern – entgegen der herkömmlichen Ansicht[136] mangels rechtlicher Selbständigkeit der abgespaltenen Befugnisse keine tauglichen Gegenstände einer Enteignung sein[137]. Dies gilt selbst dann, wenn sie eine sinnvolle wirtschaftliche Nutzung des Grundstücks unmöglich machen. Soweit eine finanzielle Kompensation zu gewähren ist und sich der Eigentümer darauf verweisen

---

[134] Im Ergebnis ebenso oder ähnlich *Maurer* (Fn. 131), S. 305; *Pieroth/Schlink* (Fn. 72), Rdn. 1016.

[135] Krit. zur Unterscheidung von Entziehungen und Beschränkungen z. B. *Pietzcker,* JuS 1991, 369 (371); *Osterloh,* DVBl. 1991, 906 (912). Auch das BVerfG hat gelegentlich die Entziehung und Beschränkung nebeneinander gestellt (z. B. in E 56, 249, 260). Sieht man in jeder Beschränkung zugleich eine Entziehung (vgl. *Steinberg/Lubberger,* Fn. 15, S. 98), gibt das letzte Kriterium keinen Sinn mehr. Die Entziehung geht typischerweise weiter als die bloße Beschränkung. Daß dies im Einzelfall anders sein kann – etwa weil sich eine Beschränkung u. U. auch in Form einer Dienstbarkeit verselbständigen ließe – schadet nicht, da der Staat den Weg selbst bestimmen kann, die Ausgleichspflicht nach Art. 14 I GG zur Relativierung beiträgt und nicht jede Entziehung eine Enteignung darstellt. Im Parl. Rat ist der Antrag, nicht nur die Entziehung, sondern auch die Einschränkung des Eigentumsrechts als Enteignung anzusehen, ausdrücklich abgelehnt worden (Prot. der 44. Sitzung des Hauptausschusses, S. 579 f.).

[136] Vgl. Fn. 125. Vielfach wird davon ausgegangen, daß jedenfalls die sog. Aufopferungsenteignung dem Art. 14 III GG unterfällt (vgl. *Schmidt-Aßmann,* JuS 1986, 833, 835 f.; unklar BVerfGE 45, 297, 332). Ordnet man die „schweren und unzumutbaren" Nutzungs- und Verfügungsbeschränkungen der Aufopferungsenteignung zu, besteht indessen kaum noch ein Unterschied zum weiten Enteignungsbegriff bzw. zur „Umschlagstheorie". Damit wird der Ansatz des BVerfG nicht modifiziert, sondern aufgegeben. Stuft man die planerische Herabzonung gem. § 42 BauGB als Fall der Administrativenteignung ein (z. B. *Koch/Hosch,* Baurecht, Raumordnungsrecht, Landesplanungsrecht, 1988, S. 194 ff.; *Bielenberg,* in: Ernst/Zinkhahn/Bielenberg, BauGB, 1989, Vorb. §§ 39–44 Rdn. 92), ist sie verfassungswidrig, weil § 42 BauGB nicht ihre Zulässigkeit, sondern nur ihre Rechtsfolge regelt.

[137] Ebenso ist die Ausübung eines gesetzlich eingeräumten Vorkaufsrechts zugunsten eines Trägers von Staatsgewalt (etwa nach § 24 BauGB oder Art. 34 BayNatSchG) keine Enteignung, weil das Vertragsverhältnis zwischen Verkäufer und Erstkäufer unberührt bleibt, ein Recht also nicht entzogen wird (vgl. auch BGH, NJW 1989, 37, 38; BayVGH, BayVBl. 1990, 277; a. A. *Numberger,* BayVBl. 1991, 278 f.).

lassen muß, handelt es sich um den Fall einer ausgleichspflichtigen Inhalts- und Schrankenbestimmung, anderenfalls um einen unzulässigen Eingriff in das Eigentum.

b) Die Durchbrechung der Eigentumsordnung. Nicht jedem Entziehungsakt kommt Enteignungsqualität zu. Insbesondere gibt es Entziehungsakte, welche die Eigentumsordnung nicht durchbrechen, sondern sich noch innerhalb der Sozialbindungsgrenze des Art. 14 Abs. 2 GG halten. Da die Enteignung die Erfüllung von Gemeinwohlaufgaben ermöglichen soll, die sonst an der Garantie des Art. 14 Abs. 1 S. 1 GG scheitern müßte[138], können derartige Akte nicht als Enteignungen angesehen werden[139]. In Betracht kommt eine solche Konstellation vornehmlich bei der Aufhebung rechtsgeschäftlich eingeräumter vermögenswerter Rechte des öffentlichen Rechts. So ist der rechtmäßige Widerruf eines von der Eigentumsgarantie erfaßten Verwaltungsaktes wegen der Nichtbefolgung einer Auflage schon deshalb keine Enteignung, weil sich die Belastungswirkungen innerhalb der Sozialbindungsgrenze halten und der Eigentümer mit dieser Rechtsfolge rechnen mußte[140]. Im Hinblick auf die Abgrenzung der verschiedenen Entziehungsakte bedarf es daher weiterhin einer materiellen Bestimmung der Enteignungsschwelle.

c) Das Kriterium des gezielten öffentlichen Rechtsaktes. Das Erfordernis des gezielten öffentlichen Rechtsaktes schließt „Zufallsenteignungen"[141] sowie die Enteignung durch Realakt oder privaten Rechtsakt aus. Auch spricht vieles für die Annahme, daß es eine Enteignung

---

[138] *Böhmer,* BVerfGE 56, 266 (271); *ders.,* NJW 1988, 2561 (2573).

[139] Im Ergebnis ebenso *Schmitt-Kammler* (Fn. 72), S. 599; *ders.* (Fn. 129), S. 825 f. A. A. offenbar *Böhmer,* BVerfGE 56, 266 (291).

[140] Die eigentumsrechtliche Qualifizierung der Widerrufsbest. ist bisher nicht gelungen. Z. B. sieht *Maurer* (Fn. 96), Rdn. 80, in § 49 VwVfG „eine kombinierte Eigentums- und Enteignungsregelung". Nach der hier vertretenen Ansicht stellen die Widerrufsbest. in keinem Fall eine Enteignung dar, weil es entweder an einer Durchbrechung der Eigentumsordnung oder an einer (positiven) Indienstnahme für Staatsaufgaben fehlt. Geht man dagegen von einer Enteignung aus, dürfte ein Widerruf unzulässig sein, weil die Widerrufsbest. die Verwaltung tatbestandlich nicht an das Allgemeinwohlerfordernis des Art. 14 III 1 GG binden und als Rechtsfolge teilweise noch nicht einmal eine Entschädigung, im übrigen nur die Ersetzung des Vertrauensschadens (dazu *Stelkens/Sachs,* in: Stelkens/Bonk/Leonhardt, VwVfG, 3. Aufl. 1990, § 49 Rdn. 52 ff.) vorsehen.

[141] A. A. *Ossenbühl,* JZ 1991, 89 (90).

durch Privatrechtsgesetzgebung nicht gibt, weil die Enteignung kein Instrument privatnütziger Eigentumsumschichtung ist[142].

d) Die Indienstnahme für Staatsaufgaben. Mittels des Erfordernisses einer Indienstnahme der entzogenen Rechtsposition für die Erfüllung von Staatsaufgaben[143] wird die Enteignung von eigentumsentziehenden Maßnahmen mit anderer Zwecksetzung unterschieden. An der genannten Indienstnahme fehlt es, wenn sich der Staat die in Anspruch genommene Eigentumsposition nicht unmittelbar oder mittelbar positiv zunutze machen will[144] — wie zum Beispiel bei der Zwangsversteigerung von Grundstücken und der Tötung seuchenkranker Tiere[145] — oder wenn der Zugriff zumindest gleichgewichtig den Interessen des betroffenen Eigentümers dient[146]. Letzteres ist etwa bei der „normalen" Umlegung und Flurbereinigung[147], nicht

---

[142] Es kommt also auf die (öffentliche) Rechtsnatur des Rechtssatzes, nicht des Rechtssetzungsaktes an. Das BVerfG hat — soweit ersichtlich — noch niemals eine Legislativenteignung durch eine Privatrechtsnorm bejaht, die Enteignung aber aus anderen Gründen scheitern lassen (näher dazu *Schwabe,* JZ 1983, 273, 275; *ders.,* JZ 1991, 777, 778). Vgl. aber auch *Papier* (Fn. 20), Rdn. 451 einerseits, Rdn. 499 andererseits.

[143] Das BVerfG spricht verschiedentlich davon, daß sich die Enteignung auf die „Erfüllung bestimmter öffentlicher Aufgaben" richtet (E 72, 66, 76 m. w. N.). Vgl. auch *Schulte,* Eigentum und öffentliches Interesse, 1970, S. 85 ff.; *dens.,* Ausgleich ökologischer Schäden und Duldungspflicht geschädigter Grundeigentümer, 1990, S. 133. Das Begriffsmerkmal „Indienstnahme für Staatsaufgaben" ist mit dem Zulässigkeitskriterium „Wohl der Allgemeinheit" i. S. d. Art. 14 III 1 GG nicht identisch. Z. B. dient eine Enteignung zum Zwecke des öffentlichen Straßenbaus immer der Erfüllung von Staatsaufgaben, ist aber keineswegs immer gerechtfertigt. Krit. zum Zweckkriterium: *Schwabe,* Die sogenannte Drittwirkung der Grundrechte, 1971, S. 139.

[144] Da die Enteignung darauf abzielt, „daß das enteignende Objekt für die Aufgabe, die mit dem Unternehmen erfüllt werden soll, zur Verfügung steht" (*Böhmer,* BVerfGE 56, 266, 272), dürfte die bloße Vernichtung von Eigentumspositionen nicht ausreichen (vgl. auch BVerfGE 20, 351, 359; a. A. *Steinberg/Lubberger* (Fn. 15, S. 104). Aus diesem Grunde (ferner auch wegen des privatrechtlichen Charakters der gesetzlichen Best.) ist dem BVerfG (E 83, 201, 211 f.) im Ergebnis zu folgen, wenn es die Beseitigung von Vorkaufsrechten durch das BBergG nicht als Enteignung ansieht.

[145] Vgl. einerseits BVerfGE 49, 220 (225) u. 252 (256); andererseits BVerfGE 20, 351 (359). Ferner z. B. BVerfG, JZ 1990, 290 (Beschlagnahme und Einziehung von Tieren und Pflanzen nach § 21 f BNatSchG).

[146] Vgl. BVerfGE 42, 263 (299 — Rechtsentzug „zugunsten fremder Belange").

[147] Vgl. zur Umlegung die Nachw. des BVerwG (E 85, 96, 98); zur Flurbereinigung: BVerwGE 1, 225 (227 f.).

aber bei der städtebaulichen Flurbereinigung oder Unternehmensflurbereinigung[148] der Fall.

2. *Die Zulässigkeit der Enteignung*

a) Das Allgemeinwohlerfordernis

(1) Der Enteignungszweck. Die Enteignung ist nur zum Wohle der Allgemeinheit zulässig[149]. Da die Durchbrechung der Eigentumsordnung gerechtfertigt werden muß, sind strengere Anforderungen als im Rahmen des Art. 14 Abs. 2 GG zu stellen[150]. Entscheidend ist der Enteignungszweck, nicht die Person des Begünstigten, so daß auch eine Enteignung zugunsten Privater in Betracht kommt[151], wenn das vom Privaten durchzuführende Vorhaben zum Wohle der Allgemeinheit zwingend erforderlich ist.

(2) Die gesetzlichen Anforderungen. In formeller Hinsicht darf die Enteignung nur durch Parlamentsgesetz oder aufgrund eines solchen Gesetzes erfolgen[152]. Unklar ist die notwendige Regelungsdichte. Eine minuziöse gesetzliche Normierung kann von Verfassungs wegen nicht verlangt werden[153], weil dies auf eine — auch im Regelungsbereich des Art. 14 Abs. 3 GG problematische — Einzelfallgesetzgebung hinausliefe[154].

---

[148] §§ 190 BauGB, 87 FlurbG. Vgl. dazu BVerfGE 74, 264 (279 f.).

[149] Dazu *v. Brünneck,* NVwZ 1986, 425 ff.

[150] Besonders aus diesem Grunde ist die Frage, ob eine Enteignung oder nur eine (ausgleichspflichtige) Beschränkung vorliegt, auch inhaltlich von Bedeutung (vgl. auch *Osterloh,* DVBl. 1991, 906, 909 f.).

[151] BVerfGE 74, 264 (285). Näher dazu *Schmidbauer,* Enteignung zugunsten Privater, 1989.

[152] Nach BVerfGE 74, 264 (286 f.) müssen der Enteignungszweck, die Voraussetzungen der Enteignung, das Verfahren sowie die dauerhafte Sicherung des Enteignungszwecks gesetzlich geregelt werden. Daher reicht die Aufnahme von Abwägungsgeboten in die gesetzlichen Regelungen zur Lösung des Problems der salvatorischen Klauseln nicht aus (so aber *Olivet,* DÖV 1985, 697 ff.).

[153] Vgl. BVerwG, NVwZ 1991, 987 (988 ff.). Problematisch ist die nur beispielhafte Aufzählung der Enteignungszwecke in einigen neueren Landesenteignungsgesetzen (z. B. § 2 LEntG Bad.-Württ.; Art. 1 BayEntG).

[154] Die Rechtsschutzvorbehalte des BVerfG (E 24, 367, 401 ff.) gegen die Legislativenteignung dürften zwar übertrieben sein, weil einerseits immer verwaltungsgerichtliche Feststellungsklagen oder Verfassungsbeschwerden möglich bleiben, andererseits gegen die Administrativenteignung in Form einer Verordnung oder Satzung dieselben Bedenken bestehen müßten, sofern eine Kontrolle gem. § 47 VwGO ausgeschlossen ist. Doch muß eine derartige Enteignung auch deshalb die

So reicht es für die Festlegung der Zwecke und Enteignungsvoraussetzungen aus, wenn ein Fachplanungsgesetz die planakzessorische Enteignung zur Erfüllung notwendiger Allgemeinwohlbelange zuläßt[155]. Hinsichtlich der bebauungsplanakzessorischen Enteignung scheint das Bundesverfassungsgericht striktere Maßstäbe anlegen zu wollen. Bei Zugrundelegung seiner Ausführungen in der Boxberg-Entscheidung[156] müßten konsequenterweise alle bebauungsplanakzessorischen Enteignungen mangels hinreichender Bestimmtheit der §§ 85 Abs. 1 S. 1, 87 Abs. 1 und 3 BauGB als verfassungswidrig angesehen werden[157]. Doch dürften die genannten Bestimmungen den enteignungsrechtlichen Vollzug eines gültigen Bebauungsplans noch hinreichend determinieren, weil die bauplanerischen Festsetzungen, an die sie anknüpfen, Gesetzescharakter im Sinne des Art. 14 Abs. 1 S. 2 GG haben[158]. Der Rückgriff auf das Baugesetzbuch ist unzulässig, wenn das geltende Recht speziellere Enteignungsregelungen kennt[159].

(3) Enteignungsrechtliche Vorwirkungen. Vor allem in Planungszusammenhängen stellt sich die Frage, ob Verwaltungsentscheidungen, die dem förmlichen Enteignungsverfahren vorangehen, enteignungsrechtliche Vorwirkungen entfalten. Dies beurteilt sich allein

---

Ausnahme bleiben, weil der Betroffene im Gesetzgebungsverfahren keine gesicherte Rechtsstellung hat.

[155] BVerfGE 45, 297 (319 f.); 56, 249 (264 f.); BVerfG, DVBl. 1987, 895 f. Vgl. auch BVerfGE 66, 248 (259).

[156] BVerfGE 74, 264 (284 ff.); krit. *Papier,* JZ 1987, 619 ff.; *Schmidt-Aßmann,* NJW 1987, 1587 ff.; *Dolde,* FS für Sendler, 1991, S. 225 (233 ff.); vgl. auch *Brugger,* ZfBR 1987, 60 ff.

[157] So im Ergebnis *Labbé,* AnwBl. 1989, 530 (531). Zu Recht betont *Dolde* (a. a. O., S. 228 f.), daß sich die Ausf. des BVerfG nicht auf den Fall der Enteignung zugunsten Privater beschränken lassen. Nach OLG München (NJW 1990, 519) soll § 85 I Nr. 1 BauGB nur noch eine Enteignung zur Erfüllung „rein städtebaulicher Belange" erlauben (vgl. auch BVerfGE 56, 249, 265). Dieser Ansicht ist schon wegen der mangelnden Bestimmtheit des Kriteriums nicht zu folgen.

[158] Es wird also gerade nicht nur an die vagen Planvorgaben des § 1 BauGB angeknüpft. Eine nähere Präzisierung der Enteignungszwecke dürfte dem Gesetzgeber auch schwerfallen. Nicht von ungefähr landet das BVerfG in seiner Boxberg-Entscheidung beim Einzelfallgesetz. Im Ergebnis wie hier BGHZ 105, 94 (97); *Papier,* JZ 1987, 619 (621); *Dolde* (a. a. O.), S. 239.

[159] Stellt man dagegen darauf ab, ob das Land eine Gesetzgebungskompetenz zur Regelung des Enteignungsrechts hat (so wohl BVerfGE 56, 249, 265), dürfte sich z. B. eine Enteignung zugunsten der Errichtung einer Grundschule kaum noch auf das BauGB stützen lassen, weil das Land speziellere Enteignungsregelungen schaffen könnte.

nach der Gesetzeslage. So sehen die Fachplanungsgesetze vielfach vor, daß der festgestellte Plan dem Enteignungsverfahren zugrundezulegen ist und die Enteignungsbehörde bindet[160]. Wegen dieser vorgreiflichen Bindung unterliegt der Plan nicht nur dem Gebot der gerechten Abwägung, sondern bedarf einer besonderen Rechtfertigung am Maßstab des Art. 14 Abs. 3 S. 1 GG. Dagegen ist für den Bebauungsplan eine solche Vorwirkung – auch in Ausnahmefällen – nicht vorgesehen[161].

b) Das Entschädigungserfordernis. Jede Enteignung löst zwingend eine Entschädigungspflicht aus[162]. Art und Ausmaß der Entschädigung sind vom Gesetzgeber zu regeln. Salvatorische Entschädigungsklauseln werden der Verfassung nicht gerecht[163], zumal es dem Gesetzgeber etwa durch Verweis auf das Baugesetzbuch oder die allgemeinen Enteignungsgesetze ohne weiteres möglich ist, die Entschädigungsfolgen festzulegen. Da sich im Falle der Enteignung die Bestandsgarantie des Eigentums in eine Wertgarantie verwandeln soll, ist von einem *formellen* Regel-Ausnahme-Verhältnis zugunsten der Verkehrswertentschädigung auszugehen. Dies bedeutet, daß ein Abweichen von der Verkehrswertentschädigung nach unten hin erlaubt ist, aber einer besonderen Rechtfertigung bedarf.

V. Die Eigentumsunrechtshaftung

Die Rechtsstellung des Eigentümers bei der Nutzung von Boden und Umwelt hängt schließlich maßgeblich davon ab, ob den Staat in den Fällen des sog. enteignungsgleichen und enteignenden Eingriffs eine haftungsrechtliche Verantwortlichkeit trifft. Die ganz überwiegende Ansicht bejaht dies, stützt sich dabei allerdings anders als früher nicht mehr auf Art. 14 Abs. 3 GG, sondern entweder auf den Aufopfe-

---

160 Vgl. z. B. §§ 19 II FStrG; 30 PBefG; 44 II WaStrG.

161 Nach dem BVerwG (NVwZ 1991, 873) soll eine Vorwirkung „grundsätzlich" nicht bestehen. Kann ein Bebauungsplan aller Voraussicht nach nur im Wege der Enteignung verwirklicht werden, sind die Enteignungsvoraussetzungen zwar aus rein planerischen Erwägungen antizipierend zu prüfen. Eine Rechtsbindung des Bürgers, dessen Grundstück von der Enteignung bedroht ist, ergibt sich daraus aber nicht.

162 Art. 14 III 2 GG; vgl. BVerfGE 4, 219 (230); 46, 268 (285).

163 Vgl. BVerwGE 84, 361 (365 ff.); *Weyreuther*, Über die Verfassungswidrigkeit salvatorischer Entschädigungsregelungen im Enteignungsrecht, 1980, S. 29 ff.; *Leisner*, DVBl. 1981, 76 ff.; a. A. BGHZ 99, 24 (27 ff.); 105, 15 (16 f.).

rungsgedanken der §§74, 75 Einl. ALR in seiner richterrechtlich geprägten Ausformung[164] oder auf Gewohnheitsrecht[165]. Solcher Konstruktionen bedarf es indessen von vornherein nicht, wenn spezialgesetzliche Regelungen — wie das als Landesrecht fortgeltende Staatshaftungsgesetz der DDR[166] — eine Haftung des Staates vorsehen. Im übrigen ist weder an das auf eine rechtmäßige Inanspruchnahme zugeschnittene Institut der Aufopferung noch an das vor der Neuordnung der Eigentumsdogmatik vorherrschende Gewohnheitsrecht, sondern an Art. 14 Abs. 1 GG anzuknüpfen[167].

1. *Die Haftung für enteignungsgleiche Eingriffe*

Richtet man das Augenmerk zunächst auf die enteignungsgleichen Eingriffe — d. h. auf die rechtswidrigen öffentlich-rechtlichen Eingriffe in eigentumsmäßig geschützte Positionen —, wird man sich vergegenwärtigen müssen, daß die Freiheitsgrundrechte in ihrem abwehrrechtlichen Gehalt in erster Linie Unterlassungs-, in zweiter Linie Folgenbeseitigungsansprüche verbürgen. Ist der rechtswidrige Eingriff bereits verwirklicht und eine Folgenbeseitigung nicht mehr möglich, gebieten die Freiheitsrechte ihrem objektivrechtlichen Gehalt nach eine Wiedergutmachung[168]. Art. 34 GG läßt sich entnehmen, daß die nähere Ausgestaltung dieser Wiedergutmachung dem Gesetzgeber überlassen bleiben soll. Da aber ernste Zweifel bestehen, ob allein die derzeitige Amtshaftung die verfassungsrechtlichen Mindestanforderungen einzulösen vermag[169], wird man die Gerichte bei einem Schweigen des Gesetzgebers für berechtigt und auch für verpflichtet halten müssen, im Wege des Richterrechts eine finanzielle Wiedergutmachung für die nicht durch Inanspruchnahme des primären Rechtsschutzes abwendbaren Folgen rechtswidriger Freiheitsbe-

---

[164] BGHZ 90, 17 (29ff.); 91, 20 (27f.). Weitere Rspr.-Nachw. bei *Schwager/Krohn*, WM 1991, 33 (40f.); ferner: *Lege*, NJW 1990, 864 (869); *Schenke*, NJW 1991, 1777 (1778ff.); *Scherzberg*, DVBl. 1991, 84 (88f.).

[165] So *J. Ipsen*, DVBl. 1983, 1029 (1037); *Papier* (Fn. 20), Rdn. 632; *Ossenbühl* (Fn. 80), S. 185f.

[166] Vgl. dazu *Ossenbühl*, NJW 1991, 1201ff.

[167] Vgl. auch *Götz*, DVBl. 1984, 395 (396); *Maurer* (Fn. 131), S. 314ff.; teilw. auch *Kreft*, FS für Geiger, 1989, S. 399 (411ff.). A. A. *Scherzberg*, DVBl. 1991, 84 (87 m. w. N.).

[168] Vgl. auch *Weyreuther*, Gutachten für den 47. DJT, 1968, S. B 164ff.; *M. Redeker*, DÖV 1987, 194ff.; *Maurer*, a. a. O.

[169] Vgl. zu den Mängeln der Amtshaftung *Schäfer/Bonk*, Staatshaftungsgesetz, 1982, Einf. Rdn. 45ff.; *Ossenbühl* (Fn. 80), S. 358f.

einträchtigungen — einschließlich der Einwirkungen auf das Eigentum — zu gewähren[170].

Entscheidend ist der sich aus der Regelungsintention der Grundrechte ergebende Vorrang abwehrrechtlicher Maßnahmen[171]. Wird durch Gesetz oder aufgrund Gesetzes das Eigentum beschränkt bzw. entzogen, ohne daß das Gesetz hierfür einen Ausgleich oder eine Entschädigung vorsieht, muß sich der Betroffene, der den Eingriff für rechtswidrig hält, gegen diesen selbst wenden[172]. Er kann nicht unter Verzicht auf den Primärrechtsschutz Entschädigung oder Schadensersatz verlangen. Ähnlich ist die Rechtslage, wenn gesetzliche Ausgleichs- oder Entschädigungsklauseln existieren und der Betroffene die Rechtswidrigkeit der Maßnahme rügt, da sich die genannten Klauseln nur auf rechtmäßige Maßnahmen beziehen, die Geltendmachung der Rechtswidrigkeit also dem Primärrechtsschutz vorbehalten bleibt[173]. Schließlich sind die Fälle des rechtswidrigen Vollzugs gültiger Ausgleichs- oder Entschädigungsregelungen durch Verwaltungsakt auszuklammern. Soweit der Verwaltungsakt nicht aufgehoben wird — was gemäß § 48 VwVfG in der Regel eine Entschädigung nach sich zieht —, bestimmt er verbindlich die Rechtslage[174]. Der Betroffene kann daher die im Verwaltungsakt vorgesehene finanzielle Leistung verlangen, ohne gewissermaßen auf Verdacht den Verwaltungsakt angreifen zu müssen[175].

---

[170] Zur Ausdehnung der Haftung auf weitere Grundrechtsverletzungen vgl. auch *Schmitt-Kammler* (Fn. 72), S. 610; *Schoch*, Jura 1989, 529 (534 f.); *Maurer* (Fn. 23), § 26 Rdn. 76; *Steinberg/Lubberger* (Fn. 15), S. 352; *Schenke*, NJW 1991, 1777 ff.

[171] Dagegen leitet der BGH die Subsidiarität des „enteignungsgleichen Eingriffs" nur aus § 254 BGB ab (BGHZ 90, 17, 32). Näher dazu die Ausf. unten mit Fn. 179.

[172] Vgl. BVerfGE 58, 300 (324).

[173] Abzulehnen daher z. B. BGHZ 99, 24 (29); 105, 15 (16 f.). Zutreffend weist *Hermes*, NVwZ 1990, 733 (734), darauf hin, daß beim Vollzug von „Entschädigungsklauseln" durch Verwaltungsakt nicht offenbleiben darf, ob ein finanzieller Ausgleich zu leisten ist. Enthält der Verwaltungsakt keine entspr. Regelung, bedeutet dies, daß der Betroffene den Eingriff ohne Ausgleich hinzunehmen hat. Will er dies nicht akzeptieren, muß er sich wiederum des Primärrechtsschutzes bedienen.

[174] Entgegen *Ossenbühl*, JZ 1989, 190 (191), kann sich die Verwaltung im „Entschädigungsprozeß" also nicht einfach auf die Rechtswidrigkeit des Eingriffs berufen.

[175] In solchen Fällen besteht eine Leistungspflicht nicht „wegen", sondern „trotz" Rechtswidrigkeit der Maßnahme (vgl. *Bender*, BauR 1983, 1, 8 f.). A. A. *Schoch*, Jura 1989, 529 (535); grds. auch *Hendler*, DVBl. 1983, 873 (882).

Somit bleiben als Anwendungsfelder des enteignungsgleichen Eingriffs – richtiger der Eigentumsunrechtshaftung – im wesentlichen nur die Fälle eines Verzögerungsschadens und der sofortigen Durchführung rechtswidriger Maßnahmen übrig[176]. Ferner greift der Anspruch ausnahmsweise durch, wenn es der Geschädigte schuldlos unterlassen hat, Maßnahmen des Primärrechtsschutzes zu ergreifen. Hierbei wird man sich entgegen der Zivilrechtsprechung aber nicht an § 254 BGB, sondern an den strengeren Anforderungen des § 839 Abs. 3 BGB zu orientieren haben[177] und diese einengender auslegen müssen, als dies derzeit[178] geschieht[179].

Aus grundrechtlicher Sicht ist es unerheblich, welche Staatsgewalt rechtswidrig in das Eigentum eingegriffen hat[180]. Ob das Haftungsinstitut des enteignungsgleichen Eingriffs auch eine tragfähige Grundlage für den Ausgleich von Nachteilen bietet, die durch ein verfassungswidriges Parlamentsgesetz verursacht worden sind[181], ist allein eine Frage der funktionellrechtlichen Grenzen von Richterrecht.

Als Rechtsfolge ist entgegen der herrschenden Meinung[182] wegen des Unrechtscharakters grundsätzlich nicht Entschädigung, sondern

---

176 Vgl. dazu *Nüßgens/Boujong* (Fn. 62), Rdn. 433.

177 Auch um Wertungswidersprüche zu vermeiden (vgl. *Schoch*, Jura 1990, 140, 150).

178 Vgl. etwa BGHZ 113, 17 ff.

179 Die Rspr. (vgl. dazu *Nüßgens/Boujong*, Fn. 62, Rdn. 435 ff.) und h. L. (*Rüfner*, in: Erichsen/Martens, Allgemeines Verwaltungsrecht, 9. Aufl. 1992, S. 613) interpretieren die Subsidiarität des „enteignungsgleichen Eingriffs" sehr „flexibel". Abgestellt wird vor allem auf die Zumutbarkeit des Primärrechtsschutzes. An dieser soll es z. B. bereits dann fehlen, wenn die Rechtmäßigkeit des Eingriffs nur schwer beurteilt werden kann, das Kostenrisiko groß ist oder mit einer langen Prozeßdauer gerechnet werden muß. Damit wird die Bestandsgarantie und der Vorrang des Primärrechtsschutzes in unzulässiger Weise relativiert (krit. zu Recht *Schlichter*, FS für Sendler, 1991, S. 241, 245 ff.). Vgl. nunmehr aber auch BGHZ 110, 12 (13 ff.). Soweit bestehende Regelungen auf ein Mitverschulden abstellen (vgl. z. B. § 40 IV OBG NW), sind sie i. S. d. hier herausgestellten verfassungsrechtlichen Vorgaben auszulegen.

180 Als Eingriff kommt auch ein Unterlassen in Betracht, wenn eine Rechtspflicht zum Handeln besteht (*Ossenbühl*, Fn. 80, S. 212 ff.; einschränkender BGHZ 102, 350, 364 f.). Dagegen fehlt einer rechtswidrigen Erlaubnis (z. B. Baugenehmigung für ein „altlastenverdächtiges" Grundstück) der Eingriffscharakter, vgl. (im Hinblick auf § 39 I b OBG NW) aber auch BGHZ 109, 380 (393).

181 Vgl. zum Meinungsstand: BGHZ 102, 350 (358 ff.); *Schenke*, NJW 1988, 857 ff.

182 BGHZ 90, 17 (29 ff.); *Rüfner* (Fn. 179), S. 646 ff. Wie hier *Ossenbühl*, FS für Geiger, 1989, S. 475 (497); *Steinberg/Lubberger* (Fn. 15), S. 371.

Schadensersatz zu gewähren. Der Rechtsweg bestimmt sich nach § 40 Abs. 2 S. 1 VwGO[183].

2. *Die Haftung für enteignende Eingriffe*

Unter enteignenden Eingriffen versteht die Rechtsprechung Beeinträchtigungen des Eigentums, die als Nebenfolge rechtmäßigen Verwaltungshandelns eintreten und die Schwelle des enteignungsrechtlich Zumutbaren überschreiten[184]. Da die Grundrechte auf das Einstehenmüssen für den Erfolg abstellen, handelt es sich jedoch auch in diesen Fällen nicht um Aufopferung oder gar Enteignung, sondern um staatliche Unrechtshaftung[185]. Diese kann sich nur auf die unvorhersehbaren rechtswidrigen (Unfall-)Folgen rechtmäßiger Handlungen beziehen[186].

Dagegen haben die Zivilgerichte gerade die vorhersehbaren und vor den Verwaltungsgerichten angreifbaren Nachteilszufügungen etwa in Gestalt langandauernder Straßenbauarbeiten oder unzumutbarer Verkehrsimmissionen als enteignenden Eingriff angesehen[187]. Die Rechtsprechung läßt sich offenbar von der Vorstellung leiten, daß den Interessen des Staates an der Fortführung seines „an sich" rechtmäßigen Handelns jedenfalls dann der Vorrang vor dem Abwehranspruch des betroffenen Eigentümers gebührt, wenn das dem Eigentümer auferlegte Opfer durch eine Entschädigung ausgeglichen werden

---

183 Entspr. gilt für den Anspruch aus „enteignendem Eingriff". A. A. insoweit *Schwerdtfeger* (Fn. 121), S. 39 f.; *Maurer,* DVBl. 1991, 781 (785). Rechtspolitisch empfiehlt sich eine Streichung des Art. 14 III 4 GG und aller weiteren Rechtswegklauseln, die eine Aufspaltung des primären und sekundären Rechtsschutzes zur Folge haben.

184 BGHZ 91, 20 (26 f.); 102, 350 (361); *Schwager/Krohn,* WM 1991, 33 (40 ff. m. w. N.).

185 Zum prinzipiellen Unterschied von Aufopferung und Staatshaftung vgl. auch *Steinberg/Lubberger* (Fn. 15), S. 18 ff. (die allerdings den „enteignenden Eingriff" der Aufopferung zuordnen, S. 241 ff.). Wird die Rechtswidrigkeit — anders als hier — nur verhaltensbezogen definiert (vgl. zum Ganzen *Olivet,* Erfolgsunrechtslehre und Handlungsunrechtslehre aus der Sicht des öffentlichen Rechts, 1989), würde das nichts am Ergebnis ändern. Es läge zwar keine Unrechts-, wohl aber eine Art Gefährdungshaftung für grundrechtswidrige Eingriffe vor.

186 Der „enteignende Eingriff" stellt bei Zugrundelegung der hier vertretenen Ansicht nur eine Modalität des „enteignungsgleichen Eingriffs" — richtiger der Eigentumsunrechtshaftung — dar. Im Ergebnis wie hier *Schmitt-Kammler* (Fn. 72), S. 602 f., 614. Dagegen soll nach *Maurer,* DVBl. 1991, 781 (784), der enteignende Eingriff ganz entfallen und in der ausgleichspflichtigen Inhaltsbest. aufgegangen sein.

187 Vgl. einerseits BGHZ 57, 359 (365 f.); BGH, NJW 1980, 2703 f.; andererseits BGHZ 64, 220 (222); BGH, NJW 1986, 2423 (2424).

kann. Jedoch unterliegt die Abmilderung übermäßiger Eigentumsbeschränkungen durch Gewährung eines finanziellen Ausgleichs dem Gesetzesvorbehalt des Art. 14 Abs. 1 S. 2 GG[188]. Inhaltlich geht es fast ausnahmslos um nachbarrechtliche Ausgleichsansprüche[189]. Vielfach hat sich mittlerweile der Gesetzgeber dieser Materie angenommen[190]. Fehlen unmittelbar einschlägige Bestimmungen, kann eine analoge Anwendung bestehender Vorschriften oder die Heranziehung des in ihnen verkörperten allgemeinen Rechtsgedankens in Betracht kommen[191]. Im übrigen bleibt der Gesetzgeber aufgerufen, die bestehenden Lücken des öffentlichen Nachbarrechts zu schließen.

VI. Fazit und Ausblick

Kehren wir zum Schluß zur Ausgangsfrage nach dem Verhältnis von Eigentums- und Umweltschutz zurück, läßt sich feststellen, daß die Verfassung beides erfordert. Dies kann auch nicht weiter verwundern, weil ohne Nutzung der Umwelt kein Leben, ohne Eigentum keine Freiheit und ohne Umweltschutz auf Dauer gesehen weder das eine noch das andere möglich ist. Art. 14 GG enthält wichtige Vorgaben für die Zuordnung der kollidierenden Interessen, überläßt im übrigen aber die Herstellung einer praktischen Konkordanz in besonders weitgehendem Ausmaße dem Gesetzgeber. Die Eigentumsgarantie eignet sich daher nicht als „Sündenbock" für etwaige Versäumnisse der Umweltpolitik.

Um ein ausgewogenes Sozialmodell verwirklichen zu können, bedarf der Gesetzgeber der Anleitung durch eine klare Eigentumsdogmatik. Die Rechtsprechung – insbesondere die Verfassungsrechtsprechung – hat hierfür wichtige Bausteine geliefert, ein fertiges Gebäude aber nicht zu errichten vermocht. Auch zehn Jahre nach der Naßauskiesungsentscheidung des Bundesverfassungsgerichts bleibt daher die Wissenschaft besonders herausgefordert.

---

188 Zutreffend *Maurer*, DVBl. 1991, 781 (784 f.).

189 Vgl. *Steinberg/Lubberger* (Fn. 15), S. 242 ff. Neben dem Nachbarrecht i. e. S. ist ferner das Anliegerrecht zu nennen.

190 Vgl. z. B. §§ 74 II 3, 75 II 4 VwVfG; 8 a IV u. V FStrG.

191 Zur verfassungsrechtlichen Zulässigkeit einer analogen Gesetzesanwendung im Rahmen des Art. 14 I GG vgl. BVerfG, DVBl. 1990, 690 f.; zur Verallgemeinerung nachbarrechtlicher Vorschriften: BVerwGE 79, 254 (262 f.); 80, 184 (190).

Leitsätze des 2. Berichterstatters über:

Eigentumsschutz, Sozialbindung und Enteignung bei der Nutzung von Boden und Umwelt

1. Eigentums- und Umweltschutz stehen in einem Spannungsverhältnis, weil mit dem Eigentumsrecht vielfach ein Recht auf Umweltnutzung verbunden ist und diese Nutzung die Umwelt schädigen kann.

2. Die Auslegung des Art. 14 GG wird heute vornehmlich durch die Rechtsprechung des Bundesverfassungsgerichts geprägt. Das Bundesverfassungsgericht hat insbesondere die Gesetzesabhängigkeit, den Charakter des Eigentumsgrundrechts als Freiheitsrecht sowie den Vorrang des primären vor dem sekundären Rechtsschutz herausgearbeitet. Es hat damit die Eigentumsgarantie von ihrem entschädigungsrechtlichen Kopf auf die grundrechtlichen Füße gestellt, im übrigen aber viele Fragen offengelassen.

I. Der Eigentumsbegriff der Verfassung

3. Unter Eigentum im verfassungsrechtlichen Sinne ist das gegen den Staat gerichtete Recht des Bürgers zu verstehen, einen ihm von der Rechtsordnung zugeordneten Vermögensgegenstand innezuhaben und zu nutzen.

4. Die Eigentumsgarantie stellt selbst keine Rechtspositionen bereit. Schutzobjekte der Eigentumsgarantie können nur die durch Gesetz oder aufgrund Gesetzes eingeräumten Positionen sein.

5. Von Art. 14 Abs. 1 S. 1 GG werden zum einen alle vermögenswerten Rechte des privaten Rechts einschließlich des Rechts am eingerichteten und ausgeübten Gewerbebetrieb, zum anderen alle vermögenswerten Rechte des öffentlichen Rechts erfaßt, die nicht ausschließlich auf staatlicher Gewährung beruhen.

II. Die Eigentumsgewährleistung

6. Die Institutsgarantie des Eigentums zielt auf die Gewährleistung der Freiheit im vermögensrechtlichen Sinne ab und sichert dem Bürger in Gestalt eines Untermaßverbotes einen freiheitlichen Mindeststandard zu.

7. Die subjektivrechtliche Bestandsgarantie des Eigentums schützt alle dem Grundrechtsinhaber zustehenden vermögenswerten Rechtspositionen vor Beeinträchtigungen des Staates.

8. Ein Grundrecht auf Baufreiheit kennt das Grundgesetz nicht. Die Baufreiheit wird nur von der Institutsgarantie des Eigentums erfaßt. Verfassungsrechtlich geschützt ist das Recht des Grundeigentümers, sein Grundstück auf der Grundlage und im Rahmen des privaten und öffentlichen Rechts zu bebauen. An dem Schutz nehmen auch die bauplanerischen Nutzungszuweisungen und rechtmäßigen Baugenehmigungen teil.

9. Der Grundeigentümer hat in der Regel keinen Anspruch auf Nutzung des Grund- oder Oberflächenwassers, wohl aber einen Anspruch auf fehlerfreie Ausübung des Bewirtschaftungsermessens der Verwaltung.

10. Die Nutzung der Luftsäule über dem Grundstück darf nicht der Gewässerbenutzung gleichgestellt werden, sondern ist im Grundsatz wie die Nutzung des Bodens zu behandeln.

11. Art. 14 Abs. 1 S. 1 GG gebietet einen Nachbarschutz, der nicht erst dann einsetzt, wenn der Nachbar durch eine staatliche Genehmigung privater Anlagen oder Vorhaben „schwer und unerträglich" getroffen wird.

12. Im Falle einer mittelbaren staatlichen Einwirkung auf den eingerichteten und ausgeübten Gewerbebetrieb sind besonders strenge Anforderungen an die Zurechenbarkeit des Beeinträchtigungserfolges zu stellen.

13. Imperative Abgabenerhebungen sind immer an Art. 14 Abs. 1 S. 1 GG zu messen.

III. Die verfassungsrechtlichen Direktiven der Eigentumsgestaltung

14. Inhalts- und Schrankenbestimmungen lassen sich nicht materiell, sondern nur zeitlich voneinander unterscheiden. Inhaltsbestimmungen definieren das Eigentum für die Zukunft, Schrankenbestimmungen greifen in eine nach bisherigem Recht bestehende Position ein.

15. Der Gesetzgeber muß eine umfassende Abwägung zwischen den durch Art. 14 Abs. 1 S. 1 GG geschützten Privatnützigkeitsinteressen des einzelnen und den durch Art. 14 Abs. 2 GG geschützten Allgemeinwohlbelangen vornehmen. Allgemeine Formeln — wie sie die Enteignungstheorien oder die Lehre von der Situationsgebundenheit des Grundeigentums anbieten — können das Ergebnis dieser

Abwägung nicht vorwegnehmen. Art. 14 Abs. 2 GG verpflichtet den Gesetzgeber zu einem wirksamen Umweltschutz. Die Beurteilung der Verhältnismäßigkeit der Regelungen hängt vor allem davon ab, ob ein generell-abstrakter oder konkret-individueller Maßstab zugrundezulegen ist.

16. Der durch legale Eigentumsausübung geschaffene Bestand genießt infolge der Aufwendungen und Dispositionen des Eigentümers einen höheren Schutz als eine noch nicht verwirklichte Nutzung. Der Bestandsschutz ist im Baurecht stärker ausgeprägt als im Umweltrecht.

17. Bei der Auferlegung von Positivpflichten wird die Sozialbindungsgrenze in der Regel früher als bei der Statuierung von Duldungs- oder Unterlassungspflichten erreicht.

18. Unzulässig sind Beschränkungen des Eigentums, die für sich gesehen unbedenklich sind, in der Summe den Eigentümer aber unverhältnismäßig einengen.

19. Zur Abmilderung von Belastungen kann der Gesetzgeber zum Erlaß ausgleichspflichtiger Inhalts- und Schrankenbestimmungen gezwungen sein. Ausgleichsbestimmungen vermögen Eigentumsbeschränkungen aber nur zu rechtfertigen, wenn andere Regelungen nicht in gleicher Weise dem Gemeinwohlerfordernis genügen und nach Art der berührten Belange eine Verweisung des Eigentümers auf die Befriedigung seiner Vermögensinteressen zulässig ist. Sie bedürfen nach Art und Ausmaß einer formell-gesetzlichen Regelung.

IV. Die Enteignung

20. Unter Enteignung ist die vollständige oder teilweise Entziehung einer subjektiven Eigentumsposition im Wege der Durchbrechung der Eigentumsordnung durch einen gezielten öffentlichen Rechtsakt zum Zwecke der Indienstnahme der entzogenen Position für die Erledigung von Staatsaufgaben zu verstehen.

21. Da sich die Entziehung nur auf rechtlich selbständige oder verselbständigungsfähige Eigentumspositionen bezieht, stellen sich die Nutzungs- und Verfügungsbeschränkungen grundsätzlich nicht als Enteignung dar.

22. Die Enteignungszwecke und -voraussetzungen bedürfen keiner minutiösen gesetzlichen Regelung, weil dies auf eine Einzelfallgesetzgebung hinausliefe.

23. Anders als viele Fachpläne entfaltet ein Bebauungsplan keine enteignungsrechtlichen Vorwirkungen.

24. Jede Enteignung löst eine Entschädigungspflicht aus. Salvatorische Entschädigungsklauseln sind unzulässig. Hinsichtlich der Höhe der Entschädigung ist von einem formellen Regel-Ausnahme-Verhältnis zugunsten der Verkehrswertentschädigung auszugehen.

V. Eigentumsunrechtshaftung

25. Alle Freiheitsrechte verpflichten ihrem Grunde nach den Staat zu einer finanziellen Wiedergutmachung für die nicht durch Inanspruchnahme des primären Rechtsschutzes abwendbaren Folgen rechtswidriger Freiheitsbeeinträchtigungen.

26. Die Haftungsinstitute des sog. enteignungsgleichen und enteignenden Eingriffs finden ihre Rechtsgrundlage in Art. 14 Abs. 1 S. 1 GG in Verbindung mit zulässigem Richterrecht. In beiden Fällen handelt es sich um Unrechtshaftung. Der enteignungsgleiche Eingriff bezieht sich auf die rechtswidrigen, das Eigentum beeinträchtigenden Handlungen (Handlungsunrecht), der enteignende Eingriff auf den Fall der nicht voraussehbaren rechtswidrigen Folgen rechtmäßiger Handlungen (Erfolgsunrecht).

27. Die Subsidiarität der Haftung ergibt sich aus Art. 14 Abs. 1 S. 1 GG und nicht aus einer analogen Anwendung des § 254 BGB.

28. Als Rechtsfolge der Eigentumsunrechtshaftung ist Schadensersatz und nicht nur Entschädigung zu gewähren.

Eigentumsschutz, Sozialbindung und Enteignung bei der Nutzung von Boden und Umwelt

3. Bericht von Privatdozent Dr. *Peter Hänni*, Freiburg i. Ue.

Inhalt

Diese Arbeit ist unter besonderen Umständen entstanden. Ich danke Herrn Prof. *Walter Haller*, dem ursprünglich vorgesehenen Berichterstatter, für die wertvolle Unterstützung, die er mir hat zuteil werden lassen. Insbesondere geht mein Dank an seine Assistentin, Frau *Elisabeth Lang*, die mit ihrem großen Engagement wesentlich zur zeitgerechten Fertigstellung beigetragen hat.

I. Die Eigentumsgarantie nach der schweizerischen Bundesverfassung

1. Historische Ausgangslage

Die schweizerische Eigentumsordnung mit dem ihr zugrundeliegenden Eigentumsbegriff läßt sich nur dann in adäquater Weise erfassen, wenn am Anfang der Ausführungen in groben Zügen die historische Entwicklung des Eigentumsbegriffs und des Verfassungsrechts nachgezeichnet wird[1]. Anders als in der deutschen Verfassungsgeschichte hat die ausdrückliche verfassungsmäßige Verankerung der Eigentumsgarantie im fast 150jährigen helvetischen Bundesstaat eine noch sehr kurze Laufbahn hinter sich: Erst im Jahre 1969 hat sie Aufnahme in die schweizerische Bundesverfassung gefunden.

a) Die schweizerische Eigentumsordnung als Ergebnis problembezogener Gesetzgebung

Durchaus im Sinne der schweizerischen Verfassungstradition, die *stark pragmatische Züge trägt und individuelle Garantien erst dann in der Verfassung verankert, wenn eine aktuelle Bedrohungslage deutlich wird,* hat sich die Gesetzgebung des Bundes mit den konkreten jeweiligen Ansprüchen von Staat und Gesellschaft im Zusammenhang mit der Eigentumsordnung punktuell und einzelfallbezogen angenommen: So wurde beispielsweise schon im Jahre 1850 ein erstes eidgenössisches Expropriationsgesetz erlassen[2], um im Hinblick auf den einsetzenden Eisenbahnbau[3] die Rechte der Grundeigentümer wirksam schützen zu können. Und geradezu modern mutet das in seiner Bedeutung kaum zu überschätzende und noch heute in Kraft stehende Forstpolizeigesetz aus dem Jahre 1902 an[4], das in Art. 31 Abs. 1 kurz und knapp bestimmt: „Das Waldareal der Schweiz soll nicht vermindert werden.“ Von erheblicher Wichtigkeit sind selbstver-

---

[1] Zur Entwicklung der Eigentumsgarantie in der Schweiz vgl. *Peter Saladin,* Grundrechte im Wandel, 3. Aufl., Bern 1982, 111 ff.

[2] Bundesgesetz betreffend die Verbindlichkeit zur Abtretung von Privatrechten, vom 1. Mai 1850 (AS a. F. I 319).

[3] Vgl. dazu das Bundesgesetz über den Bau und den Betrieb von Eisenbahnen im Gebiete der Eidgenossenschaft, vom 28. Juli 1852 (AS a. F. III 170).

[4] Bundesgesetz betreffend die eidgenössische Oberaufsicht über die Forstpolizei, vom 11. Oktober 1902 (SR 921.0). Dieses Gesetz löste ein älteres Bundesgesetz aus dem Jahre 1876 ab (AS n. F. 2 353), das sehr ähnlich formulierte Nutzungsbeschränkungen im Interesse der Allgemeinheit enthielt. Vgl. auch unten I. 3. c) bb).

ständlich auch die Grund und Boden betreffenden Vorschriften des Schweizerischen Zivilgesetzbuches (ZGB)[5], das 1912 in Kraft gesetzt worden ist. Das heute noch gültige Enteignungsgesetz[6] des Bundes stammt aus dem Jahre 1930; weitere, für die Eigentumsordnung wichtige Erlasse[7] sind in ihren ursprünglichen Fassungen erheblich älter als die in der Verfassung verankerte Eigentumsgarantie. Es läßt sich daher feststellen, daß zentrale Elemente der schweizerischen Eigentumsordnung vom einfachen Gesetzgeber ohne ausdrückliche verfassungsrechtliche Grundlagen bezüglich der Eigentumsgarantie festgelegt worden sind.

b) Von der Anerkennung der Eigentumsgarantie als ungeschriebenes Verfassungsrecht zur Aufnahme in die BV

Das schweizerische Bundesgericht hat zunächst angesichts des Fehlens einer ausdrücklichen Gewährleistung des Privateigentums in der BV seine Urteile auf die Garantiebestimmungen der kantonalen Verfassungen abgestützt, wobei es anfänglich den unterschiedlichen Formulierungen der Verfassungen sorgfältig Rechnung getragen hat[8]. Erst allmählich bezeichnete es die Differenzen zwischen den einzelnen Verfassungsbestimmungen ausdrücklich als rechtlich irrelevant[9]. Der bundesrechtliche Durchbruch erfolgte im Jahre 1960[10], als das Gericht die Eigentumsgarantie in den Rang eines *ungeschriebenen Verfassungsrechts* erhob und damit bewirkte, daß die kantonalen Bestimmungen ihre rechtliche Bedeutung überhaupt verloren, sofern ihre

---

[5] SR 210. Mit dem Grundeigentum befaßt sich der 19. Titel des ZGB (Art. 655 ff.). Vgl. dazu z. B. *Arthur Meier-Hayoz*, Berner Kommentar zum ZGB, Sachenrecht, Grundeigentum I (Art. 655–679 ZGB), 3. Aufl., Bern 1965; Grundeigentum II (Art. 680–701 ZGB), 3. Aufl., Bern 1975. Rechtshistorisch wertvolle Hinweise zum Eigentumsbegriff des ZGB finden sich bei *Eugen Huber*, System und Geschichte des Schweizerischen Privatrechtes, 3. Bd., Basel 1889, 137 ff.

[6] SR 711. Zum eidgenössischen Enteignungsrecht vgl. *Heinz Hess / Werner Weibel*, Das Enteignungsrecht des Bundes, Kommentar, 2 Bde., Bern 1986.

[7] Vgl. z. B. Bundesgesetz über die Wasserbaupolizei, vom 22. Juni 1877 (SR 721.10); Bundesgesetz betreffend die elektrischen Schwach- und Starkstromanlagen (Elektrizitätsgesetz), vom 24. Juni 1902 (SR 734.0); Bundesgesetz über die Nutzbarmachung der Wasserkräfte, vom 22. Dezember 1916 (SR 721.80) usw.

[8] BGE 37 I 516 ff.; 47 II 497 ff., insb. 511.

[9] So in BGE 74 I 470; 93 I 137. Vgl. dazu *Saladin* (Anm. 1), 114 f.

[10] Entscheid des Bundesgerichtes vom 11. Mai 1960, in: ZBl. 62 (1961) 69 ff. (mit Hinweis auf zwei nicht veröffentlichte Urteile aus dem Jahr 1959, in denen das Bundesgericht die Anerkennung der Eigentumsgarantie als ungeschriebenes Grundrecht der Bundesverfassung bereits vorweggenommen hatte).

Schutzwirkung nicht über diejenige der bundesrechtlichen Gewährleistung hinausging. Die schweizerische Lehre hat dieser Rechtsprechung beinahe ausnahmslos zugestimmt[11].

Der Verfassungsgeber sah sich allerdings erst im Jahre 1969 veranlaßt — im Zug der gleichzeitig in die Verfassung aufgenommenen verfassungsrechtlichen Grundlage für ein vom Bund in den Grundsätzen zu regelndes Raumplanungsrecht —, der Eigentumsgarantie auch die ausdrückliche verfassungsrechtliche Gewährleistung zuteil werden zu lassen. Einmal mehr hatte erst eine konkrete Herausforderung, nämlich das Problem der Raumordnung und die damit verbundenen neuen Einschränkungen, eine stärkere verfassungsrechtliche Absicherung notwendig erscheinen lassen.

2. *Die verfassungsrechtlichen Rahmenbedingungen von Eigentumsschutz, Sozialbindung und Enteignung*

a) *Der Verfassungstext*

Art. 22ter BV lautet wie folgt:

1) Das Eigentum ist gewährleistet.

2) Bund und Kantone können im Rahmen ihrer verfassungsmäßigen Befugnisse auf dem Wege der Gesetzgebung im öffentlichen Interesse die Enteignung und Eigentumsbeschränkungen vorsehen.

3) Bei Enteignung und bei Eigentumsbeschränkungen, die einer Enteignung gleichkommen, ist volle Entschädigung zu leisten.

Die so formulierte Eigentumsgarantie gewährleistet nach herrschender schweizerischer Lehre und Rechtsprechung das Rechtsinstitut „Eigentum“; *eine bestimmte Eigentumsordnung wird indessen dadurch nicht garantiert.* Gewandelten Auffassungen und veränderten Verhältnissen kann der Gesetzgeber aufgrund von Abs. 2 Rechnung tragen[12]. Dabei darf er sich allerdings nicht zu weit von den bisherigen

---

[11] Vgl. *Saladin* (Anm. 1), 116 m. H.

[12] Auch die andern Staatsfunktionen, insbesondere die höchstrichterliche Rechtsprechung, gestalten das Eigentum und entwickeln es weiter. So hat das *Bundesgericht* den verfassungsrechtlichen Begriff des Eigentums vom privatrechtlichen gelöst und ihm eine weit umfassendere Bedeutung beigemessen, indem es ihn auf andere vermögenswerte Privatrechte, z. B. obligatorische Rechte, und auch auf bestimmte dem öffentlichen Recht entspringende Berechtigungen — wie Vermögensrechte aus Konzessionen und von Beamten — ausdehnte (*Hans Huber,* Über die Konkretisierung der Grundrechte, in: Der Staat als Aufgabe, Gedenkschrift für Max Imboden, Basel 1972, 196). Zur großen Bedeutung, die dem Bundesgericht bei Fragen der materiellen Enteignung zukommt, vgl. hinten III. 1. b) sowie *Walter*

Vorstellungen über das Eigentum entfernen. Insofern läßt sich nicht sagen, Inhalt und Umfang des Eigentums als verfassungsmäßiges Recht werde allein durch die Gesetzgebung bestimmt[13]. Immerhin gilt es, dabei der schweizerischen Besonderheit Rechnung zu tragen, daß die Verfassungsgerichtsbarkeit sich grundsätzlich nur auf das kantonale Recht erstreckt, *während der Bundesgesetzgeber keiner richterlichen Kontrolle unterworfen ist*[14].

Wesentlich ist sodann, daß zwischen der Eigentumsgarantie und anderen Verfassungsbestimmungen, welche die jeweilige Ausgestaltung des Eigentums mitbestimmen, nach der Praxis des Bundesgerichtes und der neueren Lehre nicht ein Verhältnis der Über- und Unterordnung besteht, sondern eine prinzipielle Gleichrangigkeit anerkannt wird[15]. Dies hat für die Bestimmung des Inhalt des Eigentums erhebliche praktische Konsequenzen.

Eine besondere Stellung nimmt in diesem Zusammenhang die *Handels- und Gewerbefreiheit* (HGF) ein, die im Unterschied zur Eigentumsgarantie seit 1874 in der BV verankert ist. Sie gewährleistet als Individualrecht gegenüber dem Staat die freie Wahl und Ausübung jeder Art erwerbswirtschaftlicher Tätigkeit an jedem Orte der Schweiz[16]. Der Gesetzgeber hat der HGF nach neuerer Rechtspre-

---

Kälin, Verfassungsgerichtsbarkeit in der Demokratie, Bern 1987, 44, 134f. — Zur Wandelbarkeit des Eigentumsbegriffs im allgemeinen vgl. statt vieler *Peter Häberle*, Vielfalt der Property Rights und der verfassungsrechtliche Eigentumsbegriff, AöR 1984, 36ff., insb. 59ff.

[13] *Georg Müller*, Kommentar zu Art. 22ter BV, in: Kommentar zur Bundesverfassung der Schweizerischen Eidgenossenschaft, Basel/Zürich/Bern 1987ff., Rdn. 1; *Ulrich Häfelin / Georg Müller*, Grundriß des Allgemeinen Verwaltungsrechts, Zürich 1990, 336 (N. 1574); *Yvo Hangartner*, Besonderheiten der Eigentumsgarantie, in: Im Dienst an der Gemeinschaft, Festschrift für Dietrich Schindler, Basel/Frankfurt a. M. 1989, 714f.

[14] Art. 113 Abs. 3 BV und Art. 114bis Abs. 3 BV. Vgl. zu dieser Eigenart des schweizerischen Verfassungsrechts *Andreas Auer*, Die schweizerische Verfassungsgerichtsbarkeit, Basel/Frankfurt a. M. 1984, 61ff.; ders., «... Le tribunal fédéral appliquera les lois votées par l'Assemblée fédérale ...»: réflexions sur l'art. 113 al. 3 Cst., ZSR NF 99/I (1980) 107ff.; *Walter Haller*, Kommentar zu Art. 113 BV, in: Kommentar zur Bundesverfassung der Schweizerischen Eidgenossenschaft, Basel/Zürich/Bern 1987ff., Rdn. 142ff.; *Walter Kälin*, Das Verfahren der staatsrechtlichen Beschwerde, Bern 1984, 34ff.

[15] BGE 105 Ia 336 (Fall *Zizers*); *René A. Rhinow / Beat Krähenmann*, Schweizerische Verwaltungsrechtsprechung, Ergänzungsband, Basel/Frankfurt a. M. 1990, Nr. 123 IV. c). Vgl. auch unten III. 1. b) a. E.

[16] *Leo Schürmann*, Wirtschaftsverwaltungsrecht, 2. Aufl., Bern 1983, 27; *René A. Rhinow*, Kommentar zu Art. 31 BV, in: Kommentar zur Bundesverfassung der

chung des Bundesgerichtes bei raumplanerischen Maßnahmen Rechnung zu tragen. Zwar ziehen letztere regelmäßig eine Einschränkung der gewerblichen und wirtschaftlichen Betätigungsmöglichkeiten nach sich. Weder mit der HGF noch mit der Eigentumsgarantie wäre es jedoch zu vereinbaren, wenn unter dem Deckmantel raumplanerischer Maßnahmen ein Eingriff in den wirtschaftlichen Wettbewerb bezweckt wird, um bestimmte Gewerbezweige oder Betriebsformen vor Konkurrenz zu schützen oder in ihrer Existenz zu sichern[17].

b) Instituts- und Bestandesgarantie

Die äußerste Grenze des verfassungsrechtlich Zulässigen bildet die *Institutsgarantie.* Diese ist dann verletzt, wenn der Gesetzgeber, dem die Erhaltung des Instituts „Eigentum" aufgetragen ist, Normen aufstellt, welche das Eigentum als Institut beseitigen, aushöhlen, seiner Substanz berauben, seinen Wesenskern antasten. Der Gesetzgeber muß die Verfügungs- und Nutzungsrechte, die sich aus dem Eigentum ergeben, wahren, und den Privaten ein Mindestmaß an Selbstbestimmung über ihre vermögenswerten Rechte einräumen[18].

Die *Bestandesgarantie* setzt demgegenüber beim individuellen Träger der Eigentumsgarantie an und *schützt ihn in seinen konkreten*

Schweizerischen Eidgenossenschaft, Basel/Zürich/Bern 1987 ff., Rdn. 68 ff.; *Ulrich Häfelin / Walter Haller,* Schweizerisches Bundesstaatsrecht, 2. Aufl., Zürich 1988, 423 ff. (N. 1382 ff.); BGE 100 I a 174; 103 I a 259; 116 I a 121.

[17] BGE 102 I a 115 f.; 110 I a 174; 111 I a 99. Die Frage des Zusammenhangs der HGF mit der Eigentumsgarantie hat sich vor allem bei planerischen Maßnahmen zur Eindämmung von Einkaufszentren gestellt (BGE 102 I a 119 ff.; 110 I a 167 ff.; *Peter Saladin / Christoph Lanz,* Rechtliche Probleme im Zusammenhang mit Einkaufszentren, ZBl. 77 [1976] 89 ff.; *Peter Hess,* Einkaufszentrum, Raumplanung und Handels- und Gewerbefreiheit, Diss. Fribourg 1976). — Zum Verhältnis zwischen Eigentumsgarantie und HGF vgl. auch BGE 113 I a 126 ff.; ferner *Jean-François Aubert,* Traité de droit constitutionnel suisse, Supplément 1967–1982, Neuchâtel 1982, 279 f. (ad No. 2204 ff.); *André Grisel,* Traité de droit administratif, Bd. II, Neuchâtel 1984, 677 ff.; *Paul Zimmermann,* Das Verhältnis zwischen Wirtschaftsfreiheit und Eigentumsgarantie, Diss. Zürich 1979.

[18] BGE 103 I a 418 f.; 105 I a 140 f.; 106 I a 348; 113 I a 132; *Georg Müller,* Kommentar (Anm. 13), Rdn. 12 zu Art. 22ter BV; ders., Privateigentum heute, Vom Sinn des Eigentums und seiner verfassungsrechtlichen Gewährleistung, ZSR NF 100/II (1981) 97 ff.; *Jörg Paul Müller,* Die Grundrechte der schweizerischen Bundesverfassung, 2. Aufl., Bern 1991, 331; *Grisel,* Traité II (Anm. 17), 675 ff.; *Saladin* (Anm. 1), 122 ff. Für die deutsche Lehre und Rechtsprechung *Karl Nüßgens / Karlheinz Boujong,* Eigentum, Sozialbindung, Enteignung, München 1987, 4 f., mit zahlreichen Hinweisen.

Vermögensrechten[19]. Eingriffe in diese individuellen Rechtspositionen sind nur dann zulässig, wenn sie auf einer gesetzlichen Grundlage[20] beruhen, aufgrund eines überwiegenden öffentlichen Interesses erfolgen, verhältnismäßig sind und — soweit ein Eigentumsübergang oder enteignungsähnliche Folgen damit verbunden sind — der Eingriff voll entschädigt wird[21]. Die Bestandesgarantie wird hier zur Wertgarantie, indem der Eingriff als solcher zwar nicht abgewehrt werden kann, der Staat aber mindestens die damit verbundene Wertminderung auszugleichen hat[22].

3. Die Besonderheiten des Grundeigentums

a) Nochmals zur Institutsgarantie

Der wichtigste Anwendungsbereich der Eigentumsgarantie ist zweifellos das Grundeigentum. Verschiedene der oben erwähnten Grundsätze sind im Zusammenhang mit dem Grundeigentum entwikkelt worden oder haben eine spezifische Ausprägung erfahren. Nach der Praxis des Bundesgerichtes liegt der geltenden Verfassung ein *elastischer Eigentumsbegriff* zugrunde, was dazu führt, daß dem Gesetzgeber weite Ermessensspielräume eröffnet werden[23]. Erst einmal hat das Gericht erkannt, daß der Gesetzgeber die Grenzen der Institutsgarantie überschritten hat: Die Schaffung eines kantonalen Bodenmonopols durch den (freiwilligen) Zukauf von Land, verbunden mit einem Wiederverkaufsverbot, wurde als mit der Institutsgarantie unvereinbar erachtet[24]. Keinen grundsätzlichen Angriff auf das Institut des Grundeigentums vermochte das Gericht dagegen in der Bewilligungspflicht für den Umbau oder Abbruch von Wohnungen, in zeitlich unbefristeten Abbruchverboten oder in einer Bewilligungs-

---

[19] *Häfelin/Haller* (Anm. 16), 415 (N. 1360); *Georg Müller,* Kommentar (Anm. 13), Rdn. 16 zu Art. 22ter BV.

[20] Zum Erfordernis der gesetzlichen Grundlage vgl. ausführlich *Georg Müller,* Kommentar (Anm. 13), Rdn. 27 ff. zu Art. 22ter BV. In zwei neuesten, die Stadt Zürich betreffenden Entscheidungen lehnte das Bundesgericht die Schaffung einer sog. Kernzone wegen fehlender gesetzlicher Grundlage ab (Entscheide des Bundesgerichtes vom 6. November 1991, in: Neue Zürcher Zeitung Nr. 259 vom 7. November 1991, 53).

[21] *Jörg Paul Müller* (Anm. 18), 333; *Häfelin/Haller* (Anm. 16), 415 (N. 1360); *Grisel,* Traité II (Anm. 17), 674 f.

[22] *Häfelin/Haller* (Anm. 13), 337 f. (N. 1579).

[23] *Hangartner* (Anm. 13), 716.

[24] Entscheid des Bundesgerichtes vom 17. Juni 1959, in: ZBl. 61 (1960) 281 ff.

pflicht bei Veräußerungen von Wohnungen, an welchen auf dem Wohnungsmarkt Mangel herrscht, zu erblicken[25]. Zulässig ist sodann die Förderung des Wohnungsbaus durch ein dem Kanton eingeräumtes Vorkaufsrecht, ebenso ein allgemeines Vorkaufsrecht des Staates im Falle von Bauzonenänderungen und die Verpflichtung des Gemeinwesens, das für den sozialen Wohnungsbau benötigte Bauland nötigenfalls auf dem Expropriationsweg zu beschaffen[26]. Das Verwaltungsgericht des Kantons Zürich entschied, daß Vorschriften über den Natur- und Heimatschutz gar nicht geeignet seien, mit der Institutsgarantie in Widerspruch zu geraten, weil sonst die entsprechende Verfassungsbestimmung eines großen Teils ihres Sinnes beraubt würde[27].

Was den Bereich der unüberprüfbaren Bundesgesetzgebung betrifft, sticht unter dem Aspekt der Eigentumsgarantie insbesondere die sog. *Lex Friedrich* hervor[28]. Dieses Gesetz unterstellt den Erwerb von Grundstücken durch Personen im Ausland einer Bewilligung. Weitergehende Beschränkungen können durch die Kantone vorgesehen werden, so namentlich die Bewilligungssperre, das Vorkaufsrecht zum Verkehrswert zugunsten nicht bewilligungspflichtiger Käufer sowie die Beschränkung des Erwerbs auf Baurecht, Wohnrecht oder Nutznießung statt Eigentum. All diese Beschränkungen wurden vom Bundesgesetzgeber als mit der Institutsgarantie vereinbar bezeichnet, insbesondere auch die Anknüpfung an die Nationalität als Kriterium für die Einschränkung der Vertrags- und damit der Verfügungsfreiheit[29]. Immerhin wurde festgestellt, daß die zuletzt beschriebenen Formen der völligen Verhinderung des Eigentumserwerbs, würden sie auf Inländer angewendet, einer verfassungswidrigen Verletzung der Institutsgarantie gleichkommen würden.

b) Grundeigentum und offene Verfassung

Wichtig ist in diesem Zusammenhang der Hinweis auf die jederzeit mögliche Revision der Bundesverfassung, mit der die heute geltende

---

[25] BGE 101 Ia 513; 99 Ia 35 ff.; 113 Ia 126 ff.

[26] BGE 114 Ia 14 bzw. BGE 88 I 248.

[27] Entscheid des Verwaltungsgerichtes des Kantons Zürich vom 3. April 1973, in: Rechenschaftsbericht an den Kantonsrat 1973, Nr. 76.

[28] Bundesgesetz über den Erwerb von Grundstücken durch Personen im Ausland, vom 16. Dezember 1983 (SR 211.412.41).

[29] Vgl. dazu die Botschaft des Bundesrates vom 16. September 1981 (BBl. 1981 III 585 ff., insb. 639 ff.).

Konzeption der Eigentumsgarantie in grundsätzlicher Weise abgeändert werden kann. Diese Möglichkeit ist keineswegs nur eine theoretische Verbeugung vor der als offen konzipierten Verfassung zu verstehen. Volk und Stände haben 1988 über eine Verfassungsinitiative zu befinden gehabt, die u. a. vorsah, daß Grundeigentum „nur zum Eigengebrauch bei nachgewiesenem Bedarf oder zur Bereitstellung preisgünstiger Wohnungen" erworben werden dürfe[30]. Im Gegensatz zu dieser vom Verfassungsgeber abgelehnten Änderung der Verfassung wurde die sog. *Rothenthurm*-Initiative, die einen umfassenden Schutz für Moore und Moorlandschaften unter gleichzeitiger *Anordnung eines totalen Bauverbots und einer Abbruchpflicht für bestimmte Bauten und Anlagen verbindlich in der Verfassung verankert,* von Volk und Ständen im Jahre 1987 angenommen[31].

c) Die geschützten Teilinhalte des Grundeigentums

aa) Baufreiheit. Die für das Grundeigentum (mindestens dogmatisch) bedeutsame Frage, ob die Eigentumsgarantie auch die *Baufreiheit* als eine der zentralen Nutzungsmöglichkeiten mitbeinhalte, wird in der schweizerischen Lehre ebenso wie in der deutschen unterschiedlich beantwortet, und beide Seiten bringen für ihre Auffassung beachtliche Gründe vor[32]. Das Bundesgericht hat sich aus diesem Theorienstreit herausgehalten[33] und im Rahmen seiner Rechtsprechung die Kriterien herausgearbeitet, mit Hilfe derer sich die entschädigungslos zu duldenden Eingriffe von den entschädigungspflichtigen abgrenzen lassen.

---

[30] Vgl. dazu die Botschaft des Bundesrates vom 16. Dezember 1985 (BBl. 1986 I 153 ff.).

[31] Art. 24^{sexies} Abs. 5 BV; vgl. dazu ferner die Botschaft des Bundesrates vom 11. September 1985 (BBl. 1985 II 1445 ff.).

[32] Die Existenz einer Baufreiheit bejaht z. B. *Leo Schürmann,* der das Recht zu bauen als Ausfluß der Institutsgarantie betrachtet (Bau- und Planungsrecht, 2. Aufl., Bern 1984, 33). Zurückhaltender *Martin Lendi,* Planungsrecht und Eigentum, ZSR NF 95/II (1976) 142 ff.; *Walter Haller / Peter Karlen,* Raumplanungs- und Baurecht, Zürich 1990, 109 ff. (N. 3 ff.). – Zur Kontroverse in Deutschland vgl. *Nüßgens/Boujong* (Anm. 18), 22 ff.; *Hans-Jürgen Papier,* in: Maunz/Dürig, Kommentar zum Grundgesetz, Art. 14 GG, Rdn. 59 ff., insb. 66; *Rüdiger Breuer,* Die Bodennutzung im Konflikt zwischen Städtebau und Eigentumsgarantie, München 1976, 162 ff.; ders., Entschädigungsrechtliche Konsequenzen von Eingriffen in die Baufreiheit, DÖV 31 (1978) 189 ff., insb. 191 f.

[33] Vgl. BGE 105 Ia 143. Das Bundesverfassungsgericht anerkennt demgegenüber die Baufreiheit ausdrücklich als Teilgehalt der Eigentumsgarantie (BVerfGE 35, 263, 276 f.).

Dabei ist nicht zu verkennen, daß diese Rechtsprechung im Zuge der einsetzenden Planungs- und Umweltschutzgesetzgebung seit Mitte der sechziger Jahre *die bauliche Nutzung mehr und mehr nur noch als Funktion der raumplanerischen Grundordnung begreift*[34]. So stellt das Bundesgericht in einem Entscheid aus dem Jahre 1986 fest, daß vom „Entzug einer wesentlichen, aus dem Eigentum fließenden Befugnis zum vorneherein nur dann gesprochen werden (kann), wenn im Zeitpunkt der geltend gemachten Eigentumsbeschränkung eine raumplanerische Grundordnung galt, welche die Berechtigung zum Bauen auf dem fraglichen Grundstück einschloß"[35].

bb) Die Nutzung von Umweltmedien. Soweit die Nutzung des Grundeigentums die Beanspruchung von Umweltmedien nach sich zieht, ist die Frage nach der Beziehung zur Eigentumsgarantie gestellt. Von besonderem Interesse ist in diesem Zusammenhang die *Nutzung des Grundwassers,* ein Problem, mit dem sich in Deutschland bekanntlich das Bundesverfassungsgericht 1981 im überaus folgenreichen *Naßauskiesungsbeschluß*[36] eingehend auseinandergesetzt hat. Die Feststellung des BVerfG, wonach die Unterstellung des Grundwassers unter eine vom Grundstückseigentum getrennte öffentlichrechtliche Benutzungsordnung mit dem Grundgesetz im Einklang steht, bietet sich in außerordentlicher Weise für rechtsvergleichende Betrachtungen mit den diesbezüglichen schweizerischen Verhältnissen an.

Im Unterschied zum BGB sieht das schweizerische ZGB in Art. 704 Abs. 3 i. V. mit 667 Abs. 2 und 704 Abs. 1 ausdrücklich vor, daß *das Grundwasser Bestandteil des Grundstückes* ist. Art. 664 Abs. 2 bestimmt demgegenüber, daß an öffentlichen Gewässern kein Privateigentum möglich ist. Das schweizerische Bundesgericht hatte im Jahre 1929 im Entscheid *Zinggeler*[37] darüber zu befinden, ob die

---

[34] Vgl. dazu *Enrico Riva,* Hauptfragen der materiellen Enteignung, Bern 1990, 200 f. mit weiteren Hinweisen. Zur Relativität des Theorienstreits ferner *Jörg Paul Müller* (Anm. 18), 329 f.

[35] BGE 112 Ib 398, E. 5 a.

[36] BVerfGE 58, 300 ff. Kritisch zu diesem Entscheid *Walter Leisner,* Eigentumswende?, DVBl. 1983, 66 f.; *Josef Isensee,* Die Ambivalenz des Eigentumsgrundrechts, in: Eigentumsgarantie und Umweltschutz, Symposion zu Ehren von Jürgen Salzwedel aus Anlaß seines 60. Geburtstages, Heidelberg 1990, 15.

[37] BGE 55 I 397 ff. Vgl. zur Problematik der Grundwassernutzung auch BGE 65 II 146; 93 II 180; Entscheid des Bundesgerichtes vom 17. März 1976, in: ZBl. 77 (1976) 462 ff.; *Peter Liver,* Die Entwicklung des Wasserrechts in der Schweiz seit hundert Jahren, ZSR NF 71/I (1952) 314 ff., 346 f.; ders., Das Eigentum, in:

Kantone Grundwasservorkommen von mehr als 300 Minutenlitern zu öffentlichen Gewässern erklären dürfen und ob dies gegebenenfalls als entschädigungspflichtige Enteignung zu qualifizieren sei. Das Gericht kam dabei zum Ergebnis, daß sich Art. 704 Abs. 3 ZGB entgegen seinem Wortlaut bloß auf kleine, wenig bedeutende Grundwasservorkommen beziehe. Die vorbehaltlose Fassung des fraglichen Artikels bildete für das Gericht dabei kein Hindernis, indem es erklärte, der Gesetzgeber habe zum Zeitpunkt des Erlasses des ZGB *von der Existenz mächtiger Grundwasserströme nichts gewußt, ansonsten er kein allgemeines Recht auf Grundwassernutzung eingeräumt hätte.* Die Beantwortung der Frage, ob der Eingriff als entschädigungspflichtig zu gelten hatte, hing davon ab, ob die Maßnahme als Inhaltsbeschränkung (weil subjektive Rechte nur mit dem Inhalt gewährleistet werden, den sie nach Maßgabe der jeweiligen Ordnung des objektiven Rechtes haben) des Eigentums zu qualifizieren war oder ob sie gegenüber dem Berechtigten eine Enteignung darstellte. Das Gericht erwog, daß die bloße Überführung größerer Gewässer in das öffentliche Gut noch keine Enteignung darstelle, insbesondere da *Gründe des öffentlichen Wohls* maßgebend waren und da die Gewässer eigentlich schon ihrem Namen nach öffentlichen Charakter hätten. Vor diesem Hintergrund war der Entzug der bisherigen Berechtigung zur Grundwassernutzung im konkreten Fall zu prüfen. Für das Gericht war dabei das Kriterium ausschlaggebend, ob der Eigentümer von der bisherigen Möglichkeit der Grundwasserausbeutung bereits tatsächlichen Gebrauch gemacht hatte, denn dieser Umstand hätte die Entschädigungspflicht des Staates ausgelöst. Wegen dem bloß abstrakten Interesse des Eigentümers, der keinerlei Anlagen zur Grundwasserausbeutung erstellt hatte, war der Eingriff entschädigungslos hinzunehmen.

Ob diese souveräne Korrektur eines für die Eigentumsordnung absolut zentralen Gesetzes überzeugend begründet worden ist, mag dahingestellt bleiben. Abstrahiert man von der in Deutschland gebräuchlichen Terminologie, sind die Parallelen zum Naßauskiesungsbeschluß offensichtlich, *selbst das Recht am eingerichteten und ausgeübten Gewerbebetrieb schimmert durch.* Überraschend ist allenfalls die Tatsache, daß das Bundesgericht seinen Entscheid 50 Jahre früher gefällt hat als das Bundesverfassungsgericht.

Ebenfalls eine sehr lange Tradition hat die schon angesprochene Regelung mit Bezug auf den *Wald.* Spätestens seit dem zweiten

---

Schweizerisches Privatrecht, Bd. V/1 (Sachenrecht), Basel/Stuttgart 1977, 294 f.; *Fritz Gygi*, Verwaltungsrecht, Bern 1986, 241 f., 246 f.

Forstpolizeigesetz aus dem Jahre 1902 gilt in der Schweiz der Grundsatz, daß den Eigentümern von Waldgrundstücken keine andere Nutzung offensteht. Lediglich in Ausnahmefällen darf Wald gerodet werden, wobei die Verpflichtung besteht, eine gleiche Fläche Waldes andernorts neu aufzuforsten[38]. Diese Nutzungsbeschränkung des Umweltmediums „Wald" hat keinerlei Diskussionen über Entschädigungspflichten ausgelöst, sondern gilt allgemein nach wie vor als eine der Pioniertaten auf dem Gebiete des Umweltschutzes[39].

4. Die Besitzstandsgarantie

Die herrschende Auffassung in der schweizerischen Lehre und Rechtsprechung geht davon aus, *daß die Gesetzgebung auf bisherige Besitzstände gebührend Rücksicht zu nehmen hat.* Dies müßte im wesentlichen im Rahmen des intertemporalen Rechts vorgesehen werden, doch wird bei der Abfassung von Übergangsbestimmungen nicht immer mit der erforderlichen Sorgfalt legiferiert. Dies führt im konkreten Streitfall zur Frage, ob altrechtliche Bauten, Anlagen und Bewilligungen einen unmittelbaren verfassungsrechtlich abgestützten Schutz genießen. Dabei bieten sich der aus Art. 4 BV abgeleitete Anspruch auf Treu und Glauben bzw. der Vertrauensgrundsatz, das Prinzip der Nichtrückwirkung der Gesetze und schließlich die Eigentumsgarantie als Anspruchsgrundlagen an[40]. Die Lehre ist in dieser Frage gespalten, und die Rechtsprechung hat sich zu keiner eindeutigen Stellungnahme veranlaßt gesehen[41].

---

38 Vgl. Art. 31 des Bundesgesetzes betreffend die eidgenössische Oberaufsicht über die Forstpolizei, vom 11. Oktober 1902 (SR 921.0); Art. 24 ff. der Verordnung betreffend die eidgenössische Oberaufsicht über die Forstpolizei, vom 1. Oktober 1965 (FPolV) (SR 921.1). Beispiele für die in Art. 26 Abs. 1 FPolV geforderte Abwägung zwischen dem Interesse an der Walderhaltung und dem Rodungsinteresse: BGE 108 I b 268 f.; 112 I b 204 ff.; 112 I b 558 ff.; 113 I b 344 ff.; 113 I b 412 ff.; 115 I b 227 ff.

39 *Thomas Fleiner-Gerster,* Grundzüge des allgemeinen und schweizerischen Verwaltungsrechts, 2. Aufl., Zürich 1980, 369. Zur Forstgesetzgebung des Bundes vgl. *Dieter Meier,* Nutzungspflichten des Grundeigentümers, Diss. Bern 1984, 36 ff. (mit weiterführenden Literaturhinweisen).

40 *Rhinow/Krähenmann* (Anm. 15), Nr. 122, B XIII.

41 Nach *Alfred Kölz* z. B. folgt die Besitzstandsgarantie aus dem Vertrauensgrundsatz, also aus Art. 4 BV, und nicht aus der Eigentumsgarantie (Intertemporales Verwaltungsrecht, ZSR NF 102/II [1983] 191); vgl. auch *Riva* (Anm. 34), 329 ff. — Das deutsche Recht kennt in der aus Art. 14 Abs. 1 GG entwickelten

a) Besitzstandsgarantie im Planungsrecht

Mit Bezug auf *bestehende Bauten und Anlagen,* die aufgrund von Zonenplanungsmaßnahmen nach neuem Recht nicht mehr erstellt werden dürften, ergibt sich unmittelbar aus der Eigentumsgarantie *ein Anspruch auf Erneuerung und Unterhalt* derartiger baulicher Werte[42]. Ein Unterhaltsverbot würde dementsprechend die Eigentumsgarantie verletzen, ausgenommen den Sonderfall, wo bestehende Bauwerke im engen Sinne polizeiwidrige Zustände schaffen.

Was den *Wiederaufbau und die teilweise Änderung* zonenwidriger Bauten betrifft, hat das RPG den Kantonen die Kompetenz eingeräumt, diese völlig zu verbieten oder aber soweit zu gestatten, als sie mit den „wichtigen Anliegen der Raumplanung" vereinbar sind[43]. Die überwiegende Mehrheit der Kantone hat von der Kompetenz in dem Sinne Gebrauch gemacht, daß der Wiederaufbau und die teilweise Änderung neurechtswidriger Bauten, die nach altem Recht rechtmäßig erstellt worden sind, zulässig ist[44]. Umgekehrt hat das Bundesgericht ausdrücklich festgestellt, daß sich aus Art. 22ter BV kein Anspruch ergibt, zerstörte oder abgebrochene Bauten, die dem neuen Recht widersprechen, wiederaufzubauen[45].

b) Besitzstandsgarantie im Umweltschutzrecht

Die Prinzipien der Besitzstandsgarantie und des Vertrauensschutzes gelten grundsätzlich auch im Rahmen des Umweltschutzes, doch kommt ihnen hier lediglich *abgeschwächte Bedeutung* zu, weil nach herrschender Auffassung die Investitionen nur selten die von der Besitzstandsgarantie geforderte Qualität erreichen. Der Gesetzgeber

---

Rechtsfigur des Bestandsschutzes ein der Besitzstandsgarantie verwandtes Institut (vgl. dazu *Nüßgens/Boujong* [Anm. 18], 26 ff.).

[42] BGE 113 I a 119; vgl. dazu ferner Entscheid des Bundesgerichtes vom 17. September 1987, in: ZBl. 90 (1989) 543 ff.; Entscheid des Verwaltungsgerichtes des Kantons Aargau vom 28. Mai 1982, in: ZBl. 83 (1982) 448; *Martin Pfisterer,* Die Anwendung neuer Bauvorschriften auf bestehende Bauten und Anlagen, Diss. Bern 1979, 81.

[43] Art. 24 Abs. 2 des Bundesgesetzes über die Raumplanung (RPG), vom 22. Juni 1979 (SR 700). Vgl. dazu *Eidgenössisches Justiz- und Polizeidepartement,* Erläuterungen zum Bundesgesetz über die Raumplanung, Bern 1981, 301 ff.; BGE 107 I b 236 f.

[44] Vgl. dazu BGE 113 I a 119, 122 f.; *Rhinow/Krähenmann* (Anm. 15), Nr. 122, B XIII.

[45] Entscheid des Bundesgerichtes vom 17. September 1987, in: ZBl. 90 (1989) 545.

ließ sich beim Umweltschutz vom Gedanken der *Rechtsgleichheit* und damit verbunden von der dem Staat aufgetragenen *Wettbewerbsneutralität* leiten: Inhaber von Altanlagen sollten keinen ungerechtfertigten Vorteil gegenüber den Erstellern von Neuanlagen haben, weshalb das *Prinzip der Sanierungspflicht für sämtliche Anlagen* gilt. Soweit allerdings wohlerworbene Rechte oder öffentlich-rechtliche Verträge zur Diskussion stehen, genießen diese den Schutz der Eigentumsgarantie.

Das Spannungsverhältnis zwischen dem Anliegen, die Umwelt möglichst wirksam zu schützen, und den wirtschaftlichen Interessen der Inhaber von Altanlagen ist indessen auch außerhalb dieser Sonderfälle nicht zu übersehen. Im Rahmen der Besitzstandsgarantie ist weitreichenden Dispositionen Rechnung zu tragen, die von den Anlageninhabern nach altem Recht erlaubterweise getätigt worden sind. In erster Linie ist dabei der Gesetzgeber aufgerufen, den verfassungsrechtlich gebotenen Vertrauensschutz zu konkretisieren. Das eindeutig bevorzugte Mittel ist die *Gewährung von Anpassungsfristen.* Zu Recht wird dies als unnötige und wenig kreative gesetzgeberische Selbstbeschränkung kritisiert[46]. Darüber hinaus kommen gemäß Art. 17 Abs. 1 USG „Erleichterungen im Einzelfall" in Frage, wenn eine Sanierung einer Altanlage unverhältnismäßig wäre, wobei allerdings die Immissionsgrenzwerte für Luftverunreinigungen und Erschütterungen sowie der Alarmwert für Lärmimmissionen nicht überschritten werden dürfen. Als Erleichterungen kommen Fristverlängerungen und mildere Emissionsgrenzwerte in Betracht[47]. Der Umstand, daß das Spannungsverhältnis zwischen Umweltschutz und Besitzstandsgarantie in erster Linie durch den Gesetzgeber zu harmonisieren ist, schließt eine Entschädigung wegen (materieller) Enteignung im Einzelfall nicht aus, doch hat das Bundesgericht noch keine Gelegenheit gehabt, sich dazu zu äußern[48].

---

[46] *Kölz* (Anm. 41), 226; *André Schrade,* Vorbemerkungen zu Art. 16–18, N. 7, in: Kommentar zum Umweltschutzgesetz (Hrsg. Alfred Kölz / Hans-Ulrich Müller), Zürich 1985 ff.

[47] Vgl. dazu z. B. Art. 11 Abs. 2 der Luftreinhalteverordnung vom 16. Dezember 1985 (SR 814.318.142.1); ferner zum Verhältnis zwischen Besitzstandsgarantie und umweltschutzrechtlicher Sanierungspflicht (Schweinemästerei) den Entscheid des aargauischen Verwaltungsgerichtes vom 18. März 1988, in: ZBl. 90 (1989) 175 ff.

[48] *André Grisel,* Expropriation matérielle, L'arrêt Commune de Zizers et ses développements, in: Aktuelle Probleme des Staats- und Verwaltungsrechts, Festschrift für Otto K. Kaufmann, Bern/Stuttgart 1989, 104 f.

5. *Das Recht am eingerichteten und ausgeübten Gewerbebetrieb*

Diese in Deutschland gebräuchliche Rechtsfigur[49] ist dem schweizerischen Recht – mindestens mit Bezug auf die Terminologie – *unbekannt*. Werden durch staatliche Maßnahmen die Interessen von Inhabern eingerichteter und ausgeübter Gewerbebetriebe tangiert, ist die Vereinbarkeit des Eingriffs mit der Eigentumsgarantie allenfalls unter dem Gesichtspunkt der schon angesprochenen *Besitzstandsgarantie* zu prüfen. Thematische Berührungspunkte weist das Recht am eingerichteten und ausgeübten Gewerbebetrieb sodann mit dem aus Art. 4 BV abgeleiteten *Vertrauensschutz* auf[50]. So wird das Problem zum Teil über den Widerruf von Verfügungen gelöst[51]; dabei ist namentlich der *Widerruf von atomrechtlichen Bewilligungen* ausdrücklich im Gesetz geregelt[52].

Verwandtschaften lassen sich herstellen mit den *sog. wohlerworbenen Rechten*, die besonderen Schutz genießen und denen in der schweizerischen Rechtsordnung eine eigentliche Ausnahmestellung zukommt. Ihren Ursprung haben die wohlerworbenen Rechte im wesentlichen einerseits in *Verträgen oder vertragsähnlichen Verhältnissen des Verwaltungsrechts, insbesondere in Konzessionen*, andererseits können sie auf *historischen Wurzeln* beruhen, wie beispielsweise Fischereirechte oder andere Nutzungsrechte an öffentlichen Gewässern. Die wohlerworbenen Rechte werden durch die Eigentumsgarantie und – nach neuerer Rechtsprechung – auch durch den Grundsatz von Treu und Glauben geschützt. Sie können nur entzogen werden

---

[49] Vgl. *Peter Badura*, Der Eigentumsschutz des eingerichteten und ausgeübten Gewerbebetriebes, AöR 98 (1973) 153 ff.; *Otto Kimminich*, in: Bonner Kommentar zum Grundgesetz, Art. 14, Rdn. 75 ff.; *Nüßgens/Boujong* (Anm. 18), 39 ff., jeweils mit weiteren Hinweisen.

[50] Das Bundesgericht hat sich in BGE 101 I a 336, 347 f. am Rande mit der Rüge auseinandergesetzt, die Eigentumsgarantie und die Handels- und Gewerbefreiheit seien verletzt worden durch eine unverhältnismäßig kurze Übergangsfrist eines kantonalen Verbotes von Geldspielautomaten. Im konkreten Fall verneinte indessen das Gericht eine Beeinträchtigung verfassungsrechtlich geschützter vermögenswerter Ansprüche. Kritisch dazu *Beatrice Weber-Dürler*, Vertrauensschutz im öffentlichen Recht, Basel/Frankfurt a. M. 1983, 62.

[51] Vgl. als Beispiel BGE 107 I b 35 ff.

[52] Art. 9 des Bundesgesetzes über die friedliche Verwendung der Atomenergie und den Strahlenschutz vom 23. Dezember 1959 (SR 732.0). Vgl. in diesem Zusammenhang auch den Bundesbeschluß über eine Vereinbarung betreffend Nichtrealisierung des Kernkraftwerkes Kaiseraugst, vom 17. März 1989 (SR 732.10).

aufgrund einer gesetzlichen Grundlage, wenn der Entzug im öffentlichen Interesse liegt, verhältnismäßig ist und gegen volle Entschädigung erfolgt. Das besondere Merkmal der wohlerworbenen Rechte ist ferner ihre *Gesetzesbeständigkeit*, d.h. spätere Gesetze dürfen ein solches Recht grundsätzlich nicht entschädigungslos einschränken oder aufheben[53].

Die Tatsache, daß sich in der Schweiz kein eigentlicher Begriff des eingerichteten und ausgeübten Gewerbebetriebes hat entwickeln können, hängt freilich auch mit der *sehr restriktiven Rechtsprechung des Bundesgerichtes mit Bezug auf die Rechtsstellung des Anstößers zusammen*. Nach dieser Praxis handelt es sich bei den Interessen der Anstößer lediglich um *faktische Interessenlagen*, die vom Schutz der Eigentumsgarantie nicht erfaßt werden. Trotz heftiger und grundsätzlicher Kritik, die gegen die begriffliche Unterscheidung von rechtlich geschützten und faktischen Interessen vorgebracht worden ist[54], hat das Gericht bisher an seiner Auffassung festgehalten. Es wird sich zeigen müssen, ob die in der neuesten Rechtsprechung vereinzelt gemachten Andeutungen tatsächlich eine Änderung der Praxis ankünden[55].

6. *Eigentumsgarantie und Abgaberecht*

Nachdem das Bundesgericht bis in die späten 70er Jahre daran festgehalten hatte, *die Eigentumsgarantie schütze nur einzelne vermögenswerte Positionen und nicht das Vermögen in seiner Gesamtheit,*

---

[53] Zu den wohlerworbenen Rechten im einzelnen vgl. *Häfelin/Müller* (Anm. 13), 168 (N. 773 ff.), 339 (N. 1584); *Max Imboden / René A. Rhinow*, Schweizerische Verwaltungsrechtsprechung, Bd. II (Besonderer Teil), 6. Aufl., Basel/Frankfurt a. M. 1986, Nr. 122; *Rhinow/Krähenmann* (Anm. 15), Nr. 122 mit weiteren Hinweisen. Ein neues Beispiel findet sich in BGE 117 I a 35 ff., wo das Bundesgericht die Aufhebung ehehafter Weiderechte für verfassungswidrig erklärte.

[54] Vgl. dazu *Saladin* (Anm. 1), 135 ff.; *Georg Müller*, Kommentar (Anm. 13), Rdn. 6 zu Art. 22ter BV; *Imboden/Rhinow* II (Anm. 53), Nr. 117 B III sowie *Rhinow/Krähenmann* (Anm. 15), Nr. 122 B I g und 117 B III zur neueren Praxis. *Riva* (Anm. 34), 244 f., befürwortet eine Lösung, die bei der Bestimmung des Schutzobjektes der Eigentumsgarantie an das Vermögen als die Gesamtheit der einem Individuum zustehenden vermögenswerten Interessen anknüpft und dieses unter den Schutz der Eigentumsgarantie stellt.

[55] Vgl. dazu *Georg Müller*, Kommentar (Anm. 13), Rdn. 6 zu Art. 22ter BV; *Riva* (Anm. 34), 243.

stand die Steuer- und Abgabengesetzgebung nicht unter dem Vorbehalt der Eigentumsgarantie[56]. Diese von der Lehre heftig kritisierte Rechtsprechung hat es aufgegeben und festgestellt, die Gewährleistung des Eigentums verpflichte den Steuergesetzgeber, die bestehenden Vermögen in ihrer Substanz zu bewahren und die Möglichkeit der Neubildung von Vermögen in dem Sinne zu erhalten, daß das Einkommen nicht dauernd und vollständig wegbesteuert werden darf[57].

Bezogen auf das Grundeigentum ergeben sich dadurch keine spezifisch andersartigen Folgerungen als auf übrige Vermögenswerte, insbesondere sind dadurch *Abschöpfungen von planerisch bedingten Mehrwerten nicht ausgeschlossen,* auch wenn sie 100 % betragen. Eine andere Frage ist, ob die Eigentumsgarantie Schutz bietet gegenüber *umweltspezifischen Abgaben.* In der Schweiz stellt sich dieses Problem weniger unter dem Aspekt der Eigentumsgarantie als vielmehr unter dem Gesichtswinkel der *Kompetenzverteilung zwischen Bund und Kantonen.* Umweltspezifische Lenkungsabgaben verstoßen dann gegen die verfassungsrechtliche Kompetenzvermutung zugunsten der Kantone, wenn der Bund dadurch in das Steuersubstrat der Kantone eingreift[58]. In der Praxis ist die Frage allerdings bis anhin noch nicht aktuell geworden.

---

[56] Vgl. zu dieser früheren Praxis *Saladin* (Anm. 1), 140 ff. m. w. H.

[57] BGE 106 I a 348 ff.; 105 I a 135 ff. Angesprochen ist hier die Institutsgarantie (vgl. *Aubert,* Supplément [Anm. 17], ad No. 2176; *Grisel,* Traité II [Anm. 17], 676 f.; *Häfelin/Haller* [Anm. 16], 414 [N. 1356 f.]). *Georg Müller* vertritt die Auffassung, die Eigentumsgarantie müsse gegen die Erhebung von Abgaben sowohl als Instituts- wie auch als Bestandesgarantie angerufen werden können (Kommentar [Anm. 13], Rdn. 8 zu Art. 22ter BV). – Kritisch zur deutschen Rechtsprechung, die einen Verstoß gegen Art. 14 GG ebenfalls erst dann in Betracht zieht, wenn der Steuerpflichtige übermäßig belastet und seine Vermögensverhältnisse in grundlegender Weise beeinträchtigt werden, *Konrad Hesse,* Grundzüge des Verfassungsrechts der Bundesrepublik Deutschland, 17. Aufl., Heidelberg 1990, 175 (Rdn. 447).

[58] *Thomas Fleiner,* in: Kommentar zur Bundesverfassung der Schweizerischen Eidgenossenschaft, Basel/Zürich/Bern 1987 ff., Rdn. 76 ff. zu Art. 24^{septies} BV; ders., Rechtsgutachten über die Verfassungsmäßigkeit des Vorentwurfes zu einem Bundesgesetz über den Umweltschutz vom 18. Dezember 1973, Wirtschaft und Recht 27 (1975) 306 ff.; *Ruedi Meier / Felix Walter,* Umweltabgaben für die Schweiz, Chur/Zürich 1991, 176 ff. m. w. H.

II. Inhalts- und Schrankenbestimmungen des Gesetzgebers und Sozialbindung des Eigentums

1. *Sozialbindung kein verfassungsrechtlicher Begriff?*

Die verfassungsrechtliche Konzeption der Eigentumsgarantie kennt keine dem deutschen Grundgesetz vergleichbare Bestimmung im Sinne von Art. 14 Abs. 2 GG[59]. Die Verfassung beschränkt sich darauf, die Möglichkeit von Eigentumsbeschränkungen und Enteignungen im öffentlichen Interesse vorzusehen. *Sozialbindung oder Sozialpflichtigkeit sind in der schweizerischen Literatur und in der bundesgerichtlichen Praxis kaum thematisiert worden*[60]. Im Grunde genommen hat sich die schweizerische Verfassungsrechtsdogmatik darauf beschränkt, Inhalts- und Schrankenbestimmungen des Eigentumsrechts auf ihre Vereinbarkeit mit der Eigentumsgarantie unter dem Gesichtspunkt der Entschädigungsfrage zu prüfen. Dies hat zur Herausbildung des *Begriffs der materiellen Enteignung*[61] geführt, ein sehr elastischer Begriff, der nicht zuletzt mit Blick auf die finanziellen Ressourcen des Gemeinwesens konkretisiert wird.

Aus dem Fehlen des Begriffs der Sozialbindung darf nun freilich nicht verkürzend geschlossen werden, dieses Element sei überhaupt irrelevant. Unter dem Begriff des „öffentlichen Wohls" (Entscheid *Zinggeler*[62]), bei der Bestimmung des als verfassungsrechtlich anerkannten öffentlichen Interesses (Entscheide *Dafflon*[63], *Armengol*[64]) sowie unter dem Titel der „... erhöhten Anforderungen an die Regelung eines menschenwürdigen Zusammenlebens in der Gesellschaft"[65] werden Anklänge an die Sozialbindung deutlich, die durchaus vergleichbar sind mit der Konzeption von Art. 14 Abs. 2 GG. Allerdings hat das Element der Sozialbindung keine eigenständige Bedeutung[66].

---

[59] *Martin Lendi*, Umweltschutz und Eigentum, in: Lebensraum, Technik, Recht, Zürich 1988, 72.

[60] *Martin Lendi* ([Anm. 59], 72) wirft sogar die Frage auf, ob der Begriff „Sozialbindung" nicht besser fallengelassen werden sollte.

[61] Vgl. unten III. 1. b).

[62] BGE 55 I 397 ff., insb. 401.

[63] BGE 88 I 248, insb. 252 ff.

[64] BGE 113 I a 126 ff.

[65] BGE 105 I a 336 f. (Fall *Zizers*).

[66] In Deutschland dagegen kommt der Frage der Sozialpflichtigkeit des Eigentums eine große Bedeutung zu. Die Sozialbindung enthält nach Rechtsprechung und herrschender Lehre nicht nur einen Gestaltungsauftrag an den Gesetzgeber, sondern begründet auch unmittelbare Rechtspflichten für den Eigentümer

2. *Inhalts- und Schrankenbestimmungen durch den Gesetzgeber*

Nach der Verfassung sind Beschränkungen der Eigentumsgarantie zulässig, wenn sie auf einer *gesetzlichen Grundlage* beruhen, im *öffentlichen Interesse* liegen und *verhältnismäßig* sind. Dabei hat die schweizerische Lehre und Rechtsprechung es überwiegend abgelehnt, zwischen Inhalts- und Schrankenbestimmungen zu unterscheiden[67], weil letztere im Grunde genommen austauschbar sind. Zu fragen ist in diesem Zusammenhang daher, ob dem Gesetzgeber selber Schranken auferlegt sind bei seiner Aufgabe der Konkretisierung der Eigentumsgarantie.

Die Schranke der Institutsgarantie ist — wie gesehen — angesichts der damit verbundenen erheblichen Gestaltungsfreiheit des Gesetzgebers kaum geeignet, das Eigentum wirkungsvoll vor legislatorischen Übergriffen zu schützen. Bei den weiteren Voraussetzungen für die Verfassungsmäßigkeit des Eingriffs interessiert die Frage der Steuerungsfähigkeit des öffentlichen Interesses. Die Antwort fällt ernüchternd aus: Die Praxis hat praktisch jedes erdenkliche öffentliche Interesse anerkannt[68]. *Georg Müller,* der nicht zu Unrecht nur noch im Prinzip der Verhältnismäßigkeit ein wirkungsvolles Kontrollinstrument sieht, hat vorgeschlagen, vermehrt auf die in der Verfassung

(BVerfGE 21, 83; *Kimminich,* in: Bonner Kommentar, Art. 14, Rdn. 105, 107f.; *Brun-Otto Bryde,* in: von Münch, Grundgesetz-Kommentar, Bd. 1, 3. Aufl., München 1985, Art. 14, Rdn. 67; *Breuer,* Bodennutzung [Anm. 32], 142; *Nüßgens/Boujong* [Anm. 18], 68f.; a. M. *Papier* [Anm. 32], Art. 14, Rdn. 250).

[67] Vgl. z. B. *Grisel,* Expropriation matérielle (Anm. 48), 100; *Georg Müller,* Privateigentum heute (Anm. 18), 44; *Alfred Kuttler,* Materielle Enteignung aus der Sicht des Bundesgerichts, ZBl. 88 (1987) 188; BGE 105 I a 336 (Fall *Zizers*). Ebenso erachten das Bundesverfassungsgericht und mehrheitlich auch die deutsche Doktrin (vgl. statt vieler *Nüßgens/Boujong* [Anm. 18], 63, m. w. H.) eine begriffliche Unterscheidung zwischen Eigentumsinhalt und -schranken für unnötig. Für eine konsequente Trennung von Inhalt und Schranken des Eigentums allerdings *Walter Leisner,* Eigentum, in: Handbuch des Staatsrechts der Bundesrepublik Deutschland, Bd. VI (Freiheitsrechte), Heidelberg 1989, 1076 (Rdn. 135ff.).

[68] Ausgeschlossen sind lediglich Eigentumsbeschränkungen aus rein fiskalischen Motiven. Vgl. die Darstellung der bundesgerichtlichen Rechtsprechung zum öffentlichen Interesse bei *Saladin* (Anm. 1), S. 146ff.; *Georg Müller,* Kommentar (Anm. 13), Rdn. 34f. zu Art. 22ter BV; *Jörg Paul Müller* (Anm. 18), 335; *Jean-François Aubert,* Traité de droit constitutionel suisse, Bd. II, Neuchâtel 1967, 761 ff. (No. 2183 ff.); ders., Supplément (Anm. 17), 273 (ad No. 2183ff.); *Arthur Meier-Hayoz,* Berner Kommentar zum ZGB, Sachenrecht, Systematischer Teil und Allgemeine Bestimmungen (Art. 641–654 ZGB), 5. Aufl., Bern 1981, 199ff. (N. 504ff.).

selber enthaltenen Werte, Güter und Ziele zurückzugreifen, um dem Begriff wenigstens gewisse minimale Konturen zurückzugeben[69].

3. *Nutzungsbeschränkungen an Grund und Boden*

a) *Schwäche der Bestandesgarantieformel oder notwendige Folge der Unvermehrbarkeit des Bodens?*

Vor dem Hintergrund dieser Darlegungen erstaunt es nicht, daß die bundesgerichtliche Rechtsprechung — sofern jeweils die weiteren verfassungsrechtlichen Voraussetzungen der gesetzlichen Grundlage und der Verhältnismäßigkeit erfüllt waren — weitgehende Nutzungsbeschränkungen des Bodens als verfassungskonform anerkannt hat. So sind Maßnahmen zur *Trennung des Baugebiets vom Nichtbaugebiet* sowie die *Redimensionierung übergroßer Bauzonen* ebenso im überwiegenden öffentlichen Interesse wie das *Walderhaltungsgebot* und die *Anforderungen des Umweltschutzes*, des *Gewässerschutzes* und des *Natur- und Heimatschutzes*[70]. Planungszonen und mit ihnen Bausperren sind als im öffentlichen Interesse liegend hinzunehmen; die zeitliche Begrenzung dieser Maßnahmen schließt es in aller Regel auch aus, daß sie enteignungsrelevant sind[71]. Vermehrt sehen neuere bau- und planungsrechtliche Vorschriften auch *Nutzungspflichten* vor, z. B. Wohnanteilpläne, Vorschriften über den Zweitwohnungsbau, oder sogar eigentliche Baupflichten[72]. Auch diese Nutzungspflichten werden als verfassungskonform betrachtet. Die Legislative des Kantons Genf hat vor wenigen Tagen eine Volksinitiative als gültig und nicht im Widerspruch mit der BV erklärt, die den Eigentümern von Mietwohnungen eine Vermietungsverpflichtung auferlegt.

---

[69] *Georg Müller*, Privateigentum heute (Anm. 18), 60. Kritisch gegenüber der bundesgerichtlichen Praxis bereits *Hans Huber*, Das Gemeinwohl als Voraussetzung der Enteignung (1965), in: Rechtstheorie, Verfassungsrecht, Völkerrecht, Bern 1971, 505 ff.

[70] BGE 115 I a 387; 114 I a 255; 114 I a 368 f. (Redimensionierung von Bauzonen); 105 I a 336 (Raumplanung, Umweltschutz, Walderhaltung und Gewässerschutz); BGE 115 I a 373; 112 I b E. 4 (Natur- und Heimatschutz). Vgl. dazu auch allgemein *Rhinow/Krähenmann* (Anm. 15), Nr. 124, B I mit zahlreichen weiteren Beispielen.

[71] BGE 113 I a 365.

[72] BGE 112 I a 65; 111 I a 95; 115 I a 378; vgl. dazu ferner *Georg Müller*, Baupflicht und Eigentumsordnung, in: Festschrift für Ulrich Häfelin, Zürich 1989, 167 ff. m. w. H. Zu den Nutzungspflichten des Grundeigentümers allgemein vgl. *Meier* (Anm. 39), 6 ff., insb. 112 ff.

Als Sanktion sieht das vorgeschlagene Gesetz das Mittel der temporären Enteignung vor, d. h. die Wohnung wird so lange zwangsvermietet, bis der Eigentümer von sich aus einen Mietvertrag eingeht[73].

b) Planerische Abwägungsgebote und demokratische Rechtssetzung als neue Korrektive?

Die Frage der baulichen Nutzung eines Grundstückes wird im Rahmen der Richt- und insbesondere der Nutzungsplanung entschieden. Nach neuerer Auslegung des Bundesgerichtes[74] haben die Planungsbehörden bei der Erfüllung raumplanerischer Aufgaben die im positiven Recht normierten Ziele und Grundsätze optimal zu berücksichtigen. *Dabei hat insbesondere bei der Zonenplanung eine umfassende Abwägung und Abstimmung aller privaten und öffentlichen Interessen stattzufinden.* Die im RPG selber verankerten Planungsgrundsätze[75] sind als Zielvorstellungen, als Wertungshilfen und Entscheidungskriterien zu betrachten. Weil sie nicht widerspruchsfrei zueinander stehen, sind sie im einzelnen Anwendungsfall gegeneinander abzuwägen. Die bisherige Rechtsprechung hat das Argumentationsmuster der umfassenden Abwägung und Abstimmung tendenziell eher als Rechtfertigung für Nutzungsbeschränkungen herangezogen.

Während das umfassende Abwägungs- und Abstimmungsgebot sich nicht eindeutig als Korrektiv für die sich (notwendigerweise?) erweiternde staatliche Festlegung von Nutzungsmöglichkeiten an Grund und Boden erweist, kann den Partizipationsmöglichkeiten bei der Planung eine eigentumsschützende Wirkung nicht abgesprochen werden. *Für den Erlaß der eigentümerverbindlichen kommunalen Nutzungsplanung sind nach schweizerischem Recht überwiegend die Stimmberechtigten selber zuständig.* Diese demokratische Komponente der Planung trägt zweifellos zu einer angemessenen Berücksichtigung der Grundeigentümerinteressen bei[76].

---

[73] Vgl. dazu «Rapport de la commission législative chargée d'étudier la recevabilité de l'initiative ‹contre les logements vides et la spéculation›» vom 2. August 1991.

[74] Vgl. z. B. BGE 115 I a 353; 114 I a 368 f., 374 (je mit Hinweisen); Urteil des Bundesgerichtes vom 22. März 1989, in: ZBl. 90 (1989) 456 ff.

[75] Art. 1 und 3 RPG, aber auch die Art. 14 ff. RPG.

[76] Vgl. dazu auch *Georg Müller*, Konflikte von Grundeigentum und Bodenfunktion, ZSR NF 110/I (1991), 138 f.; *Pierre Tschannen*, Richterstaat in der Raumplanung?, in: Perspektiven des Raumplanungs- und Bodenrechts, Beihefte zur ZSR 11, Basel 1990, 117 f.; *Walter Haller*, Raumplanung im demokratisch-

c) Zusammenfassung

Zusammenfassend läßt sich feststellen, daß der Gesetzgeber bei der Ausgestaltung und Konkretisierung der Nutzungsmöglichkeiten des Grundeigentums große Ermessensspielräume vorfindet und diese auch nutzt. Diese Tatsache hat mit einer wachsenden Bedeutung der Forderung nach *„Gemeinverträglichkeit" der Bodennutzung* zu tun. Die geringe Wirksamkeit der verfassungsrechtlich zum Schutze des Eigentums vorgesehenen Leitplanken erscheint so als unabwendbare Folge dieser Entwicklung. Diese Dynamik greift auf den Bestand und den Inhalt der Grundeigentümerpositionen über, indem das Bundesgericht der Erhaltung dieser Interessen eine ganze Reihe von anderen Interessen gegenübergestellt hat, die verfassungsrechtliche Gleichrangigkeit beanspruchen können[77].

III. Enteignung und Entschädigung

Zentraler Punkt beim Themenkreis Enteignung und Entschädigung ist die Frage nach dem *entschädigungspflichtigen Eingriff*, der selber keine formelle Enteignung darstellt. Daneben sind — mit einem Seitenblick auf das deutsche Recht — die Junktimklausel und die Entschädigungshöhe zu diskutieren.

1. Die verfassungsrechtlichen Grundlagen der Enteignung

Art. 22ter der schweizerischen Bundesverfassung anerkennt ausdrücklich zwei Formen der Enteignung als entschädigungspflichtig: die *formelle Enteignung* und die sog. *materielle Enteignung*. In beiden Fällen handelt es sich um rechtmäßige hoheitliche Eingriffe in verfassungsrechtlich geschützte individuelle Rechtspositionen, die eine gesetzliche Grundlage voraussetzen, im überwiegenden öffentlichen Interesse sein müssen und verhältnismäßig zu sein haben.

---

föderalistischen Rechtsstaat, in: Menschenrechte — Föderalismus — Demokratie, Festschrift zum 70. Geburtstag von Werner Kägi, Zürich 1979, 171 ff.; *Riccardo Jagmetti*, Kommentar zu Art. 22^{quater} BV, in: Kommentar zur Bundesverfassung der Schweizerischen Eidgenossenschaft, Basel/Zürich/Bern 1987 ff., Rdn. 78.

[77] So auch *Rhinow/Krähenmann* (Anm. 15), Nr. 130, B II und B II h.

a) Die formelle Enteignung

Die formelle Enteignung stellt einen rechtmäßigen öffentlich-rechtlichen Akt dar, mit dem Ziel, dem Enteigner die volle Verfügung über diejenigen Rechte zu geben, die er für die Verwirklichung eines Werkes im öffentlichen Interesse benötigt. Die Enteignung hat demnach die Übertragung eines Rechts auf den Enteigner gegen Entschädigung zum Zweck[78]. *Systemwidrig und im Sinne einer Ausnahme* sind dem Enteignungsgesetz auch die von einem öffentlichen Werk ausgehenden *Immissionen* unterstellt, denn soweit diese Eingriffe in nachbarrechtliche Abwehrrechte als „übermäßig" qualifiziert werden, *sind diese Abwehrrechte formell zu enteignen*[79]. Übermäßig sind die Immissionen, wenn sie unvorhersehbar waren, einen einzelnen Grundeigentümer in ganz besonderer Weise treffen und einen schweren Schaden verursachen[80]. Um die Systemwidrigkeit zu kompensieren, werden an das Vorhandensein der Übermäßigkeit hohe Anforderungen gestellt, es wird gleichsam eine „Sozialpflichtigkeit" vorgeschaltet, die große Ähnlichkeiten mit den charakteristischen Merkmalen der materiellen Enteignung aufweist[81].

b) Die materielle Enteignung

Soweit die formelle Enteignung die Beschränkung von Nachbarrechten zum Gegenstand hat, befindet sie sich in unmittelbarer Nähe zur zweiten verfassungsrechtlich anerkannten Form der Enteignung, der materiellen Enteignung. Diese charakterisiert sich dadurch, daß hier *kein Wechsel des Rechtsträgers* stattfindet, sondern das Eigentumsrecht beim bisherigen Träger verbleibt, dieser aber Beschränkungen in Kauf zu nehmen hat, die einer formellen Enteignung gleich-

---

[78] *Rhinow/Krähenmann* (Anm. 15), Nr. 126, B I; *Häfelin/Müller* (Anm. 13), 342 ff. (N. 1600); *Grisel*, Traité II (Anm. 17), 715 ff.; vgl. ferner *Hess/Weibel*, Bd. I (Anm. 6), 10 ff.

[79] Die neueste Rechtsprechung hat trotz dagegen erhobener Kritik in der Lehre ausdrücklich daran festgehalten, vgl. dazu BGE 116 Ib 11 mit ausführlicher Begründung; ferner *Felix Schöbi*, Zur Unterscheidung von formeller und materieller Enteignung am Beispiel von Immissionsstreitigkeiten, Recht 1985, 126 ff.; *Georg Müller*, Kommentar (Anm. 13), Rdn. 62 ff. zu Art. 22ter BV); *Grisel*, Traité II (Anm. 17), 742 f.; *Imboden/Rhinow* II (Anm. 53), Nr. 127 B.

[80] BGE 116 I b 11, 20 f.; 111 I b 233, 234; 110 I b 48 E. 4; 346 E. 2. Dabei müssen alle drei Voraussetzungen kumulativ erfüllt sein. Im übrigen ist die Schwere des Schadens nicht von einer bestimmten Wertgrenze abhängig, sondern kann schon bei einem Minderwert von 10 % vorliegen (vgl. dazu auch BGE 102 I b 276).

[81] *Georg Müller*, Kommentar (Anm. 13), Rdn. 64 zu Art. 22ter BV.

kommen. Wann die Schwelle vom entschädigungslos zu duldenden Eingriff überschritten ist, entscheidet nicht die Gesetzgebung, sondern der *Richter*.

Die bundesgerichtliche Rechtsprechung anerkennt das Vorliegen einer materiellen Enteignung im Zusammenhang mit der Grundstücksnutzung, *wenn der bisherige oder ein voraussehbarer künftiger Gebrauch untersagt oder besonders stark eingeschränkt wird, weil eine wesentliche aus dem Eigentum fließende Befugnis entzogen wird*. Geht der Eingriff weniger weit, so wird gleichwohl eine materielle Enteignung bejaht, wenn ein einziger oder einzelne Grundeigentümer so betroffen werden, daß ihr Opfer gegenüber der Allgemeinheit unzumutbar erschiene und es mit der Rechtsgleichheit nicht vereinbar wäre, wenn hierfür keine Entschädigung geleistet würde (sog. Sonderopfer)[82]. Unbeachtlich ist nach der Konzeption der materiellen Enteignung, ob die Enteignungsähnlichkeit eine direkte Folge des Eingriffs ist, und ob sie aufgrund eines Gesetzes, einer Verfügung oder eines Realaktes erfolgt[83].

Dieses *großzügige Konzept* der materiellen Enteignung wird in der Praxis allerdings mit Bezug auf die Nutzungsrechte am Grundeigentum erheblich relativiert und ist zuweilen vom bloßen Willkürverbot kaum mehr zu unterscheiden. Die Rechtsprechung hat mit dem Entscheid *Zizers*[84] raumplanerische Maßnahmen, die mit der Herstellung eines bundesrechtkonformen Zustandes verbunden sind, *grundsätzlich als entschädigungslos hinzunehmende Inhaltsbestimmungen des Grundeigentums* bezeichnet. Damit konnten mit einem Schlag die potentiellen Ansprüche von materiell Enteigneten als Nichteinzonungen deklariert werden, während sie als Auszonungen möglicherweise hätten entschädigt werden müssen[85]. Einen ähnlichen Effekt hat der von der Rechtsprechung entwickelte *Gedanke der grundsätzlichen*

---

[82] BGE 114 I b 103; 113 I b 320; 112 I b 389; vgl. ferner *Kuttler* (Anm. 67), 190 ff.

[83] In der Lehre werden diesbezüglich unterschiedliche Ansichten vertreten. Vgl. dazu *Riva* (Anm. 34), 225 f.; *Weber-Dürler,* Vertrauensschutz (Anm. 50), 62; *Lendi,* Planungsrecht und Eigentum (Anm. 32), 206 f. – In Deutschland hingegen fallen nach der Rechtsprechung des Bundesverfassungsgerichts unter den Begriff der Enteignung im Sinne von Art. 14 III GG nur staatliche Eingriffsakte (Rechtsakte), die *unmittelbar* auf die Entziehung bzw. Beschränkung oder Aufhebung subjektiver Eigentumspositionen *zielen* (BVerfGE 79, 174, 191 m. w. H.; *Hesse* [Anm. 57], 179; vgl. auch *Riva* [Anm. 34], 225 Anm. 29).

[84] BGE 105 I a 330 ff.

[85] Vgl. z. B. BGE 109 I b 17; 117 I b 6 ff.; Entscheid des Bundesgerichtes vom 21. November 1984, in: ZBl. 86 (1985) 211.

Gleichrangigkeit verfassungsrechtlich verankerter öffentlicher Interessen, die als Kompetenznormen ihren Ausdruck gefunden haben, mit der Eigentumsgarantie[86].

c) Polizeilich motivierte Eigentumsbeschränkungen[87]

Diese lösen — fast eine Selbstverständlichkeit — keine Entschädigungspflicht aus. Allerdings gilt dies nur mit Bezug auf Maßnahmen, denen ein *enger Polizeibegriff* zugrundegelegt wird. Sie müssen *verhältnismäßig,* d.h. notwendig zur Erreichung des polizeilichen Zwecks, sein und zur *Abwehr einer ernsthaften und unmittelbar drohenden Gefahr* dienen. Der Grundsatz des entschädigungslos zu duldenden polizeilich motivierten Eingriffs wurde vom Bundesgericht bis ins Jahr 1980 ohne Ausnahme gehandhabt[88]. Heute kann sich die Entschädigungsfrage bei polizeilichen Eingriffen in drei Fällen stellen[89]:

- wenn ein Bauverbot nicht nur polizeilich, sondern auch raumplanerisch begründet ist[90];
- wenn eine bisherige Nutzung verboten wird und
- wenn die Schaffung von Schutzzonen eine Auszonung von baureifem und grob erschlossenem Land bewirkt[91].

d) Sonderfälle

Als eigentliche Sonderfälle sind *Landumlegungen* (landwirtschaftliche Güterzusammenlegungen, Baulandumlegungen) zu betrachten.

---

[86] So auch *Rhinow/Krähenmann* (Anm. 15), Nr. 130 B II.

[87] *Häfelin/Müller* (Anm. 13), 368 (N. 1723 ff.); *Grisel,* Traité II (Anm. 17), 775 f.; *Beatrice Weber-Dürler,* Der Grundsatz des entschädigungslosen Polizeieingriffs, ZBl. 85 (1984) 289 ff.; *Meier-Hayoz* (Anm. 68), 244 f. (N. 642).

[88] *Georg Müller,* Kommentar (Anm. 13), Rdn. 60 zu Art. 22ter BV (mit Hinweis auf die kritischen Stimmen in der Lehre).

[89] Vgl. dazu BGE 106 I b 332 E. 4 und 106 I b 336 ff.; *Weber-Dürler* (Anm. 87), 279 ff., insb. 301. Nach *Georg Müller,* Kommentar (Anm. 13), Rdn. 61 zu Art. 22ter BV, ist es angesichts dieser neuen Rechtsprechung fraglich, ob überhaupt noch am Grundsatz der Entschädigungslosigkeit polizeilich motivierter Eigentumsbeschränkungen festzuhalten ist.

[90] Z. B. Ausscheidung von Grundwasserschutzzonen, deren Freihaltung sich auch aus Gründen der Ortsplanung aufdrängt.

[91] Unter der zusätzlichen Voraussetzung allerdings, daß die polizeiliche Einschränkung nicht unmittelbar zum Schutz des Grundeigentümers selber erlassen wird (z. B. Lawinenzonen), sondern zum Schutz eines öffentlichen Werkes (z. B. Grundwasserpumpwerk).

Hier erfolgt die Maßnahme in der Absicht, die Nutzungsmöglichkeiten der betroffenen Grundstücke zu erhöhen[92]. An ihrer Durchführung besteht nicht nur ein öffentliches Interesse, sondern regelmäßig auch ein *erhebliches privates Interesse.* Grundstückeigentümer können gezwungen werden, sich an einer Landumlegung zu beteiligen. Charakteristisches Merkmal derartiger Umlegungsmaßnahmen ist sodann, daß der Ausgleich für den Eingriff in Form von *Realersatz* geleistet wird, es liegt daher weder eine formelle noch eine materielle Enteignung im klassischen Sinne vor[93].

2. *Junktim-Klausel und Entschädigungshöhe*

Beide angesprochenen Problemkreise sind in der Schweiz von verfassungs wegen *völlig anders geregelt als in Deutschland*[94]. Enteignungen sind — wie gesehen — nicht an das Vorhandensein einer Bestimmung über die Entschädigung geknüpft. Es gilt der Grundsatz: *Keine Enteignung ohne Entschädigung.* Formelle und materielle Enteignung unterscheiden sich mit Bezug auf die Entschädigung insofern, als bei ersterer die Entschädigung *Voraussetzung* für den Eigentumsübergang bildet, während sie bei der materiellen Enteignung als *Folge* des Eingriffs behandelt wird. Die Geltendmachung der materiellen Enteignung setzt nicht voraus, daß sich der Betroffene vorher gegen die Planungsmaßnahme als solche gewendet hat.

Sowohl bei der formellen wie bei der materiellen Enteignung gilt der Grundsatz der *vollen Entschädigung.* „Voll" ist die Entschädigung dann, wenn die durch den Eingriff eingetretene Werteinbuße ausgeglichen wird[95]. Regelmäßig wird dieser Ausgleich in Form von Geldleistungen erbracht. Realersatz ist dagegen verfassungsrechtlich vorgesehen bei Güterzusammenlegungen und Baulandumlegungen sowie — im Rahmen der formellen Enteignung — für öffentliche Einrichtungen, Kulturland und Wasser[96].

Die der schweizerischen Konzeption des Enteignungsrechts typische Verpflichtung zur vollen Entschädigungsleistung kann für alle

---

[92] *Haller/Karlen* (Anm. 32), 74 (N. 51 ff.); *Schürmann,* Bau- und Planungsrecht (Anm. 32), 82 ff.; *Meier-Hayoz* (Anm. 68), 232 f. (N. 609 ff.).

[93] *Georg Müller,* Kommentar (Anm. 13), Rdn. 47 zu Art. 22ter BV.

[94] Zur Entschädigungsregelung in Deutschland vgl. *Bryde* (Anm. 66), Art. 14, Rdn. 85 ff.; *Papier* (Anm. 32), Art. 14, Rdn. 485 ff.

[95] *Jörg Paul Müller* (Anm. 18), 346 f.; *Georg Müller,* Kommentar (Anm. 13), Rdn. 66 zu Art. 22ter BV; *Imboden/Rhinow* II (Anm. 53), Nr. 128 B III.

[96] Vgl. *Imboden/Rhinow* II (Anm. 53), Nr. 129.

Beteiligten gewisse Härten mit sich bringen[97]. Immerhin sieht das Raumplanungsgesetz vor, daß das kantonale Recht einen angemessenen Ausgleich vorsehen kann für erhebliche Vor- und Nachteile von Planungen, ohne daß diese schon die Intensität einer materiellen Enteignung erreichen[98]. Die bundesrechtliche Regelung der materiellen Enteignung darf jedoch mit solchen Kompensationsvorschriften nicht unterlaufen werden[99]. Die Kantone haben allerdings diesen Spielraum kaum in kreativer Weise ausgenützt.

---

[97] In der Lehre findet sich daher die Forderung nach einer flexibleren Gestaltung der Entschädigungsregelung (vgl. die Hinweise bei *Jörg Paul Müller* [Anm. 18], 347).

[98] Art. 5 Abs. 1 RPG.

[99] BGE 109 I b 114 f.; 110 I b 31 f.; Entscheide des Zürcher Verwaltungsgerichts vom 2. Mai und 26. Oktober 1984, in: Rechenschaftsbericht an den Kantonsrat 1984, Nr. 122 (Praxisänderung); *Rhinow/Krähenmann* (Anm. 15), Nr. 130 B II.

Leitsätze des 3. Berichterstatters über:

Eigentumsschutz, Sozialbindung und Enteignung bei der Nutzung von Boden und Umwelt

I. Die Eigentumsgarantie nach der schweizerischen Bundesverfassung

1. Die Eigentumsgarantie ist in der Schweiz eines der jüngsten verfassungsmäßig ausdrücklich verankerten Grundrechte. Entsprechend der schweizerischen Verfassungstradition bildeten erst die Bedürfnisse der Raumplanung Anlaß zur förmlichen Gewährleistung der Eigentumsgarantie. Wesentliche, noch heute geltende Teile der schweizerischen Eigentumsordnung wurden ohne diese Garantie gestaltet.

2. Die Eigentumsgarantie gewährleistet nicht eine bestimmte Eigentumsordnung, sondern geht von einem wandelbaren Eigentumsbegriff aus.

3. Die Eigentumsgarantie darf nicht von anderen Grundrechten isoliert betrachtet werden; dies gilt ganz besonders mit Bezug auf die Handels- und Gewerbefreiheit. Der Doppelcharakter der Eigentumsgarantie wird mit der Instituts- und der Bestandesgarantie deutlich gemacht.

Besonderheiten des Grundeigentums

4. Im Rahmen des Grundeigentums läßt die Institutsgarantie dem Gesetzgeber schon im Rahmen der geltenden Verfassung erhebliche Gestaltungsspielräume. Dabei gewährleistet das schweizerische System nicht immer eine einwandfreie Einhaltung der Spielregeln.

5. Die offene Verfassung läßt für das Grundeigentum grundsätzliche Änderungen bis hin zu eigentlichen Systemwechseln zu.

6. Die dogmatisch umstrittene Frage der Baufreiheit spielt praktisch nur eine sehr untergeordnete Rolle und wird mehr und mehr verdrängt von der Tatsache, daß sich Nutzungsmöglichkeiten des Grundeigentums nur noch in Abhängigkeit vom Staat realisieren lassen.

7. Die Beschränkung der Nutzungsmöglichkeiten bzw. die Ausklammerung vom Privateigentum der beiden wichtigen Umweltmedien Wald und Wasser hat eine lange und unbestrittene Tradition.

Besitzstandsgarantie

8. Die Eigentumsgarantie schützt im Rahmen des Planungsrechts bestehende, neurechtswidrig gewordene Bauten und Anlagen insofern, als sie dem Eigentümer einen Anspruch auf Erneuerung und Unterhalt vermittelt; mit Bezug auf den Wiederaufbau und die teilweise Änderung können die Kantone einen weitergehenden Schutz vorsehen.

9. Im Bereich des Umweltschutzes kommt der Eigentumsgarantie nur abgeschwächte Bedeutung zu (Übergangsfristen): Rechtsgleichheit und Wettbewerbsneutralität haben zusammen mit dem allgemeinen Sanierungsprinzip grundsätzlich Vorrang vor der Besitzstandsgarantie.

10. Die Rechtsfigur des eingerichteten und ausgeübten Gewerbebetriebes existiert in der Schweiz als solche nicht. Besitzstandsgarantie und Vertrauensschutz, insbesondere im Zusammenhang mit dem Widerruf von Verfügungen, stehen als Alternativen zur Verfügung. Eine (dogmatisch kaum zu rechtfertigende) Ausnahmestellung nehmen die wohlerworbenen Rechte ein, die nicht nur unter dem Schutz der Eigentumsgarantie stehen, sondern sogar Gesetzesbeständigkeit genießen.

11. Problematisch ist der fehlende Schutz für sog. faktische Interessenlagen (z. B. Anstößerrechte).

12. Das Vermögen ist nunmehr auch als solches geschützt. Mit Bezug auf umweltspezifische Abgaben stellt sich das Problem ihrer Zulässigkeit unter dem Gesichtspunkt der Kompetenzverteilung zwischen Bund und Kantonen.

II. Inhalts- und Schrankenbestimmungen des Gesetzgebers und Sozialbindung des Eigentums

13. Sozialbindung bzw. Sozialpflichtigkeit sind keine verfassungsrechtlichen Begriffe des schweizerischen Rechts. Inhaltlich nimmt aber die bundesgerichtliche Praxis schon sehr lange darauf Bezug.

14. Die schweizerische Lehre und Rechtsprechung lehnt (zu Recht) die Unterscheidung zwischen Inhalt und Schranken des Grundeigentums als unergiebig ab.

15. Dem Gesetzgeber stehen im Rahmen der Konkretisierung des Inhalts des Grundeigentums sehr weite Ermessensspielräume offen. Dabei nimmt die Bedeutung der „Gemeinverträglichkeit" der Bodennutzung laufend zu: Raumplanung, Umwelt-, Gewässer- und Natur- und Heimatschutz sowie das Walderhaltungsgebot sind der Eigentumsgarantie als gleichwertige verfassungsrechtliche Interessen gegenüberzustellen. Als Gegengewicht zum Schutz der Eigentumsgarantie vor einer kalten Beseitigung erscheinen das planerische Abwägungsgebot sowie insbesondere die demokratischen Mitwirkungsrechte im Planungsverfahren.

III. Enteignung und Entschädigung

16. Formelle und materielle Enteignung sind auseinanderzuhalten: Erstere charakterisiert sich als Übertragung eines Rechts auf den Enteigner, letztere als Nutzungsbeschränkung (ohne Übertragung eines Rechts), die wegen ihrer Intensität einer formellen Enteignung gleichkommt.

17. Die Grenze zwischen entschädigungslos hinzunehmender Inhalts- oder Schrankenbestimmung einerseits und materieller Enteignung andererseits wird vom Richter gezogen, der damit zum zentralen Akteur der Bodenpolitik wird. Polizeilich motivierte Eigentumsbeschränkungen sind grundsätzlich immer entschädigungslos zu dulden.

18. Formelle und materielle Enteignung sind von verfassungs wegen immer voll zu entschädigen. Für erstere ist die Entschädigung Voraussetzung, für letztere Folge des Eingriffs. Die Junktim-Klausel findet in der Schweiz keine Entsprechung.

4. Aussprache und Schlußworte

Eigentumsschutz, Sozialbindung und Enteignung bei der Nutzung von Boden und Umwelt

Vorsitzender (Papier): Hiermit eröffne ich die Aussprache zum zweiten Beratungsgegenstand „Eigentumsschutz, Sozialbindung und Enteignung bei der Nutzung von Boden und Umwelt". Der Vorstand hatte den Referenten einen Katalog von Fragen vorgelegt*, um insbe-

---

* **Eigentumsschutz, Sozialbindung und Enteignung bei der Nutzung von Boden und Umwelt**

Zusammenstellung der wichtigsten Fragestellungen: (Empfehlungen des Vorstandes)

1. Welchen Inhalt und welchen Umfang hat der verfassungsrechtliche Eigentumsbegriff?
   a) Das bezieht sich insbesondere auf das Grundeigentum. Umschließt dieses beispielsweise auch die Baufreiheit sowie die Nutzung der Umweltmedien, etwa des Grundwassers? b) In welchem Umfang wird das Recht am eingerichteten und ausgeübten Gewerbebetrieb geschützt? c) Gibt es einen verfassungsrechtlichen Schutz des Eigentums gegenüber einer öffentlich-rechtlichen (umweltspezifischen) Abgabenerhebung? d) Welche Bedeutung hat die verfassungsrechtliche Eigentumsgewährleistung bei Entscheidungen der Bauleitplanung und der Fachplanung? e) Welche Bedeutung hat die verfassungsrechtliche Eigentumsgewährleistung in bezug auf den Bestand vorhandener Anlagen und bestehender Genehmigungen?
2. Welche verfassungsrechtlichen Schranken bestehen für die Gesetzgebung, die Inhalt und Schranken des Eigentums regelt?
3. Gibt es entschädigungspflichtige Inhalts- und Schrankenbestimmungen des Eigentums?
4. Was ist unter einer Enteignung im verfassungsrechtlichen Sinne zu verstehen? Worin besteht der Unterschied zu den Inhalts- und Schrankenbestimmungen des Eigentums durch den Gesetzgeber?
5. Inwieweit ist der Gesetzgeber von Verfassungs wegen gehalten, bei Enteignungen eigene Entschädigungsregelungen zu treffen?
6. Welche Aussagen trifft die Verfassung zur Höhe der Entschädigung? Gibt es die Möglichkeit entschädigungsloser Enteignungen?
7. Gibt es aufopferungsrechtliche bzw. enteignungsgleiche Haftungstatbestände außerhalb des eigentlichen Enteignungsrechts?

sondere dem Anliegen der Rechtsvergleichung Rechnung zu tragen. Dieser Fragenkatalog liegt auch Ihnen vor. Ich hatte am Schluß der Referate am heutigen Vormittag Ihnen einen Vorschlag für die Strukturierung der Diskussion unterbreitet, der auf diesem Fragenkatalog basiert und den ich in einigen wenigen Sätzen wiederholen möchte. Wir sollten mit der Frage nach Inhalt und Umfang der verfassungsrechtlichen Eigentumsgarantie beginnen, insbesondere mit dem geschützten Eigentumsobjekt, und in diesem Zusammenhang etwa die Fragen der Baufreiheit und der Nutzung der Umweltmedien einbeziehen. In einem zweiten Komplex sollten wir die Möglichkeiten des Gesetzgebers diskutieren, Inhalt und Schranken des Eigentums zu bestimmen. Hier wird es auch um die Frage gehen, inwieweit aus Art. 14 Abs. 1 S. 2 GG das Erfordernis einer Entschädigungspflicht für bestimmte Arten oder Formen der Inhalts- und Schrankenbestimmung folgen kann. In einem dritten Abschnitt könnten wir uns dann der Enteignung und den parallelen Instituten, also etwa dem enteignungsgleichen Eingriff oder den enteignenden Eingriffen zuwenden, ebenso der Frage der Entschädigungshöhe, der Entschädigungsregelung und des Entschädigungsjunktims.

Meine Damen und meine Herren, die rechtliche Bewältigung der offenkundigen Spannungen zwischen der Eigentumsgewährleistung einerseits und dem Schutz der Umweltmedien andererseits kann, so meine ich, nur erreicht werden, wenn wir wieder zu einer halbwegs gesicherten Eigentumsdogmatik zurückfinden. Die tradierte Eigentumsdogmatik, die ja vor allem von der zivilgerichtlichen Judikatur geprägt worden war und die bekanntlich, auch Herr *Ehlers* hat in seinem Referat darauf hingewiesen, den Eigentumsschutz primär über das Entschädigungsrecht gewährleistete, ist durch die Judikatur des Bundesverfassungsgerichts, übrigens nicht ohne Beifall eines erheblichen Teils der Staatsrechtslehre, ins Wanken geraten, ja teilweise sogar obsolet geworden. Das Bundesverfassungsgericht hat aber nicht nur dieser tradierten Eigentumsdogmatik den Todesstoß versetzt, sondern es hat auch Bausteine für eine neue Dogmatik geliefert. Aber ich stimme Herrn *Ehlers* zu, wenn er sagt, ein fertiges Gebäude konnte auch das Bundesverfassungsgericht bisher nicht errichten. Und eine neue Dogmatik, die halbwegs gesichert und anerkannt ist, ist, wie ich meine, auch im Augenblick nicht in Sicht. In einer solchen Situation ist es vor allem auch die Aufgabe der Staatsrechtswissenschaft, in dieser Beziehung Fortschritte zu bewirken. Wir müssen uns also am heutigen Tag Mühe geben, hier einen Schritt weiterzukommen, denn nur dann können wir auch die eher praktischen Probleme bewältigen. Mir scheint, die Rechtsvergleichung kann dazu einen wesentlichen

Beitrag leisten, und ich meine, die heutigen Referate haben insoweit auch bereits einen wertvollen Beitrag geleistet.

Meine Damen und meine Herren, ich möchte nunmehr die Aussprache eröffnen. Ich darf zunächst Herrn *Ossenbühl* bitten.

Ossenbühl: Herr Vorsitzender, wenn Sie erlauben, möchte ich, bevor ich zu meinem Sachbeitrag komme, eine Feststellung treffen, durch die diese Jahrestagung als besondere gekennzeichnet ist, und ich meine, es ist notwendig, daß wir die drei Gründe, die dafür sprechen, auch gewissermaßen für die Nachwelt ins Tagungsprotokoll schreiben.

Der erste Grund ist der, daß wir in diesem Jahr die 50. Jahrestagung begehen, also ein Jubiläum feiern. In diesem Alter nimmt man natürlich von seinem Geburtstag nur ungern Notiz. Deshalb sind wir in preußischer Pflichterfüllung und Bescheidenheit schmucklos und ohne das weiter zu erwähnen, an die Arbeit gegangen. Vor 20 Jahren, 1971, haben wir den 30. Jahrestag gefeiert. Damals hat Herr *Scheuner* in Regensburg einen Vortrag über die Geschichte und Aufgabe der Vereinigung gehalten, der in AöR 97 (1972), S. 349 ff. abgedruckt ist. Ich erwähne das gewissermaßen zur Traditionspflege für die jüngeren Mitglieder unserer Vereinigung. Der zweite Grund ist der, daß mir keine Tagung einfällt, bei der die beiden Kriterien für eine optimale Themenauswahl so gut erfüllt worden sind wie bei dieser Tagung, nämlich die Verbindung zwischen dem grundsätzlichen Aspekt, der grundsätzlichen Perspektive des Rechts und der aktuellen Problematik, die allen auf den Nägeln brennt. Ich glaube, auch diese glückliche Themenauswahl muß, nach allem, was zu diesem Punkt gesagt worden ist, hervorgehoben werden. Drittens: Die Vereinigung hat gestern den ersten nationalen Feiertag nach der Wiedervereinigung, den 3. Oktober 1991, mit ihrer ersten Sitzung ausgefüllt, und ich hätte mir keine, diesem Anlaß würdigere und angemessenere Form vorstellen können als die Veranstaltung, die gestern hier abgelaufen ist. Ich glaube, wir müssen dem Vorstand für diese hervorragende Regie Dank und Anerkennung aussprechen.

Auch das heutige Thema, meine Damen und Herren, steht in diesem Aktualitätsbezug, allerdings wiederum mit einer Besonderheit, nämlich der, daß das Eigentum und die mit ihm verbundene Enteignungsproblematik eine ewige Problematik darstellt. Die Grenzen des Eigentums müssen für jede Epoche, für jede Zeit und für jeden Raum ständig neu gezogen werden. Durch den vorgegebenen Fragenkatalog ist für den Rechtsvergleich, den wir hier erlebt haben, eine gute Vergleichbarkeit der Probleme und Ergebnisse von vornherein gegeben. Die Strukturen und Problemstellungen, die Kriterien, Kategorien und Begriffe wie Bestandsgarantie, Institutsgarantie, Enteignungen, Eigentumsbeschränkungen, Bestandsschutz, Vertrauensschutz, Verhältnismäßigkeit haben wir in allen drei Rechtsordnungen in ganz vergleichbarer Form vorgefunden und eigentlich nur im Detail Abweichungen konstatieren können. Es gilt also hier auch wiederum die alte Erkenntnis: Im Grundsatz sind die Probleme gleich, der Teufel steckt im Detail. Und Sie haben dazu eingeladen, daß wir zu diesen Details Stellung nehmen. Gleichwohl möchte ich versuchen, nochmals aus einer grundsätzlichen Perspektive heraus das Thema anzugehen und von dort aus ins Detail vorzustoßen, und zwar unter drei Gesichtspunkten. Erstens: Inhalt und Funktion des Eigentums. Zweitens: Wer definiert das Eigentum? Drittens: Aktuelle Probleme des Eigentumsschutzes.

Die erste Frage, die wir uns stellen müssen, ist die nach Inhalt und Funktion des Eigentums, und bei der Funktion haben wir zumindest zwei unterschiedliche Dinge zu beachten. Zunächst einmal dies, daß die Eigentumsgarantie der Sicherung eines materiellen Bestandes als Voraussetzung der Freiheitsausübung dient. Eigentum als Freiheitssicherung, das ist die Formulierung, die in der *Dürig*schen Fassung aus den 50er Jahren die Formel gefunden hat: „Eigentum *ist* Freiheit". Es ist, wenn ich den Bogen zu den Referaten von gestern spannen darf, gewissermaßen in erster Linie hier natürlich das „kleine Eigentum" gemeint, das Herr *Berg* angesprochen hat. Aber wir müssen bedenken, daß das Eigentum auch darüber hinaus eine systemstabilisierende, eine systemstützende Funktion hat. Es ist nämlich das Agens, der Motor der Marktwirtschaft, und insoweit steht das Eigentum auch in seiner makroökonomischen Funktion hier zur Diskussion. Herr *Rill* hat das sehr deutlich im Leitsatz 4 angesprochen mit dem Satz „Das Telos der Eigentumsgarantie besteht in der Gewährleistung einer grundsätzlich marktwirtschaftlichen Ordnung". Und ich möchte hinzufügen, daß diese Marktwirtschaft eben nicht nur ein disponibles Modell unserer Verfassungsordnung ist. Die Vorgänge der letzten Zeit haben uns gelehrt, daß die Marktwirtschaft nicht *ein*, sondern *das* System einer freiheitlichen Ordnung ist, und ich glaube, aus dieser Fixierung heraus kann man auch zu praktischen Folgerungen kommen, in vertretbarer Weise etwa zu der, daß, wenn das so ist, auch der Schutz des eingerichteten und ausgeübten Gewerbebetriebs unter die Eigentumsgarantie fallen muß, so wie es für die Bundesrepublik anerkannt ist, aber in Österreich und in der Schweiz noch aussteht. Dazu gehört dann auch etwa die Baufreiheit.

Zweiter Punkt: Wer definiert das Eigentum? Die Definitionsmacht schließt ein, dessen müssen wir uns von Anfang an bewußt sein, die Umgrenzung der zulässigen Eingriffe in das Eigentum und damit auch den Umfang des Eigentumsschutzes. Diese Definitionsmacht ist ferner nicht zu trennen von den Differenzierungen, die ja eine große Rolle spielen bei Enteignungen und Eigentumsbeschränkungen. Insoweit bin ich gegenüber der Nützlichkeit des Naßauskiesungsbeschlusses aus dem Jahre 1981 reservierter als vielleicht manche im Saal. Ich bin der Meinung, daß der Naßauskiesungsbeschluß uns in den brennenden Fragen des Eigentumsschutzes nicht viel weitergeholfen hat. Im Naßauskiesungsbeschluß wurde nämlich eigentlich nur, was vielfach übersehen worden ist, der Kompetenzkonflikt zwischen dem Bundesgerichtshof und dem Bundesverfassungsgericht ausgeräumt. Das Bundesverfassungsgericht hat in dem Bestreben, diesen Kompetenzkonflikt für sich zu entscheiden, den Enteignungsbegriff wieder formalisiert, nach der alten Parole: „Zurück zum klassischen Enteignungsbegriff"; aber damit sind die Probleme nicht gelöst, sondern verdrängt worden, und zwar von Art. 14 Abs. 3 GG in Abs. 1. Dort tauchen sie jetzt auf. Bei den Inhaltsbestimmungen und Eigentumsbeschränkungen. Die Frage, wann sind Inhaltsbestimmungen und Eigentumsbeschränkungen ausgleichspflichtig, wann nicht, das ist das moderne Problem. Insoweit stellen sich die als verabschiedet geltenden Probleme wieder neu. Die Schwellentheorien haben insoweit nach wie vor ihre Bedeutung. Die Problematik der salvatorischen Klausel wird erneut diskutiert. Wir erleben also die fröhlichen Urständ der alten Eigentumsprobleme. Nochmals die Frage: Wer definiert das Eigentum? Wir sagen: natürlich der Gesetzgeber. Aber der Gesetzgeber kann es nicht in voller Souveränität tun, sonst könnte die Eigentumsgarantie ihm gegenüber keinen Schutz entfalten. Der Gesetzgeber muß gesellschaftliche Anschauungen berücksichtigen und grundgesetzliche Vorgaben, die ihrerseits wiederum vom Richter gewissermaßen interpretatorisch geprägt werden. Diese Vorgaben tauchen dann als Kontrollmaßstäbe auf, die letztlich die Grenze zwischen gesetzgeberischer Gestaltungsfreiheit und Gerichtskompetenz ziehen. Dazu gehört die Trias: Verhältnismäßigkeit, Gleichheitssatz, Vertrauensschutz. Das ist das Modell, das ist das Muster, nach dem die Eigentumsgesetze des Gesetzgebers gerichtlich überprüft werden und das die Arbeitsteilung zwischen Gesetzgeber und Gericht markiert. Hier muß, wie ich meine, die Fortentwicklung der Eigentumsdogmatik ansetzen, denn die Verfeinerung, die Differenzierung dieser Kontrollmaßstäbe hat selbstredend auch eine unmittelbare reflexive Wirkung gegenüber dem Gesetzgeber. Sie zwingt ihn dazu, von vornherein Eigentumspolitik zu „rationalisieren".

Wie kann man das machen? Es gibt sicher mehrere Ansätze, die ich nur ganz kurz andeuten will. Erster Ansatz: Man kann weiter ausbauen die schon aus dem Bereich des Schutzes öffentlich-rechtlicher Rechtsstellungen bekannten Schutzabstufungen innerhalb des Eigentumsschutzes; ich nenne nur die Stichworte „persönliches Eigentum", „geistiges Eigentum", „Wirtschaftseigentum", „kleines und großes Eigentum", „Bodeneigentum", „Betriebseigentum". Die Schutzabstufungen können sich also nach den verschiedenen Eigentumsformen richten. Der zweite Ansatz wäre, zu den allgemeinen Kriterien sachbereichsspezifische Zusatzkriterien zu entwickeln. Ich könnte mir vorstellen, daß für den Naturschutz beispielsweise andere zusätzliche Kriterien gelten können als beim übrigen Umweltschutz. Dritter Ansatz wäre, einen Mindestschutz, einen Mindeststandard aufzuzeigen. Wir haben, nachdem uns Herr *Lerche* vor 30 Jahren das Übermaßverbot präsentiert hat, jetzt auch das dazugehörige Gegenstück, nämlich das Untermaßverbot, das uns Herr *Ehlers* präsentiert hat. Ich selbst bin allerdings noch etwas unsicher, was man darunter verstehen soll. Insbesondere ist es, wenn ich es recht verstehe, ein sehr defensives Prinzip. Das offensive Prinzip in der Eigentumsgarantie ist das Übermaßverbot. Darauf möchte ich mich doch eher verlassen.

Ganz kurz einige aktuelle Aspekte des Eigentumsschutzes. Daß die Eigentumsgarantie der Umweltpolitik nicht entgegensteht, ist hier in einem Resümee von Herrn *Ehlers* ausdrücklich hervorgehoben worden. Ich glaube, das kann man nur unterstreichen. Wenn man gleichwohl Eigentumsgarantie und Umweltpolitik verbinden, beide miteinander verknüpfen und die Kollisionen aufzeigen will, dann kann man das auch so machen, daß man sich zunächst einmal vergegenwärtigt, mit welchen Instrumenten denn in der Umweltpolitik gearbeitet wird. Und dann gibt es zunächst die bekannten Instrumente, mit denen wir uns immer beschäftigen, nämlich Gebote, Verbote und Nutzungsbeschränkungen und dergleichen. Was mir aber scheint, ist, daß die aktuelle Gefährdung der Eigentumsgarantie nicht in diesen Bereichen liegt, sondern in dem Instrument „Auferlegung von Geldleistungen und Umweltabgben". Hier wird an der offenen Flanke der Eigentumsgarantie Umweltschutzpolitik getrieben. Nicht zuletzt wird Umweltschutz möglicherweise als Vorwand benutzt, um die allgemeinen Einnahmen des Haushaltes zu erhöhen, und mir scheint, daß das Augenmerk insbesondere darauf gelegt werden muß, daß die Eigentumsgarantie nicht über die Negierung einer Vermögensgarantie ausgehöhlt wird.

Badura: Ob Eigentum Naturrecht ist, wie gestern zu hören war, werden wir vielleicht nie wissen. Sicher aber ist, daß der Schutz und die Sicherung des Eigentums ein, nach unserer Auffassung unverzichtbarer, Bestandteil eines Rechtsstaates ist, und auf diesem Boden, glaube ich, läßt sich auch eine brauchbare, theoretisch gegründete und praktisch nützliche Eigentumsdogmatik entwickeln. Der Naßauskiesungsbeschluß des Bundesverfassungsgerichtes steht, wir mir scheint, in viel höherem Maße in der Tradition der verfassungsrechtlichen Eigentumsgarantie, als es gelegentlich angenommen wird oder scheint. Und Herr *Ehlers* hat, soweit ich das überblicken konnte, in einer sehr gelungenen Form die Grundlinien einer Eigentumsdogmatik moderner Art, wenn ich mal so sagen darf, hier uns vorgelegt, und das wird um so mehr dadurch bestätigt, daß die Referate aus Österreich und der Schweiz doch in einer überraschenden Konvergenz, trotz ganz unterschiedlicher Verfassungslagen und gesellschaftlicher Entwicklungen, in den Hauptlinien mit diesem Referat und seinen Thesen übereinzustimmen scheinen. Das gibt zu den schönsten Hoffnungen Anlaß, wenn wir bedenken, daß Österreich und die Schweiz ja vermutlich in nicht allzu ferner Zukunft auch der Europäischen Gemeinschaft angehören werden und damit also das Eigentums-Grundrecht noch stärker, als es bisher schon der Fall ist, auch als eine Garantie des Gemeinschaftsrechtes in Erscheinung treten wird.

Erlauben Sie mir nur vier Bemerkungen zu einigen Punkten, die mir aufgefallen sind. Wir sind gewohnt, bei den Grundrechten nach der „Funktion" zu fragen, das haben auch die Referenten getan: die Funktion des Eigentums sowohl wie auch die Funktion der Eigentumsgarantie, und ich fand es richtig, vor allem in der These von Herrn *Ehlers* unter 2), daß das Eigentum klar und deutlich als Freiheitsrecht bezeichnet worden ist und die gelegentlich vertretene Lehre vom „Funktionsgrundrecht" nicht auf das Eigentum angewandt worden ist. Die Verfassung schreibt dem Eigentümer nicht eine bestimmte Funktion seines Eigentums vor.

Zweiter Punkt: Es ist auf der anderen Seite unvermeidlich, daß eine Abstufung in der Gewährleistungswirkung durch den Gesetzgeber vorgenommen wird, das Wirtschaftseigentum, das Grundeigentum, das „kleine" und „große" Eigentum sind in der Tat, wenn wir die Formulierung des Bundesverfassungsgerichts nehmen, von einem unterschiedlichen sozialen Bezug und einer unterschiedlichen sozialen Funktion. Es ist Sache des Gesetzgebers, diese Situation im einzelnen zu gestalten und abzugrenzen. In den Einzelheiten treten dann in der Tat gewisse Unterschiede auf. Wenn Herr *Rill* etwa in seiner These 5 e das Grundwasser dem Eigentum zuzählt, ist das ein Standpunkt, der zwar dem alten preußischen Recht zu entsprechen scheint, aber sonst in Süddeutschland nicht verbreitet war und der wohl auch nicht dem geltenden deutschen Recht entspricht, oder auch die These in 21 und 31, daß die baurechtliche Entwicklungsplanung grundsätzlich in einen Konflikt mit der Eigentumsgarantie treten könnte. Sie sagten „Positivplanung". Diesen Standpunkt würde ich nicht teilen. Natürlich, wenn es generell so wäre, dann in der Tat. Aber das ist ja keine praktische Frage, sondern, wenn es für gewisse Bereiche wäre, Problemzonen, muß dem Gesetzgeber diese Möglichkeit eröffnet werden. Auf der anderen Seite meine ich, daß Herr *Ehlers* vielleicht zu weit geht, in These 8, wenn er das Eigentum unter einen Planungsvorbehalt stellt, während Herr *Hänni,* wie es eben der Schweiz entspricht, den gesunden Mittelweg in der These 6 geht, und auf diese Weise, glaube ich, auch der deutschen Praxis am nächsten kommt.

Ein dritter Punkt: Der grundrechtliche Schutz- und Abwehranspruch ist wohl doch in neuerer Zeit in der deutschen Rechtspraxis als geltendes Recht anzusehen. Ich stimme Herrn *Ossenbühl* zu, der in der jüngsten Auflage seines großen Staatshaftungsrechtes deswegen zu Recht dem einen eigenen Abschnitt gewidmet hat. In den Referaten ist das, vor allem bei Herrn *Ehlers*, nicht so eindeutig. Vielleicht kann das erklärt werden, These 4 und These 11. Dieser unmittelbare grundrechtliche Schutz- und Abwehranspruch ist ja schon durch die eigentumsrechtliche Nachbarklage des Bundesverwaltungsgerichtes vorgezeichnet. Wenngleich in der Tat die gesetzliche Schutznorm den Vorrang vor einem derartigen verfassungsunmittelbaren Anspruch haben muß, wie im Immissionsschutzrecht und anderen Bereichen das ja auch geregelt ist. Herr *Ehlers* hat zu Recht die Frage gestellt und auch beantwortet, ob nicht eine gesetzliche Regelung immer nötig ist, also eine Art Gesetzesvorbehalt im Rahmen von Art. 14 Abs. 1 GG auch zugrunde zu legen wäre, indem etwa die Ausgleichsansprüche, die wir seit dem Naßauskiesungsbeschluß suchen, zum Teil auch gefunden haben, demnach also einer gesetzlichen Regelung bedürften. Das ist mir nicht sicher, ob man das in derselben Striktheit sagen kann, weil es ja gewissermaßen die Junktimklausel des Abs. 3 in den Abs. 1 im Wege einer bestimmten Analogie transferiert.

Und vierter und letzter Punkt: Der Schutz der natürlichen Lebensgrundlagen steht zwar nicht im Grundgesetz, aber es ist ja auch, glaube ich, unzweifelhaft und durch Ihre Referate im einzelnen dargetan, daß der Schutz der natürlichen Lebensgrundlagen ein Element der Institutsgarantie des Eigentums ist, wenngleich nicht eine Blankovollmacht für Eingriffe in bestehende Rechte. Über Art. 14 Abs. 2 GG allerdings hinausgehende Beschränkungen durch die Exekutive zum Schutz der natürlichen Lebensgrundlagen sind wohl nach dem geltenden Rechtszustand nicht möglich, insoweit bedürfte es in der Tat einer gesetzlichen Regelung, und selbst die Einführung einer Umweltstaatszielbestimmung würde an dieser grundsätzlichen Einschätzung ja wohl nichts Nennenswertes ändern können. Und dasselbe, was man für den Schutz der natürlichen Lebensgrundlage sagen kann, gilt, wie ich meine, auch für die Erfordernisse der städtebaulichen Planung, das sind Elemente der Institutsgarantie des Eigentums, und in dem Sinne treten sie nicht nur von außen an das Eigentum als Rechtsinstitut heran, unbeschadet der Notwendigkeit, Eingriffe in bestehende Rechte verfassungsrechtlich zu rechtfertigen und nur auf der Grundlage des Gesetzes zuzulassen.

Wahl: Das heutige Thema ist sowohl von zeitloser Problematik wie auch zugleich ein Feld von raschen Entwicklungen angesichts der immens gesteigerten Herausforderungen im Bereich des Umweltrechts. Dabei haben sich die hier einschlägigen Änderungen im wesentlichen auf der Ebene des einfachen Rechts, im Rahmen der verfassungsrechtlichen Vorgaben, abgespielt. Was vor zwei bis drei Jahrzehnten noch als Verstoß gegen die Eigentumsgarantie verstanden worden wäre, wird inzwischen auf der Basis der geänderten Sachprobleme hingenommen und gilt als völlig selbstverständlich, wie etwa die dynamischen Anpassungspflichten im Immissionsschutzrecht oder die dort weit vorangetriebene Befugnis zu nachträglichen Anordnungen. Deshalb ist es, Herr *Ehlers,* heute auch noch nicht ausgemacht, ob sich die Nutzung der Luftsäule nicht noch für lange Zeit von der Regelung der Gewässerbenutzung unterscheiden wird; die Antwort auf diese Frage ist nicht abhängig von der Struktur der Eigentumsgarantie als solcher, sondern vom Zusammenspiel zwischen den verfassungsrechtlichen Vorgaben und den Anforderungen, die sich aus der Sache ergeben. Der entscheidende Punkt, um den es mir geht, ist, daß die komplizierte, aber auch offene Struktur der Eigentumsgarantie es ermöglicht, daß gewichtige Problemlagen im Umweltbereich bewältigt werden können; dies ist in den Referaten heute auch dargestellt worden. Verantwortlich dafür ist insbesondere eine Besonderheit des Eigentumsgrundrechts, daß nämlich nicht nur die Schranken, sondern schon der Inhalt des Eigentums durch den Gesetzgeber ausgestaltet werden kann. Dies ist eine auffällige und vielleicht in mancher Hinsicht auch bestürzende Eigentümlichkeit des

Eigentumsrechts, die, wie wir alle wissen, inzwischen zwar verfassungsrechtlich gebändigt und gehegt worden ist, aber die nicht völlig zum Verschwinden kommt. Am Ende aller verfassungsrechtlichen Operationen bleibt es bei Gestaltungsspielräumen des Gesetzgebers; dazu möchte ich noch einiges ausführen.

Die Befugnis zur inhaltlichen Ausgestaltung des Eigentums bezieht sich nicht nur darauf, was als Eigentum geschützt wird, sondern sie erfaßt auch alle anderen Regelungsprobleme und Institute. Illustrieren möchte ich dies an einem Beispiel, das von den Referenten immer wieder aufgegriffen worden ist, bei der Frage des Bestandsschutzes bzw. des Vertrauensschutzes. Dies ist nun ein Feld, an dem sich – anknüpfend an die gestrigen Überlegungen – zeigen läßt, daß die konkreten Lösungen nicht nur und nicht in erster Linie Ableitungen aus dem allgemeinen Rechtsstaatsprinzip sind; darüber hinaus ist der Vertrauens- oder Bestandsschutz auch nicht in erster Linie als Institut des Allgemeinen Verwaltungsrechts generell ausgestaltet. Sondern es liegt gerade an der inhaltlichen Ausgestaltungsbefugnis des Gesetzgebers bei Art. 14 GG, daß es insoweit Vielfalt im Besonderen Verwaltungsrecht gibt und geben darf. Insoweit war von Herrn *Ehlers* zu Recht hervorgehoben, daß der Bestandsschutz im Baurecht anders und stärker geregelt ist als sonst im Umweltrecht, wobei es im übrigen auch im Baurecht, bei dem der Bestandsschutz aus guten Gründen sehr weit vorangetrieben ist, Grenzen gibt; wenn eine konkrete Gefahr für die Gesundheit von Bewohnern besteht, etwa wenn von einem Gebäude Gefahren wegen Asbest ausgehen, dann gibt es durchaus Durchbrechungen des Bestandsschutzes auch im Baurecht. Und wenn man den Blick weiter auf das Umwelt- und das Immissionsschutzrecht richtet, dann wird deutlich, welche Unterschiede der jeweilige Gesetzgeber im Rahmen der verfassungsrechtlichen Vorgaben wegen der Inhaltsbestimmungsbefugnis anordnen kann. So ist es auch bei anderen Problemen, etwa der Legalisierungswirkung einer Genehmigung; soweit es sie gibt, ist sie durchaus unterschiedlich in den einzelnen Gesetzen ausgebildet, und sie ist an den konkreten Vorschriften dieser Gesetze im einzelnen abzugreifen. Insgesamt und zusammenfassend zeigt sich, daß diese Inhaltsbestimmungsbefugnis des Gesetzgebers weithin die Grundlage für die Vielfalt im Besonderen Verwaltungsrecht und der Grund dafür ist, daß es diese Vielfalt geben kann und darf. Eben deshalb kann aber auch auf die Sachprobleme des Umweltschutzes reagiert werden, die in der Zukunft noch eine größere Dimension erreichen werden, etwa im Zusammenhang der globalen Klimaprobleme.

Beim zweiten Teil meiner Überlegungen geht es nochmals um die Inhaltsausgestaltungsbefugnis und um ihre Grenzen. Die Frage ist, ob sie bei all den Grenzen, die wir inzwischen eingebaut haben, nicht doch zum Verschwinden kommt. Die hier einschlägigen rechtlichen Elemente sind bekannt; es geht um die Sozialbindung und den Sozialbezug einerseits, die Institutsgarantie andererseits sowie um die verhältnismäßige Zuordnung dieser beiden Elemente. Meine entscheidende Frage richtet sich jetzt auf die allgemein anerkannte und vom BVerfG auch so gezeichnete Aufgabe des Ausgleichs zwischen diesen beiden grundsätzlichen Anforderungen. Da stellt sich dann unsere Lieblingsfigur, das Verhältnismäßigkeitsprinzip ein. Dazu haben wir heute gehört, daß es nicht nur das Übermaßverbot, sondern auch ein Untermaßverbot gibt. Letzteres möchte ich durchaus unterstreichen. Damit wird Symmetrie hergestellt, hier zugunsten der Sozialbindung. Nur bleibt dabei die Frage, gerade auch im Hinblick auf die Besonderheiten der einzelnen Rechtsgebiete und auf die Reaktionsfähigkeit des Rechts auf Probleme, ob dann noch etwas übrigbleibt als Gestaltungsspielraum des Gesetzgebers; oder kommt man dann nicht, sozusagen in einer Doppelzange mit dem Übermaßverbot und dem Untermaßverbot, letztlich dahin, daß es nur eine einzig-richtige Entscheidung geben kann. Dann bliebe vom ursprünglichen Ansatz nichts übrig, daß das Eigentum zu einem gewissen Maße der Gestaltungsbefugnis des konkreten Gesetzgebers anheimgegeben ist, der einmal eigentumsfreundlicher als ein anderer Gesetzgeber sein kann, der aber andererseits auch einmal die Sozialbindung höher bewerten kann als ein konkurrierender Gesetzgeber. Fragt man also abschließend, ob für eine Gestaltungsbefugnis des Gesetzgebers noch etwas übrigbleibt, so muß nach meiner Meinung bei der allgemeinen Figur des Verhältnismäßigkeitsprinzips unterschieden werden; der verhältnismäßige Ausgleich, um den es hier geht, ist nicht ohne weiteres zu vergleichen mit der klassischen Verhältnismäßigkeit eines konkreten Eingriffes im Hinblick auf einen konkreten Zweck. Bei der Verwirklichung des in Art. 14 GG enthaltenen Sozialmodells muß der Gesetzgeber zwei gegenläufige normative Prinzipien, nämlich die Sozialbindung einerseits, die Institutsgarantie andererseits, einander angemessen zuordnen. Was hier Verhältnismäßigkeit bedeutet, bedarf meiner Meinung nach noch der weiteren Diskussion. Mir scheint, daß Verhältnismäßigkeit im Sinne der Angemessenheit der Zuordnung zweier Prinzipien eher eine Gestaltungsaufgabe ist und mehr Spielraum enthält, als es sonst bei der Bestimmung des verhältnismäßigen Eingriffs der Fall ist. Nur in dieser Interpretation – und damit komme ich zum Schluß

— bleibt für den Gesetzgeber im Ergebnis wirklich etwas übrig zu bestimmen und zu gestalten.

Schmidt-Aßmann: Das anspruchsvolle Thema ist durch seine doppelschichtige Struktur bestimmt: Zum einen geht es um einen Rechtsvergleich zur Dogmatik der Eigentumsgarantie allgemein; zum anderen — und das ist die konkrete Schicht — um die Leistungsfähigkeit dieser Garantie auf einem der wichtigsten Politikfelder, der Nutzung von Boden und Umwelt. Wir müssen uns vor allem auf die Schnittstelle dieser beiden Ebenen konzentrieren, um die allgemeindogmatischen Erkenntnisse durch die Erfahrungen in einem Sektor des Besonderen Verwaltungsrechts zu erhärten, und auf der anderen Seite die Lösungen der je besonderen Fachprobleme von der im Rechtsvergleich wirksamen Idee allgemeiner Prinzipien her zu erhellen. Hier scheint mir eine in allen drei Referaten deutlich gewordene und damit allen drei Rechtsordnungen erkennbare gemeinsame Erfahrung über die Steuerungswirkungen der Eigentumsgarantie im Bereiche der Boden- und Umweltpolitik wichtig, die etwa folgendermaßen formuliert werden kann: Der Breite des Anwendungsbereichs dieser Garantie auf dem bezeichneten Felde korrespondiert ein Nachlassen der Steuerungsintensität. Zunächst zur *Breite,* mit der die Eigentumsgarantie in das Umweltrecht hineinwirkt. Insofern das Umweltrecht zu wesentlichen Teilen ein raumbezogenes Recht ist, ist Art. 14 GG eine allgegenwärtige Größe. Dabei dürfen die Interessen des Eigentumsschutzes und des Umweltschutzes nicht nur in einem Spannungsverhältnis gesehen werden; vielmehr besteht zwischen beiden auch ein komplementäres Verhältnis. Erinnert sei nur an den eigentumsrechtlich begründeten Nachbarschutz und an die hinter ihm stehenden grundrechtlichen Schutzpflichten. Auf einer bestimmten Bandbreite werden Eigentumsinteressen folglich auch als Umweltschutzinteressen wirksam und umgekehrt. Auch diese Seite des Verhältnisses von Eigentumsschutz und Umweltschutz muß im Blick bleiben, und sie ist ein Beleg für die Breite des Wirkungsbereichs der Eigentumsgarantie. Der Ausweitung entspricht jedoch eine nachlassende *Tiefe* der Steuerungswirkungen. Das zeigt sich schon auf der Ebene der Gesetzgebung. Zutreffend haben die Referenten hervorgehoben, daß globale eigentumsrechtliche Zuweisungsformeln wenig Ertrag bringen. Das belegen die sog. Enteignungstheorien ebenso wie die traditionelle Baufreiheit, die Herr *Ehlers* richtigerweise durch ein Differenzierungsmodell ersetzt wissen will. Ein Nachlassen der Steuerungswirkungen der Eigentumsgarantie zeigt sich aber auch in verwaltungsrechtlichen Zusammenhängen. Die Garantie hat ihre höchste Dichte dort, wo es um überschaubare Gefahrensituationen und klare, singuläre Abwehrpositionen geht. Die über das Baurecht hinausreichenden Anforderungen des Immissionsschutzrechts bewirken jedoch, daß der Zuweisungsgehalt der überkommenen eigentumsrechtlichen Dogmen nachläßt. Das spiegelt sich etwa in der Entwicklung der Maßstäbe vom baurechtlichen zum immissionsschutzrechtlichen Bestandsschutz wider, wie sie in These 16 von Herrn *Ehlers* nachgezeichnet worden ist. Noch deutlicher wird das dort, wo die eine moderne Umweltpolitik prägenden Prinzipien der Vorsorge und der Pflege ins Spiel kommen. Die Vorsorgepflicht knüpft nicht mehr an den Nachweis eines Individualbeitrages zur Umweltbeeinträchtigung. Der Pflegeauftrag greift noch darüber hinaus und orientiert sich an Verhaltensweisen von Nutzergruppen. Man denke nur an die Neubestimmung der Rolle der Landwirtschaft im Naturschutzrecht. — Zu welchen Folgeüberlegungen muß die Beobachtung nachlassender Steuerungswirkungen des Art. 14 GG veranlassen? Falsch wäre es, einen Abgesang auf die Eigentumsgarantie im komplexen Interessengefüge des Umweltschutzes anzustimmen. Die Institutsgarantie muß vielmehr aus ihrer defensiven Rolle herausgeführt und neu zu strukturieren versucht werden. Vor allem im Bereich gesetzlicher Eigentumsinhaltsbestimmung nach Art. 14 Abs. 1 S. 2 GG müssen neue Instrumente der Interessenabwägung und des gebietsspezifischen Interessenausgleichs als eine „Zwischenschicht" breiter entfaltet werden. Bauelemente hierzu gibt es durchaus. Zu erinnern ist an die rechtsstaatliche Disziplinierung, die die eigentumsgestaltende Bauleitplanung durch die Abwägungsdogmatik der Rechtsprechung erfahren hat. Der Einbindung des Individualrechts in größere Gestaltungszusammenhänge wird hier zutreffend Rechnung getragen. Zu denken ist auch an die privatrechtlichen Ausgleichsinstrumente des Flurbereinigungsrechts. Wenn in den Referaten neben der Enteignungsentschädigung nach Art. 14 Abs. 3 GG ein Geldausgleich nach Art. 14 Abs. 1 S. 2 GG mit Übergängen zum reinen Billigkeitsausgleich und zum Abfangen eigentumsverkürzender Wirkungen durch eine Förderungspolitik genannt worden ist, so sehe ich hierin ebenfalls einen Ansatz, um die überkommene punktuelle Steuerungsintensität durch neue Formen eines den Strukturen des Umweltschutzes adäquaten Eigentumsschutzes zu ersetzen.

Häberle: Herr Vorsitzender, verehrte Kollegen! Die Vorredner haben die drei vortrefflichen Referate mit Recht als solche gewürdigt. Ich frage nur, ob die *europarechtliche* Dimension, etwa die EMRK-

Rechtsprechung, die EuGH-Judikatur sowie die wachsende Dynamik des Umweltschutzrechts der Europäischen Gemeinschaft und bald auch des Europäischen Wirtschaftsraums genügend behandelt wurden — der schweizer und der österreichische Kollege bzw. ihre Länder wollen ja demnächst der einen oder anderen Gemeinschaft beitreten. Mein Gespräch mit den Referenten suche ich anhand der Leitsätze unter folgenden zwei Gesichtspunkten. Zunächst: Stehen wir jetzt dank der Herausforderung durch die Umweltschutzrechtsfragen nicht erneut vor der Aufgabe, einen auf der Verfassungsebene *von vornherein* differenzierten Eigentumsbegriff anzusiedeln? Die heute quantitativ zunehmende qualitativ *konstitutionelle* Verankerung von Umweltschutzthemen zwingt uns zu der Frage, ob und wie der Verfassungsschutz des Eigentums Privater bereits in Verfassungshöhe *differenziert* ist. Ich erwähne die These 9 von Herrn *Hänni* von der „abgeschwächten Bedeutung", die dem recht nahe kommt. An einer anderen Stelle spricht er von dem „elastischen" Eigentumsverständnis des Schweizer Bundesgerichts, und in These 15 sind die auf Schweizer Verfassungsebene gleichwertigen Interessen des Umweltschutzes und des Eigentums erwähnt. Ich verweise zustimmend auf Herrn *Ehlers'* These 15 Satz 2, wonach Art. 14 Abs. 2 GG den Gesetzgeber zu einem wirksamen Umweltschutz verpflichtet. Damit stellt sich doch die Umweltschutzpflichtigkeit des Eigentums als Unterfall bzw. wichtiger Beispielsfall der klassischen Sozialpflichtigkeit des verfassungsrechtlichen Eigentumsbegriffs dar. Herr *Rill* hat in These 19 an das konstitutionelle Bekenntnis zum Umweltschutz in Österreich erinnert. — Zur These von der *Differenzierung* des verfassungsrechtlichen Eigentumsschutzes erwähne ich hier in Gießen besonders gerne, daß einer der wenigen, die ganz früh für das GG sagten, man müsse das Eigentum auf Verfassungsebene von vornherein differenzieren, und zwar nach stärkeren und schwächeren Eigentumsarten, ich meine kleines und großes Eigentum, Wirtschafts-, Bodeneigentum, Urheberrechtseigentum, kein geringerer als *Ludwig Raiser* war. Jener *Ludwig Raiser*, der wohl im 10. Band 1951 Gast unserer Vereinigung war, was sich leider nie wiederholt hat; derselbe *Raiser*, dessen Neffe uns gestern vormittag als Dekan namens der Gießener Juristenfakultät in unverkennbarer Familienähnlichkeit in der Stimme begrüßt hat. Auch die Herren *Badura* und *Ossenbühl* schienen mir in ihren Voten von soeben ganz dicht vor dieser Differenzierungsidee zu stehen, das ist jedenfalls meine Interpretation ihrer Abstufungskriterien. Ich berufe mich auf den „frühen" *Badura*, der dieser Abstufungsthese sehr nahe stand, der „mittlere" *Badura* folgte eher der herrschenden Meinung, während der heutige *Badura* der Differenzierungsthese zuneigt – er möge mich gleich anschließend korrigieren. Wir haben im Verfassungsstaat von heute viele unterschiedliche Eigentumsarten. Denken Sie an die Schweiz, die mit dem knappen Waldeigentum relativ rigoros umgeht – Herr *Hänni* hat dies sehr schön herausgearbeitet. Bei uns kennen wir das Urheberrechtseigentum mit der immanenten Schutz- bzw. Sperrfrist von 70 Jahren, was für die These vom einheitlich geschützten Eigentum eigentlich eine Provokation ist: ein von vornherein konstitutionell nur beschränkt geschütztes ideelles Eigentum! – Jetzt zur *zweiten* Frage, zu den Umweltschutzpflichtigkeiten, die wir in den verschiedensten Äußerungsformen schon in unserem deutschen Verfassungsrecht haben und die uns erst recht zwingen, das Eigentum Privater bereits auf der konstitutionellen Ebene differenziert zu sehen – analog dem ebenfalls schon differenzierten verfassungsrechtlichen Begriff „Kunst". Herr *Badura* hat am Schluß seines Votums die schöne Formulierung geprägt, der Umweltschutz sei unabhängig vom Fehlen einer Umweltschutzklausel im GG längst ein Element des Eigentumsschutzes. Wir wissen alle, daß die *Denninger/Oppermann/Badura*-und-andere-Staatszielekommission von 1983 einen sehr geglückten Vorschlag zum Umweltschutz als Staatsziel unterbreitet hat, der leider formell bis heute noch nicht umgesetzt wurde, anders die Schweiz. Doch lassen sich auf andere Weise Elemente und Schichten herausarbeiten mit dem Ergebnis, daß auf der Verfassungsebene des GG in Verbindung mit Landesverfassungen heute der Umweltschutz bereits „ungeschriebenes" Verfassungsgut ist. Man kann ihn nicht nur im Kontext von Art. 2 Abs. 2 und Art. 1 GG ansiedeln. Hinzu kommen die Landesverfassungen. Sie stehen ja in einem Verhältnis des Gebens und Nehmens auch zum Grundgesetz und sind ihm nicht hierarchisch einfach untergeordnet. Und sie besitzen höchst eindrucksvolle Umweltschutzklauseln. Natürlich muß ich aus Westdeutschland zuerst die Bayerische Verfassung zitieren, nicht nur ihren Art. 3 Abs. 2, vor allem ihr Erziehungsziel (Art. 131). Welche Klugheit und Konsequenz, den Umweltschutz als Erziehungsziel zu normieren und damit als „Soft-Law" zu integrieren! Erlauben Sie noch einen Blick auf die Prozesse des Werdens der neuen *ostdeutschen* Landesverfassungen von 1990/91: in dem ersten vorzüglichen Entwurf Brandenburgs, in dem Verfassungsentwurf Mecklenburg-Vorpommerns, in einer Reihe anderer Entwürfe wie in Sachsen, findet sich der Umweltschutz vielfältig als großes Staatsziel, übrigens auch in der nur kurze Zeit geltenden Verfassung Berlin-Ost von 1948/1990. Längst wachsen also Umweltschutzelemente auf konstitutioneller Ebene heran, es entsteht gemeindeutsches Verfassungsrecht der Länder und des Bundes, und dieses müssen wir in die komplexen Abwägungsprozesse mit dem differenziert-gestaffelten Schutz des Eigentums Privater einbringen. Es kommt so zu einer Art „Vorwirkung" von Verfassungsentwürfen der deutschen Länder im Osten mit einer Ausstrahlung auf das GG, dies im Verbund mit Verfassungen in Westdeutschland, die den Umweltschutz bereits textlich integriert haben.

Vorsitzender: Schönen Dank, Herr *Häberle*. Herr *Badura*, ich gehe davon aus, daß Sie von Ihrem Recht, auf die *Badura*-Phasen als Betroffener einzugehen, keinen Gebrauch machen wollen, im Augenblick jedenfalls. *(B. nickt.)*

Stolzlechner: Ich möchte auf zwei Punkte insbesondere des *Rill*schen Referates eingehen, nämlich 1. zur grundsätzlichen Frage, ob und inwieweit öffentlich-rechtliche Ansprüche der Eigentumsgarantie unterliegen können, das sind insbesondere die Thesen 1, 6, 8, 9 und 10, und dann zum 2. Punkt die Frage der Enteignung zugunsten Privater, These 32.

1. Punkt: Unterliegen auch öffentlich-rechtliche Ansprüche der Eigentumsgarantie? Ich bin mir aufgrund des Referats nicht ganz im klaren darüber, welcher Ansicht der Referent eigentlich anhängt. Bei den Thesen werden öffentlich-rechtliche Ansprüche teils als der Eigentumsgarantie unterliegend qualifiziert, teils folgen sie der alten Anschauung. These 1, die bundesverfassungsrechtliche Garantie umfaßt alle vermögenswerten Privatrechte. These 6, Recht auf eingerichteten und ausgeübten Gewerbebetrieb kein vermögenswertes Privatrecht. These 8, öffentlich-rechtliche Ansprüche als solche sind nicht Schutzobjekte der Eigentumsgarantie. Das ist der einheitliche Block, wo das verneint wird. Dann bei der These 9, da kommt jetzt, scheint mir, irgendwie ein gewisser Bruch herein. Die sog. öffentlichrechtlichen Nachbaransprüche werden jetzt als subjektive Privatrechte qualifiziert, obwohl sie im Öffentlichen Recht verankert sind; ähnliches gilt für These 10: Anlagenrechtliche Verfügungen der Gewerbebehörde greifen ins Eigentum ein. Ich stelle mir darunter etwa vor, Vorschreibungen nach § 79 der Gewerbeordnung, nachträgliche Vorschreibungen, zusätzliche Auflagen, das sind solche anlagenrechtlichen Verfügungen, die in der Gewerbeordnung, damit in einer öffentlichen Norm ihre Grundlage haben. Sie werden hier als Eingriff ins Eigentum qualifiziert. Ich meine, unabhängig davon, wie der Standpunkt jetzt auch ist, ich halte es für hoch an der Zeit, daß die Eigentumsgarantie auch auf öffentliche Ansprüche ausgedehnt wird. Die Frage für die österreichische Rechtsordnung ist nur die, wie legt

man sie an. Wo ist der grundrechtsdogmatische Ansatzpunkt zu finden für eine solche Weiterentwicklung des grundrechtlichen Eigentumsschutzes? Angesichts der starren, historisch versteinernden Interpretationsmethode unseres Verfassungsgerichtshofes meine ich, daß der Eigentumsbegriff des Art. 5 des alten Staatsgrundgesetzes von 1867 sich dafür nicht eignet, sondern man sollte auf die modernere Eigentumsgarantie des Art. 1 des 1. Zusatzprotokolls der Menschenrechtskonvention, Herr *Häberle* hat das hier gerade angesprochen, zurückgreifen. Diese Norm ist in Kraft getreten zu einem Zeitpunkt, wo die These, daß sich die Eigentumsgarantie nur auf vermögenswerte Privatrechte konzentrieren sollte, nicht mehr so ein festgefügtes Gut war, sondern wo durchaus schon die Ansicht vertreten wurde, daß die Eigentumsgarantie auch öffentlich-rechtliche Ansprüche umfassen konnte, und es besteht daher von diesem Gesichtspunkt, meiner Meinung nach, nicht mehr die Notwendigkeit zu dieser einengenden Interpretation. Das ist der erste sozusagen innerstaatliche Interpretationsgesichtspunkt, der zweite ist, daß die Straßburger Instanzen, die natürlich auch zur Auslegung des Zusatzprotokolls befugt sind, sich auf eine derart versteinernde historische Interpretationsmethode erst gar nicht einlassen, wie das unser Verfassungsgerichtshof macht. Sondern die interpretieren ja das Grundrecht von der Schutzfunktion her (teleologisch), und von daher ist es im Grunde genommen kein Problem, die Möglichkeit anzuerkennen, daß subjektive öffentliche Rechte der Eigentumsgarantie unterliegen.

Die Hauptfrage ist daher für mich bereits die Frage der Abgrenzung, denn es kann nicht so sein, daß alle subjektiven öffentlichen Rechte der Eigentumsgarantie unterliegen, sondern die Hauptfrage ist die *Abgrenzungsfrage*. Wie sind jene öffentlich-rechtlichen Ansprüche, die der Eigentumsgarantie unterliegen, von jenen abzugrenzen, die ihr nicht unterliegen? Welche Kriterien bieten sich an? Einen normativen Ansatzpunkt sehe ich weder im Art. 5 Staatsgrundgesetz noch im Art. 1 des ersten Zusatzprotokolls. Daher meine ich, wäre es sinnvoll, daß man einen ähnlichen Gedanken hier heranzieht wie bei der Auslegung des Begriffes der civil rights im Art. 6 der Menschenrechtskonvention. Dort wurde gesagt, auch öffentlich-rechtliche Ansprüche unterliegen dem Begriff der civil rights, und zwar, wenn sie bei Ausübung der Zivilrechte von entscheidender Bedeutung sind. Auf diese Weise wurde etwa die grundverkehrsbehördliche Genehmigung einer Grundstückstransaktion, ein öffentlich-rechtlicher Anspruch, unter den Zivilrechtsbegriff des Art. 6 EMRK subsumiert. In Orientierung an diesen Gedanken würde ich daher sagen, da kann man weiterdenken; das wäre eine erste Orientierung. Öffentlich-rechtliche Ansprüche sind dann von der Eigentumsgarantie erfaßt, wenn sie für die Ausübung des privaten Eigentumsrechts von *wesentlicher Bedeutung* sind. Danach würde etwa, um ein Beispiel zu nennen, der Entzug einer wasserrechtlichen Bewilligung für den Betrieb einer gewerblichen Mülldeponie auch einen grundrechtlich zu beurteilenden Eingriff in die Eigentumsgarantie bedeuten, weil mit dem Entzug der Bewilligung die verwaltungsrechtliche Erlaubnis zur Benutzung als gewerbliche Fläche entzogen ist, damit auch in die eigentumsrechtliche Benutzungsfreiheit in gravierender Weise eingegriffen wird.

Zur zweiten Frage — Enteignung zugunsten Privater: Das ist eine Frage, die auch in zunehmendem Maße Bedeutung im Zusammenhang mit dem Fremdenverkehr etwa bei der Anlegung von Langlaufloipen, Golfplätzen, Skiabfahrten eine große Rolle spielt. Professor *Rill* hält es für zulässig, wenn entweder die Enteignung der Sache im Rahmen eines gemeinnützigen Unternehmens genützt wird, eingesetzt wird, oder die privatnützige Gebrauchnahme im öffentlichen Interesse liegt. Ich halte das für einen guten und sinnvollen Grundsatz, allerdings mit einer Einschränkung, nämlich der, daß diese Kriterien nicht alternativ genommen werden, sondern daß es sich um kumulative Voraussetzungen handelt, denn es kann nicht so sein, daß der Antrag des gemeinnützigen Golfvereins auf Enteignung von Grundstücken allein genügt, um das öffentliche Interesse nachzuweisen, sondern da müssen natürlich auch das öffentliche Interesse und die Verhältnismäßigkeit des Eingriffs zusätzlich geprüft werden.

Roellecke: Ich möchte zum Eigentumsbegriff sprechen und knüpfe an die These 3 von Herrn *Ehlers* an. Herr *Ehlers* schreibt dort, unter Eigentum sei das Recht zu verstehen, einen dem Bürger von der Rechtsordnung zugeordneten Vermögensgegenstand innezuhaben und zu nutzen. Mir fehlt ein wichtiger Gesichtspunkt. Ich bin aber nicht sicher, ob Herr *Ehlers* ihn nicht mit gemeint hat. Mir fehlt der Gesichtspunkt der Verfügungsbefugnis. Diesen Gesichtspunkt hat das Bundesverfassungsgericht in seiner Eigenbedarfsentscheidung in das Zentrum seiner Begründung gestellt, und er scheint mir, gerade für den Umweltschutz, besonders wichtig zu sein. Man denke an das Problem des Bauerwartungslandes. Ich meine, die Verfügungsbefugnis gehört zur positiven Rechtsordnung. Der Gesetzgeber hat das dadurch gezeigt, daß er den Eigentumsübergang geregelt hat. Aber noch wichtiger ist, daß die Verfügungsbefugnis für eine Marktwirtschaft konstituierend ist. Wenn man sagt, das Eigentum habe etwas mit Markt zu tun, dann muß man den Eigentumsbegriff auch so definieren, daß er den Markt ermöglicht. Das geht nur dadurch, daß man in den Eigentumsbegriff die Verfügungsbefugnis aufnimmt. Die Güter, die auf dem Markt gehandelt werden, müssen universal austauschbar sein. Das verlangt außerdem einen einheitlichen Eigentumsbegriff. Die universale Austauschbarkeit schließt eine Differenzierung des Eigentumsbegriffes nach großem und kleinem Eigentum und ähnlichen Unterscheidungen aus. Die allgemeine und gleiche Verfügungsfähigkeit über Güter ist übrigens das entscheidende Kriterium für die Unterscheidung zwischen Marktwirtschaft und sozialer Planwirtschaft. Die sozialistische Planwirtschaft hat zwischen Eigentum an Produktionsmitteln und persönlichem Eigentum unterschieden und an diese Unterscheidung die Planwirtschaft gehängt. Eine Marktwirtschaft, die von der allgemeinen Mobilität der Güter ausgeht, läßt diese Unterscheidung nicht zu.

Lange: Ich möchte ebenfalls anknüpfen an die Äußerung von Herrn *Rill*, daß die Gewährleistung einer grundsätzlich marktwirtschaftlichen Ordnung Telos der Eigentumsgewährleistung sei. Herr *Ossenbühl* hat sich ja eher noch dezidierter für das deutsche Recht in dieser Richtung geäußert. Ich möchte demgegenüber zu bedenken geben, daß die Eigentumsgewährleistung sicherlich nur ein Segment der marktwirtschaftlichen Ordnung absichern kann. Zu einer marktwirtschaftlichen Ordnung gehört natürlich auch ein funktionsfähiger Wettbewerb. Es ist nicht sehr plausibel, eine verfassungsrechtliche Gewährleistung der marktwirtschaftlichen Ordnung aus der verfassungsrechtlichen Verankerung nur eines Teils ihrer Elemente abzuleiten. Zu ihrer Begründung müßte man einen funktionsfähigen Wettbewerb entweder in anderen Bestimmungen der Verfassung gewährleistet sehen, oder man müßte auch dessen Garantie der Eigentumsgewährleistung entnehmen, was mir sehr wenig überzeugend schiene und darauf hinausliefe, die Eigentumsgewährleistung zu einem Funktionsgrundrecht zu machen, wogegen sich Herr *Badura* gerade ausgesprochen hat. Ich halte es für wesentlich sinnvoller, mit dem Bundesverfassungsgericht und in der Richtung, in der sich Herr *Berg* gestern auch geäußert hat, hinzuweisen auf den Charakter der Eigentumsgewährleistung als materielle Fundierung von Freiheitsrechten. Und meine Frage an Herrn *Rill* wäre die, ob dieser Gedanke nicht doch auch im österreichischen Recht Ausdruck gefunden hat. Mir scheint die verfassungsrechtliche Anerkennung als Eigentum im Falle von Beitragsleistungen zur Sozialversicherung oder auch im Falle von ausgenutzten hoheitlichen Nutzungsbefugnissen sehr viel eher unter dem Gesichtspunkt der Gewährleistung von Freiheitsrechten als unter dem der Sicherung einer marktwirtschaftlichen Ordnung verständlich zu sein.

Mein zweiter Punkt betrifft die Konzeption von Herrn *Ehlers,* der, wie ich finde, sehr überzeugend den Primat des Gesetzgebers bei der Ausgestaltung dessen, was Eigentum ist, betont hat. Nach meinem Eindruck hat er allerdings nicht nur das Recht und den Vorrang des Gesetzgebers zum Ausdruck gebracht, zu bestimmen, was Eigentum ist, sondern auch die Pflicht des Gesetzgebers, dieses zu tun. Das ist in den Thesen 15 und 19 geschehen. Beides wirft, denke ich, Probleme auf: Im Falle der These 19, wo Sie, Herr *Ehlers,* eine formellgesetzliche Regelung ausgleichspflichtiger Inhalts- und Schrankenbestimmungen gefordert haben, stellt sich mir die Frage, wie das Verhältnis einer solchen Konzeption zu der entschädigungspflichtigen Enteignung ist — ob das dann nicht doch schon der entschädigungspflichtigen Enteignung sehr ähnlich wird, nur im Grunde genommen hinauslaufend auf eine nicht volle, sondern partielle Entschädigungsleistung. Mir scheinen die Konturen da etwas ins Verschwimmen zu geraten. Das schwierigere Problem betrifft für mich die Frage, wie weit der Gesetzgeber eine solche Ausgestaltung des Eigentumsrechts überhaupt zu leisten vermag und inwieweit Verwaltung und Rechtsprechung doch darauf angewiesen sind, auf Konzeptionen wie die Situationsgebundenheit des Eigentums zurückzugreifen. Soweit Verwaltung und Rechtsprechung Eigentum und Eigentumsbindungen im Einzelfall konkretisieren müssen, weil der Gesetzgeber dieses nicht in einer hinreichend präzisen Form tun kann, wird Art. 14 Abs. 2 GG — Sozialbindung des Eigentums — allerdings nicht nur für die Gesetzgebung gelten können, sondern auch die beiden anderen Gewalten unmittelbar binden müssen.

Dritter und letzter Punkt: Herr *Ehlers,* Sie haben bei der Baufreiheit darauf hingewiesen, daß rechtmäßige Baugenehmigungen an dem eigentumsrechtlichen Schutz teilnehmen. Hier stellt sich natürlich gleich die Frage, wie es mit rechtswidrigen Baugenehmigungen steht. Es ist ja wohl zweifelsfrei, daß auch insofern ein Vertrauensschutz bestehen muß. Woraus entnehmen Sie diesen Vertrauensschutz? Leiten Sie ihn aus dem Rechtsstaatsprinzip ab, so würde das eigentlich der gestern, insbesondere in der Diskussion geäußerten These, daß man eher auf speziellere Verfassungsgewährleistungen wie die Eigentumsgarantie abstellen solle, zuwiderlaufen. Mir selbst wäre es gleichwohl plausibel, den Vertrauensschutz bei rechtswidrigen, aber wirksamen Baugenehmigungen im Rechtsstaatsprinzip zu verorten, weil ein solcher Vertrauensschutz nicht nur vermögenswerte, sondern auch nicht vermögenswerte staatliche Erlaubnisse betreffen muß.

Fleiner-Gerster: Ich möchte ganz kurz zu drei Punkten sprechen. Zunächst zur Eigentumsgarantie als solcher. Ein australischer Richter hat mir einmal erklärt, er hätte größte Schwierigkeiten mit der ganzen Eigentumsfrage im Zusammenhang mit den Aborigines, denn die hätten die Vorstellung, sie gehörten dem Boden und nicht der Boden gehörte ihnen. Dies bringt mich zur Überlegung, ob die Eigentumsfrage und das Eigentumsrecht nicht in erster Linie auch unter der Beziehung zur Sache zu verstehen ist, und ob wir nicht, wenn wir vor allem auch schweizerisches Recht betrachten, und da hätte ich eine Frage an Herrn *Hänni*, anstelle von der Sozialbindung eigentlich von der Verantwortung des Eigentümers sprechen müßten. Die Verantwortung ist eben anders geartet, ob ich ein Tier habe, ob ich landwirtschaftlichen Boden nutze, ob ich Waldboden pflege oder ob ich Eigentümer von Bauland mitten in einer Stadt bin, in der es dringend neue Wohnungen braucht. Je nachdem ist die Verantwortung des Eigentümers eine andere.

Die zweite Frage betrifft die Schranken. In allen drei Referaten ist eine Frage offengeblieben, und da hätte ich eine Frage an alle drei Referenten. Müßte nicht auch angesichts der rasanten Entwicklung, in der wir uns heute befinden, auch die *Zeit* als Schranke oder eben auch unzulässige Schranke eingebaut werden? Wenn wir bedenken, daß infolge unzähliger Genehmigungen und Bewilligungen von größeren Unternehmungsprojekten manchmal viele Jahre vergehen, bis sie überhaupt verwirklicht werden können, so daß Zeit, aber nicht nur Zeit, sondern auch Geld verlorengeht für Investitionen, die letztlich auch zugunsten des Umweltschutzes gemacht werden könnten, stellt sich doch die Frage, ob wir nicht angesichts der Eigentumsgarantie Verfahrensabläufe zur Verfügung stellen müßten, die es uns ermöglichen, verantwortlich, aber in relativ kurzer Zeit entsprechende Projekte auf die Beine zu stellen, und ob es im Zusammenhang mit der Eigentumsgarantie nicht sinnlos ist, wenn die Eigentumsgarantie durch unsinnige Verfahrensabläufe praktisch ausgehöhlt wird.

Und die dritte Bemerkung betrifft nun gerade das Verfahren. Herr *Hänni* hat darauf hingewiesen. Ich glaube, die Tatsache, daß wir in der Schweiz beispielsweise das Vermögen über die Eigentumsgarantie nicht so weit schützen, wie etwa in der Bundesrepublik Deutschland im Zusammenhang mit dem Steuerrecht, ist doch wohl auf die direkte Demokratie zurückzuführen. Wenn der Bürger mitspricht bei den Steuern, wenn er mitspricht bei den Ausgaben, z. B. Bau von Straßen, Schulen usw., wenn er aber vor allem mitspricht, Herr *Hänni* hat darauf hingewiesen, bei der Zonenplanung als Eigentümer, Interessierter oder als Mieter, dann kann er direkt in die gerechte Entscheidung des Gesetzgebers miteinwirken und deshalb mehr zu dem Eigentumsschutz tun, als es letztlich das Gericht tun könnte.

Zacher: Ich stehe sehr in den Fußstapfen von Herrn *Schmidt-Aßmann.* Ich bitte trotzdem um Nachsicht, wenn ich meine Version der rechtsvergleichenden Aspekte hier aus meiner Sicht noch einmal unterbreite. Ich habe mich sehr gefragt, wie sieht denn eigentlich die rechtsvergleichende Problematik des Themas von heute aus? Wo liegt denn das vorrechtliche Problem? Denn Rechtsvergleichung setzt ja immer voraus, daß man ein gemeinsames vorrechtliches Problem identifiziert. Und ich meine, das vorrechtliche Problem ist hier ein doppeltes. Es liegt zunächst in der spezifischen Ordnungsproblematik: in der Sache Grund und Boden, in ihrem Gemeinschaftsbezug und in der Antwort, welche die Rechtsordnung, das einfache Recht, auf diese Herausforderung gibt. Dann haben wir aber auch noch die Dialektik dieser potentiellen Antworten des einfachen Rechts mit der Verfassungsordnung. Und ich meine, wir sollten uns mit den Referenten genau Mühe geben, diese doppelte vorrechtliche Problematik so gut als möglich herauszuarbeiten.

Erlauben Sie mir, einige Bemerkungen über das Ordnungsproblem Grund und Boden zu sagen. Warum ist dies ein Eigentum besonderer Art? Ich meine, zunächst ist da die vertikale Dimension in Betracht zu ziehen: daß es Grundwasser darunter, Bodenschätze darunter und Luft darüber gibt. Dann sind dem Grund und Boden ganz besondere Nutzungen vorbehalten. Sie kamen zur Sprache: das Bauen — nicht nur privates, sondern auch genuin öffentliches Bauen, wie der Bau von Straßen — oder die Landwirtschaft, der Wald, die Moore; das sind ganz spezifische Nutzungsweisen. Und wo immer Eigentum hier stattfindet, müssen wir in einem Mindestmaß eine Treuhänderschaft für diese Nutzungsmöglichkeit ins Auge fassen. Dazu kommt jedoch ein Aspekt, der heute, wenn ich nichts überhört habe, bisher zu kurz gekommen ist, nämlich die Knappheit des Gutes Grund und Boden. Grund und Boden ist das nicht vermehrbare Gut schlechthin. Das heißt, daß Eigentum an Grund und Boden genuin einen Privilegiencharakter hat. Daß Eigentum an Grund und Boden genuin etwas Ungleiches ist. Und dann kommt etwas, was Herr *Ehlers* und jeder der Referenten irgendwie angesprochen hat: die Situationsgebundenheit. Ich möchte aber vor allem den Akzent setzen, daß Grund und Boden in einem vorgegebenen natürlichen, wesentlichen und unvermeidlichen Zusammenhang steht. Kein Grundstück kann in einer Weise aus der Gesamtheit der Erdoberfläche herausgenommen werden, so wie Gold oder Bücher isoliert werden können. Grund und

Boden steht in einem festen Zusammenhang. Diese „Unbarmherzigkeit“ dieses Zusammenhangs, glaube ich, müssen wir in der Ordnungsproblematik noch sehr viel schärfer artikulieren. Und ich möchte hier ein Stichwort hinzufügen, das uns immer mehr beschäftigt in unserer Rechtsordnung und in unserer Politik. Das ist, was ich einmal die Dialektik zwischen Eingrenzung und Entgrenzung nennen möchte. Wir haben in Grund und Boden etwas Abgrenzbares, zugleich aber etwas genuin Entgrenztes. Vom Grund und Boden gehen die wichtigsten Ausstrahlungen im Sinne von Luftverseuchung, von Schall usw. aus. Das geht ja alles irgendwie von Grund und Boden aus. Je nachhaltiger es ist, desto mehr geht es von Grund und Boden aus. Und umgekehrt ist Grund und Boden der Einstrahlung ausgesetzt aus nah und fern. Und hier, glaube ich, in dieser Dialektik zwischen Eingrenzung und Entgrenzung steckt eine zentrale Ordnungsproblematik, deren Gewicht immer intensiver zunimmt.

Und hier sehe ich nun, um es auf den Punkt zu bringen, beim Eigentum von Grund und Boden eine Doppelnatur. Es ist individuelles Eigentum. Das wollen wir festhalten. Aber Grund und Boden ist genuin, apriorisch auch ein Gemeinschaftsgut. Diese Verschränkung, daß es individuell sein soll, und daß es zugleich ein Gemeinschaftsgut ist, das ist, glaube ich, der Nenner unserer Ordnungsproblematik. Darauf beruht die Besonderheit der Antworten, die heute beschrieben wurden, die der einfache Gesetzgeber geben kann. Darin liegt auch der große Konvergenzstrom.

Und nun war das Spannende, das heute hinzukam, daß wir einen großen Konvergenzstrom auch in der verfassungsrechtlichen Vorordnung haben — einen großen Konvergenzstrom, der sich aus der Natur unserer Verfassungsstaatlichkeit ergibt. Und hier liegt auch das Problem, das Herr *Schmidt-Aßmann* als die Steuerungsschwäche bezeichnet hat. Aber dazu möchte ich doch noch einige Bemerkungen machen. Das Verfassungsrecht gibt seine spezifischen Antworten sehr unterschiedlich. Das, glaube ich, ist in der Rechtsvergleichung heute gut herausgekommen. In der Bundesrepublik, in der Verfassungsordnung der Bundesrepublik, ist die Eigentumsgarantie eine ganz allgemeine Vermögensgarantie. Was wir an Eingrenzungen haben, ist gegenüber unserem Problem mehr oder weniger zufällig. Ich danke Herrn *Ehlers* sehr, daß er auf die Fehlentwicklung so nachdrücklich hingewiesen hat, daß unsere Eigentumsdogmatik zunächst vom Absatz 3 des Art. 14 GG her gemacht worden ist, und wir uns erst allmählich und sehr ungern auf die Absätze 1 und 2 zubewegt haben. Aber die Ordnung der Probleme, um die es hier und heute geht, kann überhaupt nicht in Absatz 3, sondern nur in Absatz 1 und in Absatz 2 des Art. 14 GG gesucht werden. Aber auch das sind ganz unspezifische Antworten. In Österreich haben wir ein Verfassungsgesetz aus dem Jahr 1867 — aus einer Zeit also, in der die Probleme von Grund und Boden, die wir heute sehen, überhaupt nicht bewußt waren. Hier muß das Verfassungsgericht das, wie Herr *Rill* sagte, die Antworten auf die Herausforderungen von heute in einer dynamischen Rechtsprechung erst hineininterpretieren. In der Schweiz ist der Verfassungsgeber sehr spät daran gewesen, d.h. wir haben eine ganz lange Vorlaufzeit der Antworten des einfachen Rechts und ein ganz langes Sich-Verschweigen des Verfassungsgebers. So konnte die späte Antwort des Verfassungsrechts die spezifischste sein. Aber selbst dann bleibt ja immer noch die zurückhaltende Geltung schweizerischen Verfassungsrechts als Schwäche der sachlichen Vorordnung. Bleibt, was Herr *Häberle* angesprochen hat: gibt es nicht programmatische Antworten im Verfassungsrecht? Wir wissen, die programmatischen Antworten im Verfassungsrecht sind genuin schwächer als die freiheitsrechtlichen Antworten. Auch wenn der Umweltschutz in der Verfassung steht, kann er es mit einem Abwehrrecht, wie einem Freiheitsrecht, nicht aufnehmen.

Damit komme ich zu meiner letzten Bemerkung. Ich glaube, die verfassungsrechtliche Eigentumsdogmatik, die ja jetzt in allen drei Ländern geschuldet und unterwegs ist, muß trotz aller dieser intensiven Durchdringung einer individuellen Position mit der eines Gemeinschaftsgutes eine freiheitsrechtliche Dogmatik bleiben. Wir sollten nicht darauf hinaus, daß, jetzt spreche ich nur vom deutschen Recht, die Absätze 1 und 2 des Art. 14 GG so interpretiert werden, als ob die Verfassungsordnung diese Probleme auch hinsichtlich der Ausdifferenzierung der Gemeinschaftsbindung löst. Von der Verfassungsrechtsprechung oder überhaupt von der Verfassungsdogmatik her kann die intensive Verflechtung von Individualität und Gemeinschaft, welche die Problematik von Grund und Boden kennzeichnet, nicht nach beiden Seiten hin in gleicher Weise gelöst werden. Hier muß ein Spiel bleiben. Das individuelle Recht muß so interpretiert werden, daß die Politik des Gemeinwesens ihren Auftrag in Richtung auf die Gemeinschaftsgebundenheit von Grund und Boden erfüllen kann. Aber das Abwehrrecht muß schlagkräftig bleiben. Denn wenn wir das vermengen und die Problemlösungen unmittelbar aus der Verfassung entnehmen wollen, dann wird das Freiheitsrecht in den Werten und in den Notwendigkeiten des Gemeinschaftlichen untergehen.

Vorsitzender: Vielen Dank, Herr *Zacher*. Ich erteile nun den Referenten das Wort, möchte aber gleichzeitig darauf hinweisen, daß wir noch 16 Wortmeldungen haben, und die dringende Bitte an die Referenten richten, auf diesen Umstand Rücksicht zunehmen, so daß wir in etwa in der Zeit bleiben können.

Rill: Ich möchte zuerst auf die Äußerung des Herrn *Ossenbühl* Bezug nehmen und die Rückkehr zum klassischen Enteignungsbegriff noch einmal erläutern. Ich glaube, daß historisch betrachtet eben Enteignung im Sinne unseres Eigentumsgrundrechts als klassische Enteignung zu definieren ist, und daß im Gefolge dann innerhalb der Eigentumsbeschränkungen zwischen entschädigungspflichtigen und entschädigungsfreien unterschieden werden muß. Die große Bedeutung, die eine Orientierung an diesem historischen Ausgangspunkt hat, ist die, daß damit Verstaatlichungen und Sozialisierungen mit dem Eigentumsgrundrecht nicht vereinbar sind, sondern nur die klassische Enteignung. Das hat für das Verständnis der Eigentumsgarantie, glaube ich, eine grundlegende Bedeutung, und darauf wollte ich noch einmal hinweisen. Herr *Badura* hat die These 5e ‚Grundwasser' angesprochen. Ich habe die These aufgestellt, daß Grundwasser dem Benutzungsrecht des Eigentümers vorbehalten ist, und das ist seit 1934 noch immer einfach gesetzliche Rechtslage in Österreich, also anders etwa als in Süddeutschland. Vorher war das Grundwasser im Wasserrecht unzulänglich geregelt und gab zu vielen Zweifelsfragen Anlaß.

Was These 21 anbelangt, also meine Ablehnung der Positivplanung, so meine ich, daß allein zur Realisierung der Vorstellungen einer Bauplanung nicht ein Baugebot erlassen werden kann. Es muß ein besonderer öffentlicher Zweck hinzutreten. Selbstverständlich kann dies bei einer sogenannten Problemzone der Fall sein. Wir haben also zum Beispiel in Österreich eine Ermächtigung an den Bund zur Gesetzgebung betreffend die Stadterneuerung (Assanierung). Das ist ein Bereich, in dem im Hinblick auf Problemzonen ein öffentlicher Zweck verfolgt wird, der über die Planungsinteressen bei der Flächenwidmung hinausgeht. Baugebote und Positivplanung sind hier zulässig.

Zu Herrn *Häberle* würde ich sagen, ich sehe nicht ganz ein, warum wir den Eigentumsbegriff differenzieren müssen. Ich meine, daß man im Einzelfall Differenzierungen bei der Frage der Zulässigkeit des Eingriffes vorzunehmen hat, etwa dergestalt, daß man für das Eigentum, das das Existenzminimum sichert, einen größeren Schutz fordert als für anderes Eigentum. Aber ich glaube nicht, daß man von vornherein generalisierend oder in abstrakten Kategorien Abgrenzungen einführen sollte.

Herr *Stolzlechner* hat meine Position zum Ausschluß des Schutzes „Öffentliche Rechte aus der Eigentumsgarantie" kritisiert. Dazu muß ich sagen, bitte, wenn Sie glauben, daß öffentlich-rechtliche Nachbaransprüche wirklich öffentlich-rechtliche Nachbaransprüche gegenüber dem Nachbarn sind, dann sind wir einfach unterschiedlicher Meinung. Ich bin der Auffassung, daß das privatrechtliche Ansprüche sind und nicht öffentlich-rechtliche. Es ist eine unreflektierte Meinung in Judikatur und Lehre, die in Rede stehenden Nachbarrechte per se in allen Aspekten als öffentlich-rechtliche Ansprüche zu qualifizieren, weil sie vor den Verwaltungsbehörden geltendzumachen sind. Wenn Sie die These 10 kritisieren, so muß ich sagen, daß Sie selber in Ihrem Buch über das Betriebsanlagenrecht beifällig die jüngere Judikatur des Verfassungsgerichtshofs zitieren, der sagt, daß die Ablehnung einer Betriebsanlagenbewilligung sehr wohl ins Eigentum eingreift, weil der Eigentümer mit seinem Eigentum nicht alles machen darf, was er will, sondern erst eine Bewilligung braucht. Er darf die Maschine eben erst aufstellen, wenn er eine Bewilligung dafür hat. Was die Rechtsprechung der Straßburger Instanzen anbelangt, so ist es sicherlich möglich, daß die Rechtsprechung in Richtung der Öffnung für den Schutz öffentlich-rechtlicher Ansprüche geht. Die Ansätze, die es bisher gibt, sind äußerst bescheiden, und historisch war es sicher nicht so gemeint, denn es ist eben die Menschenrechtskonvention und nicht die europäische Sozialcharta, die es ja auch noch gibt. Auch bei grundverkehrsbehördlichen Eingriffen habe ich mit der Beschränkung auf das vermögenswerte Privatrecht überhaupt kein Problem. Denn das Grundverkehrsrecht beschränkt die rechtsgeschäftliche Verfügungsmacht. Wenn Sie sagen, daß ich beim Wasserrecht selber die öffentlichrechtlichen Ansprüche unter den Schutz stelle, so haben Sie mich mißverstanden. Ich folge hier der in der Bundesrepublik Deutschland meines Wissens herrschenden Auffassung, daß diese Ansprüche erst geschützt sind, wenn man Investitionen getätigt hat, also die Sache, wie hier gerne gesagt wird, ins Werk gesetzt hat.

Zuletzt zum gemeinnützigen Verein, zum Golfverein. Das ist ein völliges Mißverständnis. Wenn ich sage, es könne für einen gemeinnützigen Verein enteignet werden, so ist selbstverständlich gemeint, daß der Zweck des gemeinnützigen Vereins im öffentlichen Interesse liegen muß und daher die Enteignung rechtfertigen kann.

Was die Frage des Telos der Eigentumsgarantie anbelangt, Herr *Lange*, so muß ich sagen, daß ich nicht der Meinung bin, Eigentum schützt Freiheit, nicht Reichtum, wie das Herr *Leisner* zur Charakterisierung der Verfassungsgerichtsrechtsprechung formuliert hat. Ich meine, daß das Eigentum neben anderen Grundrechten des Wirtschaftslebens eine grundsätzlich marktwirtschaftliche Ordnung garantiert. Ich will also dieses Telos nicht nur an der Eigentumsgarantie, sondern an allen Grundrechten des Wirtschaftslebens festmachen. Und daher komme ich nicht zur Anerkennung sozialversicherungsrechtlicher Ansprüche als Schutzobjekt der Eigentumsgarantie. Herr *Fleiner* hat gefragt, ob aus der Eigentumsgarantie nicht auch verfahrensrechtliche Sicherungen abzuleiten sind, damit nicht zu lang dauernde Verfahren die Durchsetzung von Eigentumsansprüchen behindern. Das ist sicherlich grundsätzlich richtig. Ich meine, daß die Ausgestaltungspflicht des Gesetzgebers dahin geht, das Eigentumsrecht in sinnvoller Weise durchsetzbar zu gestalten. Nur glaube ich, daß die Hauptprobleme nicht beim Gesetzgeber liegen, sondern bei der Verwaltung, die einfach die Dinge nicht bewältigt und insbesondere auch bei der politischen Spitze bei der Verwaltung, die aus Rücksichtnahme auf hunderterlei Bürgerinitiativen die Verfahren eben schleppend behandelt.

Ehlers: Es sind zu diesem Zeitpunkt bereits so viele und so gewichtige Fragen aufgeworfen worden, daß ich weder auf alles eingehen noch auch nur den einzelnen Diskussionsbeiträgen in der Kürze der Zeit wirklich gerecht werden kann. Ich bitte um Verständnis, wenn ich mich auf diejenigen Punkte konzentriere, von denen ich den Eindruck habe, daß sie mein Referat zentral berühren.

Zu Beginn sind Herr *Ossenbühl* und Her *Badura* auf die Rechtsprechung des Bundesverfassungsgerichts eingegangen. Bei aller Kritik, die man im einzelnen üben kann, sollten wir die Leistungen dieses Gerichts sehr hoch einschätzen. Zwar hat das Bundesverfassungsgericht viele Fragen offengelassen bzw. offenlassen müssen. Das gilt etwa für die Probleme der Eigentumsunrechtshaftung oder der salvatorischen Klauseln. Auch ist manches unklar geblieben — so etwa der Enteignungsbegriff. Jedoch hat das Bundesverfassungsgericht von Anfang an — nämlich bereits im Jahre 1955 — mit der Weimarer Tradition gebrochen und die Eigentumsgarantie als Grundrecht und nicht nur als Entschädigungsgarantie ernst genommen. Herr *Zacher* hat darauf hingewiesen, daß diese Sichtweise die richtige ist, und ich möchte dem gerne zustimmen. In der Folgezeit hat das Bundesverfassungsgericht seine Konzeption mehrfach bekräftigt — grundsätzlich vor allem in der Deichordnungs-Entscheidung im Jahre 1968. Es ist deshalb aus heutiger Sicht für mich schwer nachvollziehbar, warum diese Rechtsprechung von der Fachgerichtsbarkeit und der Literatur nicht bzw. nicht hinreichend zur Kenntnis genommen worden ist, so daß es erst des Paukenschlages der Naßauskiesungs-Entscheidung bedurfte, um Bewegung in die versteinerte Eigentumsdogmatik zu bringen.

Mit Herrn *Häberle* bin ich der Meinung, daß es *das* Eigentum nicht gibt, sondern eine Vielzahl von Eigentumspositionen. Wenn es richtig ist, daß Art. 14 Abs. 1 GG das Recht schützt, auf der Grundlage und im Rahmen der Gesetze Vermögensgegenstände behalten und nutzen zu dürfen, ändert sich das Eigentumsrecht mit jeder Gesetzesänderung, und das bedeutet z. B. auch mit jedem Bebauungsplan oder mit jedem Landschaftsplan in Form einer Satzung. Zutreffend hat deshalb Herr Badura darauf hingewiesen, daß man Art. 14 Abs. 1 GG nicht in dem Sinne funktionalisieren darf, daß man die Eigentumspositionen in feste Schubkästen einteilt.

Was das von Herrn *Roellecke* angesprochene Problem der Verfügungsbefugnis über die Eigentumsgegenstände angeht, liegt vermutlich ein Mißverständnis vor. Ich möchte die Verfügungsbefugnis nicht aus dem Schutz des Eigentums ausklammern, sondern betrachte die Verfügungsbefugnis nur als Unterfall der Nutzungsbefugnis.

Eine Reihe von Beiträgen hat sich mit dem Verhältnis von Eigentums- und Umweltschutz beschäftigt. Soweit es um das „Ob" des Umweltschutzes geht, möchte ich noch einmal deutlich machen, daß in Art. 14 Abs. 2 GG bereits eine Staatszielbestimmung „Umweltschutz" enthalten ist, weil der Gesetzgeber durch den Sozialauftrag des Art. 14 Abs. 2 GG in Pflicht genommen wird. Im übrigen entspricht der Satz „Im Zweifel für den Umweltschutz" m. E. ebensowenig dem Art. 14 GG wie seine Umkehrung „Im Zweifel für die Freiheit". Es kommt eben alles auf eine verhältnismäßige Zuordnung an. Überhaupt gibt es im Verfassungsrecht keine festen Formeln, die uns der Notwendigkeit des immer neu ansetzenden Abwägungsbemühens enthöben. Deshalb habe ich auch Zweifel, Herr *Ossenbühl,* ob man von einem Rechtsbegriff „Marktwirtschaft" sprechen kann. Solche Großformeln sind nicht ungefährlich.

Einige Äußerungen haben das Stichwort „Untermaßverbot" aufgegriffen. Der Terminus, der zwar selten verwendet wird, aber nicht von mir stammt, soll zum Ausdruck bringen, daß der Gesetzgeber zur Sicherstellung eines Mindeststandards rechtlicher Grundrechtsverwirklichung verpflichtet ist. Für die Eigentumsgewährleistung ergibt sich dies aus der Institutsgarantie. Der Mindeststandard läßt sich nicht absolut, sondern nur relativ in Abwägung mit dem Gebot des Art. 14 Abs. 2 GG festlegen. Die Gegenüberstellung von Unter- und Übermaßverbot ist natürlich nicht zufällig, sondern gewollt, weil sie m. E. plastisch und präzise den Spielraum des Gesetzgebers bestimmt.

Nun hat Herr *Wahl* die Frage aufgeworfen, ob der Gesetzgeber durch die Begrenzung von beiden Seiten her nicht einer Art Doppelzange ausgeliefert wird. Es könnte die Gefahr bestehen, daß die gesetzgeberischen Gestaltungsmöglichkeiten zu sehr eingeschränkt werden. Jedoch gewährleistet das Untermaßverbot nur Mindestgarantien. Umgekehrt meine ich, daß auch das Übermaßverbot durchaus flexibel und elastisch wirkt und erst ab einer gewissen Schmerzgrenze den Gesetzgeber wirklich einengt. Ob man von einer Überforderung des Gesetzgebers sprechen kann, wie dies in einigen Diskussionsbeiträgen angeklungen ist, möchte ich zunächst dahingestellt sein lassen, weil wir vermutlich im Zusammenhang mit der Erörterung der Ausgleichs- und Enteignungsregelungen noch auf dieses Problem zu sprechen kommen werden.

Wenn ich Herrn *Badura* richtig verstanden habe, hatte er Zweifel, ob man beim Nachbarschutz nicht doch unmittelbar auf Art. 14 GG rekurrieren müsse. Dies ist die alte Konzeption des Bundesverwaltungsgerichts. Das Gericht stellt in bestimmten Fällen — nämlich bei schweren und unerträglichen Belastungen — nicht auf das einfache Gesetz, sondern direkt auf Art. 14 GG ab. Von dieser Auffassung habe ich mich aber gerade distanzieren wollen. Im Unterschied zu den sonstigen Freiheitsrechten, bei denen wir es immer mit einem natürlichen Substrat zu tun haben, vermag Art. 14 GG ohne gesetzliche Ausgestaltung keine Wirkungen zu entfalten. Vielfach wird aber eine verfassungskonforme Auslegung des einfachen Rechts in Betracht kommen. Das viel gescholtene Gebot der Rücksichtnahme — das nicht nur im Baurecht, sondern auch in anderen Rechtsgebieten zur Anwendung gebracht wird — ist in meinen Augen ein Beispiel hierfür. Allerdings siedelt das Bundesverwaltungsgericht dieses Gebot nur auf der Ebene des einfachen Gesetzesrechts an, während ich meine, daß die Wurzeln in Art. 14 GG zu suchen sind. Ausgelegt wird dann allerdings das einfache Recht.

Sehr schwierige Fragen hat Herr *Schmidt-Aßmann* angesprochen. Ich möchte einen Aspekt herausgreifen, nämlich die mögliche Interessenparallelität von Eigentums- und Umweltschutz. Soweit eine derartige Parallelität besteht, muß der Staat daran anknüpfen, also Umweltschutz nicht gegen, sondern mit dem Eigentümer durchsetzen. Die Steuerungsprobleme im einzelnen lassen sich nicht leugnen. Immerhin haben sich im Umweltrecht gewisse Prinzipien herausgebildet, an denen sich der Gesetzgeber orientieren kann. Neben den genannten Gesichtspunkten lassen sich vielleicht noch das Verursacher- und das Kooperationsprinzip nennen.

Der letzte Punkt, auf den ich eingehen möchte, betrifft die von Herrn *Lange* angesprochene Frage eines Eigentumsschutzes rechtswidriger Baugenehmigungen. Daß sich der Gesetzgeber unsicher war, wie dieser Fall zu behandeln ist, zeigt die im letzten Absatz des § 48 VwVfG enthaltene subsidiäre Rechtswegklausel für den enteignungsgleichen Eingriff. Wenn ich der Auffassung bin, daß wegen der Gesetzesabhängigkeit des Art. 14 GG rechtswidrige Genehmigungen nicht dem Schutz dieser Vorschrift unterfallen, heißt dies natürlich nicht, daß dem Genehmigungsadressaten überhaupt kein Verfassungsschutz zukommt. Einen verfassungsrechtlich abgesicherten Vertrauensschutz gibt es sicher. Nur würde ich diesen Schutz in Art. 2 Abs. 1 GG i. V. m. dem Rechtsstaatsprinzip verorten wollen. So viel zunächst.

Hänni: Ich darf mich hier aus schweizerischer Sicht kurz fassen. Zunächst zu der Bemerkung von Herrn *Zacher:* Ich stimme ihm voll bei, daß die Unvermehrbarkeit des Bodens tatsächlich ein zentrales Problem darstellt. Und ich möchte beifügen, daß dieser Umstand nicht nur mit Blick auf die Lösungen zu berücksichtigen ist, sondern schon bei der Entstehung der damit zusammenhängenden Probleme, wenn Sie nur schon an die verstärkte, vielleicht sachfremde Funktion des Bodens als Vermögensanlage denken. Das kann eine Reihe von Problemen überhaupt erst verursachen, die dann später unter Umständen nur sehr mühsam gelöst werden können. So haben wir in der Schweiz beispielsweise vor zwei Jahren eine auf fünf Jahre befristete Veräußerungssperre eingeführt. Sie wird jetzt zurückgenommen auf drei Jahre, möglicherweise wird sie auch vollständig aufgehoben, sie ist aber eine typische Folge der Entfremdung des Bodeneigentums als Vermögensanlage, die ihrerseits mit der Unvermehrbarkeit des Bodens zusammenhängt.

Sodann hat Herr *Fleiner* die Frage aufgeworfen, ob der Schutz der Eigentumsgarantie in Wirklichkeit nicht auch und gerade durch die demokratische Partizipation am Planungsverfahren gewährleistet werden kann. Ich bin der Auffassung — und ich habe das auch schon im Referat so ausgeführt —, daß die demokratische Mitwirkung im Planungsverfahren tatsächlich einer der Eckpfeiler beim Schutz des Eigentums ist, weil eben — auch dies habe ich darzustellen versucht — die dem Gesetzgeber auferlegten Schranken bei der Konkretisierung der Eigentumsgarantie doch sehr weit gezogen sind. Herr *Fleiner* hat alsdann die weitere Überlegung ins Spiel gebracht, ob nicht die Schranke „Zeit", bzw. die Zeit überhaupt, eine bedeutendere Rolle spielen müsse bei der Bestimmung des Eigentumsbegriffs. Diesem

Umstand ist zweifellos vermehrt Rechnung zu tragen. Ich darf Sie in diesem Zusammenhang nur an die neueste Rechtsprechung des schweizerischen Bundesgerichtes zur Koordinationspflicht der Behörden im Rahmen von Bewilligungsverfahren erinnern. Wenn nämlich mehrere Bewilligungsverfahren völlig unkoordiniert nebeneinander abgewickelt werden, führt dies dazu, daß die ersten Bewilligungen schon wieder erlöschen, wenn die letzten erst rechtskräftig werden. Dies führt zu einer erheblichen Schwächung der Eigentümerposition, weshalb das Bundesgericht klargemacht hat, daß hier eine Verpflichtung der Behörden zur Koordination der Verfahren besteht. Das kann ein möglicher Ausweg sein. Ob es der einzige ist, oder ob allenfalls aus der Eigentumsgarantie eine Entschädigungspflicht bei extremen Verzögerungen abgeleitet werden kann, das wird die Zukunft weisen müssen. Im Moment allerdings scheint die Rechtsprechung das Schwergewicht auf die Koordinierungspflicht zu legen.

Bei der Frage des differenzierten Eigentumsbegriffes schließlich, die Herr *Häberle* aufgegriffen hat, läßt sich aus schweizerischer Sicht sagen, daß die Rechtsprechung diesen Weg mindestens seit dem leading case *Zizers* (BGE 105 Ia 330) ausdrücklich durch die Feststellung geöffnet hat, daß die verschiedenen Ziele und Wertungen, die in der Bundesverfassung im Rahmen von Kompetenznormen einen Ausdruck gefunden haben, gleichrangig neben der Eigentumsgarantie stehen, was natürlich die Herausbildung eines differenzierten Eigentumsbegriffs stark begünstigt. Im übrigen dürfen wir nicht vergessen, daß wir die Gleichrangigkeit des Umweltschutzgedankens nicht aus der Sozialbindung herleiten müssen, sondern daß die Existenz eines eigentlichen Umweltschutzartikels in der Bundesverfassung möglicherweise eine sachgerechtere und ungezwungenere Abwägung der verschiedenen Interessen erlaubt, als dies beim Umweg über die Sozialbindung von Art. 14 GG der Fall ist.

Frotscher: Ich möchte zwei eher grundsätzliche Anmerkungen zu den Referaten machen und im Anschluß daran noch eine Detailfrage aufwerfen. Zunächst zu dem Referat von Herrn *Rill.* Hier scheint es mir erforderlich, Ihr kritisches Augenmerk noch einmal auf die Thesen 3 und 4 zu lenken. Der Begriff der „präkonstitutionellen Eigentumsordnung“, wie er hier verwendet wird, scheint mir ein gefährlicher Maßstab für die Auslegung der Eigentumsgarantie in der Gegenwart. Die „präkonstitutionelle Eigentumsordnung“ verweist in diesem Zusammenhang auf die Regelung des Eigentums im Jahre 1867. Wenn man sich aber vor Augen führt, daß gerade im 19. Jahrhundert und speziell in der angesprochenen Epoche ein besonders individualistischer Eigentumsbegriff ausgeprägt war und die soziale Komponente des Eigentums zu verschwinden drohte, dann ist es, wie ich meine, heute an der Zeit, von einem solchen individualistischen Eigentumsbegriff endgültig Abschied zu nehmen und statt dessen — wie für einen Sozialstaat angemessen — die soziale Komponente oder Sozialpflichtigkeit des Eigentums, wie sie in Art. 14 Abs. 2 GG normiert ist, wieder stärker zu betonen.

Die Leitsätze 3 und 4 von Herrn *Rill* stehen in enger Verbindung. Die These 4 ist ja auch in der Diskussion schon mehrfach angesprochen worden, u. a. von Herrn *Ossenbühl,* der noch einmal unterstrichen hat, daß es richtig sei, die Gewährleistung der marktwirtschaftlichen Ordnung als Telos der Eigentumsgarantie anzusehen. Ich möchte dagegen ausdrücklich den Vertretern der Gegenmeinung beispringen und die Auffassung des BVerfG verteidigen, wonach das Grundgesetz trotz der bestehenden Freiheitsgarantien sich nicht auf eine bestimmte wirtschaftspolitische Ordnung festgelegt hat. Das ist verfassungsrechtlich gut so, auch wenn ich persönlich durchaus von der *politischen* Richtigkeit der sozialen Marktwirtschaft überzeugt bin. Schließlich erscheint es mir zu kurz gegriffen, wenn Herr *Ossenbühl* in der juristischen Auseinandersetzung den Zusammenbruch des kommunistischen Regimes in Osteuropa als Argument für eine Neuinterpretation des Grundgesetzes verwenden will.

Ich komme dann zu dem Referat von Herrn *Ehlers,* dessen Konzept mich in allen Teilen überzeugt hat. In einem Punkt möchte ich allerdings eine Ergänzung vorschlagen und noch einmal unterstreichen, was in der Diskussion bereits von Herrn *Badura,* Herrn *Ossenbühl* und anderen gesagt worden ist. Es geht dabei um den Leitsatz 15, also um die Sozialbindung des Eigentums, die ja auch ausdrücklicher Bestandteil unseres Tagungsthemas ist. Herr *Ehlers* nimmt hier eine Abwägung vor zwischen den Privatnützigkeitsinteressen auf der einen und den Allgemeinwohlbelangen auf der anderen Seite. Dabei darf man m. E. jedoch nicht stehenbleiben und die rechtssystematischen Bemühungen sozusagen beim Verhältnismäßigkeitsprinzip als einem doch sehr unbestimmten Maßstab abbrechen und alles Weitere dem Richter im Rahmen der Einzelfallentscheidung überlassen. Statt dessen müssen wir die vorhandenen Differenzierungsansätze weiterentwickeln, um auf diese Weise zu einer *Theorie der abgestuften Sozialbindung,* wie ich es nennen möchte, zu kommen. Die Elemente einer solche Theorie kann man bisher nur andeuten; zu Recht ist jedoch in der Diskussion bereits auf die Entscheidung des BVerfG hingewiesen worden, in der das Gericht jedenfalls ansatzweise eine solche Abstufung in der Sozialbindung vorgenommen und deutlich ausgesprochen hat, daß Grund und Boden nicht wie eine mobile Ware behandelt werden können. Das Gericht hat diesen Ansatz in dem sog. Mitbestimmungsurteil wieder aufgenommen und hat differenziert zwischen dem (stärker sozial verpflichteten) Anteilseigentum und dem sonstigen Eigentum, das in unserer Diskussion z. T. auch als „kleines" Eigentum bezeichnet worden ist. Ich glaube, Herr *Häberle*, man kann Ihrem Anliegen im Ergebnis gerecht werden, wenn man zwar einerseits daran festhält, daß alle Arten von Eigentum in den Schutzbereich des Art. 14 GG fallen, also das „große" Eigentum ebenso wie das persönliche „kleine" (Die von *Rittstieg* in seiner Monographie „Eigentum als Verfassungsproblem" versuchte Aufspaltung und Einschränkung der Eigentumsgarantie ist nach meiner Meinung verfassungsrechtlich nicht haltbar.), wenn man jedoch auf der anderen Seite im Rahmen der Sozialbindung gem. Art. 14 Abs. 2 GG nach verschiedenen Eigentumsarten differenziert und auf diese Weise die soziale Funktion des Eigentums, gerade beim Grund und Boden und gerade im Hinblick auf den Umweltschutz, besonders zur Geltung bringt. Herr *Ehlers* hat bereits, zwar nicht in seinen Leitsätzen, wohl aber im Vortrag, auf die notwendige Unterscheidung nach dem Eigentumsobjekt hingewiesen. Dem Privatnützigkeitsinteresse des einzelnen an diesem Objekt sind dann die öffentlichen Belange gegenüberzustellen, wobei man hinsichtlich der Vielzahl der Eigentumsobjekte doch über die bisher genannten entweder sehr weiten oder sehr vagen Einteilungen hinaus zu einer stärkeren Typisierung und einer Art Rangfolge kommen müßte. Diese „Skala" würde vor dem ganz persönlichen Eigentum, wie es beispielsweise unser Tagungsanzug darstellt, bei dem zunächst niemand irgendeine Form der Sozialbindung für zulässig erachten wird, über das Auto, wo die Abwägung schon komplizierter wird, bis hin zu dem unvermehrbaren und deshalb so „kostbaren" Grund und Boden reichen. Bereits das Auto wird man heute mit Blick auf die Umwelt nicht mehr zu den Eigentumsobjekten rechnen können, bei denen die Bedeutung für die Freiheitsentfaltung des einzelnen den unbedingten Vorrang vor den Interessen der Allgemeinheit erhalten müßte. Hinsichtlich des Grund und Bodens ist anzumerken, daß es in früherer Zeit sehr wohl als „frei" zu bezeichnende Gesellschaften gegeben hat, die kein Privateigentum an Grund und Boden, sondern nur ein Gemeineigentum, eine Allmende oder ähnliche Formen des Gemeinschaftsbesitzes gekannt haben. Zusammenfassend möchte ich meinen, daß es richtiger ist, den Schutz der Eigentumsgarantie nicht von Anfang an auf bestimmte Eigentumsobjekte einzuengen, sondern vielmehr den Weg über Art. 14 Abs. 2 GG und eine darauf basierende Theorie der abgestuften Sozialbindung zu gehen.

Damit komme ich zu dem Detailproblem, das ich noch ansprechen wollte. In Ihrem Leitsatz 10, Herr *Ehlers*, behandeln Sie den Luftraum über einem Grundstück, den Sie im Unterschied zur Gewässernutzung dem privatnützigen Eigentum zurechnen wollen. Hier muß man m. E. Zweifel anmelden, weil völlig unberücksichtigt bleibt, daß der Luftraum nach allgemeiner verwaltungsrechtlicher Auffassung als eine öffentliche Sache im Gemeingebrauch einzustufen ist. Wenn Sie die Privatnützigkeit des Luftraumes dann auf „eine gewisse Höhe" über dem Grundstück begrenzen wollen, so erscheint diese vage Grenzziehung problematisch. In einem beschaulichen Ort wie Marburg würde vielleicht eine Luftsäule von 20 m Höhe ausreichen, während in Frankfurt oder Manhattan ganz andere Dimensionen eine Rolle spielen.

Abschließend möchte ich doch betonen, daß ich Herrn *Hännis* Referat mit Interesse entnommen habe, wie offen die Verfassungsordnung eines allgemein als konservativ gekennzeichneten Landes die Eigentumsfrage angeht. Insbesondere die von Herrn *Hänni* in Leitsatz 15 angesprochenen „demokratischen Mitwirkungsrechte" bei der Grenzziehung zwischen Eigentumsschutz und Umweltgestaltung erscheinen mir bedenkenswert.

Oldiges: Aus der Fülle der hier angesprochenen Probleme greife ich nur den Einzelaspekt der Baufreiheit heraus. Obwohl die damit verbundene Problematik seit den siebziger Jahren an rechtspolitischer Brisanz verloren hat, besitzt sie durchaus auch weiterhin noch paradigmatische Bedeutung für das Eigentumsverständnis insgesamt und zugleich auch für das Verhältnis von Eigentumsrecht und Umweltschutz. Dem Referat von Herrn *Rill* haben wir entnehmen können, daß aus österreichischer Sicht die Baufreiheit aus dem Eigentumsrecht fließt; das besagt seine These 5e ohne jedes Wenn und Aber. Herr *Hänni* ist für die Schweiz schon etwas zurückhaltender, wenn er in These 6 darauf hinweist, daß das Problem der Baufreiheit angesichts der Abhängigkeit des Bauens vom Staat keine wirklich maßgebliche Rolle spiele. Herr *Ehlers* schließlich geht in seinen Thesen 8 und 21 noch darüber hinaus. Seiner These 8 zufolge ist die Baufreiheit nur institutionell durch Art. 14 GG gewährleistet und im wesentlichen nur gesetzlich konstituiert. In These 21 werden die Konsequenzen aus diesem Ansatz gezogen; hiernach bedeuten Nutzungsbeschränkungen bei Grund und Boden keine Enteignung. Dem stelle ich die – keineswegs neue, sondern von *Rudolf Reinhardt* entwickelte und vom Bundesverfassungsgericht übernommene – These entgegen, daß die Eigentumsgewährleistung der Privatnützigkeit des Eigentums dient.

Zur Privatnützigkeit gehört nun aber neben dem „Haben-dürfen" auch das „Gebrauchen-können", also die Nutzungsbefugnis. Ich nehme an, dem würden auch Sie, Herr *Ehlers*, noch zustimmen können; das meine ich jedenfalls anderen Ihrer Bemerkungen entnehmen zu können. Sie vermeiden es aber, hieraus für die Baufreiheit Konsequenzen zu ziehen. Was ist Baufreiheit denn anderes als ein Ausdruck der Nutzungsbefugnis, des „Gebrauchen-könnens"? Damit erweist sie sich aber wie das „Gebrauchen-können" selbst als ein Bestandteil des Eigentumsrechts und nimmt an dessen verfassungsrechtlicher Gewährleistung teil. Baufreiheit ist darum ein unmittelbar aus der Verfassung ableitbares Recht.

Nun wird dem bekanntlich entgegengehalten, Baufreiheit sei lediglich verwaltungsrechtlich, nämlich durch die kommunale Bauleitplanung, vermittelt und genieße damit keinen Verfassungsschutz als ein Individualgrundrecht des Grundstückseigentümers. Gewiß unterliegt die Baufreiheit einem Planungsvorbehalt — aber auch das gilt nicht einmal uneingeschränkt, denn das Prinzip der Planmäßigkeit der Bebauung ist auf breiter Front der Bebauung nach den Planersatznormen 34 und 35 BauGB gewichen. Letztlich geht es hierbei insgesamt um einen städtebaulichen Ordnungsvorbehalt der Baufreiheit. Dieser Ordnungsvorbehalt konstituiert nicht die Baufreiheit — und schon gar nicht im Sinne einer Gewährung durch die Verwaltung —, sondern setzt ihr eine gesetzliche Schranke.

Auch Sie, Herr *Ehlers*, sprechen nicht von einer verwaltungsrechtlichen Vermittlung der Baufreiheit, meinen aber doch wohl, daß sie erst durch das Gesetz konstituiert werde. Wenn dem so wäre, könnte der Gesetzgeber die Baufreiheit, so wie er sie selbst erst bewirkt hat, nahezu beliebig auch wieder einschränken. Das ließe sich aber, wie mir scheint, mit der Privatnützigkeit des Eigentums an Grund und Boden nicht vereinbaren.

Nun noch ein Wort zur These 21 von Herrn *Ehlers*. Wenn die Nutzungsmöglichkeit des Eigentums an Grund und Boden, wie es mir richtig erscheint, als Baufreiheit unmittelbar durch Art. 14 GG geschützt wird, dann ist auch der Bodenwert eine Komponente des Eigentumsrechts. Denn der Bodenwert bringt die städtebauliche Nutzbarkeit eines Grundstücks zum Ausdruck; er ist ihr Indikator. Eine planerische Herabzonung mindert regelmäßig die Nutzbarkeit eines Grundstücks und ist insoweit verfassungsrechtlich relevant. Auch hier liegt ein Eigentumsentzug vor, wenn auch nicht in der Form des Substanzentzuges, sondern als Entzug der Nutzungsmöglichkeit. Das wird dort am deutlichsten, wo planerische Festsetzungen wie etwa bei der Festlegung von öffentlichen Verkehrs- oder Grünflächen eine privatnützige Verwendung der betroffenen Grundstücke gänzlich ausschließen. In diesem Zusammenhang gehen Sie, Herr *Ehlers,* auf die Entschädigungsregel des § 42 BauGB und die dort geregelte Sieben-Jahres-Frist ein. In These 16 haben Sie die Sieben-Jahres-Frist damit gerechtfertigt, daß das genutzte Grundeigentum eine verfassungsrechtlich stärkere Position besitze als das ungenutzte. Ich erkläre mir diese Regelung jedoch anders. Grundsätzlich genießen, wie ich meine, genutztes und ungenutztes Grundeigentum verfassungsrechtlich den gleichen Schutz. Allerdings läßt § 42 Abs. 3 BauGB planerische Herabzonungen ohne volle entschädigungsrechtliche Kompensation des Bodenwertverlustes zu, wenn und soweit von einer bestehenden planerischen Bebaubarkeit über mehr als sieben Jahre hinweg nicht Gebrauch gemacht worden ist. Diese Regelung ist indes nicht Ausdruck einer geringeren eigentumsrechtlichen Schutzmöglichkeit, sondern begründet lediglich eine Obliegenheit des Eigentümers zu plankonformer Nutzung seines Eigentums. Das Gesetz hat mit dieser Obliegenheit eine neuartige Eigentumsschranke im Sinne des Art. 14 Abs. 1 S. 2 GG entwickelt, die sich aus der besonderen Sozialpflichtigkeit des Eigentums an Grund und Boden rechtfertigt. Versteht man § 42 Abs. 3 BauGB in dieser Weise, dann fügt er sich lückenlos in das Gebäude des verfassungsrechtlichen Eigentumsschutzes ein, das auch die Baufreiheit umfaßt.

Breuer: Ich möchte noch einmal zu einer Reihe von grundsätzlichen Punkten Stellung nehmen und versuchen, aus dem Rechtsvergleich etwas herzuleiten; denn ein Rechtsvergleich dient ja in erster Linie dazu, daß man eigene Ansätze kritisch überdenkt und prüft, was man eigentlich aus den anderen Rechtsordnungen lernen kann.

Erstens: Ein rechtstatsächlicher Befund verdient hervorgehoben zu weden. Er ist in allen drei Staaten, die wir betrachtet haben, gleich und wahrscheinlich ein gemeinsames Phänomen aller Industriestaaten. Die Situation ist antithetisch. Auf der einen Seite ist das Eigentum Teil der privatnützigen Ordnung und der Freiheit. Persönliche Freiheit und vermögensrechtliche Freiheit sind nicht teilbar. Das ist sicherlich richtig. Aber auf der anderen Seite ist ebenso richtig, was Herr *Zacher* nachdrücklich betont hat und was man nur unterstreichen kann. Unter den heutigen Verhältnissen ist die Bodennutzung ebenso wie das umweltrelevante Handeln immer durch einen Bezug zur Gemeinnützigkeit gebunden. Der Grund und Boden ist Bestandteil eines Umweltmediums. Die Bodennutzung hat Ausstrahlungswirkungen. Es kommt ein historisches Moment hinzu, und zu dieser Bemerkung gibt das Referat von Herrn *Rill* Anlaß. Im 19. Jahrhundert ist die

Eigentumsfreiheit zum Kern der grundrechtlichen, liberal-rechtsstaatlichen Ordnung gemacht worden. Wir sind dabei nicht stehengeblieben. Die neuzeitlichen Entwicklungen sind vorangeschritten, und immer drängender und immer bedrohlicher wird uns bewußt, daß der Grund und Boden eigentlich nur Teil eines Mediums und Teil sozialer Gesamtzusammenhänge ist. Mir scheint es nun der richtige Ansatz zu sein, daß diese Kollisionslage in die Inhalts- und Schrankenbestimmung des Eigentums einbezogen wird. Dies ist der maßgebende Ansatz in der Bundesrepublik Deutschland und auch, wenn ich es recht verstanden habe, der Ansatz der Schweizerischen Bundesverfassung, seit der Art. 22ter eingefügt ist. Hier frage ich Sie, Herr *Rill*, kritisch, ob Sie nicht in gewissem Maße an einer archaischen Idylle des 19. Jahrhunderts festhalten, wenn Sie das privatnützige, individuelle Eigentum so sehr in den Vordergrund rücken und seine zivilrechtliche Unterfütterung zum Maß des Verfassungsrechts machen wollen.

Erfordert nicht eine sinngerechte Auslegung auf der Höhe der Zeit, daß man die ganzen Sozialbezüge und die Entwicklung der industriestaatlichen Gesellschaft als Problem der Inhalts- und Schrankenbestimmung des Eigentums verinnerlicht? Ich meine, daß in Ihren weiteren Ausführungen dieser Gedanke durchaus zum Tragen kommt. In Österreich geht man ja nicht davon aus, daß die öffentlichrechtliche Gesetzgebung und die Berücksichtigung der Gemeinwohlbelange im Widerspruch zur verfassungsrechtlichen Eigentumsgarantie stünden. Interessant und im Rahmen des Rechtsvergleichs spannend ist, daß man in Österreich die moderne öffentlich-rechtliche Gesetzgebung der Bodennutzung und des Umweltschutzes gar nicht an der Verfassungsgarantie und der archaischen Uridee des privatnützigen, individuellen Eigentums mißt, sondern insoweit dem Gesetzgeber weitgehende Gestaltungsspielräume zuerkennt, wobei es auf die Verhältnismäßigkeit und die Abwägung ankommt. Meine kritische Frage ist also, ob hier nicht das österreichische Modell nur scheinbar von dem deutschen und dem schweizerischen Modell abweicht.

Zweitens: In allen drei Rechtsordnungen ist die spezifische Gesetzesabhängigkeit des Eigentums sehr deutlich zum Ausdruck gekommen. Was das Bundesverfassungsgericht in der Bundesrepublik Deutschland dem parlamentarischen Gesetzgeber an spezifischer Verantwortung zugestanden hat, nämlich Inhalt und Schranken des Eigentums zu bestimmen, und zwar durch zivilrechtliche wie durch öffentlich-rechtliche Gesetze, scheint ein allgemeiner Grundzug der drei Rechtsordnungen zu sein. Ich verweise hier auf die Thesen 4, 6 und 7 von Herrn *Ehlers* und kann auch auf die Thesen 4 und 5 von Herrn *Hänni* verweisen und bei Ihnen, Herr *Rill*, auf die Thesen ab

Nr. 20, wo die Gestaltungsfreiheit des Gesetzgebers zum Ausdruck kommt. Deshalb scheint mir in der Tat, daß es nicht möglich ist, ein abstraktes Eigentum der verfassungsrechtlichen Betrachtung voranzustellen. Eigentum ist gesetzesabhängig, es ist gesetzesgestaltet. Dabei ist auch typisch, daß der Art. 14 des Grundgesetzes ebenso wie die Verfassungsbestimmung der Schweiz die Institutsgarantie des Eigentums an den Anfang stellt. Die Institutsgarantie bedeutet, daß der Gesetzgeber die subjektiven Eigentumsrechte zu konstituieren hat. Er muß bestimmen, welche Rechte der Eigentümer gegenüber der öffentlichen Hand hat und welche interprivaten Rechte es gibt. Nur in zweiter Linie bezieht sich dann das Eigentumsrecht auf die Rechtspositionen, die gesetzlich gestaltetes Eigentum sind. An diesem Punkt bin ich bei der Baufreiheit angelangt. Vor 15 Jahren konnte man vielleicht noch einen Sturm der Entrüstung hervorrufen, indem man die These vertrat, daß die Befugnis zur baulichen Nutzung öffentlich-rechtlich vermittelt sei, und zwar durch öffentlich-rechtliche Gesetze, Planung und sonstige Verwaltungsentscheidungen. Nach dem heutigen Tage scheint mir, daß diese These nicht mehr ganz so revolutionär ist. Herr *Ehlers* hat zwar, sozusagen um sich selbst zu schützen, zunächst gesagt, er vertrete weder die Auffassung der öffentlich-rechtlichen Fundierung der Baufreiheit noch die Gegenthese der natürlichen, vorstaatlichen und privatrechtlichen Freiheit zu bauen. Aber was dann bei Ihnen, Herr *Ehlers,* in der These 8 zum Ausdruck gekommen ist, kommt zumindest dem sehr nahe, was unter der öffentlich-rechtlichen Baufreiheit, jedenfalls von meiner Seite aus, verstanden worden ist.

Es entspricht nicht nur dem Blick auf das einfache Gesetz, daß die Befugnis zu bauen durch öffentlich-rechtliche Gesetze normiert ist, daß danach in erster Linie der kommunale Plangeber die Nutzungsbefugnisse durch öffentlich-rechtliche Disposition bestimmt und daß dann noch die Verwaltung bei der Einzelfallentscheidung unbestimmte Rechtsbegriffe anwendet. Es fügt sich vielmehr dieses Bild auch in das Konzept der Institutsgarantie ein, die dem Eigentumsrecht vorangeht. Von Ihnen, Herr *Hänni,* ist, wenn ich es so sagen darf, aus der typisch pragmatischen Sicht der schweizerischen Rechtsordnung der Blick auch auf die einfachgesetzliche Gestaltung gerichtet worden, und Sie haben gesagt, es spiele dann keine sehr große Rolle mehr, ob die Baufreiheit rechtstheoretisch auf eine vorstaatliche, privatrechtlich gestaltete Befugnis gegründet wird oder auf eine öffentlich-rechtliche Verleihung. Man sollte auch einmal kritisch nachfragen, ob es denkbar ist, daß eine sonstige Bodennutzung mit dem gleichen Impetus zum Inhalt einer vorstaatlichen Freiheit gemacht wird, etwa die Nutzung des Landwirts unter den modernen Verhältnissen oder die Nutzung durch umweltrelevante Anlagen mit erheblichen Luftverschmutzungen. Hier ist man allgemein sehr viel vorsichtiger mit der These, es werde eine vorstaatliche Freiheit ausgeübt. Vielmehr waltet hier stärker das Bewußtsein, daß durch öffentliches Recht Lebensbereiche geordnet, Befugnisse des einzelnen und Gemeinwohlbelange zu einem Ausgleich gebracht und so Chancen der individuellen Lebensgestaltung und Risiken gegeneinander austariert werden.

Drittens: Die Crux liegt nun in der Tat bei der Abgrenzung der parlamentarisch-gesetzlichen Gestaltungsfreiheit. Hierüber müssen wir weiter nachdenken. Ansätze dazu sind geboten worden, aber an diesem Punkt sind wir mit unseren Erkenntnissen noch nicht fertig. Es ist nicht nur nach verschiedenen Schutzgütern des Eigentumsrechtes zu fragen, sondern eine vielfältige weitere Differenzierung geboten. Herr *Ossenbühl* und andere haben dies angedeutet, ich will es nicht noch einmal im einzelnen wiederholen. Es kommt auch auf die Art der gesetzlichen Beschränkung sowie auf die Art der begrenzten Befugnisse des Eigentümers an, nämlich Nutzungsbefugnisse, Verfügungsbefugnisse und die Privatnützigkeit im Sinne einer Mindestrentabilität. Insofern glaube ich, daß man einem interessanten Begriff von Herrn *Ehlers,* nämlich dem Begriff des Untermaßverbotes, durchaus einen Sinn abgewinnen kann. Der Rekurs auf das Prinzip der Verhältnismäßigkeit ist meines Erachtens unzulänglich. Hieraus droht in der Tat eine Eigentumsgefährdung unter den Gesichtspunkten, die ich erwähnt habe. Das Verhältnismäßigkeitsprinzip ist der Ausdruck einer verfassungsrechtlichen Schaukelphilosophie. Wenn die Belange des Gemeinwohls besonders wichtig sind, liegt es nahe, daß das Eigentum zurücktreten muß und die Eigentümerrechte eingeschränkt, wenn nicht sogar aufgehoben werden können. Der Gedanke des Untermaßverbotes lenkt den Blick auf den entscheidenden Punkt, daß zumindest ein Grundbestand von Nutzungsbefugnissen, Verfügungsbefugnissen und privatnütziger Verwendung erhalten bleiben muß. Hier muß die zukünftige Überlegung zur typologischen Herausarbeitung von Eigentümerpositionen ansetzen. Sehr wichtig ist der Gesichtspunkt, daß Eigentum in der Zeit gedacht werden muß. Herr *Fleiner* hat darauf hingewiesen. Mir scheint indessen, daß der Gedanke der Eigentumsnutzung in der Zeit nicht nur dazu geführt hat, daß die öffentliche Verwaltung eigentumsrelevante Verfahren nicht beliebig hinauszögern darf. Vielmehr führt dieser Gedanke auch dazu, daß ein Eigentumsrecht in der Zeit begrenzt oder auch durch Umplanung oder Gesetzesänderung aufgehoben werden kann. Im Gegensatz zu Herrn *Oldiges* bin ich der Meinung, daß das Musterbeispiel für den Gedanken des Eigentums und der Eigentumsnutzung in der Zeit in der 7-Jahres-Frist des § 44 BauGB zu finden ist.

Viertens: Ein ganz wichtiger Punkt ist von Herrn *Ehlers* in These 18 angesprochen worden. Hier haben Sie, Herr *Ehlers*, sinngemäß ausgeführt, Eigentumsbeschränkungen könnten unzulässig werden, wenn die Summe der gesetzlichen oder administrativen Maßnahmen unverhältnismäßig wird. Ich bin nicht ganz sicher, ob die Tragweite dieses Gedankens auf Anhieb erkennbar wird. Paradigmatisch will ich an den Fall der landwirtschaftlichen Bodennutzung erinnern. Daß hier aus gut verstandenen Gründen des Umweltschutzes öffentlich-rechtlich die Eigentumsnutzung in einer Weise beschränkt werden kann, die über traditionelle Vorstellungen weit hinausgeht, ist heute schon Konsens geworden. Aber eigentumsrechtlich liegt das große Problem darin, daß einerseits die umweltrechtlichen Beschränkungen und andererseits die wirtschaftsrechtlichen Zwänge, die zum großen Teil vom EG-Recht herkommen, die landwirtschaftliche Bodennutzung in die Enge treiben. Von der einen Seite her werden wirtschaftliche Zwänge gesetzt, die es dem Landwirt, der seinen Boden nutzt, außerordentlich schwer machen, am Ende noch privatnützig zu wirtschaften. Ich darf nur die Frage stellen, ob Sie hier Lösungsansätze aufgrund Ihrer These 18 sehen. Auch die Umweltabgaben, die heute diskutiert werden, müssen vor dem Hintergrund betrachtet werden, daß ein neues Instrument zusätzlich zu den alten ordnungsrechtlichen Instrumenten geschaffen werden soll. Auch hierdurch droht eine Kumulation von Instrumenten, die durchaus die Privatnützigkeit des Eigentums aus den Angeln heben könnte.

Herr Vorsitzender, ich bin bereit, an dieser Stelle Schluß zu machen, weil ich zu den Ausgleichspflichten noch eine Frage habe. Wenn Sie mir konzedieren würden, daß ich zu den Ausgleichspflichten nachher noch ein paar Worte sagen dürfte, wäre ich...

Vorsitzender: Wenn wir es zeitlich hinbekommen, sehr gerne. Ich bitte um Verständnis. Wir kommen so langsam in das Problem der angemessenen Verteilung der Redechancen. Ich versuche es. Schönen Dank, Herr *Breuer*.

Wieland: Mir geht es um das Verhältnis zwischen Grundeigentum und Umweltschutz. Der Schutz des Grundeigentums und die Anforderungen des Umweltschutzes müssen zu einem Ausgleich gebracht werden. Das ist nicht nur in allen drei Referaten — mit unterschiedlichen Akzenten — deutlich geworden, sondern wurde auch in der Diskussion schon mehrfach betont. Ich möchte von der Möglichkeit der Rechtsvergleichung, die uns die drei Referenten bieten, mit der Bitte Gebrauch machen, am Beispiel der Nutzung der Luft näher zu erläutern, wie weit die dem Gesetzgeber eingeräumten Gestaltungsbefugnisse reichen. Herren *Rill* und *Ehlers* habe ich so verstanden, daß sie es dem Gesetzgeber verwehren würden, in einem Lufthaushaltsgesetz eine § 1 a Abs. 3 Wasserhaushaltsgesetz entsprechende Regelung zu treffen. Demnach dürfte die Nutzung der Luft über einem Grundstück nicht aus dem Schutzbereich der Eigentumsgarantie herausgenommen werden. Herr *Hänni* hielte eine derartige Bestimmung auf der Grundlage des eher pragmatischen schweizerischen Ansatzes möglicherweise für zulässig.

Meiner Ansicht nach erlaubt die Eigentumsgarantie des Art. 14 GG, die Luft ebenso wie das Wasser einem öffentlich-rechtlichen Regime zu unterstellen. Wie das Bundesverfassungsgericht in seiner Naßauskiesungsentscheidung eine Bewirtschaftung des Wassers mittels Ermessensentscheidungen der zuständigen Behörde für verfassungsgemäß erklärt hat, so wäre auch eine vergleichbare Bewirtschaftung der Nutzung der Luft zulässig, sofern alltägliche, die Umwelt nur unwesentlich belastende Nutzungen ebenso erlaubnisfrei blieben wie die Entnahme kleinerer Wassermengen. Zu denken wäre keineswegs nur an das Atmen, sondern etwa auch an das Heizen einer Wohnung. Die Bewilligung von über einen solchen Gemeingebrauch hinausgehenden Sondernutzungen könnte einem Bewirtschaftungsermessen unterstellt werden. Löst nicht eine Bewirtschaftung auf angemessene Weise den Interessenkonflikt zwischen der Freiheit des Eigentümers, der die Luft mit Schadstoffen belasten will, und der Freiheit seiner Mitmenschen, die eine möglichst saubere Luft atmen wollen? Muß man nicht die Eigentumsgarantie so verstehen, daß sie dem Gesetzgeber die Aufgabe zuweist, über die Einführung eines Bewirtschaftungsermessens zu entscheiden? Art. 14 GG enthält nicht nur die rechtsstaatliche Eigentumsgarantie, sondern auch die demokratisch fundierte Zuweisung der Inhalts- und Schrankenbestimmung an den Gesetzgeber. Die Verfassung hat darauf vertraut, daß der Gesetzgeber in rechtsstaatlich vertretbarer Weise festlegt, wie weit die Rechte des Eigentümers reichen.

Hoffmann-Riem: Der Vorstand hat uns das spannende Thema des Wechselverhältnisses von „Eigentum" und „Umweltschutz" vorgegeben. Durch die Themenformulierung und die ergänzenden Fragen hat er gleichzeitig einen inhaltsschweren Akzent gesetzt: Er hat nämlich stets das Eigentum als Ausgangspunkt gewählt. Alle Referenten und die Diskussionsredner haben sich an diese Akzentsetzung gehalten.

Ich möchte gleichwohl einmal das Thema von seinem eigentumsrechtlichen Kopf auf die umweltrechtlichen Füße stellen. Wenn man das Thema so umformuliert, ergeben sich nämlich für manche Fragen andere Akzente auch in den Antworten. Das Thema müßte dann heißen: „Umweltschutz bei der Nutzung des Eigentums". Die damit verbundenen Akzentveränderungen möchte ich an drei Beispielen verdeutlichen.

Als erstes greife ich das von Herrn *Wieland* soeben analysierte Beispiel der Luftnutzung auf. Herr *Ehlers* und Herr *Rill* haben beide gesagt (Thesen 10 bzw. 5 e), daß die Nutzung der Luft zum Eigentum dazugehört. Herr *Ehlers* hat eine Begründung gegeben: Die Luftsäule müsse mitgeschützt sein, weil ohne deren Nutzung das Eigentum funktionslos werde. Nun glaube ich nicht, daß irgend jemand eine Luftsäule nutzt. Ich denke, man nutzt Luft, und Luft ist extrem flüchtig. Die von mir angesprochene Akzentänderung ergibt sich bei der Überlegung, daß nicht nur das Eigentum funktionslos werden kann; vielmehr kann die Nutzung der Luft durch den Eigentümer des Grundstücks dazu führen, daß die Luft funktionslos wird, und zwar nicht nur für ihn. Also müssen die Antworten andere sein, als die Referenten sie gegeben haben. Sie können in der Richtung gefunden werden, die Herr *Wieland* eben angedeutet hat. Ich würde die Konstruktion nur dogmatisch etwas anders ausrichten. Dabei knüpfe ich einerseits an die Thesen z. B. von Herrn *Ossenbühl* und Herrn *Frotscher* an, die auf die gebotene Differenzierung der Eigentumsrechte verwiesen haben; andererseits an die von Herrn *Ehlers* angesprochene Idee, daß es einen persönlichen Mindeststandard gibt, den er das Untermaßverbot genannt hat. Dieser Mindeststandard muß sicherlich die existentielle, persönliche Nutzung des persönlichen Eigentums betreffen. Nicht aber kann ich mir vorstellen, daß es einen verfassungsrechtlich zwingenden Mindeststandard auch im Hinblick auf die Luftnutzung gibt, soweit die unternehmerische Nutzung von Grundeigentum betroffen ist. Vielmehr muß es möglich sein, etwa wenn die vorhandene Luftbelastung die weitere Luftnutzung nicht ohne Schaden für alle zuläßt, jegliche unternehmerische Nutzung der Luft auszuschließen. Ein solcher Nutzungsausschluß wäre keine Enteignung des Eigentümers.

Mein zweites Beispiel führt zum Thema des Bestandsschutzes. Bestandsschutz taucht bei Herrn *Ehlers* z. B. in These 16 oder bei Herrn *Rill* in These 11 auf. Wenn man nicht vorrangig nach dem Bestand des Eigentums fragt, sondern nach dem Bestand der Luftqualität — also wieder die erwähnte Akzentveränderung vornimmt —, dann ergeben sich erhebliche Rangordnungsverschiebungen. Ich will das nicht umfassend ausführen, sondern nur beispielhaft ein Unterthema ansprechen. Man sagt immer, der Bestandsschutz beim Eigentum sei besonders stark, wenn es um den Schutz von getätigten Dispositionen gehe. Wie ist es aber, wenn die von dem Unternehmer getroffenen Dispositionen auf Erträgen aufbauen, die nur dank der übermäßigen Ausnutzung der Umwelt erwirtschaftet werden konnten? Kann die frühere Ausbeutung gewissermaßen zur rechtlichen Barriere für den Schutz der Allgemeinheit in der Zukunft werden? Doch wohl kaum. Also ist auch das Thema „Dispositionsschutz" sehr viel differenzierter zu betrachten, wenn es gleichzeitig unter Berücksichtigung des „Bestandsschutzes" für das Medium Luft behandelt wird.

Meine dritte Anmerkung ist grundsätzlicher Art. Bei der Beschäftigung mit Eigentumsrechten und -beschränkungen pflegt man in Kategorien von Gefahren und Schutz zu sprechen. Die von der Rechtsordnung bereitgestellten Institutionen der Gefahrenabwehr und der Schutzvorsorge bauen dabei auf einem bestimmten Kausalitätsverständnis auf, nämlich dem der linearen Kausalität. Dieses Kausalitätsmodell ist in dem üblichen Schrankendenken immanent, es wird bei Eignungsprüfungen zugrunde gelegt und es wirkt auf unsere Wahrscheinlichkeitsüberlegungen, Beweislastverteilregeln usw. ein. Wenn ich mir nun die von Herrn *Ehlers* an den Anfang seiner Ausführungen gestellten Bedrohungen der Umwelt ansehe, also etwa das Waldsterben oder das Ozonloch, dann frage ich mich und Sie, ist es eigentlich Zufall, daß Herr *Ehlers* am Ende keine Antwort gegeben hat, wie seine dogmatischen Figuren zur Bekämpfung dieser Bedrohungen einsetzbar sind? Ich habe den Verdacht, dies könne daran liegen, daß die Rechtsfiguren, mit denen wir uns üblicherweise beschäftigen, z. T. gar nicht dazu taugen, den hochkomplexen Umweltgefährdungen beikommen zu können, die die Risikogesellschaft prägen. So habe ich in den Referaten keine Auseinandersetzung mit dem Problem der summierten Gefahren oder der Synergieeffekte gehört. Es fehlte eine Befassung mit latenten Risikolagen. Könnte es nicht sein, daß man bei der Lösung all dieser Probleme nicht mehr weiterkommt, wenn man wie bisher in linearen Kausalkategorien denkt? Muß man dieses nicht durch ein Denken in dynamischen Kausalitäten ersetzen und dabei etwa aus der Chaostheorie lernen, sich mit den im Umweltbereich möglichen — Katastrophen auslösenden — „Schmetterlingseffekten" befassen und Fertigkeiten im Umgang mit „Turbulenzen" entwikkeln? Das aber würde etwas erfordern, das auch ich hier natürlich nicht leisten kann, das aber — wie ich glaube — eine Aufgabe der Zukunft sein muß. Es wird nämlich darum gehen, die Dogmatik wirklich neu zu konzipieren, und zwar viel radikaler, als Sie, Herr *Ehlers,* das am Ende gefordert haben. Die Dogmatik des Eigentums in der vernetzten Risikogesellschaft kann nicht mehr die der bilateral gedachten Eigentümergesellschaft sein. Die Rechtsdogmatik und die rechtlichen Argumentationen müssen auf Formen komplexer Gefährdungen, auf Vernetzungen und eben auf den Umgang mit Turbulenzen umgerüstet werden, die nicht zuletzt aus der Nutzung des Eigentums und der Gefährdung des Guts „Umwelt“ entstehen können.

Murswiek: Ich spreche zum Thema „Eigentum und Umweltnutzung“, und zwar greife ich einen speziellen Aspekt heraus, die Umweltnutzung, die die Grenzen des privaten Grundeigentums überschreitet. Im Ergebnis möchte ich hierbei Herrn *Wieland* und Herrn *Hoffmann-Riem* unterstützen. Die Eigentumsgarantie als Institutsgarantie umfaßt auch das Recht des Eigentümers, sein Sacheigentum zu benutzen. Das ist unstreitig. Im Prinzip dürfte auch unstreitig sein, daß der Eigentumsgebrauch nur insoweit unter dem Schutz der Eigentumsgarantie steht, als er nicht in Rechte Dritter eingreift. Der Eigentümer eines Messers hat kraft dieses Eigentums nicht das Recht, fremde Kehlen durchzuschneiden. Ein Gesetz, das solche Handlungen verbietet, schränkt nicht das Eigentum ein, sondern die allgemeine oder spezielle Handlungsfreiheit. Das Recht, auf öffentlichen Straßen mit dem Auto zu fahren, um ein anderes Beispiel zu nennen, folgt nicht aus dem Eigentum am Auto, sondern aus dem Gemeingebrauch. Ich behaupte, daß entgegen verbreiteter Meinung in bezug auf die Nutzung öffentlicher Umweltgüter nichts anderes gelten kann, und möchte meinen Standpunkt in Auseinandersetzung mit These 10 von Herrn *Ehlers* verdeutlichen. Herr *Ehlers,* wenn Sie mit der Luftsäule über dem Grundstück den geometrischen Raum über der Grundfläche meinen und nichts weiter, dann haben Sie mit dieser These völlig recht. Ihr argumentum ad absurdum, daß man andernfalls auf dem Grundstück nicht bauen, ja nicht einmal ein Blümchen wachsen lassen könnte, würde nichts als eine Selbstverständlichkeit untermauern. Um einen völlig anderen Sachverhalt geht es dagegen bei der Nutzung des Umweltmediums „Luft“. Hier haben wir es nicht mit einer, wie Sie es nennen, „Luftsäule“ zu tun, die fest und unerschütterlich auf dem Grundstück steht. Die Winde wehen, wie sie wollen, und sie ignorieren die Grundstücksgrenzen nicht einmal. Wer die Luft mit Schadstoffen in nicht völlig unerheblicher Quantität befrachtet, der nutzt nicht lediglich die von Ihnen dem Eigentum zugeordnete „Luftsäule“ über seinem Grundstück, sondern der greift mit seinen Immissionen über die Grundstücksgrenzen hinaus, belastet die Luft auch anderswo, oft in großen Entfernungen. Hierzu gibt die Eigentumsgarantie keinen Rechtstitel. Insoweit muß exakt dasselbe für die Luft gelten, was das Bundesverfassungsgericht für das Grundwasser gesagt hat. Eigentumsrechtlich geschützte Befugnisse, die Ressource Luft zur Befrachtung mit Schadstoffen zu nutzen, gibt es daher nur insoweit, als das geltende Recht entsprechende Luftnutzungsbefugnisse als subjektive Rechte ausgestaltet, zum Beispiel über den begrenzten Bestandsschutz für genehmigungsbedürftige Anlagen, unter Umständen auch sonst unter Vertrauensschutzaspekten. Ich nehme an, daß sich Entsprechendes generell für die Nutzung öffentlicher Umweltgüter sagen ließe.

Püttner: Der fortgeschrittenen Zeit wegen nur einige Fragen. Die Referenten und Herr *Häberle* sprachen von „kleinem Eigentum" und von „großem Eigentum". Meine Frage: Gibt es insoweit einen unterschiedlichen Schutz? Sehen Sie Ansatzpunkte dafür in Ihren Ländern? Die Weimarer Reichsverfassung kannte ja einen gewissen Vorzug für selbsterarbeitetes Eigentum oder Vermögen; könnte es so etwas auch heute geben? Zweitens: Das Stichwort Eigentumsstruktur ist nur bei Herrn *Hänni* etwas deutlicher angeklungen (in der Frage „Monopol der öffentlichen Hand"). Aber das Thema wird uns sicherlich bald wieder beschäftigen, wie weit die öffentliche Hand Eigentum aus dem Verkehr ziehen darf, vielleicht auch entwerten darf, so daß gar keine Möglichkeiten für die Privaten mehr bestehen, interessantes Eigentum zu haben, zu erwerben, zu pflegen. Meine Frage: Bietet dagegen die Verfassung Schutz, ist also eine bestimmte Eigentumsstruktur vorgegeben, die der Staat notfalls durch entsprechende Regelungen schützen und wahren muß? Das würde mich aus allen drei Ländern interessieren. Aber Herr *Ehlers,* wenn Sie antworten, dann bitte ich zu berücksichtigen, daß außer des von Ihnen genannten Art. 14 auch noch der Art. 15 im Grundgesetz steht, der gewöhnlich überlesen wird, aber zum Text der Verfassung gehört.

Ein weiterer Punkt: Erwähnt wurde die Unterscheidung zwischen Eigentum und verliehenen Rechten oder wohlerworbenen Rechten. Ich plädiere mit Herrn *Rill* gegen Herrn *Stolzlechner* nachhaltig dafür, daß wir nicht den Eigentumsbegriff endlos ausweiten und auch auf gewöhnliche Gewerbegenehmigungen oder Ausnahmegenehmigungen erstrecken. Dann wird das Eigentum konturenlos, und dann wird der Eigentumsschutz konturenlos. Damit haben wir im Grunde nichts gewonnen, sondern möglicherweise eher eine Einbuße zu verzeichnen. Ich darf also auch Herrn *Ehlers,* Herrn *Hänni* fragen, wie Sie es eigentlich damit halten wollen.

Zum Schluß: Herr *Ossenbühl* (nicht mehr im Saal) hat behauptet, das Bundesverfassungsgericht habe fehlgegriffen, als es die wirtschaftspolitische Neutralität des Grundgesetzes postulierte. Ich möchte nur daran erinnern, daß das Gericht damals hinzugefügt hat: In den Grenzen der Festlegungen der Verfassung. Und wir haben nun bemerkt, daß diese Festlegungen offenbar etwas stringenter sind, als wir das damals vermutet haben. Aber das wesentliche Anliegen des Verfassungsgerichts war damals darauf hinzuweisen, daß wirtschaftspolitischer Gestaltungsspielraum für den Gesetzgeber verbleiben und nicht alles aus der Verfassung herausgelesen werden soll; und das können wir heute auf Art. 14 GG mit dem gleichen Recht nach wie vor anwenden. Ich lese Art. 14 Abs. 1 so, daß da drin steht: Inhalt und Schranken des Eigentums werden vom Gesetzgeber bestimmt und nicht vom Bundesverfassungsgericht, schon gar nicht per Güterabwägung.

Steinberg: Herr *Ehlers* hat sehr eindrucksvoll für uns die Konturen eines neuen Systems der Eigentumsgarantie auf der Basis der Rechtsprechung des Bundesverfassungsgerichts entworfen. Das Bundesverfassungsgericht hat, Herr *Ehlers* hat es in seinem Zwischenbeitrag sehr deutlich gesagt, diese Rechtsprechung nicht erst vor zehn Jahren entwickelt, sondern in einer Fülle von vorangegangenen Entscheidungen, die allerdings erst seit 1981 auch in die Rechtsprechung der Fachgerichte Eingang gefunden haben. Mit dieser Rezeption haben wir ein großes Maß an Rechtssicherheit wiedergewonnen, auch wenn natürlich viele Fragen offenbleiben und immer offenbleiben werden. Im übrigen schreibt das Bundesverfassungsgericht keine Lehrbücher. Das ist wohl eher unsere Aufgabe.

Ich möchte zu der Frage Stellung nehmen, was diese neue Rechtsprechung unter dem Gesichtspunkt des Umweltschutzes bringt. Hier gibt es, wie ich denke, eine Reihe von wichtigen Gesichtspunkten. Erstens: Die bisherige Konzentration der Diskussion auf Art. 14 Abs. 3 GG wurde abgeschwächt. Wesentliche Probleme sind in den Bereich des Art. 14 Abs. 1 GG verlagert worden, und das lenkt, wie Herr *Ehlers* völlig richtig ausgeführt hat, den Blick auf die Gestaltungsspielräume des Gesetzgebers. Ich glaube also, die Perspektive hat sich völlig verwandelt, und die alte, teilweise auch fruchtlose Kontroverse „Eigentum/Enteignung hier — Umweltschutz dort" ist abgemildert.

Der zweite Punkt ist bereits mehrfach betont worden: die Stärkung der Rolle des Gesetzgebers durch die Anerkennung der Befugnisse zur Inhaltsbestimmung. Wir haben eben nicht mehr *das* Eigentum, sondern wir haben einen sehr differenzierten, flexiblen, situativen Eigentumsbegriff. Ich kann hier keine Kriterien zulässiger Differenzierungen bei der Inhaltsbestimmung liefern, das würde zu weit führen, aber ich denke, daß manches, was die Fachgerichte in den vergangenen Jahren zur Abgrenzung von Inhaltsbestimmung und entschädigungspflichtiger Enteignung entwickelt haben, hier bei der Inhaltsbestimmung im Rahmen des Art. 14 Abs. 1 GG eine Rolle spielen wird. Die Gestaltungsspielräume des Gesetzgebers sind nicht nur, und das ist für den Umweltschutz natürlich von großer Bedeutung, anzuerkennen bei der Frage der Inhaltsbestimmung als solcher, sondern auch bei Härteregelungen in Fällen unzumutbarer Belastungen, von denen die Festsetzung von Entschädigungen in Form der ausgleichspflichtigen Inhaltsbestimmung nur eine Möglichkeit darstellt.

Dritter Punkt: Diese neue Rechtsprechung führt zu einer Stärkung der Rolle des Bundesverfassungsgerichts, und viertens, das ist sozusagen die Kehrseite, es führt zu einer Schwächung der Bedeutung des Richterrechts. Und das ist sicherlich nicht ganz ohne Auswirkungen für die in Betracht kommenden Wertungsgesichtspunkte, die bei der Ausgestaltung des Eigentums eine Rolle spielen.

Auch nach der Neu-Orientierung der eigentumsrechtlichen Dogmatik bleiben zweifellos viele Fragen offen, und sie müssen auch deshalb offenbleiben, weil letztendlich durch keine noch so neue Formel, etwa des formalisierten Enteignungsbegriffs, die wesentliche Aufgabe der Bewertung der staatlichen Inpflichtnahme von Eigentum in der konkreten Situation entbehrlich wird. Allerdings ist die Bewertung grundsätzlich heute vom Gesetzgeber vorzunehmen und nicht mehr von den Gerichten. Das erscheint unter Umweltschutzgesichtspunkten von weitreichender Bedeutung.

So sehr ich im Grundsatz mit dem Referat von Herrn *Ehlers* übereinstimme, so bin ich in einem Punkte dezidiert anderer Ansicht, und zwar zu These 5, der Anerkennung des sog. eingerichteten und ausgeübten Gewerbebetriebs als Eigentum. Bemerkenswert erscheint, daß dieses Recht als Eigentumsrecht weder in der schweizerischen noch in der österreichischen Rechtsordnung anerkannt ist, wie der schweizerische und der österreichische Landesbericht gezeigt haben. Nach meiner Ansicht ist auch die deutsche Rechtslage nicht anders. Hierzu nun einige Hinweise:

Erstens: Das Bundesverfassungsgericht ist offensichtlich dabei, diesen Topos aufzugeben. Der Befund der neueren Rechtsprechung erscheint mir insoweit eindeutig. Zweitens: Ich halte es für sehr problematisch, Herr *Ehlers,* wenn Sie, wenn ich Sie richtig verstanden habe, formulieren, solange dieses Recht ein sonstiges Recht im Sinne von § 823 Abs. 1 BGB sei, müsse es auch ein Eigentumsrecht i. S. des Art. 14 GG sein. Das halte ich für einen sehr problematischen Ansatz, und ich denke, daß selbst der Bundesgerichtshof, der ja im Anschluß an das Reichsgericht diese Formel entwickelt hat, davon abgerückt ist, und zwar in der Puffreisentscheidung (BGH, DÖV 1990, 1065). Drittens: Ich glaube, daß die Notwendigkeit der Betonung des Eigentumcharakters des eingerichteten und ausgeübten Gewerbebetriebs, modern wird dies im Zivilrecht zu § 823 Abs. 1 BGB als Unternehmensrecht oder das Recht der gewerblichen Betätigung bezeichnet, überschätzt wird. Diese Position ist selbstverständlich ein Recht, und auch eine verfassungsrechtlich geschützte Rechtsposition. Nur, die gewerbliche Betätigung fällt in den Schutzbereich des Art. 12 Abs. 1 GG, und ist eben dort zu bearbeiten und unterliegt möglicherweise dort dann ähnlichen Regeln wie das Eigentum des Art. 14 Abs. 1 GG, also vor allen Dingen der Ausgestaltungsmöglichkeit des Gesetzgebers. Dort im Rahmen von Art. 12 Abs. 1 GG ist auch die Möglichkeit der Zubilligung von Entschädigung anzuerkennen, die man da natürlich nicht ausgleichspflichtige Inhaltsbestimmung nennen kann, sondern für die ich die Bezeichnung „Verhältnismäßigkeitsausgleich" vorgeschlagen habe und für die es Hinweise in der Rechtsprechung des Bundesverfassungsgerichts gibt. Damit würde einem wesentlichen Anliegen der Rechtsprechung des Bundesgerichtshofs Rechnung getragen, einen finanziellen Ausgleich bei unzumutbaren Belastungen der gewerblichen Betätigung zu gewähren. Ähnlich lassen sich die Probleme des eingerichteten und ausgeübten Gewerbebetriebs im Bereich des Staatshaftungsrechts lösen. Wenn man sich von dem Gedanken löst, und auch dafür gibt es zahlreiche Ansätze, daß der sog. enteignungsgleiche Eingriff nur bei der Verletzung von Eigentumsrechten Entschädigungsansprüche einräumt, und statt dessen anerkennt, daß alle rechtswidrig verletzten Rechte nach Staatshaftungsrecht ausgleichspflichtig sind, dann ergibt sich zwangsläufig auch bei rechtswidrig verletzten Unternehmerrechten eine Ersatzpflicht. Dies ist m. A. nach der systematisch richtige Ort für einen Ausgleich in diesen Fällen.

Zu einem weiteren Punkt kann ich mich sehr kurz fassen, weil darauf einige Vorredner bereits eingegangen sind. Das ist die Bestandsschutzdiskussion, hier vor allen Dingen mein Zweifel an der These 10 von Herrn *Ehlers*. Es erscheint zunächst sehr einprägsam, wenn gesagt wird, es gäbe kein zweidimensionales Eigentum. Nur, die Frage ist doch, gehört zum Eigentumsrecht auch die Befugnis, umweltschädigende Substanzen zu emittieren und damit möglicherweise Schäden, Verletzungen der Grundrechte Dritter oder von Umweltschutzgütern herbeizuführen. Für die Beantwortung dieser Frage halte ich das Luftsäulenbild für nicht sehr überzeugend. Vor allem scheint diese These dem Grundkonzept des Referates zu widersprechen, in dem der Ausgestaltungsspielraum des Gesetzgebers betont wird. Es gibt doch — auch nach Auffassung von Herrn *Ehlers* — keine abstrakte Eigentumsposition mehr. Warum soll nicht, wie beim Grundwasser (§ 1 a WHG), der Gesetzgeber etwa eine ähnliche Regelung in § 1 a BImSchG aufnehmen. Auf die Zulässigkeit einer derartigen Regelung deutet auch der Klammerzusatz des Bundesverfassungsgerichts in seinem Naßauskiesungsbeschluß hin, wo Ausführungen zum Grundwasser gemacht werden und in Klammern hinzugefügt ist „und die Luft" (BVerfGE 58, 300, 339). Die Probleme sind offensichtlich austauschbar, und das muß auch ähnliche Problembewältigungen erlauben. Und damit sehe ich eigentumsrechtlich keine Bedenken, daß etwa der Gesetzgeber diese Luftverschmutzungsrechte aus dem Begriff des Eigentums ausschließt, und konsequenterweise nicht länger einen Rechtsanspruch auf die immissionsschutzrechtliche Genehmigung einräumt. Ich will nicht sagen, daß dies rechtspolitisch erwünscht sein muß. Darüber kann man diskutieren. Aber die jetzige Ausgestaltung des § 6 BImSchG wird nicht durch Art. 14 GG geboten.

Zum Schluß eine ganz kurze letzte Bemerkung, Herr *Häberle* hat aus Verfassungsmaterialien die Staatszielbestimmung Umweltschutz in einer Reihe von Ländern, auch von neuen Bundesländern, erwähnt. Ich möchte darauf hinweisen, daß wir in Hessen seit Anfang d. J. eine Staatszielbestimmung Umweltschutz in unserer Landesverfassung haben, die im Januar in einer Volksabstimmung von über 80 % der Bevölkerung beschlossen wurde. Vielleicht könnte dies ein Vorbild für den Bundesgesetzgeber, aber auch die neuen Länder sein.

Pitschas: Wir sind ja nun fast in einem Seminar, da darf man doch noch einmal manche Fragen an die Herren Referenten etwas einfacher stellen. Die erste Frage, die ich aufwerfen möchte, bezieht sich auf die konzeptionelle Gedankenführung. Ich schlage in die gleiche Kerbe wie Herr *Steinberg*, etwas tiefer vielleicht. Die Vorredner häufen Gedankenbausteine auf Bausteine und stützen das alles auf Art. 14 GG, doch ist denn das überhaupt das ganze Fundament, um das Thema so recht zu bearbeiten? Ich möchte vielmehr als ersten Punkt anregen, daß man über die Querbeziehung zur Berufsfreiheitsgarantie nachdenkt. So ist das Recht am eingerichteten und ausgeübten Gewerbebetrieb beispielhaft genannt worden. Das ist ja in der Tat in einer

These von Ihnen, Herr *Ehlers*, aufgetaucht, wo es um den Krabbenfischerfall geht. Mich hat doch sehr verblüfft, daß Sie im Rahmen des „Untermaßes“ plötzlich dazu kamen, der Krabbenfischer könne sich dann mit seinem Gewerbebetrieb gegen die Einleitung von Dünnsäure nicht mehr zur Wehr setzen. Ich finde, wir müßten gerade in diesem Punkt die Synergieeffekte, bevor wir ins Chaos kommen, von Art. 12 und Art. 14 GG zusammenführen; und dann bestimmt Art. 12 Abs. 1 GG die eigentumsrechtliche Untermaßgarantie.

Der zweite Punkt. Sie hatten, sehr geehrter Herr *Ehlers*, dankenswerterweise in Ihrer Zwischenbemerkung hervorgehoben, Art. 14 Abs. 2 GG vermittele uns so etwas wie einen sozioökologischen Minimalstandard. „Sozio“ deshalb, weil es ja ein Aspekt der Sozialstaatsgarantie ist, die nicht weiter explizit hier genannt worden ist. Wenn man sie aber als Ordnungsprinzip des Miteinanderlebens im Sozialstaat versteht, dann hat Art. 14 Abs. 2 GG daran teil und vermittelt auch in diesem Miteinanderleben umweltschutzrechtliche Standards. Dies war wohl auch Ihre Auffassung. Ich will sie an dieser Stelle noch einmal klarstellen mit zwei Konsequenzen. Die erste Konsequenz daraus ist für mich, daß sich die Staatszieldiskussion um den Umweltschutz relativiert. Zweitens, und mir wichtiger, ist der Gedanke: Es ergibt sich eine Lastenperspektive im Umweltschutzrecht für den Bürger, vor allem aber auch für die Unternehmen, und zwar direkt aus Art. 14 Abs. 2 GG, Art. 12 Abs. 1 GG sowie dem Sozialstaatsprinzip.

Ich möchte noch ein Kompetenzproblem hinzufügen, das sich aus dem Verständnis der Grundrechtsdimensionen überhaupt ergibt. Herr *Rill* führt in den Thesen 19 und 20 aus, daß bei der Atomenergiediskussion gar nicht die Grundrechte maßgebend wirken würden und schon gar nicht das Eigentumsrecht. Ihr Stichwort war „Neutralität“. Was ist das für ein Verständnis der Grundrechte? Ich setze dagegen die soziale Steuerungsdimension des Eigentumsgrundrechts. Art. 14 GG kann doch nicht ohne diese sozialstaatliche Dimension bleiben — und dann Neutralität! Das schmeckt mir nicht ganz, sondern ich würde eher sagen, keine Neutralität, sondern dynamischer Grundrechtsschutz. Das ist die deutsche Lösung und d. h., Vertrauen in den Gesetzgeber zu setzen. Im Gegensatz zu manchem meiner Vorredner möchte ich hierzu doch noch einmal das von Herrn *Ehlers* hergenommene Boxberg-Urteil ins Feld führen. Auf der einen Seite fordert es höchst differenzierte Verfahrensgarantien, auf der anderen Seite die Pflicht zur *öffentlichen* Diskussion — und das ist ein ziemliches inhaltliches Kriterium bei der Verfolgung umweltpolitischer Ziele.

Und ein letzter Punkt, bitte schön. Wenn wir so Sozialstaatsgarantie, Berufsfreiheitsgarantie, Kompetenzunterfütterung zur Diskussion des Eigentumsgrundrechtsschutzes hinzunehmen, dann gewinnen wir doch ein breiteres Fundament der Steuerung von Umwelt- und Bodenordnung durch Eigentumspolitik. Einen so vernetzten Verbund könnte man Systemsteuerung durch „Umweltverfassung" nennen. Ich wollte dies noch einmal in einer konzeptionellen Anmerkung vortragen. Leider etwas spät, Herr Vorsitzender.

Huber: Ich möchte es ganz kurz machen und Herrn *Ehlers*, dessen Konzeption ich insgesamt sehr klar und einleuchtend gefunden habe, nur in zwei Detailpunkten widersprechen. Er hat unter der These 9 u. a. den Fall behandelt, daß Erlaubnisse und Bewilligungen nach dem Wasserhaushaltsgesetz eigentumsrechtlich verankert seien. Dem möchte ich widersprechen. Wenn nämlich die Eigentumsgarantie des Art. 14 selbst keine Rechtsposition ist, wie Herr *Ehlers* dies jenseits des „Untermaßverbotes" in der These 4 festgestellt hat, was ja auch richtig ist, dann steht es in der Gestaltungsfreiheit des Gesetzgebers, bestimmten Rechtspositionen den Charakter vermögenswerter Rechte zu verleihen. Der Gedanke der Kompensation, aus dem heraus er jedoch die Verankerung der Erlaubnisse und Bewilligungen in Art. 14 GG hergeleitet hat, setzt hingegen einen Eingriff in ein vorgefundenes Rechtsgut voraus, also einen vorverfassungsrechtlichen Eigentumsbegriff. Das widerspricht m. E. der unter These 4 angeführten Ausgangsposition.

Zum zweiten möchte ich auch auf den gerade von Herrn *Pitschas* angeführten Fall des Krabbenfischers eingehen. Herr *Ehlers* hat hier in der These 12 gesagt, daß bei mittelbaren Einwirkungen besonders strenge Anforderungen an die Zurechenbarkeit zu stellen seien. Ich glaube, diese Formulierung ist mißverständlich, da die Zurechenbarkeit der Einwirkung bei jeder Belastung Voraussetzung für die Eröffnung grundrechtlicher Schutzbereiche ist. Ich meine, es wäre besser, wenn man sagen würde, es seien besonders strenge Anforderungen an die Intensität der Grundrechtsbeeinträchtigung zu stellen. Im Fall des Krabbenfischers kann man so dann durchaus zu einer Beeinträchtigung des eingerichteten und ausgeübten Gewerbebetriebs kommen — wenn man dieses Recht akzeptiert —, falls die Überdüngung der Nordsee, die ja in diesem konkreten Fall eine Rolle gespielt hat, dazu führen würde, daß der Gewerbebetrieb des Krabbenfischers zum Erliegen käme.

Friauf: Mit dem Blick auf die Uhr des Herrn Vorsitzenden muß ich mich auf einige Stichworte beschränken: Die Eigentumsgarantie gehört zu den zentralen verfassungsrechtlichen Faktoren, die die Wiedergeburt absolutistischer Bestrebungen, in welchem Gewande auch immer, verhindern sollen. Sie wirkt, unter dem Blickwinkel unseres heutigen Themas, auch als Verbot eines „Umweltabsolutismus“. Die jeweils in Frage stehenden Ziele des Umweltschutzes dürfen, so legitim und bedeutsam sie an sich erscheinen mögen, in keinem Fall absolut gesetzt und einseitig realisiert werden. Die Eigentumsgarantie erzwingt vielmehr in jedem Fall einen angemessenen und gerechten Ausgleich mit den Belangen der betroffenen Eigentümer. Das muß auch bei dem im Prinzip berechtigten Hinweis auf die Gesetzesabhängigkeit des Eigentums (Thesen 2 und 4 von Herrn *Ehlers*) bedacht werden. Der den Inhalt des Eigentums gestaltende Gesetzgeber ist seinerseits, auch soweit er Belange des Umweltschutzes verfolgt, nicht im Sinne eines absolutistischen „sic volo, sic jubeo ...“ frei, sondern unterliegt wesentlichen grundrechtlichen Vorgaben.

Der These 10 von Herrn *Ehlers* pflichte ich, entgegen der durch die Herren *Frotscher* und *Steinberg* geäußerten Kritik, nachdrücklich bei. Das Recht zur Nutzung der Luftsäule über einem Grundstück wird, als notwendige Voraussetzung jedweder überhaupt denkbaren Grundstücksnutzung, vom Eigentum am Grundstück umfaßt. Es kann, anders als das Recht zur Gewässerbenutzung, nicht vom Grundstück getrennt und von einer besonderen staatlichen Verleihung abhängig gemacht werden. Überspitzt gesagt: Ein Grundstück, auf dem ich nicht ohne besondere Erlaubnis atmen darf, mag auch das von mir ausgeatmete Kohlendioxyd zur Umweltbelastung beitragen, das gehört mir nicht. Freilich müssen, was Art und Intensität der Luftbenutzung angeht, die berechtigten Belange des Umweltschutzes beachtet werden. Dabei handelt es sich dann aber um eine (sekundäre) Problematik der gesetzlichen Schrankenziehung, nicht um die (primäre) Frage des Schutzbereiches der Eigentumsgarantie als solcher. — Problematisch erscheint mir in diesem Zusammenhang auch Herrn *Häberles* These von der abgestuften Intensität des Eigentumsschutzes. Sicher kann die Rechtsordnung das Eigentum an einem Grundstück nicht in jeder Hinsicht ebenso behandeln wie das Eigentum, das einem Staatsrechtslehrer an seiner Privatbibliothek zusteht. Auch hier handelt es sich aber wiederum nicht um die Frage der Gewährleistung als solcher, sondern lediglich um die Schrankenziehung, in deren Rahmen bei den verschiedenen Eigentumsobjekten naturgemäß unterschiedliche Konfliktlagen mit öffentlichen Belangen bewältigt werden müssen. Ginge man demgegenüber bereits auf der Stufe der Gewährleistung von einer unterschiedlichen Schutzintensität (oder auch

„Schutzwürdigkeit") verschiedener Eigentumsobjekte aus, dann würde auf den folgenden Stufen der Schrankenziehung bis hin zur Bemessung der Enteignungsentschädigung leicht eine Spirale nach unten in Gang gesetzt, an deren Ende der Eigentumsschutz in manchen Fällen praktisch gegen Null tendieren müßte. Das aber kann schwerlich im Sinne des Art. 14 I GG liegen.

Zu der von den Referenten befürworteten Ausdehnung der Gewährleistungsbreite des Eigentums auf „alle vermögenswerten Rechte des öffentlichen Rechts, die nicht ausschließlich auf staatlicher Gewährung beruhen" (These 5 von Herrn *Ehlers*), erscheint eine skeptische Bemerkung angezeigt. Die meisten von uns — ich schließe mich selbst ausdrücklich ein — sind im Anschluß an die schon vom Reichsgericht eingeleitete Entwicklung über Jahrzehnte hinweg für eine Ausweitung des Schutzbereichs des Art. 14 I GG eingetreten. Heute, nachdem auch das BVerfG diese Konzeption übernommen hat, müssen wir uns aber fragen, ob wir hier keinen Irrweg beschritten haben. Wir können die Augen nicht mehr davor verschließen, daß die Extensivierung des Eigentumsschutzes mit innerer Zwangsläufigkeit zu einer weitgehenden Reduktion der Schutzdichte geführt hat, die schwerlich dem ursprünglichen Sinne der Eigentumsgarantie entspricht. In dem Maße, in dem das verfassungsgeschützte Eigentum verbreitert worden ist, hat es sich immer stärker ausgedünnt. Die Inhaber von Rentenanwartschaften aus der gesetzlichen Rentenversicherung haben praktisch nichts dadurch gewonnen, daß ihre Anwartschaften dem Schutz des Art. 14 I GG unterstellt worden sind. Andererseits deutet sich an, daß die Formeln, mit denen diese Einbeziehung begründet zu werden pflegt, zu relativierenden Sprengsätzen für den Kernschutz des Eigentums werden könnten. —

Schließlich möchte ich mich, abweichend von der Äußerung des Herrn Vorsitzenden, auch aus deutscher Sicht ausdrücklich der These 12 von Herrn *Hänni* anschließen, die sich für die prinzipielle Einbeziehung des Vermögens in den Schutz der Eigentumsgarantie ausspricht. Ohne auf die dogmatischen Aspekte im einzelnen einzugehen, bleibt festzuhalten, daß es nicht richtig sein kann, den Eigentumswert dort schutzfrei zu lassen, wo das Eigentum als solches, das ja für den einzelnen in den meisten Fällen entscheidend erst durch seinen Wert Bedeutung besitzt, unter dem Schutz der Garantie steht. Herr *Ossenbühl* hat in seinem Diskussionsbeitrag mit Recht auf die Umweltabgabenproblematik hingewiesen. Die Eigentumsgewährleistung in umweltrelevanten Bereichen müßte praktisch gegen Null tendieren, wenn es wirklich zulässig sein sollte, durch die — in der Phantasie mancher Politiker unbegrenzte — Erfindung von immer neuen Aufgabenarten die betroffenen Eigentumsobjekte für die Inhaber zu entwerten.

Meyer: Herr *Friauf*, glauben Sie ernsthaft, daß das Recht zu atmen zu einem Eigentumsgrundrecht deshalb wird, weil Sie es auf dem Grundstück veranstalten?

Friauf: Der Einwand sticht nicht, Herr *Meyer*. Das individuelle Recht zu atmen hat als solches natürlich nichts mit dem Eigentum zu tun. Hier geht es aber um die spezifische Frage, wo, wie und zu welchem Zweck ich „atmen", d. h. die Luft benutzen darf. Da ein Grundstück schlechterdings nicht ohne Inanspruchnahme seiner Luftsäule genutzt werden kann, läßt sich die Befugnis zur Nutzung der Luft nicht vom Bodeneigentum trennen, ohne dieses selbst in seiner Substanz zu zerstören. Wenn und soweit der Staat über die Inanspruchnahme der Luft verfügt, verfügt er zwangsläufig über die Nutzung des Eigentums an den betroffenen Grundstücken. In jedem Fall ist der Schutzbereich des Art. 14 I GG tangiert.

Schachtschneider: Eine gesicherte grundrechtliche Dogmatik der Eigentumsgarantie kann nur die materiale Offenheit des Eigentumsbegriffs dogmatisieren, wie das auch fast allgemein vertreten worden ist. Also ist der Eigentumsbegriff der Lage gemäß dynamisch zu entfalten. Das muß der Gesetzgeber tun. Aber das Bundesverfassungsgericht hat wegen Art. 1 Abs. 3 und Art. 19 Abs. 2, der Wesensgehaltsgarantie, die Kompetenz, stellvertretend für das Volk das letzte ordentliche Wort darüber zu sprechen, welches die jeweils richtige Eigentumsregelung ist. Die Eigentumsordnung muß sich in der Wirtschaftsordnung bewähren, also empirisch, und gegebenenfalls neuen Lagen oder besseren Erkenntnissen richtigen Rechts angepaßt werden. Auf diese Weise ist die jeweilige Eigentumsordnung Verwirklichung der allgemeinen Freiheit, wie Gesetze überhaupt die Freiheit verwirklichen und nicht beschränken. Herr *Ehlers* hat die Eigentumsgarantie als Freiheitsrecht vorgestellt. Was heißt das? Er hat das näher mit dem Schlagwort gekennzeichnet: Ohne Eigentum keine Freiheit. Ich befürchte, das bedeutet, daß manche viel und viele wenig Freiheit haben. Die Freiheit aber soll allgemein sein. Das müßte auch für das Eigentum gelten, das ganz unterschiedlich zugeteilt ist und wohl immer unterschiedlich zugeteilt sein wird. Ein Lösungsversuch anderer Art war der Sozialismus, der nicht erfolgreich war. Die Formel von Herrn *Ehlers* bringt die Gefahr der Umdrehung mit sich, daß nämlich die Freiheit wie das Eigentum konzipiert wird. Das Eigentum wird meist als Herrschaftsrecht vorgestellt, das würde bedeuten, daß auch die Freiheit Herrschaft vermittelt, eine liberalistische, konstitutionalistische Position, die im Widerspruch zum Freiheitsbegriff steht. Die Freiheit ist Autonomie, und auch die Eigentumsgarantie ist als Autonomiekompetenz zu konzipieren, nicht als Herrschaftsrecht, als die Kompetenz also zur Nutzung von Sachen und anderen Lebensmöglichkeiten. Nicht zum Eigentum gehören die Nutzungsmöglichkeiten der Luft. Wenn die Luftsäule zum grundrechtlich geschützten Eigentum gehört, dann auch und insbesondere die Luft. Ich möchte aber meine Luft atmen können und nicht darauf angewiesen sein, das Eigentum anderer zu nutzen, wenn ich atmen, also leben will.

Nun zwei Nebenbemerkungen: Es besteht kein Bedarf für ein Recht am Unternehmen. Die Unabhängigkeit der Unternehmen wird durch die unternehmerische Effizienz gesichert. Gerade durch die Institution der Unabhängigkeit sind die Unternehmen wirtschaftlich erfolgreich. Das wollen wir, das bedarf keines Grundrechtsschutzes. Ein Grundrechtsschutz würde nicht mehr bedeuten als die Pflicht des Gesetzgebers, das Unternehmensrecht praktisch vernünftig zu regeln. Unterschiede zum geltenden Recht würde ein Grundrechtsschutz der Unternehmen kaum ergeben. Ähnliches ist zum Eigentumsschutz öffentlich-rechtlicher Rechte zu sagen. Ich folge insofern dem, was Herr *Rill* für Österreich ausgeführt hat. Die Regelungen vor allem der Sozialleistungen sind nach dem Rechtsstaats- und dem Sozialprinzip zu beurteilen. Die Eigentumsgarantie hilft insofern nicht weiter.

Sachs: Die Luftsäule muß ich natürlich dann auch jetzt kurz kommentieren, nachdem sie so in den Mittelpunkt gerückt ist. Ich hatte mir eben gedacht, der Unterschied zwischen dem Raum über dem Grundstück und dem Stoff „Luft", den man ja auch in Flaschen packen kann, sei schon sehr wichtig, und ich wollte in Richtung von Herrn *Murswiek* sprechen. Die zwischenzeitlichen Beiträge haben mich dann doch in Überlegungen gestürzt, ob das richtig ist. Denn wenn wir das so sehen, diesen Unterschied wirklich konsequent machen, dann müssen wir ihn auch machen bei der Grundstücksfläche und dem Boden. Denn auch dieser Raum auf dem Erdboden ist etwas anderes als die Erde, die ich in Säcke packen kann. Und dann ist in der Tat von dieser Fläche nur noch ein abstraktes geometrisches Gebilde übrig, das Art. 14 sicherlich nicht alleine meint. Das soll nicht bedeuten, daß keine Unterschiede in der Behandlung des Verfahrens mit dem Grundstück mit seiner Oberfläche, mit der Luft über der Oberfläche angebracht wären. Denn mit Herrn *Ehlers* Gegenkritik meine ich, daß auch dann, wenn der Gesetzgeber über völlige inhaltliche Gestaltungsfreiheit verfügen würde bei der Inhaltsbestimmung des Eigentums, dies dennoch einen wesentlichen Grundrechtsschutz bedeuten würde, denn die so konstituierten beliebigen Inhalte würden immerhin gegen Änderungen geschützt sein, und das wäre doch schon etwas.

Dann vielleicht einige Unklarheiten, wenn Herr *Ehlers* Zeit nachher hat, kann er sie möglicherweise aufklären. Bei These 13 finde ich den Begriff der imperativen Abgabenerhebung. Er wirft die Frage auf nach den nichtimperativen Abgabenerhebungen. Da fehlt mir momentan die Phantasie; vielleicht war es nur eine pleonastische Formulierung? Aber das wäre vielleicht klarzustellen.

Bei der Systematik der Eigentumsbeeinträchtigungen, Herr *Ehlers*, wollte ich nachfragen. Zwei Bereiche kann ich klar trennen. Einmal die deliktischen rechtswidrigen Beeinträchtigungen, die im Haftungsrecht behandelt sind, da habe ich keine Probleme. Die anderen sind die Beeinträchtigungen, die potentiell rechtmäßig sein könnten. Da unterscheiden Sie ja wohl die Schrankenbestimmungen einerseits, dann die Enteignungen andererseits, Enteignungen als näher qualifizierte Entziehungen. Da ist die Frge: Wenn es eine Entziehung gibt, die nicht alle diese Qualifikationen aufweist, ist das dann etwas drittes, oder würde das möglicherweise noch unter die Schrankenbestimmung fallen? Da hatte ich bei Ihrem Beispielsfall, daß bei Rechtsänderungen Positionen wegfallen, das Gefühl, daß Sie das wohl unter Enteignungen fassen würden. Da würde aber dann die Zuordnung für öffentliche Zwecke fehlen.

Dann bei These 26 ist es vielleicht nur ein Mißverständnis, wenn Sie mit dem Klammerdefinitionszusatz Erfolgsunrecht hier Fälle von rechtmäßigen Handlungen mit rechtswidrigen Folgen bezeichnen. Wenn ich richtig sehe, ist die Lehre vom Erfolgsunrecht so zu verstehen, daß durch den rechtswidrigen Erfolg auch die Handlung eben rechtswidrig wird und nicht rechtmäßig bleibt. Aber das ist vielleicht auch nur mißverständlich. Sie haben eben „an sich" rechtmäßig, glaube ich, mündlich formuliert und gehen vielleicht mit mir konform, und dann ist die Zeit um, ich höre auf.

Maurer: Es ist mehrfach darauf hingewiesen worden, daß die Eigentumsgarantie eine Konkretisierung der Freiheitsrechte darstelle, Eigentumsschutz also Freiheitsschutz sei. Das ist sicher richtig. Nur darf der Blick auf den Gleichheitssatz nicht verlorengehen. Es ist daher sehr positiv zu werten, daß Herr *Rill* und Herr *Hänni* die Gleichheitsproblematik in ihre Referate einbezogen haben. Herr *Zacher* hat sie zu Recht ebenfalls wieder in seinem Diskussionsbeitrag erwähnt.

Sodann möchte ich noch einige Bemerkungen zum Enteignungsbegriff von Herrn *Ehlers* machen. Erstens: Herr *Ehlers* weist zu Recht darauf hin, daß Enteignung die Entziehung des Eigentums „im Wege der Durchbrechung der Eigentumsordnung", d. h. der fortbestehenden Eigentumsordnung, ist. Das ist ein wesentliches Moment. Wäre dies gestern beachtet worden, dann wären die „Enteignungsmaßnahmen", die früher in der sowjetischen Besatzungszone und in der DDR durchgeführt wurden, nicht als Enteignungen bezeichnet worden, sondern als das, was sie wirklich waren, nämlich als Sozialisierungen und Konfiskationen. Zweitens: Sie sprechen, Herr *Ehlers*, in ihrem Enteignungsbegriff von „Staatsaufgaben", von der Eigentumsentziehung zur Erledigung von Staatsaufgaben. Üblicherweise wird in diesem Zusammenhang von öffentlichen Aufgaben gesprochen. Es stellt sich daher die Frage, ob Sie mit den „Staatsaufgaben" etwas anderes, etwas engeres meinen, als üblicherweise unter „öffentlichen Aufgaben" verstanden wird. Drittens: Zur sog. Legalenteignung. Man müßte hier unterscheiden. Die Enteignung ist eine Exekutivmaßnahme. Deswegen erfolgt sie auch in der Regel durch Verwaltungsakt aufgrund eines Gesetzes. Ausnahmsweise kann aber anstelle der Verwaltung der Gesetzgeber eine Enteignung durchführen. Als Beispiel ist auf die Enteignung der Deichgrundstücke in Hamburg hinzuweisen, mit der sich auch das Bundesverfassungsgericht zu befassen hatte. Davon zu unterscheiden ist die Eigentumsneuregelung, durch die *auch* in bestehende Rechtspositionen eingegriffen wird. Nach der überwiegenden Meinung können solche Eingriffe eine Enteignung sein, müssen es aber nicht, so daß sich die weitere Frage nach der Abgrenzung stellt. In Wirklichkeit handelt es sich jedoch in diesen Fällen überhaupt nicht um eine echte Enteignung, sondern um ein Übergangsproblem. Das zeigt sich auch daran, daß die Voraussetzungen und die Folgen dieser Eingriffe anders sind. So trifft das, was Herr *Ehlers* über die Entschädigung sagte, durchaus auf die echte Enteignung zu, keineswegs aber auf diese zweite Gruppe von „Legalenteignungen". Viertens: Ein wesentliches Problem des Enteignungsbegriffes und möglicherweise der ganzen Enteignungsdogmatik ist die Frage der *teilweisen* Enteignung. Die Enteignung erfaßt nach der neueren Definition nicht nur die vollständige, sondern auch die teilweise Entziehung des Eigentums. Sie haben, Herr *Ehlers*, eine Formel vorgeschlagen, die ich auch schon verwendet habe, mit der ich aber selbst nicht recht zufrieden bin, nämlich die Formel, daß sich die Enteignung auf die Entziehung von rechtlich verselbständigbaren oder verselbständigungsfähigen Eigentumspositionen beschränkt. Damit wollen Sie wahrscheinlich die teilweise Entziehung von den

Nutzungs- und Verfügungsbeschränkungen abgrenzen. Die Frage ist jedoch, ob sich damit eine klare Grenze finden läßt, ferner ob es nicht doch auch Nutzungs- und Verfügungsbeschränkungen gibt, die bereits einen Eingriff in eine verselbständigungsfähige Eigentumsposition bilden und daher unter dem Begriff der Enteignung fallen. Das ist eines der Probleme, die noch geklärt werden müßten, was aber wohl nur aufgrund von Einzelfällen möglich ist, die einfach einmal durchdekliniert werden müßten, um dann vielleicht zu einem tragfähigen Ergebnis zu kommen.

Vorsitzender: Vielen Dank, Herr *Maurer.* Ich schließe jetzt die Diskussion und erteile unseren Referenten das Schlußwort. Zunächst Herr *Hänni* bitte.

Hänni: Ich werde mich angesichts der vorgerückten Zeit darum bemühen, meine Ausführungen so kurz und knapp wie möglich zu halten. Ich möchte zunächst eingehen auf das Verhältnis zwischen Umweltschutz und Eigentumsgarantie, das insbesondere von den Herren *Wieland, Hoffmann-Riem* und *Murswiek* angesprochen worden ist. Es stellte sich dabei die Frage, ob es sozusagen ein Recht auf Luftverschmutzung gebe. Mit Bezug auf das schweizerische Recht kann ich dazu sagen, daß es so etwas nicht gibt: Die im Umweltschutzrecht verbindlich festgesetzten Immissionsgrenzwerte, die Emissionsbegrenzungen und die Sanierungspflichten stellen Maßnahmen dar, die als Inhaltsbestimmungen des Grundeigentums prinzipiell entschädigungslos zu dulden sind. Auch wenn höchstrichterliche Entscheidungen dazu noch ausstehen, ist nicht daran zu zweifeln, daß solche Eingriffe in das Grundeigentum — insbesondere aufgrund der dogmatischen Konzeption der *Zizers*-Entscheidung — nicht als materielle Enteignungen zu qualifizieren sind. Insofern beinhaltet die Eigentumsgarantie keinen Anspruch auf Luftverschmutzung.

Herr *Püttner* hat sich sodann gefragt, ob durch die Eigentumsgarantie wohl eine bestimmte Eigentumsstruktur geschützt sei. Das würde ich bejahen, es ist eine bestimmte Eigentumsstruktur geschützt, aber diese ist natürlich im Rahmen einer offenen Verfassung änderbar. Es besteht kein Schutz gegen die Änderung der Verfassung, und wie das Beispiel der Annahme des *Rothenturm*-Artikels gezeigt hat, können damit ziemlich einschneidende Konsequenzen verbunden sein.

Herr *Breuer* hat nochmals den Faktor „Zeit“ ins Spiel gebracht. Tatsächlich handelt es sich hier um ein sehr wichtiges Element. Ich darf in diesem Zusammenhang darauf hinweisen, daß das schweizerische Raumplanungsgesetz eine Anpassung der eigentümerverbindlichen Nutzungspläne dann verlangt, wenn sich die Verhältnisse erheblich geändert haben oder nach Ablauf des auf 10 bis maximal 15 Jahre festgesetzten Planungshorizontes. Zum Zeitpunkt des Erlasses des eidgenössischen Raumplanungsgesetzes im Jahre 1979 ging man sozusagen davon aus, daß wir alle 15 Jahre wieder neu über unseren Boden verfügen können. Die Tatsache der Unvermehrbarkeit des Bodens wurde bei dieser Konzeption verdrängt, denn es ist offensichtlich, daß damit die fatale Konsequenz verbunden wäre, immer wieder neu Bauland einzonen zu müssen. Dieses Vorgehen kann jedoch nur in eine Sackgasse münden, denn die Vorstellung einer in 15-Jahres-Rhythmen ablaufenden Bauzonenplanung ist mit der Unvermehrbarkeit des Bodens nicht zu vereinbaren.

Gestatten Sie mir noch zwei Schlußbemerkungen. Wir haben heute nicht über das Thema des Vollzugs gesprochen. Aus den vorgetragenen Überlegungen zur Situation in der Schweiz haben Sie vielleicht den Eindruck gewonnen, mit Bezug auf die Nutzung von Boden und Umwelt sei alles bestens geregelt. Das ist aber in Tat und Wahrheit nicht der Fall, vielmehr gibt es erhebliche Vollzugsprobleme. Diese Problematik haben wir heute ausgeblendet. Es scheint mir aber sehr wichtig zu sein, daß wir uns bewußt werden, daß es nicht genügt, einfach eine rechtstheoretisch befriedigende Antwort zu finden auf die Fragen, die die Nutzung von Boden und Umwelt im Zusammenhang mit der Eigentumsgarantie aufwerfen, sondern wir müssen uns auch um den Vollzug kümmern. Also: Rechtstheorie ja, aber gleichzeitig ist das Augenmerk auf etwas banalere Dinge, wie eben den Vollzug, zu richten. Diese Ergänzung schien mir notwendig, weil der Vollzugsaspekt nach meiner Auffassung heute — auch in der Diskussion — zu kurz gekommen ist.

Die zweite Bemerkung betrifft die Entschädigungsproblematik. Ich habe im Rahmen des Referates aufzuzeigen versucht, daß der im schweizerischen Recht geltende Grundsatz der vollen Entschädigung zu gewissen Härten führen kann. Dabei gilt es zu beachten, daß eben nicht der Gesetzgeber, sondern der Richter feststellt, wann eine sog. materielle Enteignung vorliegt (Die Probleme der formellen Enteignung sind in diesem Zusammenhang von weit geringerer Bedeutung). Nun sind aber die Voraussetzungen, die zur Annahme des Vorliegens einer materiellen Enteignung erfüllt sein müssen, durch das Bundesgericht immer weiter verschärft worden. Das ist an sich aus einer bestimmten Optik verständlich und auch zu begrüßen, nur hat dies umgekehrt gewisse Rückauswirkungen auf den Gestaltungsspielraum der Planungsbehörden: Weil die Grundeigentümer wissen, daß die Hürden für eine Entschädigung aus materieller Enteignung derart hoch sind, setzen sie alles daran, ihre privatnützigen Eigentümerinteressen im Rahmen der Nutzungsplanung zu maximieren. Dies führt aber dazu, daß nicht immer das Optimale oder auch nur das Zweckmäßige erreicht werden kann. Es ist deshalb zu fragen, ob nicht allenfalls vermehrt über die Abschöpfung von Planungsmehrwerten ein Ausgleich der Interessen erzielt werden könnte. Ein tieferes Ansetzen der Hürden bei der materiellen Enteignung bei gleichzeitiger Koppelung mit der Abschöpfung von Planungsmehrwerten könnte Spielräume eröffnen für eine optimalere Raumplanung, für eine sozialverträglichere Nutzung der Umweltmedien und ganz allgemein die Herstellung einer optimalen Konkordanz zwischen den verschiedenen angesprochenen Interessen bei der Nutzung von Grund und Boden erleichtern. Vielen Dank.

Ehlers: Meine Damen und Herren, ich habe aus der Diskussion viel gelernt und bin insbesondere auch für Kritik und Ergänzungen dankbar. Ich denke, Sie haben Verständnis dafür, daß ich nicht auf alles eingehen kann.

Zunächst sei kurz aufgegriffen, daß sich aus der Sozialbindungsklausel selbstverständlich abgestufte Bindungswirkungen ergeben. Es macht einen Unterschied, ob das „kleine“ oder das „große“ Eigentum betroffen ist. In Naturschutzgebieten gelten strengere Regeln als in Landschaftsschutzgebieten, in Kernzonen härtere Maßstäbe als in Pufferzonen usw.

Herr *Steinberg* hat nochmals die Rolle des Gesetzgebers und die besondere Bedeutung des Gesetzes herausgestellt. Dies gibt mir Gelegenheit, darauf hinzuweisen, daß es durchaus einen inhaltlichen Unterschied ausmacht, ob wir eine Problemstellung unter der Überschrift des Art. 14 Abs. 1 und 2 oder des Abs. 3 GG diskutieren. Geht man von der Ebene der Absätze 1 und 2 aus, wird der Blick von vornherein auf die vielfältigen Gestaltungsmöglichkeiten des Gesetzgebers gelenkt. Die Leistung eines finanziellen Ausgleichs ist nur eine denkbare Variante unter mehreren anderen. Bei der Enteignung kommt nur die Entschädigung als Rechtsfolge in Betracht. Nun darf zwar auch die Enteignung nur ultima ratio sein. Hinzu kommt aber, daß an die Enteignung strengere Anforderungen als an die Beschränkung von Eigentumspositionen zu stellen sind, weil die Enteignung die Eigentumsordnung durchbricht, d. h. Ausnahmecharakter haben muß. Der Begriff „Wohl der Allgemeinheit“ i. S. d. Art. 14 Abs. 2 GG ist daher nicht identisch mit dem Begriff „Wohl der Allgemeinheit“ i. S. d. Art. 14 Abs. 3 GG.

An Herrn *Sachs* gewendet: Es gibt Entziehungsakte, welche die weiteren Voraussetzungen der Enteignung nicht erfüllen. Bei der gesetzlichen Regelung solcher Entziehungsakte handelt es sich um Schrankenregelungen. Herrn *Hoffmann-Riem* kann ich nur zustimmen. Die potenzierten und summierten Gefährdungen bzw. Synergieeffekte sehe ich auch. Der Gesetzgeber ist aufgerufen, dem Rechnung zu tragen.

Wie nicht anders zu erwarten war, wurde die Frage der Baufreiheit kontrovers behandelt. Herr *Oldiges* und Herr *Breuer* haben sich hierzu unterschiedlich geäußert. Herr *Oldiges* will ein Grundrecht auf Baufreiheit anerkennen, während ich nur die Institutsgarantie des Eigentums bemüht habe. Dahinter verbirgt sich ein schwieriges Problem, das sich in der Kürze der Zeit nur schwer darstellen läßt: nämlich die Frage, ob sich Inhalt und Schranken des Eigentums materiell unterscheiden lassen. Ich habe dazu bereits einiges in meinem Referat gesagt. Geht man davon aus, daß es keine unbegrenzte Freiheit gibt und Art. 14 GG von vornherein nur das schützt, was die Gesamtheit der Gesetze hergibt, muß man m. E. ein Grundrecht auf Baufreiheit ablehnen. Das heißt natürlich nicht, daß der Gesetzgeber nach Belieben verfahren darf. Er bleibt an die Vorgaben des Art. 14 Abs. 1 GG gebunden. Damit bin ich keineswegs bei der Konzeption von Herrn *Breuer*. Ich habe nicht nur, um mich abzusichern, anders formuliert, Herr *Breuer*, sondern glaube, daß uns einiges in diesem Punkt trennt. Konstruiert man die Bebauungsbefugnis rein öffentlichrechtlich, läßt sich nur schwer begründen, warum sie dem Schutz des Art. 14 GG unterfallen soll. Üblicherweise werden vermögenswerte Positionen des öffentlichen Rechts ja nur als Eigentum i. S. d. Art. 14 GG angesehen, wenn sie im Zusammenhang mit einer Leistung stehen. Eine Leistung des Bauherrn ist bei dem Erlaß von Bebauungsplänen und Baugenehmigungen aber nicht ersichtlich. Stellt man auf die Ausnutzung der Baugenehmigung ab, überzeugt das nicht, weil ein einträgliches tatsächliches Handeln der Bürger nicht dazu führen kann, daß eine Position in den Schutz des Art. 14 GG einrückt. Im übrigen müßten bei einem Abstellen auf das Ausnutzen auch alle anderen ins Werk gesetzten öffentlich-rechtlichen Gewährungen – wie z. B. die Subventionen – dem Schutz des Art. 14 GG unterfallen. Mit Herrn *Friauf* möchte ich aber davor warnen, den Kreis der von Art. 14 GG erfaßten Rechte des öffentlichen Rechts beliebig zu erweitern. Andererseits meine ich aber zugleich, daß wir hinter den Schritt, den wir insoweit erreicht haben, nicht zurückgehen sollten.

Wenn ich Herrn *Oldiges* richtig verstanden habe – ich bin nicht sicher, ob dies der Fall ist –, vertritt er die Auffassung, daß es sich bei den planerischen Herabzonungen gem. § 42 BauGB nicht um einen Fall der Inhalts- und Schrankenbestimmung, sondern der Enteignung handelt. Dann müßte man m. E. aber auch die Konsequenz der Verfassungswidrigkeit ziehen, weil die §§ 39 ff. BauGB nicht die Zulässigkeit, sondern nur die Rechtsfolge regeln.

Große Probleme wirft die von Herrn *Breuer* angesprochene Kumulation von Belastungen auf. Die Landwirtschaft sieht sich heute zahlreichen umwelt- und wirtschaftsrechtlichen Regelungen ausgesetzt. Zu Recht ist auf das EG-Recht hingewiesen worden — genannt seien nur die Quotenregelungen. Dementsprechend wird dem Gesetzgeber eine schwierige Prüfung abverlangt. Er muß vor dem Hintergrund der bereits bestehenden Belastungen jede neue Inpflichtnahme auf ihre Verhältnismäßigkeit hin überprüfen. Was von der Freiheit insgesamt übrigbleibt, muß den Namen Eigentum noch verdienen.

Sehr viele Beiträge haben sich mit der Nutzung der Luft beschäftigt. Ich bin zunächst vom geltenden Recht ausgegangen und habe mit Bedacht von einer Nutzung der Luftsäule über dem Grundstück des Eigentümers und nicht der Nutzung der Luft schlechthin gesprochen. Das Recht zur Nutzung der Luftsäule ist nach § 905 BGB und den Vorschriften des Bundesimmissionsschutzgesetzes nicht aus dem Schutz des Grundeigentums herausgenommen worden. Eine andere Frage ist natürlich, ob der Gesetzgeber dies anders regeln könnte. Die Herren *Steinberg*, *Murswiek*, *Wieland* und *Hoffmann-Riem* haben dies bejaht und die Meinung vertreten, der Gesetzgeber sei nicht gehindert, die Nutzung der Luft allein einem Bewirtschaftungsermessen der Verwaltung zu unterstellen. Mit Herrn *Friauf* bin ich skeptisch. Man könnte die vorgebrachte Argumentation dann unter Umständen auch auf die Nutzung des Bodens übertragen, weil — wie Herr *Zacher* zu Recht bemerkt hat — ja auch der Boden ein knappes, nicht vermehrbares Gut ist. Ich möchte aber daran erinnern, daß bei Zugrundelegung meiner Ausführungen dem Grundeigentümer die Nutzung der Luftsäule nur bis zu einer gewissen Höhe verfassungsrechtlich garantiert wird. Was Herr *Wieland* und Herr *Murswiek* vor Augen hatten, ist die Luftverschmutzung durch die Industrie. Das ist eine Frage, ab welcher Höhe die Nutzung der Luftsäule gekappt werden darf. Das Bewirtschaftungsermessen darf jedenfalls nicht sozusagen bei Null einsetzen.

Anders als Herr *Frotscher* meine ich, daß die Luft nicht schlechthin als öffentliche Sache angesehen werden kann. Partiell mag etwas anderes gelten — etwa soweit es um die Nutzung der Luftsäule über öffentlichen Straßen und Wegen oder eine Nutzung im Sinne des Luftverkehrsgesetzes geht.

Ich wollte an sich noch auf weitere Diskussionsbeiträge eingehen, höre aber, daß die Zeit zu knapp geworden ist, und möchte daher zum Schluß kommen. Art. 14 GG gilt allgemein als schwieriges Grundrecht. Die Beschäftigung mit dem Thema hat mir gezeigt, daß dieser Ruf zu Recht besteht. Dennoch hoffe ich, daß es Ihnen heute nicht so ergangen ist wie jenem berühmten amerikanischen Studenten, der gesagt haben soll: „Als ich nach Harvard kam, war ich sehr verwirrt. Als ich Harvard verließ, war ich immer noch sehr verwirrt — aber auf einem viel höheren Level." Vielmehr würde ich mir wünschen, daß Diskussion und Vorträge dazu beigetragen haben, mehr Klarheit in dem einen oder anderen Punkt zu erzielen. Vielen Dank.

Rill: Zuerst eine Klarstellung. Herr *Pitschas* hat mich mißverstanden. Ich habe nicht behauptet, daß das Grundrecht auf Leben wie auf Unverletzlichkeit des Eigentums mit der Atomstromerzeugung überhaupt nichts zu tun haben. Ich habe nur behauptet, daß die Grundrechte auf Leben und Unverletzlichkeit des Eigentums in der Frage, ob überhaupt Atomstrom erzeugt werden darf, neutral sind. Wir hatten ursprünglich eine Rechtslage in Österreich, die die Erzeugung von Strom aus Atomkraft nicht verbot. Kein Mensch hat moniert, daß das dem Grundrecht auf Leben widerspricht. Jetzt haben wir ein Atomsperrgesetz, ohne daß deshalb die Eigentumsgarantie verletzt wäre. Im übrigen sind die Grundrechte selbstverständlich nicht neutral. Erwarteterweise ist meine Position, Art. 5 entstehungszeitlich zu interpretieren, angegriffen worden. Eine archaische Idylle habe ich deshalb aber nicht gezeichnet. Zur Orientierung an der Entstehungszeit muß ich folgende grundsätzliche Bemerkung machen. Ich meine, Rechtsvorschriften werden durch die Änderung von gesellschaftlichen Verhältnissen und Wertungen in ihren Sinngehalten nur dann verändert, wenn diese gesellschaftlichen Wertungen in neuen Rechtsvorschriften einen Ausdruck gefunden haben, die eben den älteren Rechtsvorschriften, sei es auch nur teilweise, derogieren, oder wenn diese Rechtsvorschriften auf solche Entwicklungen in der Gesellschaft verweisen. Das Grundrecht aus 1867 ist trotz mehrfacher Verfassungsübergänge auch heute geltendes Verfassungsrecht, weil es bei keinem Übergang eine Verfassungsmehrheit für ein neues Eigentumsgrundrecht gegeben hat. Insbesondere die ideologischen Gegensätze unter den politischen Kräften haben das verhindert. Ich frage mich, nach welchen Gesichtspunkten soll ich heute den Art. 5 oder sonst eine Bestimmung der Verfassung modern auslegen. So wie es die Grünen mit großer Überzeugung meinen oder wie es die Vertreter des Arbeitgeberverbandes mit Emphase vortragen? Im übrigen habe ich ausdrücklich gesagt, daß der Gesetzesvorbehalt des Grundrechts aus 1867 ein offener Gesetzesvorbehalt ist und für viele mögliche Auffassungen von dem, was das öffentliche Wohl ist, Platz läßt. Ich sehe denn auch in der bisherigen österreichischen Umweltgesetzgebung kein grundlegendes eigentumsgrundrechtliches Problem. Auf Einzelfragen will ich nicht eingehen. Was die Nutzung der Luft oder die Nutzung des Grundwassers anbelangt, sehe ich keinen Grund, diese aus der Eigentumsordnung auszunehmen. Ich meine, daß die Beschränkungen der Nutzung dieser Medien abgewogen werden müssen mit den individuellen Interessen der Eigentümer, das ist eben Eigentumsgarantie. Ich glaube allerdings, daß die Möglichkeiten, den Wünschen des Umweltschutzes Rechnung zu tragen, nach österreichischem Verständnis hinreichend groß sind. Außerdem müssen Sie die unterschiedliche Ausgangslage bedenken. In der Bundesrepublik Deutschland ist die Eigentumsgarantie sehr lange von Art. 14 Abs. 3 GG her aufgezogen worden. Daher steht die Entschädigungsproblematik stark im Vordergrund. In Österreich ist das nicht der Fall und wird es — so glaube ich — auch nicht sein, wenn der Verfassungsgerichtshof, was ich ja hoffe, der richtigen Auffassung der Lehre folgt und die These aufgibt, daß Enteignungen nicht zu entschädigen sind. Damit schließe ich. Ich danke für das Interesse, das Sie meinen Ausführungen entgegengebracht haben.

Vorsitzender: Meine Damen und meine Herren, es ist ausgiebig, substantiell und sehr gehaltvoll diskutiert worden, wie das der Problematik dieses Themas m. E. auch angemessen war. Es war nicht leicht, lassen Sie mich diesen einen Satz noch sagen, die vielen Diskussionsbeiträge am heutigen Nachmittag angemessen unterzubringen. Ich bitte um Nachsicht, wenn der eine oder andere in eine für ihn lästige „Warteschlange" geraten ist, aber ich meine, der Umstand, daß Sie fast alle bis zum Schluß hier im Saal geblieben sind, hat es leichter gemacht, diese Last des Wartens zu ertragen. Meine Damen und Herren, die Beiträge, die hier vorgetragen wurden, waren aus meiner Sicht alle sehr wertvoll, sehr substantiell, egal an welcher zeitlichen Stelle sie hier plaziert werden konnten. Im Druck wird dieser zeitliche Umstand dann auch nicht in dieser Gewichtung zum Ausdruck kommen. Ich darf mich nun zum Abschluß bei den Referenten ganz herzlich bedanken, auch dafür, daß Sie sich in der Diskussion so zurückgehalten haben, was die Inanspruchnahme der zeitlichen Ressourcen anbelangt. Ich bedanke mich aber auch bei Ihnen für die Diskussionsbeiträge und für die Teilnahme an der Diskussion. Ich darf nunmehr den fachlichen Teil schließen.

Bachof: Meine Damen und Herren Kollegen, es ist üblich, daß dem Vorstand am Ende der zweiten von ihm gestalteten Jahrestagung der Dank für seine Tätigkeit ausgesprochen wird, und als das älteste anwesende Mitglied fühle ich mich dazu berufen. Zwar hat Herr *Denninger* dem Vorstand schon in der Mitgliederversammlung gedankt; aber erstens waren damals viele Mitglieder noch nicht anwesend, und zweitens gibt es ein Sprichwort „Man soll den Tag nicht vor dem Abend loben". Ich meine freilich, auch nach dem heutigen Tag haben wir keinen Grund, das Lob irgendwie einzuschränken, ganz im Gegenteil! Was die Tagung selbst betrifft, so hat Herr *Ossenbühl* schon alles Notwendige gesagt, ich will es nicht wiederholen. Er hat festgestellt, diese Tagung sei nicht nur eine gute gewesen, sondern eine ganz besonders hervorragende. Ich kann das im Vergleich von nunmehr 40 unserer Tagungen, an denen ich teilgenommen habe, nur unterstreichen. Dem Dank habe ich nur eines noch hinzuzufügen, was noch nicht gesagt worden ist: Es ist mit Recht bedauert worden, daß angesichts der wachsenden Zahl unserer Mitglieder die Chance jedes einzelnen, um ein Referat gebeten zu werden, immer geringer wird. In dieser Hinsicht hat der scheidende Vorstand, im Rahmen der durch die derzeitige Gestalt unserer Tagungen beschränkten Möglichkeiten, doch einiges bewirkt. Es war das erste Mal, daß an den beiden Haupttagungen — also ohne Berlin — zusammen nicht nur 8 oder 9, sondern 11 Referate gehalten werden konnten. Und zwar, was ich bewundert habe, ohne daß wir dadurch in Zeitnot geraten wären. Das war also hervorragend organisiert. Zu loben ist auch die Zeitdisziplin, welche die Referenten eingehalten haben; darauf hatte der Vorstand vermutlich vorbeugend hingewirkt. Nicht so gut stand es freilich mit der Zeitdisziplin vieler Diskussionsteilnehmer. Der neue Vorstand möchte, wie seine zwei heute anwesenden Mitglieder mir gesagt haben, insoweit für eine Änderung sorgen. Ich kann nur hoffen, daß ihm das gelingt und daß er im übrigen unsere Vereinigung mit dem gleichen Erfolg leiten möge wie der scheidende Vorstand. Diesem nochmals herzlichen Dank, und dem neuen Vorstand viel Glück!

Verzeichnis der Redner

Verzeichnis der Mitglieder der Vereinigung der Deutschen Staatsrechtslehrer

Stand: 1. Februar 1992

Ehrenvorsitzender auf Lebenszeit:
Ipsen, Dr. Dr. h. c. Hans Peter, o. Professor

Vorstand

1. *Oppermann,* Dr. Dr. h. c. Thomas, o. Professor,
   Burgholzweg 122, 7400 Tübingen, (0 70 71) 4 95 33;
   Universität, (0 70 71) 29 25 60
2. *Maurer,* Dr. Hartmut, o. Professor,
   Säntisblick 10, 7750 Konstanz 19, (0 75 33) 13 12;
   Universität, (0 75 31) 88 36 57
3. *Fleiner-Gerster,* Dr. Dr. h. c. Thomas, o. Professor,
   Le Riedelet 9, CH-1723 Marly FR, (0 37) 46 12 61;
   Institut für Föderalismus, Universität Freiburg i. Ue.,
   Miséricorde, CH-1700 Freiburg, (0 37) 21 95 91

Mitglieder

1. *Abelein,* Dr. Manfred, o. Professor,
   Rheinweg 12, 5300 Bonn, (02 28) 2 56 92;
   (Universität Regensburg)
2. *Adamovich,* Dr. Ludwig, o. Professor,
   Roosevelt-Platz 4, A-1090 Wien, (02 22) 4 08 55 70;
   österr. Verfassungsgerichtshof, (02 22) 5 31 22/4 15
3. *Alexy,* Dr. Robert, o. Professor,
   Klausbrooker Weg 122, 2300 Kiel, (04 31) 54 97 42;
   Universität Kiel, (04 31) 8 80 35 43
4. *Antoniolli,* Dr. h. c. Walter, o. Universitätsprofessor,
   Hasnerstr. 3/I, A-3100 St. Pölten, (0 27 42) 6 59 17;
   (Universität Wien)

5. *Armbruster,* Dr. Hubert, o. Professor,
An der Allee 69, 6500 Mainz, (0 61 31) 3 19 50;
Univ., (0 61 31) 39 23 84

6. *Arndt,* Dr. Hans-Wolfgang, o. Professor,
Waldstr. 34, 6730 Neustadt/Weinstraße (0 63 21) 3 33 85;
Universität Mannheim, (06 21) 2 92 51 95

7. *v. Arnim,* Dr. Hans Herbert, o. Professor,
Im Oberkämmerer 26, 6720 Speyer, (0 62 32) 9 81 23;
Hochschule Speyer, (0 62 32) 91 03 43

8. *Arnold,* Dr. Rainer, o. Professor,
Plattenweg 7, 8400 Regensburg, (09 41) 7 44 65;
Universität, (09 41) 9 43 26 54/5

9. *Autexier,* Dr. Christian, Professor,
Bayernstr. 12, 6600 Saarbrücken, (06 81) 6 51 17;
Univers. Saarbrücken, Lehrstuhl f. französisches öffentliches Recht, (06 81) 3 02 21 21

10. *Baade,* Dr. Hans W., Professor,
6002 Mountain Climb Drive, Austin/Texas, USA, 78 731
Tel. (512) 4 52 50 71 und 4 71 51 51

11. *Bachof,* Dr. Dres. h. c. Otto, o. Professor,
Auf dem Kreuz 3, 7400 Tübingen, (0 70 71) 6 11 44;
Univ., (0 70 71) 29 49 10 od. 29 25 49

12. *Badura,* Dr. Peter, o. Professor,
Am Rothenberg Süd 4, 8113 Kochel am See, (0 88 51) 52 89;
Universität München

13. *Barfuß,* Dr. iur. Dr. rer. pol. Walter, a. o. Universitätsprofessor,
Tuchlauben 13, A-1014 Wien, (02 22) 63 87 61

14. *Bartlsperger,* Dr. Richard, o. Professor,
Schleifweg 55, 8521 Uttenreuth, (0 91 31) 5 99 16;
Universität Erlangen, (0 91 31) 85 28 18

15. *Battis,* Dr. Ulrich, Professor,
Rummenohler Str. 91, 8500 Hagen, (0 23 55) 21 55;
Fernuniv., (0 23 31) 8 04 29 17

16. *Bauer,* Dr. Hartmut, Privatdozent,
Waldkauzstraße 27, 8900 Augsburg 22, (08 21) 9 67 76;
Univ., (08 21) 59 84 43

17. *Bayer,* Dr. Hermann-Wilfried, Professor,
Henkenbergstr. 45 a, 4630 Bochum, (02 34) 79 17 44;
Univ., (02 34) 7 00 57 24

18. *Becker,* Dr. Jürgen, apl. Professor (Univ. Freiburg),
Kellerstr. 7, 8000 München 80, (0 89) 48 30 47;
Chefsyndikus der GEMA,
Rosenheimer Str. 11, 8000 München 80,
(0 89) 4 80 03-6 23

19. *Berchthold,* Dr. Klaus, Universitätsdozent,
Bräunerstr. 4–6/22, A-1010 Wien, (02 22) 53 14 34

20. *Berg,* Dr. Wilfried, o. Professor,
Waldsteinring 25, 8580 Bayreuth, (09 21) 9 31 25;
Univ., (09 21) 55 28 76

21. *Berka,* Dr. Walter, Universitätsdozent,
Birkenweg 2, A-5400 Hallein, (0 62 45) 6 25 52;
dienstl.: Weiserstr. 22, A-5020 Salzburg, (06 62/8044) 36 04

22. *Bernhardt,* Dr. Rudolf, o. Professor,
Gustav-Kirchhoff-Str. 2 a, 6900 Heidelberg, (0 62 21) 41 36 99;
dienstl., (0 62 21) 4 82-1

23. *Bethge,* Dr. Herbert, o. Professor,
Am Seidenhof 8, 8390 Passau, (08 51) 4 16 97;
Univ., (08 51) 50 91 97

24. *Bettermann,* Dr. Dr. h. c. Karl-August, o. Professor,
Alte Landstr. 173, 2000 Hamburg 63, (0 40) 5 38 40 64;
Univ., (0 40) 41 23 45 57

25. *Beyerlin,* Dr. Ulrich, Privatdozent,
Luisenstr. 7, 6903 Neckargmünd;
Max-Planck-Institut für ausländ. Öffentl. Recht und
Völkerrecht,
Berliner Str. 48, 6900 Heidelberg, (0 62 21) 48 22 36

26. *Bieber,* Dr. Roland, o. Professor,
27, Rue Bertholet, L-1233 Luxembourg, (0 03 52) 45 06 17;
Universität Lausanne, CH-1015 Lausanne-Dorigny,
(0 21) 6 92 11 11

27. *Binder,* Dr. Bruno, Universitätsdozent,
Mozartstr. 1, A-4020 Linz, (07 32) 27 51 10
oder Wischerstr. 30, A-4020 Linz, (07 32) 23 99 26;
Univ. Linz, Altenbergerstr. 69, A-4040 Linz,
(07 32) 23 13 81-411

28. *Birk,* Dr. Dieter, o. Professor,
Borkumweg 43, 4400 Münster, (02 51) 21 84 21;
Universität, (02 51) 83 27 95

29. *Blankenagel,* Dr. Alexander, Professor,
Uhlandstr. 20 a, 8700 Würzburg, (09 31) 88 53 93;
Lehrstuhl für Öffentliches Recht und Ostrecht der Universität Würzburg, Domerschulstr. 16, 8700 Würzburg, (09 31) 3 11/ App. 331

30. *Bleckmann,* Dr. Dr. Albert, Universitätsprofessor,
Thomas-Morus-Weg 10 f, 4400 Münster, (02 51) 23 58 67;
Univ., (02 51) 83 20 21

31. *Blümel,* Dr. Willi, Professor,
Angelhofweg 65, 6916 Wilhelmsfeld, (0 62 20) 18 80;
Hochschule Speyer, (0 62 32) 9 10–3 62/3 60

32. *Blumenwitz,* Dr. Dieter, o. Professor,
Tannenstr. 2, 8011 Baldham, (0 81 06) 3 32 52;
Universität Würzburg, (09 31) 3 13 08

33. *Böckenförde,* Dr. iur. Dr. phil. Dr. h. c. Ernst-Wolfgang, o. Professor, Bundesverfassungsrichter,
Türkheimstr. 1, 7801 Au bei Freiburg, (07 61) 40 56 23;
Universität Freiburg, (07 61) 2 03 34 31

34. *Böckstiegel,* Dr. Karl-Heinz, Professor,
Parkstr. 38, 5060 Bergisch-Gladbach, (0 22 04) 6 62 68;
Universität Köln, (02 21) 4 70 23 37

35. *Bogs,* Dr. Harald, Professor,
Dresdener Str. 7, 3406 Bovenden, (05 51) 8 15 95;
Universität Göttingen, (05 51) 39 73 92

36. *Bothe,* Dr. Michael, Universitätsprofessor,
Theodor-Heuss-Str. 6, 6140 Bensheim, (06 251) 43 45;
Universität Frankfurt a. M. 1, (0 69) 7 98 22 64

37. *Breuer,* Dr. Rüdiger, Professor,
Heinrich-Brauns-Str. 4, 5500 Trier, (06 51) 2 14 78;
Universität, (06 51) 2 01 25 78

38. *Brohm,* Dr. Winfried, o. Professor,
Wydenmööslistr. 11, CH-8280 Kreuzlingen, (0 72) 75 15 25;
Universität Konstanz, (0 75 31) 88 21 69/76

39. *v. Brünneck,* Dr. Alexander, apl. Professor,
Blumenhagenstr. 5, 3000 Hannover 1, (05 11) 71 69 11;
Universität Hannover, (05 11) 4 73 82 28

40. *Brugger,* Dr. Winfried, LL.M., Universitätsprofessor,
Säckinger Str. 17b, 6800 Mannheim 61, (06 21) 48 13 10;
Universität Mannheim, Schloß, Westflügel,
6800 Mannheim 1, (06 21) 2 92 24 35

41. *Brunner,* Dr. Georg, o. Professor,
Belvederestr. 94, 5000 Köln 41, (02 21) 4 97 35 94;
Univ. Köln, Ubierring 53, 5000 Köln 1, (02 21) 31 51 10 u. 31 51 49

42. *Bryde,* Dr. Brun-Otto, Universitätsprofessor,
Stettiner Str. 10, 6301 Wettenberg-Wißmar, (0 64 06) 7 41 91;
Universität Gießen, Hein-Heckroth-Str. 5, 6300 Gießen,
(06 41) 7 02 50 15

43. *Bull,* Dr. Hans Peter, o. Professor,
Innenministerium des Landes Schleswig-Holstein,
Düsternbrooker Weg 92, 2300 Kiel 1,
(04 31) 5 96 30 00; Universität Hamburg

44. *Bullinger,* Dr. h.c./Univ. de Dijon, Martin, o. Professor,
Altschlößleweg 4, 7801 Au bei Freiburg, (07 61) 40 23 89;
Universität Freiburg, (07 61) 2 03 35 16

45. *Burmeister,* Dr. Joachim, o. Professor,
Blücherstr. 37, 6670 St. Ingbert-Rohrbach, (0 68 94) 5 75 83;
Universität, (06 81) 3 02 21 28

46. *v. Campenhausen,* Dr. Frhr. Axel, Professor,
Oppenbornstr. 5, 3000 Hannover 71, (05 11) 52 81 74;
Kirchenrechtliches Institut der EKD,
Goßlerstr. 11, 3400 Göttingen, (05 51) 5 77 11

47. *Carstens,* Dr. Karl, o. Professor,
Dechant-Kreiten-Str. 43, 5309 Meckenheim, (0 22 25) 24 55

48. *Czybulka,* Dr. Detlev, Privatdozent,
Viktor-Scheffel-Str. 18, 8000 München 40 oder Schmiedberg 12,
8901 Baindlkirch/Gemeinde Ried, (0 89) 48 30 41 oder
(0 82 02) 6 29;
Universität Augsburg, (08 21) 59 84 43

49. *Dagtoglou,* Dr. Prodromos, o. Professor,
Hippokrates Str. 33, Athen 144/Griechenland;
Universität Athen, 00 30/3 62 90 65

50. *Davy,* Dr. Benjamin, Universitätsdozent,
Schottenring 31/7, A-1010 Wien, 3 14 80 93;
Techn. Universität Wien, 58 801-44 86

51. *Degenhart,* Dr. Christoph, Professor,
Stormstr. 3, 8500 Nürnberg 20, (0911) 592462;
Universität Münster, (0251) 839803

52. *Delbrück,* Dr. Jost, Professor,
Schoolredder 20, 2300 Kiel-Altenholz, (0431) 322558;
Universität, (0431) 8802149

53. *Denninger,* Dr. Erhard, Universitätsprofessor,
Am Wiesenhof 1, 6240 Königstein 3, (06173) 78988;
Universität Frankfurt, (069) 7982654

54. *Dicke,* Dr. Detlev Christian, o. Professor,
Chrüzhubel 16, CH-3178 Bösingen;
Universität Freiburg/Schweiz

55. *Dittmann,* Dr. Armin, o. Professor,
Karl-Brennenstuhl-Str. 11, 7400 Tübingen 9, (07071) 82456;
Universität Hohenheim-Schloß, Postfach 700562,
7000 Stuttgart 70, (0711) 459-2791

56. *Doehring,* Dr. Karl, o. Professor,
Mühltalstr. 117/3, 6900 Heidelberg, (06221) 409880;
Universität, (06221) 547454

57. *Dörr,* Dr. Dieter, Professor,
Heidenkopferdell 1, 6600 Saarbrücken, (0681) 69130;
Saarl. Rundfunk, Postfach 1050, 6600 Saarbrücken,
(0681) 602-2050

58. *Dolzer,* Dr. Dr. Rudolf, Professor,
Am Pferchelhang 4/1, 6900 Heidelberg, (06221) 803344;
Universität Mannheim, Postfach 103462, 6800 Mannheim 1,
(0621) 2925607/5631

59. *Dreier,* Dr. Horst, Professor,
Am Hölzlein 68, 8700 Würzburg, (0931) 273082;
Universität Hamburg, Schlüterstr. 28, 2000 Hamburg 13,
(040) 4123-2627

60. *Dreier,* Dr. Ralf, o. Professor,
Wilhelm-Weber-Str. 4, 3400 Göttingen, (0551) 59114;
Universität, (0551) 397384

61. *Dürig,* Dr. Günter, o. Professor,
Staufenstr. 9, 7400 Tübingen, (07071) 82508

62. *Eberle,* Dr. Carl-Eugen, Professor,
Kapellenstraße 68 a, 6200 Wiesbaden, (06 11) 52 04 68;
dienstl. ZDF, Postfach 4040, 6500 Mainz 1,
(0 61 31) 70 41 00

63. *Ebsen,* Dr. Ingwer, Professor,
Schürbusch 41, 4400 Münster, (02 51) 7 18 09 88;
Universität Münster, (02 51) 83 27 18

64. *Ehlers,* Dr. Dirk, Professor,
Am Mühlenbach 14, 4403 Senden, (0 25 97) 84 15;
Westfälische Wilhelms-Universität, Institut für Wirtschaftsverwaltungsrecht, Universitätsstr. 14–16, 4400 Münster,
(02 51) 83 27 01

65. *Ehmke,* Dr. Horst, o. Professor,
Bundeshaus, 5300 Bonn 1, (02 28) 16 34 29 oder 16 48 34

66. *Eichenberger,* Dr. Dr. h. c. Kurt, o. Professor,
Bärenbrunnenweg 4, CH-4144 Arlesheim b. Basel,
(0 61) 7 01 33 86

67. *Erbel,* Dr. Günter, Professor,
Burbacher Str. 10, 5300 Bonn 1;
Universität, (02 28) 73 55 83

68. *Erbguth,* Dr. Wilfried, Professor,
Kellermannstr. 21, 4400 Münster, (02 51) 2 51 48;
Ruhr-Universität Bochum, Juristische Fakultät,
Universitätsstr. 150, 4630 Bochum 1, (02 34) 7 00 52 52/62

69. *Erichsen,* Dr. Hans-Uwe, o. Professor,
Falkenhorst 17, 4400 Münster-Str. Mauritz, (02 51) 3 13 12;
Universität Münster, (02 51) 83 27 41

70. *Ermacora,* Dr. Felix, o. Universitätsprofessor,
Karl-Lueger-Ring, A-1010 Wien I, (02 22) 42 76 11;
Universität, (02 22) 43 00 31 45, Schottenbastei 10–16

71. *Faber,* Dr. Heiko, Professor,
Wunstorfer Str. 1, 3007 Gehrden 1, (0 51 08) 22 34;
Universität Hannover, (05 11) 4 73 82 06

72. *Fastenrath,* Dr. Ulrich, Universitätsprofessor,
Kyreinstr. 6, 8000 München 70;
Universität Köln, Gottfried-Keller-Str. 2, 5000 Köln 41,
(02 21) 4 70 38 34

73. *Fiedler,* Dr. Wilfried, o. Professor,
Auf dem Löbel 1, 6602 Saarbrücken-Dudweiler,
(0 68 97) 76 64 01;
Universität, (06 81) 3 02 32 00

74. *Fleiner-Gerster,* Dr. Dr. h. c. Thomas, o. Professor,
Le Riedelet 9, CH-1723 Marly FR, (0 37) 46 12 61;
Institut für Föderalismus, Universität Freiburg i. Ue.,
Miséricorde, CH-1700 Freiburg, (0 37) 21 95 91

75. *Folz,* Dr. Hans-Ernst, Professor,
Bispinger Weg 11, 3000 Hannover 61,
(05 11) 57 57 19 u. 56 28 92;
Universität Hannover, Fachbereich Rechtswissenschaften,
Hanomagstr. 8, 3000 Hannover 91, (05 11) 4 49 82 48/49

76. *Frank,* Dr. Götz, Professor,
Cäcilienplatz 4, 2900 Oldenburg, (04 41) 7 56 89;
Universität, (04 41) 7 98-83 38 od. 83 35

77. *Friauf,* Dr. Karl Heinrich, o. Professor,
Eichenhainallee 17, 5060 Bergisch-Gladbach 1,
(0 22 04) 6 19 84

78. *Fröhler,* Dr. Ludwig, o. Universitätsprofessor,
Altebergerstr. 39, A-4010 Linz-Urfahr

79. *Fromont,* Dr. Dr. h. c. Michel, Professor,
12, Boulevard de Port Royal, F-75005 Paris, (1) 45 35 73 71;
Universität Paris I Panthéon-Sorbonne,
12, place du Panthéon, 75231 Paris Cédex 05, (1) 46 34 97 32

80. *Frotscher,* Dr. Werner, Universitätsprofessor,
Habichtstalgasse 32, 3550 Marburg/Lahn, (0 64 21) 3 29 61;
Universität, Universitätsstr. 6, (0 64 21) 28 31 22

81. *Frowein,* Dr. Jochen A., o. Professor,
Berliner Str. 48, 6900 Heidelberg 1;
dienstl., (0 62 21) 4 82-1

82. *Funk,* Dr. Bernd-Christian, o. Professor,
Schönbrunngasse 46 a, A-8010 Graz, (03 16) 3 10 82;
Universität, (03 16) 3 80 33 66, 33 68

83. *Gallent,* DDr. Kurt, Professor, Obersenatsrat i. R.,
Pestalozzistr. 1/III, A-8010 Graz, (03 16) 77 89 62;
dienstl., (03 16) 7 30 54

84. *Gallwas,* Dr. Hans-Ullrich, Professor,
Hans-Leipelt-Str. 16, 8000 München 40, (0 89) 32 83 66;
Universität, (0 89) 21 80 62

85. *Göldner,* Dr. Detlef, Privatdozent,
Wilhelmshavener Str. 20, 2300 Kiel, (04 31) 8 16 44

86. *Goerlich,* Dr. Helmut, Professor,
Brillkamp 13, 2000 Hamburg 63, (0 40) 5 38 59 91;
Bergische Universität Wuppertal, (02 02) 4 39 22 85, 4 39 22 81

87. *Götz,* Dr. Volkmar, o. Professor,
Geismarlandstr. 17 a, 3400 Göttingen, (05 51) 4 31 19;
Universität, (05 51) 39 73 91, 39 47 61

88. *Gornig,* Dr. Gilbert H., Professor,
Kaakweg 16 b, 3400 Göttingen, (05 51) 37 12 69;
Universität, (05 51) 39-46 61 od. 46 62

89. *Grabitz,* Dr. Eberhard, o. Professor,
Cosimaplatz 2, 1000 Berlin 41, (0 30) 8 52 21 36;
Universität, (0 30) 8 38 49 49

90. *Gramlich,* Dr. Ludwig, Privatdozent,
Justus-Liebig-Str. 38 A, 6115 Münster 1, (0 60 71) 3 85 71;
Fachhochschule des Bundes, Dieburg, (0 60 71) 28 31 19

91. *Grawert,* Dr. Rolf, o. Professor,
Aloysiusstr. 28, 4630 Bochum 1, (02 34) 47 36 92;
Universität, (02 34) 7 00 28 09

92. *Grewe,* Dr. Dr. h. c. Wilhelm G., o. Professor,
Zum Kleinen Ölberg 28, 5330 Königswinter 41 (Thomasberg),
(0 22 44) 68 74;
dienstl., (02 28) 21 41 60

93. *Griller,* Dr. Stefan, ao. Professor,
Hungerbergstr. 11, 1190 Wien XIX, (02 22) 32 24 05;
Wirtschaftsuniversität Wien, (02 22) 36 34 84

94. *Grimm,* Dr. Dieter, o. Professor, Bundesverfassungsrichter,
Bundesverfassungsgericht, Postfach 1771,
7500 Karlsruhe 1, (07 21) 14 92 20;
Universität Bielefeld, (05 21) 1 06 44 05

95. *Gröschner,* Dr. Rolf, Professor,
Stormstr. 39, 8500 Nürnberg 20, (09 11) 59 14 08;
(Universität Mainz)

96. *Grupp,* Dr. Klaus, Universitätsprofessor,
Stephanienufer 5, 6800 Mannheim 1, (06 21) 82 21 97;
Universität Saarbrücken, (06 81) 3 02 35 08

97. *Gusy*, Dr. Christoph, Professor,
Maiglöckchenweg 17, 6500 Mainz;
Universität Mainz, Saarstr. 21,
6500 Mainz, (0 61 31) 39 33 75

98. *Häberle*, Dr. Peter, o. Professor,
Universität Bayreuth, Universitätsstraße, Postfach 30 08,
8580 Bayreuth, (09 21) 55 29 47

99. *Häfelin*, Dr. Ulrich, o. Professor,
Müseliweg 1, CH-8049 Zürich, (01) 56 84 60

100. *Hänni*, Dr. Peter, Privatdozent,
Stadtgraben 6, CH-3280 Murten, (0 37) 71 58 15;
Universität Freiburg i. Ue., Miséricorde, (0 37) 21 95 92

101. *Hahn*, Dr. Dr. h. c. Hugo J., LL. M. (Harvard), o. Professor,
Frankenstr. 63, 8700 Würzburg 1, (09 31) 28 42 86;
Universität, (09 31) 3 13 10

102. *Hailbronner*, Dr. Kay, o. Professor,
Toggenbühl, CH-8557 Fruthwilen, (0 72) 64 19 46;
Universität Konstanz, (0 75 31) 88 22 47

103. *Haller*, Dr. Herbert, a. o. Universitätsprofessor,
Felix-Mottl-Str. 48 Haus 2, A-1190 Wien, (02 22) 3 41 72 14;
Universität, (02 22) 34 75 41

104. *Haller*, Dr. Walter, o. Professor,
Burgstr. 264, CH-8706 Meilen, (01) 9 23 10 14;
Universität Zürich, (01) 2 57 20 51

105. *Hangartner*, Dr. Yvo, o. Professor,
Am Gozenberg 2, CH-9202 Gossau, (0 71) 85 15 11

106. *Haverkate*, Dr. Görg, Universitätsprofessor,
Klingenweg 26, 6900 Heidelberg, (0 62 21) 80 05 81;
Universität Heidelberg, (0 62 21) 54 77 23

107. *Heckel*, Dr. Martin, o. Universitätsprofessor,
Lieschingstr. 3, 7400 Tübingen, (0 70 71) 6 14 27;
Universität, (0 70 71) 29 29 71

108. *Hendler*, Dr. Reinhard, Universitätsprofessor,
Tulpenstr. 21, 3556 Weimar/Lahn-1, (0 64 21) 7 73 05;
Universität Marburg, Universitätsstraße 6, 3550 Marburg/L.,
(0 64 21) 28 31 32 oder 28 38 08

109. *Hengstschläger*, Dr. Johann, o. Universitätsprofessor,
Auf der Halde 16, A-4020 Linz, (07 32) 28 10 81;
Universität, (07 32) 24 68/401

110. *Henke*, Dr. Wilhelm, o. Professor,
Hohe-Rott-Weg 2, 3407 Gleichen-Gr. Lengden, (0 55 08) 530

111. *Herdegen*, Dr. Matthias, o. Professor,
Universität Konstanz, Universitätsstr. 10,
7750 Konstanz 1, (0 75 31) 88 34 58, 88 23 13;
priv. (0 62 21) 80 47 15

112. *Herrmann*, Dr. Günter, Professor,
Wankweg 13, 8959 Buching/Allgäu, (0 83 68) 16 96

113. *Herzog*, Dr. Roman, Professor,
Präsident des Bundesverfassungsgerichts,
Schloßbezirk 3, Postfach 17 71, 7500 Karlsruhe 1,
(07 21) 14 92 12; privat: (0 72 47) 2 26 28

114. *Hesse*, Dr. Dr. h. c. Dr. h. c. Konrad, o. Professor,
Schloßweg 29, 7802 Merzhausen, (07 61) 40 38 11;
Universität Freiburg, (07 61) 2 03 35 14

115. *Hettlage*, Dr. Karl-Maria, o. Professor,
Friedrich-Ebert-Str. 83, 5300 Bonn-Bad Godesberg,
(02 28) 36 42 61

116. *Heun*, Dr. Werner, Professor,
Tilsiter Str. 9, 3406 Bovenden;
Universität Göttingen, Institut für Allgemeine Staatslehre
und Politische Wissenschaften, Goßlerstr. 11, 3400 Göttingen,
(05 51) 39 46 93

117. *Frhr. v. d. Heydte*, Dr. jur., Dr. rer. pol. Friedrich-August,
o. Professor,
Hagschneiderweg 1, 8311 Aham-Vils, (0 87 44) 10 64

118. *Heyen*, Dr. Erk Volkmar, Professor,
Maxburgstr. 25, 6730 Neustadt/Weinstraße, (0 63 21) 79 83;
Universität Göttingen, (05 51) 39 47 23, 39 73 93

119. *Hilf*, Dr. Meinhard, Universitätsprofessor,
Schelpsheide 12, 4800 Bielefeld 1, (05 21) 88 92 82;
Universität, (05 21) 1 06-44 22

120. *Hill*, Dr. Hermann, Professor,
Obere Rheinallee 8, 5407 Boppard/Rhein, (0 67 42) 29 93;
Hochschule für Verwaltungswissenschaften Speyer,
Freiherr-vom-Stein-Str. 2, 6720 Speyer, (0 62 32) 9 10–3 28

121. *Hoffmann,* Dr. Dr. h.c. Gerhard, o. Professor,
Ernst-Lemmer-Str. 10, 3550 Marburg 6-Wehrda,
(0 64 21) 8 16 45

122. *Hoffmann-Riem,* Dr. Wolfgang, Professor,
Kätnerweg 24, 2000 Hamburg 65, (0 40) 6 40 24 78;
Universität, (0 40) 41 23 54 16

123. *Hofmann,* Dr. Hasso, o. Professor,
Christoph-Mayer-Weg 5, 8700 Würzburg, (09 31) 8 73 88;
Universität, (09 31) 3 13 36

124. *Hollerbach,* Dr. Alexander, o. Professor,
Parkstr. 8, 7806 March-Hugstetten, (0 76 65) 22 51;
Universität Freiburg, (07 61) 2 03 35 35

125. *Hoppe,* Dr. Werner, o. Professor,
Erphostr. 36, 4400 Münster, (02 51) 39 18 99;
dienstl., (02 51) 83 27 03

126. *Hotz,* Dr. Reinhold, Privatdozent,
Rötelistr. 12, CH-9000 St. Gallen, (0 71) 28 44 96;
Hochschule St. Gallen, (0 71) 22 03 03

127. *Huber,* Dr. Peter M., Professor, Steinstraße 58,
8000 München 80, (0 89) 4 48 74 62;
Universität Augsburg, (08 21) 5 98-401/355

128. *Hufen,* Dr. Friedhelm, o. Professor,
Hauptstr. 96, 8417 Lappersdorf-Kareth b. Regensburg,
(09 41) 8 18 57; Universität Regensburg, (09 41) 9 43–26 08

129. *Ipsen,* Dr. Dr. h.c. Hans Peter, o. Professor,
Augustinum App. 1142, 2410 Mölln, (0 45 42) 81 31 42;
Tel. in Lüneburg, (0 41 31) 40 11 31

130. *Ipsen,* Dr. Jörn, o. Professor,
Luisenstr. 41, 4550 Bramsche, (0 54 61) 44 96;
Universität Osnabrück, (05 41) 9 69-61 58/61 69

131. *Ipsen,* Dr. Knut, o. Professor,
Nevelstr. 59, 4630 Bochum-Weitmar, (02 34) 43 12 66;
Universität, (02 34) 7 00 28 20

132. *Isensee,* Dr. Josef, o. Professor,
Meckenheimer Allee 150, 5300 Bonn 1, (02 28) 69 34 69;
Universität, (02 28) 73 79 83

133. *Jaag,* Dr. Tobias, o. Professor,
Bahnhofstr. 22, CH-8022 Zürich, (01) 2 11 25 50;
Universität, (01) 2 57 31 70

134. *Jaenicke,* Dr. Günther, Professor,
Waldstr. 13, 6906 Leimen b. Heidelberg, (0 62 24) 35 71;
(Universität Frankfurt)

135. *Jahrreiß,* Dr. jur., Dr. h. c. mult., Hermann, o. Professor,
Nasse-Str. 30, 5000 Köln 41, (02 21) 46 15 53;
Universität, (02 21) 4 70 22 66

136. *Jakob,* Dr. Wolfgang, o. Professor,
Wilhelmstr. 25, 8000 München 40, (0 89) 39 05 06;
(Universität Augsburg)

137. *Janssen,* Dr. Albert, Ministerialrat,
Kaiser-Friedrich-Str. 35, 3200 Hildesheim

138. *Jarass,* Dr. Hans D., LL.M (Harvard), o. Professor,
Baumhofstr. 37 d, 4630 Bochum 1, (02 34) 77 20 25;
Universität Bochum, Postfach 10 21 48, (02 34) 7 00 28 18

139. *Kästner,* Dr. Karl-Hermann, Professor,
Alt-Rathausstr. 5, 7481 Bingen 1, (0 75 71) 32 23;
Universität Mannheim, (06 21) 2 92 52 92

140. *Kaiser,* Dr. jur., Dr. rer. pol. h. c. Joseph H., o. Professor,
Rothofweg, 7813 Staufen i. Br., (0 76 33) 57 28;
Universität Freiburg, (07 61) 2 03 35 67

141. *Karpen,* Dr. Ulrich, Professor,
Oldenfelder Str. 32, 2000 Hamburg 73 (Rahlstedt),
(0 40) 6 77 83 98;
Universität Hamburg, Seminar f. Öffentl. Recht und Staatslehre,
Schlüterstr. 28, 2000 Hamburg 13, (0 40) 41 23-30 23, -45 14,
-45 55

142. *Kewenig,* Dr. Wilhelm, o. Professor,
Schumannstr. 8, 6000 Frankfurt/M. 1, (0 69) 74 93 13;
dienstlich: (0 69) 17 09 50

143. *Khol,* Dr. Andreas, Universitätsprofessor,
Cuviergasse 23, A-1130 Wien, (02 22) 84 15 73;
dienstl., (02 22) 83 15 31

144. *Kilian,* Dr. Michael, Professor,
Kastanienweg 16, 7400 Tübingen, (0 70 71) 6 85 32;
Universität Heidelberg, (0 62 21) 54 77 17

145. *Kimminich,* Dr. Otto, o. Professor,
Killermannstr. 6, 8400 Regensburg, (09 41) 3 28 54;
Universität, (09 41) 9 43 26 60

146. *Kipp*, Dr. Heinrich, Universitätsprofessor,
Lanserstr. 61, A-6080 Igls, (0 52 22) 72 09

147. *Kirchhof*, Dr. Ferdinand, o. Professor,
Panoramastr. 95, 7410 Reutlingen 1, (0 71 21) 4 02 81;
Juristische Fakultät der Universität Tübingen, Wilhelmstr. 7,
7400 Tübingen 1, (0 70 71) 29 25 61

148. *Kirchhof*, Dr. Paul, o. Professor, Bundesverfassungsrichter,
Am Pferchelhang 33/1, 6900 Heidelberg 1, (0 62 21) 80 14 47;
Universität, (0 62 21) 54 74 57

149. *Kirn*, Dr. Michael, o. Professor,
Rummelsburgerstr. 3, 2000 Hamburg 73, (0 40) 6 47 38 42;
Universität der Bundeswehr, (0 40) 65 41 27 82

150. *Kisker*, Dr. Gunter, Universitätsprofessor,
Waldstr. 74, 6301 Linden-Am Mühlberg, (0 64 03) 6 10 30;
Universität Gießen, (06 41) 7 02 50 25

151. *Klein*, Dr. Eckart, o. Professor,
Ebersheimer Weg 35, 6500 Mainz, (0 61 31) 5 36 70

152. *Klein*, Dr. Hans Hugo, o. Professor, Bundesverfassungsrichter,
Heilbrunnstr. 4, 7507 Pfinztal-Söllingen, (0 72 40) 73 00;
Universität Göttingen, (05 51) 39 46 25

153. *Kloepfer*, Dr. Michael, o. Professor,
Sickingenstr. 16, 5500 Trier, (06 51) 4 19 32;
Universität, (06 51) 2 01-25 56

154. *Knemeyer*, Dr. Franz-Ludwig, o. Professor,
Unterdürrbacher Str. 353, 8700 Würzburg, (09 31) 9 61 18;
Universität, (09 31) 3 18 99

155. *Knies*, Dr. Wolfgang o. Professor,
Am Botanischen Garten 5, 6600 Saarbrücken 11, (06 81) 39 98 88;
Universität Saarbrücken, (06 81) 3 02 31 58

156. *Knöpfle*, Dr. Franz, o. Professor,
Höhenweg 22, 8901 Leitershofen;
Universität Augsburg, (08 21) 59 83 52

157. *Koch*, Dr. Hans-Joachim, Professor,
Wendlohstr. 80, 2000 Hamburg 61, (0 40) 5 51 88 04;
Universität, (0 40) 42 23 39 77

158. *König*, Dr. Dr. Klaus, Professor,
Wimphelingstr. 5, 6720 Speyer, (0 62 32) 59 01;
Freiherr-vom-Stein-Str. 2, 6720 Speyer, (0 62 32) 91 03 69

159. *Kopp,* Dr. Ferdinand O., o. Professor,
Innstr. 40, 8390 Passau

160. *Korinek,* Dr. Karl, o. Professor,
Auhofstr. 225, A-1130 Wien, (02 22) 8 20 91 53;
Universität, (02 22) 34 75 41

161. *Krause,* Dr. Peter, o. Professor,
Weinbergstr. 12, 5501 Korlingen, (0 65 88) 73 33;
(Universität Trier)

162. *Krawietz,* Dr. Werner, o. Professor,
Bispinghof 24/25, 4400 Münster;
Universität, (02 51) 83 25 91

163. *Krebs,* Dr. Walter, Professor,
Papenbusch 56, 4400 Münster, (02 51) 21 51 85;
Universität Münster, Inst. f. Öffentl. Recht u. Politik,
Universitätsstr. 14–16, 4400 Münster, (02 51) 83 27 61

164. *Kreßel,* Dr. Eckhard, Privatdozent,
Spiegelstr. 1, 8700 Würzburg;
Universität, (09 31) 3 13 05

165. *Kriele,* Dr. Martin, o. Professor,
Richard-Wagner-Str. 10, 5090 Leverkusen 1, (02 14) 5 15 64;
Universität Köln, (02 21) 4 70 22 30

166. *Kröger,* Dr. Klaus, Universitätsprofessor,
Hölderlinweg 14, 6300 Gießen-Wieseck, (06 41) 5 22 40

167. *Krüger,* Dr. Hartmut, Professor,
Sielsdorfer Str. 10, 5000 Köln 41, (02 21) 43 49 27;
Universität Köln, (02 21) 4 70 45 00

168. *Küchenhoff,* Dr. Erich, Professor,
Dachsleite 65, 4400 Münster, (02 51) 24 72 71;
Universität, (02 51) 83 27 06/05

169. *Kühne,* Dr. Jörg-Detlef, Professor,
Münchhausenstr. 2, 3000 Hannover 61, (05 11) 55 65 63;
Universität Hannover, Hanomagstr. 8, 3000 Hannover 91,
(05 11) 4 49 82 25/6

170. *Kunig,* Dr. Philip, Professor,
Wildpfad 5, 1000 Berlin 33;
Institut f. Staatslehre, Staats- und Verwaltungsrecht,
Thielallee 52, 1000 Berlin 33, (0 30) 8 38 30 10

171. *Lange*, Dr. Klaus, Universitätsprofessor,
Lilienweg 22, 6302 Lich, (0 64 04) 56 81;
Universität Gießen, (06 41) 7 02 50 19

172. *Laubinger*, Dr. Hans-Werner, Professor,
Philipp-Wasserburg-Str. 45, 6500 Mainz-Gonsenheim,
(0 61 31) 4 31 91;
Universität Mainz, Saarstr. 21, (0 61 31) 39 59 42

173. *Laurer*, DDr. Hans René, Universitätsprofessor,
Scheffergasse 27 a, A-2340 Mödling, (0 26 36) 2 04 02;
Universität Wien, (02 22) 34 75 44/419

174. *Lecheler*, Dr. Helmut, o. Professor,
Würzburger Str. 10 d, 8600 Bamberg, (09 51) 5 41 46;
Universität Erlangen, (09 31) 85 47 81, 85 47 94

175. *Leisner*, Dr. Walter, o. Professor,
Pienzenauerstr. 99, 8000 München 81, (0 89) 98 94 05;
Universität Erlangen, (0 91 31) 85 22 60

176. *Lerche*, Dr. Peter, o. Professor,
Junkerstr. 13, 8035 Gauting b. München, (0 89) 8 50 20 88;
Universität München, (0 89) 21 80 33 35

177. *Link*, Dr. Heinz-Christoph, Professor,
Hindenburgstr. 47, 8520 Erlangen, (0 91 31) 20 93 35;
Hans-Liermann-Institut für Kirchenrecht, Hindenburgstr. 34,
8520 Erlangen, (0 91 31) 85 22 42

178. *Lipphardt*, Dr. Hanns-Rudolf, apl. Professor,
Auf der Weide 7, 6900 Heidelberg, (0 62 21) 38 23 12;
dienstl., (0 62 21) 41 03 21

179. *Listl*, Dr. Joseph, o. Professor,
Universitätsstr. 10, 8900 Augsburg, (08 21) 59 87 20 od.
59 87 30

180. *Löwer*, Dr. Wolfgang, Professor,
Lotharstr. 3, 3500 Bonn 1, (02 28) 21 82 73

181. *Lorenz*, Dr. Dieter, o. Professor,
Bohlstr. 21, 7750 Konstanz 18, (0 75 33) 68 22;
Universität, (0 75 31) 88 25 30

182. *Losch*, Dr. Dr. Bernhard, Privatdozent,
Payerstr. 30, 7400 Tübingen, (0 70 71) 2 22 85

183. *Loschelder,* Dr. Wolfgang, Professor,
An der Alten Kirche 8, 5205 St. Augustin 3, (0 22 41) 31 23 16;
Universität Bochum, (02 34) 700-52 52, -52 63

184. *Luchterhandt,* Dr. Otto, Professor,
Eißendorfer Str. 98, 2000 Hamburg 90 (Harburg);
Universität Hamburg, Moorweidenstr. 7,
2000 Hamburg 13

185. *Lübbe-Wolff,* Dr. Gertrude, Privatdozentin,
Kollwitzstr. 55, 4800 Bielefeld, (05 21) 88 26 59;
Fakultät f. Rechtswissenschaft d. Universität Bielefeld,
4800 Bielefeld, (05 21) 10 64 40

186. *Lücke,* Dr. Jörg, Professor,
Körnerstr. 5 A, 5300 Bonn, (02 28) 35 61 10;
Universität Hamburg, (0 40) 41 23 32 94

187. *Magiera,* Dr. Siegfried, o. Professor,
Feuerbachstr. 1, 6725 Römberg, (0 62 32) 8 44 54;
Hochschule für Verwaltungswissenschaften Speyer, Freiherr-vom-Stein-Str. 2, 6720 Speyer, (0 62 32) 91 03 48 od. 91 03 31

188. *Majer,* Dr. Diemut, Professorin, Privatdozentin an der Universität Bern, Welfenstr. 30, 7500 Karlsruhe, (07 21) 81 65 50 oder (78 41) 41 12; Fachhochschule des Bundes für öff. Verw. – Fachbereich Bundeswehrverw. – Seckenheimer Landstr. 8–10, 6800 Mannheim 25, (06 21) 40 80 91

189. *v. Mangoldt,* Dr. Hans, Professor,
Goetheweg 1, 7401 Nehren, (0 74 73) 79 08;
Universität Tübingen, (0 70 71) 29 33 02

190. *Mantl,* Dr. Wolfgang, o. Universitätsprofessor,
Wiener Str. 256/XI/33m, A-8051 Graz, (03 16) 6 13 06;
Universität, (03 16) 3 80 33 70

191. *Marti,* Dr. Hans, a. o. Professor,
Waldriedstr. 29, CH-3074 Bern, (0 31) 52 12 66;
dienstl., (0 31) 22 16 83

192. *Maunz,* Dr. Theodor, o. Professor,
Hartnagelstr. 3, 8032 Gräfelfing b. München, (0 89) 8 54 39 85;
Universität München

193. *Maurer,* Dr. Hartmut, o. Professor,
Säntisblick 10, 7750 Konstanz 19, (0 75 33) 13 12;
Universität, (0 75 31) 88 36 57

194. *Mayer-Tasch,* Dr. Peter Cornelius, Professor,
Am Seeberg 11, 8919 Schondorf, (0 81 92) 6 68;
Universität München, (0 89) 21 80 30 20/1

195. *Meessen,* Dr. Karl Matthias, Professor,
Zobelstr. 18, 8900 Augsburg, (08 21) 55 59 89;
Universität, (08 21) 59 84 79/2 55

196. *Meissner,* Dr. Boris, o. Professor,
Kleine Budengasse 1, 5000 Köln 1, (02 21) 23 97 54

197. *Melichar,* Dr. Erwin, o. Universitätsprofessor,
Schulerstr. 20, A-1010 Wien;
Universität, (02 22) 5 13 12 70

198. *Menger,* Dr. Christian-Friedrich, o. Professor,
Piusallee 109, 4400 Münster, (02 51) 2 30 33 15;
Universität, (02 51) 83 27 41

199. *Merten,* Dr. iur. Dr. rer. pol. Detlef, o. Professor,
Von-Dalberg-Str. 8, 6731 St. Martin, (0 63 23) 18 75;
Hochschule Speyer, (0 62 32) 91 03 49

200. *Meyer,* Dr. Hans, Universitätsprofessor,
Georg-Speyer-Str. 28, 6000 Frankfurt/M., (0 69) 7 98 38 63

201. *Meyn,* Dr. Karl-Ulrich, Professor,
Leyer Str. 36, 4500 Osnabrück, (05 41) 12 64 82;
Universität, (05 41) 9 69–61 36/61 72

202. *Mößle,* Dr. Dr. Wilhelm, o. Professor,
Schwindstr. 19, 8580 Bayreuth,
Universität, (09 21) 55 28 66

203. *Mössner,* Dr. Jörg Manfred, Professor,
Hinterm Vogelherd 28 A, 2070 Ahrensburg, (0 41 02) 5 30 90;
Universität Osnabrück, (05 41) 9 69 61 61

204. *Morlok,* Dr. Martin, Privatdozent,
Poßbergweg 51, 4000 Düsseldorf 1, (02 11) 29 62 70;
Fernuniversität Hagen, Postfach 940, 5800 Hagen 1,
(0 23 31) 804-29 12, -28 76

205. *Morscher,* Dr. Siegbert, Universitätsprofessor,
Tschiggyfreystr. 11 a, A-6020 Innsbruck, (0 52 22) 8 62 10

206. *Mosler,* Dr. Dr. h. c. Hermann, Professor,
Mühltalstr. 117 a, 6900 Heidelberg, (0 62 21) 48 00 82

207. *Müller,* Dr. Georg, o. Professor,
Sugenreben 356, CH-5015 Untererlinsbach, (0 64) 34 38 73;
Universität Zürich, (01) 2 57 30 03/4

208. *Müller,* Dr. Jörg Paul, o. Professor,
Kappelenring 42 a, CH-3032 Hinterkappelen, (0 31) 36 05 70;
Universität Bern, (0 31) 65 88 94/5

209. *Müller-Volbehr,* Dr. Jörg, Universitätsprofessor,
Universitätsstr. 6, 3550 Marburg;
Universität, (0 64 21) 28 38 10

210. *Münch,* Dr. Fritz, apl. Professor,
Jasperstr. 2, 6900 Heidelberg, (0 62 21) 38 83 87;
Max-Planck-Institut, (0 62 21) 48 21

211. *v. Münch,* Dr. Ingo, Professor,
Hochrad 9, 2000 Hamburg 52, (0 40) 82 96 24;
Universität, (0 40) 41 23 46 01

212. *Murswiek,* Dr. Dietrich, Universitätsprofessor,
Hainbundstr. 12, 3400 Göttingen, (05 51) 4 10 81;
Universität Freiburg, (07 61) 2 03-34 31 od. 35 09

213. *Mußgnug,* Dr. Reinhard, o. Professor,
Keplerstr. 40, 6900 Heidelberg, (0 62 21) 4 62 22;
Universität, (0 62 21) 54 74 66

214. *v. Mutius,* Dr. Albert, o. Professor,
Hof Altwasser, 2372 Brekendorf, (0 43 53) 5 15;
Universität Kiel, (04 31) 8 80 35 36

215. *Nicolaysen,* Dr. Gert, Professor,
Bockhorst 68 a, 2000 Hamburg 55, (0 40) 8 70 17 47;
Universität, (0 40) 41 23 45 88

216. *Nierhaus,* Dr. Michael, Professor,
Am Moosberg 1 c, 5000 Köln 50, (0 22 36) 6 36 29;
Universität Konstanz, Postfach 55 60,
7750 Konstanz 1, (0 75 31) 88 27 55 od. 26 73

217. *Novak,* Dr. Richard, o. Professor,
Thadd. Stammel-Str. 8, A-8020 Graz, (03 16) 5 35 16;
Universität, (03 16) 3 80 33 71

218. *Oberndorfer,* Dr. Peter, o. Professor,
Wolfauerstr. 94, A-4045 Linz, (07 22) 34 96 94

219. *Oebbecke,* Dr. Janbernd, Privatdozent,
Kronacher Weg 36, 4000 Düsseldorf;
dienstl., (02 11) 65 20 45 (Landkreistag NW)

220. *Öhlinger,* Dr. Theo, o. Universitätsprofessor,
Tolstojgasse 5/6, A-1130 Wien, (02 22) 82 12 60;
Universität, (02 22) 4 01 03 31 34, Schottenbastei 10–16,
A-1010 Wien

221. *Oldiges,* Dr. Martin, Professor,
Am Vossberge 6, 4800 Bielefeld, (05 21) 12 18 32;
Universität, (05 21) 1 06 43 99

222. *Olshausen,* Dr. Henning, o. Professor,
Johann-Fesser-Str. 10, 6710 Frankenthal, (0 62 33) 2 05 04;
Universität Mannheim, (06 21) 2 92-55 97/56 31

223. *Oppermann,* Dr. Dr. h. c. Thomas, o. Professor,
Burgholzweg 122, 7400 Tübingen, (0 70 71) 4 95 33;
Universität, (0 70 71) 29 25 60

224. *Ossenbühl,* Dr. Fritz, Professor,
Im Wingert 12, 5309 Meckenheim, (0 22 25) 1 74 82;
Universität Bonn, (02 28) 73 55 72/3

225. *Osterloh,* Dr. Lerke, Universitätsprofessorin,
Fortunatusstr. 12, 5500 Trier-Ruwer, (06 51) 5 27 17;
Universität Trier, Postfach 38 25, 5500 Trier, (06 51) 2 01 25 77

226. *Papier,* Dr. Hans-Jürgen, o. Professor,
Neusiedler Weg 14, 4904 Enger, (0 52 24) 52 02;
Universität Bielefeld, (05 21) 1 06 43 98

227. *Partsch,* Dr. Karl Josef, o. Professor,
Frankenstr. 10, 6507 Ingelheim, (0 61 32) 22 64;
Universität Bonn

228. *Peine,* Dr. Franz-Joseph, Professor,
Telgter Str. 48, 4800 Bielefeld 1, (05 21) 10 53 25;
Freie Universität Berlin, Boltzmannstr. 3, 1000 Berlin 33,
(0 30) 8 38-47 40, -39 62

229. *Pernice,* Dr. Ingolf, Privatdozent,
17, dreve des deux Moutiers, B-1160 Brüssel,
(0 03 22) 6 60 30 79

230. *Pernthaler,* Dr. Peter, o. Universitätsprofessor,
Philippine-Welser-Str. 27, A-6020 Innsbruck, (0 52 22) 41 82 84;
Universität Innsbruck, Innrain 80, A-6020 Innsbruck,
(0 52 22) 5 07 26 70

231. *Graf von Pestalozza,* Dr. Christian, o. Professor,
dienstl.: Thielallee 52, 1000 Berlin 33, (0 30) 8 38 30 14

232. *Petersmann,* Dr. Ernst-Ulrich, o. Professor,
Hochschule St. Gallen, Bodanstr. 4, CH-9000 St. Gallen,
(0 71) 30 24 46

233. *Pieroth,* Dr. Bodo, Universitätsprofessor,
Am Krappen 23, 3550 Marburg, (0 64 21) 3 63 14;
Universität Marburg, (0 64 21) 28 31 23/8

234. *Pietzcker,* Dr. Jost, Professor,
Hausdorffstr. 95, 5300 Bonn, (02 28) 23 39 54;
Universität, (02 28) 73 91 77

235. *Pirson,* Dr. Dr. Dietrich, o. Professor,
Brunnenanger 15, 8110 Seehausen bei Murnau, (0 88 41) 4 78 68;
Universität, (0 89) 21 80 27 15

236. *Pitschas,* Dr. Rainer, o. Universitätsprofessor,
Marktstr. 35, 6740 Landau/Pf., (0 63 41) 8 88 29;
Hochschule für Verwaltungswissenschaften Speyer,
6720 Speyer, (0 62 32) 91 03 26/3 21

237. *Podlech,* Dr. Dr. Adalbert, Universitätsprofessor,
Sandbergstraße 68, 6100 Darmstadt;
TH Darmstadt, Hochschulstr. 1, 6100 Darmstadt, (0 61 51) 1 60

238. *Potacs,* DDr. Michael, Universitätsdozent,
Wirtschaftsuniversität Wien,
Augasse 2–6, A-1090 Wien, (02 22) 3 13 36/46 67

239. *Püttner,* Dr. Günter, o. Professor,
Mörikestr. 21, 7400 Tübingen, (0 70 71) 29 52 62 oder 29 52 63

240. *Quaritsch,* Dr. Helmut, o. Professor,
Otterstadter Weg 139, 6720 Speyer, (0 62 32) 3 26 37;
Hochschule, (0 62 32) 9 10–3 44

241. *Rack,* Dr. Reinhard, a. o. Universitätsprofessor,
Obere Teichstr. 19, A-8010 Graz, (03 16) 43 88 42;
Universität, (03 16) 3 80 33 73

242. *Randelzhofer,* Dr. Albrecht, o. Professor,
Van't-Hoff-Str. 8, 1000 Berlin 33, (0 30) 8 38 22 88

243. *Raschauer,* Dr. Bernhard, a. o. Universitätsprofessor,
Pfeilgasse 7, A-1080 Wien, (02 22) 4 39 43 02;
Univ., (02 22) 43 00 31 23, Schottenbastei 10–16, A-1010 Wien

244. *Rasenack,* Dr. Christian A.L., Professor,
Taunusstr. 8, 1000 Berlin 49, (0 30) 7 45 25 43;
Techn. Universität, (0 30) 31 42 58 74/75

245. *Rauschning*, Dr. Dietrich, o. Professor,
Rodetal 1, 3406 Bovenden, (0 55 94) 3 31;
Universität Göttingen, Platz der Göttinger Sieben 5,
3400 Göttingen, (05 51) 39 47 51

246. *Rengeling*, Dr. Hans-Werner, Professor,
Langeworth 143, 4400 Münster, (02 51) 21 20 38;
Universität Osnabrück, Martinistr. 8, 4500 Osnabrück,
(05 41) 9 69 45 05

247. *Ress*, Dr. jur. Dr. rer, pol. Georg, o. Professor,
Am Botanischen Garten 6, 6600 Saarbrücken, (06 81) 3 02 30 55;
Universität, (06 81) 3 02 25 03

248. *Rhinow*, Dr. René A., o. Professor,
Jurastr. 48, CH-4411 Seltisberg, (0 61) 9 11 99 35;
Universität Basel, (0 61) 2 61 52 77

249. *Riedel*, Dr. Eibe H., Universitätsprofessor,
Weintrautstr. 14, 3550 Marburg, (0 64 21) 2 36 19;
Institut f. öffentl. Recht, Abt. Völkerrecht,
Philipps-Universität Marburg, Universitätsstr. 6,
3550 Marburg, (0 64 21) 28 31 33 oder 28 31 27

250. *Rill*, Dr. Heinz Peter, o. Universitätsprofessor,
Peter-Jordan-Str. 145, A-1180 Wien, (02 22) 47 86 74;
Wirtschaftsuniversität, (02 22) 3 13 36/46 65

251. *Ringhofer*, Dr. Kurt, o. Universitätsprofessor,
Eduard-Macheiner-Str. 23, A-5020 Salzburg, (06 62) 84 47 67

252. *Robbers*, Dr. Gerhard, Universitätsprofessor,
Dagobertstr. 17, 5500 Trier, (06 51) 5 37 10;
Universität Trier, Postfach 38 25, 5500 Trier, (06 51) 2 01 25 42

253. *Roellecke*, Dr. Gerd, o. Professor,
Kreuzackerstr. 8, 7500 Karlsruhe 41, (07 21) 49 17 39;
Universität Mannheim, (06 21) 2 92 51 86

254. *Ronellenfitsch*, Dr. Michael, o. Professor,
Augusta-Anlage 15, 6800 Mannheim 1, (06 21) 41 23 34;
Universität Berlin, Boltzmannstr. 3, 1000 Berlin 41,
(0 30) 8 38 47 06/47 20

255. *Rudolf*, Dr. Walter, o. Professor,
Rubensallee 55 a, 6500 Mainz 31, (0 61 31) 7 26 51;
Universität, (0 61 31) 39 24 12

256. *Rüfner,* Dr. Wolfgang, Professor,
Hagebuttenstr. 26, 5309 Meckenheim, (0 22 25) 71 07;
Universität Köln, (02 21) 4 70 26 79 oder 4 70 37 77

257. *Ruland,* Dr. Franz, Professor,
Kälberstücksweg 55, 6380 Bad Homburg, (0 61 72) 3 11 09;
Universität Frankfurt a. M., (0 69) 1 52 22 19

258. *Rupp,* Dr. Hans Heinrich, o. Professor,
Am Marienpfad 29, 6500 Mainz, (0 61 31) 3 45 88

259. *Sachs,* Dr. Michael, Universitätsprofessor,
Dattenfelder Str. 7, 5000 Köln 91, (02 21) 84 46 57;
Universität Augsburg, Eichleitnerstr. 30, 8900 Augsburg,
(08 21) 598/429

260. *Saladin,* Dr. Peter, o. Professor,
Forrerstr. 26, CH-3006 Bern;
Universität Bern, (0 31) 44 80 06

261. *Salzwedel,* Dr. Jürgen, o. Professor,
Siebengebirgsstr. 86, 5300 Bonn 3, (02 28) 48 17 10;
Universität, (02 28) 73 55 80

262. *Sattler,* Dr. Andreas, Professor,
Ludwig-Beck-Str. 17, 3400 Göttingen, (05 51) 2 23 40;
Universität, (05 51) 39 73 77 u. 39 73 93

263. *Schachtschneider,* Dr. Karl Albrecht, o. Professor,
Hubertusstraße 6, 8500 Nürnberg 20, (09 11) 59 94 36;
Universität Erlangen-Nürnberg, (09 11) 5 30 23 29

264. *Schäffer,* Dr. Heinz, o. Universitätsprofessor,
Große Neugasse 6/14, A-1040 Wien, (02 22) 5 76 96 73;
Universität Salzburg, Weiserstr. 22,
A-5020 Salzburg, (06 62) 4 45 11/3 34

265. *Schambeck,* Dr. Herbert, o. Universitätsprofessor,
Hofzeile 21, A-1190 Wien, (02 22) 36 34 94;
Universität Linz, (07 32) 24 68/4 24

266. *Schenke,* Dr. Wolf-Rüdiger, o. Professor,
Beim Hochwald 30, 6800 Mannheim, (06 21) 74 42 00;
Universität, (06 21) 2 92 52 14

267. *Scherer,* Dr. Joachim, LL.M., Privatdozent,
Privatweg 9, 6104 Seeheim-Jugenheim, (0 62 57) 23 14;
Sozietät Döser Amereller Noack (Baker & McKenzie),
Bethmannstr. 50–54, 6000 Frankfurt a. M. 1, (0 69) 29 90 80

268. *Scheuing*, Dr. Dieter H., o. Professor,
Finkenstr. 17, 8706 Höchberg b. Würzburg, (09 31) 4 83 31;
Universität Würzburg, (09 31) 3 13 24

269. *Schick*, Dr. Walter, o. Professor,
Strindbergstr. 27, 8500 Nürnberg, (09 11) 50 14 22;
Universität, (09 11) 5 30 23 53

270. *Schiedermair*, Dr. Hartmut, o. Professor,
Universität Köln, Gottfried-Keller-Str. 2,
5000 Köln 41, (02 21) 4 70 23 64

271. *Schindler*, Dr. Dietrich, Professor,
Lenzenwiesstr. 8, CH-8702 Zollikon, (01) 3 91 41 40;
Universität Zürich, (01) 3 91 71 18

272. *Schlaich*, Dr. Klaus, o. Professor,
Wolkenburgstr. 2, 5205, St. Augustin 1, (0 22 41) 33 75 09;
Universität Bonn, (02 28) 73 91 25

273. *Schlink*, Dr. Bernhard, Professor,
Endenicher Allee 16, 5300 Bonn 1, (02 28) 65 23 58;
Universität Bonn, (02 28) 73 55 74

274. *Schmid*, Dr. Gerhard, Professor,
Hochwaldstr. 24, CH-4059 Basel, (0 61) 3 31 84 25;
dienstl., (0 61) 3 24 78 30

275. *Schmidt*, Dr. Reiner, o. Professor,
Bachwiesenstr. 4, 8901 Gessertshausen, (0 82 38) 41 11;
Universität Augsburg, (08 21) 59 84 43

276. *Schmidt*, Dr. Walter, Universitätsprofessor,
Brüder-Knauß-Str. 86, 6100 Darmstadt, (0 61 51) 6 47 10;
Universität Frankfurt, (0 69) 7 98 21 89

277. *Schmidt-Aßmann*, Dr. Eberhard, o. Professor,
Höhenstr. 30, 6900 Heidelberg, (0 62 21) 80 08 03;
Universität, (0 62 21) 54 74 28

278. *Schmidt-Jortzig*, Dr. Edzard, Professor,
Graf-Spee-Str. 18 a, 2300 Kiel 1;
Universität, (04 31) 8 80-35 45

279. *Schmitt Glaeser*, Dr. Walter, o. Professor,
Rübezahlweg 9 A, 8580 Bayreuth, (09 21) 3 20 70;
Universität, (09 21) 55 29 42

280. *Schmitt-Kammler*, Dr. Arnulf, Professor,
Renthof 33, 3550 Marburg/Lahn, (0 64 21) 6 49 02;
Universität Köln, (02 21) 4 70 35 44 oder 4 70 35 00

281. *Schnapp,* Dr. Friedrich E., o. Professor,
Efeuweg 22, 4630 Bochum 6, (0 23 27) 7 42 13;
Universität Bochum, (02 34) 7 00 22 39

282. *Schneider,* Dr. Hans, o. Professor,
Ludolf-Krehl-Str. 44, 6900 Heidelberg, (0 62 21) 48 03 81

283. *Schneider,* Dr. Hans-Peter, Professor,
Echternfeld 16, 3000 Hannover 51, (05 11) 65 08 58;
Universität, (05 11) 7 62 81 85/6

284. *Schneider,* Dr., Litt. D. h. c. Peter, o. Professor,
Goldenluftgasse 4, 6500 Mainz, (0 61 31) 22 32 73

285. *Schnur,* Dr. Dr. h.c. Roman, o. Professor,
Lindenstr. 49, 7409 Rottenburg 5, (0 74 72) 2 22 24;
Universität Tübingen

286. *Schoch,* Dr. Friedrich, Universitätsprofessor,
In der Weede 116, 4400 Münster, (0 25 36) 64 86;
dienstl.: Westf. Wilhelms-Universität,
4400 Münster, (02 51) 83 27 45

287. *Scholler,* Dr. Heinrich, Professor,
Zwengauerweg 5, 8000 München 71, (0 89) 79 64 24;
Universität, (0 89) 21 80 27 24

288. *Scholz,* Dr. Rupert, o. Professor,
Koenigsallee 71 a, 1000 Berlin 33;
Universität München, (0 89) 21 80 21 13

289. *Schröder,* Dr. Meinhard, o. Professor,
Zum Wingert 2, 5501 Mertesdorf, (06 51) 5 78 87;
Universität Trier, (06 51) 2 01 25 86

290. *Schulze-Fielitz,* Dr. Helmuth, Professor,
Drosselbartstr. 8, 8000 München 83, (0 89) 6 01 04 69;
Universität der Bundeswehr München, Werner-Heisenberg-Weg 39, 8014 Neubiberg, (0 89) 60 04 42 40 oder 42 39

291. *Schuppert,* Dr. Gunnar Folke, Professor,
Beethovenstr. 1, 8900 Augsburg, (08 21) 15 12 71;
Universität Augsburg, Eichleitner Str. 30, 8900 Augsburg, (08 21) 59 81

292. *Schwabe,* Dr. Jürgen, Professor,
Erlenweg 1, 2150 Buxtehude, (0 41 61) 8 71 41;
Universität Hamburg, (0 40) 41 23 44 54

293. *Schwarze,* Dr. Jürgen, o. Professor,
Universität Freiburg, Institut für Öffentliches Recht,
Europaplatz 1, 7800 Freiburg/Br., (0761) 203–3567

294. *Schweitzer,* Dr. Michael, Professor,
Göttweiger Str. 135, 8390 Passau;
Universität, (0851) 5505547

295. *Schweizer,* Dr. Rainer J., o. Professor,
Jubiläumsstr. 33, CH-3005 Bern, (031) 435758;
Hochschule St. Gallen, Tigerbergstr. 21, CH-9000 St. Gallen,
(071) 223430

296. *Schwerdtfeger,* Dr. Gunther, Universitätsprofessor,
Hülsebrinkstr. 23, 3015 Wennigsen 1/Deister, (05103) 1311;
Universität Hannover, Fachbereich Rechtswissenschaften,
Hanomagstr. 8, (0511) 4498280

297. *Seewald,* Dr. Otfried, o. Professor,
Peter-Griesbacher-Weg 11, 8390 Passau, (0851) 35145;
Universität, (0851) 509158 und 609159

298. *Seidl-Hohenveldern,* Dr. Dr. h. c. Ignaz, o. Professor,
A-1010 Wien I, Schwertgasse 4, (0043222) 5331560

299. *Selmer,* Dr. Peter, Professor,
Akazienweg 9, 2000 Hamburg 55, (040) 864743;
Universität, (040) 41234576

300. *Siedentopf,* Dr. Dr. h. c. Heinrich, o. Professor,
Hauptstr. 170, 6740 Landau-Godramstein, (06341) 60757;
Hochschule Speyer, (06232) 910–212

301. *v. Simson,* Dr. Werner, o. Professor,
Luisenstr. 3, 7800 Freiburg, (0761) 35863

302. *Skouris,* Dr. Wassilos, Professor,
Nikolaou Manou 18, 54643 Thessaloniki, Griechenland,
(003031) 831444;
Fachber. Rechtswissensch., (003031) 991389

303. *Söhn,* Dr. Hartmut, o. Professor,
Eppanerstr. 9, 8390 Passau, (0851) 58520;
Universität Passau, (0851) 509192

304. *Soell,* Dr. Hermann, o. Professor,
Domspatzenstr. 34, 8419 Nittendorf-Etterzhausen, (09404)
2125; Universität Regensburg, (0941) 943-2656 od. 2657

305. *Staff,* Dr. Ilse, Universitätsprofessorin,
Am Forum 4, 6233 Kelkheim, (0 61 95) 33 08;
dienstl., (0 69) 7 98 29 91

306. *Starck,* Dr. Christian, o. Professor,
Schlegelweg 10, 3400 Göttingen, (05 51) 5 54 54;
dienstl.: Universität Göttingen, Juristisches Seminar,
Platz der Göttinger Sieben 6, 3400 Göttingen, (05 51) 39 74 12

307. *Steiger,* Dr. Heinhard, Universitätsprofessor,
Oberhof 16, 6307 Linden, (06 41) 2 32 52;
Universität Gießen, (06 41) 7 02 50 30

308. *Stein,* Dr. Ekkehart, Professor,
Jakob-Burckhardt-Str. 49, 7750 Konstanz, (0 75 31) 6 32 57;
Universität, (0 75 31) 88 23 29

309. *Stein,* Dr. Torsten, Universitätsprofessor,
Ludolf-Krehl-Str. 1 b, 6900 Heidelberg, (0 62 21) 48 04 38;
Europa-Institut, Universität Saarbrücken, 6600 Saarbrücken 11,
(06 81), 302-45 67, -36 95

310. *Steinberg,* Dr. Rudolf, Universitätsprofessor,
Wingertstr. 2 a, 6238 Hofheim/Ts. 1;
Senckenberganlage 31, 6000 Frankfurt/M. 1;
Universität, (0 69) 7 98 24 38

311. *Steinberger,* Dr. Helmut, o. Professor,
Universität Heidelberg, Friedrich-Ebert-Anlage 6–10,
6900 Heidelberg 1, (0 62 21) 54 74 54 od. 42 82 61

312. *Steiner,* Dr. Udo, o. Professor,
Am Katzenbühl 5, 8400 Regensburg-Harting, (09 41) 70 09 13;
Universität, (09 41) 9 43 26 66/7

313. *Stelzer,* Dr. Manfred, Universitätsdozent,
Neblingergasse 8—10/11, A-1130 Wien, (02 22) 8 23 01 13;
Universität Wien, Schottenbastei 10—16, A-1010 Wien,
(02 22) 4 01 03-31 41

314. *Stern,* Dr. Dr. h. c. Klaus, o. Professor,
Am Stockberger Busch 10, 5067 Kürten, (0 22 68) 61 67;
Universität Köln, (02 21) 4 70 22 89

315. *Stettner,* Dr. Rupert, Professor,
Jahnstr. 6, 8060 Dachau, (0 81 31) 1 32 44;
Universität Bamberg, Postfach 15 49, 8600 Bamberg,
(09 51) 8 63 82 75 oder 8 63 82 76

316. *Stober,* Dr. Rolf, Professor,
Am Blütenhain 33, 4400 Münster, (0 25 36) 17 34;
Universität, (02 51) 83 27 04

317. *Stock,* Dr. Martin, Universitätsprofessor,
Lina-Oetker-Str. 24, 4800 Bielefeld 1, (05 21) 12 19 95;
Universität Bielefeld, (05 21) 1 06 47 06

318. *Stödter,* Dr. Rolf, Professor,
Golfstr. 7, 2057 Wentorf b. Hamburg, (0 40) 7 20 26 46

319. *Stolleis,* Dr. Michael, Universitätsprofessor,
Waldstr. 15, 6242 Kronberg 2;
Universität Frankfurt a. M., (0 69) 7 98 31 92

320. *Stolzlechner,* Dr. Harald, o. Universitätsprofessor,
Sackengutstr. 5 b, A-5020 Salzburg, (06 62) 42 02 52;
Universität, (06 62) 80 44/36 01

321. *Streinz,* Dr. Rudolf, o. Universitätsprofessor,
Waldsteinring 26, 8580 Bayreuth, (09 21) 9 47 30;
Universität Bayreuth, Universitätsstr. 30 (Postfach 10 12 51),
8580 Bayreuth, (09 51) 55 35 20

322. *Tettinger,* Dr. Peter J., o. Professor,
Bergstr. 30, 5000 Köln 50, (0 22 36) 6 68 56;
Universität Bochum, (02 34) 7 00 52 75

323. *Thieme,* Dr. Werner, Professor,
Am Karpfenteich 58, 2000 Hamburg 63, (0 40) 5 38 49 92;
Universität, (0 40) 41 23 26 27

324. *Thürer,* Dr. Daniel, o. Professor,
Abeggweg 20, CH-8057 Zürich, (01) 3 62 65 47;
Universität Zürich, Hirschengraben 40, CH-8001 Zürich, (01)
2 57 20 51

325. *Tomuschat,* Dr. Christian, Professor,
An Tiebes Eiche 3, 5300 Bonn 3, (02 28) 43 00 67;
Universität Bonn, (02 28) 73 91 72

326. *Trzaskalik,* Dr. Christoph, Professor,
Pf. Stockheimer Str. 30, 6500 Mainz-Bretzenheim,
(0 61 31) 36 94 14; Universität Mainz, (0 61 31) 39 21 38

327. *Tsatsos,* Dr. Dimitris Th., o. Professor,
Am Waldesrand 10 e, 5800 Hagen, (0 23 31) 58 66 68;
Fernuniversität Hagen, Postfach 940, 5800 Hagen 1,
(0 23 31) 8 04 28 76

328. *Uber,* Dr. Giesbert, o. Professor,
Roseneck 5, 4400 Münster-Hiltrup, (0 25 01) 31 59;
Universität, (02 51) 83 27 01

329. *Ule,* Dr. Dr. h. c. Carl Hermann, o. Professor,
Oberer Gaisbergweg 9, 6900 Heidelberg, (0 62 21) 2 78 32;
Hochschule Speyer

330. *Umbach,* Dr. Dieter C., Privatdozent,
Steinstr. 23, 7500 Karlsruhe, (07 21) 69 11 34;
Landessozialgericht Rheinland-Pfalz, Ernst-Ludwig-Str. 1,
6500 Mainz, (0 61 31) 14 15 51

331. *v. Unruh,* Dr. Georg-Christoph, o. Professor,
Steenkamp 2, 2305 Heikendorf, (04 31) 23 14 59;
Universität Kiel, (04 31) 8 80 35 22/69

332. *Vallender,* Dr. Klaus A., Professor,
Unterbach 4, CH-Trogen, (0 71) 94 27 69;
Institut f. Finanzwirtschaft u. Finanzrecht,
Varnbüelstr. 19, CH-9000 St. Gallen, (0 71) 22 72 27

333. *Vedder,* Dr. Christoph, Privatdozent,
Georgenstr. 46, 8000 München 40, (0 89) 34 61 04;
Universität München, Professor-Huber-Platz 2,
8000 München 22, (0 89) 21 80 27 42 und 27 98

334. *Graf Vitzthum,* Dr. Wolfgang, o. Professor,
Im Rotbad 19, 7400 Tübingen 1, (0 70 71) 6 38 44;
Universität Tübingen, (0 70 71) 29 52 66

335. *Vogel,* Dr. Klaus, o. Professor,
Ottostr. 36, 8130 Starnberg, (0 81 51) 88 81;
Universität München, (0 89) 21 80 27 18

336. *Voigt,* Dr. Alfred, o. Professor,
Schwedenstr. 26, 8521 Spardorf, (0 91 31) 5 60 43

337. *Wagner,* Dr. Heinz, o. Professor,
Tietzenweg 54, 1000 Berlin 45, (0 30) 8 33 21 67;
Universität, (0 30) 8 38 36 39

338. *Wahl,* Dr. Rainer, o. Professor,
Hagenmattenstr. 6, 7800 Freiburg, (07 61) 6 59 60;
Universität, (07 61) 2 03 44 65/6

339. *Wallerath,* Dr. Maximilian, apl. Professor,
Gudenauer Weg 86, 5300 Bonn 1, (02 28) 28 32 02;
dienstl., (02 21) 37 10 78

340. *Weber,* Dr. Albrecht, Professor,
Weidenweg 20, 4516 Bissendorf, (0 54 02) 39 07;
Universität Osnabrück, (05 41) 9 69–61 88

341. *Weber,* Dr. Karl, o. Universitätsprofessor,
Noldinstr. 14, A-6020 Innsbruck, (05 12) 57 45 37;
Universität Innsbruck, Innrain 82, (05 12) 5 07 26 87

342. *Weber-Dürler,* Dr. Beatrice, o. Professorin,
Susenbergstr. 5, CH-8044 Zürich, (01) 2 62 04 20;
Universität Zürich, Wilfriedstr. 6, CH-8032 Zürich,
(01) 2 57 30 03

343. *Wendt,* Dr. Rudolf, Professor,
Schulstr. 45, 6670 St. Ingbert-Hassel, (0 68 94) 5 32 87;
Universität Saarbrücken, (06 81) 3 02 21 04 oder 31 04

344. *Wenger,* DDr. Karl, Universitätsprofessor,
Meytensgasse 18, A-1130 Wien, (02 22) 8 22 72 44;
Universität, (02 22) 43 00 31 36, Schottenbastei 10–16,
A-1010 Wien

345. *Wengler,* Dres. Dres. h. c. Wilhelm, Professor,
Werderstr. 15, 1000 Berlin 37, (0 30) 8 01 65 35

346. *Wieland,* Dr. Joachim, LL.M., Universitätsprofessor,
Goethestr. 42, 7800 Freiburg i. Br., (07 61) 7 34 57;
Universität Bielefeld, Postfach 86 40, 4800 Bielefeld 1,
(05 21) 1 06 44 22

347. *Wielinger,* Dr. Gerhart, Universitätsdozent,
Bergmanngasse 22, A-8010 Graz, (03 16) 31 87 14;
dienstl., (03 16) 70 31 24 28

348. *Wildhaber,* Dr. Luzius, o. Professor,
Auf der Wacht 21, CH-4104 Oberwil, (0 61) 4 01 25 21;
Universität Basel

349. *Wilke,* Dr. Dieter, Präsident des Oberverwaltungsgerichts,
Universitätsprofessor a. D., apl. Professor (FU Berlin),
Hardenbergstr. 21, 1000 Berlin 12, (0 30) 31 83 25 70 (dienstl.)

350. *Wimmer,* Dr. Norbert, o. Universitätsprofessor,
Hörtnaglstr. 16, A-6020 Innsbruck, (0 52 22) 83 02 63;
Universität Innsbruck, Innrain 80, A-6020 Innsbruck,
(0 52 22) 5 07 26 71

351. *Winkler*, Dr. Günther, Universitätsprofessor,
Reisnerstr. 22, A-1030 Wien, (02 22) 7 13 44 15;
Universität, (02 22) 43 00 31 31, Schottenbastei 10–16,
A-1010 Wien

352. *Wolfrum*, Dr. Rüdiger, o. Professor,
Lindenallee 13, 2300 Kiel 1 (Altenholz), (04 31) 32 18 44;
Universität, (04 31) 8 80-21 89

353. *Wollenschläger*, Dr. Michael, Privatdozent,
An den Forstäckern 15, 8706 Höchberg, (09 31) 4 91 96;
Universität, (09 31) 3 13 05

354. *Würtenberger*, Dr. Thomas, o. Professor,
Beethovenstr. 9, 7800 Freiburg, (07 61) 7 86 23;
Universität Freiburg, Europaplatz, 7800 Freiburg, (07 61)
2 03 35 14 oder 2 03 35 17

355. *Zacher*, Dr. Dr. h. c. Hans F., o. Professor,
Präsident der Max-Planck-Gesellschaft,
Starnberger Weg 7, 8134 Pöcking, (0 81 57) 13 84;
Max-Planck-Gesellschaft, Residenzstr. 1 a, 8000 München,
(0 89) 2 10 82 11

356. *Zeh*, Dr. Wolfgang, Ministerialrat,
Sibyllenstr. 40, 5300 Bonn 2, (02 28) 37 56 52;
dienstl., (02 28) 16 26 49 oder 16 30 44

357. *v. Zezschwitz*, Dr. Friedrich, Universitätsprofessor,
Petersweiher 47, 6300 Gießen, (06 41) 4 51 52;
Universität, (06 41) 7 02 50 20

358. *Zimmer*, Dr. Gerhard, Privatdozent,
Bamberger Str. 22, 1000 Berlin 30, (0 30) 8 54 46 56

359. *Zippelius*, Dr. Reinhold, o. Professor,
Niendorfstr. 5, 8520 Erlangen, (0 91 31) 5 57 26;
Universität, (0 91 31) 85 28 20

360. *Zitzelsberger*, Dr. Heribert, Privatdozent,
Willi-Stamer-Str. 9, 8022 Grünwald, (0 89) 6 41 27 85;
Bayer AG, 5090 Leverkusen, (02 14) 3 08 10 28

361. *Zuleeg*, Dr. Manfred, Universitätsprofessor, Richter,
Gerichtshof der Europäischen Gemeinschaften,
L-2925 Luxemburg, (0 03 52) 43 03 22 30 oder 22 31,
Telefax 43 03 26 00

Satzung

(Nach den Beschlüssen vom 21. Oktober 1949, 19. Oktober 1951
14. Oktober 1954, 10. Oktober 1956, 13. Oktober 1960
5. Oktober 1962, 1. Oktober 1971, 6. Oktober 1976 und
3. Oktober 1979)

§1

Die Vereinigung der Deutschen Staatsrechtslehrer stellt sich die Aufgabe:

1. wissenschaftliche und Gesetzgebungsfragen aus dem Gebiet des öffentlichen Rechts durch Aussprache in Versammlungen der Mitglieder zu klären;
2. auf die ausreichende Berücksichtigung des öffentlichen Rechts im Hochschulunterricht und bei staatlichen und akademischen Prüfungen hinzuwirken;
3. in wichtigen Fällen zu Fragen des öffentlichen Rechts durch Eingaben an Regierungen oder Volksvertretungen oder durch öffentliche Kundgebungen Stellung zu nehmen.

§2

Mitglied der Vereinigung kann werden, wer auf dem Gebiet des Staatsrechts und mindestens eines weiteren öffentlich-rechtlichen Fachs

a) seine Befähigung zu Forschung und Lehre durch hervorragende wissenschaftliche Leistung nachgewiesen hat* und

---

* Mit der oben abgedruckten, am 1. 10. 1971 in Regensburg beschlossenen Fassung des §2 hat die Mitgliederversammlung den folgenden erläuternden Zusatz angenommen:

„Eine hervorragende wissenschaftliche Leistung im Sinne dieser Vorschrift ist eine den bisher üblichen Anforderungen an die Habilitation entsprechende Leistung."

b) an einer deutschen oder deutschsprachigen Universität** oder der Hochschule für Verwaltungswissenschaften in Speyer als Forscher und Lehrer tätig ist oder gewesen ist.

Das Aufnahmeverfahren wird durch schriftlichen Vorschlag von drei Mitgliedern der Vereinigung eingeleitet. Ist der Vorstand einstimmig der Auffassung, daß die Voraussetzungen für den Erwerb der Mitgliedschaft erfüllt sind, so verständigt er in einem Rundschreiben die Mitglieder von seiner Absicht, dem Vorgeschlagenen die Mitgliedschaft anzutragen. Erheben mindestens fünf Mitglieder binnen Monatsfrist gegen die Absicht des Vorstandes Einspruch oder beantragen sie mündliche Erörterung, so beschließt die Mitgliederversammlung über die Aufnahme. Die Mitgliederversammlung beschließt ferner, wenn sich im Vorstand Zweifel erheben, ob die Voraussetzungen der Mitgliedschaft erfüllt sind. Von jeder Neuaufnahme außerhalb einer Mitgliederversammlung sind die Mitglieder zu unterrichten.

§ 3

Eine Mitgliederversammlung soll regelmäßig einmal in jedem Jahre an einem vom Vorstand zu bestimmenden Orte stattfinden. In dringenden Fällen können außerordentliche Versammlungen einberufen werden. Die Tagesordnung wird durch den Vorstand bestimmt. Auf jeder ordentlichen Mitgliederversammlung muß mindestens ein wissenschaftlicher Vortrag mit anschließender Aussprache gehalten werden.

§ 4

Der Vorstand der Vereinigung besteht aus einem Vorsitzenden und zwei Stellvertretern. Die Vorstandsmitglieder teilen die Geschäfte untereinander nach eigenem Ermessen. Der Vorstand wird am Schluß jeder ordentlichen Mitgliederversammlung neu gewählt. Zur Vorbereitung der Mitgliederversammlung kann sich der Vorstand durch Zuwahl anderer Mitglieder verstärken. Auch ist Selbstergänzung zulässig, wenn ein Mitglied des Vorstandes in der Zeit zwischen zwei Mitgliederversammlungen ausscheidet.

** In Berlin hat die Mitgliederversammlung am 3. 10. 1979 die folgende zusätzliche Erläuterung angenommen:

„Universität im Sinne dieser Vorschrift ist eine wissenschaftliche Hochschule, die das Habilitationsrecht in den Fächern des öffentlichen Rechts und die Promotionsbefugnis zum Doctor iuris besitzt und an der Juristen durch einen Lehrkörper herkömmlicher Besetzung ausgebildet werden."

§ 5

Zur Vorbereitung ihrer Beratungen kann die Mitgliederversammlung, in eiligen Fällen auch der Vorstand, besondere Ausschüsse bestellen.

§ 6

Über Eingaben in den Fällen des § 1 Ziffer 2 und 3 und über öffentliche Kundgebungen kann nach Vorbereitung durch den Vorstand oder einen Ausschuß im Wege schriftlicher Abstimmung der Mitglieder beschlossen werden. Ein solcher Beschluß bedarf der Zustimmung von zwei Dritteln der Mitgliederzahl; die Namen der Zustimmenden müssen unter das Schriftstück gesetzt werden.

§ 7

Der Mitgliedsbeitrag wird von der Mitgliederversammlung festgesetzt. Der Vorstand kann den Beitrag aus Billigkeitsgründen erlassen.

FSC
www.fsc.org
MIX
Papier | Fördert
gute Waldnutzung
FSC® C083411

Kolibri 360 GmbH
Ferdinand-Jühlke-Straße 7
99095 Erfurt, Deutschland
produktsicherheit@kolibri360.de